NATURA

Biologie

zusammengestellt von
Claus Reinhardt

unter Mitarbeit von

Irmtraud Beyer
Detlef Eckebrecht
Hans-Peter Krull
Hans Jobst Redinger
Horst Schneeweiß

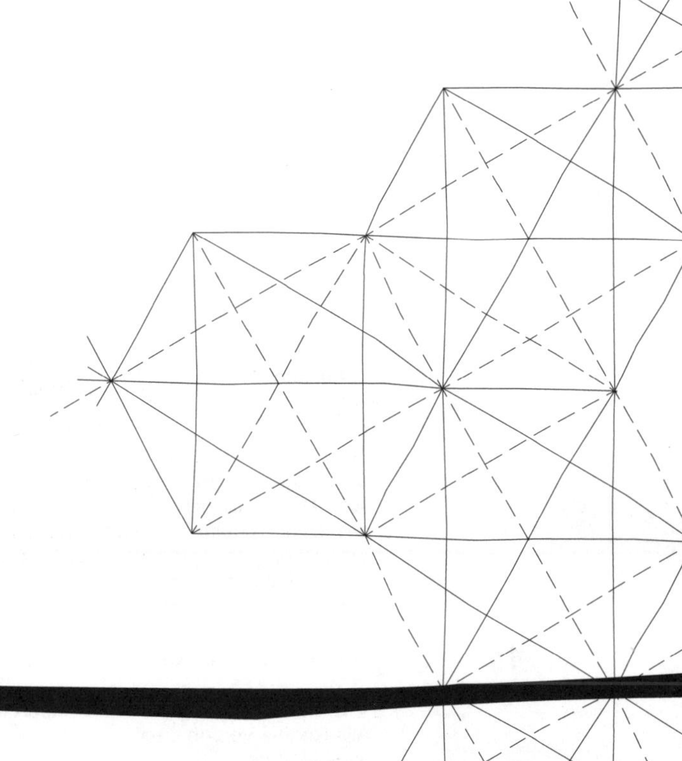

Fachhochschulreife
Lehrerband

Ernst Klett Verlag
Stuttgart · Leipzig

Bildungsverlag EINS GmbH
Troisdorf

1. Auflage $1^{5\ 4\ 3\ 2\ 1}$ | 13 12 11 10 09

www.klett.de
www.bildungsverlag1.de

Autoren: Dr. Irmtraud Beyer, Detlef Eckebrecht, Hans-Peter Krull, Hans Jobst Redinger, Dr. Claus Reinhardt, Dr. Horst Schneeweiß

Redaktion: Detlef Eckebrecht
Mediengestaltung: Marlene Klenk-Boock
Zeichnungen: Jörg Mair, München; Angelika Kramer, Stuttgart, Prof. Jürgen Wirth, Dreieich
Umschlaggestaltung: Jens-Peter Becker, normal Industriedesign, Schwäbisch Gmünd

Reproduktion: Meyle + Müller, Medien-Management, Pforzheim
Druck: Medienhaus Plump, Rheinbreitbach

Printed in Germany

ISBN 978-3-12-045315-4
(Ernst Klett Verlag)

9 783120 453154

ISBN 978-3-427-40096-7
(Bildungsverlag EINS)

Schülerbuch und Lehrerband – zwei Stützen Ihres Unterrichts

Natura Fachhochschulreife – der Lehrerband

Dieser Band soll Sie optimal bei der Unterrichtsvorbereitung und -gestaltung unterstützen. Dabei geben bewährte Gestaltungselemente die Orientierung. Der Lehrerband bietet keine fertigen Unterrichtseinheiten an, sondern er soll vielmehr eine Fundgrube für Arbeitsblätter und andere Bausteine sowie interessante Informationen für einen selbst konzipierten Unterricht sein.

Die **Inhalte** dieses Lehrerbandes sind exakt auf das Schülerbuch Natura Fachhochschulreife abgestimmt. Arbeitsblätter und Aufgabenlösungen sind seitengenau zugeordnet.

Die **Lehrerseite** enthält viele bekannte Elemente, wie die Lösungen zu den Aufgaben des Schülerbandes und der Arbeitsblätter, Zusatzinformationen, -aufgaben oder -experimente sowie Literatur- und Medienhinweise. Die Rubriken sind durch Symbole grafisch hervorgehoben, wodurch die einzelnen Elemente schneller erkannt werden.

 **Lösungen zum Schulbuch**

 **Lösungen zum Arbeitsblatt**

 **Zusatzinformationen**

 **Hinweise**

 **Literaturhinweise**

 **Medienhinweise**

Die Literaturhinweise sind zeitgemäß durch viele hilfreiche Internetadressen ergänzt.

Die **Arbeitsblätter** für Schülerinnen und Schüler auf der rechten Seite sowie zahlreiche Abbildungen oder Informationen für Lehrer auf der linken Seite ermöglichen die Themenvorbereitung „mit einem Blick". Neben wissensorientierten Anregungen gibt es dabei viele handlungsorientierte Ansätze, Anleitungen zu Experimenten oder zur Auswertung von Materialien.

Die **Projektseiten** sind in der Art einer Pinnwand gestaltet. Sie bieten eine Fülle unterschiedlichster Informationen, Materialien und Anregungen für den projektartigen Biologie- oder fächerübergreifenden Unterricht an. Ausgangspunkt sind Themen des Schülerbuchs. Neben Projektvorschlägen, die in der Schule unter Einbehaltung des regulären Stundenplans realisiert werden, sind auch Vorschläge zu finden, die eher für Projekttage o. ä. geeignet sind. Die knappe Darstellung vieler Ideen zu einem Thema soll Anregung und Hilfe sein, mit der Lerngruppe einen eigenen Weg zur Bearbeitung des Themas zu finden.

Zur Orientierung im Lehrerband dienen die **Schlagworte**, die identisch mit den Begriffen im **Register** sind. Sie sollen das Auffinden **weiterer Informationen und Arbeitsblätter zu dem selben Thema** erleichtern. Sie beziehen sich auf eine Einheit aus Arbeitsblatt und Lehrerseite, auch wenn sie nur für eine Rubrik relevant sind.

Die CD-ROM

Der Lehrerband enthält eine CD-ROM, auf der alle Seiten als Word-Dokument und im pdf-Format zu finden sind. Der Dateiname enthält jeweils die Seitenzahl, sodass mithilfe des Buches eine schnelle Auswahl des gesuchten Dokumentes möglich ist. Aus den Word-Dokumenten können die Grafiken auch entnommen werden. Über die Zwischenablage können sie zur Erstellung eigener Kopiervorlagen oder Folien genutzt werden. Mit Grafikprogrammen lassen sie sich verändern.

Übersicht: Arbeitsblätter und Projektseiten

Geschichte – Zellbiologie
Mikroskopie – Fluoreszenzmikroskop
Mikroskopie – Lichtmikroskop

Cytologie

1 Das mikroskopische Bild der Zelle

Vergrößerungstechniken
Neue Techniken

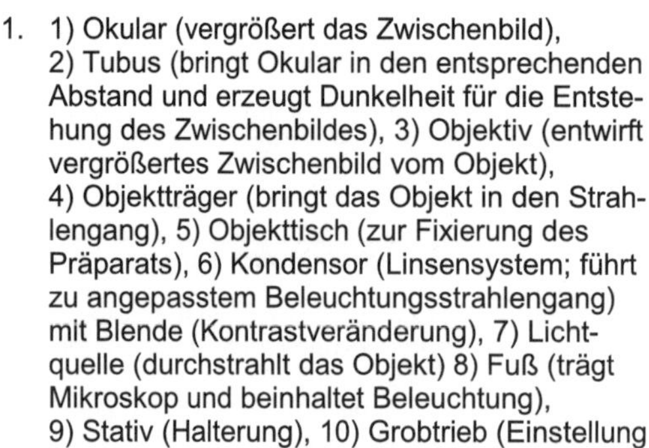

Hooke-Mikroskop

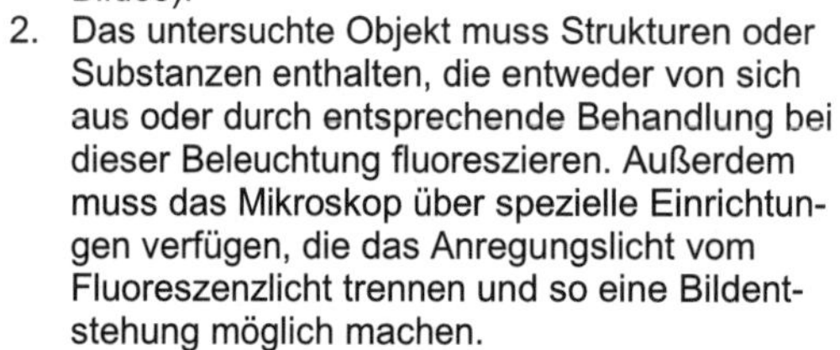

Leeuwenhoek-Gerät

Arbeitsblatt Seite 7

1. 1) Okular (vergrößert das Zwischenbild), 2) Tubus (bringt Okular in den entsprechenden Abstand und erzeugt Dunkelheit für die Entstehung des Zwischenbildes), 3) Objektiv (entwirft vergrößertes Zwischenbild vom Objekt), 4) Objektträger (bringt das Objekt in den Strahlengang), 5) Objekttisch (zur Fixierung des Präparats), 6) Kondensor (Linsensystem; führt zu angepasstem Beleuchtungsstrahlengang) mit Blende (Kontrastveränderung), 7) Lichtquelle (durchstrahlt das Objekt) 8) Fuß (trägt Mikroskop und beinhaltet Beleuchtung), 9) Stativ (Halterung), 10) Grobtrieb (Einstellung der Bildebene), 11) Feintrieb (Scharfstellen des Bildes).
2. Das untersuchte Objekt muss Strukturen oder Substanzen enthalten, die entweder von sich aus oder durch entsprechende Behandlung bei dieser Beleuchtung fluoreszieren. Außerdem muss das Mikroskop über spezielle Einrichtungen verfügen, die das Anregungslicht vom Fluoreszenzlicht trennen und so eine Bildentstehung möglich machen.
3. In dem neuen Verfahren wird das Präparat mit einem Laserstrahl schichtweise abgetastet und das Fluoreszenzlicht so verarbeitet, dass relativ helle und aussagekräftige Bilder entstehen. Damit können im Unterschied zu herkömmlichen Methoden Schnittbilder lebender Objekte gemacht werden, die sich durch Nachbearbeitung am Computer zu dreidimensionalen Aufnahmen zusammensetzen lassen.

Literaturhinweise

BEYER, H., RIESENBERG, H.: Handbuch der Mikroskopie. VEB Verlag Technik, Berlin 1988

CAESER, M.: Möglichkeiten der Fluoreszenzmikroskopie am Beispiel ihres Einsatzes. Praxis der Naturwissenschaften-Bio, Heft 6/39, S. 10, 1990

GERLACH, D.: Das Lichtmikroskop. G. Thieme Verlag, Stuttgart 1985

HUISKEN, J. S. et. al.: Optical Sectioning Deep Inside Live Embryos by Selective Plane Illumination Microscopy. In: Science Vol. 305, S. 1007–1009, 2004

LICHTMAN, JEFF W.: Konfokale Mikroskopie. In: Spektrum der Wissenschaft, Heft 10/1994, S. 78

OBERLEITHNER, H.: Rasterkraftmikroskopie: Sehen durch Fühlen. In: Biologie in unserer Zeit, Heft 6/1993, S. 377

STRIPF, R. (Hrsg.): Lichtmikroskopie. In: Praxis der Naturwissenschaften, Heft 4/53, 2004

Medienhinweise

Folienbuch Zellbiologie Sek.II. Ernst Klett Verlag, Stuttgart 1996

FWU 4201702 Robert Hooke und die Zelle

Hagemann Video 180113 Grundlagen der Zytologie

Unter http://www.mikroskopie.de gibt es zahlreiche Links zu verschiedenen Firmen für Mikroskope und Präparate (mit z. T. guten Abbildungen)

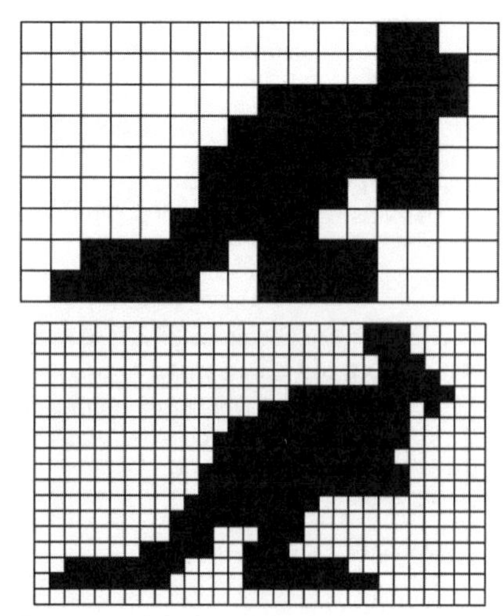

Raster und Auflösungsvermögen

Lichtmikroskopie

In der Geschichte der Zellbiologie hat das aus zwei Linsen zusammengesetzte Mikroskop von ROBERT HOOKE (1667) und das Vergrößerungsglas von ANTONY VAN LEEUWENHOEK (um 1700) einen ersten Blick in die Welt der Zelle erlaubt. Heutige Mikroskope erzeugen das Bild durch verschiedenartige Bauprinzipien und können durch spezielle Verfahren unterschiedliche Details hervorheben.

Innenansichten lebender Organismen

Mit einem neuen Fluoreszenzmikroskop können Wissenschaftler jetzt mehrere Millimeter tief in lebende Organismen hineinblicken. Noch bis weit in die zweite Hälfte des 20. Jahrhunderts galt: Wer wissen wollte, wie es im Inneren eines Lebewesens aussah, musste es töten, in hauchdünne Scheiben schneiden und diese einzeln im Mikroskop anschauen.

Eine Verbesserung brachten konfokale Mikroskope, die einen Laserstrahl sukzessive auf verschiedene Tiefenebenen fokussieren, diese abrastern und alles Streulicht aus anderen Schichten ausblenden. Dabei geht sehr viel Licht verloren, sodass ein tieferer Blick an mangelnder Helligkeit scheitert.

Das ändert sich bei der neuen Methode namens *SPIM (Selective Plane Illumination Microscopy)*, die Forscher um ERNST STELZER am Europäischen Molekularbiologischen Laboratorium in Heidelberg entwickelt haben. Hier wird das Beobachtungsobjekt schrittweise durch einen „Vorhang" aus Laserstrahlung bewegt und senkrecht zu dieser Ebene jeweils das Streu- und Fluoreszenzlicht registriert, wobei viel weniger davon verloren geht. Die entstehende Serie von Schnittbildern lässt sich per Computer zu einem dreidimensionalen Gesamtbild zusammensetzen. Um die Auflösung zu verbessern, kann man nacheinander Aufnahmen aus mehreren Blickwinkeln machen. „Mit SPIM lassen sich nun erstmals komplette Entwicklungsprozesse ‚live' mikroskopisch verfolgen", sagt Mitentwickler JAN HUISKEN.

Spektrum der Wissenschaft, Heft 10, S. 11, 2004

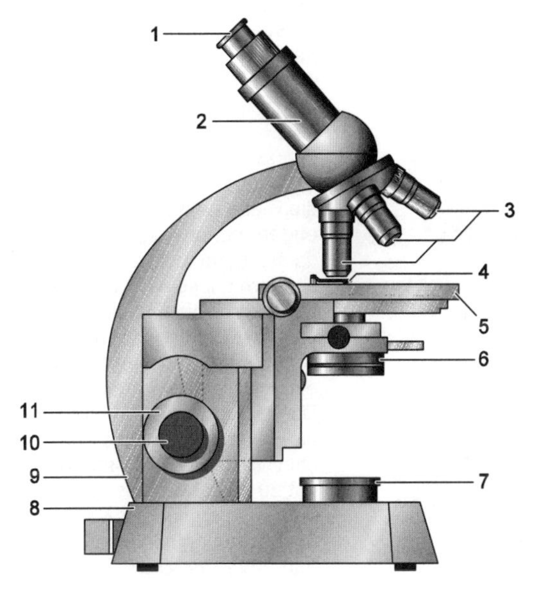

Abb. 1 Lichtmikroskop

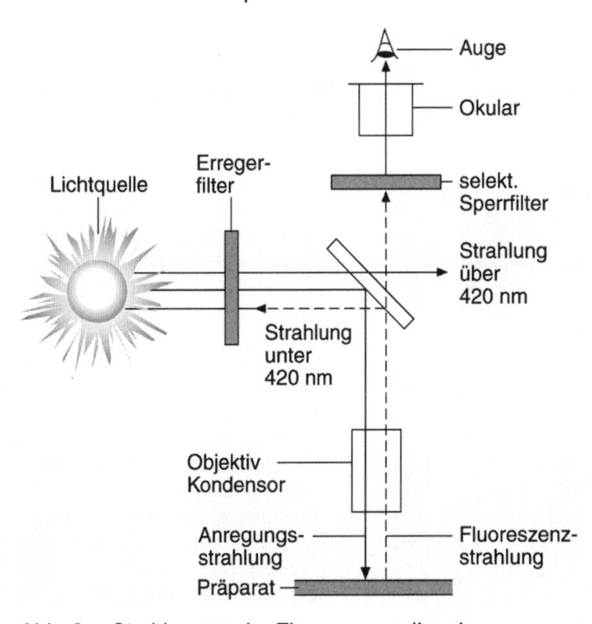

Abb. 2 Strahlengang im Fluoreszenzmikroskop

Aufgaben

1. Beschriften Sie das Schema zum heutigen Lichtmikroskop (Abb. 1) und erläutern Sie kurz die Funktionen der einzelnen Bauteile.
2. Bei der Fluoreszenzmikroskopie wird das Präparat mit kurzwelligem Licht bestrahlt. Die kurzwellige Strahlung regt bestimmte Moleküle im Objekt zur Fluoreszenz an. Erläutern Sie anhand Abbildung 2 den Strahlengang in einem Fluoreszenzmikroskop und erklären Sie die Bedeutung der Filter.
3. Der Text aus der Zeitschrift „Spektrum der Wissenschaft" beschreibt eine Weiterentwicklung des Fluoreszenzmikroskops. Erläutern Sie das Verfahren (SPIM) und geben Sie an, welche Vorteile es bietet.

Experiment
Mikroskopie – Auflösungsvermögen
Mikroskopie – Lichtmikroskop

Praktikum: Herstellung von mikroskopischen Präparaten

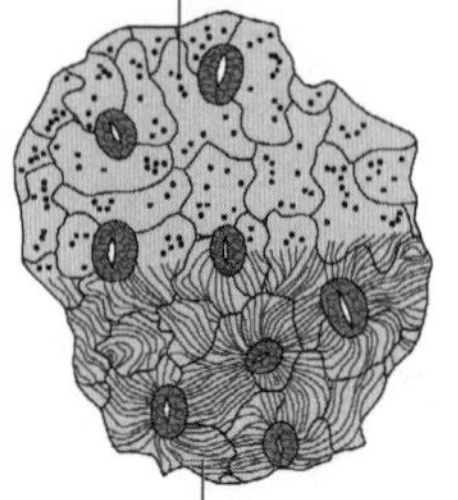

Liebstöckel-Blatt

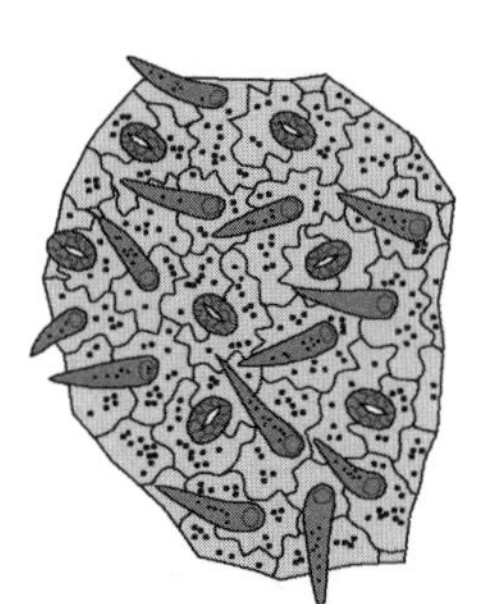
Thymian-Blatt

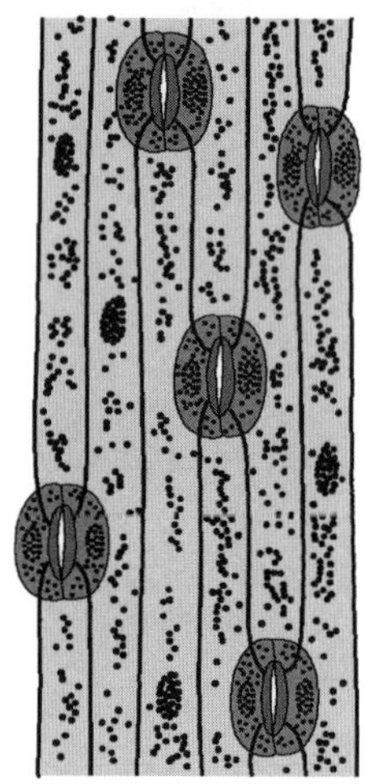
Schnittlauch-Blatt

Schülerbuch Seite 12/13

⑧ Die Skizze sollte zeigen, wie die Zellwände benachbarter Zellen jeweils aufeinander stoßen. „Kreuzungen" sollten vermieden werden.

⑨ Es sollte unbedingt darauf geachtet werden, dass die skizzierte Zelle groß genug angelegt wird, um die Einzelheiten mit hinreichender Genauigkeit darstellen zu können. In der Regel sind die Mittellamellen und Tüpfel recht gut erkennbar, während das Cytoplasma häufig Schwierigkeiten bereitet. Der Hinweis darauf, die Blende etwas zu schließen und die „Zellenden" genauer zu betrachten, ist oft hilfreich, da der Cytoplasmabelag dort dicker ist. Der Zellkern mit seinen Nukleoli ist meist als etwas kontrastreichere Struktur zu erkennen. Zell- und Tonoplastenmembran sind nicht direkt sichtbar. Sie müssen mithilfe anderer Methoden erarbeitet werden.

⑩ Durch Aufnahme von Methylenblau erscheinen die Zellen insgesamt dichter und kontrastreicher. Die Mundschleimhautzellen sind dann gut zu erkennen, der Zellkern ist deutlich zu identifizieren. Da die Zellen im Unterschied zur Zwiebelhaut einzeln auf dem Objektträger liegen und keine Zellwand besitzen, ist ihre Form unregelmäßig und die Oberfläche erscheint „zerknautscht".

Arbeitsblatt Seite 9

1. Die Blattabdrücke unterscheiden sich in Form und Anordnung der Spaltöffnungen (Unterseite der Blätter), auf der Oberseite fehlen die Spaltöffnungen. Thymian besitzt dornenartige Haare. Die Zellen bilden stets einen lückenlosen Verband, es gibt unterschiedliche Zellformen (s. Randspalte).
2. Lack oder Alleskleber sind homogene Materialien. Durch das Zuziehen der Blende wird das Licht fokussiert und die Strahlen werden von den Rändern der Abdrücke der Lack- bzw. Klebeschicht unterschiedlich gebrochen, sodass schwache Helligkeitsunterschiede im Bild entstehen.
3. Die mikroskopischen Untersuchungen der getrockneten Gewürze zeigen im Wesentlichen Gewebe- und Zelltrümmer. Die Trockenpräparate lassen durch Lufteinschlüsse und ihre Dicke keine genaueren Untersuchungen zu. In Wasser untersucht werden einzelne Blattstrukturen deutlicher.

Weitere Objekte zur Untersuchung

Zum Erkunden unbelebter Objekte eignen sich:
- die Ränder des Objektträgers oder Schrammen darauf
- Luftblasen im kohlensäurehaltigen Mineralwasser
- Vitamin-C- oder Zuckerkristalle, die durch Eintrocknen einer Lösung entstehen
- Kunstfasern aus dünnen Strumpfhosen oder Nylonstrümpfen, Gardinen- oder Stoffresten
- dünne Scheiben aus (natürlichem) Flaschenkork

Als belebte Objekte können dienen:
- Spinnennetz: Objektträger auf Jogurtbecher kitten und Netz von hinten her auffangen, falls möglich in Kunstharz einbetten
- angefärbter Zahn- oder Zungenbelag zur Verdeutlichung verschiedener Bakterienformen
- Cyanobakterien aus Planktonproben oder Belägen auf Aquarienwänden
- Blättchen der Wasserpest und von Laubmoos (möglichst kleine und dünne Blättchen abzupfen und auf einem Objektträger ohne Färbung mikroskopieren
- Epidermiszellen: Die Zimmerpflanze *Rhoeo discolor* besitzt Epidermiszellen, deren Zellsaft durch Anthocyan rot gefärbt ist. Ritzt man die untere Epidermis ein und zieht ein Stückchen ab, kann dieses Präparat eine Zellschicht dick sein. Zellkern, zahlreiche Leukoplasten, die Vakuolen und Plasmastränge mit kleinen Partikeln sind gut zu erkennen. Gelegentlich kann auch die Plasmazirkulation beobachtet werden.

Hinweise

Die Experimente zu den Gewürzpflanzen können arbeitsteilig in verschiedenen Gruppen durchgeführt werden. Die Skizzen in der Randspalte zeigen die Blattbesonderheiten im Schema.

Literaturhinweise

DREWS, R.: Mikroskopieren als Hobby. Falken Verlag, Niedernhausen 1992

GASSNER, G.: Mikroskopische Untersuchung pflanzlicher Lebensmittel. G. Fischer Verlag, Stuttgart 1989

GERLACH, D.: Botanische Mikrotechnik. G. Thieme Verlag, Stuttgart 1984

GÖKE, G.: Moderne Methoden der Lichtmikroskopie. Franck'sche Verlagshandlung, Stuttgart 1988

HAHN, H.:, MICHAELSEN, J.: Mikroskopische Diagnostik pflanzlicher Nahrungs-, Genuss- und Futtermittel einschließlich Gewürze. Springer Verlag, Berlin 1996

HAUSMANN, K., TEICHERT, G.: Mikroskopische Techniken. In: Biologie in unserer Zeit, Heft 2/1991, S. 93

JENNY, M.: Wo der Pfeffer wächst. In: Palmengarten-Sonderheft 32, Frankfurt/M. 2000

KAPITZA, H.G.: Mikroskopieren von Anfang an. Carl Zeiss, Oberkochen 1994

KLEINIG, H., SITTE, P.: Zellbiologie. Spektr. Akad. Verlag, Heidelberg 1999

NACHTIGALL, W.: Mein Hobby: Mikroskopieren (Technik und Objekte). BLV Verl. Ges., München 1985

Gewürze anhand von Blattabdrücken untersuchen

Material:
Blätter von Liebstöckel, Thymian, Schnittlauch sowie deren trockene Gewürzzubereitungen, farbloser Nagellack oder Alleskleber, Mikroskop, Rasierklinge, Pinzette

Durchführung:
- Bestreichen Sie einige Blätter der Gewürzpflanzen ober- und unterseits dünn mit dem farblosen Nagellack oder einem Tropfen Alleskleber und lassen Sie die Blätter für ca. 20 Minuten trocknen. Ziehen Sie die Blattabdrücke danach mit der Pinzette ab.
- Untersuchen Sie währenddessen mit dem Mikroskop die getrockneten, geriebenen oder zerstoßenen Gewürze sowohl als Trockenpräparate wie auch in Wasser.
- Fertigen Sie möglichst dünne Oberflächen- bzw. Querschnitte von frischen Blättern an.
- Fertigen Sie eine Zeichnung der Präparate mit ihren Besonderheiten an und beschriften Sie die Skizzen. Bei den Präparaten muss zunächst bei schwacher Vergrößerung durch Zuziehen der Blende ein optimaler Kontrast hergestellt werden. Die Präparate können danach bei stärkerer Vergrößerung gezeichnet werden.

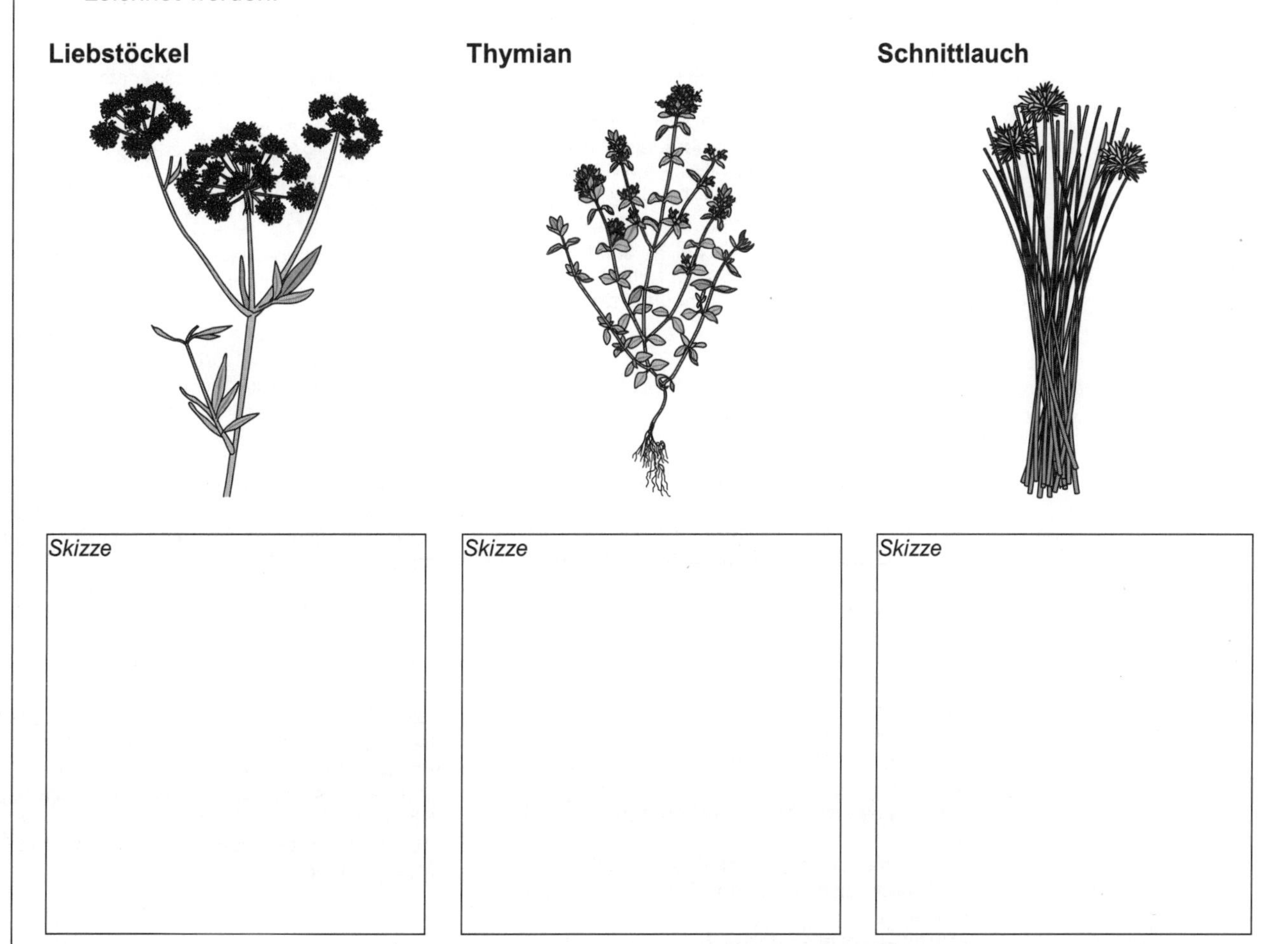

Aufgaben

1. Beschreiben Sie die Anordnung der Spaltöffnungen. Welche besonderen Strukturen besitzt Thymian?
2. Warum werden die Blattabdrücke erst durch das Zuziehen der Blende kontrastiert?
3. Die Bestandteile der Gewürzzubereitungen und die der Flächen- oder Querschnitte lassen sich nur schwer einander zuordnen. Welche Gründe gibt es dafür?

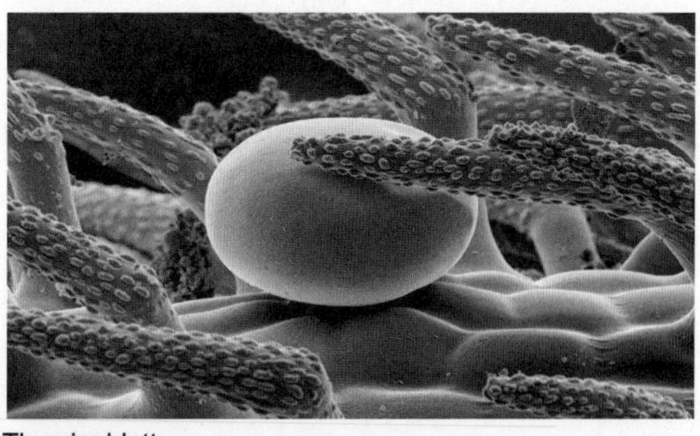
Thymianblatt

Blatt
Gewebe – Pflanze
Gewebe – Tier
Zelldifferenzierung
Zelle – Pflanze

Das lichtmikroskopische Bild der Zelle

Arbeitsblatt Seite 11

1. Die Zellwand gibt der Zelle Stabilität und Form. Die Vakuole presst das Cytoplasma von innen gegen diese feste Form und kann damit zur Stabilität des Blattes beitragen *(Turgeszenz)*. Der Wasserpest fehlen feste Stützstrukturen. Sie wird aber vom Auftrieb des Wassers getragen.
2. Die höheren Pflanzen benötigen neben dieser Wechselwirkung zwischen Vakuole und Zellwand zusätzlich Festigungselemente (7), um an Land ihre Form und Stabilität zu erreichen. Dies sind zum Teil spezifische Wasserleitungsbahnen (4, 5, 6) und Siebröhren (1, 2), die Fotosyntheseprodukte transportieren. Weitere Zelltypen sind im Kambium (3, teilungsaktiv, sekundäres Dickenwachstum) und in der Epidermis zu finden (Schutz).
3. In pflanzlichen und tierischen Zellen kommen die Organellen Zellkern und Zellplasma mit eingeschlossenen kleineren Zellorganellen vor. Das Zellplasma wird von einer Membran eingeschlossen, die bei der pflanzlichen Zelle von einer Zellwand umgeben ist. Diese ist zusammen mit den Plastiden und der großen Zentralvakuole nur in pflanzlichen Zellen zu finden. Das Abschlussgewebe aus der Luftröhre lässt außerdem „Wimpern“ und eingelagerte Drüsenzellen erkennen.

Weitere Experimente

- Querschnitt durch den Stängel der Waldrebe (Clematis)
- Schichtenbau der Zellwand nachweisen mit verschiedenen histochemischen Methoden (KREMER S. 66)
- verschiedene Plastiden aus Spinat, Tomate, Banane oder Kartoffel
- Epidermiszellen aus Tradescantia-Arten, von Alpenveilchen-Blättern oder aus Schuppenblättern der Küchenzwiebel
- Zellen aus schlachtfrischer Schweine- oder Rinderleber (Kleine tiefgefrorene Würfel werden frisch angeschnitten und auf Objektträger getupft.) besitzen große Zellkerne (KREMER, S. 60).
- Scheibchen aus der Salatgurke: Fruchtfleisch im Randbereich zur grünen Schale zeigt Chloroplasten
- Fruchtfleischzellen des Liguster *(Ligustrum vulgare)* zeigen große natürlicherweise gefärbte Vakuolen.
- In der Epidermis des roten Gemüsepaprikas lassen sich Chromoplasten erkennen.
- Kern-/ Zellteilung an Wurzelspitzen, Haarwurzelzellen und ungeöffneten Blüten (KREMER, S. 80, nur für Geübte)
- Riesenchromosomen aus Zuckmückenlarven

Hinweise

Um ein dreidimensionales Modell einer Zelle zu erstellen, können folgende Materialien verwendet werden: eine transparente Plastikbox (z. B. für Gefriergut), Haushaltsfolie, Folienbeutel oder Luftballon, Tischtennisball (oder Walnuss), kleinere Kügelchen (oder z. B. Haselnüsse) und noch kleinere Elemente (z. B. Erbsen). Die Schüler erhalten das Material mit der Aufforderung, ein **Zellmodell** herzustellen, zu erläutern und eine fundierte Modellkritik durchzuführen. Mit mehreren Modellen lässt sich auch der Aufbau von Geweben veranschaulichen.

Literaturhinweise

BOWES, B.G.: Farbatlas Pflanzenanatomie, Formen, Gewebe, Strukturen. Parey Verlag, Berlin 2001

GERLACH, D.: Mikroskopieren – ganz einfach. Das Mikroskop und seine Handhabung, Objekte aus dem Alltag. Franckh-Kosmos-Verlag, Stuttgart 1987

GOODSELL, D.: Labor Zelle. Molekulare Prozesse des Lebens. Springer Verlag, Heidelberg 1994

GUNNING, B.E.S., STEER, M.W.: Bildatlas zur Biologie der Pflanzenzelle. Struktur und Funktion. G. Fischer Verlag, Stuttgart 1996

HILLENKAMP, E.: Mikroskopie für Anfänger und Fortgeschrittene. Hillenkamp, Oberhausen 2002

KREMER, B.: Das große Kosmos-Buch der Mikroskopie. Franckh-Kosmos Verlag, Stuttgart 2002

NULTSCH, W., GRAHLE, A.: Mikroskopisch-Botanisches Praktikum. G. Thieme Verlag, Stuttgart 1983

PLATTNER, H., HENTSCHEL, J.: Taschenlehrbuch Zellbiologie. G. Thieme Verlag, Stuttgart 2002

RIEDER, N., SCHMIDT, K.: Morphologische Arbeitsmethoden in der Biologie. Wiley-VCH, Weinheim 1987

SCHORR, E.: Pflanzen unter dem Mikroskop. Metzler Verlag, Stuttgart 1991

STAHL, E.: Chromatographische und mikroskopische Analyse von Drogen. G. Fischer Verlag, Stuttgart 1978

STEINECKE, F.: Experimentelle Biologie. Quelle & Meyer, Heidelberg 1983

Medienhinweise

FWU 4210311 Die Zelle: Tier- und Pflanzenzelle im Lichtmikroskop

Folienbuch Zellbiologie Sek. II. Ernst Klett-Verlag, Stuttgart 1996

Pflanzliche und tierische Gewebe

Betrachtet man die Blättchen der Wasserpest unter dem Mikroskop, erkennt man weitgehend gleichartige Zellen mit zahlreichen Chloroplasten. Im Unterschied dazu zeigen Blatt- oder Stängelquerschnitte größerer zweikeimblättriger Pflanzen verschiedene Zelltypen.

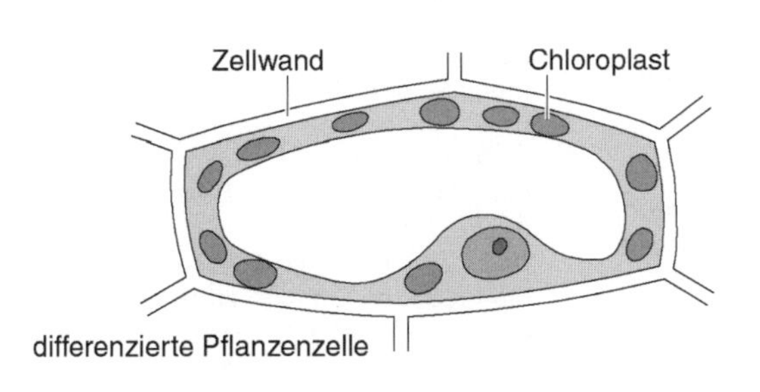

Abb. 1 Pflanzenzelle der Wasserpest

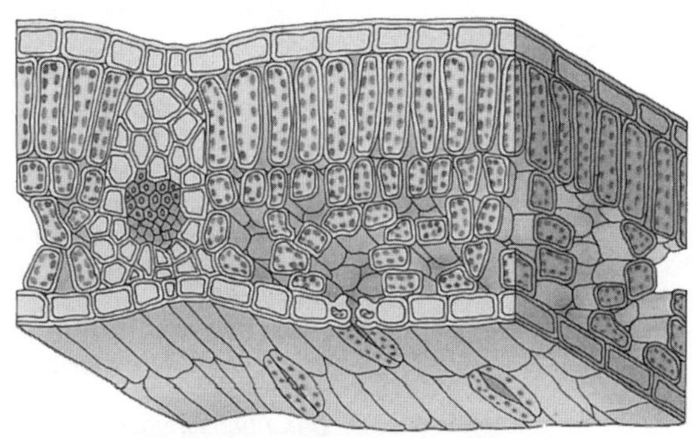

Abb. 2 Blattquerschnitt einer zweikeimblättrigen Pflanze

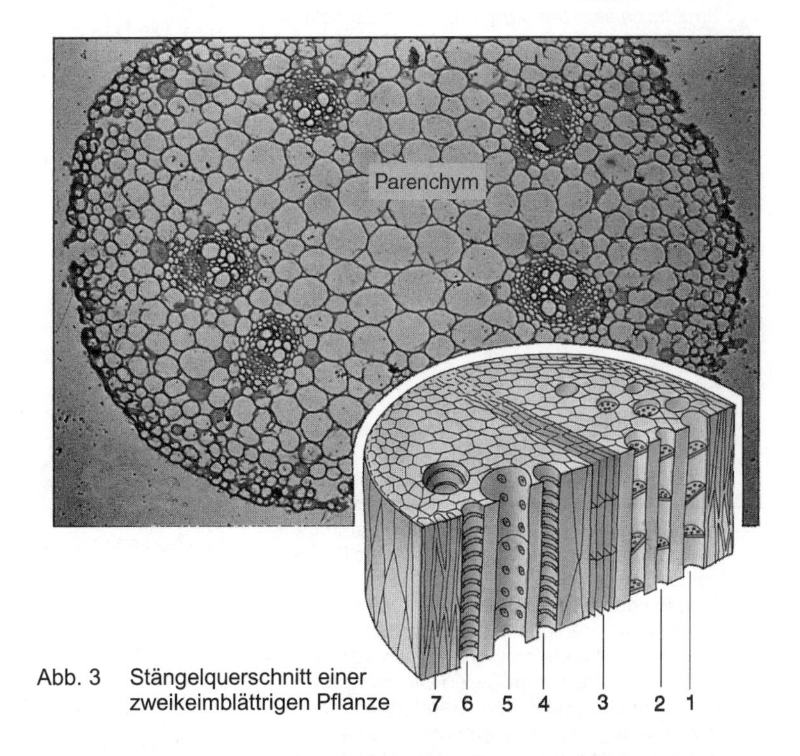

Abb. 3 Stängelquerschnitt einer zweikeimblättrigen Pflanze

Aufgaben

1. Die Blättchen der Wasserpest bestehen nur aus zwei Zellschichten. Der Zelltyp dieses Blattes entspricht dem „Standard" einer differenzierten Zelle der zweikeimblättrigen Pflanze (Abb. 1, abgewandelte Formen Abb. 2). Erläutern Sie die Bedeutung von Vakuole und Zellwand für die Stabilität und Form der Pflanze.
2. Abbildung 3 zeigt den Stängelquerschnitt einer zweikeimblättrigen Pflanze. Nennen Sie die erkennbaren Zelltypen. Welche Angepasstheiten des Baus an die jeweilige Funktion gibt es?
3. Zellen tierischer sowie pflanzlicher Gewebe sind entsprechend den vielfältigen Leistungen der Organe unterschiedlich differenziert. Nennen Sie die wichtigsten Unterscheidungsmerkmale einer tierischen und einer pflanzlichen Zelle. Geben Sie an, welche Spezialisierungen die Zellen des dargestellten Abschlussgewebes zeigen (Abb. 4).

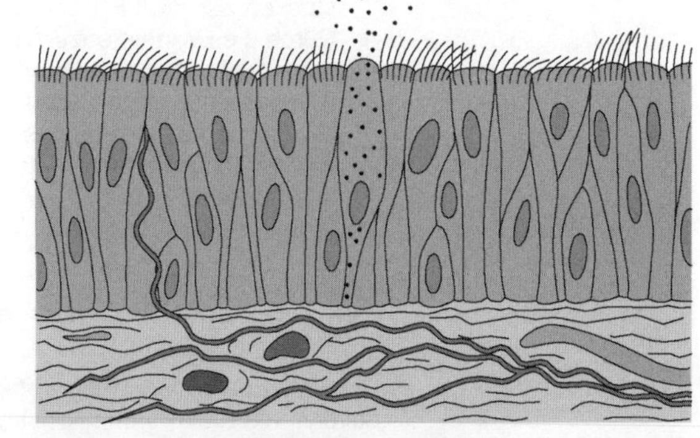

Abb. 4 Flimmerepithel der Luftröhre

Autoradiographie
Dichtegradient
Differentialzentrifugation
Elektrophorese
Gefrierätzung
Trennverfahren

Die Zelle im Elektronenmikroskop

Schülerbuch Seite 17

① Deuten Sie die elektronenmikroskopischen Bilder der Pflanzen- (Abb. 16.1) und der Hefezelle (Abb. 3).

– *Die Pflanzenzelle wird begrenzt von einer zellulosehaltigen Wand. Deutlich zu erkennen sind in der Zelle der Zellkern, die Plastiden, Mitochondrien und die mit Zellsaft gefüllte Vakuole. In der Hefezelle sind zahlreiche Vakuolen erkennbar. Sie erscheinen je nach Verlauf des Bruches beim Präparieren konvex oder konkav.*

② Stellen Sie Vor- und Nachteile der Elektronenmikroskopie im Vergleich zur Lichtmikroskopie dar.

– *Das Auflösungsvermögen des Elektronenmikroskops ist ca. 1000-mal höher als das des Lichtmikroskops. Folglich werden kleinere Strukturen sichtbar gemacht. Ein entscheidender Nachteil der Elektronenmikroskopie besteht darin, dass lebende Objekte nicht untersucht werden können, da alle Materialien entwässert sein müssen.*

③ Bei der Elektronenmikroskopie untersucht man das gleiche biologische Objekt meist mit verschiedenartigen Verfahren. Begründen Sie dieses Vorgehen.

– *Die Gefahr der Artefaktbildung bei der Präparation ist hoch. Verschiedene Techniken helfen, Fehldeutungen von präparationsbedingten Strukturen zu vermeiden.*

Arbeitsblatt Seite 13

1. Die Differentialzentrifugation beruht auf der Anwendung stufenweise steigender Umdrehungszahlen und dementsprechend stufenweise steigender sowie unterschiedlicher Dauer der Zentrifugation. Die *Dichtegradientenzentrifugation* basiert auf der Auftrennung innerhalb eines Dichtegradienten, wobei in dem flüssigen Medium der Gradient kontinuierlich von der geringeren Dichte zur größeren Dichte verläuft. Die einzelnen Fraktionen (Banden) können isoliert und getrennt untersucht werden.
2. Nach dem Homogenisieren der Zellen liegen im Homogenat die Organellen und deren Bruchstücke vor. Durch Differentialzentrifugation werden zunächst die (großen) Zellkerne abgetrennt. Weitere Zentrifugation des Überstands trennt die kleineren Zellorganelle (Lysosomen, Mitochondrien) von Membranbruchstücken aus dem ER und die Ribosomen. Durch die Gradientenzentrifugation trennt man dann die Lysosomen von den Mitochondrien.
3. Ribosomen kommen als einzelne Organellen, als Polysomen und an das ER gebunden vor. Sie finden sich daher in unterschiedlichen Fraktionen.

Die dritte Dimension der Zelle

Die *Kryo-Elektronentomographie* ist ein Verfahren, bei dem die Elektronenmikroskopie mit automatisierten Bildaufzeichnungsverfahren und einer neuen Bildanalysetechnik kombiniert wird. Eine spezielle Software macht diese Analyse möglich. Das Verfahren unterscheidet sich nicht prinzipiell von anderen tomographischen Bildgebungsverfahren, wie sie etwa in der Medizin (Computertomographie) angewandt werden: Von einem Objekt werden am Elektronenmikroskop Bilder aus verschiedenen Blickwinkeln und in verschiedenen Ebenen aufgenommen. Aus zahlreichen zweidimensionalen Bildern lässt sich ein dreidimensionales Bild rekonstruieren (s. Abb.). Dabei wird das zu untersuchende Objekt im Strahl des Elektronenmikroskops bewegt, während die Elektronenquelle, an ihrem Platz verbleibt. Um ein räumliches Bild vom Innern einer Zelle zu gewinnen, müssen die lebenden Objekte zunächst „vakuumfähig" gemacht werden. Dazu werden sie bei –196°C schockgefroren (in neueren Untersuchungen auch in flüssigem Helium bei –296°C); die Wassermoleküle haben so keine Zeit, Eiskristalle zu bilden. Das Präparat wird auf einem speziellen Probenhalter befestigt, der mit flüssigem Stickstoff gekühlt wird. Die Dauer der Bestrahlung muss dann so kurz wie möglich sein, was bisher eine genauere Analyse verhindert hat. Im Jahr 2002 konnten erste Aufnahmen vom Cytoskelett gemacht werden, 2003 folgten Aufnahmen der Herpesviren bei spezifischen Virus-Wirt-Interaktionen.
Nähere Informationen findet man unter: http://www.biochem.mpg.de

Hinweise

Im Folgenden werden einige Anregungen gegeben, um verschiedene Schritte der dargestellten Methoden modellhaft zu verdeutlichen:

– Eine Glasflasche wird mit Wasser gefüllt, möglichst luftdicht verschlossen und locker mit einem kräftigen Plastikbeutel umhüllt. Gut verpackt verbleibt sie für mehrere Stunden im Tiefkühlschrank. Das entstandene Eis sprengt die Flasche. Durch diesen Versuch wird deutlich, dass die Sprengkraft des Eises in der Zelle Strukturen zerstören kann. Das „blitzschnelle" Einfrieren verringert die Schäden, da sich während des Einfriervorgangs nur kleine und keine großen Eiskristalle bilden.

– Zum Gefrierbruchverfahren können Gipsblöcke dienen, in die Erbsen, Murmeln, Muschelschalen oder Plastikfiguren eingegossen werden (die Objekte sollte man vorher einfetten). Wird der Block nach dem Trocknen seitlich angeschlagen, bricht er meist so auf, dass das Material in einem Teil verbleibt, während der zweite Teil dessen Abdruck enthält.

– Um die Wirkung der seitlichen Bedampfung zu verdeutlichen, werden kleinere Schachteln und auffällig geformte Gegenstände (z. B. Jogurtbecher) unterschiedlicher Größe auf ein Blatt Papier gestellt und von der Seite her mit Farbe angesprüht (Hinweise auf der Spraydose beachten!). Die Farbverteilung entspricht der Verteilung der Platinschicht.

Literaturhinweise

ALBERTS , B.: Molekularbiologie der Zelle. Wiley-VCH, Weinheim 2003

KLEINIG, H., SITTE, P.: Zellbiologie – ein Lehrbuch. G. Fischer Verlag, Stuttgart 1999

Isolierung von Zellbestandteilen

Zellen eines bestimmten Gewebetyps (z. B. Leberzellen) werden in einem Potter-Gefäß (Abb. 1) mit einem eng sitzenden Kolben zu einem Gewebebrei *(Homogenat)* verarbeitet. Um die Funktion bestimmter Zellorganellen zu untersuchen, wird das Homogenat schrittweise in einzelne Fraktionen aufgetrennt. Dabei stehen zwei verschiedene Verfahren zur Verfügung:

- Bei der Differentialzentrifugation wird mit stufenweise steigender Umdrehungszahl so lange zentrifugiert, bis ein Organelltyp sich als festes Sediment am Boden des Zentrifugenröhrchens absetzt. So werden z. B. Zellkerne durch eine Zentrifugation bei 1000 g (10 min) gewonnen und Ribosomen als einzelne Organellen bei 100 000 g (60 min, Abb. 3).
- Bei der Dichtegradientenzentrifugation ist das Röhrchen mit einer Lösung (z. B. Rohrzucker) gefüllt, deren Dichte von unten nach oben abnimmt. Entsprechend ihrer Dichte sammeln sich die Zellorganellen als Banden im Gradienten an und können dann getrennt werden (Abb. 2a, b).

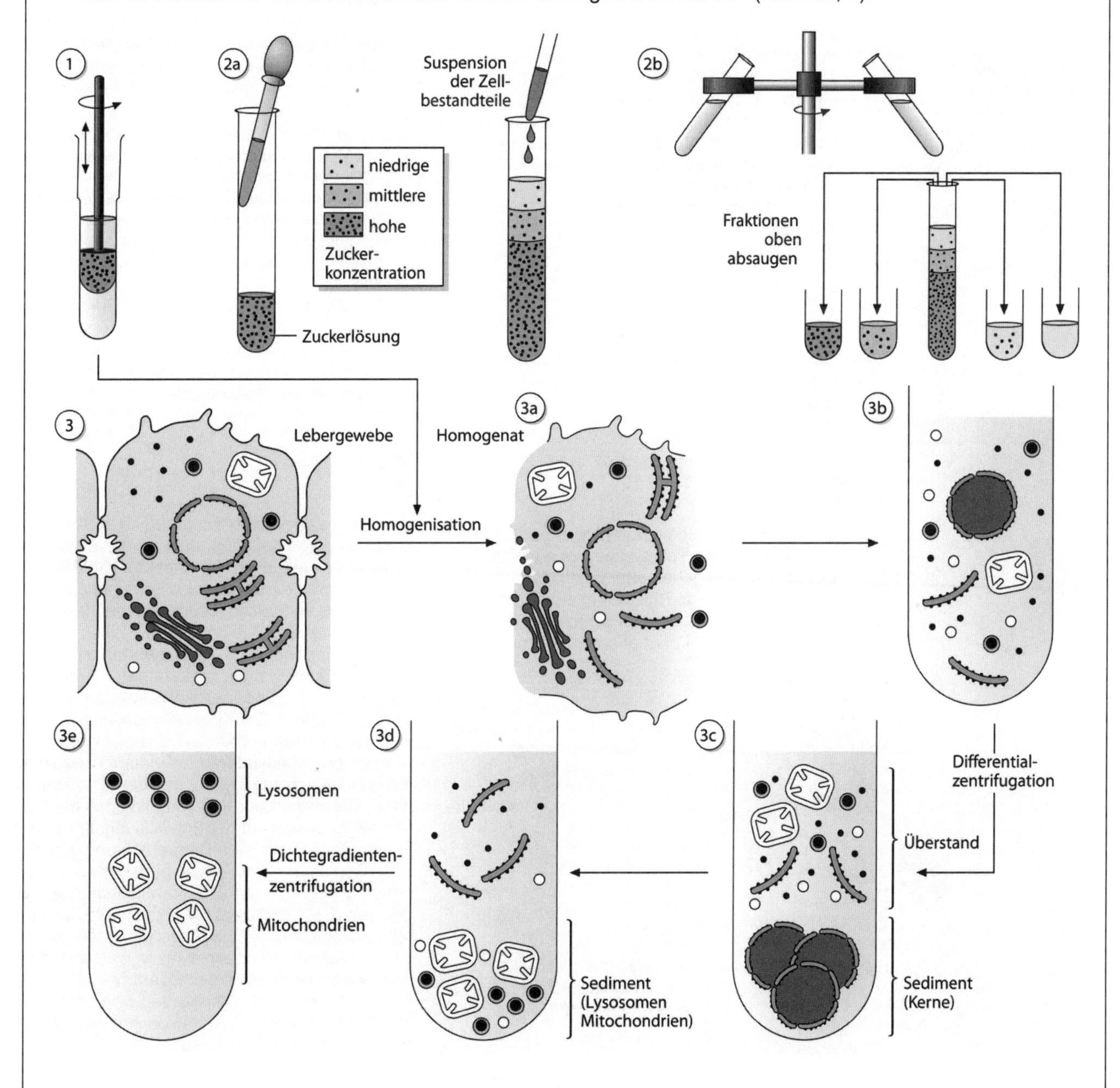

Aufgaben

1. Welche Unterschiede bestehen zwischen dem Dichtegradienten- und der Differentialzentrifugation?
2. Beschreiben Sie eine Abfolge zur Gewinnung der Mitochondrien (s. Abb.).
3. Ribosomen findet man in mehreren Fraktionen. Erklären Sie dies.

Kerntransplantation
Pfropfungsexperiment
Schirmalge
Reproduktion
Zellkern

Größe von Zellkernen
(Durchmesser in µm/ Volumen in µm³)

Maus/ Leber
ø10,1 / V 528

Ratte/ Nebennieren-Rinde
ø 7,1 / V 187

Meerschweinchen/ Spinalganglion
ø12,0 / V 915

Mensch/ Spinalganglion ø 14,2 / V 1509

Amphibien / Oocyte
ø 480

(nach FLINDT)

Der Zellkern

Schülerbuch Seite 19

① Erläutern Sie die elektronenmikroskopischen Verfahren, mit denen die beiden Bilder in Abbildung 18.1 gewonnen worden sind.
– *Die obere Abbildung zeigt die Struktur der Kernhülle in einem Gefrierätzpräparat. Die untere Abbildung entstammt einem Ultradünnschnitt. Sie verdeutlicht einen Querschnitt durch die Kernhülle.*
Anmerkung: Die methodischen Schritte, die zu den Bildern führten, sind jeweils auf Seite 21 des Schülerbuches beschrieben bzw. dargestellt.

② Berechnen Sie unter Zugrundelegen der Tatsache, dass ein Zellkern in einer Säugetierzelle etwa einen Durchmesser von 5 µm hat, die etwaige Vergrößerung des schematisch dargestellten Kerns in Abbildung 18.1 und in den elektronenmikroskopischen Bildern.
– *Im Schema wurde der Kern etwa 5000-fach, in den elektronenmikroskopischen Bildern auf etwa 20.000-fach vergrößert.*

③ Erklären Sie, welche grundsätzlichen biologischen Erkenntnisse mit den beiden zur Kerntransplantation beschriebenen Experimenten (Randspalte und Abbildung 3) gewonnen werden konnten.
– *Beide Versuche zeigen, dass im Zellkern die komplette Erbinformation des Tieres vorhanden sein muss.*

Arbeitsblatt Seite 15

1. Die Algenstücke überleben einige Zeit und die Spitze kann noch Haare bzw. Hut ausbilden. Spitze und Stiel gehen aber letztlich zugrunde. Nur das kernhaltige Rhizoid regeneriert die vollständige Zelle und pflanzt sich fort. Dies weist auf eine Erbinformation im Zellkern hin.

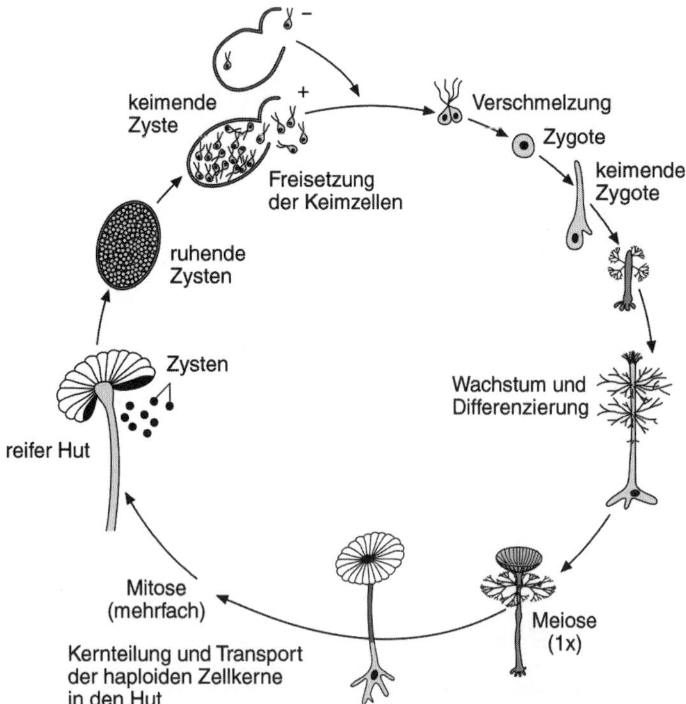

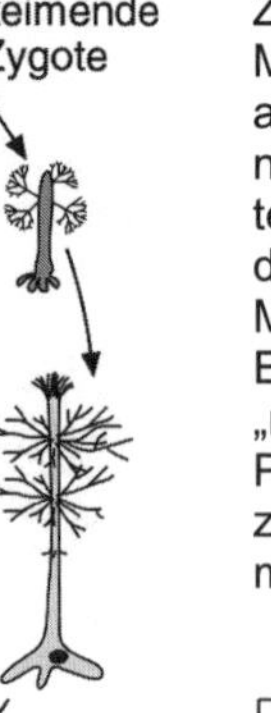

Lebenszyklus von Acetabularia

2. *Abb. 2:* Rhizoid und Spitze werden abgeschnitten und verworfen. In den unteren Teil des Stiels wird ein Zellkern implantiert, der von einer anderen Zelle der gleichen Art stammt. Der Stiel bildet daraufhin nicht nur Haarquirle und Hut aus, sondern formt auch ein neues Rhizoid nahe der Implantationsstelle.
Abb. 3: Zwischen dem Abtrennen von Spitze und Rhizoid vergehen bis zu 24 Stunden. Vergeht mehr als eine Stunde, können vermutlich genügend „Gestalt bildende Substanzen" in den oberen Teil des Stiels übertreten und für die Ausbildung des Huts und der Haare sorgen.
Abb. 4: Wird der Stiel einer Art auf das Rhizoid der anderen gesetzt, entwickelt die Zelle letztlich den Hut, der zum Zellkernspender gehört.
Anmerkung: J. HÄMMERLING entfernte die zunächst gebildeten Hüte, die meist Zwischenformen zwischen den beiden Arten darstellten.
3. Die Größe, die deutliche Dreiteilung, die gute Regenerationsfähigkeit und der an das Rhizoid gebundene große Zellkern ermöglichen ein Experimentieren „von Hand" und es ergeben sich deutlich sichtbare Differenzierungsergebnisse der vom Zellkern abgegebenen Substanzen.
4. Der Zellkern enthält die spezifische Erbinformation (sichtbar an der Hutform) und gibt seine Information durch chemische Signale über das Cytoplasma weiter. Damit steuert er die Entwicklung und Fortpflanzung.

Die Schirmalge Acetabularia

Der Lebenszyklus von *Acetabularia* (s. Abb.) zeigt zunächst einen Keimling, der aus der Zygote entsteht und sich zu Rhizoid, Stiel und Hut differenziert. Haben die Hutkammern ihre endgültige Größe erreicht, findet eine Reduktion des Kernmaterials statt *(Meiose)*. Die haploiden Zellkerne werden durch mehrfache Mitosen vermehrt und durch Plasmaströmung in die Hutkammern transportiert. Sie können von einer derben Zellwand umgeben werden *(Zysten)*. Die Keimzellenbildung ist mit weiteren Mitosen verbunden. Die zweigeißeligen Keimzellen verschiedener Individuen vereinigen sich schließlich zur Zygote, aus der sich dann die Zelle differenziert. *Acetabularia* ist noch heute ein Modellorganismus in der Entwicklungsbiologie, da an der Riesenzelle eine Differenzierung in funktionelle Regionen ohne Zellkompartimentierung untersucht werden kann. Die Transplantationen wurden von J. HÄMMERLING ohne die heute üblichen Mikromanipulatoren bzw. Laserpinzetten gemacht. Erst später konnte nachgewiesen werden, dass die „morphogenetischen Substanzen" m-RNA und Proteine sind. Diese Substanzen werden heute zusammen mit dem Genom von *Acetabularia* molekularbiologisch untersucht.

Literaturhinweise

DUMAIS, J. et. al.: Acetabularia: A Unicellular Model for Understanding Subcellular Localization and Morphogenesis during Development. In: J. Plant Growth Regul., Vol. 19, S. 253 – 264, 2000

Die Bedeutung des Zellkerns

Die bis zu 10 cm lange Meeresalge *Acetabularia* hat einen herausragenden Platz in der Zellforschung: Äußerlich gleicht sie durch ihre Dreiteilung in Rhizoid, Stiel und Hut im Aufbau einer höheren Pflanze. Als Einzeller besitzt sie einen Zellkern, der sich im Rhizoid befindet. Kernteilung und Fortpflanzung erfolgen erst, nachdem die Zelle ihre volle Größe erreicht hat. Die Arten unterscheiden sich in der Gestalt des Hutes und kommen z. B. im Mittelmeer *(A. mediterranea)* oder der Karibik *(A. crenulata)* vor. Durch die Größe der Zelle waren Untersuchungen zur Funktion des Zellkerns bereits in einer Zeit möglich, als es noch keine Mikromanipulatoren gab.

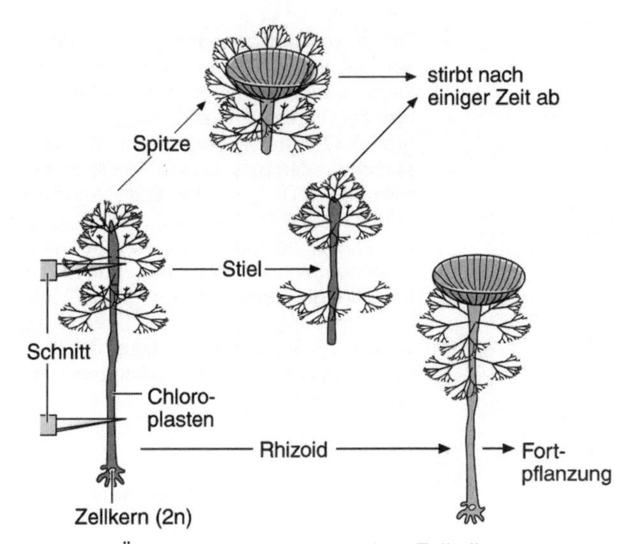

Abb.1 Überlebenschancen einzelner Zellteile

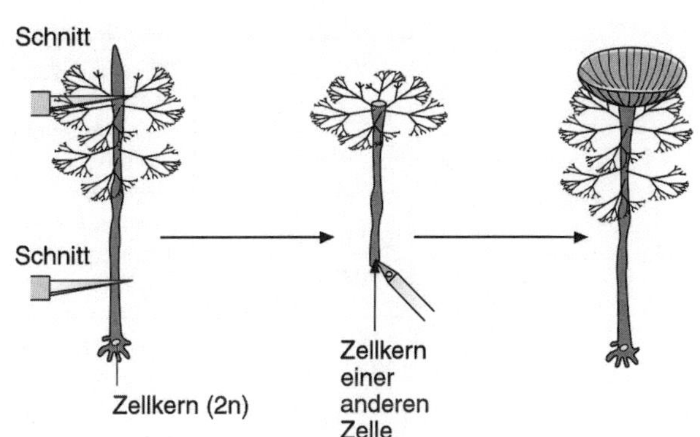

Abb.2 Kerntransplantation

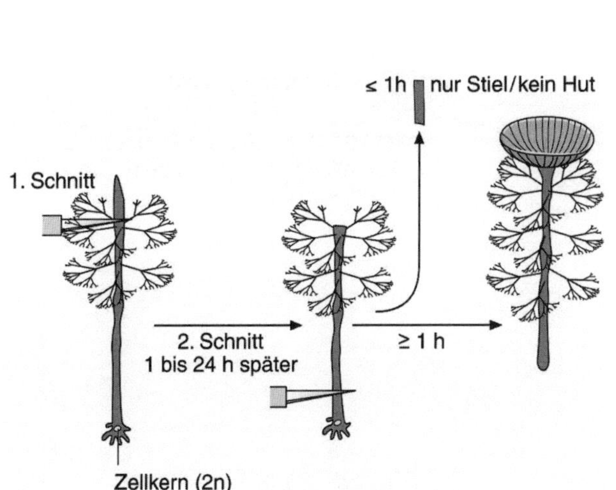

Abb.3 Suche nach den morphogenetischen Substanzen

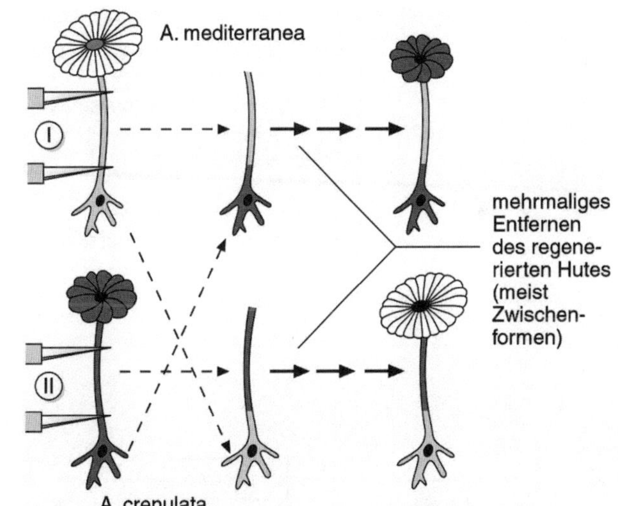

Abb.4 Einfluss des Zellkerns auf die Hutausbildung

Aufgaben

1. 1932 – als noch wenig über die Funktion des Zellkerns bekannt war – teilte JOACHIM HÄMMERLING *Acetabularia* entsprechend Abbildung 1 und beobachtete die Einzelstücke, die er unter gleichen Bedingungen eine Zeit lang hielt. Beschreiben und interpretieren Sie das dargestellte Ergebnis.
2. Erläutern Sie die weiteren Versuche, die HÄMMERLING durchführte (Abb. 2 – 4).
3. Warum ist *Acetabularia* ein ideales Untersuchungsobjekt, um die Bedeutung des Zellkerns zu erforschen?
4. Welche Bedeutung des Zellkerns lässt sich aus den Versuchen ablesen?

Chloroplast
Cytoplasma
Kompartimentierung
Kompartimentierungs-regel
Mikrofilament
Mitochondrium
Organell
Peroxisom
Proteinsynthese

Bau und Funktion von Zellorganellen

Arbeitsblatt Seite 17

1. Lösung siehe Abbildung unten. Beispiele könnten sein: Die äußere Hüllmembran der Mitochondrien grenzt an das Cytoplasma und an den Intermembranraum (nicht plasmatisch), die innere Membran hat die Matrix als plasmatische Phase. Bei Organellen mit einfacher Membran ist die eine Seite jeweils dem Cytoplasma, die andere der nicht plasmatischen Phase zugewandt.

Zellorganelle mit Einfachmembran	Funktion
Plasmamembran	Filter und Kontaktzone zum Außenbereich, Abgabe und Aufnahme von Signalen und Stoffen
ER und Dictyosomen	Synthese, Speicherung, Transport von Stoffen (Fette, Eiweiße usw.)
Vakuole	Abbau, Ablagerung, Speicherung von Stoffen
Zellorganelle mit Doppelmembran	**Funktion**
Zellkern	DNA-Replikation, Transkription
Mitochondrien	Zellatmung, Energiegewinnung
Chloroplasten	Fotosynthese
Zellorganelle ohne Membran	**Funktion**
Ribosomen	Ort der Eiweißsynthese

2. Die Grundsubstanz der Mitochondrien oder Chloroplasten bleibt bei einer Teilung immer vom Cytoplasma getrennt. Durch Phagocytose entstehende Vesikel können mit Lysosomen verschmelzen, wodurch unterschiedliche Kompartimente verschmelzen. Trotzdem bleibt in beiden Fällen die Kompartimentierungsregel erhalten, d. h. stets grenzt eine Membran eine plasmatische Phase von einer nicht plasmatischen ab.
3. Durch die Kompartimentierung werden Stoffwechselwege getrennt, die dadurch effektiver, störungsfreier und regulierbar ablaufen. Membrangebundene Prozesse finden auf der großen Oberfläche der inneren Membran der Mitochondrien bzw. an den Membranen des ER und der Dictyosomen statt. Volumenmäßig dominiert das Cytoplasma. Die Leberzellen der Ratten weisen einen hohen Volumenanteil an Mitochondrien auf. Auch das raue und glatte ER ist relativ stark ausgeprägt. Die Leberzelle hat demzufolge einen hohen Energiestoffwechsel (Mitochondrien) und eine hohe Produktivität, vor allem hinsichtlich der Enzymproduktion (raues ER).

Trennung von Zellbestandteilen

Wenn eine Zentrifuge zur Verfügung steht, können Zellbestandteile im Unterricht experimentell getrennt werden. Eine Anleitung findet sich z.B. in der unten angegebenen Literatur.

Literaturhinweise

ECKEBRECHT, H., KLUGE, S.: Natura Experimentesammlung Sekundarstufe II. Ernst Klett Verlag, Stuttgart 2008

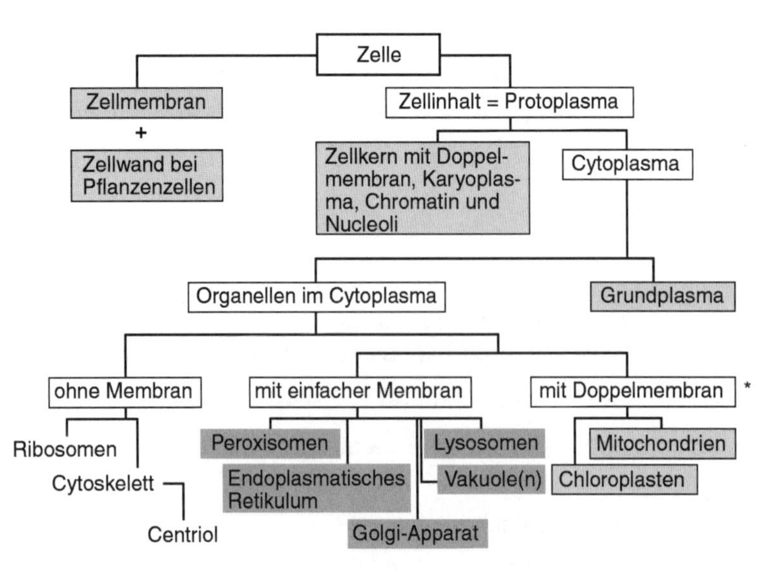

*) Der Zellkern könnte auch hier eingeordnet werden, ist aber aufgrund seiner besonderen Funktion ausgegliedert.

Kompartimentierung einer Zelle

Die Kompartimentierungsregel, die 1965 von E. SCHNEPF aufgestellt wurde, besagt, dass eine biologische Membran stets eine nicht plasmatische Phase von einer plasmatischen Phase trennt. Stoffwechselreaktionen können in den plasmatischen Bereichen, den nicht plasmatischen Bereichen und membrangebunden ablaufen. Die Abbildung 1 zeigt schematisch die Kompartimentierung einer Zelle. Die Tabelle (Abb. 2) gibt an, welchen Anteil Zellorganellen einer Rattenleberzelle an allen in der Zelle vorhandenen Volumina bzw. Oberflächen haben.

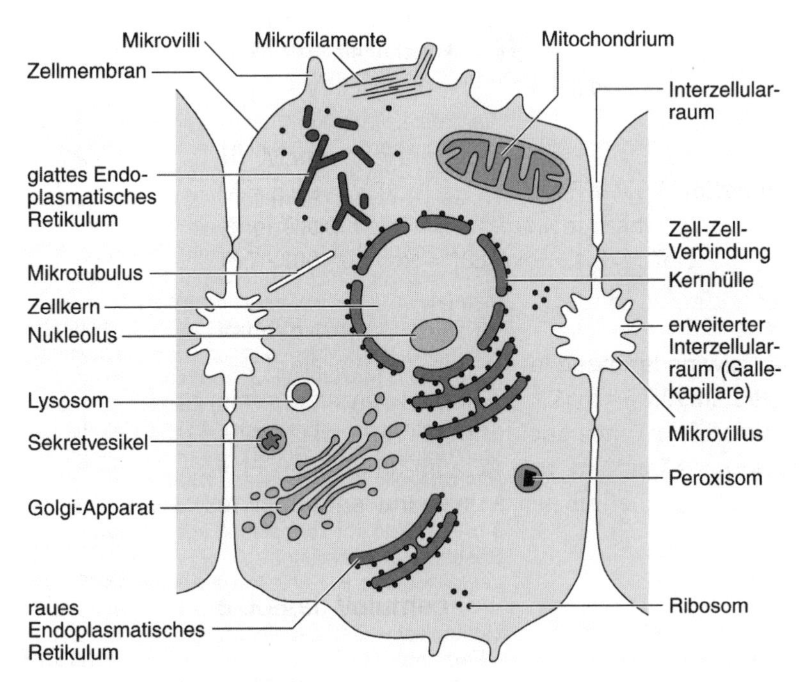

Abb. 1 Kompartimentierung am Beispiel einer Leberzelle

Zellbestandteile	absolutes Volumen (µm³)	Anteil am Zellvolumen (%)	Anzahl der Strukturen (Absolutwerte)	Oberflächen (µm²)
gesamte Zelle	4940	100	(1)	1740
Zellkern	300	6	1	
Cytoplasma Grundplasma und restl. Komponenten Peroxisomen Mitochondrien	4640 2656 67 1070	94 53,8 1,4 21,7	 370 1665	große innere Oberfläche
Endoplasmatisches Retikulum (ER) raues ER (rER) rER-gebundene Ribosomen glattes ER	756 467 289	15,4 9,5 ca. 2 5,9		63 000 37 900 $1,27 \times 10^7$ 25 100
Dictyosomen (Golgi-Stapel)	< 50	< 1	mehrere	
Lysosomen	41	0,8	ca. 10^2	

Abb. 2 Anteil verschiedener Komponenten an einer „typischen“ Säugetierzelle (Zellen der Rattenleber)

Aufgaben

1. Stellen Sie in einer Übersicht Zellorganellen mit Doppelmembran und einfacher Membran sowie deren Funktionen tabellarisch zusammen. Erläutern Sie die Kompartimentierungsregel.
2. Wie abgeschnürte Vesikel oder sich teilende Mitochondrien und Chloroplasten zeigen, ist in der aktiven Zelle das Membransystem in ständiger Bewegung. Wird dadurch die Kompartimentierungsregel durchbrochen? Begründen Sie Ihre Einschätzung.
3. Welche biologische Bedeutung hat die Kompartimentierung für eine Zelle? Welche Schlussfolgerungen können aus den Daten in Abbildung 2 hinsichtlich der wesentlichen Reaktionsräume bzw. Reaktionsflächen gezogen werden?

Eucyte
Protocyte
Zellorganell

Zellen

Arbeitsblatt Seite 19

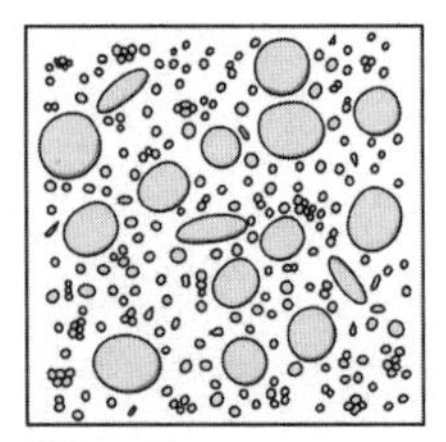

Weizen

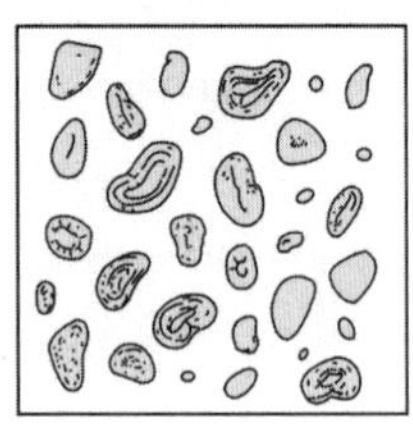

Erbse

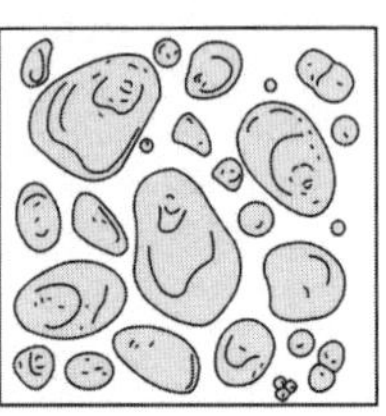

Kartoffel

1. *Tierzelle:* L1) Vesikel (Substanzspeicherung und -transport), O2) Aktinfilamente (Zellskelett), G3) Cytoplasma (Grundsubstanz), I4) Golgi-Apparat (Sekretion), Q5) Endoplasmatisches Retikulum (Eiweißsynthese, Substanztransport), J6) Centriol (Kernteilung), M7) Lysosom (Enzymtransport), N8) Cytosomen (kleinere Vesikel mit unterschiedlicher Enzymausstattung), P9) Ribosomen (Eiweißsynthese), H10) Mitochondrien (Energiegewinnung), K11) Mikrotubuli (Zellskelett, Kern- und Zellteilung), B/C/D/E/F12) Zellkern (Steuerung, enthält Erbinformation), A13) Zellmembran (äußere Hülle, Schutz, Barriere). *Pflanzenzelle:* R14) Zellwand (Stabilität), S15) Plasmodesmen (Zell-Zell-Kontakt), T16) Vakuole mit Tonoplast (Lagerstätte für Reserve- und Abfallstoffe), U17) Inhaltsstoffe der Vakuole (z. B. Kristalle zur Ablagerung), V/W18) Plastiden (Chloroplast – Fotosynthese, Leukoplast – Stärkespeicherung, Chromoplast – Färbung).
2. „Aufbau Protocyte"; es fehlen von Membranen umgrenzte Zellorganellen wie z. B. Mitochondrien, Plastiden oder Lysosomen.

Experimente und Mikroskopie

Material:
Kartoffelknollen, Rasierklinge, (einseitig abgeklebt), Küchenmesser, Pasteurpipette, Objektträger, Iod-Kaliumiodidlösung (Lugol'sche Lösung) Mikroskop, Objektträger, Deckgläschen

Durchführung:
Zwei Objektträger werden zur Herstellung von Nasspräparaten mit etwas Wasser betropft. Dann wird eine Kartoffelknolle mit dem Messer zerteilt.

Im Wasser des einen Objektträgers wird etwas Feuchtigkeit von der Schnittfläche verteilt. Es enthält die aus angeschnittenen Zellen freigesetzten Stärkekörner. Auf den zweiten Objektträger bringt man dünne, mit der Rasierklinge angefertigte Gewebeschnitte. Bei ihnen sind die Zellen mit Inhalt zu sehen. Nach dem Abdecken mit Deckgläschen werden zunächst beide Präparate betrachtet. Anschließend wird seitlich ein Tropfen Iod-Kaliumiodidlösung angesetzt und die Lösung mithilfe eines Filterpapierstreifens unter das Deckglas gesaugt.

Ergebnis:
Im zellfreien Präparat sind unterschiedlich große Stärkekörner zu sehen. Sie sind einfach (nicht zusammengesetzt), haben eine ovale bis eiförmige Gestalt. Der Initialpunkt liegt exzentrisch. Die Schichten des Stärkeaufbaus sind bei einigen Körnern zu erkennen. Mit Iod-Kaliumiodid tritt eine Blauviolett-Färbung ein.
Das Schnittpräparat offenbart, dass die Stärkekörner zu vielen in einer Zelle liegen. Die hauchdünnen Zellwände sind sichtbar. Die Anzahl der Amyloplasten pro Zelle lässt sich abschätzen. Sie liegt häufig in der Größenordnung von 20 bis 50.

Eine Vielzahl von Experimenten finden Sie in der unten angegebenen Literatur.

Literaturhinweise

ECKEBRECHT, H., KLUGE, S.: Natura Experimentesammlung Sekundarstufe I. Ernst Klett Verlag, Stuttgart 2006

Merkmal/ Bestandteil	Protocyte	Eucyte
Grundbaustein	der Bakterien	aller übrigen Organismen (Eukaryoten)
Kern	nicht vorhanden	vorhanden
Mitochondrien	nicht vorhanden	vorhanden
Kompartimentierung	kaum ausgeprägt	ausgeprägt
inneres Membransystem	kaum ausgeprägt	ausgeprägt
Cytoskelett	nicht vorhanden	vorhanden
Ribosomen	vom 70 S-Typ (Prokaryoten-Typ)	80 S-Typ (Eukaryoten-Typ) im Cytoplasma; 70 S-Typ in den Chloroplasten und Mitochondrien
Entstehung	vor 3 bis 4 Mrd. Jahren	vor 1 bis 3 Mrd. Jahren
Zellvolumen	um 3 μm^3	100- bis 1000-mal größer
Meiose	kommt nicht vor	vorhanden
DNA	ringförmig, keine Chromosomen	Chromosomen; zusätzlich in Chloroplasten und Mitochondrien

Aufbau der eukaryotischen Zelle

Tierzelle

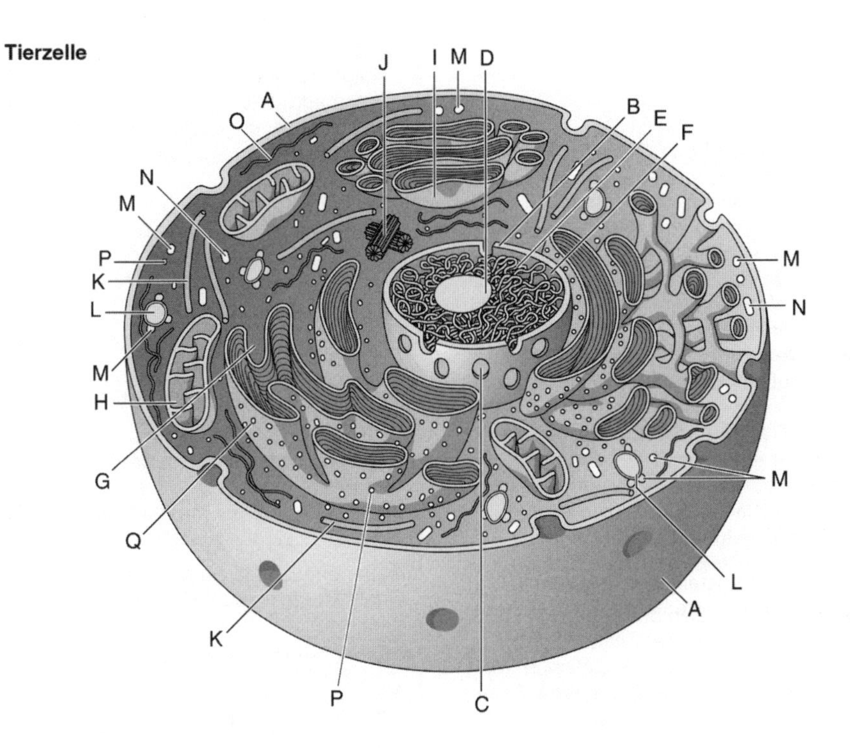

- 13–Zellmembran
- 12–Zellkern:
  - –Kernhülle
  - –Kernpore
  - –Nucleolus
  - –Chromatin
  - –Kernplasma
- 3–Cytoplasma
- 10–Mitochondrium
- 4–Golgi-Apparat
- 6–Centriol (=Zentrosom)
- 11–Mikrotubulus
- 1–Vesikel
- 7/8–Lysosomen/ Cytosomen
- 2–Aktinfilament
- 9–Ribosom
- 5–Endoplasmatisches Retikulum

Pflanzenzelle

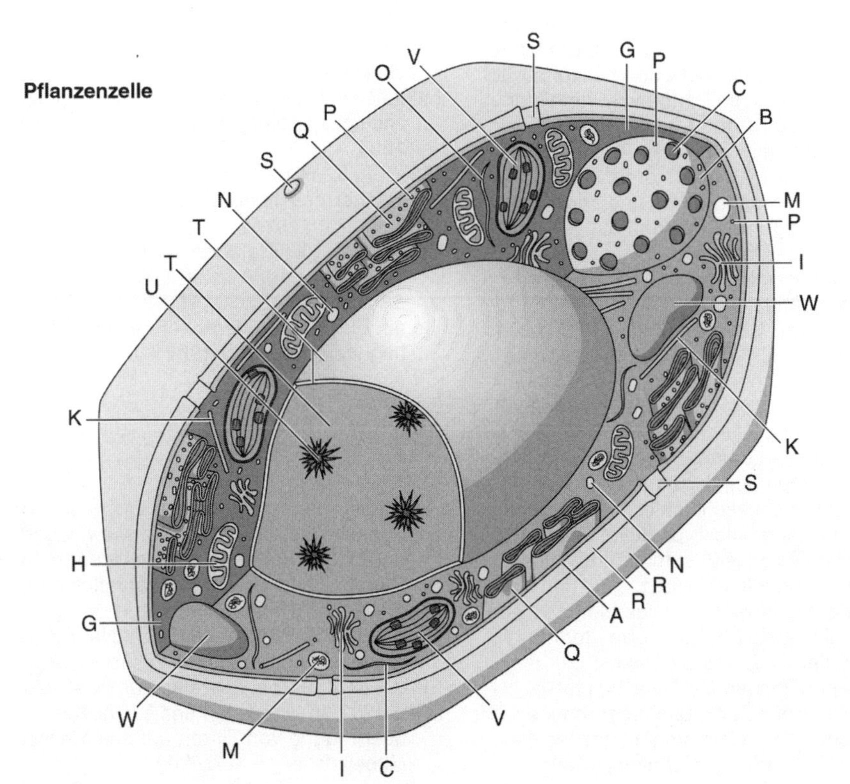

- 14–Zellwand
- 15–Plasmodesmen
- 16–Vakuole mit Tonoplast
- 17–Inhaltsstoffe der Vakuole (z.B. Kristalle)
- 18–Plastiden:
  - –Chloroplast
  - –Leukoplast
  - –Chromoplast

Aufgaben

1. Ordnen Sie den markierten Teilen der Abbildungen (A – W) die Bezeichnungen (1–18) zu und geben Sie ein Stichwort zur Funktion der markierten Zellorganellen an.
2. Entwerfen Sie eine Skizze zum Aufbau einer prokaryotischen Zelle. Geben Sie an, welche Organellen diesem Zelltyp im Vergleich mit eukaryotischen Zellen fehlen.

Einzeller
Organell
Stammesgeschichte – Vielzeller

Lebewesen aus einer Zelle
Vom Einzeller zum Vielzeller – ein Denkmodell

Arbeitsblatt Seite 21

1. *Amöbe:* Sie hat keine feste Gestalt („Wechseltierchen"). Sie bildet Scheinfüßchen zur Fortbewegung und zum Umfließen von Nahrungspartikeln. Diese werden in Nahrungsvakuolen eingeschlossen, verdaut und Unverdauliches wird wieder über die Zelloberfläche ausgeschieden. Die Vermehrung erfolgt durch Zweiteilung. Trockenheit überleben die Einzeller – wenn sie ausreichend Zeit haben, eine schützende Hülle aufzubauen – in einem Ruhestadium.
   Paramecium: Das Wimperntierchen bewegt sich mithilfe der mehr als 10 000 Wimpern, die auch Nahrungspartikel an das Mundfeld heranstrudeln. Die Nahrungsvakuolen durchlaufen die Zelle auf festgelegten Bahnen und Reste werden am Zellafter ausgeschieden. Eindringendes Wasser wird über die pulsierenden Vakuolen nach außen befördert. Ein Großkern dient zur Steuerung der Zellfunktionen, der Kleinkern ist bei der geschlechtlichen Fortpflanzung (Konjugation) von Bedeutung. In der Regel vermehren sich die Einzeller durch Querteilung.
   Euglena: Der spindelförmige Körper wird von einer elastischen Zellhaut umgeben. Die lange Geißel am Vorderende zieht den Zellkörper bei der schraubenförmigen Fortbewegung hinter sich her. Der Fotorezeptor an der Geißelbasis dient zusammen mit dem roten Augenfleck zur Lichtorientierung. Mit den Chloroplasten bildet Euglena stärkeähnliche Stoffe und speichert sie. Im Dunkeln gehalten, bauen einige Euglenaarten die Chloroplasten ab und ernähren sich wie Paramecium. Die Vermehrung erfolgt durch Längsteilung.
   Chlamydomonas: Die ovale Zelle liegt in einer Gallerthülle und ist von einer festen Zellwand umgeben. Der becherförmige Chloroplast umgibt den Zellkern. Zwei lange Geißeln dienen der Fortbewegung. Durch den Augenfleck erfolgt die Lichtorientierung. Reservestoffe werden in Pyrenoiden abgelagert. Die Grünalge teilt sich bei der ungeschlechtlichen Fortpflanzung zweimal innerhalb ihrer Hülle. Die vier Zellen bleiben solange zusammen, bis die gemeinsame Gallerthülle platzt.
   Gonium: Bei der Mosaikgrünalge bleiben bis zu 16 noch nicht spezialisierte, chlamydomonasähnliche Zellen zusammen (Zellkolonie). Sie sind zum koordinierten Geißelschlag fähig.
   Volvox: Eine große Zahl zusammenarbeitender und differenzierter Zellen steht über Plasmabrücken in Verbindung (Informations- und Stoffaustausch). Körperzellen dienen der Fortbewegung und Ernährung, Fortpflanzungszellen können sich teilen und Tochterkugeln bilden, aber auch Eizellen und Spermien entwickeln.
2. Die farblose Form von Euglena ernährt sich heterotroph wie tierische Zellen. Der Wechsel zur autotrophen Ernährung stellt den Einzeller zu den Grünalgen (pflanzliche Form). Die deutsche Bezeichnung „Augentierchen" ist daher nicht zutreffend.
3. Aufgrund des Aufbaus (differenzierte Zellen, Plasmabrücken) und der Fortpflanzung (geschlechtlich, ungeschlechtlich) gilt Volvox als Übergangsform zwischen Kolonie und echter Vielzelligkeit.
4. Bei der Differenzierung entstehen auch Zellen, die sich zu Keimzellen entwickeln und nur diese leben in der nächsten Generation weiter. Mit Volvox trat die erste „natürliche Leiche" in der Stammesgeschichte auf.

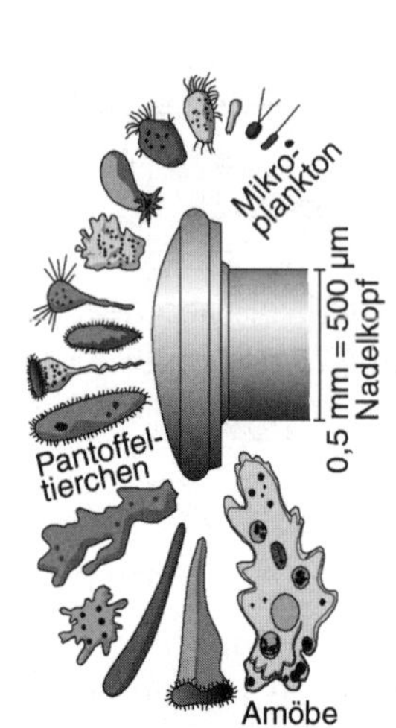

Größenvergleiche von Einzellern mit einem Nadelkopf

Mögliche Experimente

Die „Wimmelwelt im Wassertropfen" ergibt sich aus einem Heuaufguss, durch Aufwuchs auf Objektträgern (die längere Zeit im Teich hingen) oder in Planktonproben aus Kleingewässern (KREMER, S. 89)

Literaturhinweise

ECKEBRECHT, H., KLUGE, S.: Natura Experimentesammlung Sekundarstufe I. Ernst Klett Verlag, Stuttgart 2006

KREMER, B.: Das große Kosmos-Buch der Mikroskopie. Franckh-Kosmos Verlag, Stuttgart 2002

MEHLHORN, H., RUTHMANN, A.: Allgemeine Protozoologie. Urban & Fischer Verlag, München 1993

RICHTER, K., ROST, J. M.: Komplexe Systeme. Fischer Taschenbuch Verlag, Frankfurt/M. 2002

RÖTTGER, R.: Wörterbuch der Protozoologie. Shaker Verlag, Aachen 2001

VATER-DOBBERSTEIN, B., HILFRICH, H.G.: Versuche mit Einzellern. Kosmos- Franckh'sche Verlagshandlung, Stuttgart 1982

Medienhinweise

Protozoen – Aus der Welt der Einzeller; VHS-Kassette Best.-Nr. 180140; www.hagemann.de

FWU 4202229 Einzeller: Arbeitsvideo / 4 Kurzfilme (Amöbe, Augentierchen, Pantoffeltierchen)

FWU 4201657 Pantoffeltierchen

FWU 4201658 Pantoffeltierchen: Nahrungsaufnahme, Verdauung und Ausscheidung

FWU 4201669 Vom Einzeller zum Vielzeller

FWU 4202390 Parasiten und Zoonosen – Erregerübertragung von Tieren auf den Menschen (Arbeitsvideo, 5 Kurzfilme)

http://www.mikrobiologischer-garten.de (zahlreiche Bilder und weitergehende Informationen)

Besondere Leistungen verschiedener eukaryotischer Einzeller

Einzeller sind Organismen, die – wie der Name sagt – nur aus einer einzigen Zelle bestehen. Ihre Ausstattung gewährleistet aber alle Lebensfunktionen. Es sind keine Organe wie bei mehrzelligen Tieren vorhanden; man spricht vielmehr von Organellen. Die Einzelzelle differenzierte sich jedoch im Lauf der Stammesgeschichte immer stärker, sodass heute bei vielen einzelligen Arten eine große Komplexität des Zellbaus besteht.

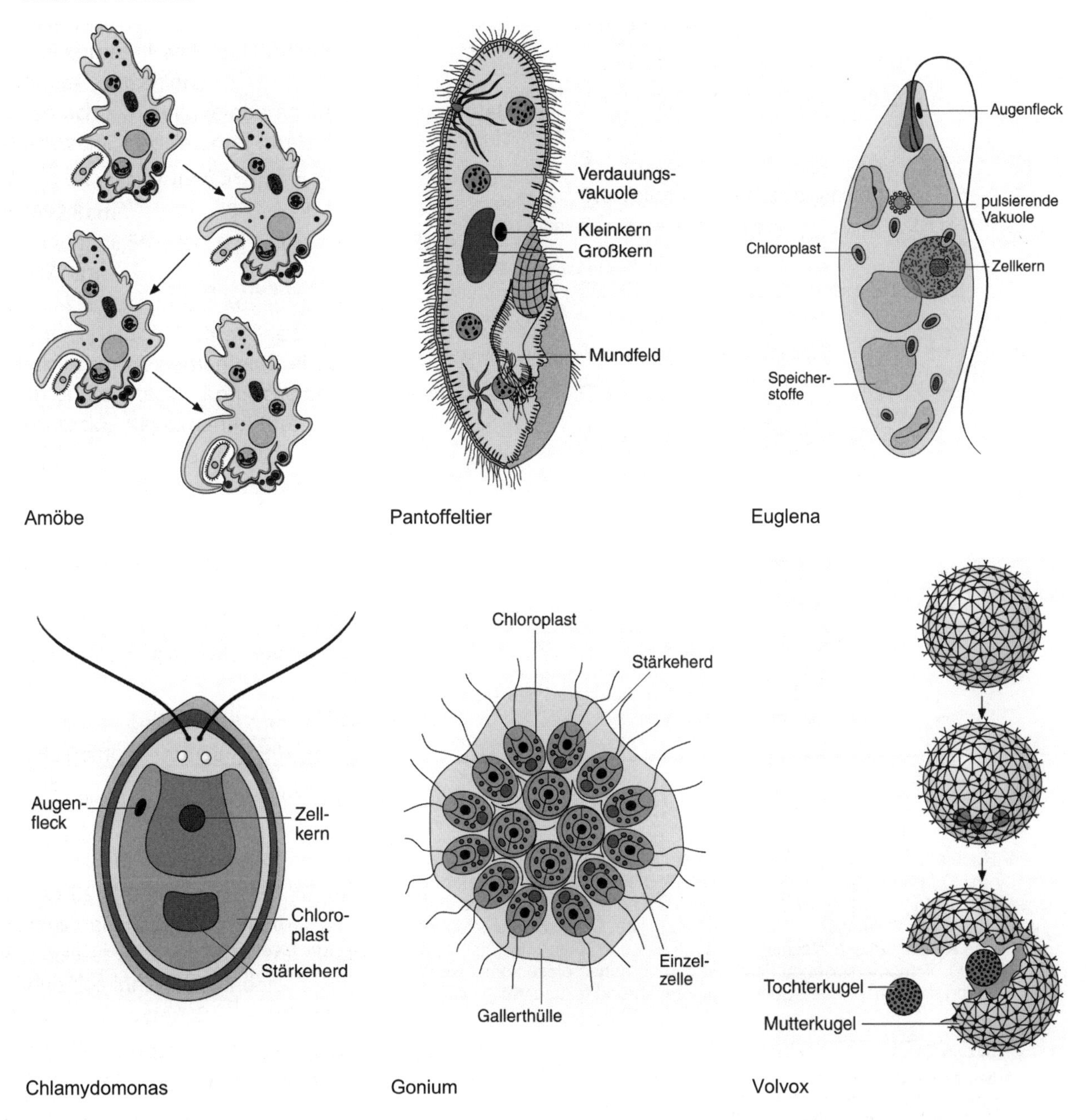

Aufgaben

1. Nennen Sie wesentliche Kennzeichen (Aufbau, Lebensweise) der dargestellten Einzeller bzw. Zellkolonien.
2. Euglena wird als Augentierchen bezeichnet, kann sich bei ausreichender Belichtung aber autotroph ernähren. Welcher Widerspruch in der Lebensweise ergibt sich zum deutschen Namen?
3. Welche Sonderstellung nimmt Volvox unter den oben dargestellten Arten ein?
4. Der Preis der Zelldifferenzierung im Vielzeller ist der Tod des Individuums. Nehmen Sie zu dieser Aussage Stellung.

Centriol
Chromosom
Mikrotubulus
Mitose
Proteine
Regulation – Zellteilung
Spindelapparat
Zellzyklus

2 Zellvermehrung

Zellzyklus und Mitose

Arbeitsblatt Seite 23

1. A) beginnende Prophase (fädige Strukturen werden stärker kondensiert), B) frühe Telophase (beginnende Zellwandbildung), C) Metaphase (Chromosomen liegen in der Äquatorialebene), D) späte Anaphase (getrennte Chromatiden fast an den Polen), E) Interphase (Chromatiden sind fädig). Die Reihenfolge lautet E – A – C – D – B.
2. *Interphase*: Zellskelett;
   Prophase: Zellskelett wird teilweise aufgelöst, Centrosomen wandern auseinander und bauen Polspindel auf;
   Metaphase: durch die überlappenden Spindelfasern und die Wechselwirkung mit den Chromosomen werden diese in die Äquatorialebene geschoben;
   Anaphase: Durch Verkürzen der Mikrotubuli-Fasern werden die Chromatiden zu den Polen befördert;
   Telophase: Spindelapparat wird abgebaut, Zellwand und Zellskelett entstehen neu.
3. Colchicin verhindert, dass sich die Tubulineinheiten zu den Spindelfasern zusammenlagern. Ohne Spindelapparat liegen die Chromosomen in der Zwei-Chromatid-Form der Metaphase vor, teilen sich auch am Centromer, werden aber nicht zu den Zellpolen transportiert. *Anmerkung:* Daher wird Colchicin in der Pflanzenzucht auch zur Polyploidisierung genutzt
4. Da Mikrotubuli-Hemmstoffe die Tätigkeit des Spindelapparates verhindern, kann sich die Zelle auch nicht teilen. Damit wird das Tumorwachstum unterbunden.

Hinweise

Mögliche Experimente:
- Fertigpräparate der Küchenzwiebel untersuchen (siehe Lieder-Präparatesammlung).
- Quetschpräparat aus der Wurzelspitze der Küchenzwiebel (als Färbelösung Karmin- oder Orcein-Essigsäure verwenden, diese ca. 24 Stunden einwirken lassen und dann die Lösung mit dem Präparat kurz aufkochen).
- Anleitung zur Päparation der Riesenchromosomen aus Zuckmückenlarven (s. KREMER S. 84)

Literaturhinweise

DUTRILLAUX, B., COUTURIER, J.: Praktikum der Chromosomenanalyse. Ferdinand Enke Verlag, Stuttgart 1983

KREMER, B.: Das große Kosmos-Buch der Mikroskopie. Franckh-Kosmos Verlag, Stuttgart 2002

Medienhinweise

FWU 6631530 Die Zelle: Kern des Lebens – Vom Gen zum Protein (CD-ROM-Reihe „Die Zelle", Teil 4)

FWU 4202517 Kern- und Zellteilung. Arbeitsvideo / 3 Kurzfilme

FWU 4202332 Darstellung menschlicher Chromosomen aus Blut

Fertigpräparate z. B. über Fa. Johannes Lieder, Postfach 724, 71636 Ludwigsburg http://www.lieder.de

An der Regulation des Zellzyklus sind insbesondere in der Interphase eine große Zahl unterschiedlicher Eiweiße beteiligt, die hier nur mit Ziffern benannt werden: (1) hält (2) in einem inaktiven Zustand, sodass unter ungünstigen Bedingungen der Restriktionspunkt nicht überschritten wird. Erst wenn Cyclin D und (3) anwesend sind, kann die Zellteilung eingeleitet werden. Die S-Phase läuft bei Anwesenheit von Cyclin A und (4) ab. Die eigentliche Mitose beginnt bei Anwesenheit von Cyclin B. Die Cycline unterliegen einem stetigen Wechsel von Synthese und Abbau und sind selbst wieder von Steuerungs- und Regelungsmolekülen abhängig. Tumor auslösende Faktoren durchbrechen diese komplexen Kontrollmechanismen, sodass die Zellen durch eine Überwindung des G1/S-Phase-Übergangs fortwährend teilungsfähig sind.

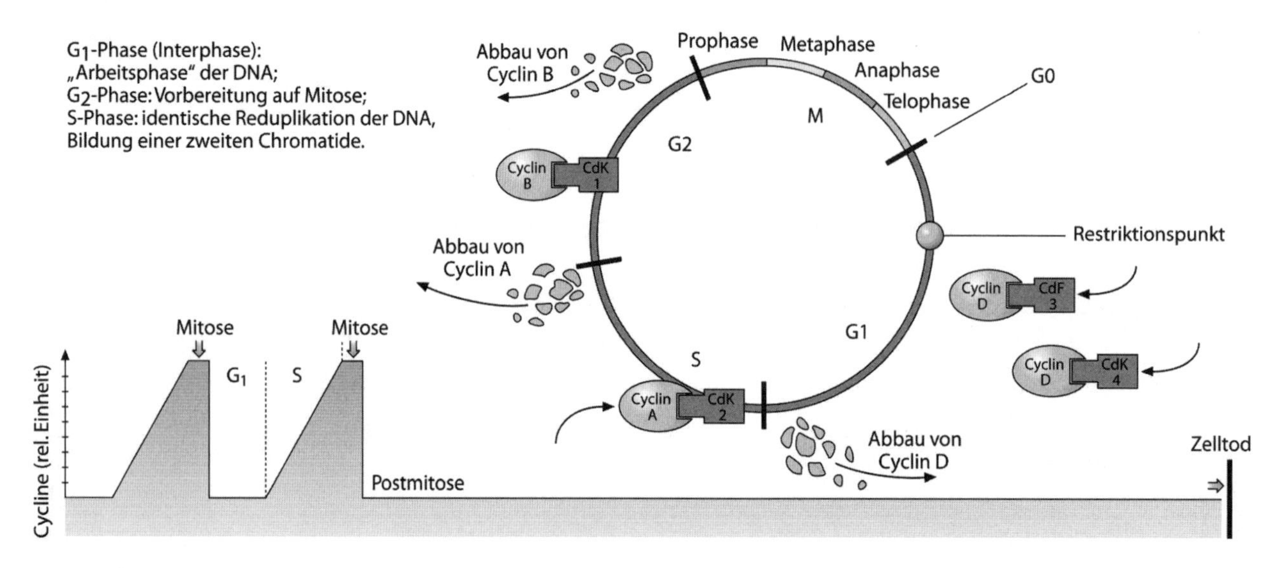

Gifte gegen die Zellteilung

Jede sich teilende Zelle durchläuft einen typischen Zellteilungszyklus: Nach Mitose und Zellteilung beginnt die Wachstumsphase einer Zelle *(Interphase)* mit ihren charakteristischen Stadien (G1, S, G2). Die eigentliche Kernteilung wird durch Aktin und Myosin, der Transport der Chromosomen in der Mitose durch den Spindelapparat dirigiert. Hauptbauelement des Spindelapparates sind die *Mikrotubuli* (Abb. 1).

Centrosomen und Mikrotubuli

Erste Untersuchungen zeigten in nicht teilungsbereiten, tierischen Zellen immer ein Centrosom in Zellkernnähe, während teilungsbereite Zellen zwei dieser winzigen Strukturen besitzen. Während der Interphase geht vom Centrosom ein sich ständig änderndes Netzwerk vieler Proteinfasern aus, das der Zelle Halt gibt und Transportvorgänge steuert. Vor einer Kernteilung wird dieser Teil des Zellskeletts teilweise abgebaut und von den entgegengesetzten Zellpolen aus entsteht zwischen den Centrosomen der Spindelapparat.

Ein wesentlicher Bestandteil des Spindelapparats sind Mikrotubuli. Diese röhrenförmigen Strukturen (Proteine, ø 25 nm) besitzen ein „Plus-" und ein „Minus"-Ende, sind aus kugeligen Proteinen *(Tubulin)* aufgebaut und zusammen mit weiteren Eiweißen an Transport- und Bewegungsvorgängen in der Zelle beteiligt. In den Centrosomen befinden sich zu Gruppen verbundene Mikrotubuli (Abb. 1).

Während des Zellteilungszyklus verbinden sich die wachsenden Plus-Enden der Spindelfasern beider Pole mit den Centromeren der Chromosomen. Nach der Metaphase beginnt durch Verkürzen der Fasern die Trennung der Chromatiden. Weitere Proteine unterstützen dieses Auseinanderweichen.

Colchicin, das Gift der Herbstzeitlosen, verbindet sich schon in geringen Konzentrationen mit dem Tubulin derart, dass die Mikrotubuli zerstört werden.

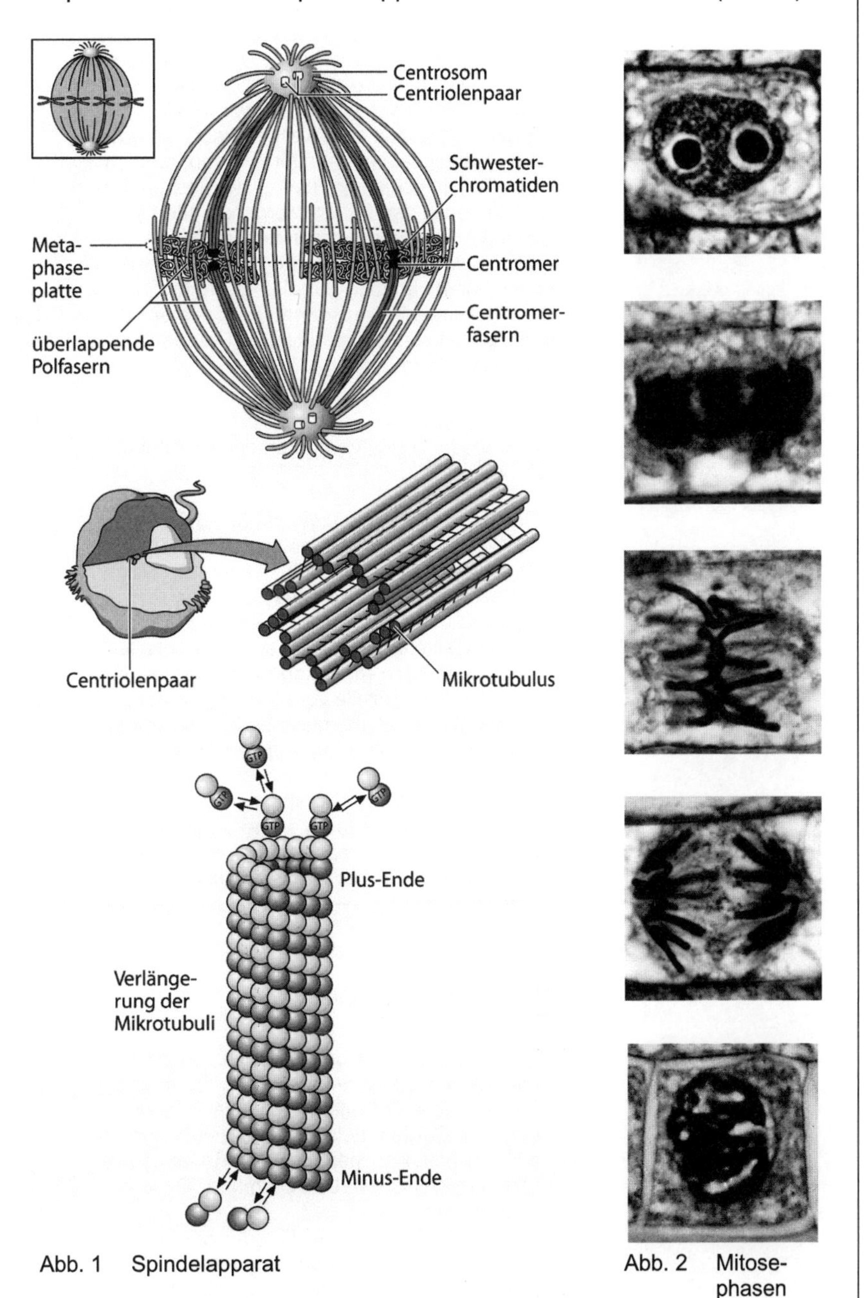

Abb. 1 Spindelapparat

Abb. 2 Mitosephasen

Aufgaben

1. Ordnen Sie die in Abbildung 2 dargestellten Mitosephasen in der richtigen Folge und erläutern Sie kurz, welche Vorgänge in den einzelnen Phasen ablaufen.
2. In welchem Zustand befindet sich der Spindelapparat in den gezeigten Mitosephasen bzw. in der Interphase und welche Aufgaben übernimmt er dabei?
3. Welche Folgen für die Zellteilung hat Colchicin in geringer Konzentration?
4. Tumore entstehen durch umfangreiche Zellteilungen. Warum können Substanzen wie Colchicin als so genannte Cytostatika (Zellgifte) in der Krebstherapie eingesetzt werden?

Entwicklung – Tiere
Ethik
Regulation – Entwicklung
Stammzelle
Stammzelltherapie

Praktikum: Kern- und Zellteilung
Stammzellen: Alleskönner und Vielkönner

Zum Praktikum Schülerbuch Seite 28

Neben den Wurzelspitzen der Küchenzwiebel eignen sich zur Untersuchung von Teilungsstadien auch die Pferde- oder Puffbohne *Vicia faba*, die Gartenbohne *Phaseolus vulgaris* oder die Gartenerbse *Pisum sativum.* Die Samen werden in feuchtem Filterpapier zum Keimen gebracht und müssen ständig feucht gehalten werden, damit die Wurzeln kontinuierlich wachsen. Die meisten Teilungen finden in den frühen Morgenstunden statt. Die Spitzen werden abgeschnitten, wenn die Wurzeln etwa 1 cm bis 2 cm lang sind. In längeren Wurzeln findet nur noch Streckungswachstum statt und es ist keine Mitose mehr zu beobachten. Die Wurzelspitzen verbleiben bis zu 24 Stunden in der Karminessigsäure-Lösung.

Schülerbuch Seite 29

① Das Embryonenschutzgesetz (ESchG) vom 13.12.1990 verbietet künstliche Veränderungen der Keimbahnzellen. § 8 lautet: „Keimbahnzellen im Sinne dieses Gesetzes sind alle Zellen, die in einer Zell-Linie von der befruchteten Eizelle bis zu den Ei- und Samenzellen des aus ihr hervorgegangenen Menschen führen, ferner die Eizelle vom Einbringen oder Eindringen der Samenzelle an bis zu der mit der Kernverschmelzung abgeschlossenen Befruchtung."
Bezieht sich dieses Gesetz auch auf Stammzellen und wenn ja, auf welche Sorte?
– *Es bezieht sich nur auf embryonale Stammzellen. Adulte Stammzellen fallen nicht unter den Schutz.*

Arbeitsblatt Seite 25

1. Das größte Entwicklungspotential haben die totipotenten Stammzellen aus der Blastocyste. Sie können in Zellkulturen zu unterschiedlichen Organen werden. Fetale Stammzellen und solche aus dem Knochenmark von Erwachsenen können sich in Gewebe bestimmter Organe integrieren.
2. Die neuronalen Stammzellen müssen sich in das umgebende Gewebe integrieren und sich, induziert durch die umgebenden Zellen, so entwickeln, dass sie die natürliche Aufgabe der Dopaminproduktion (also der entsprechenden Signalweitergabe) übernehmen.
3. Bei der Organtransplantation werden vollständige Organe aus ausdifferenzierten Zellen übertragen, um die Funktion erkrankter Organe zu übernehmen. Bei der Stammzelltherapie sollen sich die Stammzellen in ein bestehendes Organ mit Ausfall bestimmter Leistungen integrieren und so die Funktionsfähigkeit des Organs wiederherstellen.

Stammzellen aus Nabelschnurblut

Seit längerem ist bekannt, dass Nabelschnurblut, das sich bei der Geburt gewinnen lässt, neben Blut bildenden Stammzellen auch solche anderer Organe (Leber, Herzmuskel, Muskel und Knorpel) enthält. Kommerzielle private Blutbanken bieten deren Aufbewahrung an.

Die spätere Verwendbarkeit ist jedoch sehr eingeschränkt. Nachweisliche Erfolge bei der Stammzellverwendung gibt es bisher nur bei Leukämie und Hautverpflanzungen. Also sind nur die Blut bildenden Stammzellen verwendbar. Die aus dem Nabelschnurblut gewinnbare Menge reicht jedoch nur aus, wenn das an Leukämie erkrankte Kind maximal 10 kg bis 15 kg wiegt. Aus diesen Gründen erscheint es derzeit zweifelhaft, ob der für Aufbereitung und Aufbewahrung nötige Aufwand sinnvoll ist.

Fächerübergreifender Unterricht

Das Thema „Embryonale Stammzellen" eignet sich für fächerübergreifende Projekte (Bioethik). Lehrpläne für Religion und Ethik/Werte und Normen enthalten ebenfalls entsprechende Themen. Es bietet sich an, die Fachkompetenzen der entsprechenden Fächer zu bündeln und gemeinsam zu nutzen.

Literaturhinweise

Da in der Presse immer wieder Themen wie embryonale Stammzellen, Stammzellentherapie etc. aufgegriffen werden, lässt sich leicht eine Sammlung von Artikeln anlegen, die für den Unterricht genutzt werden kann. Im Internet findet man mit entsprechenden Suchbegriffen Stellungnahmen von Kirchen und Verbänden zur ethischen Problematik.

Medienhinweise

FWU 42 01176 Entwicklung bei Amphibien: Arbeitsvideo/4 Kurzfilme

Stammzellen

Junge Zellen als Wundermittel gegen Altern, Krankheit und Tod – diese Idee ist nicht neu. Päpste im Mittelalter sollen sich das Blut von Jünglingen übertragen haben lassen. Vor einigen Jahrzehnten wurde eine so genannte *Frischzellentherapie* angeboten. Dabei übertrug man Zellen aus Schafembryonen auf Menschen. Es konnte jedoch nie nachgewiesen werden, dass diese Therapie das Altern verlangsamt hätte. Heute ist viel mehr über noch nicht ausdifferenzierte Zellen, die so genannten *Stammzellen*, bekannt. Mit diesen arbeitet man an Erfolg versprechenden Therapiekonzepten zu bestimmten Krankheiten.

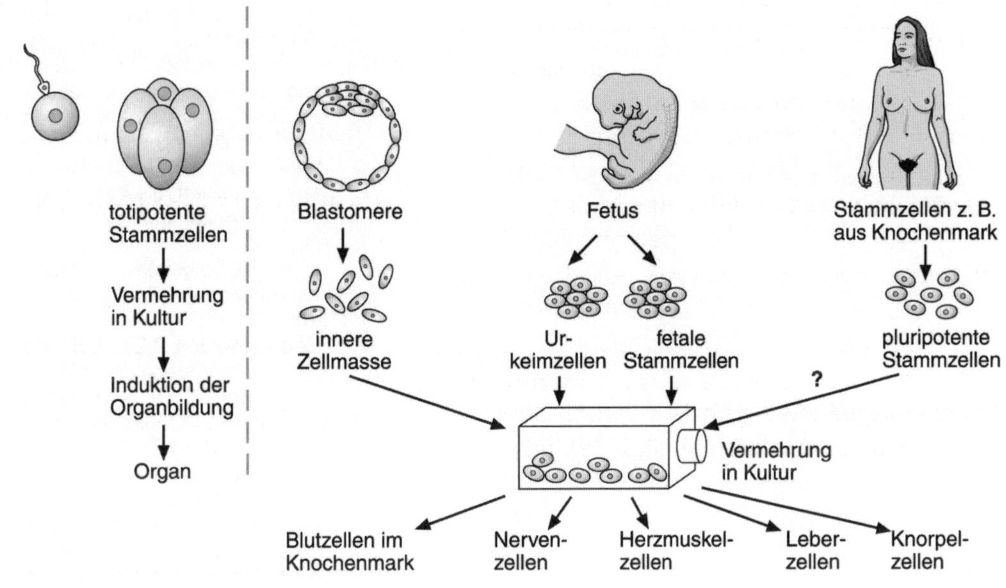

Abb. 1 Stammzelltypen

Stammzelltherapien bei Herzinfarkt, parkinsonscher Krankheit usw. beruhen alle auf der gleichen Grundidee: Geschädigte Zellen eines Menschen sollen durch Abkömmlinge menschlicher Stammzellen ersetzt werden, die sich im Zielgewebe ortsgemäß entwickeln und dann ihre Funktion aufnehmen. Dabei muss verhindert werden, dass die nach dem Anzüchten übertragenen Stammzellen vom Immunsystem des Empfängers als körperfremd erkannt und angegriffen werden.

Injektionen von Stammzellen, Wachstumsfaktoren, regenerationsunterstützende Faktoren genau an die richtige Stelle im Gehirn

systemische Injektionen

Abb. 2 Stammzelltherapie

Aufgaben

1. Vergleichen Sie die in Abbildung 1 dargestellten Stammzelltypen bezüglich ihrer Fähigkeit zur Bildung verschiedener Zellen oder Organe und damit ihrer therapeutischen Einsatzmöglichkeiten.
2. Bei der Parkinsonschen Krankheit fehlt durch den Ausfall bestimmter Zellen der Botenstoff Dopamin in bestimmten Hirnregionen. Als Therapie wurden neuronale Stammzellen aus Embryonen in die entsprechende Hirnregion übertragen (Abb. 2). Welche Eigenschaften sollten die übertragenen Stammzellen besitzen, damit die Therapie nachhaltig erfolgreich ist?
3. Vergleichen Sie die Konzepte der Organtransplantation und der Stammzelltherapie.

Embryo – Schutz
Ethik – Argumentationskonzept
Fortpflanzung – Säugetiere
Gentechnik
Klonen
Reproduktionsmedizin

Fortpflanzung im Reagenzglas
Material: Reproduktionstechnik, Klonen
Klonierungstechniken – Segen oder Fluch?

Schülerbuch Seite 30

① Recherchieren Sie z. B. im Internet, wie die In-vitro-Fertilisation in Deutschland rechtlich geregelt ist (mögliche Suchbegriffe: Embryonenschutzgesetz, Fremdsamenspende, Eizellspende, Leihmutterschaft, überzählige Embryonen).
– *Zur Zeit gilt das deutsche Embryonenschutzgesetz von 1990. Die aktuelle Rechtslage muss ggf. recherchiert werden.*
② Bei einer In-vitro-Fertilisation ist es möglich, verschiedene genetische Merkmale festzustellen (z. B. das Geschlecht oder die Veranlagung zu bestimmten Krankheiten). Man spricht von Prä-Implantations-Diagnostik (PID). Welche Regelungen hat der Gesetzgeber erlassen, um eine Auswahl von Embryonen nach bestimmten Merkmalen (Embryonenselektion) zu verhindern (s. Seite 129)?
– *In Deutschland wird die PID nicht angeboten. Strittig ist, ob sie mit dem Embryonenschutzgesetz vereinbar ist. Der Gesetzgeber denkt allerdings darüber nach, ob eine Regelung wie beim § 218, der die Abtreibung regelt, erlassen werden soll. Die PID wäre dann zwar illegal, bliebe aber straffrei.*

Schülerbuch Seite 31

① Weil bei Dolly die Erbinformation nicht künstlich verändert wurde. Es handelt sich um ein zellbiologisches Experiment.
② Dolly zeigte frühzeitige Alterungserscheinungen; hunderte von Versuchen mussten durchgeführt werden, um zum Erfolg zu gelangen. Angesichts der Risiken wäre es nicht zu verantworten, derartige Methoden am Menschen auszuprobieren.
③ Medizinische Risiken (s. Lösungen zu Aufgabe 2), ethische (Mensch als Schöpfer oder Designer) und soziale Gründe (s. Lösungen zu Aufgabe 6) sprechen für ein Verbot.
④ In den USA und Israel beispielsweise ist Grundlagenforschung an menschlichen Embryonen erlaubt. Aus diesen Ländern werden auch Embryonen für die Grundlagenforschung nach Deutschland importiert.
⑥ Sexualität, Alter und Schwangerschaft können beinahe vollständig voneinander getrennt werden. In Frage steht, ob eine Frau mit über 60 Jahren der späten Schwangerschaft und auch der Erziehung des Kindes gewachsen ist. Das gesellschaftliche Problem, berufliche Karriere und Schwangerschaft miteinander zu vereinbaren wird technologisch gelöst.

Schülerbuch Seite 33

① Der Einwand ist richtig. Die Verfahren sind bis zum Blastocytenstadium identisch (s. Schülerbuch Seite 32 Abb.1), d.h. alle Schritte, die der Verbesserung der Verfahren bis zu diesem Stadium dienen, könnten auch verbotenen reproduktiven Klonversuchen zugute kommen.
② Diskussionspunkte könnten sein: Ausbeutung der Eizellen spendenden Frauen; Embryos als Ersatzteillager; Probleme festzulegen, welche Krankheiten durch therapeutisches Klonen behandelt werden dürfen und welche nicht; ethische Aspekte hinsichtlich des Beginns des Lebens; Notwendigkeit weltweiter Regelungen, um Behandlungstourismus zu vermeiden, u.a.
③ Man arbeitet an Verfahren, bei denen adulte Stammzellen mittels entsprechender Behandlung durch Cytokine wieder in einen pluripotenten Zustand zurückversetzt werden.
④ Bei der PID werden in der Regel im Blastomerstadium (4-8-Zellstadium) diejenigen Embryos aussortiert, die positiv auf einen Marker für Krankheiten getestet worden sind. Grundsätzlich möglich wäre in Zukunft zusätzlich auch eine Selektion bezüglich von „Wunschmerkmalen" wie Größe der Augen und Haarfarbe. Die PID ist aufgrund des Embryonenschutzgesetzes in Deutschland verboten.
potenzielle Vorteile der PID: Die In-vitro-Fertilisation ist u.a. aufgrund der notwendigen hormonellen Stimulation der Frau sehr belastend. In der Regel werden immer mehrere Eizellen befruchtet. Da die so entstandenen Embryos allerdings nicht getestet werden dürfen, besteht die Gefahr, dass ungeeignete Embryos verwendet werden. Befürworter der PID führen weiter aus, dass der Embryo später bei Feststellung schwerwiegender Veränderungen abgetrieben werden darf. Viele Eltern fühlen sich den Belastungen, ein behindertes Kind zu haben, nicht gewachsen.
Nachteile der PID: Die grundsätzlich in Zukunft mögliche Selektion aufgrund von „weichen Merkmalen" wie Geschlecht oder Haarfarbe sind ethisch verwerflich. Aber selbst die Selektion hinsichtlich der Vermeidung von Krankheiten wirft die Frage nach „erhaltungswürdigem Leben" auf.

Arbeitsblatt Seite 29

1. Natürlich fällt die Entscheidung pragmatisch in der konstruierten Krisensituation zugunsten des Kindes aus. Aus ethischer Sicht ist die Antwort auf das gestellte Dilemma nicht entscheidend. Den Begründungen, warum ein früher menschlicher Embryo unter Schutz oder eben nicht gestellt werden sollte, liegt oftmals ein „naturalistischer Fehlschluss" zugrunde. Aus metaphysischen Theorien oder naturwissenschaftlichen Tatsachen können keine Normen abgeleitet werden.
2. Natürlich lässt sich sagen, dass ein Mensch von 150 cm relativ zu einem von 205 cm klein ist. Es lässt sich aber nicht absolut entscheiden, dass ein Mensch von 150 cm klein und einer ab 151 cm groß ist.
3. Beginn der Gliedmaßenausbildung ab dem 2. Monat. Klar unterscheidbare Stadien sind: Blastula, Gastrula, Beginn der fetalen Periode (alle Organsysteme sind angelegt).

Ethische Beurteilung: Die Basiswerkzeuge

Bei der Beurteilung des Themas „Klonen – Reproduktionsmedizin“ gibt es neben dem rein fachlichen Wissen soziale, juristische und ethische Fragen. Dabei geht es darum, das naturwissenschaftliche Tatsachenwissen *(deskriptive Dimension)* mit der Bewertung menschlichen Handelns *(normative Dimension),* also der Frage, ob letzteres moralisch gut oder schlecht ist, zu koppeln. Die Fähigkeit, sich in einer Entscheidungs- bzw. Dilemmasituation begründet zwischen zwei Werten entscheiden zu können, bedeutet moralisches Urteilsvermögen. Einige „Basiswerkzeuge“ helfen dabei weiter.

Syllogismus

1. „Alle Techniken, die dazu dienen einem kinderlosen Paar den Kinderwunsch zu erfüllen, sind gut.“
2. „Die Reproduktionsmedizin kann kinderlosen Paaren den Kinderwunsch erfüllen.“
3. „Die Reproduktionsmedizin erfüllt kinderlosen Paaren ihren Wunsch. Deshalb ist sie moralisch gut, sie sollte genutzt werden.“

Der nebenstehende Dreischritt repräsentiert das Grundmuster ethischer Argumentation: 1. *normative Prämisse*, 2. *deskriptive Prämisse*, 3. *Schlussfolgerung*. Die normative Prämisse entspricht einem Wert, der vom Urteilenden als grundlegend erachtet wird. Der Wert gibt also Zielorientierung (Kinder haben gilt als hoher Wert), der Begriff „Norm“ wird als Richtschnur aufgefasst.

Deontologische Argumentation

Deontologische Ethiken setzen eine unmittelbare moralische Verpflichtung voraus. Aussagen wie „Man darf nicht lügen!“ haben ihre Gültigkeit aus sich selbst heraus. Die moralische Erkenntnis sowie die Pflicht danach zu handeln ist überprüfbar: Individuelle Maximen werden daran gemessen, ob es wünschenswert ist, dass auch andere Personen sie sich zu eigen machen *(kategorischer Imperativ).* Ist die Maxime damit nicht vereinbar, ergibt sich ein striktes Verbot, danach zu handeln.

Utilitaristische/konsequentialistische Argumentation

Die utilitaristische/konsequentialistische Ethik geht davon aus, dass das individuelle menschliche Wohlergehen übertragbar ist auf andere Personen und als Maßstab des Handelns für alle gilt. Welcher gesellschaftliche Zustand der bessere ist, kann aus der Summe des individuellen Wohlergehens ermittelt werden. Eine Handlung ist dann gut, wenn ihre Folgen für das menschliche Wohlergehen gut sind und die „Summe des Glücks“ maximiert. Eine individuelle Handlung ist dann gut, wenn sie im Vergleich zu allen anderen offen zur Disposition stehenden Handlungsalternativen den besten allgemeinen gesellschaftlichen Zustand bewirkt.

Argumentationsstrategien

Zwei Argumentationsstrategien können unterschieden werden: Solche, die sich auf Folgenbewertung und solche, die sich auf unbedingt gültige (kategorische) Standpunkte (Pflichten) beziehen (Gebote, Verbote). Bei der Folgenbewertung des Klonens bzw. der Reproduktionsmedizin sind „soziale Gerechtigkeit“, „kulturelles Klima“, „Wirtschaft“, „Demokratie“, „innere Natur“ sowie „seelisch-körperliche Gesundheit des Menschen“ unter dem Gesichtspunkt der Pflicht, die „Integrität des Menschen bzw. der Person (Würde des Menschen)“ zu wahren, von Bedeutung.

Ethische Analyse

Eine ethische Analyse lässt sich in folgende Teilschritte untergliedern (vgl. HÖSSLE, C., 2001):

1. Formulierung der Entscheidungssituation oder des Dilemmas.
2. Benennung der Handlungsmöglichkeiten in dieser Situation.
3. Zuordnung der Handlungen zu verschiedenen Werten, die berührt werden.
4. Begründete Entscheidung für eine Handlungsmöglichkeit unter Berücksichtigung der Folgen.
5. Zuordnung der Gründe für diese Entscheidung zu den übergeordneten Argumentationskategorien.
6. Beschreibung der Konsequenzen der individuellen Entscheidung.

Literatur

BAYRHUBER, H.; HARMS, U. (Hrsg.): Handbuch der praktischen Mikrobiologie, Bd. 4; Unterrichtsmaterialien zur Gentechnik und Ethik. Schroedel-Verlag, Hannover 2001

HÖSSLE, C.: Moralische Urteilsfähigkeit. Studien-Verlag, Innsbruck 2001

NIDA-RÜMELIN, J.: Angewandte Ethik. Die Bereichsethiken und ihre theoretische Fundierung. Kröner-Verlag, Stuttgart 1996

Techniken des Klonens (1)

Techniken des Klonens

Klonen bedeutet die Herstellung genetisch identischer Kopien eines Organismus. Man unterscheidet therapeutisches und reproduktives Klonen. Reproduktives Klonen zielt darauf ab, genetisch identische Organismen zu erzeugen, therapeutisches Klonen auf die Gewinnung von embryonalen Stammzellen. Aus diesen lassen sich mit geeigneten Zellkulturtechniken theoretisch alle Zelltypen des Menschen erzeugen, die zur Transplantation verwendet werden können. Beide Techniken wurden bereits bei verschiedenen Säugetierarten erfolgreich angewendet.

Therapeutisches Klonen

Die Anwendung der Klontechniken auf den Menschen ist umstritten, ebenso die gesetzlichen Grundlagen in den verschiedenen Ländern. Während die Anwendung des reproduktiven Klonens auf den Menschen von den meisten Forschern und Praktikern abgelehnt wird, trifft dies auf das therapeutische Klonen nicht zu. In diese Technik werden große Hoffnungen gesetzt, könnte man damit theoretisch den Mangel an transplantierbaren Organen einschränken. Zudem hätte das gewonnene Material gegenüber herkömmlich transplantiertem Zellmaterial aufgrund der genetischen Identität den Vorteil, dass es zu keiner Abstoßungsreaktion kommt, da der Empfänger des Materials gleichzeitig auch der Spender ist (s. Klonen, Methode „Dolly“).

Meinungsverschiedenheiten ergeben sich besonders bei der Beantwortung der Fragen, ob frühe menschliche Embryonen um ihrer selbst willen Schutz verdienen und (im Falle einer Verneinung dieser Frage) ab welchem Entwicklungsstand dem sich entwickelnden menschlichen Embryo Menschenwürde und Lebensrecht zugebilligt werden.

Argumente auf dem Prüfstand

Speziesargument

- *Contra:* Weil auch schon der frühe menschliche Embryo der Art Homo sapiens angehört, gilt für ihn der Schutz des Tötungsverbots und der Anspruch auf Würde, wie für Geborene.
- *Pro:* Grundlage der menschlichen Würde ist die Fähigkeit zur freien, vernunftgeleiteten Selbstbestimmung. Davon leiten sich Selbstbewusstsein, Selbstachtung usw. ab. All diese Eigenschaften weist der frühe menschliche Embryo nicht auf. Aus der Tatsache des Besitzes identischer DNA-Moleküle können Grundrechte, die für eine Person gelten, nicht auch auf den frühen menschlichen Embryo, aus dem die Person später hervorgehen wird, geltend gemacht werden.

Kontinuumsargument

- *Contra:* Der menschliche Entwicklungsprozess ist ein kontinuierlicher Vorgang, der keine scharfen Einschnitte aufweist. Werden solche Einschnitte dennoch vorgenommen, sind sie willkürlich.
  Aus diesem Grunde müssen dem Embryo von Anfang an Würde und Lebensrecht zuerkannt werden.
- *Pro:* Die Tatsache, dass ein Vorgang ein Kontinuum darstellt, bedeutet nicht, dass man keine gut begründeten Einschnitte vornehmen kann.

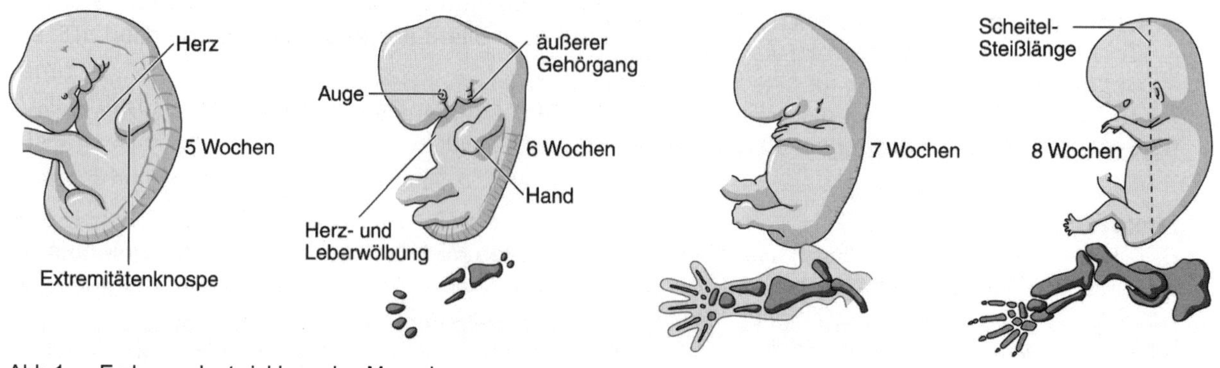

Abb.1 Embryonalentwicklung des Menschen

Techniken des Klonens (2)

Potenzialitätsargument

- *Contra:* Die Eigenschaften, die von einem frühen menschlichen Embryo zu erwarten sind, sind diejenigen, auf denen sich die Würde und das Lebensrecht gründen. Auch wenn der frühe menschliche Embryo diese Eigenschaften noch nicht aufweist, hat er eine Chance diese zu erlangen. Diese Chance darf auch dem frühen menschlichen Embryo nicht genommen werden.
- *Pro:* Der frühe menschliche Embryo ist tatsächlich ein Stadium hin zur Menschenexistenz, aber auch Ei- und Samenzellen besitzen dieses Potenzial, das dem des Embryos vollständig entspricht. Dennoch proklamiert vernünftigerweise keiner ein Lebensrecht für Keimzellen. Der Einwand, frühe menschliche Embryonen seien biologisch bereits individualisiert und entwicklungsfähig – was auf Keimzellen nicht zuträfe – zeige deutlich, dass das Potenzialitätsargument alleine ungeeignet ist, einem frühen menschlichen Embryo Individualität und Identität zuzusprechen.

Identitätsargument

- *Contra:* Es besteht eine Identität zwischen frühem menschlichen Embryo und dem später geborenen Menschen. Daraus folgt, dass der frühe menschliche Embryo geschützt werden muss.
- *Pro:* Die Formel Embryo = Person geht nicht auf, da die Identität zwischen einem frühen menschlichen Embryo im Vier- oder Achtzellstadium und einer später daraus hervorgehenden Person sich lediglich auf den Besitz eines gemeinsamen Genoms und sonst gar nichts gründet.

Aufgaben

Wie würden Sie sich in den unten geschilderten Situationen entscheiden? Lassen sich aus den Gründen für Ihre Entscheidungen Prinzipien ableiten, die auch bei der Abwägung der Argumente für und wider des therapeutischen Klonens von Bedeutung sind?

1. In den Räumen eines Krankenhauses bricht ein Feuer aus. Sie können in letzter Sekunde noch in einen der Räume gelangen, von dem sie wissen, dass sich dort in einem Brutschrank mehrere menschliche Embryonen (im 8-Zellstadium) befinden und auch, dass sich in einem Brutkasten ein neugeborener Säugling befindet. Sie können entweder die Embryonen oder den Säugling retten. Wie entscheiden Sie sich?
2. Stellen Sie sich einen Menschen von 150 cm Körperhöhe vor. Vergrößern Sie in Gedanken dessen Höhe schrittweise um jeweils einen Zentimeter bis er 205 cm misst. Können Sie nach dieser Durchführung entscheiden, ab wann die Person klein oder groß ist?
3. Vervollständigen Sie Abbildung 2. Schauen Sie sich die verschiedenen Entwicklungsstadien eines menschlichen Embryos nach der Zygotenbildung genau an (Abb. 1 und 2). Informieren Sie sich z. B. in Ihrem Biologiebuch über die Eigenschaften der verschiedenen Stadien. Können Sie definierte Abschnitte in der Entwicklung erkennen?

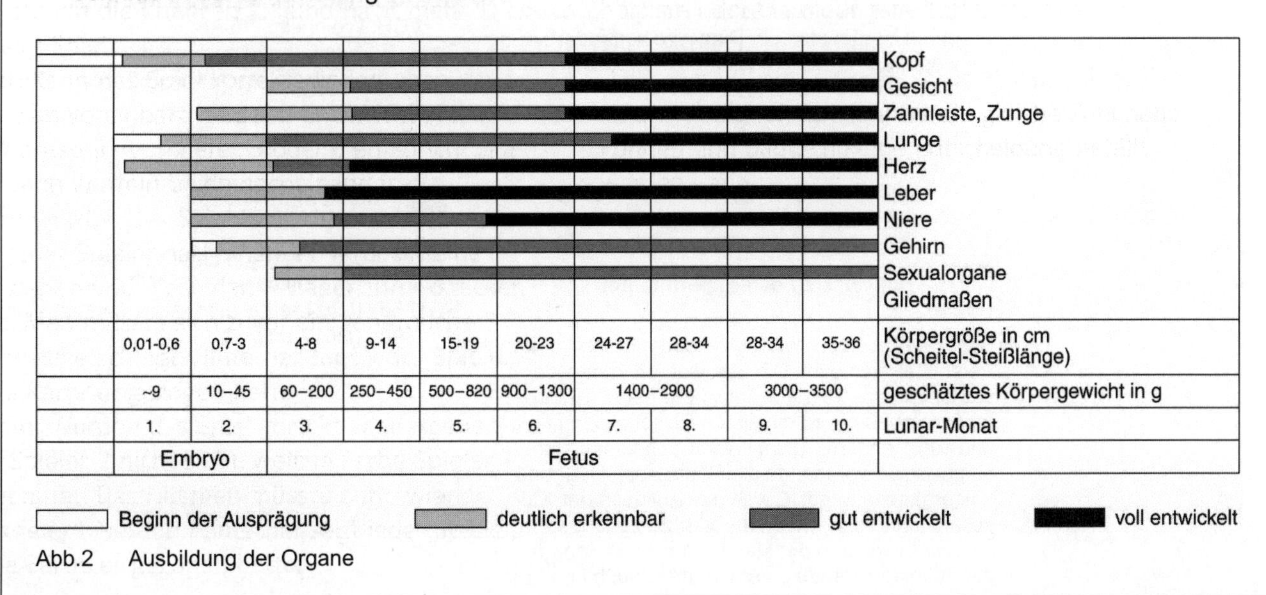

Abb.2 Ausbildung der Organe

Deplasmolyse
Diffusion
Experiment
Membran – semipermeable
Osmose
Stofftransport

Transportprozesse

1 Passive Transportprozesse

Diffusion und Osmose

Arbeitsblatt Seite 31

1. *Versuch 1:* Das Ei nimmt in destilliertem Wasser deutlich an Volumen zu (höhere Konzentration an gelösten Stoffen im Ei, niedrige außerhalb). Es schrumpft in konzentrierter Kochsalzlösung (umgekehrte Konzentrationsverhältnisse), in physiologischer Kochsalzlösung bleibt es unverändert (Salzkonzentration innen und außen gleich). Die Eihaut ist semipermeabel, d. h. Wasser dringt in den Ei-Innenraum ein, wenn innen eine höhere Konzentration gelöster Stoffe vorliegt. Diese können nicht durch die Membran austreten. Umgekehrt tritt Wasser aus dem Ei-Innenraum in die Umgebung aus, wenn die Lösung außen höher konzentriert ist als innen. Daher schießt nur aus dem prallen Ei, das in destilliertem Wasser lag, nach dem Anstechen eine Fontäne. Im Ei hat sich durch das eintretende Wasser ein Überdruck aufgebaut.
   Versuch 2: Am Radieschen im Leitungswasser biegen sich die eingeritzten Teile nach außen, auf den gesalzenen Scheiben sammelt sich Flüssigkeit.
   Versuch 3: Angeschnittene Erdbeeren biegen sich nicht auf, das Wasser trübt sich durch den austretenden Saft. Mit Zucker betreute Erdbeerstücke „ziehen Saft". Liegen die Objekte im Wasser, ist in den Pflanzenzellen eine höhere Salz- bzw. Zuckerkonzentration als außen, werden sie bestreut, sind die Verhältnisse umgekehrt. Die Wasserteilchen bewegen sich stets in Richtung der höheren Konzentration.
2. Radieschen haben die höchste Salzkonzentration in den Zellen, die im Inneren liegen. Das Wasser wird durch die Rindenschicht nach innen gezogen, das Gewebe kann sich nach dem Aufschneiden stärker ausdehnen. Bei Erdbeeren ist die Zuckerkonzentration in allen Bereichen gleich groß.
3. Schnittblumen oder Salatblätter geben Wasser durch Verdunsten ab. Dies wird verhindert, wenn man die Schnittblumen ins Wasser stellt und die Salatblätter ins Wasser legt; nur geringfügig welke Blätter nehmen dann auch osmotisch Wasser auf und werden wieder „frisch". Schnittblumen transportieren Wasser über die Wasserleitungsbahnen im Stängel.

Hinweise zu den Experimenten

Das *Entfernen der Kalkschale* wird am Tag vor den Versuchen gemacht. Die Eier werden in eine flache Schale mit 10%iger Salzsäure gelegt. Auftretender Schaum wird mit einem Pinsel gleichmäßig und zügig entfernt. Dazu sollten Schutzhandschuhe getragen werden, da die Säure auch Haut und Fingernägel angreift. Durch das Auflösen der Kalkschale mit Essig-, Citronen- oder Salzsäure können die Eiweiße in der Membran bzw. im Innern der Zelle so verändert werden, dass auch in physiologischer und konzentrierter Salzlösung eine Volumenzunahme zu beobachten ist. Die Säure sollte daher nur möglichst kurz auf die Eier einwirken und schnell wieder abgespült werden. Werden die prallen Eier beim Anstechen zum *„Fontänen-Versuch"* ungünstig gehalten oder wird die Nadel zu weit eingestochen, zerplatzt das Ei schlagartig. Sowohl für den Demonstrations- wie auch für den Schülerversuch empfiehlt sich daher nicht nur das Experimentieren über einer Schale, sondern auch ein entsprechender Schutz der Kleidung! Eier ohne Kalkschale können manchmal auch als so genannte „Windeier" direkt vom Bauernhof oder aus Großbetrieben (Legebatterien) bezogen werden.

Auch mit anderen *pflanzlichen Zellen* lassen sich eindrucksvolle Versuche durchführen: Je nach Jahreszeit kann man den Erdbeeren vergleichbares saftiges Obst oder statt der Radieschen in Scheiben geschnittene, gesalzene Rettiche benutzen, um das Austreten von Zellsaft zu beobachten und zu schmecken. Die Wasseraufnahme lässt sich an Kartoffelstückchen beobachten, die mit dem Pommes frites-Zubereiter hergestellt, gewogen und in destilliertem Wasser gelegt werden. Geviertelte Möhren (Wurzel!) biegen sich wie die blumig aufgeschnittenen Radieschen nach außen, wenn man sie in Leitungswasser legt. Zur Beobachtung der Plasmolyse – Deplasmolyse eignet sich die rote Küchenzwiebel, zum Ionenfallen-Prinzip mit Neutralrot wird die normale Küchenzwiebel benutzt.

Literaturhinweise

HELDT, H.W.: Pflanzenbiochemie. Spektr. Akad. Verlag, Heidelberg 1999

HOFFMANN-THOMA, G.: Recycling und Entsorgung in der Pflanzenzelle. In: Biologie in unserer Zeit, Heft 31/2001, S. 313

LÜTTGE, U., KLUGE, M., BAUER, G.: Botanik. Wiley-VCH, Weinheim 1999

SITTE, P.: Vitalfärbung nach dem Ionenfallen-Prinzip. In: Biologie in unserer Zeit, Heft 2/1972, S. 192

Medienhinweise

FWU 4210381 Diffusion und Osmose
FWU 4201316 Diffusion
FWU 6631520 Die Zelle: Innere Grenzen: Membranen und Transport

Versuche mit Hühnereiern, Radieschen und Erdbeeren

Schnittblumen verwelken, wenn man sie nicht ins Wasser stellt. Salatblätter werden in Großküchen meist in Wasserbottichen aufbewahrt – das vermindert zwar den Vitamingehalt, hält sie aber ebenso wie die Schnittblumen „frisch“. Aufgeschnittene Radieschen oder Möhren werden häufig als Dekoration am Büffet verwendet, Erdbeeren oder anderes Obst wird nie für längere Zeit aufgeschnitten stehen gelassen. Zu diesen sehr unterschiedlichen Beobachtungen können die folgenden Versuche Erklärungen liefern.

Versuch 1: Hühnereier

Material: 3 etwa gleichgroße entkalkte Hühnereier, je 300 ml Aqua dest., 0,9 % Kochsalzlösung (isotonisch), konzentrierte Kochsalzlösung, 2 Glasschalen, 3 Bechergläser, 1 Schieblehre/Messlatte, 1 Stecknadel.

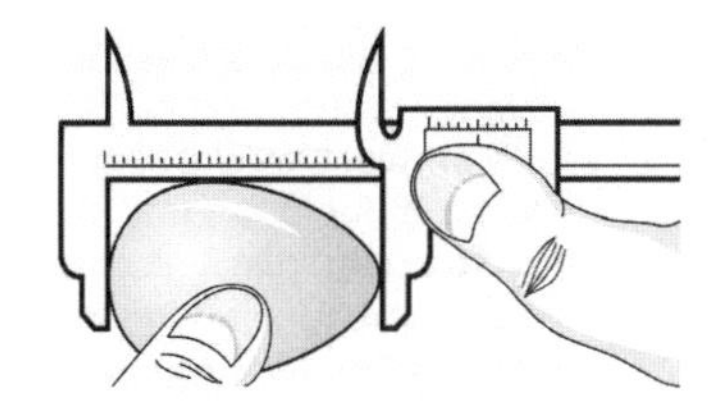

Hinweis: Bitte die Eier in allen Versuchen *sehr* vorsichtig handhaben!

Durchführung: Die entkalkten Hühnereier werden gewogen und gemessen. Je ein Ei wird in ein Becherglas mit Aqua dest., 0,9%iger (physiologischer) Kochsalzlösung und konzentrierter Kochsalzlösung gelegt.

Nach 30 Minuten und nach 24 Stunden werden die Eier erneut gewogen und vermessen. Danach wird in die Haut jedes Eis ein feines Loch gestochen (diesen Versuch bitte über einer Glasschale machen).

Die Messergebnisse werden in einer Tabelle notiert.

Versuch 2: Radieschen

Material: Ein Bund Radieschen, 1 Küchenmesser, 1 Teller, Kochsalz, Leitungswasser, Becherglas.

Durchführung: Einige Radieschen werden eingeritzt, blumenförmig aufgeschnitten und dann für 30 Minuten in das Becherglas mit Leitungswasser gelegt. Die anderen Radieschen werden in dünne Scheiben geschnitten und auf dem Teller mit Salz bestreut.

Versuch 3: Erdbeeren

Material: Eine Schale Erdbeeren, 1 Küchenmesser, ein Teller, Haushaltszucker, Leitungswasser, Becherglas.

Durchführung: Die Erdbeeren werden wie die Radieschen behandelt, auf dem Teller aber mit Zucker bestreut.

Die Unterschiede zwischen der Wurzel (Radieschen) und dem Obst werden protokolliert.

Aufgaben

1. Fassen Sie die in Versuch 1 bis 3 beobachteten Veränderungen kurz zusammen und erklären Sie die zugrunde liegenden Vorgänge.
2. Warum ergeben sich bei den Versuchen 2 und 3 mit Radieschen und Erdbeeren unterschiedliche Ergebnisse? Bedenken Sie bei Ihrer Antwort den Wassertransport in der Wurzel (Abb. 1).
3. Erklären Sie das Verwelken der Schnittblumen und das eingangs beschriebene Frischhalten der Salatblätter.

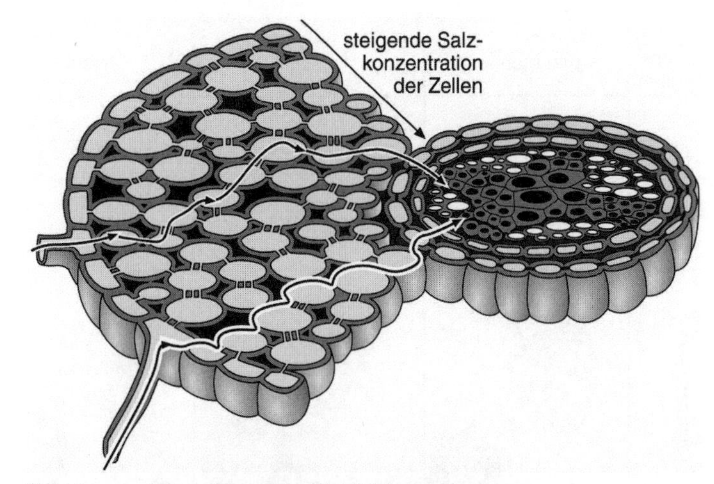

Abb. 1 Wurzelquerschnitt mit Wasserstrom

Gegenstromprinzip
Membran – semipermeable
Osmose
Osmoregulation
Pantoffeltierchen
Vakuole – pulsierende

Die osmotische Zustandsgleichung
Material: Osmoregulation

Schülerbuch Seite 39

① Die Abbildung oben zeigt den Normalzustand (rund und in der Mitte leicht abgeflacht). Die Konzentration der gelösten Salze etc. ist innerhalb und außerhalb der Erythrocyten identisch (isotonisch). Die mittlere Abbildung ist die Stechapfelform. Die Erythrocyten sind geschrumpft. Es diffundieren mehr Wassermoleküle aus den Erythrocyten heraus als herein. Die Konzentration der gelösten Salze in den Blutzellen ist hypotonisch gegenüber der umgebenden Flüssigkeit. Die untere Abbildung zeigt geplatzte Erythrocyten. Die Zellen waren gegenüber dem Außenmedium hypertonisch, Wassermoleküle diffundierten hinein.

② Die Blasenhaare bestehen aus gestielten kleinen kugeligen Behältern. In diese außerhalb der lebenden Zellen liegenden Behälter wird das überschüssige Salz abgesondert. Hierdurch ist es in den lebenden Zellen nicht mehr osmotisch wirksam.

③ Die pulsierende Vakuole sammelt aus dem umgebenden Cytoplasma der Zelle Flüssigkeit und gibt dieses in die Umgebung ab.

④ siehe Abbildung

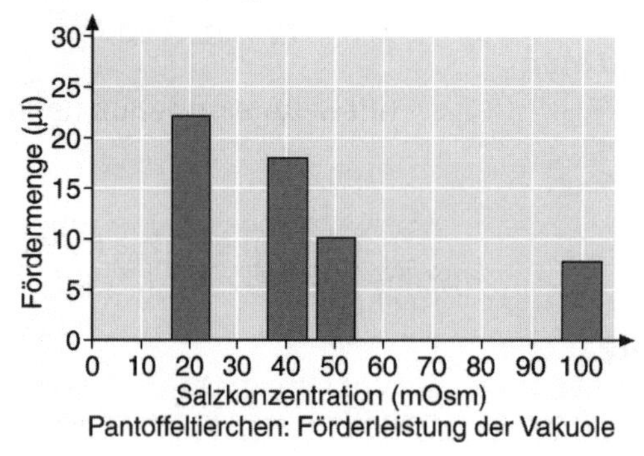

Pantoffeltierchen: Förderleistung der Vakuole

⑤ Da die Tätigkeit der pulsierenden Vakuole mit zunehmender Salzkonzentration im umgebenden Medium abnimmt, deutet dies auf einen Zusammenhang mit den osmotischen Werten hin. Mit zunehmender Salzkonzentration werden immer weniger Wassermoleküle in das Paramecium diffundieren, die Wahrscheinlichkeit der Diffusion aus der Zelle steigt aber an.

Arbeitsblatt Seite 33

1. Zur Tätigkeit der pulsierenden Vakuole siehe die Lösungen zu den Aufgaben 3 bis 5 des Schülerbandes. Bei geringen Salzkonzentrationen im Außenmedium wird über die pulsierenden Vakuolen viel Flüssigkeit ausgestoßen. Je höher die Salzkonzentration im Außenmedium ist, desto geringer ist der Flüssigkeitsausstoß der Vakuolen. Bei ca. 27 Promille Salzgehalt kommt die Vakuolentätigkeit zum erliegen. Jetzt sind Außenlösung und Cytoplasma nahezu isotonisch, es dringt kein Wasser mehr ein.
2. Sie überleben im Meerwasser, weil ihr Zellinhalt eine dem Meerwasser entsprechende Konzentration hat und Wasser nicht aktiv ausgeschieden werden muss. Im Süßwasser würde der Meerwasser-Einzeller ständig osmotisch Wasser aufnehmen und schließlich platzen, da ihm die kontraktile Vakuole fehlt.
3. Die Salzdrüsen dienen der Osmoregulation und scheiden über den Zentralkanal Sekret mit hoher Konzentration von Natriumchlorid aus. Das Sekret läuft in einer Rinne zur Schnabelspitze. Die Drüsen besitzen Tubuli, von denen jeder von Blutkapillaren umgeben ist. Die Tubuli münden in den Zentralkanal, die Konzentrierung erfolgt durch Gegenstromaustausch.

Literaturhinweise

JAENICKE, L.: Protisten – Modellorganismen der Zellbiologie. In: Biologie in unserer Zeit, Heft 1/1993, S. 36 – 47

WICHARD, W.: Osmoregulation der Köcherfliegenlarven. In: Biologie in unserer Zeit, Heft 3/1993, S. 192–196

Medienhinweise

FWU 42 01657 Pantoffeltierchen: Lebensraum, Bau, Lebensweise

FWU 4201658 Pantoffeltierchen: Nahrungsaufnahme, Verdauung und Ausscheidung.

Außenmedium	hyperton	isoton	hypoton	extrem hypoton
Tierzelle				
Pflanzenzelle	H_2O	H_2O H_2O	H_2O	H_2O

Behandlung der Pflanzenzelle mit Cellulase

Osmose-Wirkung bei Pflanzen- und Tierzelle

Leben im Süß- und Salzwasser

Beobachtet man Pantoffeltierchen unter dem Lichtmikroskop, so fallen sofort die großen pulsierenden Vakuolen auf, die sich in regelmäßigen Abständen zusammenziehen. Im Umkreis der pulsierenden Vakuole befindet sich eine Zone mit netzartig verzweigten Kanälchen. Im Elektronenmikroskop ist zu erkennen, dass die Ampullen dieser Kanälchen durch einen „Einspritzkanal" an die zentrale Vakuole angeschlossen sind.

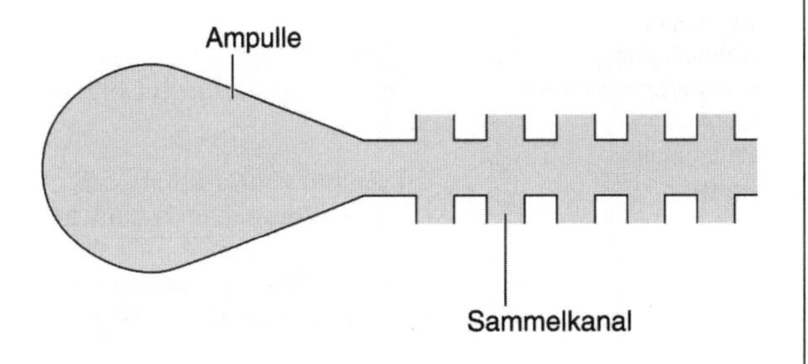

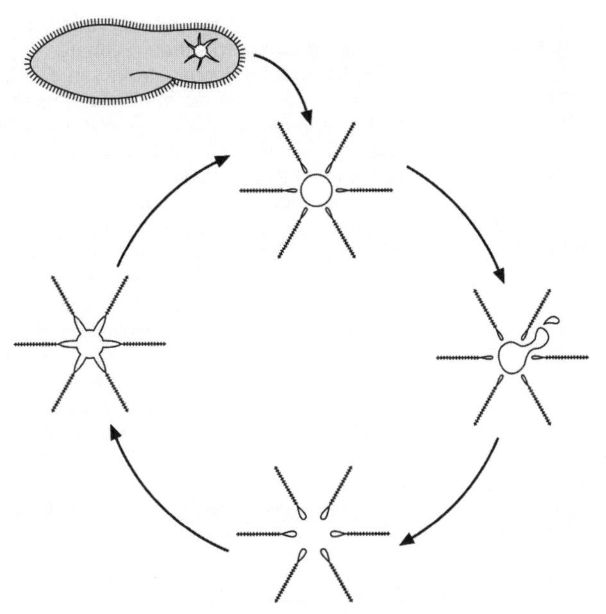

Abb. 1 Pulsierende Vakuole (Zyklus)

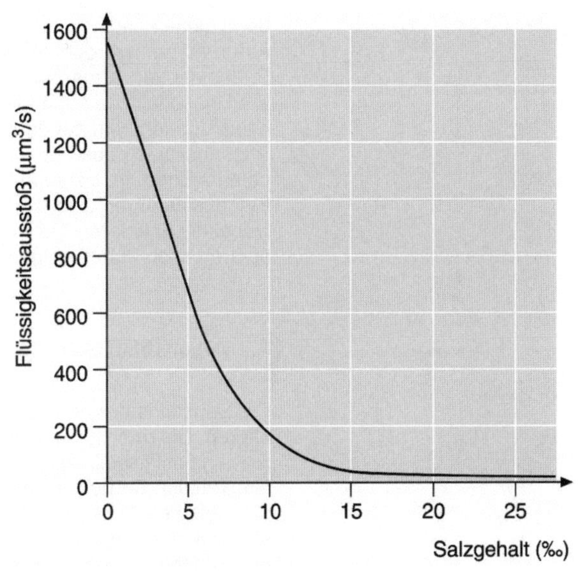

Abb. 2 Flüssigkeitsausstoß der kontraktilen Vakuole

Aufgaben

1. In Abbildung 2 ist der Ausstoß der kontraktilen Vakuole von Pantoffeltierchen in Abhängigkeit von der Salzkonzentration im Außenmedium dargestellt. Erläutern Sie mithilfe von Abbildung 1, wie der Flüssigkeitsausstoß zustande kommt und interpretieren Sie die Messergebnisse aus Abbildung 2.
2. Dem Pantoffeltierchen verwandte Einzeller leben im Meerwasser. Sie besitzen keine kontraktilen Vakuolen. Stellen Sie eine Vermutung an, warum sie trotzdem überleben können? Was würde mit ihnen geschehen, wenn man sie in Süßwasser halten würde?
3. Meeresvögel, wie z. B. die Möwe oder der Albatross, trinken Salzwasser. Würde ein Schiffbrüchiger das Gleiche wie sie tun, müsste er verdursten. Beschreiben Sie mithilfe der nebenstehenden Abbildung 3, wie es den Meeresvögeln gelingt, ein Verdursten zu verhindern.

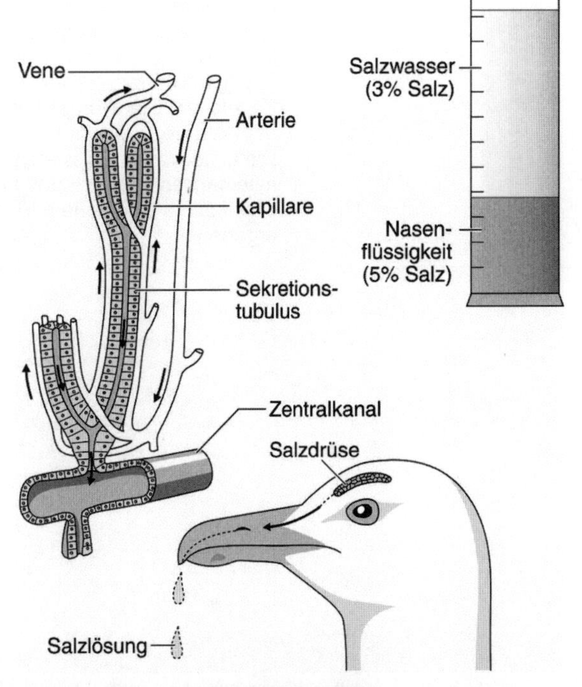

Abb. 3 Salzdrüse bei Meeresvögeln

Elementarmembran
Experiment
Fett
Glykolipid
Kohlenhydrat
Kompartimentierung
Lipid
Phospholipid
Proteine

Lipide
Praktikum: Lipide

Schülerbuch Seite 41

① Seifen sind Natrium- oder Kaliumsalze höherer Fettsäuren. Durch die Verseifung entsteht das stark hydrophile Salz der Carbonsäure. Die verseiften Carbonsäuremoleküle haben damit ein hydrophobes (durch die Kohlenwasserstoffkette) und ein hydrophiles (Salz der Carbonsäure) Ende. Aufgrund des hydrophilen Endes ist die verseifte Fettsäure im Wasser löslich; aufgrund des hydrophoben Endes in lipophilen Substanzen ergibt sich so die Eigenschaften einer Seife wie man sie aus der Körperhygiene kennt.
② Aufgrund der hydrophilen und hydrophoben Endes der verseiften Fettsäuren können diese wie Phospholipide auch Micellen und einen hauchdünnen Film auf dem Wasser bilden.
③ Phospholipide haben ein polares und ein unpolares Ende. Im Versuch hat sich wie bei der Einheitsmembran eine Doppellage gebildet, wobei die unpolaren Teile nach innen und die polaren nach außen zeigen.

Arbeitsblatt Seite 35

1. Die Bausteine der Fette sind Glycerin und Fettsäuren. Die drei Hydroxylgruppen des Glycerins sind mit jeweils einer Carboxylgruppe einer langkettigen Carbonsäure verestert. Eine endständige Fettsäure ist im Phospholipid durch eine polare Gruppe ersetzt, wodurch den hydrophoben Eigenschaften der Fettsäurereste die stark hydrophilen Eigenschaften der polaren Reste entgegengesetzt werden.
2. Es bildet sich ein bimolekularer Lipidfilm, bei dem die hydrophoben Fettsäureketten gegeneinander orientiert, d. h. vom polaren Wasser abgewandt sind. In Lebewesen lagern sich Lipide ebenso zusammen (Membran, Kompartimente).
3. In einem Öl-Wasser-Gemisch bilden Lipide Kügelchen. Die hydrophilen Molekülteile sind dem Wasser zugewandt.
4. Die Lipide der hitzeresistenten Bakterien sind miteinander verknüpft und beidseitig polar. Dies könnte eine höhere Temperaturstabilität ergeben.

Glykolipide

„Das Immunsystem vermag die Länge von Fettmolekülen zu beurteilen und diese Antigene entsprechend zu behandeln. Sowohl Fragmente körpereigener Zellbestandteile als auch Bruchstücke von Krankheitserregern werden T-Zellen in speziellen Haltestrukturen vorgeführt, damit die Abwehrzellen zwischen fremd und eigen unterscheiden können.

Im Gegensatz zu den Proteinen werden Fettmoleküle jedoch nicht von den als HLA bezeichneten Komplexen gebunden, sondern von den so genannten CD1b-Oberflächenstrukturen. Die CD1-Proteine reagieren auf die mit Zuckerresten bestückten Fettmoleküle abhängig von deren Länge: Kurzkettige Glykolipide, die für körpereigene Membrankomponenten charakteristisch sind, werden direkt an die membranständigen Kontaktmoleküle gebunden. Dagegen werden langkettige Glykolipide, die eher für bakterielle Krankheitserreger charakteristisch sind, zunächst in das Innere von Phagocyten dendritischer Zellen eingeschleust und dort sorgfältig in die grubenförmigen Haftstellen passender CD1-Moleküle eingepasst. Erst danach wird der Komplex an die Zelloberfläche transportiert. Die Kettenlänge von Fettsäuremolekülen entscheidet demnach offenbar mit darüber, ob ein Antigen toleriert wird oder das Immunsystem zu Abwehr reizt."
(Frankfurter Allgemeine Zeitung, 15.2.2002)

Literaturhinweise

WARWEL, S.: Lipide als funktionelle Lebensmittel. Landwirtschaftsverlag, Münster-Hiltrup 2002
WENK, C.: Fett in Nahrung und Ernährung. Wissenschaftl. Verlagsgesellschaft, Stuttgart 1997

Medienhinweise

FWU 4602240 Chemische Bindungen II: Moleküle
FWU 4202894 Fett: Arbeitsvideo / 4 Kurzfilme

Lipide

Stellt man eine Salatsoße mit Olivenöl und Balsamico-Essig her, so bleiben die beiden Zutaten ohne Umrühren deutlich getrennt. Auch die „Fettaugen“ auf der Suppe weisen darauf hin, dass Fettmoleküle gegenüber einer wässrigen Umgebung ein besonderes Verhalten zeigen.

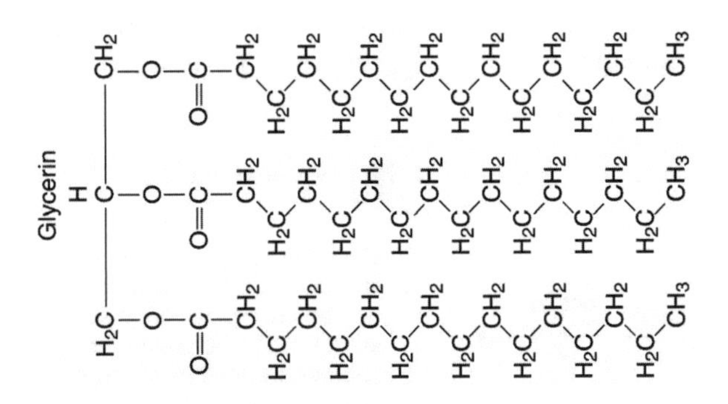

Abb. 1 Aufbau eines Fettmoleküls (Triglycerid)

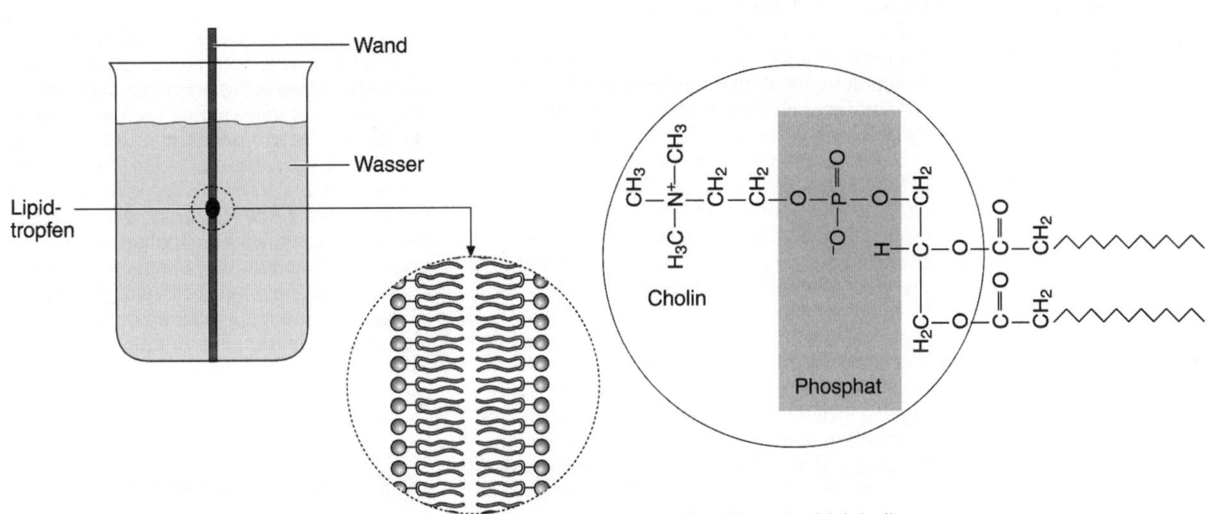

Abb. 2 Ein Experiment

Abb. 3 Phosphatidylcholin

a

R = Glucose u. a.

b

R = polare Gruppe

Abb. 4 Membranlipide: a) bei Pro- und Eukaryoten, b) bei Archaebakterien

Aufgaben

1. Wodurch unterscheiden sich die Moleküle der Neutralfette (Abb. 1) und die der Phospholipide (Abb. 3)?
2. Abbildung 2 zeigt das Ergebnis eines Experiments, bei dem ein Lipidtropfen auf ein kleines Loch in einer Wand in einem Wasserglas aufgebracht wurde. Erklären Sie das schematisch dargestellte Versuchsergebnis mithilfe des Molekülaufbaus der Lipide. Welche Bedeutung hat das für die Lebewesen?
3. Erklären Sie aus dem Fettaufbau, warum „Fetttröpfchen“ in Öl-Wasser-Gemischen entstehen.
4. In Abbildung 4 sind Lipide dargestellt, die in Zellmembranen vorkommen. Die Membranlipide der Pro- und Eukaryoten haben die links gezeigte Grundstruktur. Rechts ist ein Lipid dargestellt, das typisch für die Zellmembran von Archaebakterien ist. Diese Organismen leben z. B. in heißen Quellen. Beschreiben Sie den Unterschied und geben Sie eine Erklärung.

Biomembran
Elementarmembran
Liposom
Membran – Transport
Phospholipid

2 Biomembran und Zellinhaltsstoffe

Aufbau der Biomembranen
Lexikon: Ein Modell entwickelt sich

polare Kopfgruppe
starre planare Steroidringe
unpolarer Kohlenwasserstoff-„Schwanz"
Cholesterol

Arbeitsblatt Seite 37

1. Die polaren hydrophilen „Köpfe" der Moleküle können mit dem ebenfalls polaren Wasser beiderseits der Lipiddoppelschicht in Wechselwirkung treten. Die unpolaren hydrophoben „Schwänze" bilden im Innern eine Wasser abweisende Schicht. Damit werden zwei Kompartimente getrennt.
2. Die Permeabilitätswerte sind für eine künstliche Lipiddoppelschicht und für eine biologische Membran gemessen worden und im logarithmischen Maßstab gegeneinander aufgetragen. Auf der Geraden liegende Werte zeigen für beide Systeme gleiche Permeabilität. Dies gilt z. B. für O_2 und CO_2 sowie einige kleine ungeladene Moleküle wie Glycerin. Im Unterschied dazu können Ionen oder bestimmte polare Moleküle, wie z. B. auch Wasser, sehr viel besser durch biologische Membranen hindurch als durch die einfache Lipiddoppelschicht. Vermutung: Hier gibt es noch andere Strukturen (Transportmoleküle), die den Transport der betreffenden Ionen oder Moleküle erleichtern.
3. Abbildung 3 zeigt, dass in die Membran eingelagerte Proteine am Prozess der Informationsweitergabe beteiligt sind. Die Signalmoleküle müssen dazu die Membran nicht durchdringen, sondern nur an ein Rezeptorprotein andocken, das die Folgereaktionen auslöst. Die Abbildung verdeutlicht weiter, dass Membranproteine auch an der Energieumwandlung beteiligt sein können. Schließlich zeigt die Abbildung, dass durch die Einlagerung von Proteinen in die Membran die Partner chemischer Reaktionen zusammengebracht werden.

Liposomen

Vesikel aus einer Phospholipid-Doppelschicht, die ein wässriges Kompartiment umgeben, entstehen z. B. bei Dispergierung von Phospholipiden in Wasser mittels Detergentien oder Ultraschall. Werden solche Liposomen in Gegenwart von Salzen, Proteinen oder anderen wasserlöslichen Bestandteilen erzeugt, so werden diese in das Vesikelinnere eingeschlossen. Durch die physikochemischen Eigenschaften, die denen biologischer Membranen sehr ähnlich sind, können sich auch typische Membranproteine in die Phospholipidschicht integrieren. Daher verwendet man Liposomen als Modelle für verschiedenartige Untersuchungen in der Membranforschung. In der Medizin können Liposomen als „Vehikel" für Medikamente, Kosmetika, Impfstoffe oder Genfragmente eingesetzt werden. Liposomen werden schnell von Makrophagen erkannt und abgebaut. Sie müssen daher entsprechend ihrem Zielort umhüllt und geschützt werden. „Beladene" und mit Proteinen gekennzeichnete Liposomen können über die Blutbahn an bestimmte Zielorgane kommen. Durch Membranfusionen gelangen die Inhaltsstoffe in die Zielzellen.

Literaturhinweise

SCHUSTER, T.: Kommunikation zwischen Zellen. Akademie Verlag, Berlin 1990

Medienhinweise

Folienbuch Zellbiologie Sek. II, Ernst Klett Verlag, Stuttgart 1996

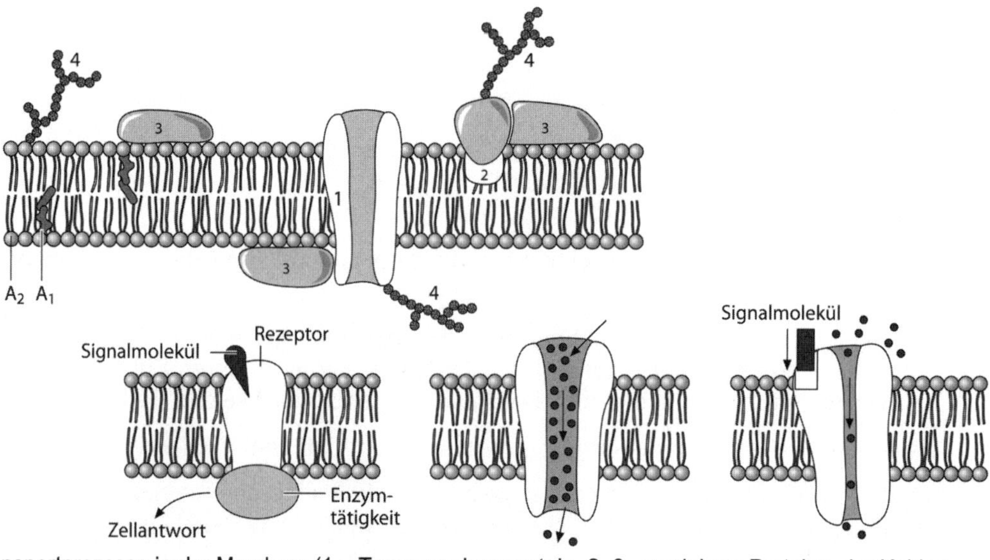

Transportprozesse in der Membran (1 = Transmembranprotein, 2, 3 = periphere Proteine, 4 = Kohlenhydratkette, A_1 = Cholesterol, A_2 = Phospholipid)

Biomembranen

Phospholipide stellen den Hauptteil der Biomembran. Ihre Anordnung in Form einer Lipiddoppelschicht ermöglicht es, zwei wässrige Bereiche voneinander zu trennen. Verschiedene Untersuchungen zeigen aber, dass die Biomembran nicht nur eine reine Lipiddoppelschicht ist.

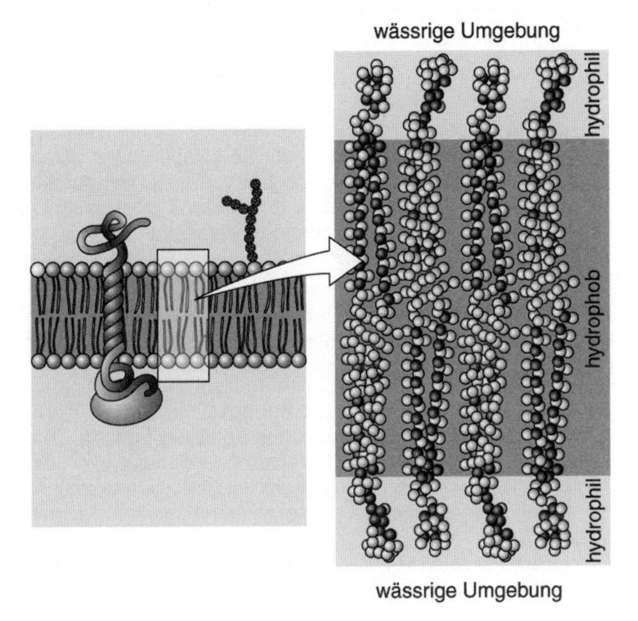

Abb. 1 Ausschnitt aus der Biomembran

Permeabilität einer biologischen Membran (cm/s)
10^2, 1, 10^{-2}, 10^{-4}, 10^{-6}, 10^{-8}, 10^{-10}
O_2
H_2O
CO_2
K^+
Na^+
Cl^-
Glycerin
10^{-10} 10^{-8} 10^{-6} 10^{-4} 10^{-2} 1 10^2
Permeabilität einer künstlichen Lipiddoppelschicht (cm/s)

Abb. 2 Permeabilität verschiedener Membranen

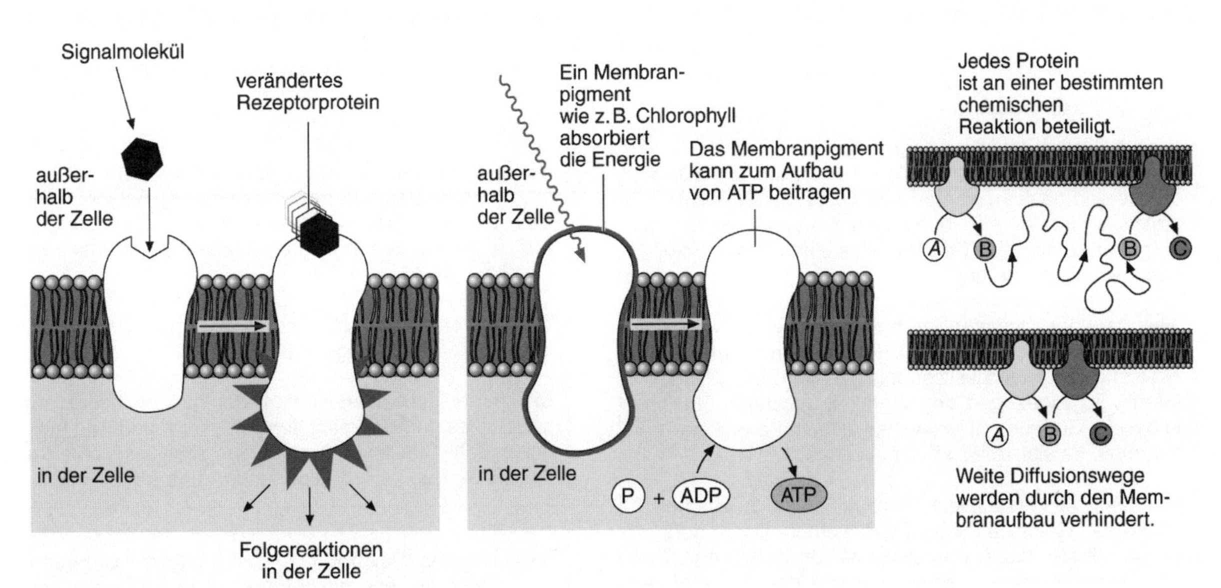

Abb. 3 Informationsweitergabe in der Membran

Aufgaben

1. Erklären Sie anhand der Abbildung 1, warum sich Phospholipide dazu eignen, zwei wässrige Bereiche voneinander zu trennen, wenn sie in einer Doppelschicht angeordnet sind.
2. Warum kann man aus den Permeabilitätswerten (Abb. 2) schließen, dass Biomembranen aus mehr als einer Lipiddoppelschicht bestehen?
3. Biomembranen sind keine einfachen Barrieren, die nur zwei unterschiedliche Kompartimente voneinander trennen. Begründen Sie dies mithilfe von Abbildung 3.

Projekt: Experimente zu den chemischen Eigenschaften der Zellinhaltsstoffe

Aminosäure, Experiment, Projekt, , Wassergehalt, Wasserstoffbrückenbindung, Zelle

Wassergehalt

Alle Lebewesen und deren Bestandteile, wie Samen, Blätter, Holz, Knochen, etc. enthalten Wasser, allerdings in sehr unterschiedlicher Menge. Der Wassergehalt lässt sich leicht ermitteln, indem man die Proben frisch wiegt und dann trocknet. Das Ergebnis wird meist als % Trockenmasse oder Wassergehalt angegeben. Für ersteres bildet man den Quotienten aus Trockenmasse und Masse der frischen Probe und multipliziert mit 100.

Um die Trockenzeit zu minimieren sollte man die Probe zerkleinern, wenn sie nicht wie z. B. Blätter bereits eine große Oberfläche besitzt. Die Trocknung erfolgt am besten in einem Trockenschrank bei ca. 105 °C. Eine höhere Temperatur könnte zwar die Trockenzeit verkürzen, es könnten sich aber Inhaltsstoffe der Probe zersetzen. Wenn man nicht sicher ist, ob die Probe bereits vollständig trocken ist, bestimmt man die Masse und wiegt erneut nach weiteren 30 Minuten Trockenzeit.

Beispiele für Trockenmassen:

Gartenbohne, Blätter:	10%
Gartenbohne, Erbsen:	94%
Apfel:	57%
Kartoffelknolle:	25%
Frischholz Buche:	61%
Taube, Muskulatur	75%
Taube, Knochen	89%

Polarität des Wassers

In eine Bürette wird Wasser gefüllt, in eine weitere Benzin als Beispiel für eine unpolare Flüssigkeit. Die Büretten werden hoch an einem Stativ befestigt. Ein Kunststoffstab wird durch Reiben an einem Lappen elektrisch aufgeladen (negativ). Dies kann mit einem Elektroskop nachgewiesen werden.

Nachdem der Hahn der Bürette geöffnet wurde, wird der aufgeladene Stab mit einem Ende im oberen Drittel in die Nähe des Flüssigkeitsstrahls gehalten. Der Wasserstrahl wird angezogen, der Strahl der unpolaren Flüssigkeit nicht. Stab und Strahl sollten nicht in Berührung kommen, da sich der Stab sonst entlädt.

Hinweis: Der Versuch kann auch mit einem positiv aufgeladenen Glasstab durchgeführt werden. Durch den Dipolcharakter der Wassers wird der Strahl aus entsprechend orientierten Wasserdipolen in beiden Fällen angezogen.

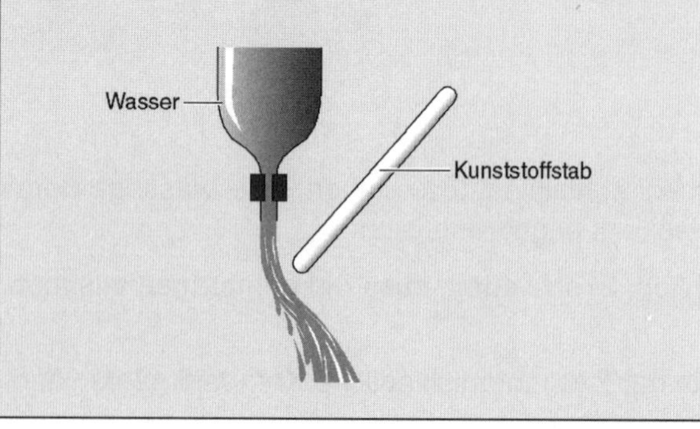

Wasser als Lösungsmittel

Wird ein Salz in Wasser gelöst, so dissoziiert das Salz in Ionen, die von Wassermolekülen in Form einer Hydrathülle umgeben werden. Dies hat eine Reihe biologisch bedeutsamer Konsequenzen. So entspricht der osmotische Wert einer Lösung der Konzentration der gelösten Ionen; d. h. eine einmolare Kochsalzlösung enthält 2 mol Ionen pro Liter, eine einmolare Magnesiumchlorid-Lösung 3 mol.

Der Durchtritt von Ionen durch eine Biomembran ist nur möglich, wenn die Poren groß genug sind für die Ionen mitsamt Hydrathülle oder diese zumindest teilweise durch polare Tunnelproteine entfernt wurde. Kleine Ionen weisen eine größere Ladungsdichte auf als solche mit größerem Durchmesser und gleicher Ladung. Die stärkere Anziehung auf Wassermoleküle bewirkt, dass ein kleineres Ion eine größere Hydrathülle hat und der Komplex somit einen größeren Durchmesser (Tab. 1).

Der Vergleich von Werten aus den Tabellen erlaubt die Ableitung der Zusammenhänge. Die Vorgänge sind nicht direkt beobachtbar. Es lässt sich jedoch experimentell zeigen, dass beim Lösen eines Salzes Energie aufnehmende bzw. frei setzende Prozesse ablaufen: Alle verwendeten Geräte und Chemikalien sollten die gleiche Raumtemperatur haben. In ein (möglichst wärmeisoliertes) Reagenzglas werden 10 ml Wasser gegeben und deren Temperatur T_A wird bestimmt. Dann gibt man 0,025 mol eines getrockneten Salzes (s. u.) hinzu, rührt mit dem Thermometer um und bestimmt T_E, die maximale Temperaturabweichung von T_A.

Reaktionswärme: $Q = C_W \times 10\ ml \times (T_E - T_A)$
C_W = Wärmekapazität des Wassers = 4,18 J/mol x ml
Beispiel: Bei 5°C Erwärmung ergibt sich: Q = 209 Joule.
Zur Umrechnung auf ein mol Salz multipliziert man das Ergebnis mit 40.
Beispiel: Q_m = 8360 J/mol. Dieser Energieaufnahme des Wassers entspricht eine Energieabgabe des Salzes: Die Lösungswärme beträgt –8,36 kJ/mol.

Der theoretische Wert ist die Differenz von Gitterenergie des Salzes und Hydrationsenergie der Ionen. Die aufgewendete Gitterenergie erhält ein positives Vorzeichen, die frei werdende Hydrationsenergie ein negatives.

Ion	Radius (pm)	Hydrationsenergie (kJ/mol)
Li^+	60	-510
Na^+	95	-400
K^+	133	-325
Mg^{2+}	65	-1910
Ca^{2+}	99	-1580
Cl^-	181	-380

Salz	Gitterenergie (kJ/mol)
LiCl	-849
NaCl	-781
KCl	-710
$MgCl_2$	-2489
$CaCl_2$	-2197
CaB_2	-2125

Oxidation eines Alkanols

Die Oxidation biologisch relevanter Moleküle lässt sich am Beispiel der chemischen Oxidation eines Alkanols demonstrieren. Dazu wird unter dem Abzug (!) ca. 1 cm hoch Methanol in einem Erlenmeyerkolben mittels Wasserbad auf ca. 50 °C erhitzt (knapp unterhalb des Siedepunkts). Dann wird ein T-förmig geschnittenes Stück Kupferblech mit dem Brenner stark erhitzt, bis sich eine schwarze Oxidschicht gebildet hat. Das heiße Blech, das nicht in das Methanol tauchen sollte, wird dann in den Kolben gehängt. Während das Kupfer reduziert wird, oxidiert das Methanol zum Aldehyd.

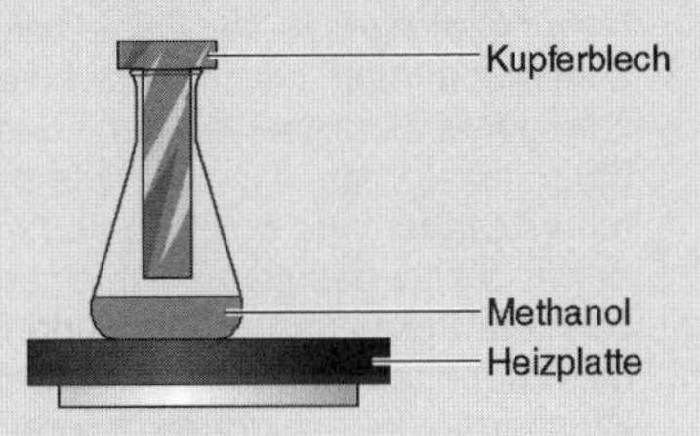

Carbonsäuren

Cabonsäuren sind überwiegend schwache Säuren. Ihre Eigenschaften lassen sich im Vergleich mit starken Säuren anhand von Titrationskurven darstellen. Diese können im Unterricht gewonnen werden, wenn man z. B. eine 0,1-molare Salzsäure oder eine 0,1-molare Essigsäure mit 1-molarer Natronlauge titriert.

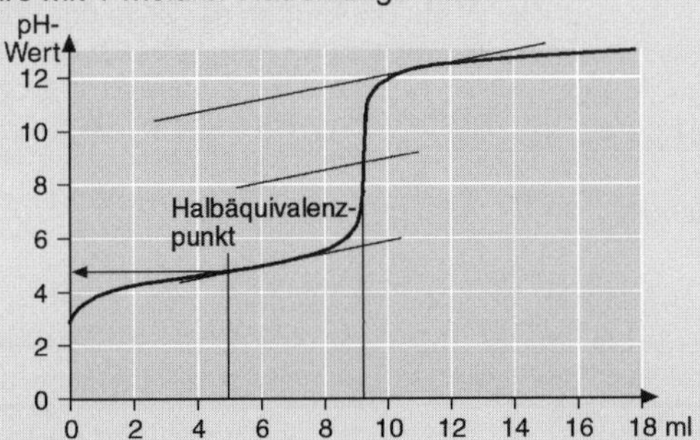

An der Titrationskurve erkennt man, dass sich in der Nähe des Halbäquivalenzpunktes der pH-Wert bei Laugenzugabe am wenigsten ändert. Dies ist die Wirkung eines Puffers. Hieraus erklärt sich auch, dass man in der Literatur unterschiedliche Angaben zu den gleichen Stoffen findet. So werden die Stoffe im Tricarbonsäurezyklus/ Citratzyklus manchmal als Säuren (z. B. Bernsteinsäure) und manchmal als Säurerest (Succinat) angegeben. Bei physiologisch auftretenden pH-Werten liegen immer beide Formen in einem Gleichgewicht vor.

Pufferlösungen kann man herstellen, wenn man organische Säuren und deren Salze in wässriger Lösung mischt. Durch die Wahl der Säure nach ihrer Stärke kann man den pH-Wert bestimmen, bei dem die Lösung die optimale Pufferwirkung hat.

Beispiele:

- pH = 6: 12,53 g Citronensäure-Monohydrat ($C_6H_8O_7 \times 1\ H_2O$)
  oder 11,46 g Citronensäure, wasserfrei
  159,6 ml Natronlauge, c(NaOH) = 1 mol/l
- pH = 7: 3,25 g Kaliumdihydrogenphosphat (KH_2PO_4)
  7,25 g Natriumhydrogenphosphat-Dihydrat ($Na_2HPO_4 \times 2\ H_2O$)
  oder 5,79 g Natriumhydrogenphosphat, wasserfrei
  oder 15,63 g Natriumhydrogenphosphat-Dodecahydrat ($Na_2HPO_4 \times 12\ H_2O$)

Gesättigte und ungesättigte Fettsäuren

Fette, die einen großen Anteil ungesättigte Fettsäuren enthalten, haben eine niedrigere Schmelztemperatur und sind bei Raumtemperatur meist flüssig (Öl). Sollen daraus feste Fette (z. B. Margarine) hergestellt werden, werden an die Doppelbindungen teilweise katalytisch Wasserstoffatome addiert.

Die Doppelbindungen lassen sich nachweisen, wenn man (unter dem Abzug, Sicherheitsbestimmungen beachten!) tropfenweise Brom hinzufügt. Margarine sollte in einem unpolaren Lösungsmittel (Hexan) gelöst werden. Durch die Addition des Broms verschwindet die braune Färbung, solange noch freie Doppelbindungen vorhanden sind.

Spülmittel als Phospholipid-Modell

Eine flache Schale mit möglichst großem Durchmesser (> 20 cm) wird halb mit Wasser gefüllt. Danach bestreut man die Oberfläche möglichst gleichmäßig mit fein gemahlenem Pfeffer. Abschließend gibt man einen Tropfen Spülmittel in der Mitte auf die Oberfläche.

Durch eine unsichtbare Kraft bewegt, sausen die Pfefferteilchen an den Rand der Schale. Einige sinken vielleicht auf den Boden des Gefäßes. Was ist geschehen? Durch die Oberflächenspannung des Wassers wird ein Absinken der Pfefferkörner verhindert, obwohl deren Dichte größer ist. Die Spülmittelmoleküle weisen analog zu Phospholipidmolekülen ein polares Ende und einen langkettigen unpolaren Rest auf. Sie orientieren sich auf der Wasseroberfläche parallel zueinander, wobei der hydrophile Teil in das Wasser eintaucht und der unpolare Rest nach oben zeigt. Die sich parallel anordnenden Moleküle drängen die Pfefferkörner an den Rand. Einige der Pfefferkörner, deren Oberfläche überwiegend unpolar ist, werden von Spülmittelmolekülen umgeben. Da der hydrophile Teil nach außen zum Wasser zeigt, ist ein Absinken möglich.

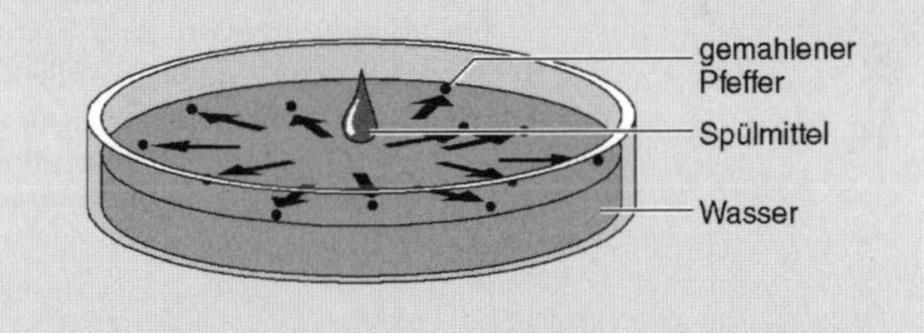

Aminosäuren

Aminosäuren besitzen als Feststoff einen salzartigen Charakter. Dies erklärt sich aus der Tatsache, dass sie Amphotere sind, also Protonen aufnehmen und abgeben können.

$$H_2N{-}\underset{R}{\overset{COO^-}{C}}{-} \underset{-H^+}{\overset{+H^+}{\rightleftharpoons}} H_3N^+{-}\underset{R}{\overset{COO^-}{C}}{-} \underset{-H^+}{\overset{+H^+}{\rightleftharpoons}} H_3N^+{-}\underset{R}{\overset{COOH}{C}}{-}$$

Versetzt man verschiedene Aminosäuren in Lösung mit Säuren oder Laugen, können diese je nach Bau durch Verlust von Ladungen ausgefällt werden. Da auch die Reste einiger Protein bildender Aminosäuren weitere Amino- oder Säuregruppen enthalten, reagieren auch Proteine auf Säure- oder Laugenzugabe mit Ladungsänderungen. Sie denaturieren dann.

Aquaporin
Biomembran
Endocytose
Exocytose
Membran – Transport

3 Transportmechanismen

Stofftransport durch Biomembranen

Arbeitsblatt Seite 41

1. Pumpen nutzen die Energie, die bei der ATP-Spaltung frei wird, um Teilchen durch die Membran zu transportieren. Ionenkanäle erleichtern den Transport und lassen dabei mehr Ionen durch die Membran. Transporter „umschließen" kleinere Moleküle und können ihre Fracht entsprechend den drei Typen befördern: als *Uniporter* wird ein einziger Molekültyp entlang seines Gradienten bewegt. *Symporter* und *Antiporter* katalysieren die Wanderung eines oder mehrerer Ionen.
2. Der Glucosetransporter (Abb. 2) entspricht dem Uniporter-Typ, der zwischen zwei Konformationen pendelt. Der Calcium-Transport (Abb. 3) ist an eine ATP-abhängige Pumpe gebunden, wobei E1 und E2 ebenfalls alternative Konformationen des Proteins sind. Der Glucosetransport (Abb. 4) folgt dem Symport-Mechanismus, da Na^+ und Glucose gemeinsam ins Cytoplasma transportiert werden und die Gradienten beider Substanzen einander entgegengesetzt sind.

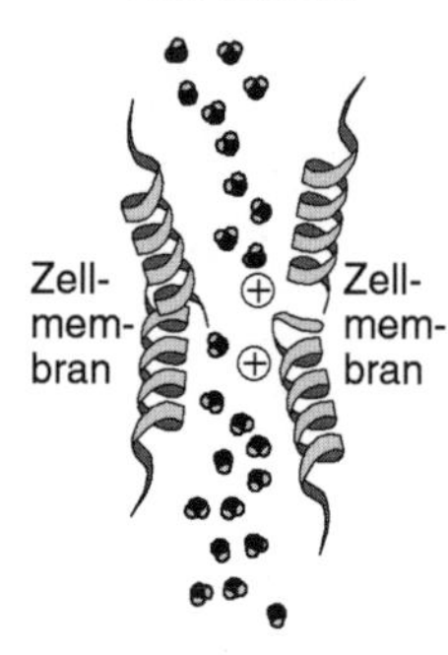

Aquaporine

Bis Anfang der 90er-Jahre war man sicher, dass Wasser ausschließlich durch Diffusion die Zellmembran passiert. Messergebnisse zeigten aber, dass Wasser viel schneller aufgenommen und abgegeben wird, als es bei einer Diffusion möglich wäre, und außerdem ließ sich der kontrollierte Wasserdurchlass mit organischen Quecksilberverbindungen hemmen, während Diffusionsprozesse davon unbeeinflusst blieben. Die Erkenntnisse zu den Wasserschleusen ergaben sich aus Nierenzellen und roten Blutzellen, die beide das gleiche Membranprotein besitzen. Dessen Gensequenzierung gelang und in der Folge konnten zahlreiche Untersuchungen durchgeführt werden. Durch die Röntgenstrukturanalyse der Aquaporine wurde dann gezeigt, dass in der Mitte des engen Kanals eine Ansammlung positiv geladener Teilchen anderen positiv geladenen Teilchen wie Natriumionen oder an Wassermolekülen gebundene Protonen den Durchgang verwehrt, sodass selektiv nur Wassermoleküle hindurch können. Der menschliche Körper besitzt mindestens 11 verschiedene Wasserkanäle, von denen die meisten in der Niere vorkommen. Zu ihrer Steuerung dienen Hormone wie Vasopressin.

Aquaporine arbeiten als „zelluläre Wasserschleusen" für den schnellen Wassertransport

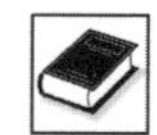

Literaturhinweise

GROß, M.: Die Pforten der Zelle. In: Spektrum der Wissenschaft., Heft 12/2003, S. 14–16
LODISH, H., et.al.: Molekulare Zellbiologie. Spektr. Akad. Verlag, Heidelberg 2001

Endocytose – Exocytose

Bei vielen Einzellern sind Endo- und Exocytose die Wege, über die durch Bildung von *Vesikeln (Endosomen)*, die Aufnahme und Abgabe von Nährstoffen bzw. Abfallstoffen erfolgt. Zellen von Säugern nehmen ebenfalls Stoffe über die Zellmembran auf (s. Abb.). Das geschieht häufig mittels selektiver Rezeptoren an der Zellmembran, die den aufzunehmenden Stoff erkennen und binden. Beim Stoffabbau in der Zelle spielen mit verschiedenen Verdauungsenzymen beladene Lysosomen eine wesentliche Rolle.

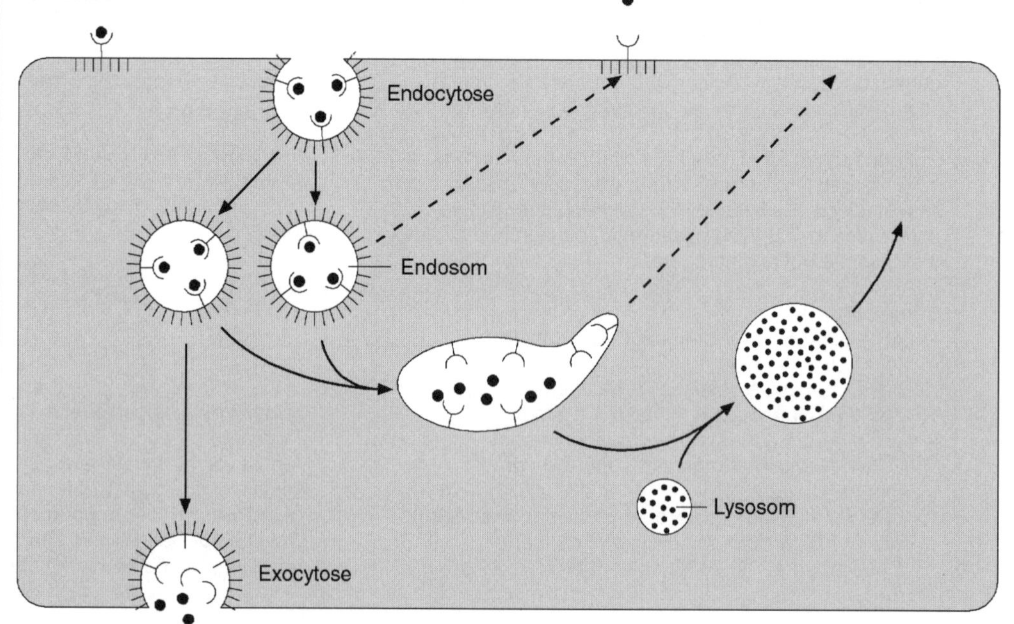

Transportmechanismen

Die Zellmembran grenzt eine Zelle von ihrer Umgebung ab. Nährstoffmoleküle wie Glucose, Aminosäuren und Fettbestandteile, aber auch Ionen können mithilfe spezieller Transportmechanismen durch die Zellmembran in die Zelle hinein, Stoffwechselprodukte aus der Zelle durch die Membran wieder hinausbefördert werden.

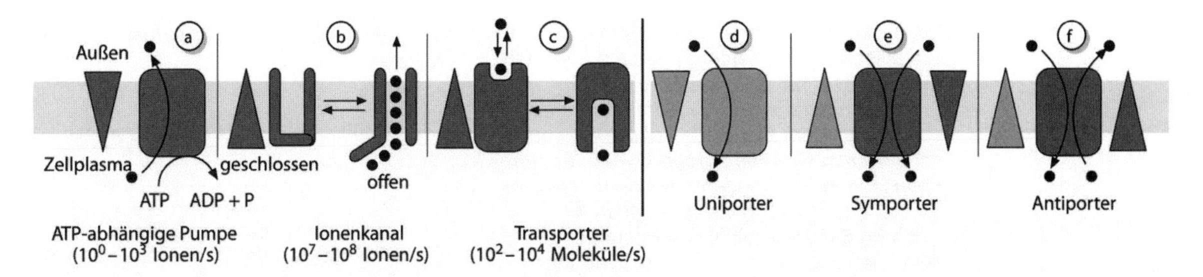

Abb.1 In a – c sind die Haupttypen der Membrantransportproteine dargestellt; Abb. 1d – f charakterisiert ihre Funktion. Die Spitze der Dreiecke zeigt niedrigere Konzentrationen bzw. niedrigere elektrische Potentiale an.

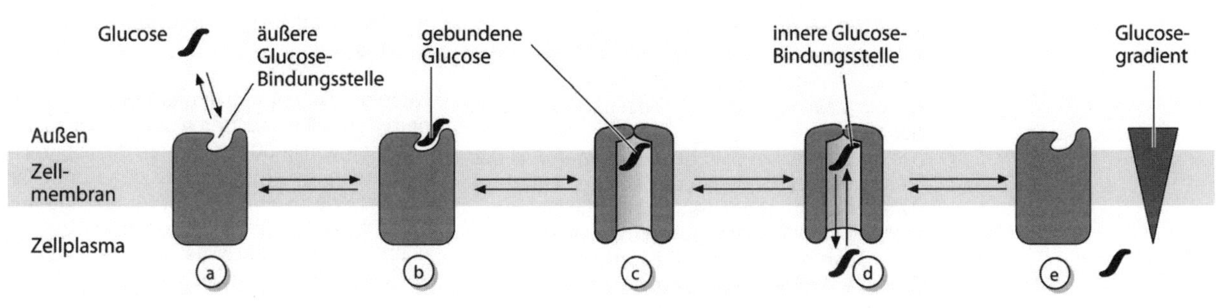

Abb. 2 Modell zum Glucosetransport-Protein, das in den Epithelzellen des Darms Zucker vom Darm ins Blut transportiert.

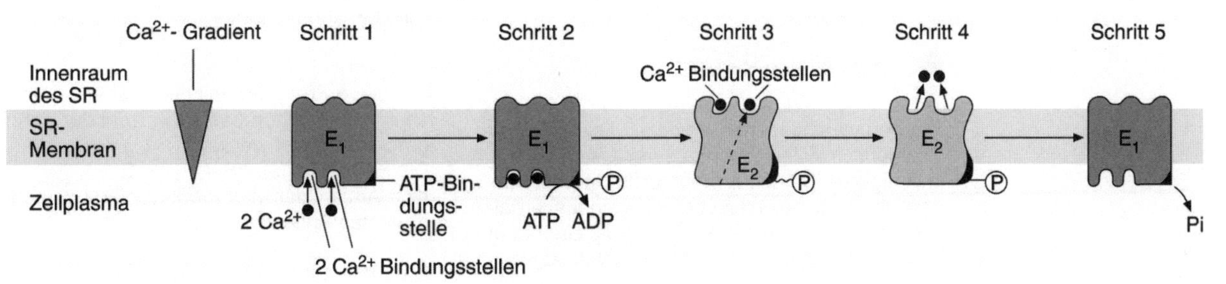

Abb.3 Dargestellt ist die Wirkungsweise der Ca^{2+}-ATPase des Muskels aus der Membran des Sarkoplasmatischen Retikulums (SR). Das SR speichert Calciumionen.

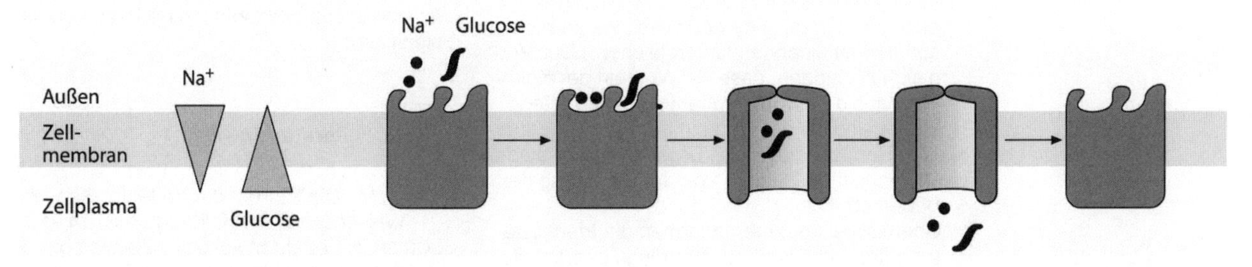

Abb.4 Transportprotein aus den Epithelzellen der Nierentubuli. Die Zellen ermöglichen die Rückgewinnung der Glucose aus dem sich bildenden Urin.

Aufgaben

1. Benennen Sie die Unterschiede zwischen der ATP-abhängigen Pumpe, dem Ionenkanal und dem Transporter (Abb. 1a – c). Bei welchen Bedingungen (Abb. 1d–f) sind die Proteine aktiv?
2. Ordnen Sie die drei Beispiele (Abb. 2 – 4) den beschriebenen Mechanismen aus Abb. 1 begründet zu.

Biokatalysator
Enzym
Giftwirkung
Umweltbelastung

Aktiver Transport, passiver Transport – der Fall Arsen

Schülerbuch Seite 49

① Nach einer Vergiftung mit Arsendioxid nimmt die Konzentration im Blut rasch ab, während die Konzentration in Geweben, wie z.B. der Leber und der Niere rasch zunimmt. Erklären Sie diesen Zusammenhang durch die Aufnahme von Arsendioxid in die Zelle.

– *Arsen wird mittels des Anionentransporters schnell aus dem Blut in die Zellen der unterschiedlichen Gewebe aufgenommen. Entsprechend nimmt die Konzentration von Arsen im Blut rasch ab und im Gewebe rasch zu.*

② Erklären Sie die typischen sehr starken Durchfälle, die nach einer akuten Arsenvergiftung zu beobachten sind. Gehen Sie davon aus, dass der Darminhalt hypertonisch ist.

– *Arsen hemmt die ATP-Produktion der Zelle, wodurch der aktive Transport der Zelle gestört wird. Geht man davon aus, dass der Darminhalt hyperosmolar im Vergleich zum Cytoplasma ist, führt dies zu einem Wasserausstrom aus der Zelle entlang des Konzentrationsgradienten.*

③ Wie konnte sich in dem beschriebenen Fall das Arsendioxid im Grundwasser so verteilen, dass etwa 30% aller gebohrten Brunnen in Bangladesh als stark belastet gelten müssen?

– *Beim Bohren der Brunnen durch arsenhaltige Schichten oxidiert dies, gelangte ins Grundwasser und verteilte sich dort durch Diffusion.*

Arbeitsblatt Seite 43

1. In den verschiedenen Ansätzen keimen unterschiedlich viele Samen aus, im Kälteansatz die wenigsten. Der Entzug von Licht im Beschattungsansatz beeinflusst das Keimungsverhalten der Kressesamen kaum, da die Samen unter natürlichen Bedingungen meist in Abwesenheit von Licht auskeimen. Im Kupfersulfatansatz keimen ebenfalls einige Samen aus. Danach sterben die Keimlinge jedoch aufgrund der toxischen Wirkung des Kupfersulfats ab. (Daher ist es sinnvoll, neben der Keimrate auch die Wurzellänge der Keimlinge zu messen und miteinander zu vergleichen.) Der Vergleich zeigt dann, dass die Wurzeln der Keimlinge aus dem Kupfersulfatansatz bedeutend kürzer sind als die Wurzeln der Keimlinge aus dem Kontrollansatz. Die Ergebnisse der beiden Bodenansätze hängen von der Belastung der Böden ab.
2. Chemische Verfahren erlauben die Identifizierung des Schadstoffes. Allerdings besteht die Gefahr, dass nach einem vorhandenen Schadstoff nicht gesucht wird.
   Biologische Methoden erfassen alle vorhandenen Schadstoffe, geben jedoch keine Auskunft über die jeweilige Substanz bzw. die Substanzen.

Hinweise zum Arbeitsblatt Seite 43: Statistische Auswertung

Zur Auswertung hinsichtlich der Signifikanz der ermittelten Wurzellängen bietet sich der t-Test an. Mit diesem Lässt sich die Wahrscheinlichkeit errechnen, dass zwei Ergebnisreihen denselben Mittelwert haben.

Die Formel hierfür lautet: $t = \frac{|\bar{x} - \bar{y}|}{\sqrt{\frac{s_1^2 + s_2^2}{n}}}$

x = der Mittelwert der Wurzellänge der Kontrolle
y = der Mittelwert der Wurzellänge des zu vergleichenden Ansatzes
S_1=die Varianz der Wurzellänge der Kontrolle
S_2=die Varianz der Wurzellänge des zu vergleichenden Ansatzes
n = die Anzahl der untersuchten Keimlinge beider Ansätze

Nach der Durchführung des Versuchs wurde aus dem Kontrollansatz und einem damit zu vergleichenden von je 30 Keimlingen die Wurzellänge gemessen. Es ergab sich für den Kontrollansatz ein Mittelwert von 2,28 cm Wurzellänge bei einer Varianz von 0,34 und bei dem damit zu vergleichenden Ansatz ein Mittelwert von 1,12 cm Wurzellänge bei einer Varianz von 0,24.

Die Berechnung lautet: $t = \frac{|2{,}28 - 1{,}12|}{\sqrt{\frac{0{,}34 + 0{,}24}{60}}}$ $t = 11{,}798$

Um diese Prüfgröße mit dem Tabellenwert vergleichen zu können, muss die Anzahl der Freiheitsgrade errechnet werden.
Die Formel lautet: dF = s · nx–2
nx = Anzahl der Messwerte (untersuchten Keimlinge) eines Ansatzes

Die Berechnung lautet folglich: 2 · 30 – 2 = 58

Bei 58 Freiheitsgraden und der Prüfgröße 11,789 ergibt sich aus der Tabelle (s. Internet) eine Irrtumswahrscheinlichkeit von 0,001 %, das Ergebnis ist also mit einer Wahrscheinlichkeit von 99,999 % signifikant.

Literaturhinweise

Groß, M.: Die Pforten der Zelle. In: Spektrum der Wissenschaft., Heft 12/2003, S. 14–16

Lodish, H., et.al.: Molekulare Zellbiologie. Spektr. Akad. Verlag, Heidelberg 2001

Bioassay – Giftstoffe im Boden

Ziel
Die Belastung der Böden durch Schwermetalle ist insofern bedenklich, da diese im Boden nicht abgebaut werden können und sie für viele Pflanzen toxisch sind. Darüber hinaus können sie über die Nahrungskette auch in unseren Körper gelangen. Die Keimungsphase ist im Lebenszyklus einer Pflanze die sensibelste Phase. Dies nutzt man bei der Erstellung eines Bioassays, indem man die Länge der Keimwurzeln sensibler Pflanzenarten nach einer bestimmten Entwicklungsdauer als Maß für die Belastung des Bodens misst. Gartenkresse eignet sich dafür besonders gut, da sie eine hohe Keimungsrate hat.

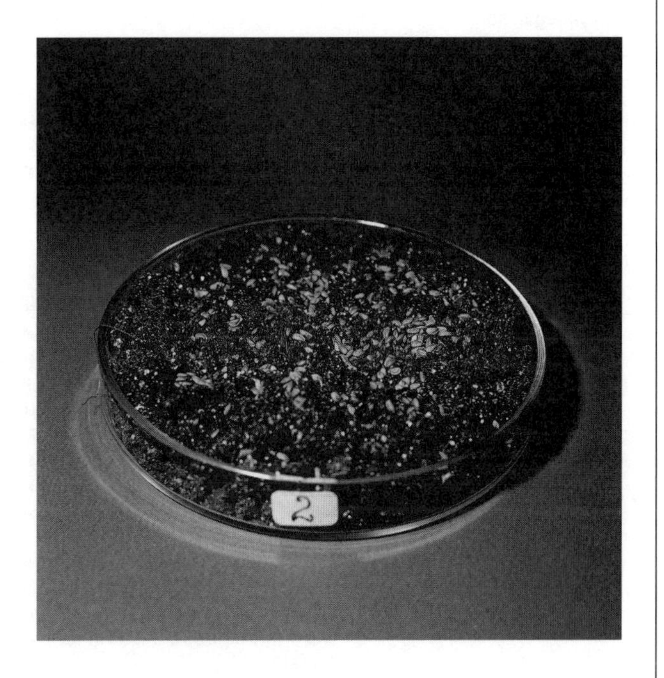

In diesem Experiment werden die Einflüsse von Bodenverschmutzung, Temperatur und Beschattung auf das Wachstumsverhalten von Kressekeimlingen untersucht.

Zeit
30 Minuten zum Ansetzen, nach einer Woche 30 Minuten zur Auswertung

Material
Samen der Gartenkresse (Lepidium sativum), 6 Petrischalen mit Deckel, 100 ml-Erlenmeyerkolben, Filterpapier, Trichter, Kupfersulfatlösung (20 mmol/Liter $CuSO_4$), $CaCl_2$ (0,01 mol), Aluminiumfolie, Lineal

Durchführung
Es werden zwei Bodenproben von je 15 g gesammelt, eine von einem Straßenrand und eine im Laubwald. Diese werden in je einen Erlenmeyerkolben gegeben und mit je 30 ml Extraktionsmedium ($CaCl_2$-Lösung) gründlich geschüttelt. Anschließend wird die Flüssigkeit abfiltriert. Nun legt man 6 Petrischalen mit Filterpapier aus und befüllt sie wie in der Tabelle angegeben mit Flüssigkeit (je 20 ml). Anschließend werden auf dem Filterpapier 30 Kressesamen möglichst gleichmäßig verteilt. Der Deckel wird aufgelegt und die Schalen werden wie in der Tabelle angegeben platziert. Nach ca. einer Woche wird ermittelt, wie viele der Kressesamen gekeimt sind und deren Wurzellänge gemessen. Bei Bedarf müssen die Ansätze zwischenzeitlich mit Wasser nachbefeuchtete werden.

Nummer	Lösung	Bedingungen
1	Straßenrandboden	Raumtemperatur, hell
2	Waldboden	Raumtemperatur, hell
3	Kupfersulfat (1 g/l)	Raumtemperatur, hell
4	Wasser	Raumtemperatur, hell
5	Wasser	Raumtemperatur, dunkel (Alufolie)
6	Wasser	kühl (möglichst unter 15 °C), hell

Aufgaben

1 Notieren Sie Ihre Beobachtungen zu den sechs Versuchsansätzen und deuten Sie sie.

2. Vergleichen Sie biologische und chemische Methoden zum Aufspüren von Schadstoffen. Nennen Sie dazu Vor- und Nachteile beider Methoden.

Biokatalysator
Enzym
Enzymregulation
Proteasom
Proteine

Enzyme

1 Enzyme als Biokatalysatoren

Enzyme sind Biokatalysatoren

Arbeitsblatt Seite 45

1. Die Substrate sind das Eiweiß (Protein aus Aminosäure-Bausteinen) und das Wasser. Beide Substrate werden von Restgruppen gehalten, wobei das Wassermolekül exakt auf die Peptidbindung ausgerichtet wird, an die es in dieser Reaktion angelagert wird. Zu Beginn verbindet sich das Sauerstoffatom des Wassers mit dem Kohlenstoffatom der CO-Bindung. Durch den genauen Bau des aktiven Zentrums werden die Substrate weiterhin gehalten. Die Atome verändern kaum ihre Position. Im letzten Schritt wird die Peptidbindung gespalten und die Carboxylgruppe bzw. die Aminogruppe werden freigesetzt. Damit ist die Hydrolyse beendet.
2. In allen drei Fällen ergeben sich Optimumskurven. Im Bereich des Optimums haben die meisten Enzymmoleküle die richtige Form für die Reaktion. In anderen pH-Wert-Bereichen weist ein Teil der Enzymmoleküle ladungsbedingte Formänderungen auf.
   Anmerkung: Enzym 1 ist vergleichbar mit Pepsin (Optimum bei pH 1,9), Enzym 2 mit Amylase (Optimum bei pH 6,1) und Enzym 3 mit Trypsin (Optimum bei 8,5).

Das Proteasom

Proteine sind eine der wichtigsten Stoffklassen der Organismen. Enzyme als spezielle Proteine katalysieren die meisten chemischen Reaktionen in der Zelle und werden selbst wieder von Enzymen zerlegt: Diese Proteasen sind in den Zellen in Proteasomen zu finden. Die Zellen kennzeichnen zu vernichtende Proteine mit einer Kette aus Ubiquitin-Molekülen, die vom Proteasom erkannt werden. So kann zwischen abzubauenden und nicht abzubauenden Proteinen unterschieden werden.

Geschichte der Enzymforschung

1783: L. SPALLANZANI entdeckt die extrazelluläre Verdauung von Proteinen.
1837: J. LIEBIG und F. WÖHLER beschreiben die enzymatische Spaltung von Amygdalin durch Mendel-Emulsion.
1847: DUBRUNFAUT beobachtet den Abbau von Stärke zu Maltose durch Diastase (Amylasen) als Ferment.
1893: W. OSTWALD klassifiziert die Enzyme („Fermente") im Sinne der physikalischen Chemie.
1897: E. BUCHNER und H. BUCHNER entdecken die zellfreie Gärung.
1912: O. H. WARBURG postuliert das Atmungsferment (Cytochromoxidase).
1913: L. MICHAELIS und M. MENTEN entwickeln Theorien der Enzymkinetik.
1926: J. B. SUMNER kristalliert als erstes Enzym Urease; B. JANSEN und W. F. DONATH isolieren das erste Vitamin (Thiamin).
1932: O. H. WARBURG und H. A. T. THEORELL entdecken die gelben Fermente (Flavinenzyme).
1935: Einführung von Isotopen für Stoffwechseluntersuchungen durch R. SCHOENHEIMER und D. RITTENBERG.
1936: Der Zusammenhang zwischen Vitaminen und Coenzymen wird durch H. K. A. S. VON EULER CHELPIN, H. A. T. THEORELL und O. H. WARBURG an Pyridinnucleotid- und Flavinenzymen erkannt.
1940–1944: F. A. LIPMANN erkennt ATP als Energieüberträger der Zelle; die Codierung von Enzymproteinen durch Gene wird erkannt (Ein-Gen-ein-Enzym-Hpothese: G. W. BEADLE und E. L: TATUM; Genwirkketten:: A. F. J. BUTENANDT und A. KÜHN).
1948: F. A. LIPMANN isoliert Coenzym A.
1950: P. EDMAN entwickelt Proteinsequenzierungsmethode (Edman'scher Abbau).
1950–1965: Die durch Fettsäuresynthese katalysierten Reaktionen werden durch K. E. BLOCH, F. F. K. LYNEN und WAKIL aufgeklärt und Fettsäuresynthese als Multienzymkomplex (Fettsäure-Synthetase-Komplex) erkannt.
1960: Erste Röntgenstrukturanalyse der dreidimensionalen Strukturen von Proteinen (Myoglobin und Hämoglobin) durch J. C. KENDREW und M. F. PERUTZ.
1963. F. JACOB, J. L. MONOD und P. CHANGEUX: allosterische Hemmung (Allosterie) von Enzymen.
1969: Ribonuclease wird als erstes Enzym chemisch synthetisiert (DENKEWALTER und HIRSCHMANN; GUTTE und R. B. MERRFIELD); Entdeckung und Isolierung der ersten Restriktionsenzyme durch W. ARBER, D. NATHANS und H. O. SMITH.
1970: Entdeckung der reversen Transkriptase durch D. BALTIMORE und H. M. TEMIN.
seit 1972: Mit der Entwicklung gentechnologischer Methoden wird es möglich, Gene für Enzymproteine gezielt abzuwandeln und / oder zwischen Zellen verschiedener Organismen zu transferieren, was die Möglichkeit zur Konstruktion von Enzymen mit „maßgeschneiderter" Struktur und / oder zur Synthese von Enzymen in artfremden Zellen sowie zur großtechnischen Produktion (Biotechnologie) eröffnet.
1981: T. R. CECH und S. ALTMAN entdecken die katalytischen Eigenschaften von Ribonucleinsäuren (RNA-Enzyme, Ribozyme).
1986: Herstellung katalytischer Antikörper (Abzyme: LERNER, SCHULTZ).

Literaturhinweise

ELLEDGE, ST. J., GOLDBERG, A. L., HARPER, J. W.: Reißwolf für Proteine. In: Spektrum der Wissenschaft, Heft 5/2001, S. 54 – 59

Pepsin zerlegt Proteine

Pepsin (Abb. 1) ist ein Verdauungsenzym des Magens und besteht aus 326 Aminosäuren. Es spaltet unter Wasseranlagerung *(Hydrolyse)* die Peptidbindungen eiweißhaltiger Nahrungsbestandteile. Die Hydrolyse erfolgt vorwiegend dort, wo die Aminosäuren Phenylalanin und Tyrosin im Protein vorkommen (Abb. 2). Deren unpolare Restgruppen passen räumlich in eine ebenfalls unpolare Tasche des aktiven Zentrums.

Die Reaktion wird von den Restgruppen spezifischer Aminosäuren des Pepsins (Aspartat-Reste 32 und 215) katalysiert (Abb. 3a). Von diesen hat eine Aminosäure ein H^+-Ion aufgenommen. Die Aufnahme ist nur bei einem niedrigen pH-Wert (1 bis 2) möglich, wie er im Magen vorliegt. Die Hydrolyse verläuft in den Schritten, die in Abbildung 3a - c dargestellt sind.

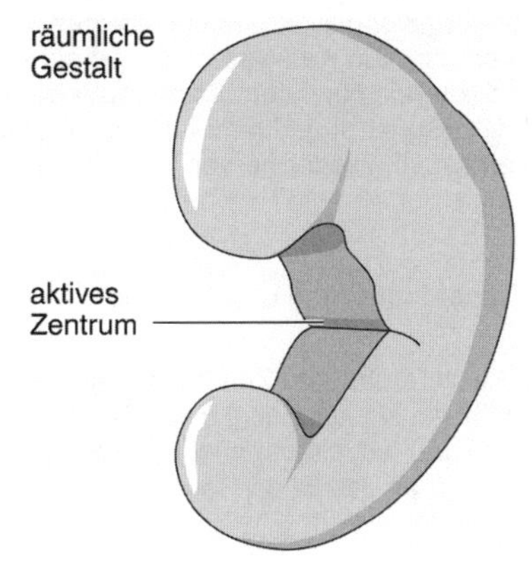

Abb. 1 Pepsin

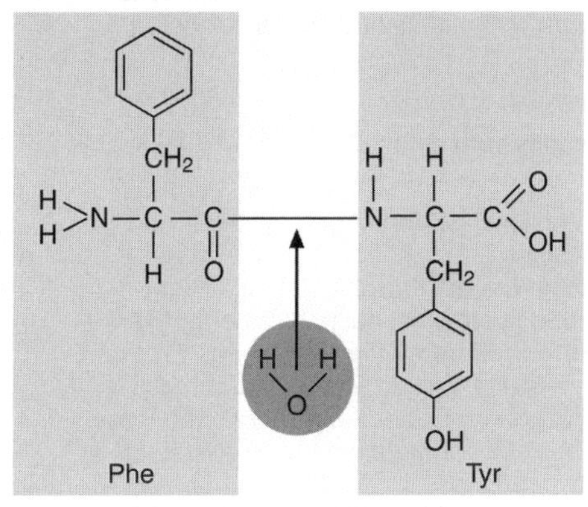

Abb. 2 Phenylalanin und Tyrosin

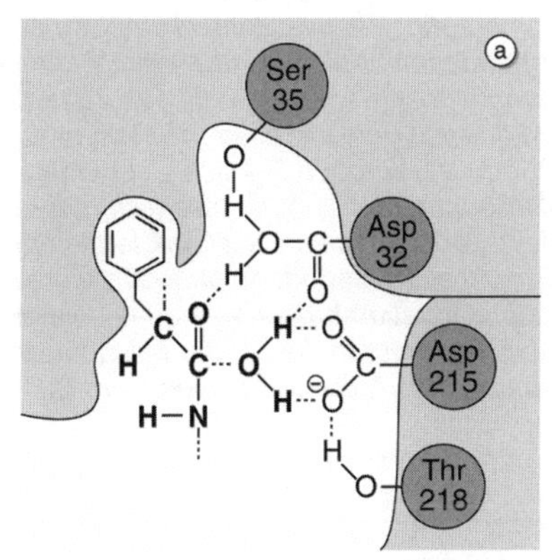

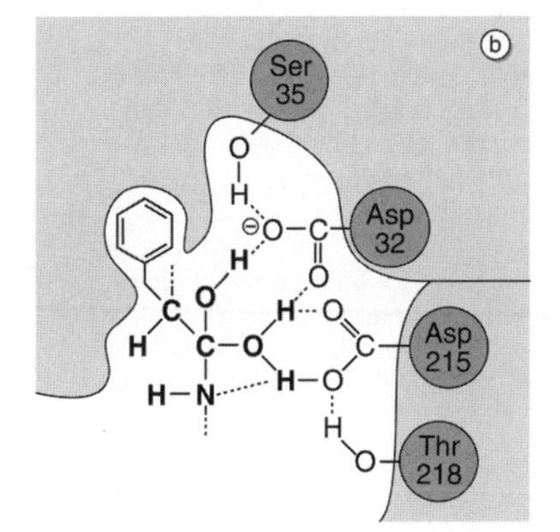

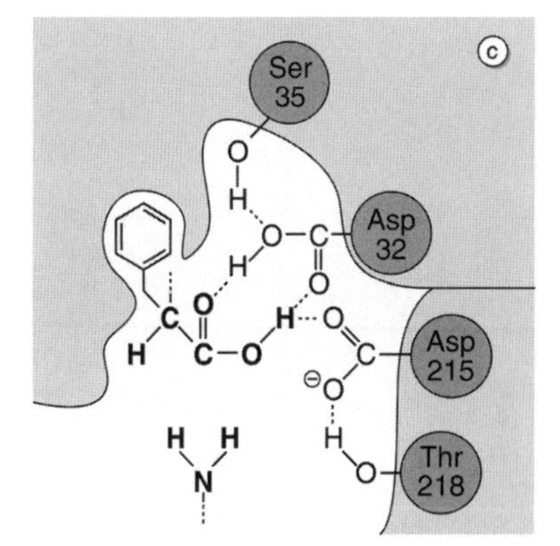

Abb. 3a – c Verschiedene Phasen der Substratumsetzung

Aufgaben

1. Beschreiben Sie den Ablauf der Hydrolyse bei der Peptidspaltung (Abb. 3a – c).
2. Die folgende Tabelle zeigt die Abhängigkeit dreier Enzyme vom pH-Wert. Für die Enzyme ist jeweils die Aktivität (Substratumsatz/Zeiteinheit) in Prozent (%) des Maximalwertes in gerundeten Werten angegeben. Übertragen Sie die Werte in ein geeignet eingeteiltes Koordinatensystem und erläutern Sie den Kurvenverlauf.

pH-Wert	0	2	4	5	6	7	8	10	12
Enzym 1	60	100	10	0	0	0	0	0	0
Enzym 2	0	0	2	40	98	98	40	0	0
Enzym 3	0	0	0	0	2	40	99	50	0

Aktivierungsenergie
Biokatalysator
Enzym – Katalase
Enzymaktivität
Experiment

2 Reaktionsbedingungen

Die Reaktionsbedingungen bestimmen die Enzymaktivität

Schülerbuch Seite 55

① Erklären Sie anhand der Eigenschaften der Enzyme, warum Fieber von 42 °C lebensgefährlich ist.
– *Bei Temperaturen über 42 °C denaturiert bereits ein Teil der lebenswichtigen Enzymeiweiße, die dadurch mehr oder weniger stark ihre Funktion einbüßen. Das hat bei Anhalten dieses Zustandes den Zusammenbruch lebenswichtiger Stoffwechselfunktionen zur Folge.*

Ohne Enzyme können nur wenige Moleküle untereinander reagieren.

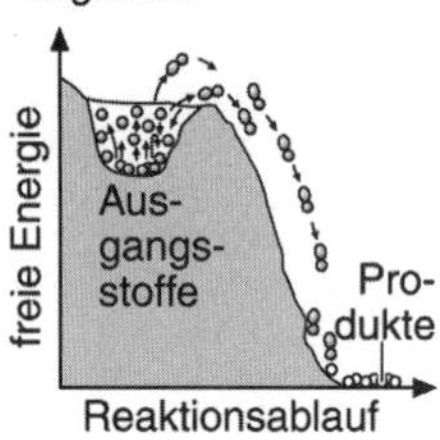

Arbeitsblatt Seite 47

Hinweis: Vorsicht bei Versuchen mit H_2O_2 und Kalium-Chromat

1. Mit frischer Leber (Kartoffel) ist die Glimmspanprobe positiv, bei gekochter Leber (Kartoffel) wird kein Sauerstoff gebildet. Das Enzym Katalase ist ein Protein und wird durch das Kochen zerstört. Daher kann im zweiten Reagenzglas keine Umsetzung von Wasserstoffperoxid stattfinden.
2. Sofort nach dem Eintropfen der Kaliumchromat-Lösung ergibt sich ein Farbumschlag von gelb nach braun, danach beginnt eine zunächst langsame, dann immer schnellere Temperaturerhöhung bis ca. 80 °C. Es ist eine intensive Gasentwicklung zu beobachten und die Glimmspanprobe ist positiv. Dann erfolgt wieder ein Farbumschlag von braun zu gelb. Die Temperatur sinkt wieder.
Deutung: Chromat bildet mit H_2O_2 einen Übergangszustand (braun). Es findet eine exotherme Reaktion statt (Wärmeentwicklung) und das Peroxid reagiert zu Wasser und Sauerstoff. Die Gasentwicklung ist beendet, wenn kein Peroxid mehr umgesetzt wird.
3. individuelle Lösung
4. Dass das Chromat als Katalysator wirkt, lässt sich aus dem Ablauf der Reaktion schließen: Die Gelbfärbung am Ende weist darauf hin, dass das Chromat wie am Anfang wieder unverbraucht vorliegt. Zur Kontrolle gibt man nach dem Ablauf der Reaktion nochmals H_2O_2-Lösung hinzu. Da sich die Reaktion wieder auslösen lässt, ist also kein neues Produkt entstanden.
5. Die Katalase der rohen Leber wirkt als Katalysator vergleichbar dem Kaliumchromat im Modellversuch. Ein Katalysator fördert eine freiwillig ablaufende Reaktion. Dazu verbindet er sich mit dem Substrat und geht aus der Reaktion unverbraucht wieder hervor.

Zusatzaufgabe und Lösung

① Um Milch für längere Zeit haltbar zu machen, erhitzt man sie kurzzeitig unter Druck auf etwa 115 °C und füllt sie dann keimfrei ab. Weshalb wird dadurch das Sauerwerden der Milch unterbunden?
– *Durch Temperaturen von 115 °C werden die für die Milchsäuregärung verantwortlichen Bakterien vollständig abgetötet.*
Anmerkung: Für das Schlechtwerden einer so behandelten H-Milch sind andere Bakterien verantwortlich. Man kann diesen Zusammenhang durch eine einfache pH-Messung überprüfen. Verdorbene H-Milch zeigt einen leicht alkalischen pH-Wert, ist also nicht sauer, wie viele glauben. In kurzzeitig pasteurisierter Milch (Frischmilch) hingegen überleben hinreichend viele Milchsäurebakterien, sodass diese Milch tatsächlich durch die bei der Milchsäuregärung entstehende Milchsäure sauer wird (pH 4).

Enzyme senken die Aktivierungsenergie

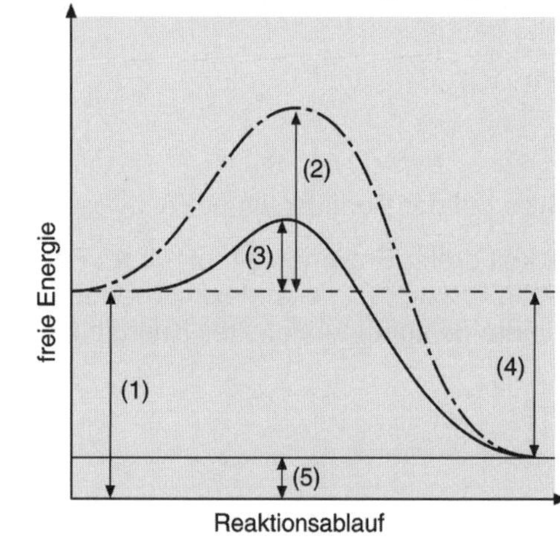

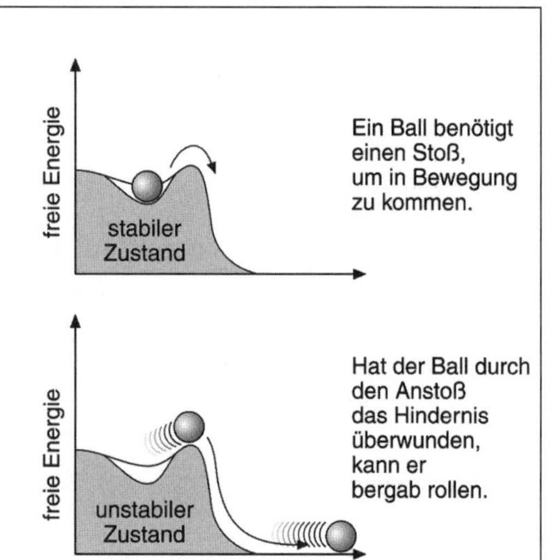

(1) Energiegehalt des Ausgangsmaterials
(2) Aktivierungsenergie ohne Biokatalysator
(3) Aktivierungsenergie mit Biokatalysator
(4) freigesetzte Energie
(5) Energiegehalte der Produkte

Experimente mit Katalase

Im Stoffwechsel von Zellen fällt regelmäßig das stark oxidierend wirkende Zellgift Wasserstoffperoxid (H_2O_2) an. Es wird durch das Enzym Katalase, das z.B. im Lebergewebe vorkommt, abgebaut und unschädlich gemacht. Die Glimmspanprobe ist eine Nachweismethode für Sauerstoff. Man entzündet die Spitze eines Holzspans, bläst die Flamme vorsichtig wieder aus, sodass die Spitze gerade noch glüht und hält den Holzspan dann in das Reagenzglas, dessen Inhalt man untersuchen möchte. Entzündet sich der Holzspan, ist Sauerstoff vorhanden.

Material: 1 Reagenzglas ø 30 mm, Reagenzglasständer, 6 Reagenzgläser, Messer, Spatel, Pipette (5 ml), Holzspan, Feuerzeug, rohe Leber (Kartoffel), gekochte Leber (Kartoffel), H_2O_2-Lösung (5%ig). Für Versuch 2: Wasserstoffperoxid-Lösung 15%ig, Kaliumchromatlösung aus einer Spatelspitze K_2CrO_4 auf 10 ml Wasser, Reagenzglasständer oder Weithals-Erlenmeyerkolben, Thermometer (bis 100 °C), Pipette. Vorsicht: Wasserstoffperoxid ist ätzend! Kaliumchromatlösung ist giftig! Handschuhe und Schutzbrille benutzen und Grundsätze zum Umgang mit Gefahrstoffen beachten!

Versuch 1: Katalase

Geben Sie in zwei Reagenzgläser 5%ige H_2O_2-Lösung und dann in das erste einige Stückchen frische Leber oder Kartoffel und in das zweite Reagenzglas die gekochte Leber oder Kartoffel. Beobachten Sie und führen Sie jeweils die Glimmspanprobe durch.

Beobachtungen:

____

____

____

____

____

____

____

____

____

Versuch 2: Kaliumchromat

Das weite Reagenzglas zwei Fingerbreit mit H_2O_2-Lösung füllen und in den Reagenzglasständer oder einen Weithals-Erlenmeyerkolben stellen und während der Reaktion nicht anfassen!
Führen Sie folgenden Modellversuch mit einer Glimmspanprobe nach ca. 5 und 10 Minuten durch. Notieren Sie auch jeweils die Temperatur.

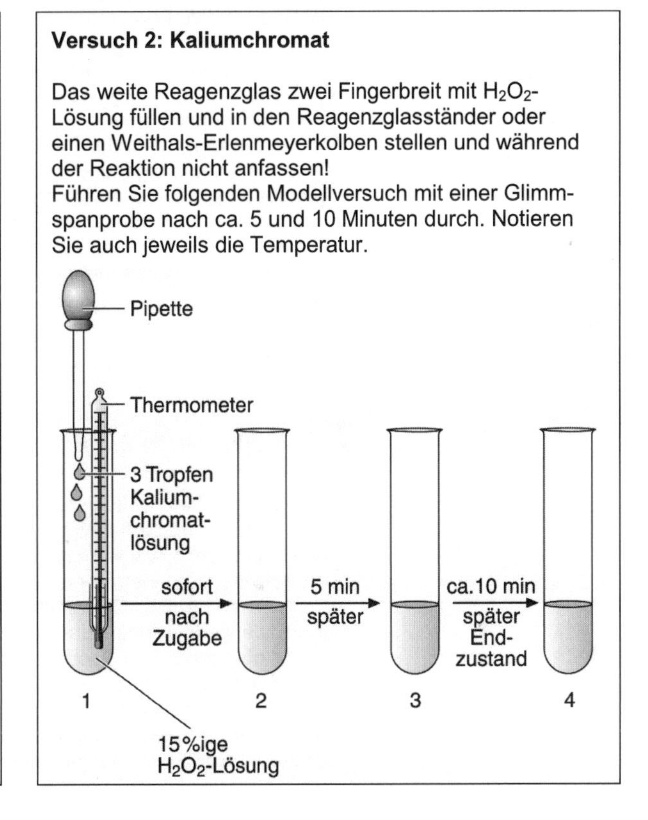

Aufgaben

1. Deuten Sie die Ergebnisse von Versuch 1.
2. Tragen Sie Ihre Beobachtungen zu Versuch 2 in die Reagenzgläser 2 bis 4 der Abbildung oben rechts ein und deuten Sie die Ergebnisse.
3. Stellen Sie für Versuch 2 den energetischen Verlauf der Reaktion in dem nebenstehenden Diagramm zeichnerisch dar. Beachten Sie: Eine Erwärmung der Lösung bedeutet eine Energieabgabe der reagierenden Stoffe.
4. Zeigen Sie in einem Zusatzversuch, dass Kaliumchromat als Katalysator wirkt.
5. Erklären Sie, inwieweit Versuch 2 ein Modellversuch für die Katalasewirkung in Versuch 1 ist.

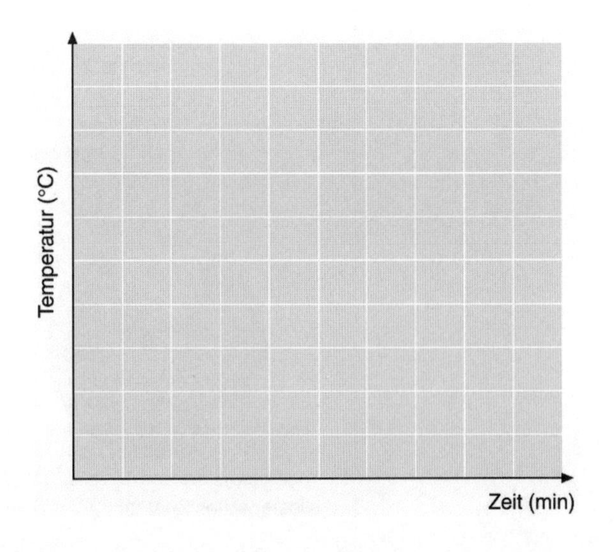

Der Einfluss des Bindungspartners auf die Enzymaktivität

Arbeitsblatt Seite 49

1. Bei der kompetitiven Hemmung stehen zwei ähnliche Stoffe – das Substrat und der Hemmstoff – im Wettstreit um das aktive Zentrum. Die Bindungsstelle ändert ihre räumliche Struktur dabei nicht. Bei der allosterischen Hemmung bindet sich der Hemmstoff außerhalb des aktiven Zentrums an das Enzym und ändert damit dessen räumliche Struktur. In beiden Fällen gilt: Ist der Hemmstoff gebunden, kann das Substrat nicht umgesetzt werden.
2. Regulatoren können nur auf allosterische Enzyme einwirken. Diese Enzyme bestehen aus mehreren Untereinheiten. Ist Enzym A inaktiv, kann der Hemmstoff gebunden werden. Damit wird die inaktive Form stabilisiert (negative Regulation). Wird an Enzym B eine Substanz gebunden, die die aktive Form stabilisiert, kann die Substratumsetzung erfolgen.
3. Das Endprodukt Isoleucin wirkt als Hemmstoff des ersten Enzyms in der Produktionskette und stellt damit seine eigene Produktion ab. Diese Regulation entspricht einer negativen Rückkopplung und verhindert eine Überproduktion. Erst wenn das Endprodukt wieder verbraucht ist, werden auch nicht mehr genügend Moleküle zur Bindung an das Startenzym vorhanden sein und damit kann die Isoleucin-Produktion wieder anlaufen.

Regulation der Enzymaktivität

Zellen regulieren ihre Stoffwechseltätigkeit u. a. dadurch, dass sie die Konzentration der Enzyme und ihre katalytische Aktivität steuern. Dies geschieht auf verschiedenen Ebenen:

- Enzymkonzentration: Die relative Synthese- und Abbaugeschwindigkeit eines Enzyms bestimmt die vorhandene Menge. Die Syntheserate wird durch Genregulation kontrolliert (siehe Proteinbiosynthese).
- Durch Kompartimentierung wird die Aktivität gesteuert: Enzyme, die bestimmte Aufgaben übernehmen, sind in bestimmten Bereichen lokalisiert und finden dort z. B. bestimmte pH-Werte oder Reaktionspartner vor (z. B. in Mitochondrien, Chloroplasten, Lysosomen im Cytoplasma oder im ER).
- „Kovalente Modifikation“ wirkt als Schalter: Durch Phosphorylierung oder Adenylierung wird die Umwandlung der aktiven Form eines Enzyms in die inaktive oder umgekehrt bewirkt. Diese Kontrollmechanismen sind meist energieabhängig und erfordern ATP. Manche Proteasen werden auch als inaktive Vorstufen bereitgestellt (Proenzyme) und später durch Hydrolyse einer Peptidbindung aktiviert.
- Feedback-Hemmung: Wenn die Endprodukte eines Stoffwechselweges in zu großer Menge anfallen, führt die Feedback-Hemmung zu einer Reduktion der Biosynthese.
- Allosterische Aktivierung: Manche Enzyme können erst dann ihre volle katalytische Wirkung entfalten, wenn „Cofaktoren“ oder „Cosubstrate“ außerhalb des aktiven Zentrums gebunden sind. Für diese Hilfsmoleküle ist auch die Bezeichnung Coenzyme gebräuchlich, aber nicht ganz zutreffend. Die Cofaktoren sind selbst nicht katalytisch aktiv, gehen meist verändert aus der Reaktion hervor und arbeiten wie z. B. NAD^+ mit verschiedenen Enzymen zusammen, sind also nicht substratspezifisch.

Literaturhinweise

http://www.infochembio.ethz.ch/links/biochem_enzyme_lehr.html
Das „Informationszentrum Chemie Biologie“ der eidgenössischen technischen Hochschule Zürich bietet zu vielen Themen zahlreiche Informationen und Links an

Unter http://www.thelifewire.com gelangt man im „Kapitel Enzyme“ zu interaktiven (engl.) Testfragen.

Unter dem Begriff „Allosterische Enzyme“ zeigen die gängigen Suchmaschinen auch Animationen auf, in denen die Konformationsänderung der Proteine deutlich wird.

Vereinfachte schematische Darstellung der kompetitiven und allosterischen Hemmung

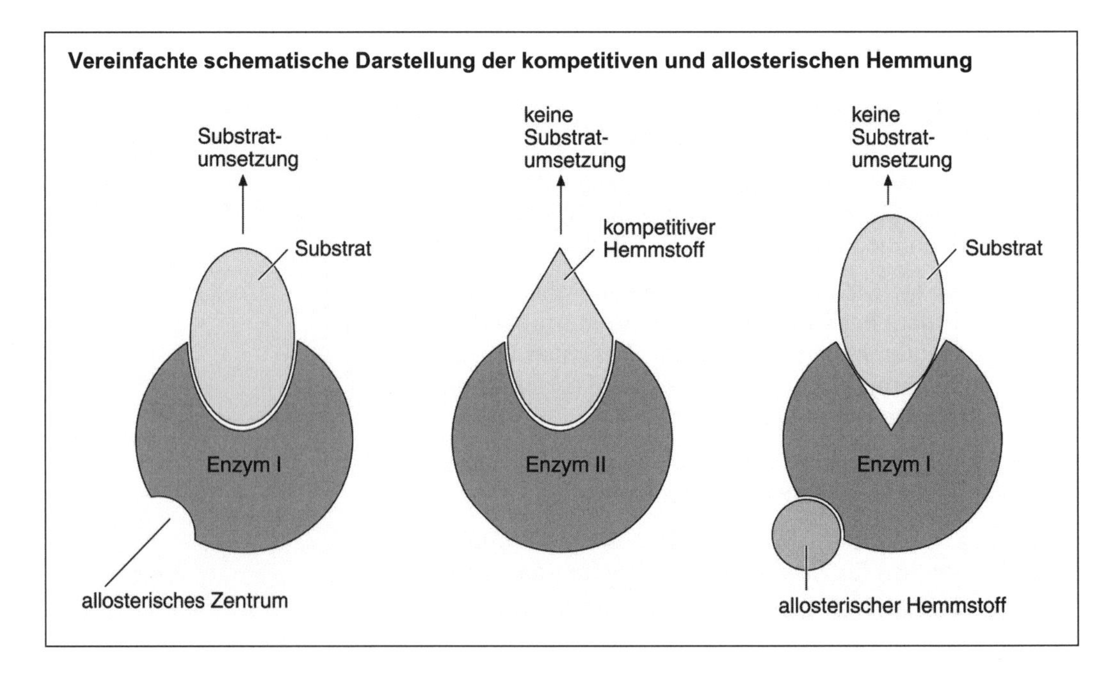

Allosterische Enzyme

Der Begriff *Allosterie* bezeichnet eine Eigenschaft vieler Proteine, die sich auf die räumliche Gesamtstruktur bezieht. Kann ein Molekül seine dreidimensionale Anordnung abwandeln, ohne seine chemische Zusammensetzung zu variieren, spricht man von *Konformationsänderung*. Betrifft dies Enzyme, wird damit auch das aktive Zentrum verändert. Somit verändert sich die Fähigkeit des Enzyms, sein Substrat umzusetzen.

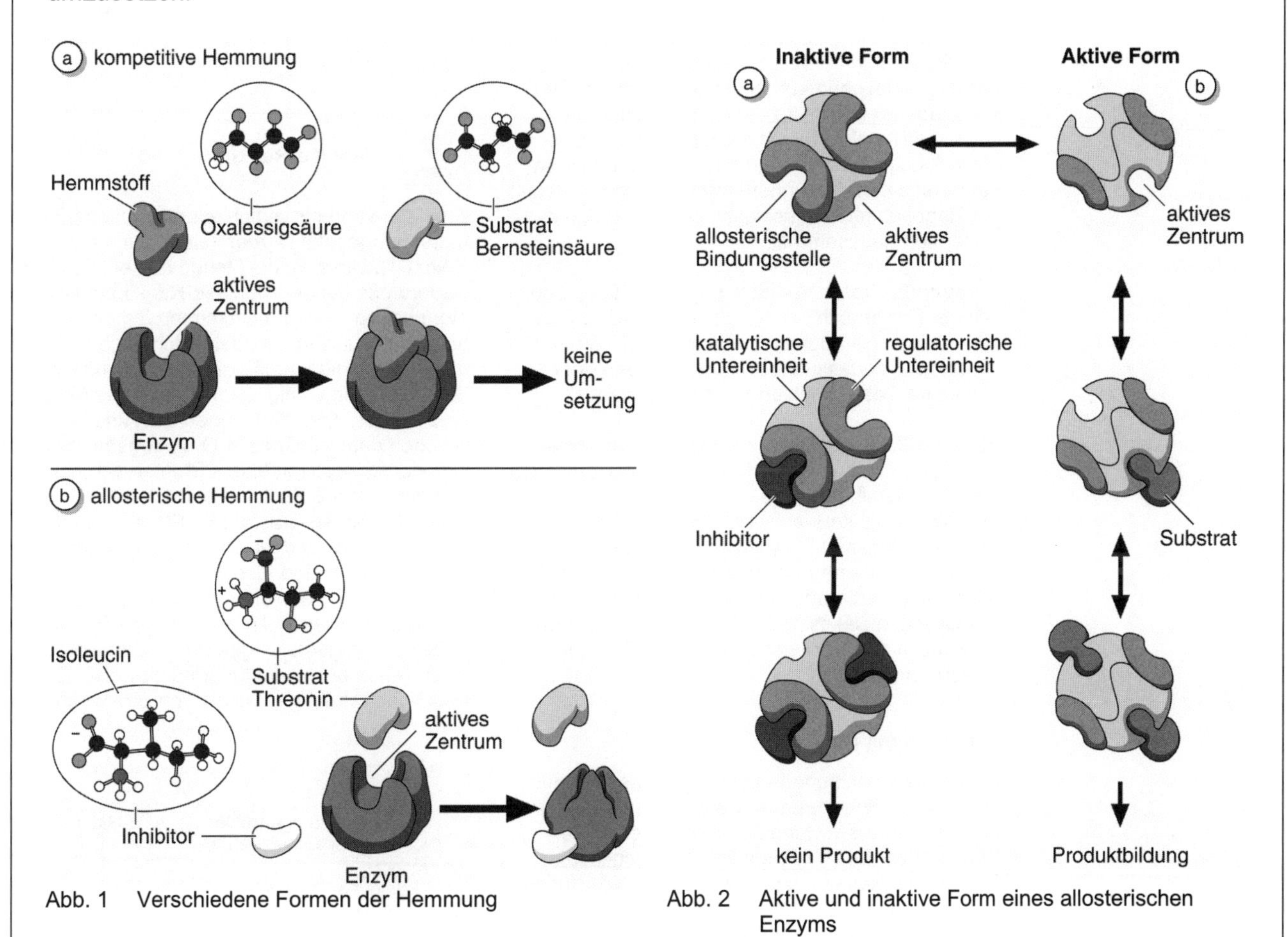

Abb. 1 Verschiedene Formen der Hemmung

Abb. 2 Aktive und inaktive Form eines allosterischen Enzyms

Aufgaben

1. Wodurch unterscheiden sich kompetitive und allosterische Hemmung (Abb. 1)?
2. „Negative Regulatoren stabilisieren die inaktive Form eines allosterischen Enzyms, positive Regulatoren stabilisieren seine aktive Form." Erklären Sie diesen Satz mithilfe von Abbildung 2.
3. Die Umsetzung der Aminosäure Threonin zu Isoleucin erfolgt im tierischen Organismus über mehrere Zwischenprodukte (Abb. 3). Die Reaktionen werden von verschiedenen Enzymen katalysiert. Nach ausreichender Produktion von Isoleucin kommt die Reaktion zum Stillstand. Welcher Mechanismus ist dafür verantwortlich? Erklären Sie auch seine biologische Bedeutung.

E_1 E_2 E_3 E_4...

Threonin (Start): $H-C(NH_3^+)-COO^-$, $H-C-OH$, CH_3

α-Ketobuttersäure (Zwischenprodukt): $C(=O)-COO^-$, CH_2, CH_3

Zwischenschritte

Isoleucin (Endprodukt): $H-C(NH_3^+)-COO^-$, $H-C-CH_3$, CH_2, CH_3

Abb. 3 Entstehung von Isoleucin

Enzym – Amylase
Enzym – Katalase
Enzym – Urease
Enzymnachweis
Experiment
Schlüssel-Schloss-Prinzip
Substratspezifität
Wirkungsspezifität

Praktikum: Enzyme

Schülerbuch Seite 58

Eigenschaften von Enzymen

Versuch 1: Braunstein entfaltet die gleiche Wirkung wie das Katalasepräparat aus Kartoffel oder Leber. Dass die Gasentwicklung auf die Gegenwart dieser Substanzen zurückzuführen ist, zeigt das Kontrollexperiment mit Sand. Damit der Sauerstoffnachweis mithilfe der Glimmspanprobe gelingt, sollte nicht gleich nach Beginn der Gasentwicklung die Probe durchgeführt werden, sondern erst ca. 30 Sekunden später. Dann hat sich in der Regel über der Flüssigkeit genügend reiner Sauerstoff angesammelt.

Versuch 2: Dieser Versuch zeigt die pH-Abhängigkeit der Enzymaktivität. Katalase wird sowohl bei sehr kleinen als auch bei sehr hohen pH-Werten denaturiert, sodass ihre Wirkung verloren geht, d.h. keine Gasentwicklung zu beobachten ist.

Versuch 3: Dieser Versuch zeigt die Denaturierung von Enzymen durch Schwermetalle, die in der Regel irreversibel ist. Sie beruht darauf, dass Schwermetalle sehr schwer lösliche Sulfide bilden. Diese entstehen in Gegenwart von Eiweiß, indem ihm der enthaltene Schwefel entzogen wird, sodass seine Tertiärstruktur zerstört wird. Wichtig für das Gelingen dieses Versuchs ist eine hinreichende Einwirkzeit der Schwermetalllösung auf das Katalasepräparat.

Versuche mit Amylase

Für die Untersuchungen kann auch das preisgünstige Pankreatin verwendet werden, das Amylase enthält. Zur Auswertung des Experiments: Der Kehrwert der Zeit ($^1/_t$) bis zur Entfärbung ist ein Maß für die Reaktionsgeschwindigkeit bzw. für den Substratumsatz. Denn bis zur Entfärbung der Stärkelösung wird immer die gleiche Menge Substrat umgesetzt, vorausgesetzt, die Reagenzgläser sind sorgfältig mit den richtigen Mengen befüllt worden. Je kürzer die Zeit bis zur Entfärbung, desto größer der Substratumsatz pro Zeiteinheit, d. h. die Reaktionsgeschwindigkeit. Um den Zeitpunkt der Entfärbung besser zu erkennen, legt man weißes Papier unter oder hinter den Reagenzglasständer. Der Versuch belegt die RGT-Regel.

Versuche mit Urease

Versuch 2 zeigt die Abhängigkeit der Reaktionsgeschwindigkeit von der Substratkonzentration, Versuch 3 die Substratspezifität (Urease reagiert nur mit Harnstoff, nicht aber mit Thioharnstoff).

Die Wirkung von Speichel bei der Verdauung von Oblaten

Werden die Enzyme im Rahmen einer „Unterrichtseinheit Verdauung" betrachtet, kann die Speichelwirkung mithilfe von Oblaten untersucht werden. Stärkenachweis mit der Iodprobe und der Zuckernachweis mit Fehling I und II sollten bekannt sein. Im Reagenzglasständer werden vier Reagenzgläser jeweils mit einer zerbröselten Oblate und 5 ml Wasser gefüllt. Probe 1 und 3 werden 5 ml Speichel zugesetzt. Probe 2 und 4 sind Kontrollen. Alle Proben werden bei 37 °C im Wasserbad ca. 10 min inkubiert. Probe 1 und 2 werden anschließend mit Iod-Kaliumiodid-Lösung auf Stärke und Probe 3 und 4 auf Zucker (Fehling-Reaktion) untersucht. Dabei ist auf Schutzbrille, Handschuhe und vorsichtigen Umgang mit den Chemikalien zu achten. Die Lösungen mit Fehling-Reagenz müssen ordnungsgemäß entsorgt werden.

Katalase-Reaktion

Katalase kann für verschiedene einfache Experimente eingesetzt werden (siehe auch Arbeitsblatt Seite 61). Um z. B. die Menge des entstehenden Sauerstoffs bei der Katalase-Reaktion mit Wasserstoffperoxid in einer bestimmten Zeiteinheit quantitativ zu erfassen, empfiehlt sich folgende Apparatur: Als Reaktionsgefäß dient ein Erlenmeyerkolben, in den wenig Katalase-haltiges Material (z. B. Leber, Kartoffel) eingebracht und geringe Mengen des Substrats H_2O_2 zugegeben werden. Der Kolben wird mit einem Stopfen verschlossen. Der sich bei der Reaktion entwickelnde Sauerstoff gelangt über ein Glasrohr im Stopfen, an den ein Schlauchstück und ein weiteres, gebogenes Glasrohr angesetzt sind, das durch eine pneumatischen Wanne in ein graduiertes Reagenzglas oder einen Messzylinder reicht. Mit dieser Apparatur können beliebige Fragestellungen untersucht werden (gefrorenes oder denaturiertes Gewebe, Enzym- und Substratmenge, Zusatz von Stoffwechselgiften u. a.).

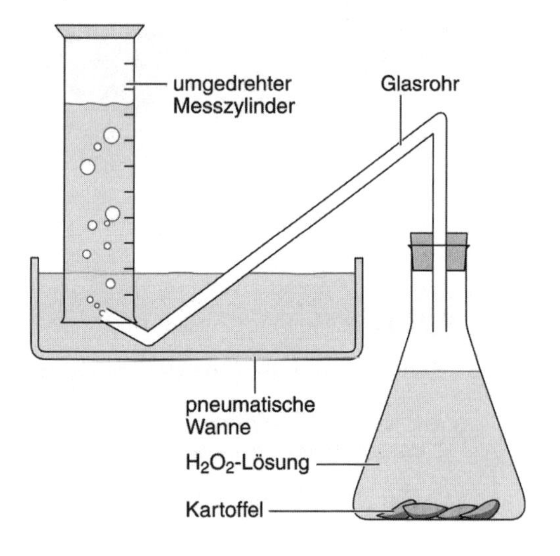

Literaturhinweise

ECKEBRECHT, H., KLUGE, S.: Natura Experimentesammlung Sekundarstufe II. Ernst Klett Verlag, Stuttgart 2008

Enzym – Amylase
Enzym – Katalase
Enzym – Urease
Enzymnachweis
Schlüssel-Schloss-Prinzip
Substratspezifität
Wirkungsspezifität

Material: Aufbau von Enzymen

Schülerbuch Seite 59

① Das Experiment von HARDEN und YOUNG zeigt,
- dass die katalytisch wirksamen Moleküle im Cytoplasma gelöst sind (c),
- dass zwei verschiedene Moleküle bzw. Moleküluntereinheiten die Kohlenstoffdioxidentwicklung katalysieren, für sich allein aber keine Wirkung zeigen (d) und dieses nur in Wechselwirkung miteinander vermögen (Versuchsreihe 2,1. Versuch).
- dass eine der beiden wirksamen Komponenten temperaturempfindlich (in Lösung 2 aus dem Inneren des Dialyseschlauchs) ist, die andere nicht (in Lösung 1 aus dem Gefäß, in das der Dialyseschlauch eintaucht).
- dass die temperaturunempfindliche Komponente niedermolekular ist (denn sie diffundiert durch den Dialyseschlauch), die temperaturempfindliche hochmolekular ist (zu groß für die Poren des Dialyseschlauches). Das wirksame Enzym sollte also aus einer Proteinkomponente und einer abspaltbaren Nichtproteinkomponente (Coenzym) bestehen.

② siehe Abbildung unten

③ Es handelt sich um eine typische Sättigungskurve. Um das vorliegende Ergebnis zu erhalten, wurde bei konstanter Temperatur und konstanter Enzymkonzentration die Substratkonzentration variiert und der Substratumsatz gemessen. Temperatur und Enzymkonzentration müssen deshalb konstant gehalten werden, weil auch durch sie die Reaktionsgeschwindigkeit beeinflusst wird. Will man aussagekräftige Ergebnisse erhalten, müssen also alle den Messwert beeinflussenden Größen bis auf eine (Variable) konstant gehalten werden. Bei niedrigen Substratkonzentrationen ist die Zahl der Substratmoleküle selbst der begrenzende Faktor. Die Enzymmenge ist im Vergleich so groß, dass praktisch augenblicklich alle Substratmoleküle umgesetzt werden, d. h. der größte Teil der zur Verfügung stehenden Bindungszentren ist unbesetzt. Deshalb kann zunächst auch durch Erhöhung der Substratkonzentration die Reaktionsgeschwindigkeit erhöht werden, bis die Zahl der Substratmoleküle so groß geworden ist, dass sie durch die begrenzt vorhandenen Enzymmoleküle nicht mehr sofort umgesetzt werden können. Die Kapazitätsgrenze wird nach und nach erreicht. Damit wird die Enzymmenge mit zunehmender Substratkonzentration immer mehr zum begrenzenden Faktor (abflachender Teil der Kurve), bis sie schließlich allein begrenzend wird. Die Kapazität der Enzyme (bestimmt durch ihre Wechselzahl) ist ausgeschöpft, d. h. alle Bindungszentren sind mit Substratmolekülen besetzt.

④ Um das vorliegende Ergebnis zu erhalten, wurde bei konstanter Enzym- und Substratkonzentration und variabler Temperatur der Substratumsatz gemessen. Substrat- und Enzymkonzentration müssen deshalb konstant gehalten werden, weil auch durch sie die Reaktionsgeschwindigkeit beeinflusst wird.

⑤ Das Ergebnis zeigt die starke Temperaturabhängigkeit enzymatisch katalysierter Reaktionen, bei denen die Reaktionsgeschwindigkeit bei einer Temperaturerhöhung um das Zwei- bis Vierfache zunimmt (RGT-Regel). Dieser Zusammenhang spiegelt sich in den Messwertergebnissen auch wider, allerdings nur bei Temperaturen bis zu 40 °C. Die grafische Auswertung der Messergebnisse zeigt deutlich, dass die Reaktionsgeschwindigkeit bei den gemessenen Temperaturen bis 40 °C jeweils um mehr als das Doppelte zunimmt. Bei 50 °C flacht die Kurve nach einiger Zeit stark ab, d. h. der Substratumsatz kommt zum Erliegen. Bei 60 °C ist dieses schon kurz nach Versuchsbeginn der Fall, sodass insgesamt nur wenig Substrat umgesetzt wird. Ursache dafür ist die Denaturierung des Enzyms durch hohe Temperaturen, die bei 60 °C schneller einsetzt als bei 50 °C. Die Denaturierung bewirkt eine Zerstörung der Tertiärstruktur, die zum Verlust der Funktion führt. Die für die Funktion wichtige Passform (Schlüssel-Schloss-Prinzip) ist nicht mehr vorhanden.

Literaturhinweise

BERG; J.M., TYMOCZKO;J.L., STRYER, L.: Biochemie. Spektr. Akad. Verlag, Heidelberg, 2003
BIRBAUMER,N.: Anatomie, Biochemie und Physiologie der Zelle: vom Molekül zur zellbiologischen Funktion. Dt. Ärzte-Verlag, Köln 2003
KOOLMANN; J:; RÖHM; K.-H.: Taschenatlas der Biochemie. G. Thieme Verlag, Stuttgart 2003
LÖFFLER, G.: Biochemie und Pathobiochemie. Springer, Berlin 2003
REHNER, G., DANIEL, H.: Biochemie der Ernährung. Spektr. Akad. Verlag, Heidelberg 2002

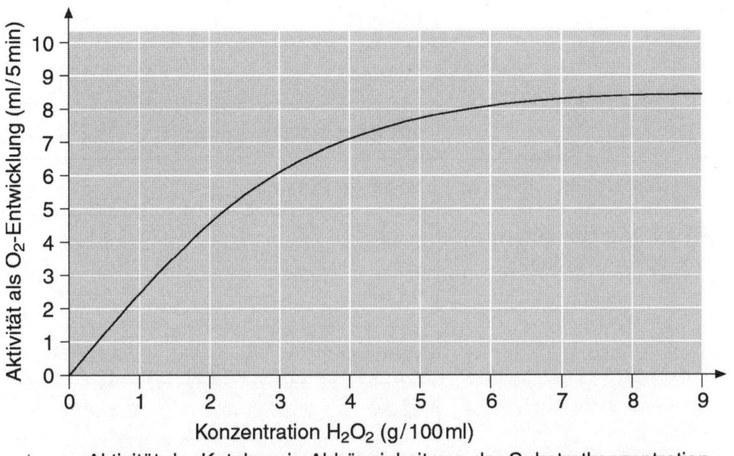

Aktivität der Katalase in Abhängigkeit von der Substratkonzentration

Alkohol
Droge
Gesundheit
Sucht

3 Anwendungen von Enzymwirkungen

Kater und Enzyme – Einfluss von Enzymen auf den Alkoholabbau

Schülerbuch Seite 61

① Erklären Sie, warum hochprozentige alkoholische Getränke besonders schnell ins Blut übergehen.
– *Die Aufnahme des Alkohols geschieht mittels Diffusion. Die Diffusionsgeschwindigkeit hängt unter anderem vom Grad des Konzentrationsgefälles ab. Die Diffusion bei hochprozentigem Alkohol verläuft dann also schneller.*

② Erklären Sie, warum Trinker, die zusätzlich das MEOS rekrutieren können, schneller unter katerähnlichen Symptomen wie Müdigkeit und Gereiztheit leiden.
– *Unter (zusätzlichem) Einsatz des MEOS wird Alkohol schneller in Azetaldehyd abgebaut. Azetaldehyd bedingt die katerähnlichen Symptome. Wird also bei Trinkern, die zusätzlich das MEOS rekrutieren können, der Alkohol schneller in Azetaldehyd umgewandelt, haben diese schneller unter katerähnlichen Symptomen zu leiden.*

③ Erklären Sie, warum „trinkfeste" Menschen besonders häufig ihren Führerschein verlieren und warum bei diesen in vielen Fällen besonders starke Schädigungen der Leber und des Gehirns beobachtet werden.
– *„Trinkfeste" Menschen nehmen trotz hohen Alkoholspiegels weniger Symptome des Rausches wahr. Da für den Verlust des Führerscheins allerdings der Blutalkoholspiegel entscheidend ist, sind diese aufgrund der geringeren Rauschwahrnehmung besonders gefährdet.*

Arbeitsblatt Seite 53

1. Die Berechnung erfolgt entsprechend dem Beispiel auf dem Arbeitsblatt.
2. Die Ermittlung der Zeit erfolgt unter Berücksichtigung, dass vom Körper pro Stunde 0,1 Promille Alkohol abgebaut werden.
3. Gründe für unterschiedliches Wirken können z. B. sein: Einnahme von Medikamenten, körperliche Verfassung, Krankheiten, Übermüdung, Trinktempo.
4. Nein, denn ein Glas Bier enthält 11,8 g, ein Glas Wein 23,67 g Alkohol. Der „Unbedenklichkeitswert" liegt bei rund 7 g.

Geschichtliches

Alkohol zählt zu den ältesten und am weitesten verbreiteten Rauschmitteln der Menschheit. Überlieferungen zeigen, dass bereits die Sumerer in Mesopotamien (heutiger Irak) vor 9 000 Jahren Bier brauten. Etwa 1 000 Jahre später wurde in Vorderasien Wein gekeltert.

Zahlen und Fakten

Aus einer Studie des Bundesgesundheitsministeriums geht hervor, dass es in Deutschland ca. zwei Millionen akut Alkoholabhängige gibt. Ca. 500 000 davon sind Kinder. Bei weiteren ca. 2,7 Millionen liegt ein regelmäßiger Konsum von Alkohol vor.

Besorgnis erregend sind auch die Zahlen zu den Auswirkungen übermäßigen Alkoholgebrauchs. Wegen Alkohlabhängigkeit werden jährlich etwa 92 000 Menschen arbeitsunfähig oder zu Invaliden. Bei ca. 42 000 Todesfällen spielt Alkohol eine entscheidende Rolle.

Der pro Kopf-Verbrauch von reinem Alkohol liegt bei 11 Liter pro Jahr. Das entspricht 227 Liter Bier oder 30 Liter Korn.

Durch Alkoholkonsum der Mütter während der Schwangerschaft wird ca. jedes 250. Kind geschädigt (Alkoholembryopathie).

An Leberzirrhose sterben jährlich ca. 17 000 Personen. Unfälle unter Alkoholeinfluss machen ca. 18 % aller Unfälle aus. Jährlich sterben dabei ca. 1 800 Menschen.

Ein Viertel aller Gewaltdelikte geschieht unter Alkoholeinfluss.

Durch Alkoholsteuern werden in Deutschland jährlich 3 bis 4 Milliarden Euro eingenommen. Andererseits wird der wirtschaftliche Schaden durch Alkohol auf über 15 Milliarden Euro geschätzt.

„So manches Speckröllchen war mal flüssig."

	Energie (kJ) pro 100 ml Getränk
alkoholfreies Bier	119
Apfelwein	189
Bockbier, hell	259
Diät-Vollbier	33
helles Bier	178
Malzbier	199
trockener Weißwein	294
trockener Rotwein	311
Sekt	349
Whisky	1000
Weinbrand	1003
Liköre	697

Berechnung des Promillewertes nach dem Verzehr von Alkohol

Nach ein paar Gläsern Bier oder Wein fühlen sich viele entspannt und nicht betrunken. Im Straßenverkehr kann die Fehleinschätzung der Fahrtüchtigkeit gravierende Folgen haben. Der Blutalkoholwert kann näherungsweise berechnet werden. Allerdings bieten diese Abschätzungen keine Sicherheit vor Grenzwertüberschreitungen im Einzelfall. Im Straßenverkehr kann zudem jeglicher Alkoholeinfluss fatale Folgen haben.

Alkoholabbau im Körper
Alkohol wird überwiegend in der Leber abgebaut bzw. über den Harn ausgeschieden. Unabhängig von der Alkoholkonzentration im Blut baut die Leber eines erwachsenen Menschen ca. 0,1 Promille Alkohol pro Stunde ab.

„Unbedenklichkeit"
Ein täglicher Konsum von 40 g Alkohol bei Männern bzw. 20 g bei Frauen kann bereits zu schwerwiegenden Leberschäden führen. Der „Unbedenklichkeitswert" liegt laut WHO-Empfehlung bei 7 g pro Tag. Es ist nicht möglich, einen Grenzwert anzugeben der anzeigt, ob diese Menge zur Alkoholabhängigkeit führt. Hier wirken verschiedene Faktoren zusammen.

Getränk und durchschnittlicher Alkoholgehalt (in Vol %)
alkoholfreies Bier: bis 0,6
Pilsner hell: 5
Bockbier: 7
Korn: 40
Malzbier: bis 0,6
Weinbrand: 38
Weißwein: 10 – 12
Liköre: 30
Rotwein: 10 – 13
Obstbrand: 40
Sekt: 11 – 12
Wodka: 40

Beispiel für die Bestimmung des Promillegehaltes im Blut nach dem Genuss von Alkohol

– Wie viel Gramm Alkohol enthält ein Glas (250 ml) 12 %iger Rotwein?
  12%ig bedeutet, dass in 100 ml Rotwein 12 ml Alkohol enthalten sind. Folglich sind in 250 ml 30 ml Alkohol.
  Masse an Alkohol = Dichte von Alkohol · Volumen
  = 0,789 g · 30 ml
  250 ml des 12%igen Rotweins enthalten 23,67 g reinen Alkohol.
– Wie viel Promille Alkohol sind bei einer 70 kg schweren Person nach dem Genuss dieses Glas Rotwein zu erwarten?
  Es ist davon auszugehen, dass die Körperflüssigkeit etwa 70 % des Körpergewichts ausmacht. Darüber hinaus müssen unterschiedliche Bedingungen bei Frauen und Männern berücksichtigt werden.
  Der Blutalkoholwert wird näherungsweise bestimmt:
  $$\frac{\text{Masse an reinem Alkohol}}{\text{Körpermasse} \cdot 0{,}7 \text{ (bei Männern) oder } 0{,}6 \text{ bei Frauen}}$$
  Folglich ist z. B. bei einer Frau mit einem Körpergewicht von 70 kg ein Blutalkoholwert von 0,3 zu erwarten.

Aufgaben

1. Stellen Sie sich folgende Situation vor: Bei einem Diskobesuch trinkt eine Person mit einem Körpergewicht von 60 kg ein Glas Sekt (125 ml) und 2 Gläser Rotwein (je 0,25 l). Eine andere Person mit dem gleichen Körpergewicht trinkt zwei Flaschen Bier (je 0,5 l) und einen Korn (25 ml). Ermitteln Sie, mit wie viel Promille die beiden Personen nach dem Genuss dieser alkoholischen Getränke zu rechnen haben.

2. Nach welcher Zeit sind diese Personen wieder nüchtern? Entnehmen Sie die Grundlage für die Berechnungen den Informationen dieses Blattes.

3. Eine bestimmte Menge Alkohol kann bei verschiedenen Personen unterschiedlich wirken. Nennen Sie Gründe, wovon dies abhängen kann.

4. Ist der regelmäßige tägliche Verzehr von einem Glas Bier (300 ml) oder einem Glas Wein (250 ml) gesundheitlich völlig unbedenklich? Begründen Sie.

Projekt: Biotechnologie

Biotechnologie, Fermenter, Geschichte – Biotechnologie, Projekt, Reaktor

Was ist Biotechnologie?

„Unter Biotechnologie versteht man die Herstellung oder Veränderung von chemischen Verbindungen mithilfe lebender Organismen oder Teilen von Organismen auch im Rahmen industrieller Verfahren".

Durch Literatur- oder Internetrecherche wird diese Definition belegt, ergänzt und eine umfassende Liste von Beispielen erstellt.

Mögliche Quellen dazu: Folienserie mit Textheft oder CD-ROM des Fonds der chemischen Industrie (Nr.20) oder Bundesministerium für Bildung und Forschung (http://www.bmbf.de, Stichwortsuche: Biotechnologie)

Die Hängetropfenkultur

Dieses Kulturverfahren für Mikroorganismen, bei dem ihre Entwicklung direkt im Mikroskop betrachtet werden kann (s. Abb.), eignet sich auch für längere Beobachtungszeiten. Es wurde von ROBERT KOCH zum Nachweis des Milzbrandbakteriums *(Bacillus anthracis)* eingeführt. (Dieses wird hier natürlich nicht untersucht.)

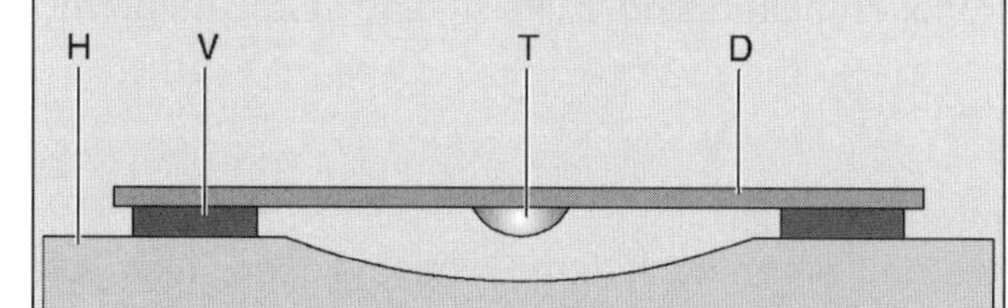

Um die Vertiefung eines Hohlschliffobjektträgers (H) wird Vaseline (V) aufgetragen und dann ein Deckglas (D) mit einem Tropfen (T) der Mikroorganismen so aufgelegt, dass der Tropfen (nach unten) im abgeschlossenen Hohlraum liegt und damit auch bei längerer Bebrütung nicht austrocknen kann. Bei Bedarf kann in den Hohlschliff des Objektträgers ein Tropfen Nährmedium (einfache Zuckerlösung oder Saccharose-Gelatine) aufgetragen und die Entwicklung im abgeschlossenen System beobachtet werden. Soll die „feuchte Kammer" höher sein, kann auf die Vaseline verzichtet werden; stattdessen wird eine gleichmäßig dicke „Schnur" aus Kinder-Knete (Plastilin, Fimo, o. ä.) um die Vertiefung auf den Objektträger gelegt und das Deckglas gut festgedrückt. Das Präparat lässt sich in verschiedenen optischen Ebenen durchmustern und stellt – da es nicht geöffnet werden muss – keine gesundheitliche Gefahr dar und kann geschlossen entsorgt werden.

Medienhinweise

http://www.geschichte-der-biologie.de (mit zahlreichen Links)
http://www.foodnews.ch (Stichwortsuche z. B. Bierherstellung)
Klett Mediothek Biologie 1 – Zelluläre Phänomene
FWU 4201736 Vom Halm zum Glas (1994)
FWU 4201756 Waschmittel: Chemische Grundlagen (1994)
Nährböden für Hefen und Pilze (Fa. Merck Darmstadt)

Biotechnologie – geschichtlicher Überblick

- ca. 6000 v. Chr.: Säuerung von Lebensmitteln; alkoholische Gärung von Pflanzensäften
- ca. 3000 v. Chr.: Sauerteig, Bierherstellung
- ca. 1700 v. Chr.: erste Brauverordnungen
- ca. 800 v. Chr.: Destillation (China)
- ca. 300 v. Chr.: Essig aus Wein
- ca. 250 n. Chr.: Weinbau in Deutschland
- um 1200: Alkoholdestillation (Weingeist, Europa)
- 1400: Weinessigproduktion (Orleans)
- 1680: Entdeckung der Mikroorganismen (A. VAN LEEUWENHOEK)
- 1818: Beschreibung der Hefegärung (ERXLEBEN)
- 1857: Beschreibung der Milchsäuregärung (L. PASTEUR)
- 1879: Entdeckung der Essigbakterien (E. HANSEN)
- 1881: Herstellung von Milchsäure durch Gärung
- ab Ende 19.Jh.: erste kommunale Anlagen zur Abwasserreinigung
- 1912: Reaktionsschema zur alkoholischen Gärung (C. NEUBERG)
- 1915 / 1916: Herstellung von Aceton/Butanol durch Gärung (WEIZMANN); Herstellung von Glycerin durch Gärung (CONNSTEIN, LÜDECKE)
- ab ca. 1920: Citronensäureproduktion mit Aspergillus
- 1928 – 1929: Beschreibung der antibiotischen Wirkung von Penicillin (A. FLEMING)
- 1941–1944: chemische Struktur und Einsatz von Penicillin
- 1943 /1944: Identifikation von DNA als Erbmaterial (O. T. AVERY); Entdeckung von Streptomycin (S. A. WAKSMAN)
- 1949: Submersverfahren zur biol. Essigproduktion
- ab ca. 1949: Vitamin B_{12} aus Mikroorganismen
- 1953: Struktur und Replikation der DNA (J. D. WATSON und F. H. C. CRICK)
- 1955 /1960: Submersverfahren zur biologischen Citronensäureproduktion
- 1957: Aminosäuren aus Bakterien (KINOSHITA)
- 1960: Enzyme in der Waschmittelindustrie
- 1962 /1966: Aufklärung der Proteinbiosynthese
- 1963: Regulation der Genexpression (F. JACOB und J. L. MONOD)
- 1965: Rennin (Labferment) aus Mikroorganismen zur Caseinfällung (Käse)
- 1972: Restriktionsendonucleasen zur sequenzspezifischen DNA-Schneidung
- 1972 /1973: Rekombination von DNA, Plasmidvektoren (COHEN und BOYER)
- 1977: Säugerhormone aus Coli-Bakterien
- 1978: chemische Synthese eines Gens (H. G. KHORANA)
- 1979: großtechn. Produktion von Einzellerprotein
- 1982: Vermarktung von Insulin aus Coli-Bakterien
- 1986: verbreitete Nutzung des Bacillus-Toxins gegen Insekten
- ca. 1974 bis heute: transgene Organismen zur Erzeugung von Enzymen, Arzneimitteln, Resistenzen, Proteinen, Polymeren u. a. Bioprodukten

Die Schüler/-innen erarbeiten Erläuterungen zu den biotechnologischen Verfahren und die Bedeutung und Wandlung der Inhalte der Biotechnologie.

Quelle: Lexikon der Biologie. Spektr. Akad. Verlag, Heidelberg 2004

Ein Beispiel aus der „klassischen" Biotechnologie

Das Verfahren zur Bierherstellung geht auf die Beobachtung zurück, dass zuckerhaltige Fruchtsäfte nach einiger Zeit zu gären anfangen und die vergorene Flüssigkeit Rauschzustände bewirkt. Wesentlicher Akteur in der Bierherstellung ist die Bierhefe *Saccharomyces cerevisiae*.

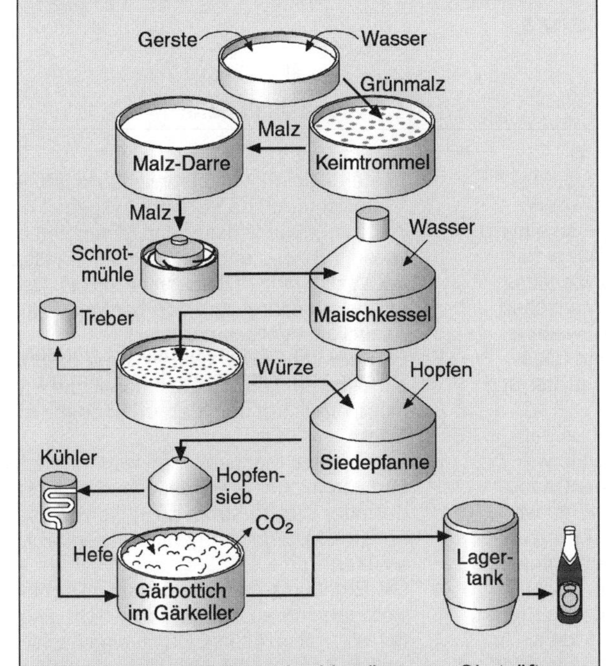

Je nach Jahreszeit kann das Vergären von Obstsäften direkt beobachtet oder mithilfe der zugesetzten Bäckerhefe in Standgärröhrchen quantitativ untersucht werden. (Diese Experimente lassen sich gut im Anschluss an die entsprechende Unterrichtseinheit aus dem Themenbereich Stoffwechsel durchführen (s. S.90).

Der „Reaktor" in der Biotechnik

Der Bioreaktor, auch als *Fermenter* bezeichnet, spielt in der industriellen Herstellung z. B. von Medikamenten, wie dem Insulin oder bestimmten Enzymen, eine wesentliche Rolle, da hier mit Mengen bis zu 500 000 Liter gearbeitet wird. Die erste Auswahl der gewünschten Organismen erfolgt aber stets in der Petrischale und führt schrittweise zu größeren Kulturvolumina.

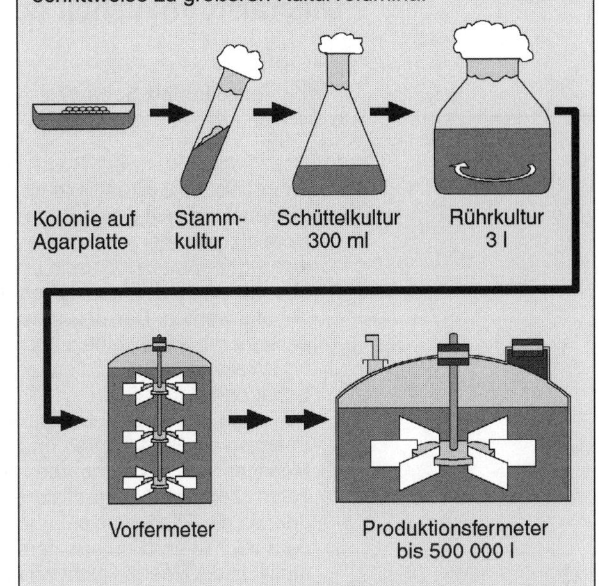

Der Besuch eines Industrieunternehmens vermittelt entsprechende Eindrücke. Im Unterricht kann die Verwendung industriell hergestellter biologischer Substanzen näher erläutert werden (z. B. das industriell hergestellte Enzym Katalase wird mithilfe von Aspergillus gewonnen und ist in der Reinigungsflüssigkeit von Kontaktlinsen enthalten; die Vitamin-C- oder Insulinproduktion erfolgt mithilfe gentechnisch veränderter Bakterien).

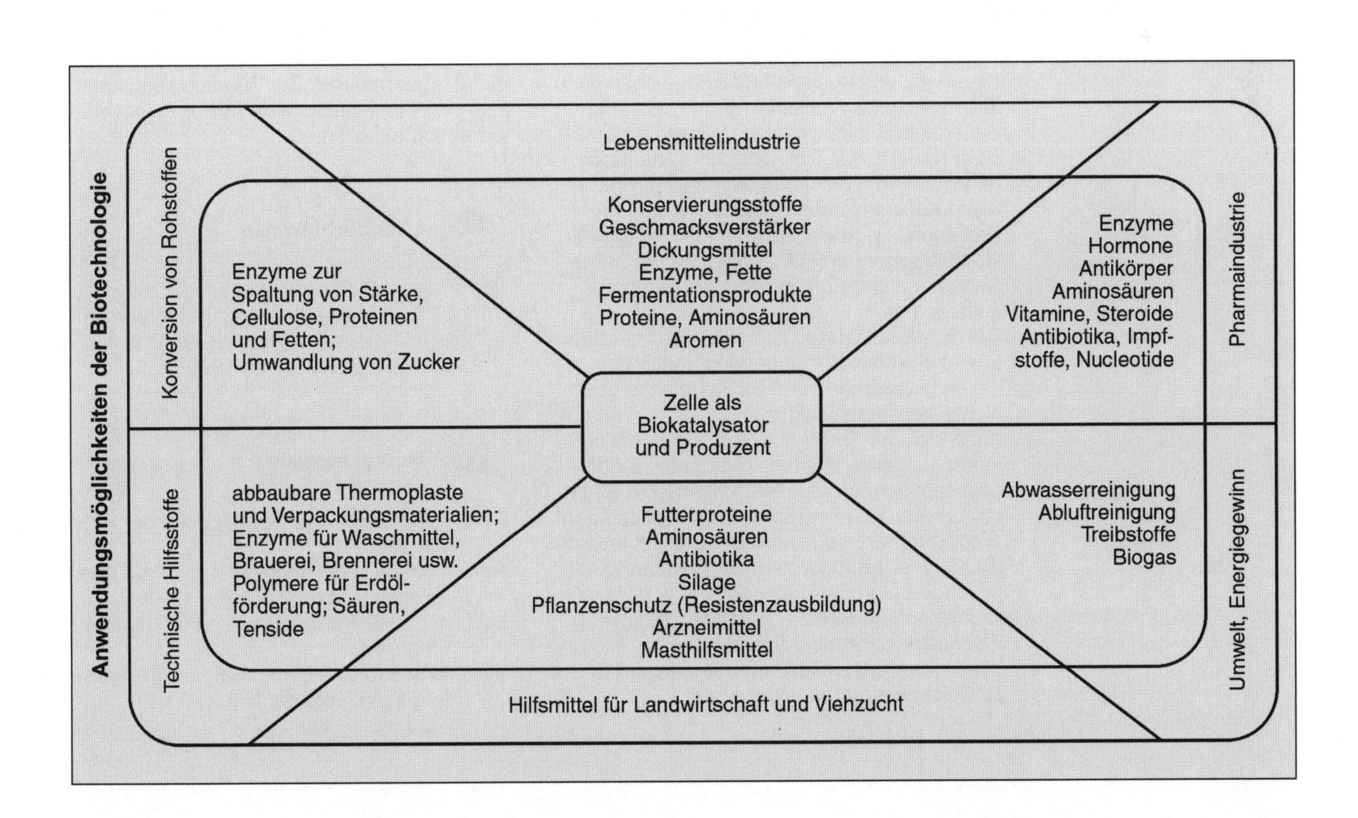

Elementaranalyse
Epiphyt
Hydrokultur
Mineralien
Mineralstoffhaushalt
Parasitismus
Transpiration
Wasserhaushalt – Pflanze

Ernährung der Pflanzen

1 Energiehaushalt und Ernährung der Pflanze

Pflanzen leben autotroph
Mineralstoffhaushalt der Pflanze

Arbeitsblatt Seite 57

1. Das „Sonnenkraftwerk Rübe“ zeigt auf, dass anorganische Bestandteile wie Wasser und Kohlenstoffdioxid durch Sonnenergie zu einem Doppelzucker verwandelt werden. Dabei frei werdender Sauerstoff kann ebenso wie diese energiereiche Verbindung von den Menschen genutzt werden. Der Baum weist auf weitere ökologische Wechselbeziehungen hin (Gas- und Wasserkreislauf, Pflanzen als Luftfilter und Schattenspender).
2. Für einen Stoffkreislauf müssten neben den Pflanzen als Produzenten und Tieren bzw. Menschen als Konsumenten noch die Destruenten (Zersetzer, Mineralisierer) erwähnt werden, da die Pflanzen nicht nur Wasser, sondern auch Mineralien aus dem Boden aufnehmen. Da die Energie nicht an die Sonne zurückgegeben werden kann, entsteht kein Kreislauf. Die Energie bleibt aber erhalten, da sie in andere Formen (z. B. chemische Energie oder Wärme) umgewandelt wird („Entwertung der Energie“). Dieser Aspekt fehlt in den Beispielen.

Arbeitsblatt Seite 58

1. Anfangs verbraucht der Keimling Speicherstoffe und Reservemineralien. Nur Wasser, Sauerstoff und Kohlenstoffdioxid reichen dann für ein weiteres Wachstum nicht mehr aus.
2. Sauerstoff, Kohlenstoff, und Wasserstoff machen ca. 94% der Trockenmasse aus. Dabei handelt es sich um die fotosynthetisch gebildeten Kohlenhydrate. Stickstoff kommt in Proteinen und Nucleinsäuren vor und ist das vierthäufigste Element. Zahlreiche Elemente wurden aus der Erde in geringen Mengen aufgenommen.
3. Die nicht essenziellen Elemente werden zwar über die Wurzel aufgenommen und in den Zellen gespeichert, sind für die Pflanze aber nicht lebensnotwendig.
4. Kann z. B. der Turgor der Zellvakuolen nicht aufrechterhalten werden, können die Blätter (insbesondere die Spaltöffnungen) und Stiele bzw. Halme ihre Form nicht behalten und das Wachstum wird gehemmt. Die Biosynthese des „Blattgrüns“ kann durch Enzymhemmung oder fehlende Chlorophyllbestandteile (z. B. Magnesiumionen sind Bestandteile des Chloropylls, Eisenmangel führt bei Buchweizen zur Störung der Chlorophyllherstellung) gestört werden und zu Chlorosen führen.

Arbeitsblatt Seite 59

1. Beide besitzen wurzelähnliche Haustorien. Die Mistel ist durch den Chlorophyllgehalt nur auf die Zufuhr von Wasser und Mineralien angewiesen. Beides entzieht sie über Haustorien der Wirtspflanze (Halbschmarotzer). Der Teufelszwirn besorgt sich darüber hinaus auch die Assimilate (Vollschmarotzer).
2. Efeugewächse und Lianen sowie Epiphyten parasitieren die als Stütze genutzten Pflanzen nicht, erreichen damit aber Zonen mit mehr Licht.
3. Durch diese Mechanismen wird für die Mistel und vergleichbare Parasiten sichergestellt, dass der Wasserstrom auch die von ihnen benötigten Mineralien in entsprechender Menge anliefert.
4. Die Ergebnisse zeigen, dass dunkelrotes Licht wahrgenommen wird und dies zum „Ergreifen“ der Wirtspflanze führt. Durch eine nachfolgende Hellrot-Bestrahlung wird diese Reaktion unterdrückt.
   Anmerkung: Dunkelrot überwiegt im Grünschatten potenzieller Wirtspflanzen.

Hinweise

Die Grundlagen der Fotosynthese sind in Natura 7–10 (Schülerbuch S. 68 ff., Lehrerband Teil A, S. 70 ff.) dargestellt. Zur Wiederholung kann auch das dort dargestellte Material zur Fotosynthese-Geschichte dienen.

Literaturhinweise

KUTSCHERA, U.: Prinzipien der Pflanzenphysiologie. Spektr. Akad. Verlag, Heidelberg 2002
LÜTTGE, U., KLUGE, M., BAUER, G.: Botanik. Wiley-VCH Verlag, Weinheim 1999

Medienhinweise

FWU 4202126 Das geheime Leben der Pflanzen: Die Blätter (1997)
FWU 4202222 Das geheime Leben der Pflanzen: Symbiose und Parasitismus (1998)
FWU 4202240 Nahrungsnetze und Energiefluss (1998)
FWU 4231536 Das Leben hat auf Grün gesetzt – Energiekonzepte der Natur (2002)

Die Bedeutung der grünen Pflanzen

Die Fotosynthese ist der wichtigste biologische Prozess sowohl im Wechselspiel zwischen Pflanzen und Tieren als auch unter energetischen Aspekten.

Eine 100 Jahre alte Linde,
frei stehend an einem guten Standort, erreicht
eine Höhe von 10 Metern und einen Kronendurchmesser
von 10 Metern. Über 250 000 Laubblätter bilden ihre Krone.
Mit ihren Wurzeln durchzieht sie unterirdisch etwa 100 m^2 Boden,
ihre Blätter jedoch breiten sich auf 2 500 m^2 aus. Die innere Oberfläche
der Blätter ist um ein Vielfaches größer. Dort werden Atemgase mit der
Atmosphäre ausgetauscht. 28 000 Liter Luft treten durch die feinen
Spaltöffnungen ein, sodass an einem heißen Sommertag über 9 500 Liter
Kohlenstoffdioxid in 10^{14} Chloroplasten fixiert werden können. Ausreichend
Sauerstoff für den Tagesbedarf von 10 Menschen gibt der Baum an
einem heißen Sommertag ab. Über 400 Liter Wasser entnimmt
der Baum dem Wurzelraum und gibt es als Wasserdampf an die Luft ab.
Dabei legt der Baum für sich Kohlenstoffverbindungen an, die ihm als
Speicherstoffe und Baumaterial sowie zur Ernährung dienen.
Das können täglich mehr
als 11 kg sein.
In dem dichten
Blätterdach bleibt
viel von dem Ruß,
Dreck und Staub
hängen, der aus
Schornsteinen und
Auspuffen in die Luft
geblasen wird. Und wenn
wir zur Säge greifen, um
den Baum zu fällen, verlieren wir
nicht nur einen schönen, schattigen, kühlen Platz in der Landschaft.

nach B. P. Kremer

Sonnenkraftwerk Rübe

„Hier entsteht aus Wasser (H_2O) und Kohlenstoffdioxid (CO_2) unter Einsatz von 120 000 kWh Sonnenenergie Zucker ($C_{12}H_{22}O_{11}$). Dabei werden bei einem Rübenertrag von 55 Tonnen pro Hektar und einem Zuckergehalt von 17% rund 9 000 Kilogramm Zucker gebildet.

Außerdem werden 15 Millionen Liter Sauerstoff (O_2) frei. Der Zucker eines Hektars Rüben entspricht dem Jahresverbrauch von 270 Menschen. Der Sauerstoff reicht 58 Menschen zum Atmen für ein Jahr."

Informationstafel auf einem südhessischen Rübenfeld

Aufgaben

1. Die beiden Beispiele machen deutlich, dass die grünen Pflanzen mehr als nur Sauerstofflieferanten sind. Erklären Sie die wechselseitigen Abhängigkeiten von Pflanzen und Mensch.
2. Für alle Substanzen, die in oder für Lebewesen von Bedeutung sind gibt es einen Kreislauf, für die Sonnenenergie jedoch nur eine „Einbahnstraße". Begründen Sie diese Aussagen und geben Sie an, ob sie auch in den Beispielen deutlich wird.

Mineralstoffbedarf der Pflanze

Landwirtschaftlich genutzte Flächen müssen – wenn sie intensiv genutzt werden – ständig gedüngt werden. Neben Mist, Gülle und Gründüngung spielen synthetisch hergestellte Mineraldünger eine Rolle, deren optimale Zusammensetzung in langwierigen Versuchen ermittelt wird. Grundsätzlich kann man die Bedeutung der Mineralstoffe für die Pflanze mit unterschiedlichen Versuchsansätzen analysieren.

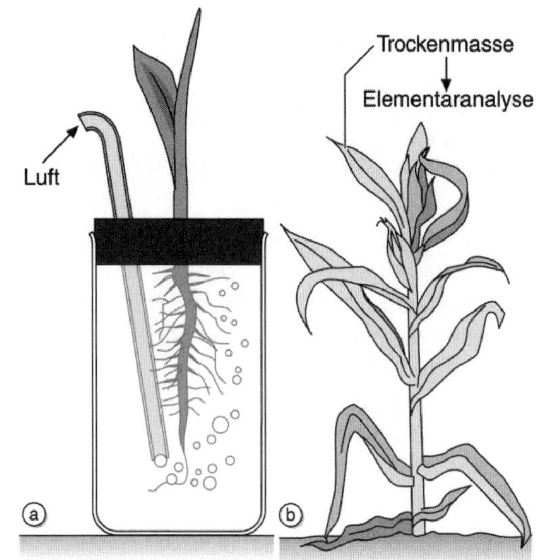

Abb. 1 Versuchsansatz zur Analyse des Mineralstoffbedarfs einer Pflanze
a) Hydrokultur (Versuchsaufbau)
b) Elementaranalyse der Trockenmasse
Die Pflanzen werden bei 70 °C bis 80 °C für ein oder zwei Tage getrocknet.

Abb. 2 Buchweizen in Hydrokultur
a) Nährlösung ohne Kalium
b) in vollständiger Nährlösung
c) bei Abwesenheit von Eisen

Aufgaben

1. Werden Maiskeimlinge mit der Hydrokulturtechnik (Abb. 1a) an einem sonnigen Fenster mit destilliertem Wasser angezogen, entwickeln sie wenige Blätter und zahlreiche Nebenwurzeln. Danach stoppt das Wachstum und einige Wochen nach Versuchsbeginn stirbt die Pflanze. Welche Erklärung gibt es für diesen Verlauf?
2. Eine optimal mit Mineralstoffen versorgte Maispflanze zeigt bei der chemischen Elementaranalyse ihrer Trockenmasse folgende Zusammensetzung (je Element in % der Trockenmasse):
Sauerstoff 44,4; Kohlenstoff 43,6; Wasserstoff 6,2; Stickstoff 1,5; Kalium 0,92; Calcium 0,23; Phosphor 0,20; Magnesium 0,18; Schwefel 0,17; Chlor 0,14; Eisen 0,08; Mangan 0,04; Silicium 1,2; Aluminium 0,9; Spuren von Kupfer, Bor und Zink. In welchen Grundbausteinen der Pflanze kommen diese Elemente vor?
3. In Elementaranalysen von Freilandpflanzen können bis zu 60 verschiedene Elemente nachgewiesen werden. Darunter sind z. B. auch Blei, Arsen, Quecksilber oder Uran. Für die Pflanzen essenziell sind aber nur die in Abbildung 3 dargestellten Elemente. Welche Erklärung gibt es für die unterschiedlichen Befunde?
4. Erläutern Sie die in Abbildung 2 dargestellten Versuchsergebnisse. Beachten Sie dabei u. a.: Die Kaliumkonzentration ist z. B. in der Vakuole einer Pflanzenzelle relativ hoch.

Element	Aufnahmeform	% Trockenmasse
Makroelemente:		
1. Sauerstoff (O)	O_2, H_2O	45
2. Kohlenstoff (C)	CO_2	45
3. Wasserstoff (H)	H_2O	6
4. Stickstoff (N)	NO_3^-, (NH_4^+)	1,5
5. Kalium (K)	K^+	1,0
6. Calcium (Ca)	Ca^{2+}	0,5
7. Magnesium (Mg)	Mg^{2+}	0,2
8. Phosphor (P)	$H_2PO_4^-$ (HPO_4^{2-})	0,2
9. Schwefel (S)	SO_4^{2-}	0,1
Mikroelemente:		
10. Chlor (Cl)	Cl^-	0,01
11. Eisen (Fe)	Fe^{2+} (Fe^{3+})	0,01
12. Mangan (Mn)	Mn^{2+}	0,005
13. Bor (B)	H_3BO_3	0,002
14. Zink (Zn)	Zn^{2+}	0,002
15. Kupfer (Cu)	Cu^{2+} (Cu^+)	0,0006
16. Molybdän (Mo)	MoO_4^{2-}	0,00001
17. Nickel (Ni)	Ni^{2+}	?

Abb. 3 Essenzielle Nährelemente der höheren Pflanzen mit Aufnahmeform und mittlerer interner Konzentration im getrockneten Pflanzenkörper

Misteln und Teufelszwirn

Fast jeder kennt Misteln als Schmuck am Hauseingang zur Weihnachtszeit. Weniger gut sind diese immergrünen Pflanzen in ihrem natürlichen Lebensraum – den Kronen hoher Laub- oder Nadelbäume – zu beobachten. Dort erfolgt die Verbreitung der klebrigen Früchte durch Vögel. Bleibt ein Samen auf einem Ast des Wirtsbaumes hängen, bildet der Keimling wurzelähnliche Ausläufer, so genannte *Haustorien* oder *Senker*. Mit ihnen zapft die Mistel die Wasser leitenden Gefäße der Bäume an.

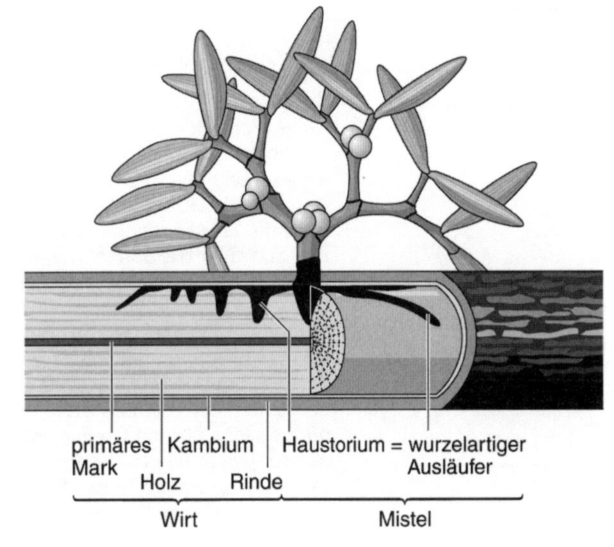

Abb. 1 Mistel

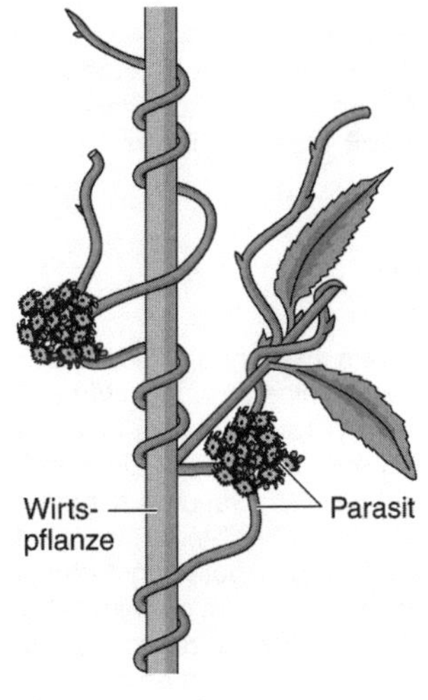

Abb. 2 Teufelszwirn

Weniger bekannt sind Windengewächse, die als „Kleeseide" oder „Teufelszwirn" bezeichnet werden. Die chlorophyllfreien, blattlosen und oft meterlangen Fäden werden kaum als Pflanze wahrgenommen. Eine nach der Keimung noch vorhandene Wurzel stirbt bald ab. Nur winzige Blattschuppen und Blüten verraten die Zugehörigkeit zu Blütenpflanzen. Der Spross umwindet wie eine Ranke die Wirtspflanze. Saugorgane *(Haustorien)* senken sich in das Wirtsgewebe und schließen sich mit fädigen Gewebesträngen („Suchhyphen") auch an die Siebröhren des Wirtes an. Daraus können mit speziellen Transferzellen die Fotosyntheseprodukte entnommen werden.

Aufgaben

1. Die Mistel wird als Halbschmarotzer bezeichnet. Erklären Sie den Begriff. Welchen Unterschied zur Lebensweise des Teufelszwirns gibt es?
2. Efeugewächse oder Lianen keimen am Boden und benutzen Hauswände bzw. Bäume als Stütze. In tropischen Regenwäldern siedeln z. B. viele Orchideen als so genannte *Epiphyten* auf anderen Pflanzen, ohne deren Leitungsbahnen anzuzapfen. Welche Vorteile haben diese Pflanzen dadurch, dass sie andere Pflanzen als Stütze nutzen?
3. Die Transpiration der Mistel ist deutlich höher als die ihres Wirtes. Andere an Wasserleitungsbahnen parasitierende Pflanzen besitzen sogar „Wasserdrüsen", durch die sie aktiv Wasser ausscheiden. Welche biologische Bedeutung könnte das haben?
4. Wie der Teufelszwirn seinen Wirt findet, war lange Zeit ungeklärt. Zunächst vermutete man, dass die kreisenden Bewegungen der Keimlinge durch chemische Signale der Wirtspflanze ausgelöst werden. Entsprechende Experimente konnten dies aber nicht bestätigen. Daraufhin wurden Bestrahlungsexperimente (Abb. 3) durchgeführt, da man vermutete, dass die Wirtsfindung durch Licht ausgelöst wird. Interpretieren Sie die Ergebnisse.

Experiment 1	Parasitismus (%)	Experiment 2	Parasitismus (%)
Dunkelheit	0	DR/HR	0
Weißlicht	0	DR/HR/DR	33
Hellrot (HR)	0	DR/HR/DR/HR	0
Dunkelrot (DR)	72	DR/HR/DR/HR/DR	30

Die Pflanzen wuchsen im Labor heran und waren bei der Auswertung 9 Tage alt.

Abb. 3 Effekt von Licht auf die Auslösung des Spross-Parasitismus beim Teufelszwirn. Wirtspflanzen sind begrünte Keimlinge der Kuhbone (nach TADA, Y, et al)

Blatt
Evaporation
Guttation
Transpiration
Wasserhaushalt – Pflanze
Wurzel

Wasserhaushalt der Pflanze
Praktikum: Transpiration

Schülerbuch Seite 69

① Keine Veränderung in Gefäß 1, geringfügige Abnahme in den Gefäßen 2, 4 und 6, sehr starke Abnahme in Gefäß 3 und zweitstärkste Abnahme in Gefäß 5. Die Versuche belegen, dass die Transpiration über die Blattunterseite und dort über die Spaltöffnungen erfolgt.
Anmerkung: Das Versuchsergebnis wird von mehreren Parametern beeinflusst: Vergleichbarkeit der Zweige, Sorgfalt beim Bestreichen und vor allem von der Pflanzenart: Bohnenblätter besitzen auf der Ober- (40 Stomata / mm^2) und Unterseite (ca. 280 Stomata / mm^2) Spaltöffnungen, während die Fliederblätter sie nur auf der Unterseite haben (ca. 33 Stomata / mm^2). Trotzdem sollte das Säulendiagramm die beiden Maxima in den Proben 3 und 5 haben.

② siehe Abbildungen in der Randspalte

Tradescantia
Oberseite
(obere Epidermis)

Unterseite
(untere Epidermis)

③ Die Zugabe der 10%igen Natriumchloridlösung führt zum osmotischen Wasserentzug, die Schließzellen entspannen sich und der Porus schließt sich.
Anmerkung: Der Versuch kann fortgesetzt werden, indem man Aqua dest. unter das Deckgläschen saugt und so die NaCl-Lösung verdünnt. Daraufhin öffnen sich die Stomata wieder.

④ Ein mögliches Ergebnis könnte sein: 28 Stomata pro mm^2, Porusgröße in Leitungswasser 27 µm Länge und 10 µm Breite. Damit ergibt sich die Fläche aller Pori eines mm^2 Blattfläche zu 0,0076 mm^2, d. h. der prozentuale Anteil der Porusfläche beträgt 0,76% (s. FLINDT 2002)

⑤ Im Folgenden ist für jede Schale die Gesamtfläche in mm^2, der Gesamtrand in mm und ein mögliches Beispiel für die Gewichtsdifferenz in g angeben:

Nr.	Fläche	Rand	Differenz
1	–	–	0,017
2	154	44	0,154
3	154	88	0,159
4	157	126	0,178
5	154	1231	0,21

Werden bei gleicher Porengesamtfläche die einzelnen Öffnungen kleiner (Abnahme des Durchmessers), steigt der Gesamtrand. Die Verdunstung nimmt zu, da aufgrund der vielen kleinen Wasserdampfkuppen über jeder Pore erstens der Raum größer geworden ist, in den die Wassermoleküle ohne gegenseitige Störung diffundieren können und zweitens der Wasserdampfgradient zugenommen hat.

Arbeitsblatt Seite 61

1. Der Wasserverbrauch ist mit Föhn am stärksten, da der „Wind“ die Verdunstung steigert. Unter der Plastikhülle „steht“ die Luft und ist feuchter, sodass die Transpiration verringert wird.
2. Da nur bei dem bewurzelten Trieb Flüssigkeitstropfen auftreten, ist diese Form der Wasserabgabe offensichtlich auf die aktive Mitarbeit der Wurzeln angewiesen. Der unter Energieverbrauch entwickelte „Wurzeldruck“ kann auch in einer feuchten Kammer das Wasser durch die Leitungsbahnen der Pflanze in die Höhe drücken.
3. Da die Verdunstung bei hoher Luftfeuchtigkeit sehr gering ist, kann die Mineralstoffaufnahme unzureichend werden. Durch die aktive Ausscheidung von Flüssigkeitstropfen (Guttation) werden in der wässrigen Lösung enthaltene Mineralien durch die Pflanze „gepumpt“.
4. Beim Zweig handelt es sich um Transpiration, da die Spaltöffnungen an den Blättern die Wasserdampfabgabe regulieren können. Am Gipspilz findet nicht regulierte Verdunstung statt (Evaporation) und die Pflanze unter der Glasglocke demonstriert Guttation, da die hohe Luftfeuchtigkeit Transpiration verhindert.

Hinweise

Bei Arbeiten in verschiedenen Gruppen können unterschiedlichen Bedingungen für den in Abbildung 1 dargestellt Versucht (mit Föhn, ohne Föhn, mit/ohne Nadeln oder Blätter, mit Licht, mit Plastikhülle) untersucht werden. Bei unterschiedlichen Zweigen muss jeweils aber ein Kontrollversuch laufen. Der Versuch aus Abbildung 1 kann auch als Demonstrationsversuch mit einem Diaprojektor gemacht werden. Das Zurückziehen des Wasserfadens in der Pipette wird dann an der Tafel von allen gemeinsam beobachtet und gemessen. Wichtig für das Gelingen des Versuchs ist, dass der Zweig unter Wasser angeschnitten wird, damit keine Luftblasen in die Leitungsbahnen eindringen. Außerdem muss der Stopfen komplett aufgeschnitten und an den Schnittflächen mit Vaseline eingerieben werden. Beim Einpassen des Zweiges darf keine Vaseline auf die untere Schnittfläche des Zweiges gelangen. Um Luftblasen im System zu verhindern, kann man abgekochtes und erkaltetes Wasser verwenden. Am besten eignen sich am Grund etwas verholzte Buntnesselzweige.

Literaturhinweise

ECKEBRECHT, H., KLUGE, S.: Natura Experimentesammlung Sekundarstufe II. Ernst Klett Verlag, Stuttgart 2008
FLINDT, R.: Biologie in Zahlen. Spektr. Akad. Verlag, Heidelberg 2002
SCHOPFER, P., BRENNICKE, A.: Pflanzenphysiologie. Springer Verlag, Berlin 1999

Transpiration – Evaporation – Guttation

Als *Transpiration* bei Pflanzen wird die über die Spaltöffnungen regulierbare Abgabe von Wasserdampf an die Umgebung bezeichnet. *Evaporation* hingegen ist die nicht regulierte Verdunstung von Wasser von einer freien Wasseroberfläche oder der Oberfläche eines wasserhaltigen Körpers an die umgebende, nicht mit Wasserdampf gesättigte Atmosphäre. *Guttation* ist die aktive Ausscheidung *(Exkretion)* verdünnter wässriger Lösungen aus Wasserspalten (sog. *Hydathoden)* an den Blatträndern und -spitzen auch trotz wassergesättigter Atmosphäre.

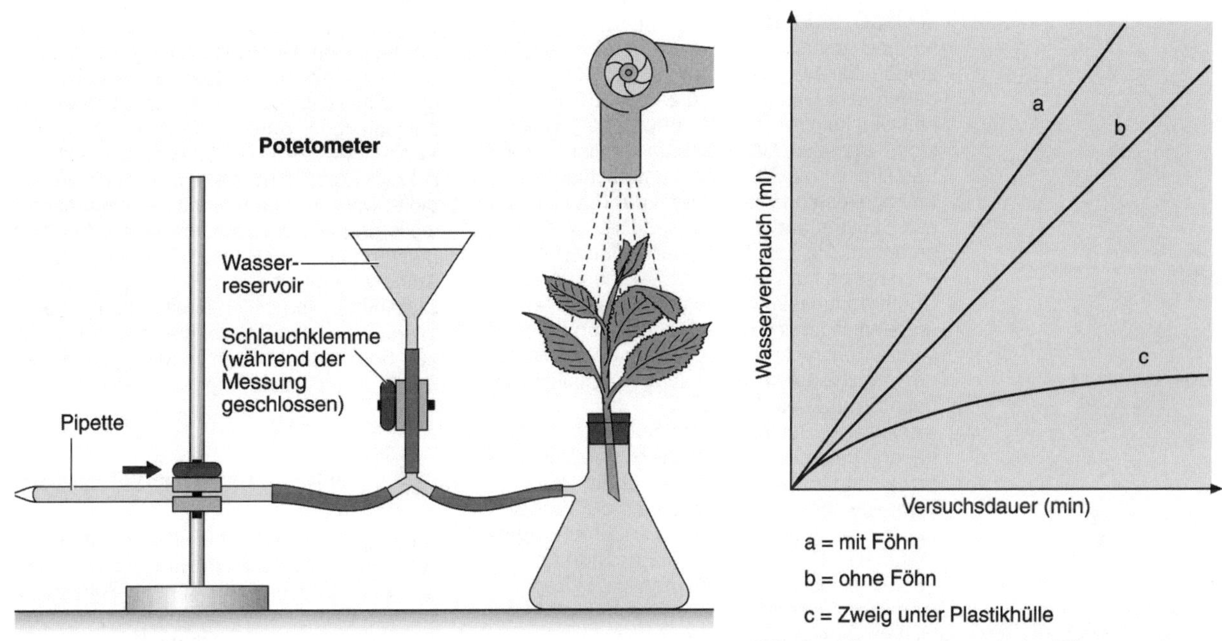

Abb. 1 Potetometer

Abb. 2 Wasserverbrauch der Pflanze unter verschiedenen Versuchsbedingungen

Aufgaben

1. Die in Abbildung 1 gezeigte Apparatur *(Potetometer*, von gr. *potos* = Trank) misst, wie viel Wasser die Pflanze verbraucht. Dazu wird der Zweig luftdicht in das mit Wasser gefüllte Gefäß gesteckt. An der seitlich angeschlossenen, mit Wasser gefüllten Kapillare (Pipette) kann der Verbrauch abgelesen werden. Bei Bedarf wird Wasser durch Öffnen der Schlauchklemme aufgefüllt. Unter verschiedenen Versuchsbedingungen ergeben sich die in Abbildung 2 dargestellten Ergebnisse. Erläutern Sie die Kurvenverläufe.
2. Ein bewurzelter Trieb und ein frisch abgeschnittener unbewurzelter Trieb des Fleißigen Lieschens werden im Wasserbad unter einer Glasglocke beobachtet. Nach 24 Stunden zeigen sich die in Abbildung 3 dargestellten Flüssigkeitstropfen. Geben Sie eine Erklärung.

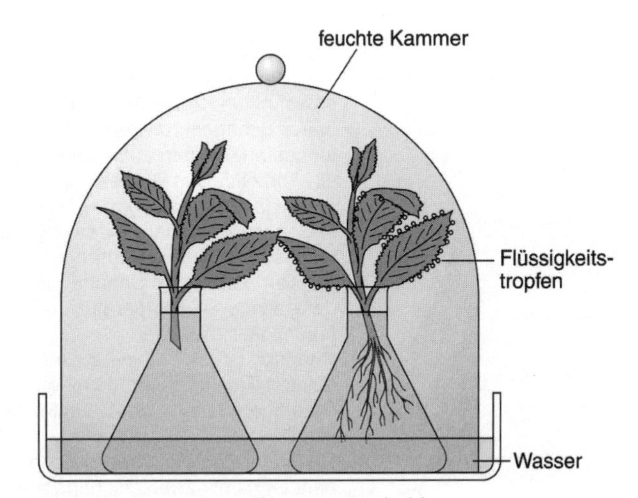

Abb. 3 Versuch zur Wasserausscheidung

3. Pflanzen geben Wasser auch bei 100%iger Luftfeuchtigkeit ab. Welche biologische Bedeutung hat diese Wasserabgabe?
4. In Abbildung 1 kann der belaubte Zweig durch einen Gipspilz ersetzt werden. Auch am Gipspilz wird Wasser verdunstet. Die Verdunstungsrate lässt sich durch den Einsatz des Föhns erhöhen. Ordnen Sie den hier und in den Abbildungen dargestellten Versuchen die im Eingangstext erläuterten Begriffe „Transpiration“, „Evaporation“ und „Guttation“ zu.

Anthocyane
Assimilation
Blattfarbstoff
Chlorophyll
Fotosynthese
Schattenblatt
Sonnenblatt

2 Einflussfaktoren auf die Fotosynthese

Die Sonne spendet Leben: Die Fotosynthese
Praktikum: Versuche zur Fotosynthese

Schülerbuch Seite 73

① Durch Abkochen des Wassers wird praktisch alles CO_2 aus dem Wasser entfernt. Es sollten nur noch sehr wenige Sauerstoffbläschen entstehen. Mineralwasser enthält viel CO_2, es sind daher mehr Gasblasen zu zählen. Bei Dunkelheit wird kein (bei Raumlicht weniger) Sauerstoff freigesetzt. Beim Einsatz verschiedener Farbfilter ist die Blasenzahl unterschiedlich.

② Im abgekochten Wasser fehlt der Fotosynthese das Substrat und durch CO_2-Zusatz wird sie gefördert. Die Zahl der Sauerstoffbläschen ist ein direktes Maß für die Fotosyntheserate. Durch Abdunkeln wird belegt, dass Licht unentbehrlich ist und die verschiedenen Farbfilter verdeutlichen die unterschiedliche Wirksamkeit der verschiedenen Wellenlängen (ähnlich wie beim ENGELMANN-Versuch).

③ *Anmerkung:* Bei Verwendung von Trägermaterial und Laufmittel entsprechend den Versuchsanweisungen sollten sich die auf der Praktikumseite bereits notierten Lagen der Farbstoffbanden einstellen. Bei einem anderen Trägermaterial (z. B. Papier) oder einer anderen Laufmittelmischung findet man in der Regel dieselben Farbstoffe wieder, doch entsprechen ihre Positionen nicht mehr den angegebenen R_f-Werten.

④ Bei Belichtung mit einer UV-Lampe zeigt sich eine rote Fluoreszenz der beiden Chlorophylle.

Arbeitsblatt Seite 63

1. Die *Beleuchtungsstärke* ergibt sich aus dem Tagesgang des Sonnenstandes und ist damit im sonnigen Kronenbereich mittags maximal. In der Schattenkrone erreicht die Beleuchtungsstärke in den äußeren Blattschichten nur ein Achtel dieses Wertes.
   Die *Wasserdampfabgabe* (Transpiration) folgt in Sonne und Schatten dem mit der Beleuchtungsstärke zusammenhängenden Tagesgang der Temperatur. Im Schatten bleibt sie wegen der geringeren Temperatur und höheren Luftfeuchtigkeit niedriger.
   Dennoch ist die *Fotosyntheseleistung* bezogen auf das Trockengewicht im sonnigen und schattigen Bereich der Baumkrone annähernd gleich.
2. Die höhere Fotosyntheseleistung eines Sonnenblattes mit zweischichtigem Palisadengewebe wird durch die größere Fläche eines Schattenblattes annähernd ausgeglichen. Die Lichtsättigung der Sonnenblätter ist um 8 Uhr morgens fast erreicht. Bei den Schattenblättern steigt die Fotosyntheseleistung mit zunehmender Beleuchtungsstärke noch mehrere Stunden weiter an, in denen immer mehr Licht durch die Baumkrone einfällt.

Hinweise

Das Praktikum zur Fotosynthese kann durch verschiedene einfache Versuche ergänzt werden. Die Abhängigkeit der Stärkebildung vom Vorhandensein des Chlorophylls (panaschierte Blätter) oder des Lichts (Schablonenversuche) sowie die Abhängigkeit der Sauerstoffentwicklung von der CO_2-Konzentration und der Lichtintensität kann auch mit den Kurzfilmen (siehe Medienhinweise) erarbeitet werden. Von besonderem Interesse ist die Isolierung von Blattfarbstoffen aus den Blättern der Blutvarianten von Buche, Hasel oder Ahorn, deren Anthocyangehalt das grüne Chlorophyll verdeckt. Die Anthocyane bilden je nach Laufmittel eine intensiv blaurote Bande; die ebenfalls vorhandenen Chlorophyllbanden zeigen, dass auch diese Blätter Fotosynthese betreiben.

Bunte Blätter im Herbst – wozu?

Anthocyane werden im Herbst zusätzlich produziert und schützen Pflanzen vor Stress und aggressiven Umwelteinflüssen. Im Sommer werden sie vom Energiewandler Chlorophyll verdeckt. Stressfaktoren im Herbst und Winter sind Nährstoffmangel und insbesondere Stickstoffmangel gekoppelt mit Frost. Sie kurbeln die Anthocyanproduktion an. Da das Licht durch die zunehmende Rückbildung des Chlorophylls tiefer in das Blattgewebe eindringen kann, werden vermehrt freie Radikale, die DNA und Proteine schädigen, frei. Durch den Schutz der Anthocyane kann die Pflanze alle Nährstoffe in den Stamm leiten, so lange das Blattgewebe noch nicht beschädigt ist. Am Pfefferbaum *Pseudowintena colorata* gibt es rot/grün-gesprenkelte Blätter. Werden diese mit der Nadel verletzt, nachdem sie zuvor starker UV-Strahlung ausgesetzt waren, dauert die Wundheilung im roten Gewebe nur halb so lang wie im grünen. Ausblick: Vielleicht können Rotwein, rotes Obst und Gemüse auch Herz-Kreislauf-Erkrankungen vorbeugen?

Medienhinweise

FWU 6631060 Die Zelle: Leben aus Licht und Luft – Chloroplast und Photosynthese (2000, CD-ROM)
FWU 5604029 Photosynthese: Sauerstoffentwicklung 1 – Lichtabhängigkeit (2002)
FWU 5604030 Photosynthese: Sauerstoffentwicklung 2 – Blattgrün und CO_2 (2002)
FWU 5604031 Photosynthese: Stärkebildung 1 – Lichtabhängigkeit (2002)
FWU 5604032 Photosynthese: Stärkebildung 2 – Blattgrün und CO_2 (2002)

Fotosynthese bei Licht und im Schatten

In einem Buchenwald in Norddeutschland wurden in schattigen und sonnigen Bereichen der Buchenkronen die Lichtverhältnisse (Beleuchtungsstärke in Kilolux), die Wasserdampfabgabe und die Fotosyntheserate im Tagesverlauf gemessen.

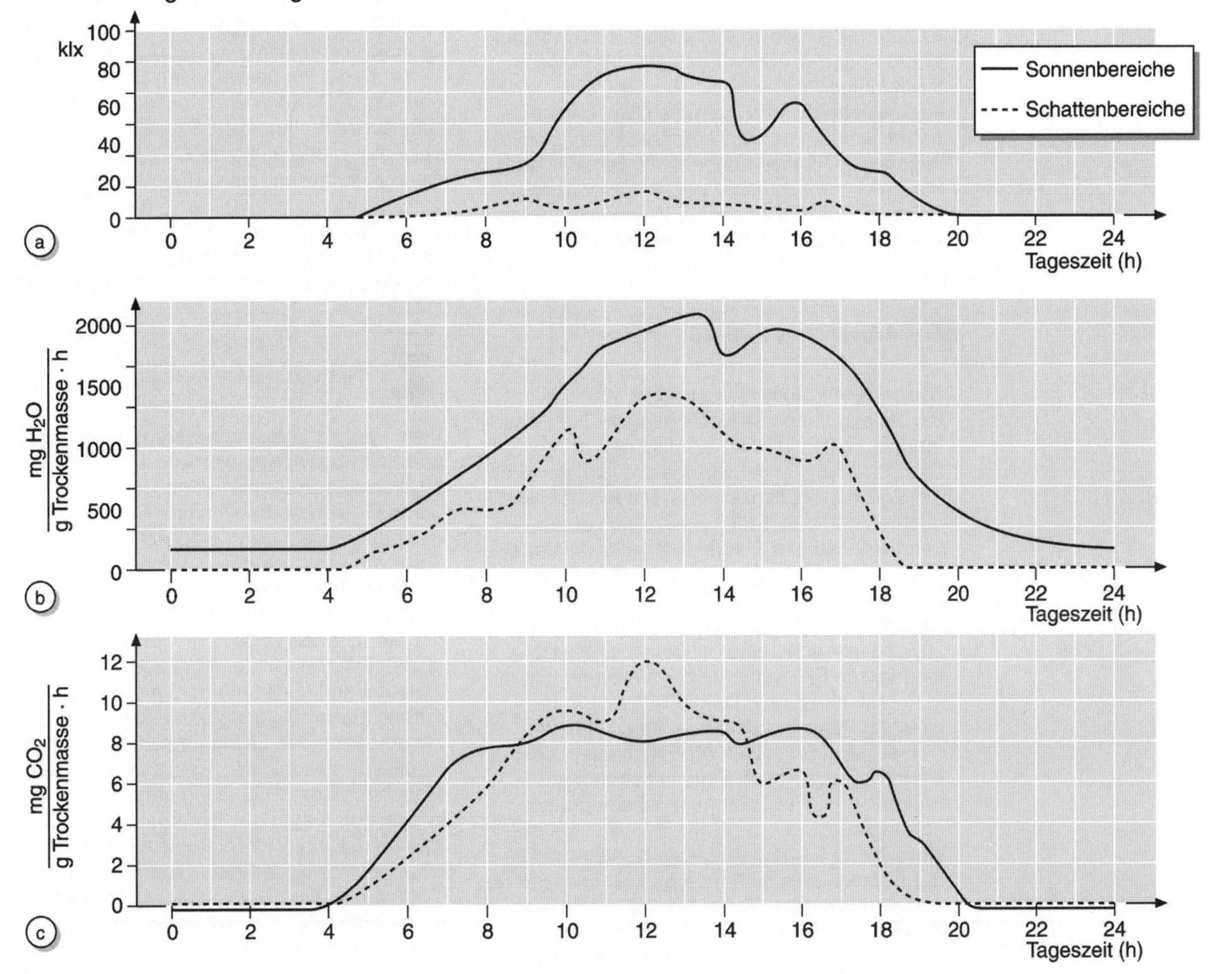

Abb. 1 Messwerte der Beleuchtungsstärke (a), der Wasserdampfabgabe (b) und der Fotosyntheseleistung (c) im Tagesverlauf

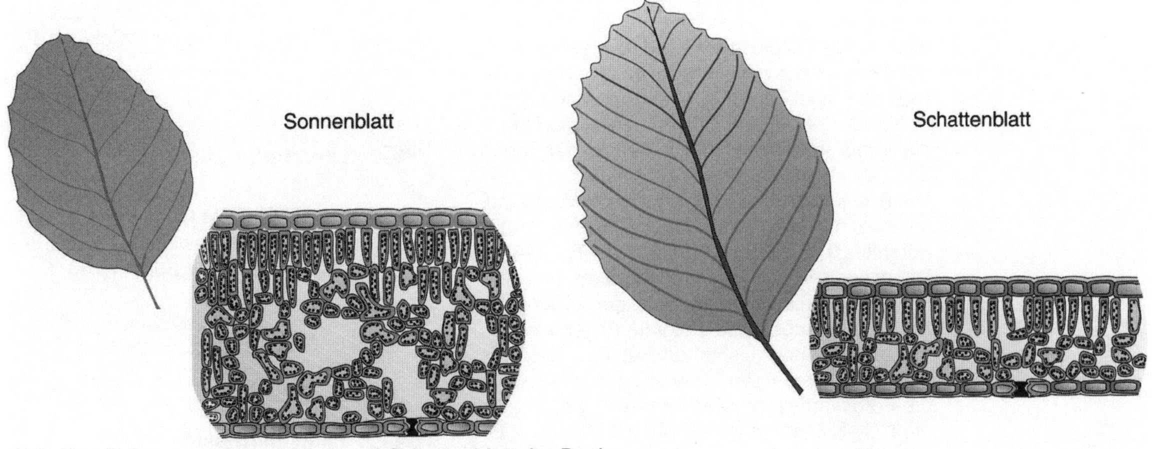

Abb. 2 Aufbau von Sonnenblatt und Schattenblatt der Buche

Aufgaben

1. Beschreiben Sie jeweils die Kurvenverläufe und vergleichen Sie die Sonnen- und Schattenbereiche.
2. Erklären Sie die Befunde. Berücksichtigen Sie dabei den unterschiedlichen Aufbau von Sonnen- und Schattenblättern der Buche (Abb. 2).

Blattfarbstoff
Fotosynthese
Kompensationspunkt
Regulation – Fotosynthese

Äußere Einflüsse auf die Fotosynthese
Sonnenblätter – Schattenblätter

Schülerbuch Seite 75

① Erläutern Sie, wie im Interesse der Ertragssteigerung begrenzenden Faktoren der Fotosynthese entgegengewirkt wird.
– *In Gewächshäusern kann die CO_2-Konzentration erhöht und die Temperatur den jeweils kultivierten Pflanzen angepasst werden. Auch die Beleuchtungsstärke wird entsprechend angepasst. Zusätzlich werden Wasserversorgung und Mineralstoffdüngung geregelt.*

Arbeitsblatt Seite 65

1. **Abb. 1**: Die Fotosyntheserate ist als Funktion der Beleuchtungsstärke dargestellt. Die Schattenpflanze (Haselwurz) erreicht den Kompensationspunkt (K_1) bei geringerer Lichtintensität als die Sonnenpflanzen (K_2). Die Kurve knickt auch eher in den Sättigungsbereich ab; hier kann eine weitere Steigerung der Lichtintensität keine Steigerung der Fotosyntheseleistung mehr erreichen (siehe Zusatzinformation).
   Abb. 2: Die Abhängigkeiten entsprechen Abb. 1. Das Schattenblatt erreicht bei einer deutlich niedrigeren Beleuchtungsstärke seine maximale Fotosyntheserate. Da die Blätter von der gleichen Pflanze stammen (Dreiecksmelde, Sonnenpflanze) zeigen die Ergebnisse, dass die fotosynthetischen Eigenschaften eines Blattes von seinen Wachstumsbedingungen abhängen.
   Abb. 3: Die Fotosyntheserate ist als Funktion der Beleuchtungsstärke dargestellt und wird an einzelnen Nadeln, einem Spross- und einem Kronenbereich gemessen. Im Spross- und Kronenraum beschatten sich die Nadeln gegenseitig; die Kurven schwenken daher noch nicht in den Sättigungsbereich ein, den die einzelnen Nadeln schon bei etwa 400 $\mu mol \cdot m^{-2} s^{-1}$ erreichen.
   Abb. 4: Die Fotosyntheserate ist als Funktion der Temperatur aufgetragen; es ergibt sich die typische Glockenform. Bei der normalen (geringen, limitierenden) CO_2-Konzentration hat die Änderung der Temperatur einen geringeren Einfluss als bei hoher Konzentration.
2. Die Fotosyntheserate wird durch die Außenfaktoren Licht, Temperatur und CO_2-Konzentration beeinflusst. Die Fotosyntheserate einzelner Pflanzenarten (Sonnenpflanzen, Schattenpflanzen) variiert abhängig von den Wachstumsbedingungen und steigt im Allgemeinen mit zunehmender Lichtintensität. Eine Erhöhung der Temperatur kann sich fördernd auf die Fotosynthese auswirken, wenn gleichzeitig die CO_2-Konzentration erhöht wird (siehe z. B. Verhältnisse in Gewächshäusern).

Kompensationspunkte

Der *Lichtkompensationspunkt* der Fotosynthese entspricht der Beleuchtungsstärke, bei der die O_2-Produktion (bzw. der CO_2-Verbrauch) der Fotosynthese gerade die O_2-Aufnahme (bzw. die CO_2-Produktion) der Atmung kompensiert (Nettofotosynthese = 0). Äußerlich ist also kein Gaswechsel feststellbar. Der Lichtkompensationspunkt liegt bei Schattenpflanzen bzw. Schattenblättern wesentlich niedriger als bei Lichtpflanzen. Erstere benötigen deshalb wesentlich geringere Lichtintensitäten, um in den Bereich einer positiven Stoffbilanz zu gelangen. Der *CO_2-Kompensationspunkt*: Dies ist die CO_2-Konzentration, bei der sich der CO_2-Verbrauch der Fotosynthese und die CO_2-Produktion gerade die Waage halten (bei C_3-Pflanzen ca. 50 ml/l; bei C_4-Pflanzen ca. 5 ml/l). Der *Feuchtekompensationspunkt*: bei Thallophyten ist der Wert der relativen Luftfeuchte, bei dem die Nettofotosynthese gerade über Null liegt (für Flechten etwa 80%).

Blattgrün wird geschützt

Viele Pflanzen bauen im Herbst, bevor die Blätter gänzlich abgeworfen werden, das grüne Chlorophyll ab und „recyceln" seine Bestandteile. Immergrüne Gewächse behalten ihr Chlorophyll, können es aber bei niedrigen Temperaturen nicht zur Fotosynthese verwenden. Drohende Kälteschäden an den Fotosynthese-Membranen begegnen sie z. B. dadurch, dass sie die Fettzusammensetzung der Membranen verändern. Da das Chlorophyll auch im Winter Lichtenergie aus den Sonnenstrahlen aufnimmt, diese aber bei niedrigen Temperaturen nicht schnell genug umwandeln kann, würde die aufgefangene Lichtenergie das Chlorophyllmolekül in unkontrollierten Reaktionen zerstören. Manche Pflanzen schützen daher das Molekül im Winter durch spezielle Eiweißmoleküle: Ein kleines Protein (CP22) wird verstärkt synthetisiert. Es lagert sich zwischen die Chlorophylle und die Carotinoide. Die Carotinoide, vor allem die zu ihnen zählenden Xanthophylle, übernehmen die Energie aus dem Chlorophyll und wandeln sie in Wärme um. Man kann daher manchmal beobachten, dass Raureif auf Pflanzen etwas schneller abtaut als auf Steinen. Auch im Sommer fangen Xanthophylle überschüssige Energie ab, bevor am Chlorophyll oder an anderen Molekülen Schaden entsteht.

Literaturhinweise

GILMORE, A.M., BALL, M.C.: Protection and storage of chlorophyll in overwintering evergreens. Proc. Nat. Acad. Sci., Bd. 97, 200, S. 11098 – 11101

TAIZ, L., ZEIGER, E.: Physiologie der Pflanzen. Spektr. Akad. Verlag, Heidelberg 2000

Medienhinweise

Unter http://www.cells.de findet man zahlreiche Versuche, interaktive Animationen und Erläuterungen zum Ablauf der Fotosynthese.

Die Beeinflussung der Fotosyntheserate

Mit speziellen Messgeräten kann die Fotosyntheserate von Pflanzen ermittelt werden. Hierzu wird das Pflanzenmaterial in einer geschlossenen, lichtdurchlässigen Messkammer untersucht. Eine Pumpe sorgt für einen kontinuierlichen Luftstrom zwischen Kammer und einem Infrarot-CO_2-Analysator. Die Fotosyntheserate wird dann aufgrund der abnehmenden CO_2-Konzentration berechnet. Die Lichtintensität ist in den folgenden Darstellungen als Quantenstromdichte gemessen (µmol Quanten / m^2 pro s).

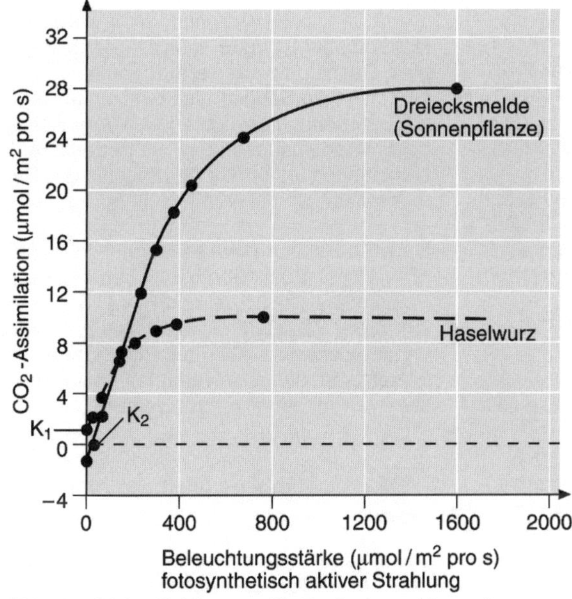

Abb. 1 Lichteffektkurven für Dreiecksmelde und Haselwurz

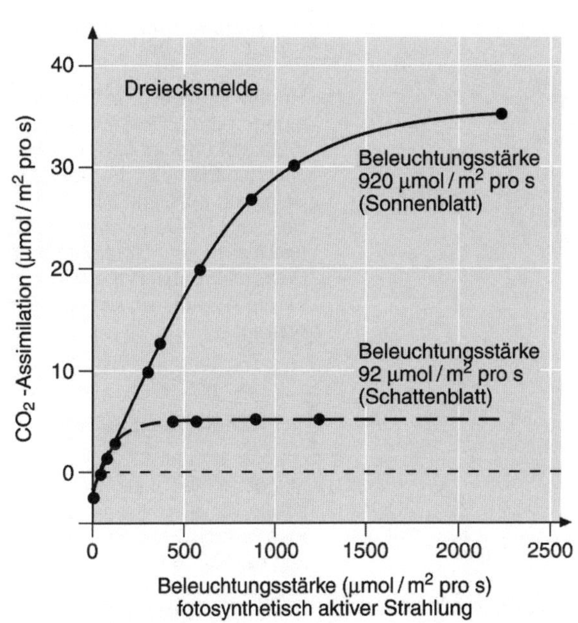

Abb. 2 Änderung der Fotosynthese in Blättern der Dreiecksmelde. Die untersuchten Blätter wurden für längere Zeit unterschiedlichen Beleuchtungsstärken ausgesetzt.

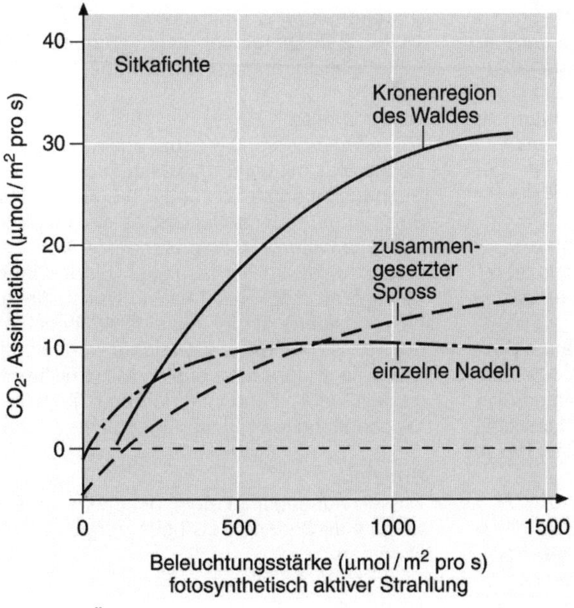

Abb. 3 Änderung der Fotosynthese bei der Sitkafichte

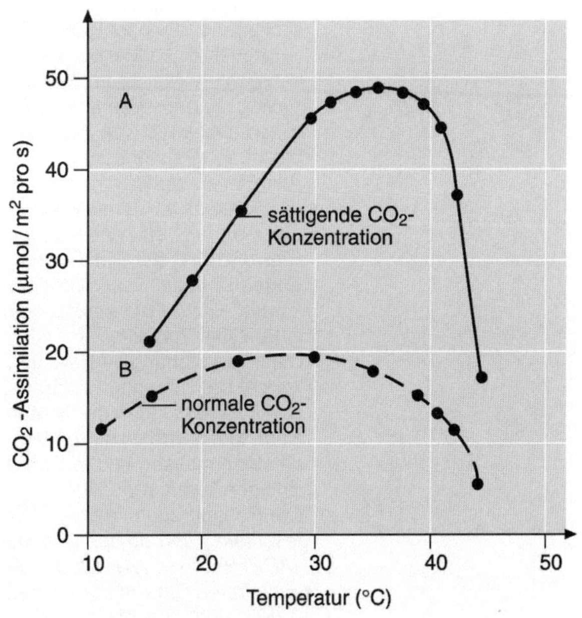

Abb. 4 Temperatur und Fotosynthese bei verschiedenen CO_2-Konzentrationen

Aufgaben

1. Erläutern Sie die in Abbildung 1 bis 4 dargestellten Reaktionen intakter Blätter.
2. Wie verändert sich die Fotosyntheserate unter dem Einfluss unterschiedlicher Außenfaktoren?

Äpfelsäure
Bündelscheidenzelle
CAM-Pflanze
C_4-Pflanze
Fotosynthese
Mesophyllzelle

3 Ablauf der Fotosynthese

Orte der Fotosynthese
Die lichtunabhängige Reaktionen
Licht und Fotosynthese
Die lichtunabhängige Reaktion

Schülerbuch Seite 77

① Finden Sie zwei grundlegende Übereinstimmungen der ATP-Gewinnung in der Chloroplasten und der in den Mitochondrien. Vergleichen Sie dazu die Abbildungen auf dieser Seite und auf Seite 91.
Bei der ATP-Gewinnung in den Chloroplasten und der in den Mitochondrien findet sich eine Elektronentransportkette und bei beiden wird für die ATP-Gewinnung ein Protonengradient erzeugt.

Schülerbuch Seite 79

① Mitgebrachte Pflanzen werden immer noch häufig vor allem nachts aus den Patientenzimmern entfernt. Die Begründung ist, dass Pflanzen nachts O_2 verbrauchen und CO_2 produzieren und der so erniedrigte O_2-Spiegel bzw. erhöhte CO_2-Spiegel die Patienten gefährden könne.
Erklären Sie mithilfe der Vorgänge in der lichtabhängigen Reaktion sowie den Informationen bezüglich der äußeren Einflüsse auf die Fotosynthese (s. Seite 74), ob die Begründung grundsätzlich sinnvoll ist. Schätzen Sie anschließend den nächtlichen Sauerstoffverbrauch eines Menschen und den einer mitgebrachten Pflanze im Patientenzimmer ab.
– *Richtig ist, dass Pflanzen in Dunkelheit kein O_2 bilden. Daher ist CO_2 in geringen Mengen messbar, das aus dem Energiestoffwechsel der Pflanze selbst stammt. Diese CO_2-Menge ist allerdings im Vergleich zu der von Patienten produzierten vernachlässigbar.*
Hinweis: Sind bei C_3-Pflanzen bei starkem Sonnenlicht die Spaltöffnungen geschlossen, kommt es zur Fotorespiration und ebenfalls zu einer CO_2-Produktion.

② Die lichtunabhängige Reaktion wird auch Dunkelreaktion genannt. Erklären Sie, warum die Syntheseleistungen der lichtunabhängigen Reaktionen trotzdem meistens bei Tageslicht ablaufen müssen und in Dunkelheit rasch zum Erliegen kommen.
– *Die Regeneration von $NADPH+H^+$ und ATP geschieht während der Lichtreaktion. Da $NADPH+H^+$ und ATP für den Aufbau der Kohlenhydrate während der Dunkelreaktion notwendig sind, geschieht bei den meisten Pflanzen die Dunkelreaktion bei Tageslicht.*

Hinweise zum Arbeitsblatt

Das Angebot ist äußerst umfangreich und komplex. Deshalb wurde die Aufgabe bereits so formuliert, dass die Schüler eine bestimmte Reihenfolge zur Bearbeitung der Materialien vorgeschlagen bekommen. Insbesondere die Bedeutung der Lichtatmung ist für das Verständnis des Phänomens wichtig.

Unter C_4-Pflanzen gibt es Malatbildner wie Mais *(Zea mays)*, Zuckerrohr *(Saccharum officinarum)*, Rispenhirse *(Panicum)* und Hirse *(Sorghum bicolor)* sowie Säurebildner wie einige Amaranthus- und Meldenarten. Auf die Besonderheiten der letzteren Stoffwechselvarianten ist aus didaktischen Gründen verzichtet worden.

Lichtabhängigkeit des Algenwachstums

Wenn keine anderen Faktoren limitierend wirken, hängt die Wachstumsrate von Grünalgen von der Lichteinstrahlung ab. Dies lässt sich auf unterschiedliche Weise experimentell nachweisen.

Material:
Grünalgensuspension (z.B. Chlorella), Mikroskop, Zählkammer (ersatzweise auf Folie kopiertes Millimeterpapier und Objektträger), 1 Becherglas 1 Liter, 2 Bechergläser 500 ml, Pipette, Rührstab, Aquarienbelüftungspumpe, Lampe

Durchführung:
Man verdünnt die Algensuspension im großen Becherglas mit Leitungswasser, sodass ca. 800 ml Suspension entstehen und rührt gut um. Mittels Zählkammer oder Millimeterraster wird die Algendichte bestimmt. Dann gibt man ca. 400 ml in die beiden kleineren Bechergläser. Eines wird gut beleuchtet (möglichst Tag und Nacht, direkte Sonne vermeiden). Dabei muss darauf geachtet werden, dass die Suspension dabei nicht erwärmt wird. Die andere Suspension wird in Dämmerlicht gestellt. Im Abstand von mehreren Tagen wird 2 Wochen lang jeweils die Algendichte bestimmt.

Ergebnis:
Die Individuendichte steigt bei intensiver Beleuchtung deutlich stärker als beim Vergleichsansatz in Dämmerung.

Hinweise:
Die grafische Darstellung der Ergebnisse ergibt Wachstumskurven und erlaubt außerdem eine Kontrolle, ob sich während des Experiments der beleuchtete Ansatz einer Wachstumsgrenze nähert.

Die Bilanz der Fotosynthese

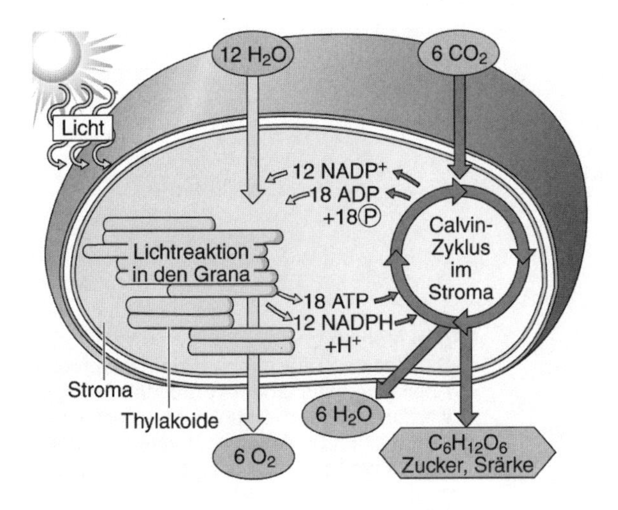

Fotosynthese ist der Prozess, durch den autotrophe Organismen unter Verwendung von Lichtenergie Kohlenhydrate und Sauerstoff aus Kohlenstoffdioxid und Wasser herstellen. Er ist der bedeutendste chemische Prozess auf der Erde, da alle Lebewesen davon abhängen. Pflanzen, Algen und einige Bakterien produzieren auf diese Weise Nährstoffe für alle Organismen.

Die Fotosynthese findet bei höheren Pflanzen in den Chloroplasten der grünen Blätter oder anderer grüner Pflanzenteile statt. Diese Zellorganellen bestehen aus einer Grundsubstanz *(Stroma)* und stapelartig geordneten *Grana*. Ein Granum wird aus Thylakoidmembranen aufgebaut, die Chlorophyll, zahlreiche Redox- und Transportsysteme sowie Enzyme enthalten.

Der Gesamtvorgang der Fotosynthese ist ein zweiphasiger Prozess: Die unmittelbar vom Licht abhängigen Reaktionen finden in der Thylakoidmembran, der nachfolgende Calvin-Zyklus im Stroma statt.

Im Chloroplasten wird die Lichtenergie von zwei unterschiedlichen funktionellen Einheiten, den so genannten *Fotosystemen*, umgesetzt. Die gebündelte Energie regt das Chlorophyllmolekül derart an, dass Elektronen an benachbarte Redoxsysteme abgegeben werden können. Bei ihrem Weg entlang einer Elektronen-Transportkette werden in zweifacher Weise Produkte für die nachfolgenden Reaktionen hergestellt. Einerseits können die als Wasserstoffspeicher und -transporter arbeitenden $NADP^+$-Moleküle beladen werden, andererseits gewinnt die Zelle chemische Energie in Form von ATP.

Das im Chlorophyllmolekül entstehende „Elektronendefizit" wird durch die Wasserspaltung ausgeglichen. Durch Fotolyse entstehen nicht nur Elektronen, die das „Loch" im Chlorophyllmolekül auffüllen, sondern es entsteht auch H^+, das für das Beladen der $NADP^+$-Moleküle wichtig ist. Als „Abfall" bildet sich der für die meisten Organismen lebensnotwendige Sauerstoff. NADPH + H^+ und ATP werden im Stroma für den Calvin-Zyklus gebraucht. Die CO_2-Fixierung und Herstellung des Zuckers bzw. der Stärke wird von zahlreichen Enzymen katalysiert. Herausragend ist dabei die Leistung der Ribulose-1,5-bisphosphat-Carboxylase (= Rubisco), da sie den CO_2-Akzeptor mit dem atmosphärischen Kohlenstoffdioxid verbindet. Durch den Calvin-Zyklus wird gewährleistet, dass nicht nur der Zucker hergestellt, sondern auch der Akzeptor für CO_2 wieder regeneriert wird.

In Anpassung an besondere Temperatur- und Lichtverhältnisse bzw. eine beeinträchtigte Wasserversorgung haben sich spezielle Fotosynthesewege entwickelt: C_3-Pflanzen haben als erstes stabiles Produkt der CO_2-Fixierung einen C_3-Körper (PGS = Phosphoglycerinsäure) und verwenden einen C_5-Körper zur Fixierung (Ribulose-bisphosphat). Demgegenüber haben C_4-Pflanzen als erstes stabiles Produkt der CO_2-Fixierung einen C_4-Körper (Oxalessigsäure, Äpfelsäure) und verwenden Phosphoenolpyruvat als Akzeptor. Die Bindungsaffinität dieser Reaktion ist größer als die der C_3-Pflanzen. Außerdem sind die aufnehmenden und verarbeitenden Prozesse räumlich getrennt (Fixierung in den Mesophyllzellen und Verarbeitung in den Bündelscheidenzellen). Die C_4-Pflanzen sind damit an hohe Lichteinstrahlung und Wasserknappheit angepasst. Die CAM-Pflanzen arbeiten ähnlich, haben jedoch eine zeitliche Trennung (Fixierung nachts, Verarbeitung am Tag) der Prozesse und kommen bevorzugt in trockenheißen Gebieten vor.

Da die meisten Pflanzen mehr Zucker bzw. Stärke herstellen, als sie selbst verbrauchen, kann der Überschuss als Nahrung für heterotrophe Organismen dienen.

Aufgabe

Gestalten Sie ausgehend von dieser vereinfachenden Zusammenfassung eine Präsentation zur Bedeutung der Fotosynthese. Berücksichtigen Sie die genannten Umweltfaktoren Licht, Temperatur und Wasser und gehen Sie auf die molekularbiologischen Einzelheiten ein.

Angepasstheit
Atmung – Tiere
Atmung – Zellen
Gegenstromprinzip
Kiemen
Sauerstoffresorption

Energieversorgung beim Menschen

1 Atmung und Blutkreislauf

Atmung – eine Übersicht
Äußere Atmung

Arbeitsblatt Seite 69

1. Das Wasser fließt durch den Atemwasserstrom an den Kiemenlamellen entlang, die den Kiemenfilamenten aufgesetzt sind. Der Blutstrom in den Kapillaren der Lamellen ist dem Wasserstrom entgegengerichtet.
2. siehe Abbildung

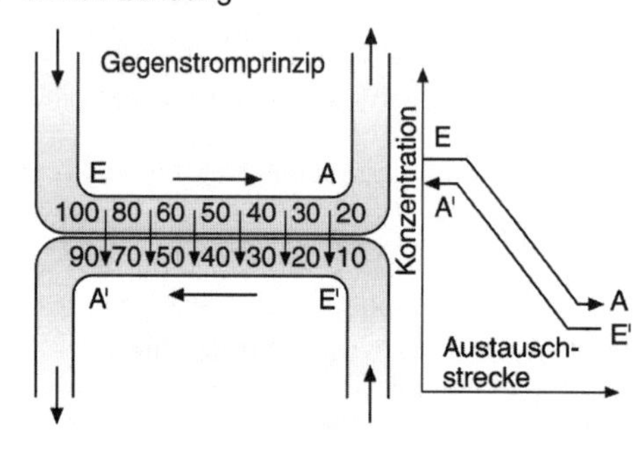

3. Infolge des Gegenstromprinzips sind an jeder Stelle der Austauschstrecke gleich große Differenzen an relativem Sauerstoffgehalt zwischen Wasser und Blut. Dadurch kann über die ganze Länge der Austauschstrecke eine gleich große Menge an Sauerstoff ins Blut aufgenommen werden.

Untersuchung der Atemluft

Die Erhöhung der Kohlenstoffdioxidkonzentration in der ausgeatmeten Luft gibt einen indirekten Hinweis auf den Abbau (die Oxidation) kohlenstoffhaltiger Nährstoffe.

Material:
2 Gaswaschflaschen, ein T-Stück, Gummischläuche, Kalkwasser

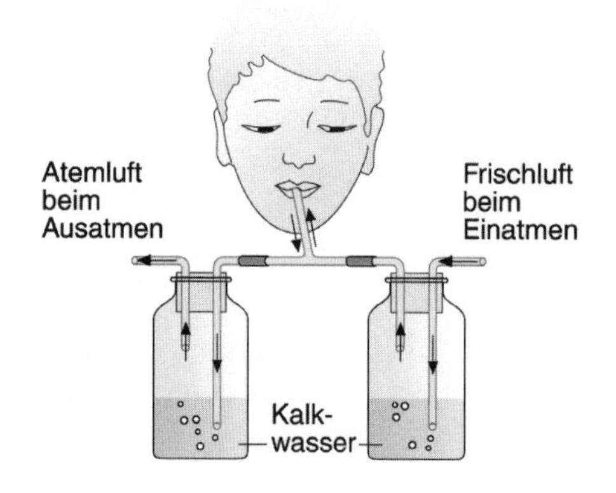

Durchführung:
Die Gaswaschflaschen werden entsprechend der Abbildung miteinander verbunden. Beide Flaschen werden zu einem Drittel mit Kalkwasser gefüllt. Durch einen Schlauch am freienden Ende des T-Stücks wird so lange langsam ein- und ausgeatmet, bis sich das Kalkwasser in einer der Waschflaschen trübt.

Ergebnis:
Durch die Druckverhältnisse und die Anordnung der Waschflaschen strömt durch eine Waschflasche die eingeatmete Luft, durch die andere die ausgeatmete. Das Kalkwasser, durch das die ausgeatmete Luft perlt, trübt sich nach einigen Atemzügen (CO_2-Nachweis). Die ausgeatmete Luft enthält also mehr CO_2 als die eingeatmete. Dieses Kohlenstoffdioxid ist das Produkt von Stoffwechselvorgängen und wird über die Lunge ausgeschieden.

Hinweise.
Führen Schüler diesen Versuch durch, müssen sie darüber informiert sein, dass zu schnelles Einatmen zum Ansaugen von Kalkswasser führen könnte. Bariumhydroxid-Lösung ist zwar ein empfindlicheres Nachweismittel für CO_2 als Kalkwasser, aber es ist giftiger und sollte deshalb bei diesem Versuch nicht verwendet werden. Kennen Die Schüler den CO_2-Nachweis nicht, kann er mit CO_2 aus der Gasflasche und Kalkwasser vorgeführt werden.

Literaturhinweise

ECKEBRECHT, H., KLUGE, S.: Natura Experimentesammlung Sekundarstufe I. Ernst Klett Verlag, Stuttgart 2006
HELDMAIER, G., NEUWEILER, G.: Vergleichende Tierphysiologie, Bd.1+2. Springer Verlag, Berlin 2003
PAUL, R.J.: Physiologie der Tiere. G. Thieme Verlag, Stuttgart 2001
SCHMIDT-NIELSEN, K.: Physiologie der Tiere. Spektr. Akad. Verlag, Heidelberg 1999

Wie Fische atmen

Fische atmen mit Kiemen und entziehen dem Wasser den Sauerstoff. Während ein Liter Luft 210 ml Sauerstoff enthält, sind in einem Liter Wasser (15 °C) lediglich 7 ml dieses Gases gelöst. In der Luft ist also 30-mal mehr Sauerstoff enthalten als im gleichen Volumen Wasser. Daraus könnte man schließen, dass es sich in der Luft besser als im Wasser atmen lässt.

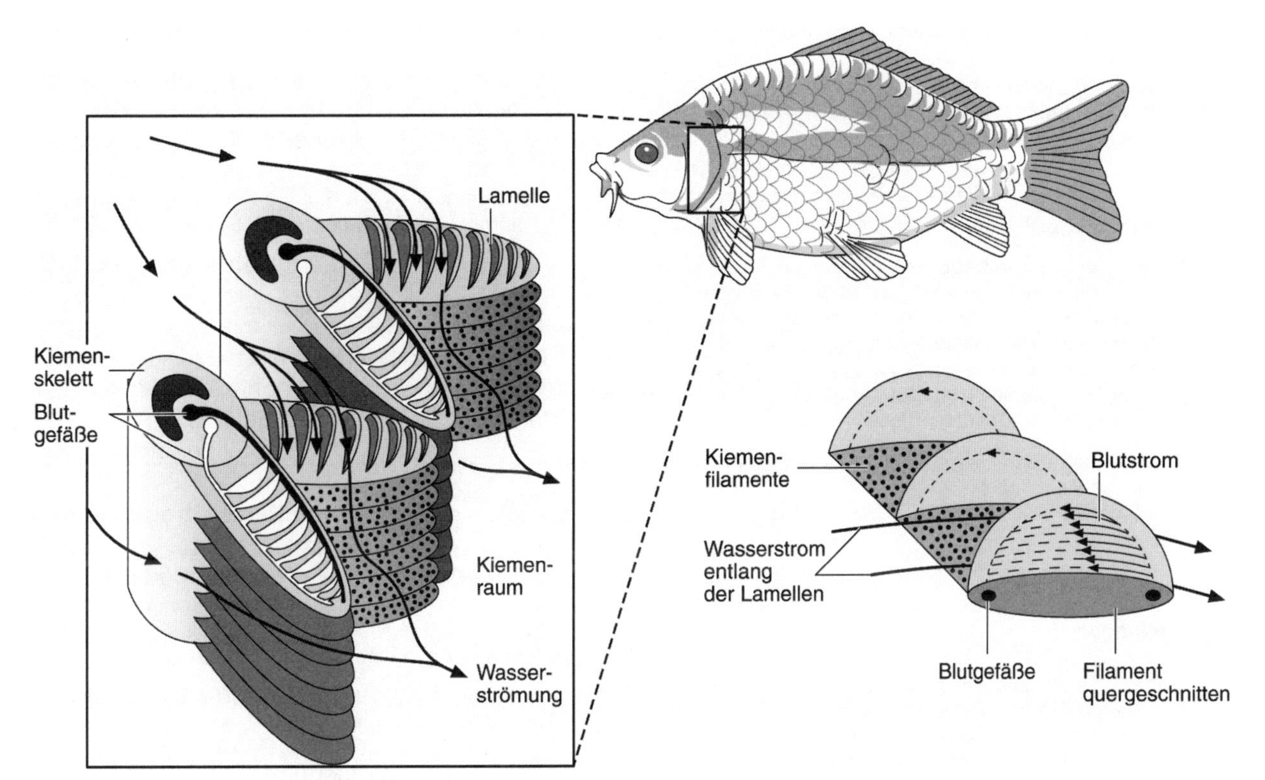

Abb. 1 Strömung von Wasser und Blut in den Fischkiemen

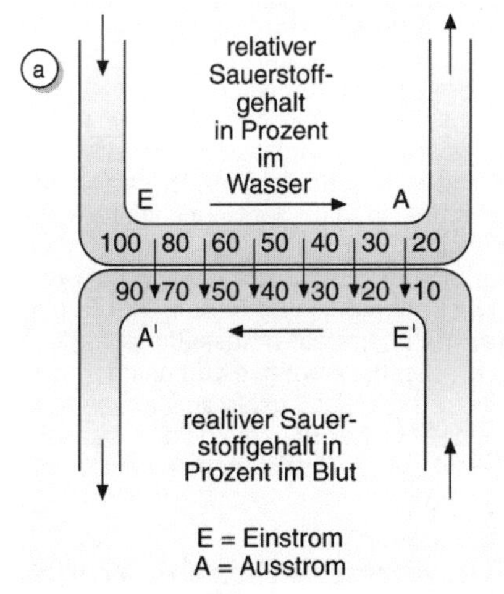

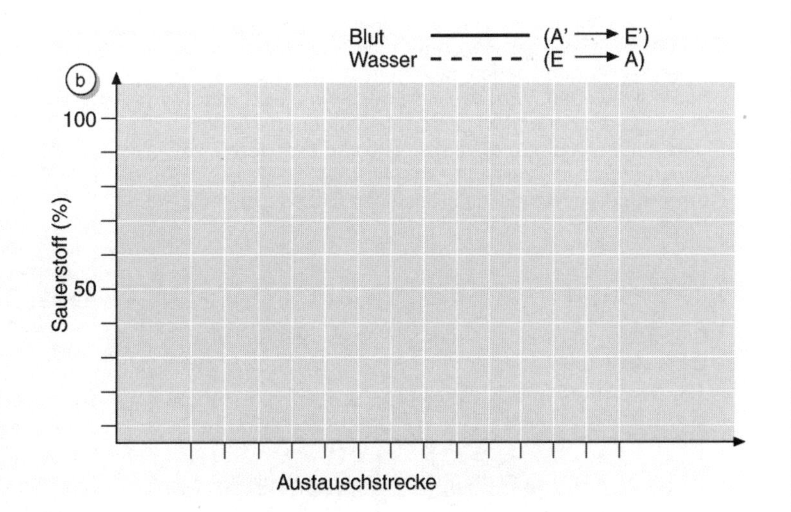

Abb. 2 Relativer Sauerstoffgehalt

Aufgaben

1. Beschreiben Sie den Weg des Wassers und des Blutes in den Kiemen der Fische (Abb. 1).
2. Stellen Sie die Werte aus Abbildung 2a in Abbildung 2b grafisch dar.
3. Während die Säugerlunge höchstens 25% des Sauerstoffgehalts ausnutzt, können Kiemen dem Wasser bis zu 85% seines Sauerstoffgehaltes entziehen. Erklären Sie diese Leistung der Fischkiemen unter Berücksichtigung der Werte in Abbildung 2.

Projekt: Das Herz-Kreislauf-System

Blutkreislauf – Mensch, Gesundheit, Herz, Projekt

Einstieg

Welche inneren Organe kennen die Schüler, welche Assoziationen löst der Begriff „Herz" vor und nach der Beschäftigung mit dem Thema „Herz-Kreislauf" aus? Die Schüler notieren das Ergebnis auf Kärtchen, die zusammengetragen und geordnet werden können.

Das Herz des Mythos

Viele Metaphern und Redewendungen zeigen, dass das Herz eine besondere Stellung innerhalb der inneren Organe des Menschen einnimmt (das schwere Herz, das blutende Herz, das liebende Herz, das gute Herz, das weiche Herz, das harte Herz, zwei Herzen schlagen in einer Brust, Herzblut, Herz-Jesus-Mythos, „Mein Herz ist rein, da schaut nur der Herr Jesus hinein").

Die Schüler führen Literaturrecherchen durch und finden weitere Quellen auf.

Die Rolle des Herzens in äyptischen Jenseitsvorstellungen

Das Herz spielt in ägyptischen Jenseitsvorstellungen des Neuen Reichs beim ständig tagenden Totengericht eine entscheidende Rolle. Die Vorstellung besagt, dass das Herz des Verstorbenen vor den 42 Totenrichtern und vor dem Gott Osiris abgewogen wird, während der Verstorbene seine Unschuld durch Aufzählung all derjenigen Verfehlungen beteuert, deren er sich zu Lebzeiten nicht schuldig gemacht hat (*negative Konfession*). Währenddessen wird das Herz auf die Schale einer Standwaage gelegt und gegen die Figur der Göttin der Wahrheit aufgewogen. Wird das Herz bei einer unwahren Aussage ertappt und wegen der begangenen Sünden belastet, neigt sich die Waagschale und das Herz wird von der „großen Fresserin" verspeist. Die Seele des Toten kann dann nicht in das Reich des Gottes Osiris eintreten.

Literatur

BRUNNER, H.: Grundzüge der altägyptischen Religion, Darmstadt 1988

Herz-Kreislauf-Schock

Unter einem Herz-Kreislauf-Schock versteht man ein fortschreitendes, generalisiertes Kreislaufversagen mit Minderdurchblutung lebenswichtiger Organe. Ursache ist meist ein Blutvolumenmangel und ein damit einhergehendes vermindertes Herzzeitvolumen, z.B. bewirkt durch:

- äußere oder innere Blutung (10 % Verlust, keine Symptome: 20 – 30 % drohender Schock; 30 – 50 % manifester Schock)
- anderweitigen Flüssigkeitsverlust (z. B. bei Durchfall, Diabetes, Hautverletzungen).

Die Schüler recherchieren nach weiteren Ursachen, die einen Herz-Kreislauf-Schock auslösen können.

Erste-Hilfe-Kurse

Da die meisten Schüler einen Führerschein anstreben, für den der Besuch eines „Erste-Hilfe-Kurses" notwendig ist, kann dieser auch im schulischen Rahmen abgehalten werden; das Thema Herz-Kreislauf-Schock bietet inhaltliche Anknüpfungsmöglichkeiten zum Unterricht.

KÖHNLEIN, H. E., WEUER: Erste Hilfe, Ein Leitfaden. Thieme Verlag, Stuttgart 2004
SAFAR, P.: Wiederbelebung, Herz-Lunge-Gehirn. Thieme Verlag, Stuttgart 1984

Herztöne hörbar machen

Herztöne können mithilfe eines Stethoskops, eines Kravattenmikrofons und eines Kofferverstärkers für alle hörbar gemacht werden. Der Schlauch des Stethoskops wird durchgeschnitten, das Schlauchende, das an der Membrankapsel hängt, wird an der Schnittfläche eingeschnitten. Das Minimikrofon wird in den Schlauch eingeführt und mit Klebeband fixiert. Mithilfe eines Kofferverstärkers (aus dem Fachbereich Sport oder Musik) oder eines anderen Aufnahmegerätes (Kassettenrekorder, Tonbandgerät) können die Herztöne demonstriert werden. Mikrofon und Stethoskop kosten zusammen rund 35 Euro. Bei handwerklicher Begabung kann das Mikrofon selbst hergestellt werden, wodurch die Kosten erheblich gesenkt werden.

Anleitung und Bezugsquellen:

ZEITTER, W.: Herz- und Gefäßtöne, 1994, S. 234-239;
Audio-CD mit Herztönen: Auskulatation
HOLLBERG, KAHL, K.: Thieme-Verlag. (Verfahren zur Demonstration im Unterricht. Praxis der Naturwissenschaften. Biologie, Heft 4/42, Aulis-Verlag 1993, S. 4-6).

Funktion eines Windkessels

Ein Windkessel ist eine Pumpe, die eine diskontinuierliche Strömung in eine kontinuierliche umwandelt. Eine luftgefüllte Kammer entspricht funktionell der Elastizität der Aortenwandung, die Verengung am Abfluss entspricht dem Widerstand im arteriellen Gefäßsystem. Die Aorta puffert die periodischen, durch das Herz erzeugten Druckstöße ab. In der Diastole strömt das Blut bei geschlossenen Herzklappen aus der gespannten Aorta gleichmäßig in die nachgeschalteten Arterien ab, die Aortenwand entspannt sich langsam bis zur nächsten Systole des Herzens. Die Wellen, die über die arteriellen Gefäßwandungen laufen und als Puls gemessen werden können, breiten sich mit einer Geschwindigkeit von 7 m/s aus, die maximale Blutströmungsgeschwindigkeit hingegen beträgt 0,5 m/sec.

Die Zusammenhänge lassen sich an einem selbst gebauten Modell darstellen. An eine Woulff'sche Flasche (Anschluss 1,2 s. Abb.) wird ein zuführender und ein ableitender Wasserschlauch angeschlossen. Die Flasche wird vollständig mit Wasser gefüllt. Wird die Wasserzufuhr verstärkt oder vermindert, sind die Druckschwankungen am abführenden Wasserschlauch zu beobachten. Wird Luft in die Flasche gegeben (z.B. mit Kolbenprober) und die Woulff'sche Flasche auf den Kopf gestellt, puffert das Luftpolster Druckschwankungen ab, der Wasserausstrom wird gleichmäßiger.

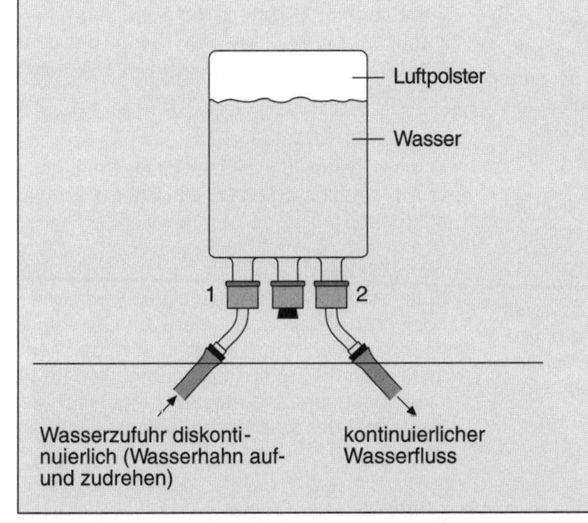

Strömungsmechanik im Herz-Kreislauf-System

Die Gefäßsysteme des Körper- und Lungenkreislaufs bilden ein geschlossenes Röhrensystem. Innerhalb der beiden Teilsysteme bestehen zahlreiche, durch Verzweigung gebildete, parallel geschaltete Leitungswege. Eine schubweise arbeitende Pumpe kann in einem geschlossenen System nur dann eine Strömung verursachen, wenn sich am Ende des Transportweges ein Ausgleichsgefäß befindet. Diese Aufgabe erfüllt das venöse Blutgefäßsystem.

Von der richtigen Suche im Internet

Klassischerweise geht man über Suchmaschinen und Stichwörtern auf die Suche im Netz. Die Spreu vom Weizen zu trennen ist meist recht zeitraubend. Geeigneter sind Web-Kataloge wie google etc. (www.google.de), die Links zu redaktionell empfohlenen Internet-Seiten anzeigen. Unter dem Stichwort „Medizin“ finden sich Unterrubriken zu verschiedenen Themengebieten. Um die Seriosität von web-Seitenanbietern beurteilen zu können, sollte man sich im Impressum – oft auch unter dem Stichwort „wir über uns“ – informieren, wer eigentlich der Anbieter ist. Orientierungshilfen bieten auch sog. Gütesiegel von Verbänden und Organisationen wie HON: Health on the Internet (www.hon.ch); Medizin-Seiten, die dieses Siegel tragen, sollen nur Ratschläge von Fachleuten enthalten. Überprüft wird das allerdings meist nicht. Geeignete Stichworte sind: Risikofaktoren, Diagnostik, Therapie, Bluthochdruck, Herzinfarkt, Herzschwäche, Herzrhythmusstörungen, Herzklappenfehler, Herzinnenhautentzündung, Herzbeutelentzündung, Herzmuskelentzündung, Herzneurose, Herzschrittmacher, Herztransplantation. (Durch die Verknüpfung von Stichworten erhält man erfahrungsgemäß weniger, aber gehaltvollere Seiten z.B.: + Herzinfarkt + Riskiofaktoren + Diagnose).

Ausgewählte Adressen
http://www.quarks.de; Schaltfläche „Herz“,
www.bundesaerztekammer.de;
www.herzstifung.de.

Messung des Fingerpulses

Zur Darstellung des Fingerpulses wird ein mit warmem Wasser gefülltes, zu einer Kapillare ausgezogenes dünnes Glasrohr (ca. 2 cm Durchmesser) auf den Zeige- oder Ringfinger gesetzt. Mit Frischhaltefolie oder Parafilm kann zusätzlich abgedichtet werden. Wird der Finger aufgerichtet, ist der Puls am Anstieg des Flüssigkeitsstandes in der Kapillare zu erkennen.

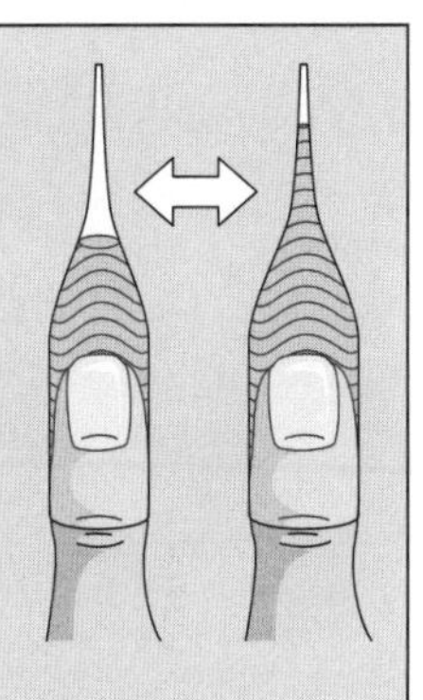

Herzfrequenzmessung und Visualisierung

Herzfrequenzmessungen werden heutzutage mit relativ geringem Aufwand zur Steuerung der Trainingsbelastung bei Ausdauersportarten und auch in der Rehabilitation eingesetzt. Die Firma Polar (http://www.polar.fi/sampola/) bietet Herzfrequenzmonitore, Interface und entsprechende Auswertungssoftware an. Da das System sowohl im Fachbereich Sport und Biologie gewinnbringend eingesetzt werden kann, halbiert sich der Anschaffungspreis von rund 600 Euro. (Belastungssteuerung und Leistungskontrolle zur Vermeidung von Fehl- und Übertraining (s. HOTTENROTT, K. M. ZÜLICH, F: Ausdauerprogramme. Rowohlt, Reinbek, 1995).

Atemminutenvolumen
Erythrocyt
Herzminutenvolumen
Regelkreis
Regulation
Rückkopplung – positive
Sauerstoffaufnahme
Sauerstoffbindungskurve
Sauerstoffpartialdruck

Blut
Erythrocyten transportieren den Sauerstoff

Schülerbuch Seite 86

① Das Hormon (und Dopingmittel) Erythropoietin (EPO) erhöht die Anzahl der Erythrocyten, ohne das Plasmavolumen zu erhöhen. Dies verschlechtert die Fließeigenschaften das Blutes und kann die Gerinnung aktivieren. Leiten Sie daraus die Vorteile und Gefahren von EPO ab.
– *EPO erhöht die Sauerstofftransportleistung des Blutes, aber es verschlechtert die Fließeigenschaften des Blutes und aktiviert die Gerinnung. Damit erhöht sich die Wahrscheinlichkeit für das Auftreten von Organinfarkten. In der Tat wurden bei EPO-gedopten Radsportlern häufiger Herzinfarkte beobachtet.*

Schülerbuch Seite 87

① Kohlenstoffmonooxid entsteht bei unvollständigen Verbrennungsvorgängen wie beim Zigarettenrauchen und bindet ca. 200-mal fester an Hämoglobin als Sauerstoff. Warum sind Raucher dadurch körperlich weniger leistungsfähig?
– *Die vom Kohlenstoffmonooxid besetzen Hämoglobin-Moleküle fallen für den Sauerstofftransport aus. Anmerkung: Das kann bei einem Raucher durchaus $^1/_3$ des Hämoglobins sein. Entsprechend schlecht werden die Muskeln mit Sauerstoff versorgt und entsprechend schlecht ist ihre Leistungsfähigkeit.*

② Erklären Sie mithilfe von Abbildung 1, warum die Gabe von 100%igem Sauerstoff bei Gesunden wenig sinnvoll ist.
– *Die Sauerstoffsättigungskurven des Myoglobins und des Hämoglobins verlaufen asymptotisch, d.h. beim Gesunden führt die Gabe von 100%igem Sauerstoff zu keiner zusätzlichen Sättigung des Myoglobins oder Hämoglobins.*

Arbeitsblatt Seite 73

1. Wie Abbildung 1 zeigt, nimmt der Sauerstoffpartialdruck mit steigender Höhe ab. Abbildung 2 stellt dar, dass parallel dazu auch der Sauerstoffpartialdruck in der Luftröhre abnimmt. Um den Körper mit ausreichend Sauerstoff zu versorgen, wird die Menge der ventilierten Luft und auch die Menge des gepumpten Blutes erhöht.
2. Auf Meereshöhe wird ein Maximum der O_2-Aufnahme bei ca. 160 Litern ventilierter Luft erreicht. Der letzte Wert wird auch in der Höhe nur unwesentlich überschritten, wobei die O_2-Aufnahme geringer ist. Auf 4 000 m liegt das Maximum des Atemminutenvolumens bei ca. 130 Litern. (Da es sich um Messungen bei zunehmender körperlicher Belastung handelt, ist zu vermuten, dass der Sportler die Übung aufgrund mangelnder O_2-Aufnahme bei steigender Belastung abgebrochen hat.)
3. Höhenakklimatisierte Menschen können auf allen Höhen eine größere Menge Sauerstoff aufnehmen. Das liegt an der wesentlich höheren Zahl Roter Blutzellen pro µl Blut, die durch die vermehrte EPO-Produktion in der Höhe verursacht werden. Zu vermuten ist weiterhin, dass nicht höhenakklimatisierte Personen sich nicht ohne erhebliches gesundheitliches Risiko über 5 000 Meter begeben können.
4. Der Wettkampf sollte innerhalb von zwei Wochen nach dem Höhentraining sein. Der niedrige O_2-Partialdruck in der Höhe bewirkt zwar einen Anstieg der Zahl der Roten Blutzellen, gleichzeitig ist der Sportler aber nicht so belastungsfähig wie auf Meereshöhe. Er kann also nicht im Belastungsbereich des Wettkampfs trainieren. Eine Lösung besteht darin, das Training auf Meereshöhe durchzuführen, die restliche Zeit hingegen in der Höhe zu verbringen.

Experimente mit „Kunstblut“

Anhand von „Kunstblut“ kann der Schüler durch Mikroskopie einen Eindruck davon erlangen, dass Erythrocyten (als rot gefärbte Kügelchen) im Blut viel häufiger auftreten als Leukocyten (blaue Kügelchen). Im menschlichen Blut kommt auf 1000 Erythrocyten etwa 1 Leukocyt. Erythrocyten haben Durchmesser von 7 bis 8 µm. Die Dicke beträgt im Randbereich 2,4 µm, in der Mitte 1 µm. In Anbetracht der morphologischen Vielfalt der Leukocyten lassen sich bei ihnen pauschalierte Werte nicht angeben.

Material:
Der Teil „Blutbild im Blutgruppen-Bestimmungs-Kit“ (s.u.), ggf. zusätzlich Objektträger, Deckgläschen, Mikroskop

Durchführung:
Mit einer Probe des Kunstblutes wird ein mikroskopisches Präparat angefertigt. In diesem Präparat wird nach den roten und blauen Kügelchen als symbolisierte Partikel für Erythrocyten und Leukocyten gesucht. Eine Abschätzung der prozentualen Häufigkeit der erhaltenen Zahlen ist empfehlenswert.

Ergebnis:
Rote Kügelchen – also Erythrocyten – sind wesentlich häufiger zu beobachten als die blauen, die die Leukocyten verkörpern sollen.

Hinweise:
Üblicherweise werden vom Hersteller des Kunstblutes Berechnungsgrundlagen mitgeliefert, die es gestatten, auf annähernd die bekannten Zahlen für Erythrocyten und Leukocyten im menschlichen Blut zu kommen (5 Mio. Erythrocyten und 5 000 Leukocyten pro mm^3 Blut).

Der hier verwendete Testkit kann über die Firma Phywe Systeme GmbH & Co. KG, Robert-Bosch-Breite 10, 37079 Göttingen bezogen werden.

Die Leistungsfähigkeit in der Höhe

Im Gebirge ist unser Körper weniger leistungsfähig, weil mit steigender Höhe auch der Sauerstoffpartialdruck abnimmt. Kurzfristige Aufenthalte führen zu einer verstärkten Atem- und Herztätigkeit. Das Atemminutenvolumen (eingeatmete Luft in Litern pro Minute) und das Herzminutenvolumen (gepumpte Blutmenge in Litern pro Minute) nehmen zu. Bei längerem Aufenthalt verändert sich aber die Zusammensetzung des Blutes. Der Körper akklimatisiert sich.

Höhe m	Luftdruck Torr (mm Hg)	Luftdruck kPa	O_2-Gehalt Vol.-%	P_{O_2} der Inspirationsluft Torr (mm Hg)	P_{O_2} der Inspirationsluft kPa
0	760	101,3	20,93	149	19,9
1000	674	89,9	20,93	131	17,5
2000	596	79,5	20,93	115	15,3
2500	560	74,7	20,93	107	14,3
3000	526	70,1	20,93	100	13,3
5000	403	54,0	20,93	75	10,0
9000	230	30,7	20,93	38	5,1
12000	145	19,3	20,93	21	2,8

Abb. 1 Abnahme des Luftdrucks und des Sauerstoffpartialdrucks P_{O_2} in der Höhe (P_{O_2} bei 37 °C und voller Wasserdampfsättigung)

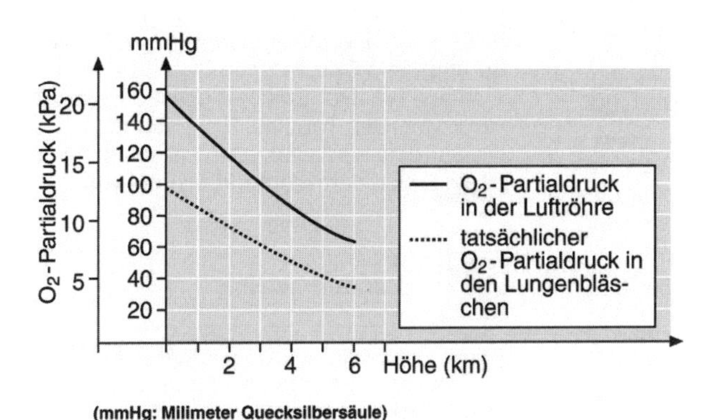

Abb. 2 Sauerstoffpartialdruck in den Atemorganen

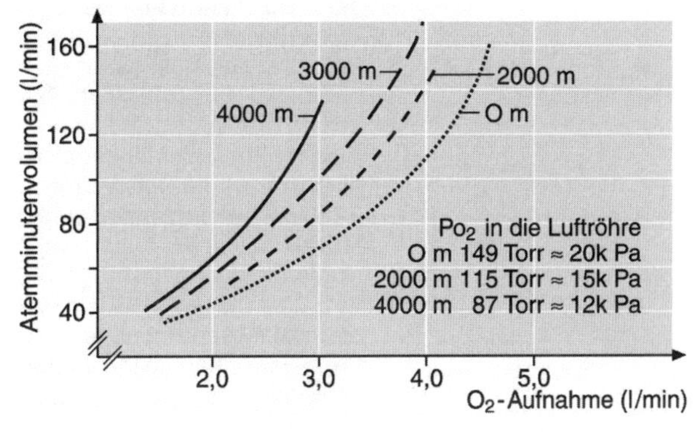

Abb. 3 Sauerstoffaufnahme und Atemminutenvolumen in verschiedenen Höhen

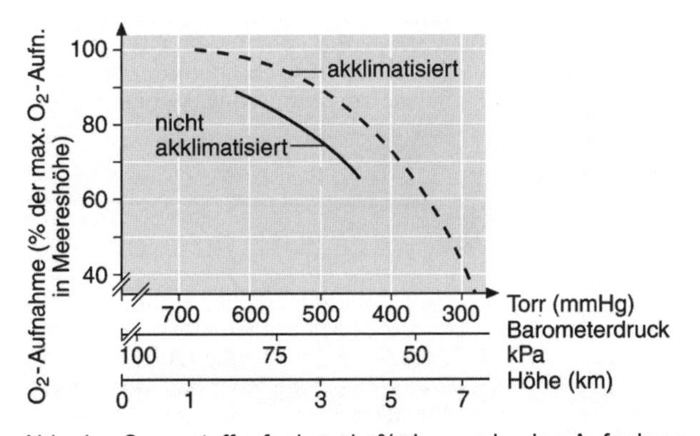

Abb. 4 Sauerstoffaufnahme in % der maximalen Aufnahme in Meereshöhe

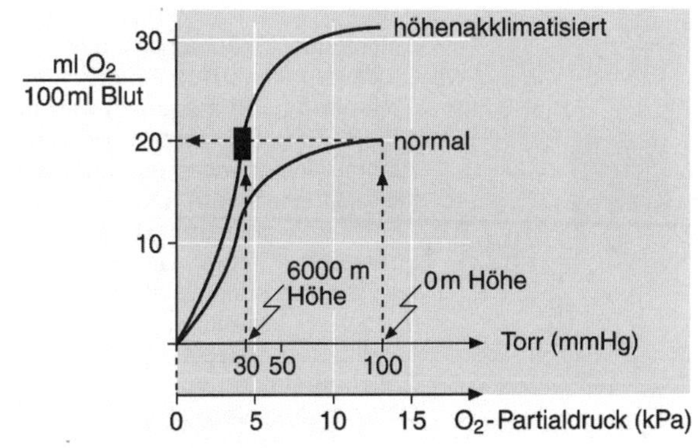

Abb. 5 Sauerstoffbindungskurven

Aufgaben

1. Warum nehmen das Atemminutenvolumen und das Herzminutenvolumen mit steigender Höhe zu? Beziehen Sie sich auf Abbildung 1 und 2.
2. Erörtern und interpretieren Sie Abbildung 3.
3. Das Hormon Erythropoietin (EPO) wird in den Nieren gebildet und stimuliert die Bildung Roter Blutzellen im Mark der Knochen. Schon nach drei Tagen in der Höhe beginnen die Nieren mit einer erhöhten EPO-Produktion. Die Zahl der Roten Blutzellen erreicht bei der Höhen-Akklimatisierung nach rund 4 Wochen mit 8 Mio. pro µl Blut (nicht Akklimatisierte 4,4 Mio. bis 5 Mio. pro µl) ihren Endwert. Interpretieren Sie vor diesem Hintergrund Abbildung 4 und 5.
4. Insbesondere Ausdauersportler nutzen die oben dargestellten Zusammenhänge aus und halten sich in der Höhe auf, um bei Wettkämpfen auf Meereshöhe besser abzuschneiden. Nach ein bis zwei Wochen auf Meereshöhe normalisiert sich die Zahl der Roten Blutzellen allerdings wieder. Was ist bei der Planung eines Höhentrainings zu beachten? Beziehen Sie die Abb. 1 – 5 in Ihre Überlegungen ein.

Atmung – Zellen
ATP
Dissimilation
Endoxidation
Energiebereitstellung – Atmung
Energiebereitstellung – Muskel
Glykolyse
Mitochondrium
Organell
Sport
Tricarbonsäurezyklus

2 Dissimilation – Zellatmung

Mitochondrien – Orte der Zellatmung
Lexikon: Leben braucht Energie

Arbeitsblatt Seite 75

1. Die Muskulatur ist das größte Organ des Menschen und bei Frauen prozentual weniger stark ausgebildet (Abb. 1). Die geschlechtsspezifischen Unterschiede der maximalen Sauerstoffaufnahme (Absolutwerte, Abb. 2) ergeben sich u.a. aus dem geringeren Körpergewicht der Frau, mehr Fettgewebe und der geringeren Muskelmasse.
2. Beim Vergleich der maximalen Sauerstoffaufnahme/kg Körpergewicht (Relativwerte, Abb. 3) zeigen sich sowohl in Ruhe wie unter Belastung für Frauen niedrigere Werte. Durch Training werden die Differenzen größer. Für diesen Effekt ist der prozentual geringere Anteil der Muskelmasse bei Frauen verantwortlich.
3. Durch die geringere Anzahl an Mitochondrien wird bei Frauen insgesamt weniger ATP aus dem oxidativen Abbau der Kohlenhydrate und Fette gewonnen. Insgesamt sind die Geschwindigkeiten der Frauen dadurch niedriger als die der Männer.

Ausdauer auch ohne Sport

Amerikanische Forscher haben ein Protein entdeckt, mit dem ausdauernde Muskeln offensichtlich auch ohne Sport aufgebaut werden („Nature", Bd. 418, S. 797). Das Protein wirkt auf die sich rasch zusammenziehenden und schnell ermüdenden hellen Muskelfasern. Diese werden dann dunkler, ziehen sich langsamer zusammen und ertragen Spannungen länger. Das Protein funktioniert wie ein Hauptschalter. Es aktiviert alle Gene, die zur normalen Ausstattung einer langsamen Muskelfaser gehören. Beispiele dafür sind u. a. solche Gene, die für den Aufbau und den Betrieb der Mitochondrien sorgen. Weitere Untersuchungen, die bei Laufzeiten „am olympischen Limit" durchgeführt wurden, belegen die erbliche Komponente: „Durchschnittsmenschen" besitzen etwa die gleiche Zahl schneller wie langsamer Muskelfasern und ändern diese Relation auch durch Training nur wenig. Personen, die zu Weltklassesprintern werden, haben bis zu 80 % schnelle, Marathonläufer ähnlich hohe Anteile langsamer und ausdauernder Muskelfasern.

Mitochondrientypen

Bei Mitochondrien findet man drei Typen von Auffaltung der inneren Membran (Oberflächenvergrößerung), den Cristae-, den Sacculus- und den Tubulus-Typ. Der Cristae-Typ ist am weitesten verbreitet. Den Tubulus-Typ findet man in Zellen, die Steroide herstellen. Der Sacculus-Typ kommt nur in Zellen der Nebennierenrinde vor.

Literaturhinweise

AHNE, W., LIEBICH, H.G., STOHRER, M., WOLF, E.: Zoologie. Schattauer Verlag, Stuttgart 2000

DEETJEN, P., SPECKMANN, E.J.: Physiologie. Urban & Fischer Verlag, München 1999

KLINKE, R., SILBERNAGL, S.: Lehrbuch der Physiologie. G. Thieme Verlag, Stuttgart 2003

SCHÖNFELDER, U.: Ererbter Lorbeer. In: Bild der Wissenschaft Heft 8/2004, S. 19–24

SPECKMANN, E.J., WITTKOWSKI, W.: Bau und Funktionen des menschlichen Körpers. Urban & Schwarzenberg Verlag, München 2000 (mit Foliensatz dazu)

Medienhinweise

FWU 4201630 Atmung und Nahrungsaufnahme bei der Miesmuschel (1993)

FWU 4202652 Die Atmung (2001)

FWU 4231499 Der Körper des Menschen I: Atmen, um zu leben

FWU 4232528 Der Körper des Menschen III: Die innere Uhr – Körperrhythmen (2002)

Hagemann Video 180131 Zellatmung – Energiegewinnung durch Glykolyse, Citratzyklus und Atmungskette

Klett 75056 Unser Körper: Lunge und Atemwege

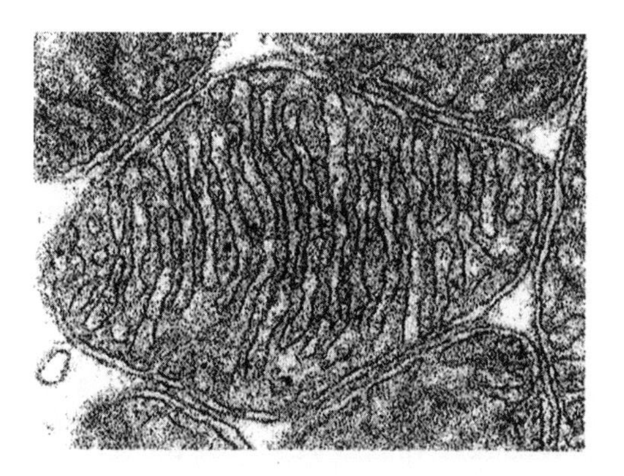

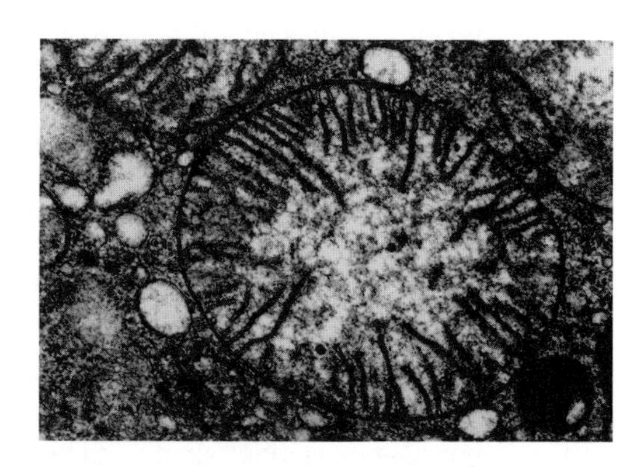

Mitochondrium (Cristae-Typ) und Mitochondrium (Tubulus-Typ)

Mitochondrien und Sport

Höchstleistungen in Laufdisziplinen zeigen auffällige Unterschiede zwischen Männern und Frauen: So liegt der Weltrekord über 100 m bei 9,78 s (♂, 2002) und 10,49 s (♀, 1988) bzw. im Marathon bei 2:05:42 h (♂, 1999) und 2:15:25 h (♀, 2003). Untersucht man die Muskulatur und ihre Arbeitsweise näher, so zeigen sich deutliche Unterschiede zwischen Männern und Frauen.

	Mann	Frau
Alter	20 – 24 Jahre	20 – 24 Jahre
Größe	1,74 m	1,64 m
Gewicht	70,0 kg	56,9 kg
Fett	10,5 kg = 15,0%	15,3 kg = 26,9%
Muskel	31,3 kg = 44,7%	20,4 kg = 35,9%
Knochen	10,4 kg = 14,9%	6,8 kg = 12,0%
übrige Gewebe	17,8 kg = 25,4%	14,4 kg = 25,2%

Abb. 1 Körperzusammensetzung bei Mann und Frau

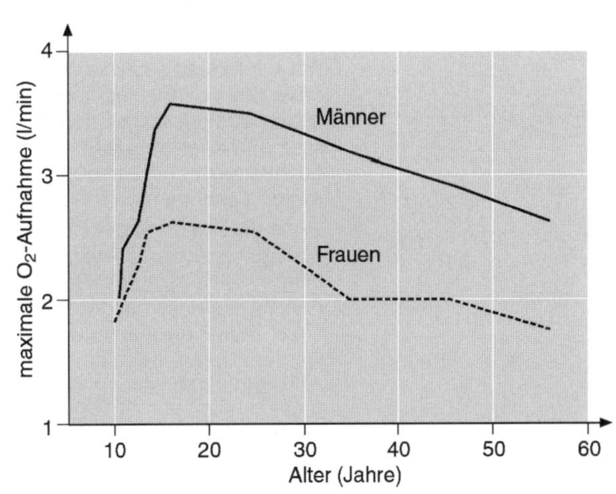

Abb. 2 Maximale Sauerstoffaufnahme (absolut) bei Männern und Frauen

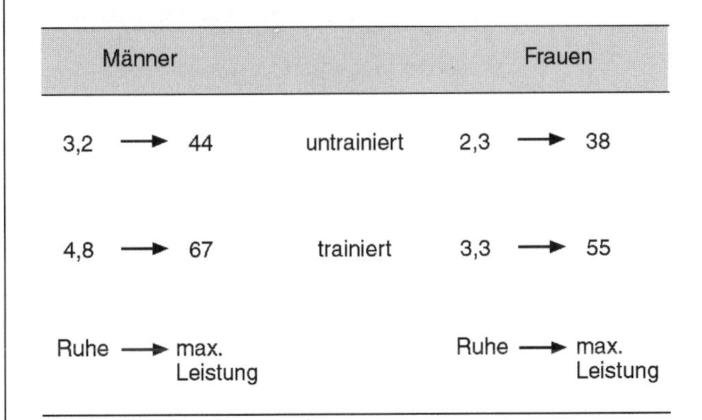

Männer				Frauen	
3,2 →	44	untrainiert	2,3 →	38
4,8 →	67	trainiert	3,3 →	55
Ruhe →	max. Leistung		Ruhe →	max. Leistung

Abb. 3 Maximale Sauerstoffaufnahme (Mittelwerte in ml/min pro kg Körpergewicht)

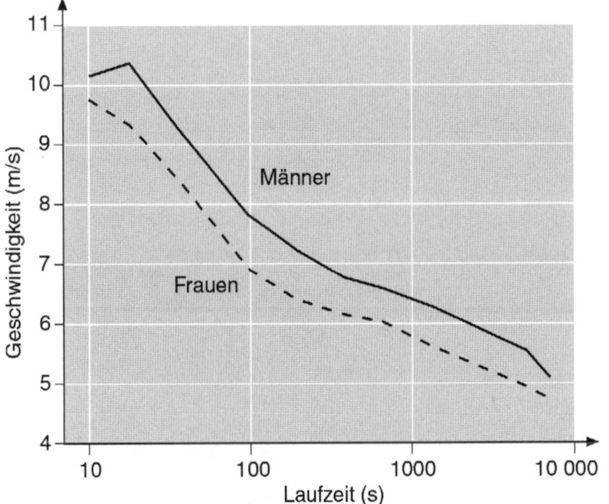

Abb. 4 Vergleich der Laufgeschwindigkeiten von Männern und Frauen

Aufgaben

1. Erklären Sie mithilfe der Abbildung 1 die unterschiedlichen Werte zur Sauerstoffaufnahme bei Männern und Frauen (Abb. 2).
2. Welche Auswirkungen hat sportliches Training auf die Sauerstoffaufnahme (Abb. 3)?
3. Frauen besitzen um 20% weniger Mitochondrien in den Muskeln als Männer. Warum werden trotz Training die in Abbildung 4 dargestellten Unterschiede nicht aufgehoben? Beachten Sie dabei: Die Muskulatur des Menschen wird für die Laufleistung aus drei Quellen mit der notwendigen Energie beliefert:
   - ATP ist in geringen Mengen gespeichert und steht sofort bis max. 30 s zur Verfügung bzw. wird aus gespeichertem Kreatinphosphat regeneriert.
   - Das glykolytische System, das Kohlenhydrate zu Brenztraubensäure und Milchsäure abbaut, liefert schnell aber wenig ausdauernd geringe ATP-Mengen (bis zu knapp 2 min).
   - Das oxidative System, das Kohlenhydrate und Fette zu CO_2 und H_2O zerlegt, produziert langfristig ATP in größerer Menge.

Atmungskette
ATP
Chlorophyll
Experiment
Redoxreaktion

Von der Glykolyse bis zur Endoxidation

Arbeitsblatt Seite 77

1. Das Voltmeter zeigt ca. 1 Volt Spannung an. Am Zinkstab gehen überwiegend Zinkatome unter Hinterlassung von $2e^-$ als Zn^{2+}-Ionen in Lösung. Die Elektrode wird negativ geladen. Am Kupferstab setzen sich eher Kupferionen unter Elektronenaufnahme an der Elektrode ab. Er wird positiv geladen. Die Potentialdifferenz wird angezeigt (ΔE^0 = 1,1 V). Der Ladungsstrom ist also im Kabel von Zink zum Kupfer gerichtet.
2. Ohne die Fixierung der Redoxpartner in der richtigen Reihenfolge würden Redoxreaktionen unkontrolliert ablaufen. Da keine Elektronentransportkette vorhanden wäre, könnten auch die H^+-Ionen nicht an einem Ort angereichert werden. Damit würde die Grundlage für die ATP-Bildung fehlen.

Häm in der Atmungskette

Eine Reihe von Molekülen erfüllt in Lebewesen – teilweise in je nach Funktion abgewandelter Form – ganz unterschiedliche Aufgaben. So dienen Abkömmlinge von Nucleotiden, also Moleküle, die der Klasse der Nucleinsäuren angehören, in Form von NAD^+ oder FAD als Wasserstoff übertragende Coenzyme oder AMP in phosphorylierter Form als Energiespeicher oder -überträger.

Der Tetrapyrrolring kommt mit einem Magnesiumion als Bestandteil des Chlorophylls bei Pflanzen vor und mit einem Eisenion im Zentrum (Häm-Gruppe) als Bestandteil des Hämoglobins im Blut der Wirbeltiere bzw. mit einem Kupferion im Blut vieler Wirbelloser (*Hämocyanin*, s. Abb.).

Die Häm-Gruppe ist Bestandteil eines Enzyms, das Pflanzen, Wirbellose, Wirbeltiere, ja sogar Pilze gemeinsam haben, nämlich das Cytochrom c der Atmungskette. Dort findet man den Tetrapyrrolring mit einem Fe^{2+}-Ion im Zentrum. Es ist über zwei Cysteinreste an ein Protein gebunden. Im Gegensatz zum Hämoglobin, in dem eine reversible Anlagerung von Sauerstoffmolekülen ohne Änderung der Ladung des Zentralions vorliegt, ändert das Eisenion im Cytochrom c-Molekül seine Ladung. Es tritt als Redoxpaar mit Fe^{2+} und Fe^{3+}-Ion auf. In den Redoxkomplexen III und IV geht es durch Aufnahme eines Elektrons in die reduzierte Fe^{2+}-Form über, um dies Elektron dann weiterzugeben, wobei es selbst wieder oxidiert wird.

Porphyrinring

R = CH_3 Chlorophyll a

R = CHO Chlorophyll b

Phytolkette

Chlorophyll

Häm im Hämoglobin

$R_1 = -CH_3$

$R_2 = -CH(CH_3)-S-$Protein

$R_3 = -CH_2-CH_2-COOH$

Häm im Cytochrom c

Die Atmungskette – ein Modellversuch zur Klärung

Kernstück der Atmungskette ist eine Elektronentransportkette, die einen H^+-Gradienten erzeugt. Dieser dient dem ATP-Synthesesystem zum Aufbau von ATP. Für die am Elektronentransport beteiligten Komplexe (Abb. 2) werden Redoxpotentiale angegeben, die darüber Auskunft geben, wie groß die Bereitschaft eines Stoffes ist, Elektronen abzugeben oder aufzunehmen.

Die Wirkung unterschiedlicher Redoxpotentiale lässt sich an einem Modellversuch zeigen. Das „unedle“ Metall Zink geht relativ leicht in die oxidierte Form der Zn^{2+}-Ionen über, während das „edlere“ Kupfer dazu neigt, durch Aufnahme von 2 Elektronen aus Cu^{2+}-Ionen zu Kupferatomen reduziert zu werden.

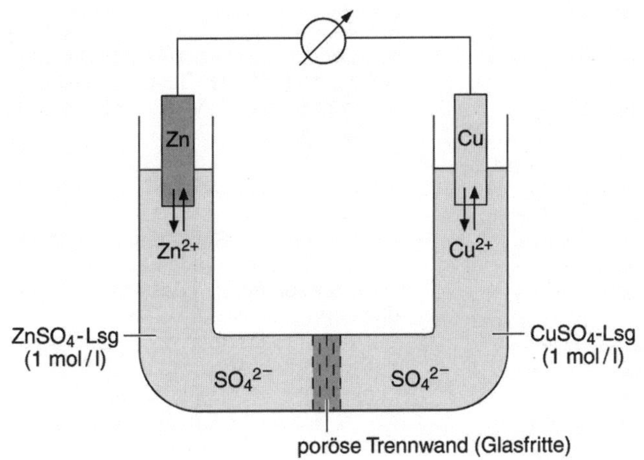

reduzierte Form	oxidierte Form	E^0 (V)
Zn	Zn^{2+}	– 0,76 V
Cu	Cu^{2+}	+ 0,34 V
$H_2 + 2H_2O$	$2H_3O^+$	0,00 V

Abb. 1 Modellversuch für biologische Redoxreaktionen

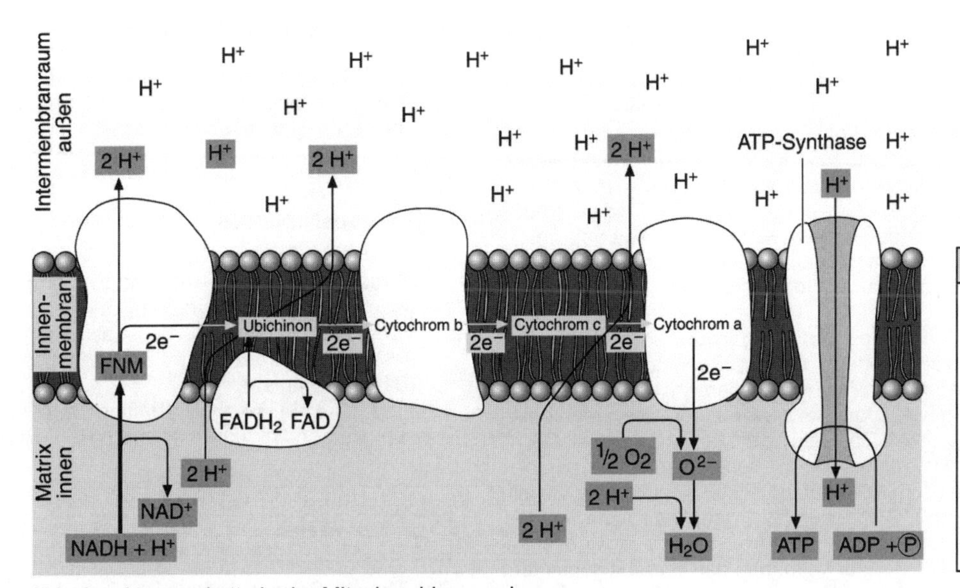

Stoff	E^0 (V)
$NADH + H^+$	– 0,32
FMN	– 0,10
Cytochrom b	+ 0,03
Cytochrom c	+ 0,23
Cytochrom a	+ 0,38
Sauerstoff	+ 0,82

Abb. 2 Atmungskette in der Mitochondrienmembran

Aufgaben

1. Führen Sie den oben dargestellten Versuch durch und notieren Sie die Beobachtungen. Zeichnen Sie in den Versuchsaufbau von Abbildung 1 den Weg der Elektronen ein.
2. Die Redoxpartner der Atmungskette sind in der Mitochondrienmembran fixiert und besitzen unterschiedliche Redoxpotentiale (Abb. 2). Nennen Sie die Gründe, warum die Atmungskette nicht ablaufen könnte, wenn die beteiligten Stoffe gelöst im Cytoplasma oder in der Mitochondrienmatrix vorlägen.

Energiegewinnung
Experiment
Gärung – alkoholische
Gärung – Milchsäure
Hefe

Gärung – es geht auch ohne Sauerstoff
Praktikum: Versuche zur Gärung

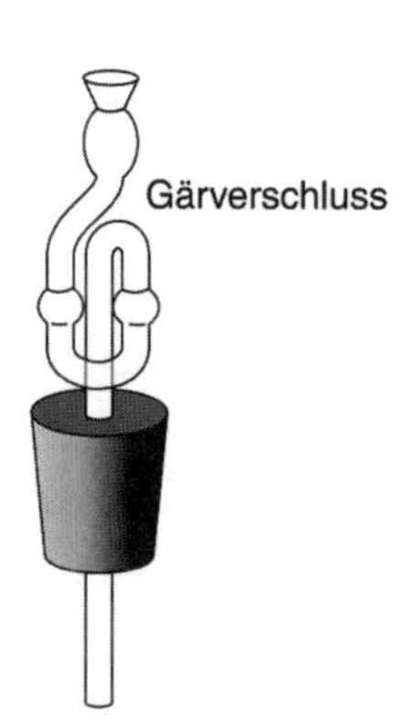

Versuch mit Ballon

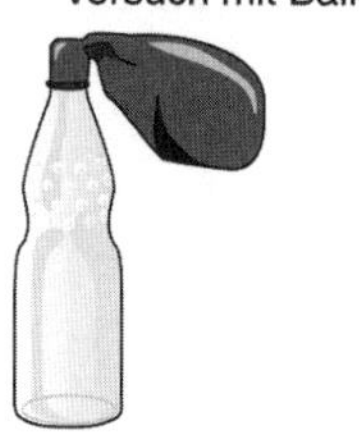

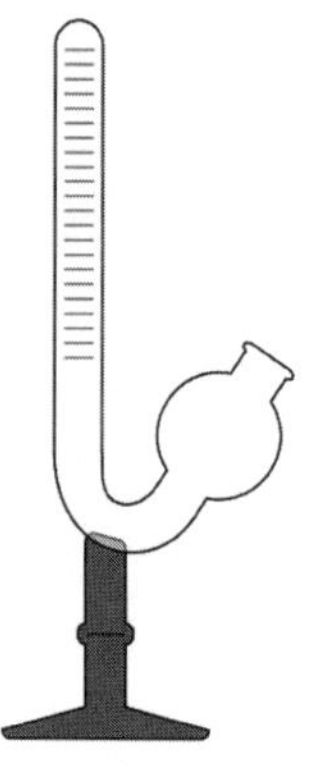

Einhornrohr

Schülerbuch Seite 92

① Hefe wird in gut belüfteten Behältern vermehrt, arbeitet aber im Teig oder beim Bierbrauen unter Luftabschluss. Begründen Sie.
– *Ist Sauerstoff vorhanden, benutzen die Zellen den energetisch günstigeren Weg der Zellatmung. Fehlt Sauerstoff, kann Hefe als fakultativer Anaerobier auf die Gärung „umschalten".*

② Gefäße zur Bereitung von Sauerkraut müssen völlig sauber und luftdicht abgeschlossen sein. Was würde sonst geschehen?
– *Aerobe Bakterien, Hefen und Schimmelpilze würden sich vermehren.*
Anmerkung: Der feingehobelte Weißkohl wird unter Zusatz von Speisesalz fest eingestampft. Gefördert durch das Einstampfen entzieht das Salz den Pflanzenzellen Nährstoffe und Wasser, das die Luft zwischen den Kohlschichten verdrängt. Die Deckel müssen so beschwert werden, dass der dicht gepackte Kohl vollständig von Lake bedeckt ist. Die Sauerkraut-Fermentation ist abgeschlossen, wenn der Milchsäuregehalt ca. 1,5% erreicht hat; der Säure-Wert (pH-Wert) liegt dann bei 4,1 oder tiefer. Bei herkömmlichen Verfahren (bei 18 – 20 °C) dauert der Prozess etwa 4 und mehr Wochen.

Schülerbuch Seite 93

Untersuchung von Sauerteig
Probe 1 und 2 zeigen annähernd neutrale pH-Werte (ca. 6 – 7), Probe 3 ca. pH-Wert 4.
Deutung: In Probe 3 wird eine Säure produziert, wobei Enzyme bzw. lebende Organismen beteiligt sind. Diese wurden in Probe 2 durch Erhitzen zerstört. Die Gasentwicklung („Der Teig geht auf") lässt vermuten, dass weitere Prozesse beteiligt sind: Kohlenstoffdioxid entsteht durch Atmung und/oder Gärung von Hefezellen.

Backen eines Sauerteigbrotes
Das angegebene einfache Rezept kann verfeinert werden: Der Teig wird lockerer, wenn Hefe zugesetzt wird. Das Brot wird saftiger, wenn man dem Teig etwas Speiseöl oder Margarine zugibt. Der Backvorgang sollte mit hoher Temperatur beginnen (Vorheizen auf 180 – 200 °C) und nach 20 min auf 160 °C abgesenkt werden. Die Kruste wird dann nicht so hart und trocken. Vor dem Absenken der Temperatur kann man das Brot mit gequirltem Ei bestreichen. Das ergibt eine glänzende Kruste. Das selbstgebackene Brot sieht dem üblichen Vollkornbrot trotzdem wenig ähnlich. Wenn man dem Teig aber Honig, Zuckercouleur oder Puderzucker zusetzt, entsteht das handelsüblich „dunkle Vollkornbrot", dessen Farbe nichts mit dem „vollen Korn" zu tun hat, sondern nur durch den Zuckerzusatz erreicht wird.

Alkoholische Gärung
② Die Calciumhydroxidlösung in der ersten Waschflasche bindet Kohlenstoffdioxid, das in der Luft enthalten ist. Eine Trübung in der zweiten Waschflasche ist also auf die Kohlenstoffdioxid-Produktion der Hefe zurückzuführen. Im belüfteten Versuchsansatz fällt sie etwas geringer aus als im unbelüfteten, da hier Atmung möglich ist. Da bei der Gärung bedeutend weniger ATP pro Glucose-Einheit entsteht als bei der Atmung, muss die Hefe im belüfteten Ansatz zur Produktion des nötigen ATP weniger Glucose umsetzen als im unbelüfteten, in dem sie nur durch Gärung ATP bilden kann.

③ Im Reagenzglas des unbelüfteten Ansatzes lässt sich Ethanol durch Destillation nachweisen, das durch alkoholische Gärung entstanden ist. Im belüfteten Ansatz entsteht praktisch keines, da hier die Hefe ihren Energiebedarf aus der Atmung decken kann. Der belüftete Ansatz zeigt bei der Destillation einen höheren Anfangs-Siedepunkt, da hier kaum Ethanol entstanden ist.

④ Die ersten Tropfen des Destillats enthalten praktisch nur Wasser und brennen nicht. Aus dem unbelüfteten Ansatz kann Ethanol destilliert werden (der Anfangs-Siedepunkt dürfte um 80 °C liegen), das in den ersten Tropfen so hoch konzentriert ist, dass es entzündet werden kann.

⑤ Der Anfangs-Siedepunkt liegt im Reagenzglas des belüfteten Ansatzes um 100 °C (Siedepunkt des Wassers), im unbelüfteten Ansatz bei ca. 80 °C (Siedepunkt des Ethanols: 78 °C).

⑥ Aus dem unbelüfteten Ansatz wird ein Wasser-Ethanol-Gemisch destilliert. Im Steigrohr kondensiert es, wird aber durch die Hitze von unten erneut verdampft. Da Ethanol bei niedriger Temperatur als Wasser siedet, wird es durch die Kondensations- und Verdampfungsschritte im Steigrohr konzentriert (Prinzip der fraktionierten Destillation) und reichert sich im Dampf an, sodass er entzündet werden kann.

⑦ Dies ist im belüfteten Ansatz nicht möglich, da hier kaum Ethanol entstanden ist.

Arbeitsblatt Seite 79

3. Versuch 1: Nur Traubenzucker wird umgesetzt (Nachweis der Substratspezifität)
Versuch 2: Je höher die Substratkonzentration, desto schneller erfolgt der Substratumsatz (Sättigungskurve).
Versuch 3: Je höher die Temperatur, desto schneller erfolgt die Umsetzung (RGT-Regel).

Hinweise

Das Thema „Gärung" eignet sich besonders für den forschend-entwickelnden Unterricht. Da Hefen und alkoholische Gärung bekannt sind, werden Schüler/-innen Versuche mit diesem Organismus planen können, z. B. die Zellen mit Nährstoffen (Zucker unterschiedlicher Konzentration oder chemischer Beschaffenheit) zu versorgen und unter Sauerstoffabschluss zu halten. Mit diesen Versuchen lassen sich die Kenntnisse über Enzyme vertiefen oder in die Hypothesenbildung einbringen. Dabei können unterschiedliche Materialien eingesetzt werden (s. Randspalte). Es ergeben sich Ausblicke auf die Mikrobiologie (Hefesuspension auf Standardagar ausplattieren, Kolonien mikroskopieren, Sprossungsvorgang, Generationswechsel) und auf die menschliche Gesundheit (Alkohol als Zellgift).

Welche Faktoren beeinflussen die Gärung?

Mit den folgenden Experimenten können verschiedene Einflüsse auf die Stoffwechselvorgänge in Hefezellen untersucht werden. Für alle Versuche wird eine Hefelösung (20 g Bäckerhefe auf 100 ml Wasser) angesetzt.

(1) Einfluss des Substrats

Material: Traubenzucker, Haushaltszucker, Milchzucker, 4 Reagenzgläser, 4 Standgärröhrchen, Hefelösung, Messzylinder, Pipetten, Waage, Glasstäbe, Spatel, Teelöffel, Filzstifte

Durchführung: Reagenzgläser und Standgärröhrchen nummerieren; je Reagenzglas 0,35 g des betreffenden Zuckers in 3,5 ml Wasser lösen und 7 ml Hefelösung dazugeben und gut durchmischen. Die Lösung in den kugelförmigen Ansatz füllen, das Gärröhrchen drehen und klopfen, bis der geschlossene Schenkel gefüllt ist. Das vierte Gärröhrchen mit 10,5 ml Hefelösung ohne Zucker füllen.

Beobachtung: Die Gärröhrchen bei Zimmertemperatur aufstellen und 25 min lang im Abstand von 5 min das gebildete Gasvolumen ablesen.

(2) Einfluss der Substratkonzentration

Material: Haushaltszucker, 4 Reagenzgläser, 4 Standgärröhrchen, Hefelösung, Messzylinder, Pipetten, Filzstifte; 4 Flaschen mit Gäraufsatz.

Durchführung: Reagenzgläser und Standgärröhrchen nummerieren; jeweils 1, 2, 5 und 10 g Haushaltszucker in 50 ml Wasser lösen; davon je 3,5 ml der Zucker-Lösung und 7 ml Hefelösung gut durchmischen. Die Lösung in den kugelförmigen Ansatz füllen, das Gärröhrchen drehen und klopfen, bis der geschlossene Schenkel gefüllt ist, bei Zimmertemperatur aufstellen und 25 min lang im Abstand von 5 min das gebildete Gasvolumen ablesen.

Beobachtung: Die Gärröhrchen bei Zimmertemperatur aufstellen und im Abstand von 5 min das gebildete Gasvolumen ablesen.

(3) Einfluss der Temperatur

Material: 10%ige Zuckerlösung aus Versuch 2; Brutschrank, Kühlschrank mit Eisfach; 4 Standgärröhrchen, Hefelösung, Thermometer, Filzschreiber

Durchführung: Reagenzgläser und Standgärröhrchen nummerieren; je Reagenzglas 3,5 ml der Zuckerlösung und 7 ml der Hefelösung mischen. Die Lösung in den kugelförmigen Ansatz füllen, das Gärröhrchen drehen und klopfen, bis der geschlossene Schenkel gefüllt ist.

Beobachtung: Je ein Gärröhrchen im Brutschrank (ca. 37 °C), bei Zimmertemperatur, im Kühlschrank und 25 min lang in dessen Eisfach aufstellen und im Abstand von 5 min das gebildete Gasvolumen ablesen. Die Zimmertemperatur und die Temperatur im Kühlschrank bzw. in dessen Eisfach messen.

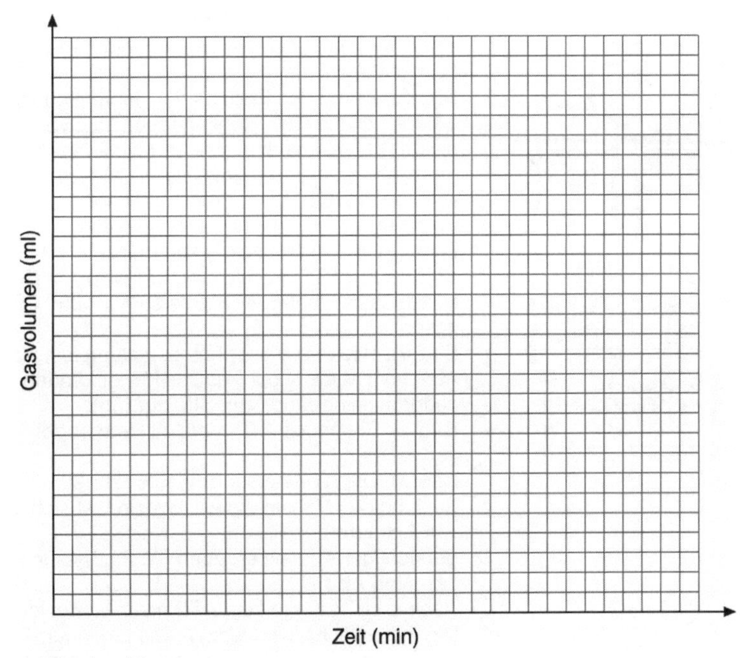

Abb. 1 Diagramm

Aufgaben

1. Die Versuche werden entsprechend den Anweisungen von drei verschiedenen Schülergruppen ausgeführt. Alle Versuchsergebnisse werden in einer Tabelle festgehalten.
2. Übertragen Sie die Wertepaare in ein Diagramm. Benutzen Sie hierfür Millimeterpapier.
3. Deuten Sie die Versuchsergebnisse.

Aktin
ATP
Energiegewinnung – Muskel
Gleitfilamenttheorie
Muskel
Myosin
Proteine
Sport
Titin

3 Muskulatur trainieren

Die Muskelkontraktion
Material: Die Rolle des ATP bei der Muskelkontraktion

Schülerbuch Seite 94

① Bei zu starker, ungewohnter Dauerbelastung eines Muskels verkrampft er: Er wird steif und hart. Welche Ursachen könnte das haben?
– *Die Zufuhr von ATP ist unzureichend und die Myosinköpfchen können sich nicht vom Aktin lösen, d.h. die „Weichmacher-Wirkung" von ATP fehlt.*

Schülerbuch Seite 95

Die Materialseite eignet sich für eine differenzierte Gruppenarbeit. Da die Aufgaben für viele Schüler schwer zu lösen sind und die Muskelzelle oft als eine unübersichtliche Struktur angesehen wird, sollte ergänzendes Material bereitgestellt werden. Die Doppelseite im Buch vereinfacht, um die Vorgänge für die Schüler transparent zu machen. Auch für ältere Schüler ist der „Comic" zur Kontraktion (siehe Randspalte) informativ.

Z-Scheibe
Aktin Myosin

① Start mit **Bild d)**, Bezüge zum Text sind in Klammern angegeben: Vor dem Eintreffen eines Nervenimpulses ist die Ca^{2+}-Konzentration im Cytoplasma durch die Aktivität der Membranpumpen am ER (1) gering. Folglich sind Aktin und Myosin getrennt (6c). In diesem Zustand wird das am Myosinkopf gebundene ATP (4) nicht gespalten (5).
Bild b): Durch den Einfluss der Nervenimpulse erhöht sich die Ca^{2+}-Konzentration im Cytoplasma (2). Dadurch verändert Myosin seine räumliche Struktur so, dass es mit Aktin in Kontakt tritt (6a). Die an Aktin gebundenen Proteine verändern ihre Lage. So wird die Bindung von Aktin und Myosin möglich.
Bild e): Die ATPase-Wirkung des Myosins (5) kommt zum Tragen, ATP wird zu ADP und P gespalten.
Bild c): Nach der Phosphatabspaltung löst sich ADP vom Myosinkopf (4). Das Myosin ändert dadurch seine räumliche Struktur (6b).
Bild a): Ein neues ATP-Molekül kann angelagert werden.
Bild d): Die ATP-Anlagerung führt zur 90^0-Stellung des Myosinkopfes, Myosin löst sich von Aktin (6b).
Bei richtiger Abfolge ergeben die Buchstaben das Wort AKTIN.

② Nach dem Tod wird kein ATP mehr produziert. Das hat zwei Konsequenzen: Die Ionenpumpen kommen zum Erliegen (d. h. es liegt eine relativ hohe Ca^{2+}-Konzentration im Cytoplasma vor) und ATP als instabiler Stoff nimmt allmählich ab (kann also die ATP-Bindungsstelle nicht mehr besetzen). Stellung (k) bleibt erhalten.

③ Ein frisch isolierter Muskel kann allein durch ATP nicht kontrahieren, denn zusätzlich ist eine hohe Ca^{2+}-Konzentration notwendig (6c). Er bleibt unter ATP-Einfluss „weich" (d). Um Kontraktionen auszulösen, müssen Ca^{2+}-Ionen zugeführt werden.

Arbeitsblatt Seite 81

1. Der Myosinkopf bindet an das Aktinfilament. Durch die Nickbewegung des Köpfchens schieben sich Myosin- und Aktinfilamente teleskopartig ineinander. Ihre Länge und Dicke ändert sich dabei nicht. Die Verkürzung der hintereinander liegenden Sarkomere ergibt die Muskelverkürzung.
2. Eine hohe Ca^{2+}-Konzentration im Cytoplasma ermöglicht den Kontakt von Myosin mit Aktin, durch die ATP-Spaltung wird er gelöst. Ist Calcium verfügbar, kann der Kontraktionszyklus geordnet ablaufen.
Anmerkung: Aktive Kontraktion und passive Dehnung müssen sich abwechseln können. Zu niedrige Calciumwerte führen zu einer Störung des Wechselspiels und damit zu Muskelkrämpfen.
3. Titin stabilisiert die Myosinfilamente und verankert Aktin und Myosin. Die elastische Titinregion könnte ähnlich einer Feder bei einer Dehnung mitgehen und dabei das „Auseinanderfallen" des Sarkomers verhindern und das Zurückziehen auf die Ausgangslänge bewirken.

Literaturhinweise

DICKHUTH, H.-H.: Einführung in die Sport- und Leistungsmedizin. Hofmann Verlag, Schorndorf 2000

MARÉES, H., HECK, H.: Sportphysiologie. Sport und Buch. Strauß Verlag, Köln 2002

Medienhinweise

FWU 4231524 Muskeln: Die Kraft, die Berge versetzen können

FWU 4202168 Sport und Gesundheit: Gesund trainieren

Die Muskelkontraktion

Das Sarkomer ist die kleinste funktionelle Einheit der Skelettmuskeln. Die Eiweiße Aktin und Myosin bilden in ihm Filamente, die ähnlich wie die Borsten einer Bürste angeordnet sind und ineinandergreifen. In der Mitte jedes Sarkomers liegen an die 1000 Myosinfilamente, denen etwa 2000 Aktinfilamente gegenüber stehen. Das Modell von aneinander vorbeigleitenden Aktin- und Myosinfilamenten veranschaulicht die Verkürzung eines Sarkomers. Die Muskelkontraktion resultiert aus der Verkürzung unzähliger Sarkomere, die in den Muskelfibrillen hintereinander geschaltet sind.

Ein weiteres Protein, das aufgrund seines riesigen Molekulargewichts als Titin bezeichnet wird, ist an der Bildung und Erhaltung des Sarkomers beteiligt (Abb. 1).

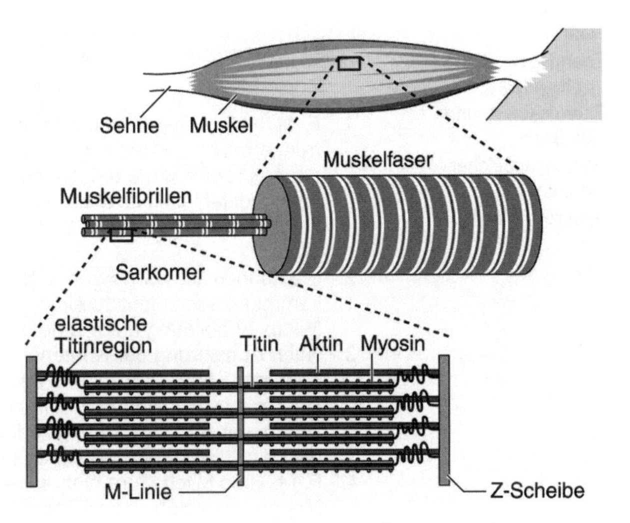

Abb. 1 Hierarchischer Aufbau des Skelettmuskels

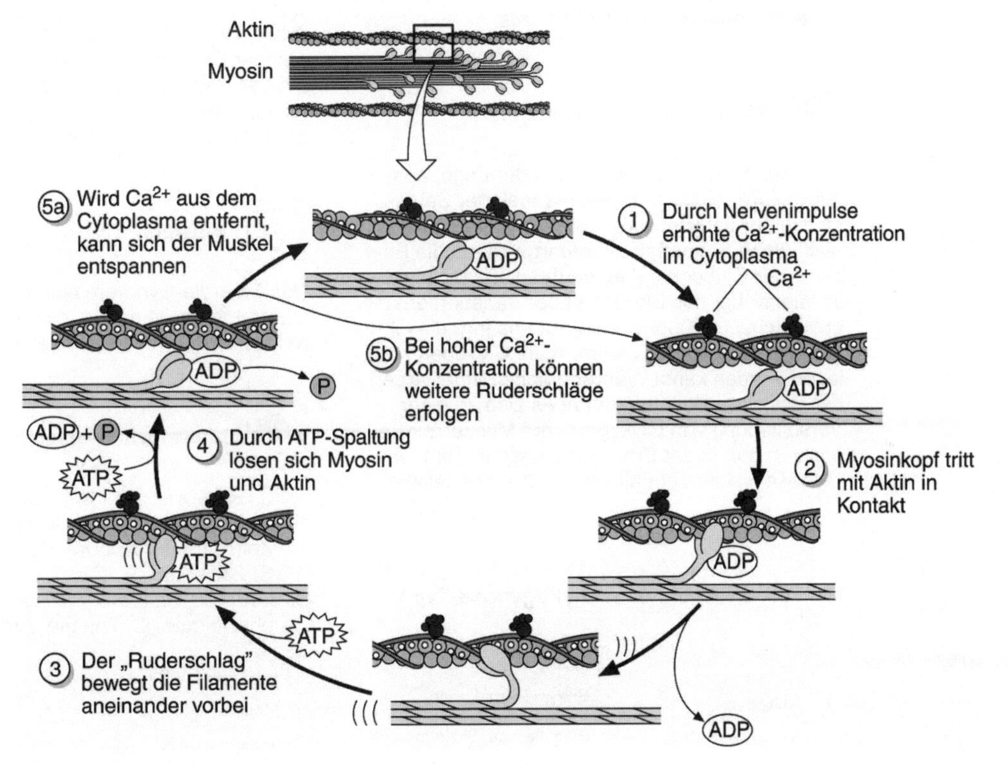

Abb. 2 Ablauf der Muskelkontraktion

Aufgaben

1. Welche Folgen haben die mehrfach hintereinander ausgeführten „Ruderschläge" des Myosinkopfes (Abb. 2) für das Sarkomer bzw. den Muskel (Abb. 1)?
2. Die unmittelbare Energiequelle für die Muskelkontraktion ist ATP. Starke Muskelkrämpfe werden aber nicht mit ATP behandelt, sondern mit Calciumpräparaten. Welche Erklärung gibt es dafür?
3. Titin (Abb. 1) ist etwa 1 mm lang und erstreckt sich von der Z-Scheibe bis zur M-Linie; sein N-terminales Ende ist an der Z-Seite mit den Aktinfilamenten verbunden. Zudem tritt es im Bereich der Aktinfilamente mit Myosin in Wechselwirkung und stabilisiert sie. Der Rest des Moleküls ist elastisch und ändert seine Länge wie eine Feder, wenn der Muskel kontrahiert oder sich entspannt. Welche Funktionen hat das Riesenmolekül demnach?

Energiegewinnung – Eiweiß
Energiegewinnung – Fett
Energiegewinnung – Kohlenhydrat
Energiegewinnung – Muskel
Glykogenspeicherkrankheit
Syndrom – McArdle

Wissenschaft für das Training

Arbeitsblatt Seite 83

1. F. M. bildet keine Milchsäure: Bei einer Herzfrequenz von 200 weisen Gesunde 7 bis 8 mmol/l Milchsäure auf. Seine körperliche Leistungsfähigkeit ist stark eingeschränkt, bei einer Herzfrequenz von 204 leistet er nur 110 Watt.
2. Sie können kein Glykogen abbauen. Daher kommt es auch nicht zu einer nennenswerten Milchsäurebildung unter Belastung.
3. Nach Aufzehrung der Kohlenhydratreserven greift der Körper gesunder Personen in der Hauptsache auf Depotfett zurück. Dies entspricht der Situation von McArdle-Individuen, die kein Glykogen mobilisieren können.
4. F. M. kann Milchsäure nicht in nennenswerter Menge produzieren, berichtet aber von ausgeprägtem Muskelkater nach sportlicher Belastung. Kommt der Muskelkater bei ihm auf die gleiche Weise zustande wie bei gesunden Personen, scheidet aus dem genannten Grunde Milchsäure als Verursacher aus.

Glykogenspeicherkrankheit

Die Skelettmuskeln sind nicht in der Lage, aus Milchsäure *(Lactat)*, die bei mangelnder Sauerstoffzufuhr gebildet wird, Glucose aufzubauen, auch wenn Sauerstoff zugeführt wird, da die Enzyme der Gluconeogenese fehlen. Lactat wird vielmehr über das Blut zur Leber transportiert, die aus Milchsäure über Brenztraubensäure die Glucose produziert, die wiederum als Glykogen abgelagert werden kann. Während anhaltender Arbeit der Skelettmuskulatur kommt es also zu einer Verschiebung von Glykogen vom Muskel zur Leber und von dort in der Erholungsphase in Form von Glucose wieder zum Muskel. Das Wechselspiel zwischen Leber- und Muskelglykogen wird als *Cori-Zyklus* bezeichnet. Im Herzmuskel, der aerob arbeitet, wird aufgenommene Milchsäure auch in Brenztraubensäure zurückverwandelt und über den Tricarbonsäurezyklus und die Atmungskette unter ATP-Gewinnung oxidiert.

Die Glykogenspeicherkrankheit *(Glykogenose)* ist eine erblich bedingte Stoffwechselanomalie, die auf der Anhäufung besonders großer Mengen an Glykogen in der Leber sowie anderen Organen und der dadurch verursachten Hypoglykämie beruht. Die Glykogenanhäufung in den Organen ist entweder verursacht durch Mutation eines der Gene, die für die am Glykogenabbau beteiligten Enzyme codieren oder durch eine verstärkte Einschleusung des Gluconeogenese-Wegs in den Glykogenaufbau. Man unterscheidet nach den verschiedenen Enzymdefekten ca. 10 Glykogenose-Typen. Das McArdle-Syndrom wird als Glykogenose-Typ V bezeichnet (s. Abb. unten). Ein genetisch bedingter Defekt des Enzyms Phosphorylase verhindert den Glykogenabbau, es kommt zu einer Überladung der Zellen mit Glykogen. Körperliche Arbeit führt bei fehlendem Milchsäureanstieg zu rascher Ermüdbarkeit und zu Muskelkrämpfen bzw. Muskelschmerzen. Da auch die Leber betroffen ist, kann es zu einer Unterzuckerung der Körperflüssigkeiten kommen.

McArdle-Syndrom oder Glykogenose-Typ V

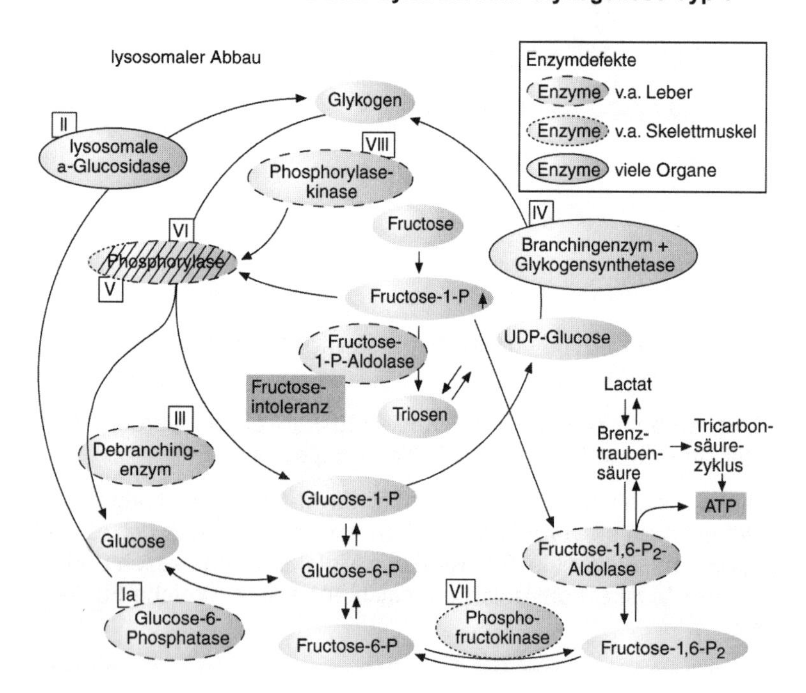

Hinweis

Das McArdle-Syndrom bietet die Möglichkeit, themenübergreifende Aufgaben, z. B. für Klausuren, zu stellen (Stoffwechselphysiologie, Genetik).

Literaturhinweise

ROST, R., BOLLIG, G.: Der interessante sportmedizinische Fall. Das McArdle-Syndrom. Deutsche Zeitschrift für Sportmedizin, Heft 49/1998, S. 285 – 286

SILBERNAGL, S., LANG, F.: Taschenatlas der Pathophysiologie. G. Thieme Verlag, Stuttgart 1998

Glykogenspeicherkrankheit und sportliche Leistungsfähigkeit

Der Student F. M. (25 Jahre, 80 kg) stellte sich anlässlich eines kleinen chirurgischen Eingriffs beim Arzt vor. Er berichtete, dass er immer unsportlich gewesen sei, was auch auf die meisten anderen Familienmitglieder zuträfe. Schon im Schulsport wäre seine geringe Belastbarkeit auf Trainingsmangel zurückgeführt worden. Er wurde deshalb von seinen Sportlehrern zum Sport angehalten, was er stets mit ausgeprägtem Muskelkater bezahlte. Im fahrradergometrischen Belastungstest wurden bei ihm die in Abbildung 1 gezeigten Werte gemessen. Nach weiterführenden Untersuchungen zur Stoffwechsellage des Muskelgewebes diagnostizierte der Arzt das so genannte *McArdle-Syndrom*. Dabei handelt es sich um eine genetisch bedingte Kohlenhydratspeicherkrankheit, bei der das Enzym *Phosphorylase* funktionsunfähig ist. Dies bedeutet: Glykogen kann zwar auf- aber nicht abgebaut und damit zur Energiegewinnung genutzt werden.

Leistung (Watt)	Herzfrequenz (Schläge/min)	Milchsäure im Blut (mmol/l)
Ruhe	76	0,8
30	116	0,8
70	164	1
110	204	0,8
	Abbruch wegen „schmerzender Knie“	

,Abb. 1 Ergebnisse der Fahrradergometrie des Patienten

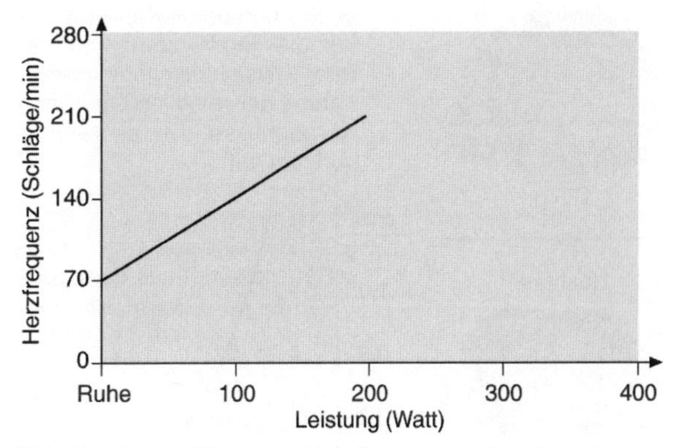

Abb. 2 Entwicklung der Herzfrequenz bei steigender Belastung einer untrainierten gesunden Person

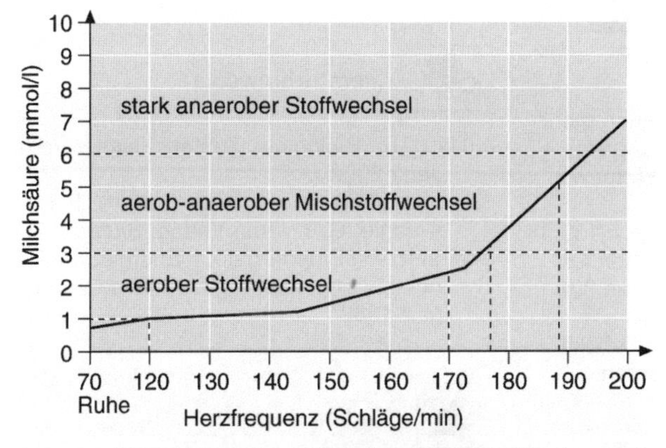

Abb. 3 Entwicklung der Milchsäurekonzentration im venösen Blut einer untrainierten gesunden Person bei steigender Belastung (angegeben als Herzfrequenz)

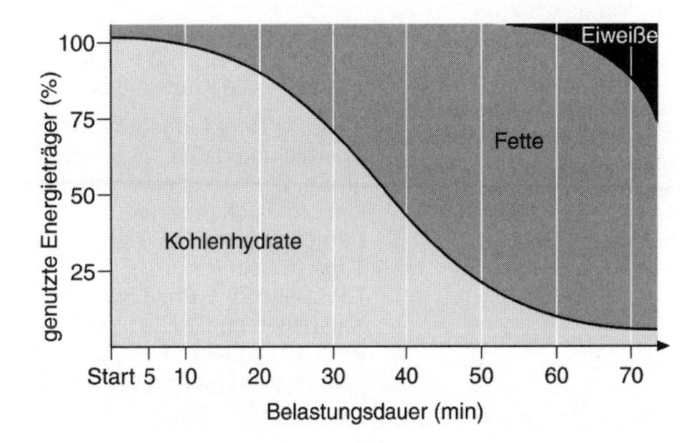

Abb. 4 Verwertete Energieträger in Abhängigkeit von der Belastungsdauer bei Ausdauersportlern

Aufgaben

1. Die Abbildungen 2 und 3 zeigen die fahrradergometrischen Kennwerte von normal belastbaren Personen. Welche Auffälligkeiten sind bei F. M. festzustellen (Abb. 1)?
2. Welche Konsequenzen hat der Phosphorylase-Defekt für den Stoffwechsel betroffener Personen?
3. Die Abbildung 4 zeigt die Energiebereitstellung in Abhängigkeit von der Belastungsdauer des Sportlers. Begründen Sie die Aussage, dass das Stoffwechselgeschehen bei F. M. am ehesten demjenigen eines extrem ausdauernd laufenden Sportlers ähnelt.
4. Muskelkater wird nach heutiger Lehrmeinung durch kleinste Verletzungen im Bereich des Muskelgewebes verursacht. Früher nahm man an, dass Muskelkater möglicherweise auch durch eine Ansammlung von Milchsäure im Muskel verursacht wird. Nehmen Sie dazu Stellung.

Atemleistung
Atemzeitvolumen
Energiehaushalt
Ernährung
Körpermasse

Stoffwechsel und Verdauung

1 Ernährung und Verdauung beim Menschen

Ernährung – eine Übersicht

Wühlmaus

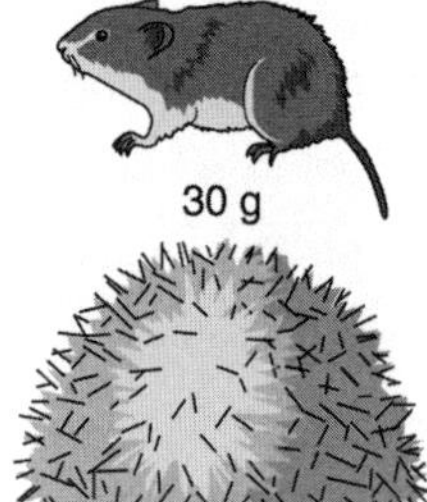

30 g

175 g

Nashorn

1900 kg

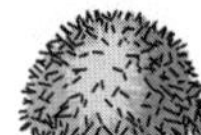

650 kg

Vergleich der wöchentlich benötigten Nahrungsmenge (die Grashaufen sind in Relation zur Körpergröße gezeichnet)

Arbeitsblatt Seite 85

1. Die grafische Darstellung zeigt, dass mit der Zunahme der Körpergröße das Atemzeitvolumen pro g Körpermasse fällt. Mit zunehmender Größe und damit Körpermasse der Tiere sinken die Herzfrequenz und die Stoffwechselrate. Physiologischer Hintergrund ist die Abnahme der relativen Oberfläche mit steigender Körpermasse, d. h. es treten geringere Wärmeverluste auf.

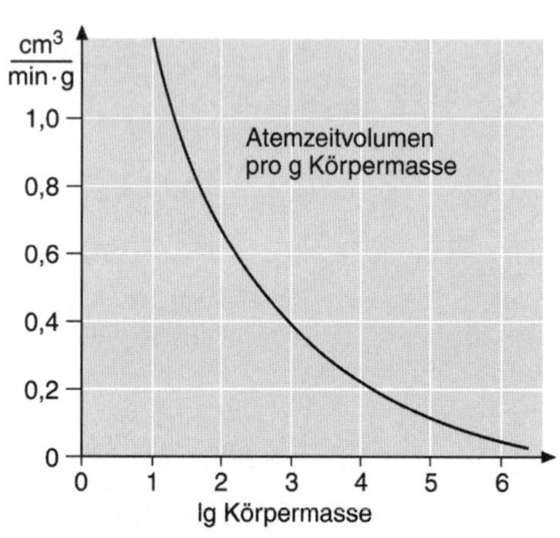

2. Kleinere Tiere brauchen relativ gesehen mehr Energie und damit auch mehr Nahrung als große. Sie haben einen größeren Wärmeverlust pro Flächeneinheit.
3. Berechnungen: 1 000 kg : 7,5 kg / Tag = 133,33 Tage (für ein Rind); 7,5 kg / Tag (reichen für 75 Kaninchen). Pro Tonne Heu nehmen 300 Kaninchen und 1 Rind um 120 kg zu.
4. Bei vorgegebener Futtermenge ist es effektiver, sich von großen Tieren zu ernähren.

Z **Die Maus-Elefant-Gerade**

Asiatische Elefanten mit bis zu 5 000 kg oder Blauwale mit bis zu 130 000 kg stellen den „großen" Endpunkt der Geraden dar. Die Etruskerspitzmaus mit 2 g, der Hummelkolibri mit 1,5 g bis 1,6 g und die Schmetterlingsfledermaus, die nur 1,5 g wiegt, sind eindrucksvolle Beispiele für die kleinstmögliche Masse eines homoiothermen Tieres. Mathematische Berechnungen belegen, dass diese Werte zwar – rein rechnerisch – noch unterschritten werden könnten, dies aber an biologischen Gesetzmäßigkeiten scheitert: Eine extrem hohe Herzfrequenz – wie sie mit zunehmender Winzigkeit entsteht – ist mit einer kürzeren Gesamtlebensdauer verbunden. Ebenso ist der Energieumsatz „pro kg Säugetier" unabhängig von der Größe des Tieres für seine ganze Lebensdauer begrenzt. (Nur der Mensch bildet eine Ausnahme: Er lebt viermal länger als ihm – verglichen mit anderen Säugetier-Arten – seiner Körpermasse nach zusteht). Zusätzlich muss man bedenken, dass die Suche nach Energie liefernder Nahrung Zeit beansprucht. Die Zwergspitzmaus verzehrt täglich so viele Käfer, Würmer u. ä., dass deren Masse etwa dem Doppelten ihrer eigenen Körpermasse entspricht. Während sie fast ständig unterwegs sein kann, um Beute zu machen, können andere Homoiotherme ihre Nahrung nur tagsüber finden. Häufig senken sie, um Energie zu sparen, ihre Körpertemperatur nachts ab und verfallen in einen Starrezustand (Torpor).

Literaturhinweise

FLINDT, R.: Biologie in Zahlen. Fischer Verlag, Jena 2002

RANDALL, D.W. ET. AL (Begr. ECKERT, R.): Tierphysiologie. G. Thieme Verlag, Stuttgart 2002

WIESER, W.: Bioenergetik – Energietransformationen bei Organismen. G. Thieme Verlag, Stuttgart 1986

Medienhinweise

Klett 750520 Energieumsatz bei Mensch und Tier
Klett 750560 Unser Körper – Lunge und Atemwege
Klett 750646 Unser Körper – Das Herz und der Kreislauf
Folienbuch Stoffwechsel Sek. II, Ernst Klett Verlag, Stuttgart 1996

Nahrungsaufnahme	Frauen		Männer	
	soll	ist	soll	ist
Gesamtenergie (kJ/Tag)	8800	13 260	10 500	15930
Eiweiß (g/Tag)	45	85	55	103
Fett (g/Tag)	58–81	148	68–95	168
Kohlenhydrate (g/Tag)	298–352	300	354–417	359

Nährstoff	physiol. Brennwert
Eiweiß	17,2 kJ/g
Fett	38,9 kJ/g
Kohlenhydrate	17,2 kJ/g

Nahrungsaufnahme Erwachsener in Deutschland (Durchschnittswerte einer Erhebung bei 36- bis 50-Jährigen im Jahre 1983)

Körpermasse, Atemleistung und Nahrungsaufnahme

Tierische Organismen nehmen über die Nahrung chemische Energie auf und wandeln sie überwiegend in mechanische Energie für Bewegungsvorgänge um. Aber auch Wachstum und die Aufrechterhaltung des Stoffwechsels brauchen Energie. Alle Organismen benötigen dafür eine ständige Nahrungszufuhr.

Tierart	Körpermasse (g)	lg Körpermasse	Atemfrequenz ($^1/_{min}$)	Atemzugvolumen (cm^3)	Atemzeitvol. ($\frac{cm^3}{min \cdot g}$)
Maus	22	1,3	163	0,15	1,1
Goldhamster	92		74	0,83	
Kaninchen	2 000		37	21	
Mensch	76 000		14	500	
Pferd	500 000		6,4	4 870	
Elefant	3 833 000		6,0	25 000	

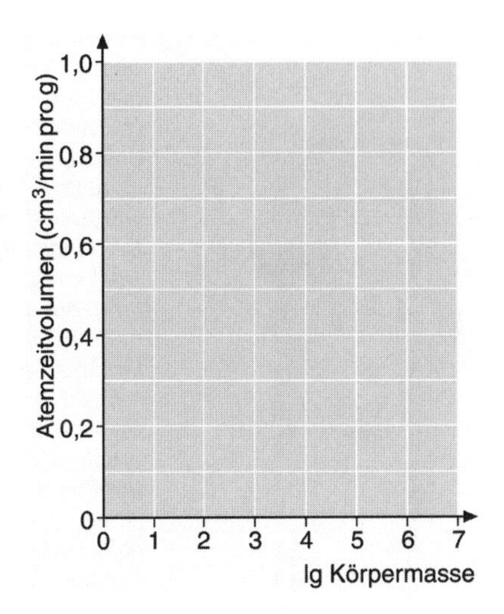

Abb. 1 Körpermasse und Atemleistung

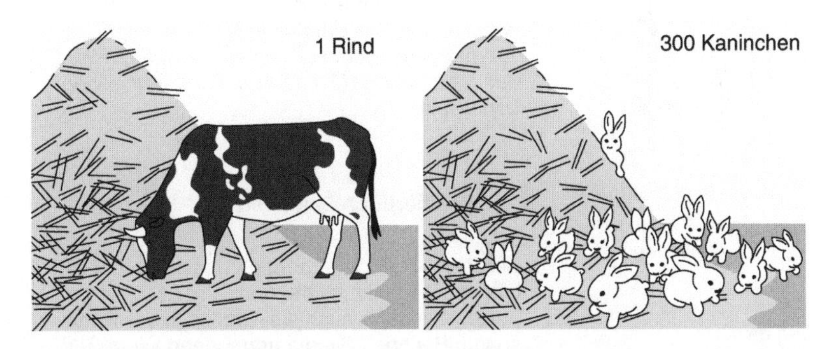

	1 Rind	300 Kaninchen
Körpergewicht	600 kg	600 kg
täglicher Verbrauch an Heufutter	7,5 kg	30 kg
täglicher Wärmeverlust	84 000 kJ	336 000 kJ
tägliche Gewichtszunahme	0,9 kg	3,6 kg
1 Tonne Heu reicht für		
Gewichtszunahme pro Tonne Heu		

Abb. 2 Körpermasse und Nahrungsaufnahme

Aufgaben

1. Ein Maß für die Atemleistung ist das Atemzeitvolumen (= Atemfrequenz x Atemzugvolumen pro g Körpermasse). Berechnen Sie die fehlenden Werte der Abbildung 1 und tragen Sie sie in das Koordinatensystem ein (logarithmische Skala beachten). Deuten Sie das Ergebnis.
2. Fassen Sie die vorliegenden Daten der Abbildung 2 zusammen und deuten Sie sie.
3. Berechnen Sie die Zeitspanne, in der ein Rind mit einer Tonne Heu auskommt und geben Sie die Zahl der Kaninchen an, die sich im gleichen Zeitraum von der gleichen Futtermenge ernähren könnten. Ermitteln Sie die Gewichtszunahme pro Tonne Heu bei einem Rind und bei 300 Kaninchen.
4. Deuten Sie die Ergebnisse aus Aufgabe 3 und ziehen Sie Schlussfolgerungen hinsichtlich der Haltung von kleinen oder großen Nutztieren für unsere Ernährung.

Energieumsatz
Experiment
Grundumsatz
Kalorimetrie
kalorisches Äquivalent
respiratorischer Quotient

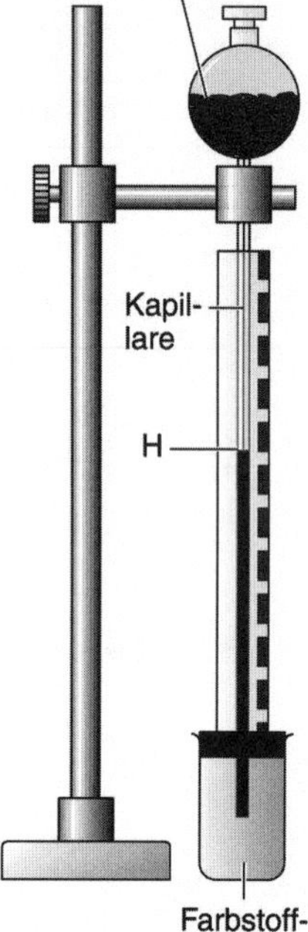

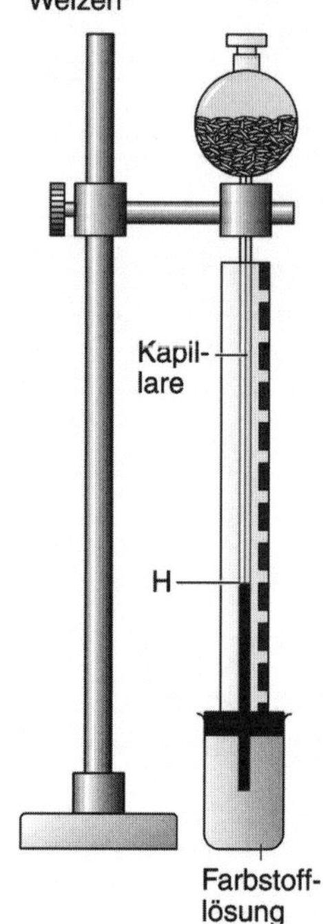

H = Höhe der Farbstofflösung

Regulation des Körpergewichts
Messen des Energieumsatzes

Schülerbuch Seite 102

① Ein Grundsatz der Ernährungspyramide ist, dass unbehandelte langkettige Kohlenhydrate die Grundlage der Ernährung bilden sollten. (s. Seite 100). Erklären Sie unter Zuhilfenahme des Schemas zur Gewichtsregulation am Beispiel des Verzehrs eines Vollkornprodukts, warum dieser Grundsatz sinnvoll ist.

– *Bei langkettigen Kohlenhydraten, wie sie in Vollkornprodukten vorkommen, flutet Glucose langsam an, entsprechend kommt es zu keinem Insulin-Schock. Da also Glucose über längere Zeit anflutet und es zu keinem schnellen Glucoseabfall im Blut durch den Insulin-Schock kommt, wird länger eine Sättigung empfunden, was der Gewichtsregulation zuträglich ist.*

② Rezeptorveränderungen sind ein Grund für genetisch verursachte Fettleibigkeit. Welche Rezeptorveränderungen kämen nach dem oben genannten Schema in Frage?

– *Bei genetisch verursachter Fettleibigkeit wird eine verminderte Empfindlichkeit der Leptinrezeptoren angenommen, entsprechend entsteht das Sättigungsgefühl dann nur bei sehr hohen Leptinspiegeln.*

Schülerbuch Seite 103

① Berechnen Sie den Energieumsatz des Sportlers in der Abbildung bei normaler Mischkost; nutzen Sie dafür auch die Tabelle in der Randspalte. Rechnen Sie die gegebenen Werte auf den ganzen Tag hoch. Welcher Energieumsatz ergäbe sich in einer Hungerphase?

– *Sauerstoffverbrauch: 0,48 l/min → 691,2 Liter Sauerstoff pro Tag. Die Berechnung des Energieumsatzes erfolgt durch die Multiplikation des Sauerstoffverbrauchs mit dem jeweiligen kalorischen Äquivalent:*
  a) normale Ernährung: RQ = 0,9; dies entspricht dem kalorischen Äquivalent von 20,61 kJ/l → 691,2 l/Tag x 20,61 kJ/l = 1 4246 kJ/Tag.
  b) in der Hungerphase: RQ = 0,71 entsprechend einem kalorischen Äquivalent von 19,62 kJ/l → 691,2 l/Tag x 19,62 kJ/l = 1 3561 kJ/Tag.

② Der RQ-Wert von Mittelamerikanern liegt deutlich über dem von Europäern. Begründen Sie.

– *Die Nahrung von Mitteleuropäern ist deutlich fettreicher als die der südamerikanischen Landarbeiter, die sich im Wesentlichen von Mais ernähren. Daher liegt der RQ-Wert der Landarbeiter praktisch bei 1,0 (RQ für Kohlenhydrate), der der Mitteleuropäer ist weiter in Richtung 0,7 (RQ für Fett) verschoben.*

Arbeitsblatt Seite 87

1. a) Atemfrequenz [Atemzüge /min]: z.B. 14
   b) Atemvolumen [l/Atemzug]: z.B. 0,5
   c) Atemminutenvolumen [l/min]: 7,0
   d) O_2-Aufnahme [l/min]: 0,04 x 7 =0,28
      O_2-Aufnahme [l/Tag]: 0,28 x 60 x 24 = 403,2
   e) O_2-Aufnahme [mol/Tag]: 403,2 : 22.4 = 16,8
   f) Glucoseverbrauch [mol/Tag]: 16,8 : 6 = 2,8
   g) Energieumsatz [kg/Tag]: 2,8 x 2836 = 7940
2. a) Das kalorische Äquivalent von 21,1 kJ/Liter ergibt sich aus den Rechenschritten e) bis g).
   b) Für den Energieumsatz in kJ/Tag ergibt die Berechnung für die drei Wertepaare 17 013 / 9042 / 4520.

Grundumsatz

Als *Grundumsatz* bezeichnet man den Energieverbrauch des ruhenden Körpers ohne Energiezufuhr beim Temperaturoptimum, der zur Erhaltung des Lebens und seiner Funktionen notwendig ist. Er wird unter streng standardisierten Bedingungen (beim Menschen: morgens, nüchtern, liegend, ohne Wärme- oder Kältebelastung) gemessen. Der Grundumsatz ist aber auch unter Einhaltung dieser Standardbedingungen keine feste Größe, sondern wird von Geschlecht, Alter, Gewicht und individuellen (genetisch bedingten) Faktoren bestimmt. Er ist bei Kindern am höchsten und sinkt mit zunehmendem Alter. Männer haben einen höheren Grundumsatz als Frauen, Unterernährung und Hunger senken, Überfunktion der Schilddrüse erhöht ihn. Ferner ist er tagesperiodisch abhängig mit höheren Werten am Vormittag. Bei Frauen ist außerdem eine Abhängigkeit vom Monatszyklus in Korrelation mit dem Gelbkörperhormon Progesteron zu beobachten.

Untersuchung verschiedener RQ-Werte

Keimende (fettreiche) Sonnenblumen- bzw. (kohlenhydratreiche) Weizensamen eignen sich zur Untersuchung unterschiedlicher RQ-Werte (siehe Abbildung in der Randspalte): Die Kapillaren der Apparatur werden dazu in Farbstofflösung getaucht und die Samenkeimung wird über mehrere Tage beobachtet. Beim Weizen (RQ = 1) wird Stärke verbraucht, die Farbstofflösung steigt nicht. Die Sonnenblumenkerne (RQ = 0,7) verbrauchen mehr Sauerstoff als sie Kohlenstoffdioxid freisetzen. Durch den sinkenden Gasdruck wird die Flüssigkeitssäule nach oben gezogen.

Literaturhinweise

DEETJEN, P., SPECKMANN, E.-J.: Physiologie. Urban & Fischer Verlag, München 1999
GOLENHOFEN, K.: Physiologie. Urban & Fischer Verlag, München 2000

Indirekte Kalorimetrie: Bestimmen des eigenen Energieumsatzes

Der Energieumsatz ist stark von der Aktivität des Körpers abhängig. Jede körperliche Tätigkeit, auch Verdauung und Temperaturregulation, steigert den Energiebedarf.

Da die *direkte Kalorimetrie* nur bei kleinen Tieren unproblematisch anwendbar ist, führt man Energieumsatzmessungen beim Menschen durch *indirekte Kalorimetrie* durch. Man zieht dabei den Sauerstoffverbrauch als Maß für den Energieumsatz heran, indem man die Differenz zwischen dem Sauerstoffgehalt der eingeatmeten und der ausgeatmeten Luft sowie das Atemvolumen bestimmt.

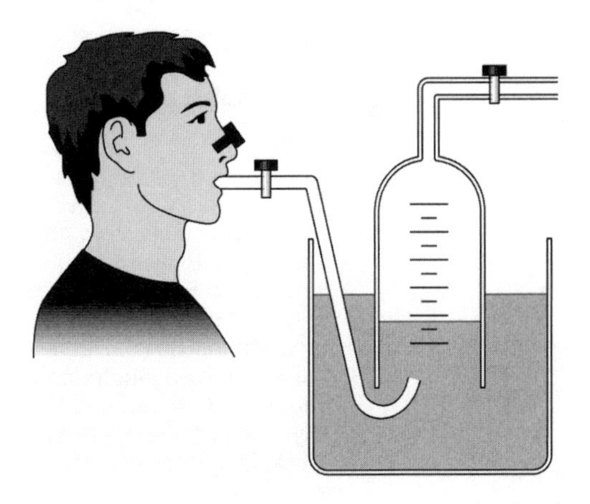

Messung des Energieumsatzes mit einem Spirometer

Aufgaben

1. Bestimmen Sie Ihre Atemfrequenz und Ihr Atemvolumen. Ermitteln Sie aus diesen Daten auf dem angegebenen Weg a) bis g) Ihren Energieumsatz. Gehen Sie dabei von den vereinfachenden Annahmen aus, dass das Atemzeitvolumen gleich bleibt und ausschließlich Glucose veratmet wird.

   a) Bestimmung der Atemfrequenz: __________ [Atemzüge pro Minute]

   b) Bestimmung des Atemvolumens: __________ [Liter pro Atemzug]

   c) Berechnung des Atemminutenvolumens: __________ [Liter pro Minute]

   d) O_2-Gehalt der eingeatmeten Luft: 21 %
   O_2-Gehalt der ausgeatmeten Luft: 17 %
   Für die Atmung genutzter Sauerstoffanteil: 4 %
   Berechnung der O_2-Aufnahme: __________ [Liter O_2 pro Minute]

   __________ [Liter O_2 pro Tag]

   e) Berechnung der O_2-Aufnahme in mol/Tag: __________ [mol O_2 pro Tag]
   (1 mol Sauerstoff entspricht 24 Litern (20 °C)

   f) Berechnung des Glucoseverbrauchs: __________ [mol Glucose pro Tag]
   (nach der Atmungsgleichung)

   g) Berechnung des Energieumsatzes: __________ [kJ pro Tag]
   (Brennwert Glucose: 2 836 kJ/mol)

2. Der auf einen Liter veratmeten Sauerstoff bezogene Energieumsatz wird als *kalorisches Äquivalent* bezeichnet. Wird ausschließlich Glucose veratmet, beträgt das kalorische Äquivalent:
   2836 kJ/mol : 6 x 22,4 l/mol = 21,1 kJ/l
   a) In welchem Teil der obigen Rechnung zur Aufgabe 1 ist das kalorische Äquivalent enthalten?
   b) Berechnen Sie mithilfe dieses Wertes den Energieumsatz pro Tag aufgrund der folgenden Messergebnisse:

Atemfrequenz in Atemzüge/min	Atemvolumen in Liter/Atemzug
20	0,75
16	0,5
10	0,4

Dünndarm
Modell
Oberflächenvergrößerung
Verdauung

Lexikon: Verdauungsprozesse
Die Leber

Arbeitsblatt Seite 89

1. Die Abbildungen verdeutlichen die Speicher- und Pufferfunktion der Leber:
   - *Abb. 1:* Durch die Verdauung der Nahrung steigen die Blutwerte der Glucose, Aminosäuren und Fette. Die Bauchspeicheldrüse antwortet mit einer vermehrten Ausschüttung von Insulin (f). Dadurch bildet die Leber aus den angebotenen Substanzen vermehrt Glykogen und Fette (a, b, d). Das Glykogen wird in der Leber und in der Muskulatur gespeichert, die Fette werden zum Auffüllen des Fettgewebes benutzt (c). Die Muskulatur baut außerdem aus den angelieferten Aminosäuren Eiweiße auf (e). Herz und Nervengewebe sind auf direkte Zufuhr von Glucose angewiesen und legen keine nennenswerten Energiespeicher an.
   - *Abb. 2:* Bleibt die Nahrungszufuhr aus, schüttet die Bauchspeicheldrüse vermehrt Glukagon aus und reduziert die Insulinproduktion (f). Damit greift der Organismus auf seine Energiereserven zurück: die Leber leert die Glykogenspeicher (a) und versorgt mit der freigesetzten Glucose vor allem Herz und Gehirn. Sind die Glykogenreserven erschöpft, greift der Stoffwechsel auf die Aminosäuren aus dem Eiweißabbau und die Fettreserven (b) zurück. Die Leber baut dann aus den Fettsäuren Ketonkörper für Herz und Gehirn auf.
2. Bei normaler Ernährung (RQ=0,9) werden vorwiegend Kohlenhydrate veratmet, in Hungerphasen überwiegend Reservefette (RQ=0,7).

$1\,mm = 10^{-3}\,m$
$1\,\mu m = 10^{-6}\,m$
$1\,nm = 10^{-9}\,m$
$1\,pm = 10^{-12}\,m$

Umrechnungen mithilfe des im Arbeitsblatt verwendeten Maßstabes:

2 cm ≙ 1000 nm
1 cm ≙ 500 nm
1 mm ≙ 50 nm

Darm und Mikroorganismen

Der Mensch lebt mit zahlreichen Mikroorganismen in Symbiose. 1 Milliliter Magensaft enthält bis zu 10^3 Bakterien, in der Hauptsache Lactobazillen und Streptokokken. Im Dünndarm steigt die Zahl der Mikroorganismen auf 10^5 bis 10^8 pro Gramm Darminhalt. Die größte Zahl an Mikroorganismen findet sich im Dickdarm mit bis zu 10^{12} Bakterien pro Gramm Darminhalt, darunter vor allem Bifidus-Arten sowie Enterobakterien, Laktobazillen und Staphylokokken. Die Versorgung der Mikroorganismen im Darm erfolgt durch die Nahrung, die der Mensch zu sich nimmt und unterliegt damit einer bestimmten Regelmäßigkeit. Störungen dieses Zusammenspiels beispielsweise durch ungewohnte Nahrung bei Fernreisen, Medikamente oder Nahrungsunverträglichkeiten können zu Veränderungen sowohl der qualitativen als auch der quantitativen Zusammensetzung der Mikroflora mit zum Teil schwerwiegenden Folgen führen.

Die Magen-Darm-Flora hat zudem maßgeblichen Anteil an der Aufrechterhaltung der Immunreaktionen des Menschen. Immunglobuline auf der Darmschleimhaut bilden eine schützende Barriere gegen eindringende Mikroorganismen, zelluläre Immunreaktionen werden durch die ständige Auseinandersetzung mit den Organismen der Darmflora aktiviert. So sorgt die ständige Auseinandersetzung mit der eigenen Darmflora auch für eine Immunkompetenz gegenüber Fremdkeimen.

„Einkaufsliste", die alles enthält, was ein US-Amerikaner durchschnittlich in seinem Leben zur Ernährung benötigt:

8 t Gemüse
4 t Rindfleisch
3 t Obst
2 t Hühner
½ t Fisch
20 000 Eier
3½ t Zucker
½ t Käse
108 000 Scheiben Brot
101 000 Liter Sodawasser
7 600 Liter Milch
6 800 Liter Bier
3 300 Liter Tee
1 100 Liter Wein
80 000 Tassen Kaffee

Modell zur Oberflächenvergrößerung

Als Modell eignet sich ein Stück Frottehandtuch, dessen Saugleistung mit der eines gleich großen Leinenhandtuchs verglichen wird. Dazu werden beide Handtücher jeweils in ein Becherglas mit Wasser getaucht (gleicher Wasserstand) und wieder herausgezogen. Die verbliebenen Wassermengen unterscheiden sich erheblich.

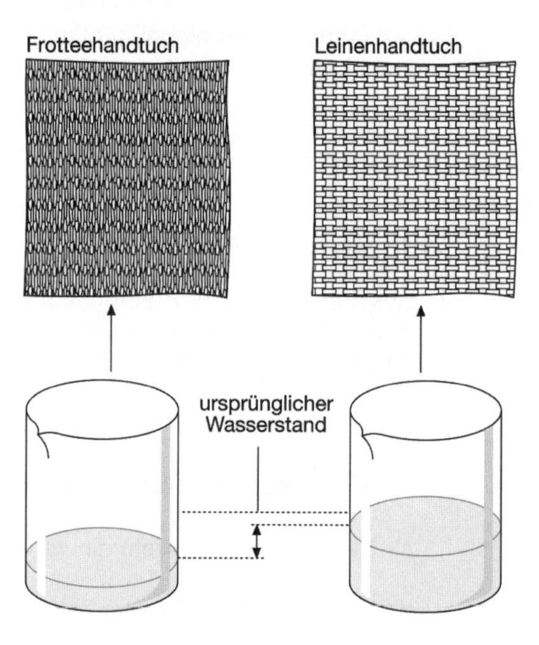

Das Frotteehandtuch als Modell der Oberflächenvergrößerung im Darm

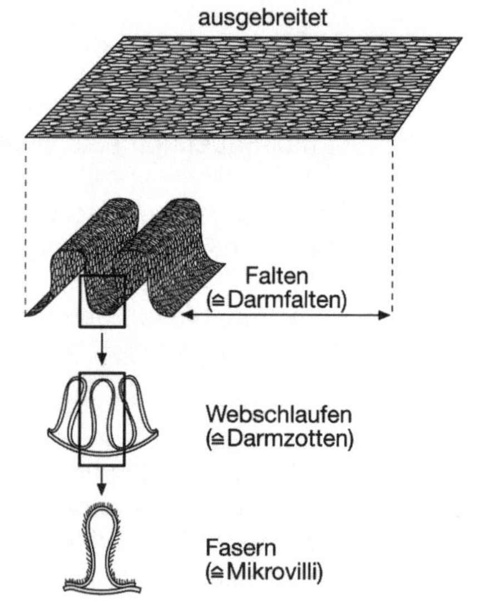

Die zentrale Rolle der Leber

Die Stoffwechselaktivität der Leber ist von entscheidender Bedeutung für die Ernährung von Gehirn, Muskulatur und peripheren Organen: Da alle Organe einen ständigen Bedarf an Baustoffen und Energie liefernden Stoffen haben, diese aber dem Körper nicht kontinuierlich zugeführt werden, hat die Leber insbesondere eine Speicher- und Pufferfunktion. Im Stoffwechsel unterscheidet man die Resorptionsphase direkt nach einer Mahlzeit von einer späteren Phase, die in Hunger übergehen kann. Die Resorptionsphase hält je nach Art der Nahrung 2 bis 4 Stunden an.

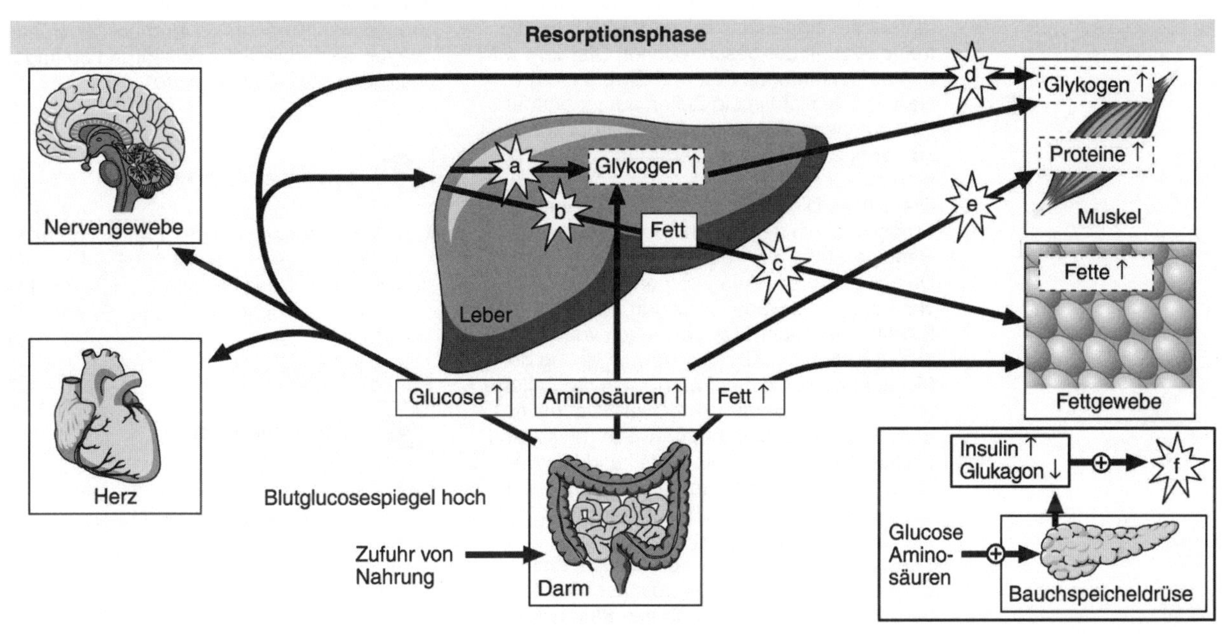

Abb. 1 Resorptionsphase

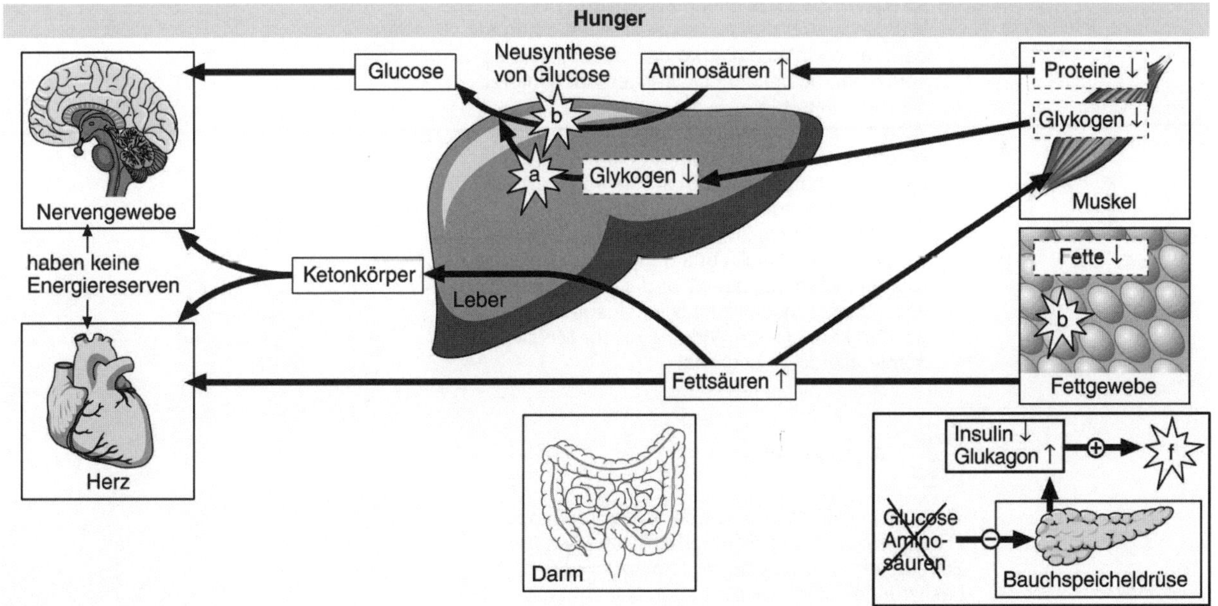

Abb. 2 Hungerphase

Aufgaben

1. Welche Aufgaben hat die Leber in der Resorptionsphase (Abb. 1) und in der Hungerphase (Abb. 2)? Erklären Sie jeweils die Zusammenhänge.
2. Unter dem kalorischen Äquivalent versteht man die Anzahl an Kalorien (bzw. Joule), die bei der Aufnahme von 1 Liter Sauerstoff beim Abbau von Kohlenhydraten, Fetten und Proteinen freigesetzt werden. Erklären Sie mithilfe der Abbildungen, warum sich dieser Wert bei ausreichender Ernährung (RQ = 0,9) und in Hungerphasen (RQ = 0,7) unterscheidet.

Blutzuckerspiegel
Diabetes mellitus
Ernährung
Hormon
Regelung

Impulse: Essstörungen

Arbeitsblatt Seite 91

1. Ein hoher Blutzuckerspiegel führt zur Freisetzung von Insulin. Insulin bewirkt neben der Aufnahme von Glucose in Zellen auch die Aufnahme von Fetten in die Fettzellen und Aminosäuren in die Muskelzellen. Werden keine Kohlenhydrate aufgenommen, wird kein Insulin freigesetzt. In der beschriebenen Diätform wird das aufgenommene Fett und Eiweiß nicht verwertet, d. h. nicht in die Zellen aufgenommen. Entsprechend müssen zur Energiedeckung körpereigene Reserven verbraucht werden, man nimmt ab.
2. Die „Atkins-Diät" führt zu einer einseitigen Ernährung, bei der verschiedene lebensnotwendige Stoffe nicht aufgenommen werden. Da zur Energiedeckung körpereigene Reserven verbraucht werden müssen, wird Fett und Eiweiß verbraucht. Der Verbrauch von Eiweiß aus den Muskeln führt zur Verminderung der Muskelmasse. Da das Fett nicht in die Zellen aufgenommen werden kann, verbleibt es im Blut. Folge sind hohe Blutfettwerte (diese sind ein Risikofaktor für Schlaganfall und Herzinfarkt). Die oben genannten Gründe sprechen dafür, dass die „Atkins Diät" keine gesunde Art der Gewichtsreduzierung ist.
3. Wie aus der Abbildung 2a ersichtlich, führt die Gabe von Kohlenhydraten zu einer über Stunden andauernden Erhöhung des Blutzuckerspiegels. Entsprechend würde eine ausschließliche Gabe von reinem Insulin den Blutzuckerspiegel nicht ausreichend absenken.
   Würde das Verzögerungsinsulin zusammen mit dem reinen Insulin am Morgen oder Abend gespritzt, würde bei dem Diabetiker eine Unterzuckerung auftreten.
4. Wird der Kaliumausstrom der Insulin produzierenden Zelle gehemmt, führt dies wie nach Glucosegabe zu einem Einstrom von Calcium und resultierender Insulinfreisetzung. Folge des Medikaments ist damit, dass zusätzliches gespeichertes Insulin aus den Insulin produzierenden Zellen freigesetzt wird. Da nur bereits produziertes Insulin zusätzlich ausgeschüttet werden kann, ist die Wirkung dieser Medikamente allerdings begrenzt.

Süße Proteine

Thaumatin (E957) wird aus der Katemfepflanze (Thaumatococcus) gewonnen und hat etwa die 2500fache Süßkraft von Haushaltszucker und besitzt einen etwas lakritzartigen Geschmack. Daher wird es häufig zusammen mit anderen Süßstoffen wie Cyclamat (E 952) oder Saccharin (E 954) verarbeitet. Zur Zeit ist die Verwendung von Thaumatin in gekennzeichneten Kaugummis, Speiseeis und Süßspeisen zugelassen.

Hinweise

Viele Pharmafirmen (Suchbegriff „Pharma und Diabetes" in einer Suchmaschine) bieten kostenlose anschauliche Materialien häufig auch in Klassensatzstärke an.
Aufgearbeitete Informationen über die häufigsten chronischen Krankheiten sind bei der Bundeszentrale für gesundheitliche Aufklärung zu finden (zu bestellen unter www.bzga.de).

Literaturhinweise

KLINKE, R., SILBERNAGL, S.: Lehrbuch der Physiologie. Thieme, Stuttgart 2005

SCHMIDT, LANG, THEWS: Physiologie des Menschen mit Pathophysiologie. Springer Berlin 2005

Medienhinweise

FWU 04201984 Zuckerkrank: Ein bitteres Leben? Videokassette VHS 1994 (1991)

Weniger Insulin – eine Möglichkeit zum Abnehmen?

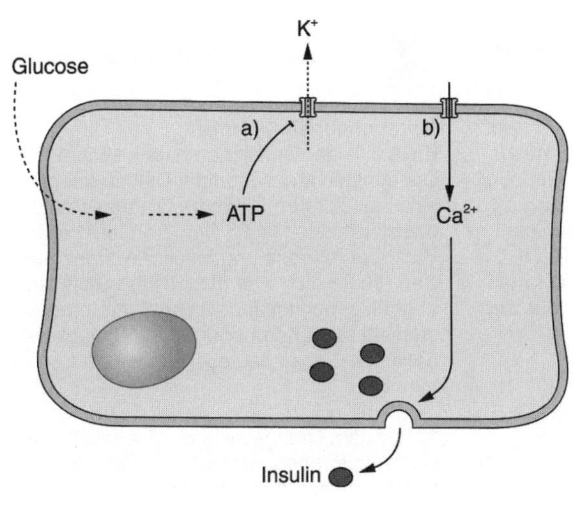

Abb. 1 Mechanismus der Insulinfreisetzung

Insulin, ein Hormon der Bauchspeicheldrüse, erhöht die Glucoseaufnahme in die Zellen des Körpers und senkt so den Blutzuckerspiegel. Weiterhin fördert Insulin die Aufnahme und Speicherung von Fett in den Fettzellen und Aminosäuren in den Muskeln.

Insulin wird aus den Insulin produzierenden Zellen bei hoher Glucosekonzentration im Blut freigesetzt. Die Glucose wird in der Zelle zum Aufbau des körpereigenen Energiespeichers ATP genutzt, das die ATP-sensiblen Kaliumkanäle hemmt (Abb. 1a). Durch die resultierende Depolarisation der Insulin produzierenden Zelle öffnen sich spannungsabhängige Calciumkanäle, sodass Calcium einströmt (Abb. 1b). Calcium führt zur Freisetzung von Insulin aus der Insulin produzierenden Zelle.

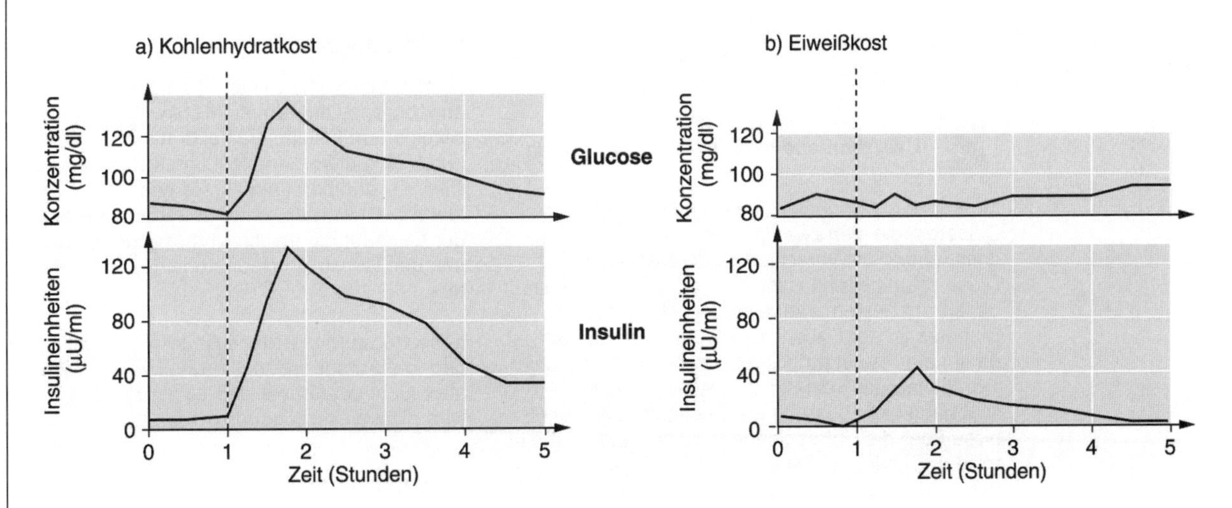

Abb. 2 Konzentration des Insulins und der Glucose nach a) einseitiger Kohlenhydrat- und b) nach einseitiger Eiweißaufnahme

Aufgaben

1. Eine vor einigen Jahren sehr populäre Diät, die so genannte „Atkins Diät", sah vor, dass man essen darf, was man möchte, nur keine Kohlenhydrate und damit auch keine Früchte. Erklären Sie die Wirkung dieser Diätform unter Verwendung der Abbildungen 1 und 2.
2. Erklären Sie die Probleme der „Atkins-Diät" unter besonderer Berücksichtigung der Ernährung des Muskelgewebes und der Blutfettwerte.
3. Typ I-Diabetiker, bei denen die Insulinproduktion in der Bauchspeicheldrüse vollkommen erloschen ist, müssen sich Insulin von außen zuführen. Diabetiker spritzen sich vor dem Essen reines Insulin, das im Blut eine Halbwertszeit von 12 Minuten hat, morgens und abends zusätzlich ein so genanntes „Verzögerungsinsulin", dessen Wirkung erst spät einsetzt aber dafür für etwa 12 Stunden anhält. Erklären Sie unter Verwendung der Abbildung 2, warum die Typ I-Diabetiker zwei verschiedene Insuline spritzen müssen und warum nicht beide Insuline zusammen gespritzt werden dürfen.
4. Typ II-Diabetiker, bei denen relativ zu wenig Insulin produziert wird, erhalten häufig Medikamente, die den Kaliumeinstrom in die Insulin produzierenden Zellen hemmen. Finden Sie mithilfe der Abbildung 1 den Wirkmechanismus und beschreiben Sie, warum diese Medikamente nur einen geringen bis mäßigen Insulinmangel ausgleichen können.

Regulation des Blutzuckerspiegels
Impulse: Diabetes mellitus

Diabetes – eine Wohlstandskrankheit?

Aus den nebenstehenden Texten lassen sich zwei extreme Positionen beziehen: Vererbung kontra Lebensweise. Diese sollen die Schüler entweder diskutieren oder schriftlich ausarbeiten. Dazu müssen zunächst Argumente für oder gegen die Beeinflussbarkeit der Krankheit Diabetes Typ II bzw. der Entstehung einer Erkrankung gesammelt werden (Literatur, Informationen vom Arzt, aus der Apotheke und aus dem Internet).

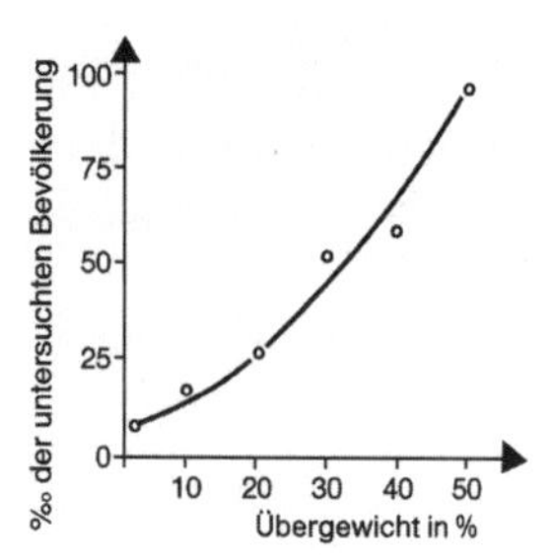

Unterschiede beider Diabetes-Formen

Mediziner unterscheiden zwei Hauptformen von Diabetes, die sich zwar in ihren Symptomen gleichen, aber ganz verschiedene Krankheiten sind. Diese Krankheiten lassen sich durch ihren Insulinbedarf am besten unterscheiden. Beim Typ-I-Diabetes ist der Patient absolut insulinabhängig, da er kein Insulin produzieren kann, während beim Typ-II-Diabetes keine oder eine nur relative Insulinabhängigkeit besteht. Zur Festigung der Kenntnisse über die Unterschiede lässt sich eine Tabelle mit den Spalten „Kriterien", „Typ I", „Typ II" anfertigen, in die die in der Literatur gefundenen Werte eingetragen werden (s. auch Unterricht Biologie Heft 229). Zu den Kriterien gehören: Anteil an Erkrankten (%), Alter bei Krankheitsbeginn, Gewicht, Antikörper gegen β-Zellen, Insulinresistenz, etc.

Wissenswertes über Diabetes

Metabolisches Syndrom

Etwa 5 % der Deutschen haben Diabetes mellitus. Die meisten Menschen mit Diabetes vom Typ II sind zur Zeit der Diabetes-Diagnose deutlich übergewichtig. Häufig wird zu-nächst eine gestörte Glucose-Toleranz und Insulinresistenz diagnostiziert, bevor sich eine diabetische Stoffwechsellage endgültig manifestiert. Diese Symptome werden deshalb auch Komponenten des „Insulinresistenz-Syndroms" oder „Metabolisches Syndrom" genannt.

Außer dem Übergewicht gehören auch Fettstoffwechselstörungen und Bluthochdruck zu dem beschriebenen Syndrom. Man schätzt, dass 15 bis 30 % der Menschen in den westlichen Industrienationen am Metabolischen Syndrom erkranken.

Genetische Defekte

Das metabolische Syndrom entsteht durch eine angeborene Unterempfindlichkeit gegenüber körpereigenem Insulin, die bei den meisten Patienten durch eine erworbene Insulinresistenz verstärkt wird. Es sind bereits mehrere genetische Defekte identifiziert worden, unter anderem eine Mutation der Gene für die Insulinsynthese, der Glucokinase und der Tyrosinkinasedomäne des Insulinrezeptors.

Im letzteren Fall wird Insulin zwar normal gebunden, die Autophosphorylierung der Tyrosine läuft aber nicht oder unvollständig ab und das Signal wird nicht weitergegeben.

Selektionsvorteil?

Anthropologische Untersuchungen, z. B. in der pazifischen Region, unterstützen eine These vom Selektionsvorteil durch Altersdiabetes (Überproduktion von Insulin und angeborene Unterempfindlichkeit diesem gegenüber). Krank werden die Träger der entsprechenden Gene erst, wenn sie vom Jäger- und Sammler-Dasein in die moderne Form der Über- und Fehlernährung übergehen. Knappe Ernährung und ausreichende Bewegung lassen die Krankheit auch in unseren Breiten erst gar nicht aufkommen. Untersuchungen zeigten, dass diabetische Ratten Hungerphasen länger überleben als „normale".

Literaturhinweise

RUPPERT, W.: Insulin – vom Molekül zum Menschen. Unterricht Biologie Heft 229, Friedrich Verlag, Velber 1997, S. 44–49.

Messmethoden

Der Blutzuckerspiegel wird im Organismus in einem Bereich von 0,8 bis 1,2 g/l konstant gehalten. Dadurch wird sichergestellt, dass unabhängig von Ruhe- oder Arbeitsphase des Körpers alle Zellen kontinuierlich mit ihrem wichtigsten Nahrungsstoff versorgt werden. Bei einem Diabetiker ist diese gleichmäßige Versorgung nicht gewährleistet. Er kann entweder zuviel Zucker im Blut haben (Hyperglykämie) oder zu wenig (Hypoglykämie). Um schnell entsprechende Maßnahmen durchführen zu können, muss die Blutzuckerkonzentration ständig gemessen werden.

Die Messmethoden sind heute so vereinfacht, dass sie von jedem Betroffenen selbst durchgeführt werden können. Weiterhin gibt es Insulin-Dosiergeräte, die am Körper getragen werden können. Die Schüler können sich z. B. auf den Internetseiten von Bayer und Roesch darüber informieren und Methoden und Geräte zusammenstellen.

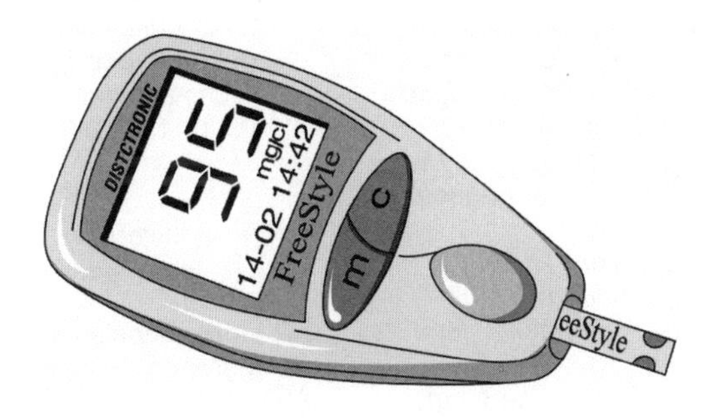

Teststäbchen

Teststäbchen für diverse Diagnostik-Tests der klinischen Chemie können auf einfache Weise von den Schülern hergestellt werden. In der Zeitschrift „Praxis der Naturwissenschaften – Chemie" 5/38 von 1989 ist die Herstellung solcher Teststäbchen z. B. für den Glucosenachweis im Harn mithilfe von Glucoseoxidase und Peroxidase beschrieben. Der freigesetzte Sauerstoff oxidiert dabei Tetramethylbenzidin zu einer tiefblauen Verbindung. Auch der Nachweis von Aceton und Nitrit mithilfe selbstgemachter Teststäbchen wird beschrieben.

Anmerkung: Aceton weist unter anderem auf Diabetes oder eine Form von Fehlernährung hin.

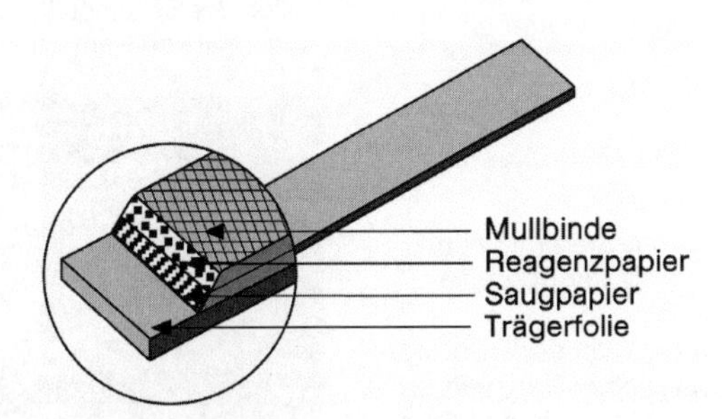

Funktionsstörungen und Wahrnehmung

Diabetiker sehen sich in einem Dilemma: Ist der Blutzucker normal eingestellt, drohen schwere Hypoglykämien; ist der Blutzuckerhöher eingestellt, wächst das Risiko, Folgeschäden zu entwickeln. Ein Ausweg aus dieser Zwickmühle kann es sein, die Hypoglykämie-Wahrnehmung zu trainieren. Wahrnehmbar sind die sogenannten autonomen Symptome: Schwitzen, Zittern, Herzklopfen, Nervosität u. a., die durch die Systeme der Gegenregulation hervorgerufen werden. Als Zeichen zunehmender Funktionsstörungen des Gehirns treten die sogenannten neuroglykopenischen Symptome auf:

- Konzentrationsschwäche,
- Denkverlangsamung,
- Sehstörungen,
- taube Lippen,
- Gleichgewichtsstörungen,
- Stimmungsänderungen.

Sinkt der Blutzucker weiter, führen die Funktionsstörungen des Gehirns zur Hilflosigkeit und schließlich zur Bewusstlosigkeit.

Die Wahrnehmung der Stadien ist stark abhängig von der momentanen Tätigkeit, von der Tagesform und von den vorherrschenden äußeren Bedingungen. Hier können Schüler Beispiele für eine beeinträchtigte Wahrnehmung finden: Schwitzen wird man z. B. beim Sport nicht als Störung wahrnehmen; Denkstörungen nicht beim Schlafen, Sehstörung nicht bei Dunkelheit, etc. Außer dem Training der eigenen Wahrnehmung sind Diabetiker auf ständige Kontrolle ihres Stoffwechsels angewiesen. Hierzu können Daten zusammengetragen werden, die von den Schülern unter dem Gesichtspunkt „Vermeidung von Folgeschäden" zusammengetragen werden. Schön ist auch die Erstellung eines informativen Plakats zur Aufklärung der Mitschüler und Mitschülerinnen.

Weitere Infos:
http://www.diabetes.de/lernwelt/zentrum-schulung.htm

Chromatide
Chromosom
Experiment
Keimzelle
Mais – Fortpflanzungs-zyklus
Meiose
Zygote

Genetik

1 Keimzellen

Befruchtung und Meiose
Meiose: Bildung haploider Zellen

Schülerbuch Seite 114

① Nennen Sie Gemeinsamkeiten und Unterschiede bei der Bildung weiblicher und männlicher Keimzellen (s. Seite 115).

– *männlich: Durch die Meiose entstehen vier gleich große, aber genetisch neu kombinierte Spermazellen. Sie differenzieren sich zu Spermien (Spermienkopf mit Akrosom, Mittelstück, Schwanzfaden); weiblich: Durch die Meiose entsteht eine Eizelle, kleine Polkörperchen werden jeweils nach der Meiose I und Meiose II abgeschnürt. Die Eizelle bildet mit verschiedenen Hilfszellen und Hüllen das Ei. Die Meiose II wird erst nach dem Eindringen der Samenzelle abgeschlossen.*

② Stellen Sie die Vorgänge bei Mitose und Meiose in Form einer Tabelle einander gegenüber.

– *Mitose:*
In teilungsfähigen Körperzellen (2n, 4C) dauert höchstens einige Stunden
Prophase – Metaphase – Anaphase – Telophase
Anaphase: Trennung der Chromatiden am Zentromer
Anzahl der Chromosomensätze bleibt gleich, DNA-Menge wird halbiert.
Tochterzellen sind genetisch gleich (2n, 2C) und ähnlich groß.
Meiose:
In den Urkeimzellen der männlichen und weiblichen Keimdrüsen (2n, 4C)
Dauert einige Tage, Wochen oder Jahre, besteht aus zwei Teilungsschritten (Meiose I und Meiose II).
Prophase I (sehr lang) – Metaphase I – Anaphase I – Telophase I und Interkinese – Prophase II – Metaphase II – Anaphase II – Telophase II
Prophase I: Paarung der homologen Chromosomen und Stückaustausch (Rekombination).
Anaphase I: Trennung der homologen Chromosomen (1n, 2C) und dann zufallsgemäße Verteilung auf die Pole (Rekombination).
Anaphase II: Trennung der Chromatiden am Zentromer (1n, 1C).
Neu kombinierte Tochterzellen entstehen.

Schülerbuch Seite 114 (Zettelkasten)

① „Der Apfel fällt nicht weit vom Stamm!“ Wie lässt sich diese Aussage trotz der oben genannten Prozesse erklären?

– *Die Prozesse der Rekombination erklären, warum Kinder genetisch unterschiedlich zu ihren Eltern sind. Trotzdem besagt bereits der Name „Rekombination“, dass es sich um eine Neuanordnung des genetischen Materials der Eltern handelt, woraus sich selbstverständlich ergibt, dass Kinder dann Ähnlichkeiten mit ihren Eltern haben.*

Arbeitsblatt Seite 95

1. Lösung siehe Schülerbuch
2. Die Meiose findet vor der Entstehung der Spermazellen (1n) und der Megasporen (1n) statt.
3. Der Prozentsatz gekeimter Pollenkörner schwankt bei z. B. frisch gesammelten Pollen der Scheinquitte *(Chaehomleles japonica)*, einem weit verbreiteten Zierstrauch, im Bereich von 30 % bis 69 %. (Hinweis: Längeres Lagern der Pollenkörner bei Raumtemperaturen und auch bei Einfrieren bzw. Auftauen senkt den Anteil gekeimter Pollenkörner auf 10 % ab. Pollenkörner des Tabaks besitzen demgegenüber auch nach dem Einfrieren ihre volle Keimfähigkeit (s. STRUBE et al, 1991).

Mikrofotos mit der digitalen Kamera leicht gemacht

Mit einer handelsüblichen digitalen Kamera können ohne großen Aufwand brauchbare mikroskopische Aufnahmen angefertigt werden. Die Blendenautomatik sollte wenn möglich abgestellt werden, weil aufgrund der Beleuchtung stark abgeblendet wird. Blende am Mikroskop auf jeden Fall zuziehen. Fokus der Kamera auf Makrobereich (close up) stellen, Kameraobjektiv möglichst nah an das Okular des Mikroskops bringen und auslösen. Die Bilder können leicht mit einem handelsüblichen Bildbearbeitungsprogramm nachträglich bearbeitet werden.

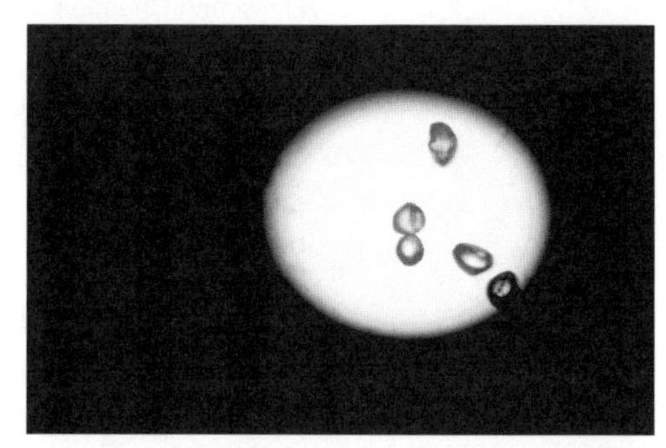

Pollen der Scheinquitte unter dem Lichtmikroskop mit einer digitalen Kamera aufgenommen

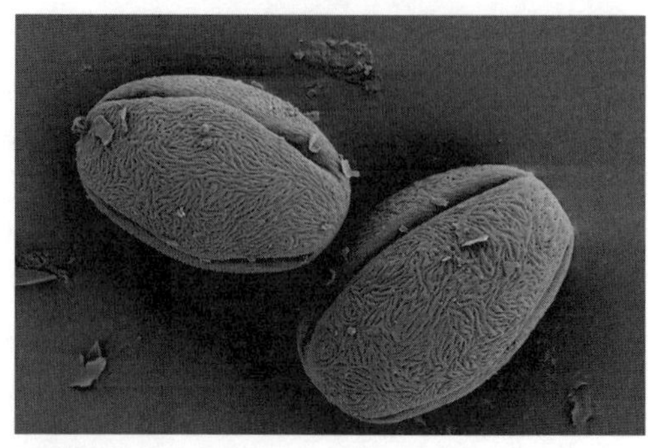

Pollen der Scheinquitte unter dem Rasterelektronenmikroskop

Die Meiose

Beim Mais findet die Meiose in den männlichen und weiblichen Blüten statt, die sich an einer Pflanze jeweils in Quasten bzw. Kolben befinden. Im Fruchtknoten bzw. in den Staubbeuteln machen unreife diploide Keimzellen eine Meiose durch, die haploiden Zellen entwickeln sich dann zu reifen Keimzellen. Beim weiblichen Geschlecht überlebt nur eine der vier aus der Meiose hervorgehenden haploiden Zellen. Sie teilt sich mitotisch und bildet den haploiden Embryosack. Der Pollen, der die männliche Keimzelle enthält, wird auf die klebrige Narbe einer weiblichen Blüte übertragen. Dort keimt der so genannte *Pollenschlauch*, der durch den Griffel hindurch zur Eizelle hin wächst. Durch den Pollenschlauch werden die männlichen Keimzellen zur Eizelle transportiert, die Spermazelle dringt in die Eizelle ein und beide Kerne verschmelzen. Die diploide Zygote wächst zu einem Pflanzenembryo heran, der im Samenkorn von Nährgewebe und einer schützenden Samenschale umgeben ist (s. Abb.).

Bei Blütenpflanzen wie dem Mais, der zu den Bedecktsamern gehört, werden mit dem Pollen zwei haploide männliche Keimzellen auf die Narbe des Stempels übertragen. Beide Keimzellen dringen in den Embryosack (die Struktur im Stempel, in dem sich die Eizellen entwickeln) ein. Eine männliche Keimzelle verschmilzt dort mit einer Eizelle zur Zygote (diploid), die andere mit zwei haploiden Kernen (den Polkernen). Daraus entwickelt sich das triploide (3n) Endosperm, das den Embryo ernährt.

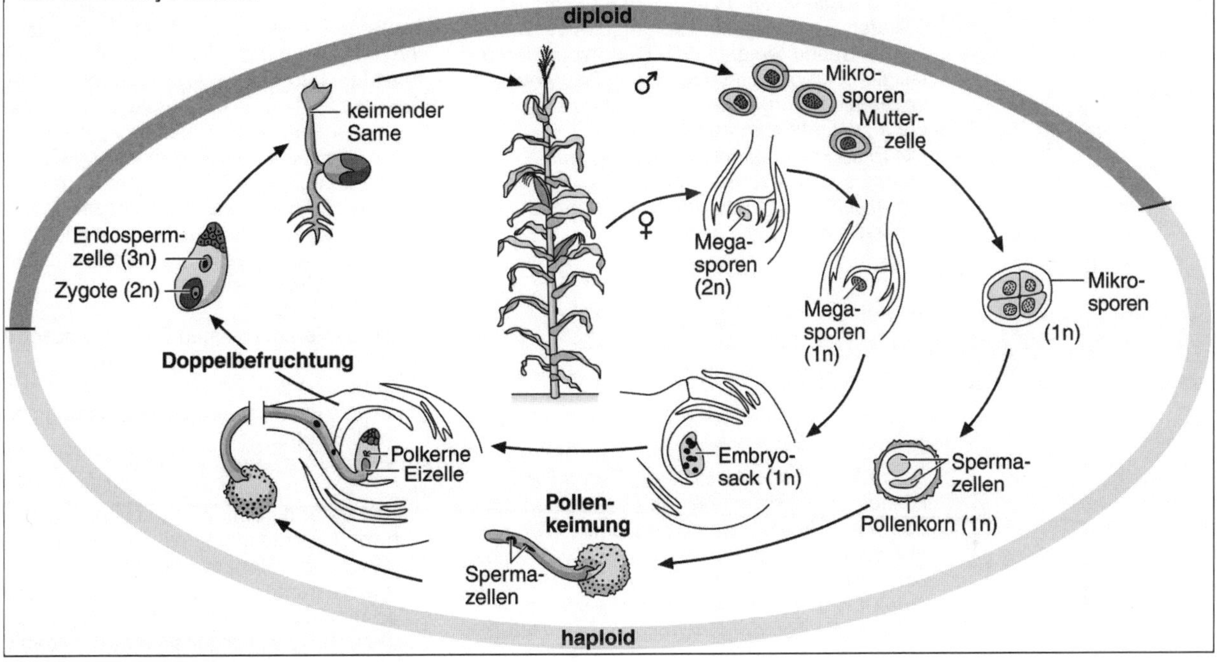

Abb. 1 Fortpflanzungszyklus beim Mais

Versuch

Material: Pollen von gerade blühenden Pflanzen, Rohrzucker, verdünnte Salzsäure, pH-Papier, Petrischale, Mikroskop, Ethanol

Durchführung: Der Pollen wird in eine Petrischale gegeben. Dazu gibt man Leitungswasser, das 5% Haushaltszucker enthält und dessen pH-Wert durch Zugabe von verdünnter Salzsäure auf pH 6 abgesenkt wurde. Die Petrischalen werden für 2 bis 5 Stunden in die Sonne gestellt, oder bei 25 °C im Brutschrank gehalten. In dieser Zeit sind bei einem Teil der Pollenkörner Pollenschläuche gewachsen. Bei der niedrigsten Vergrößerung des Mikroskops können Sie die Pollenschläuche beobachten. Durch Zugabe von Ethanol werden die Pollenkörner fixiert und damit haltbar gemacht.

Aufgaben

1. In der Meiose wird der diploide Chromosomensatz (2n) auf den haploiden Chromosomensatz (1n) reduziert. Skizzieren Sie die Phasen der Meiose in Ihrem Heft. Benutzen Sie dazu Ihr Biologiebuch.
2. An welchen Stellen in Abbildung 1 findet Meiose statt?
3. Das Keimen des Pollenschlauchs kann man unter dem Mikroskop relativ leicht beobachten. Wie hoch ist der Prozentsatz gekeimter Pollenkörner?

Karyogramme zeigen Metaphase-Chromosomen
Gonosomale Chromosomenabweichungen

Schülerbuch Seite 117

① In welchem Abschnitt der Meiose muss bei der Entstehung der Spermazellen eine Fehlverteilung stattfinden, damit bei anschließender Befruchtung das Diplo-Y-Syndrom zustande kommen kann?

– *Wenn in der Meiose II die beiden Y-Chromatiden nicht getrennt werden, entsteht ein Spermium, das zu XYY führen kann.*

② Welche möglichen Karyotypen erwarten Sie bei den Kindern eines Mannes mit dem Diplo-Y-Syndrom? Begründen Sie Ihre Antwort.

– *Mit je 25 % Wahrscheinlichkeit entstehen Keimzellen mit X, Y, XY, YY. Die beiden ersten führen zu normalen Kindern, die beiden anderen zum Klinefelter- bzw. Diplo-Y-Syndrom.*

③ Erklären Sie die beiden Erbgänge in der Randspalte. Geben Sie dabei die Genotypen der beteiligten Personen an und zeigen Sie, welche besonderen Vorgänge bei der Keimzellenbildung stattgefunden haben müssen.

– *Die Bluterkrankheit (Hämophilie A) wird X-chromosomal-rezessiv vererbt:*
a = Allel für die Bluterkrankheit
***X** = X-Chromosom mit dem Allel a*

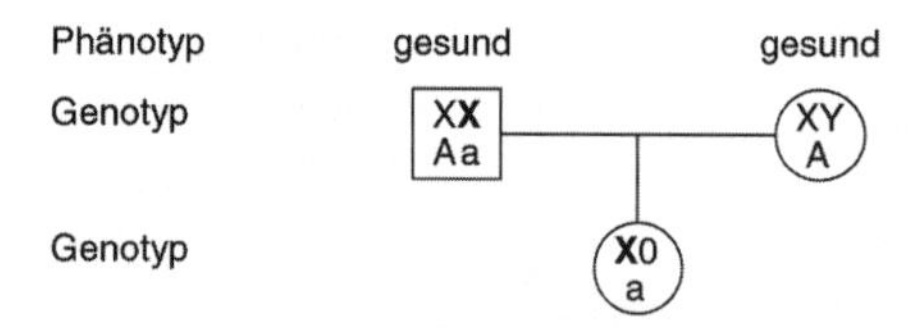

Durch Nondisjunction in der 1. Reifeteilung können Spermien mit beiden Gonosomen oder Spermien ohne Gonosom entstehen. Wenn eines der gonosomenfreien Spermien zufällig eine Eizelle befruchtet, die in der 1. Reifeteilung das X-Chromosom mit dem Allel a erhielt (X), entsteht ein Turner-Mädchen (45, X0). Dieses Mädchen ist hemizygot (a) von der Bluterkrankheit betroffen.
Die Rot-Grün-Sehschwäche wird X-chromosomal-rezessiv vererbt:
a = Allel für Rot-Grün-Sehschwäche
***X** = X-Chromosom mit dem Allel a*
Die Rot-Grün-Sehschwäche kann bei einem Klinefelter Sohn nur auftreten, wenn beide X-Chromosomen das rezessive Allel a tragen. Es muss deshalb bei der Entstehung der Eizelle in der 2. Reifeteilung der Meiose zu einer Nondiscunction beim X-Chromosom mit dem Allel a gekommen sein. Diese Eizelle (24, XX) wurde von einem Spermium (23, Y) befruchtet.

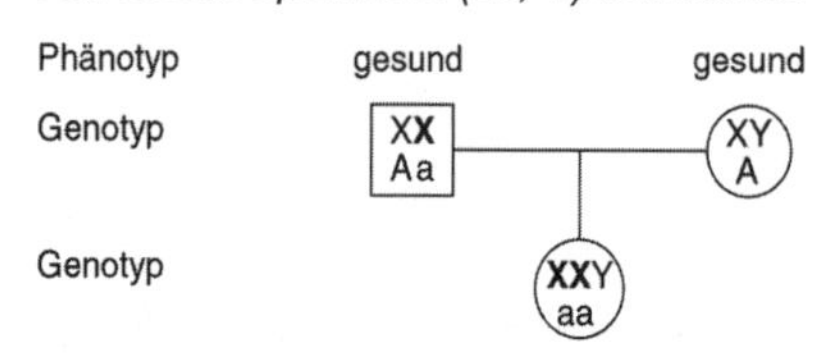

Arbeitsblatt Seite 97

1. Das Hell-Dunkel-Bandenmuster der G-Technik wird umgekehrt (engl. reverse = umgekehrt).
2. Der Vergleich mit Abbildung 1 legt nahe, dass es sich um die G-Technik handelt. Auch wenn die Bandenmuster nicht identisch sind, sind insbesondere die Zentromer-Region gefärbt sowie eine Bande im oberen und zwei Banden im unteren Bereich des Chromosoms.
3. dunkel, genarm – Heterochromatin
   hell, genreich – Euchromatin

Chromosomale Aberrationen

Der Begriff „Chromosom“ kommt von griechischen *chroma* (*chromatos* = Haut, Hautfarbe, Farbe) und *soma* (*somatos* = Körper).Die „färbbaren Körperchen“ werden nur in der Mitose oder Meiose sichtbar, ansonsten verbirgt sich das genetische Material im Chromatin des Zellkerns. Angefärbt und geordnet zeigen die Chromosomen im Karyogramm nicht nur das Geschlecht der untersuchten Person. Ihre Zahl, Größe, Struktur und das Muster der Querbanden geben auch Aufschluss über bestimmte Erbkrankheiten.

Folgende Veränderungen des Chromosomensatzes sind im Lichtmikroskop sichtbar:
- *Gap:* dies ist ein nicht angefärbter Abschnitt
- *Bruch:* die sichtbare Unterbrechung der Chromatidenstruktur
- *Fragmente* ohne Zentromer

Diesen Veränderungen liegen verschiedene Formen von Chromosomenmutationen zugrunde:
- *Deletionen:* Verlust eines Chromosomensegments; damit sind häufig bei überlebenden Embryonen schwere Missbildungen verbunden; Beispiel: Katzensschrei-Syndrom (Verlust des kurzen Arms von Chromosom Nr.5) oder Partielle 18q-Monosomie mit Verlust des langen Arms von Chromosom Nr.18.
- *Duplikation:* Verdopplung eines Chromosomensegments
- *Insertion:* Einbau eines „fremden“ Segments
- *Inversion:* Drehung eines Segments um 180°
- *Translokation:* Änderung der Position eines oder mehrerer Chromosomensegmente: Beim Menschen ist hier die chronisch-myeloische Leukämie (eine Blutkrebsform) zu nennen, die durch den Austausch von Teilen des Chromosoms 22 und des Chromosoms 9 entsteht.

Diese strukturellen Chromosomenaberrationen, können die Autosomen 1-22 oder das X- bzw. Y-Chromosom betreffen. Ihnen sind verschiedene medizinisch charakterisierte Syndrome zugeordnet (siehe z. B. BUSELMAIER 1999).

Außer der Struktur der einzelnen Chromosomen kann auch ihre Anzahl im Chromosomensatz verändert sein (numerische Aberration, s. z. B. DOWN-Syndrom). Ursache ist eine Fehlverteilung in der Meiose, seltener in der Mitose (Letzteres führt zu einer Mosaikbildung, da neben normalen Zellen auch veränderte Zelllinien im Organismus entstehen).

Metaphaseplatten-Karyogramme und Bänderungstechniken

Menschliche Chromosomen wurden erstmals 1867 von ARNOLD und 1881 von FLEMMING beschrieben, aber erst 1956 wurde an menschlichen Zellen aus Zellkulturen die Zahl der Chromosomen mit 46 richtig bestimmt. Man wandte einen Trick an: Die Zellen wurden vor der Präparation in eine hypotonische Lösung überführt. Sie saugen sich darin voll Wasser und schwellen an. Nimmt man nach einem Fixierungsschritt eine Suspension dieser Zellen mit einer Pipette auf und tropft sie auf einen Objektträger, platzen sie. Die Chromosomen von in der Mitose befindlichen Zellen breiten sich auf dem Objektträger aus (man spricht von *Metaphaseplatten)* und können gezählt sowie untersucht werden. Die Techniken wurden weiter verfeinert: 1956 erkannte man, dass das Gift Colchicin der Herbstzeitlosen die Zellen in der Metaphase anhält. Die Zahl der Metaphaseplatten, die untersucht werden können, wird erhöht. 1960 fand man heraus, dass weiße Blutzellen in Kultur durch Zugabe von Phytohämagglutininen zur Zellteilung angeregt werden, wodurch die „Ausbeute" an Metaphaseplatten ebenfalls erhöht werden kann. Neue Chromosomenfärbungsverfahren ermöglichten es ab 1970, charakteristische Banden der Chromosomen sichtbar zu machen. Erst aufgrund dieser Bänderungstechniken war es möglich, homologe Chromosomen einander exakt zuzuordnen und Chromosomen paarweise zu sortieren. Zudem konnten in der Folgezeit auch strukturelle Chromosomenmutationen, z. B. das Fehlen oder Überzähligsein bestimmter Abschnitte (Deletion, Duplikation), identifiziert werden.

Q-Bandentechnik
Bei der ältesten Bandentechnik werden die Metaphaseplatten mit dem Fluoreszenzfarbstoff Quinacrin behandelt. Unter dem Fluoreszenzmikroskop werden die Banden sichtbar gemacht.

G-Bandentechnik
Die in der Praxis am häufigsten verwendete Technik setzt den Farbstoff Giemsa (G-Bandentechnik) ein. Die Metaphase-Chromosomen werden vor der Färbung in einer Trypsinlösung (Trypsin ist eine Protease) gehalten, dann gespült und danach erst in Giemsa-Färbelösung gegeben. Die Banden können lichtmikroskopisch dargestellt werden.

R-Bandentechnik
Nach Vorbehandlung der Metaphase-Chromosomen mit heißem Phosphatpuffer und anschließender Färbung mit Giemsa werden die hellen R-Banden (R für engl. *reverse* = umgekehrt) sichtbar. Das Muster ist genau komplementär zum G-Bandenmuster.

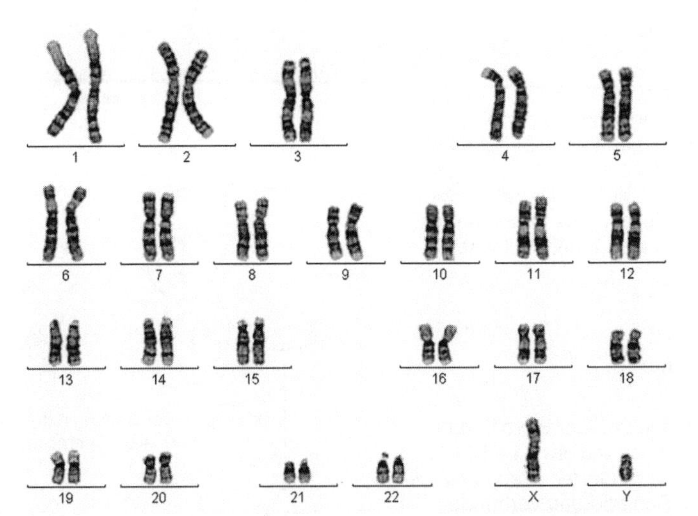

Abb. 1 Bandenmuster aller menschlicher Chromosomen (G-Bandentechnik)

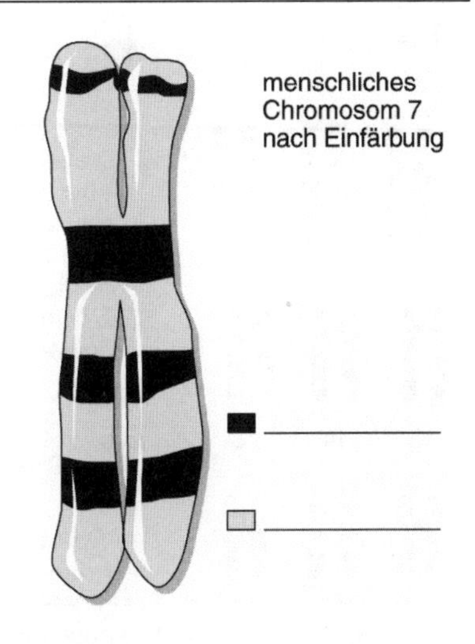

Abb. 2 Bandenmuster des menschlichen Chromosoms 7

Aufgaben

1. Mit der G-Bandentechnik werden genarme (Heterochromatin), mit der R-Bandentechnik entspiralisierte, genreiche (Euchromatin) Chromosomenabschnitte sichtbar gemacht (Abb. 1). Aus welcher Tatsache leitet sich die Bezeichnung „R-Bandentechnik" ab?
2. Abbildung 2 zeigt das menschliche Chromosom 7. Welche Bandentechnik wurde angewendet?
3. Wenn Sie die Bandentechnik herausgefunden haben, beschriften Sie die genreichen und genarmen Chromosomenabschnitte des grafisch dargestellten Chromosoms 7.

Gesundheit
Mutation
Syndrom – Down
Trisomie

Die Chromosomen des Menschen mit charakteristischem Bandenmuster

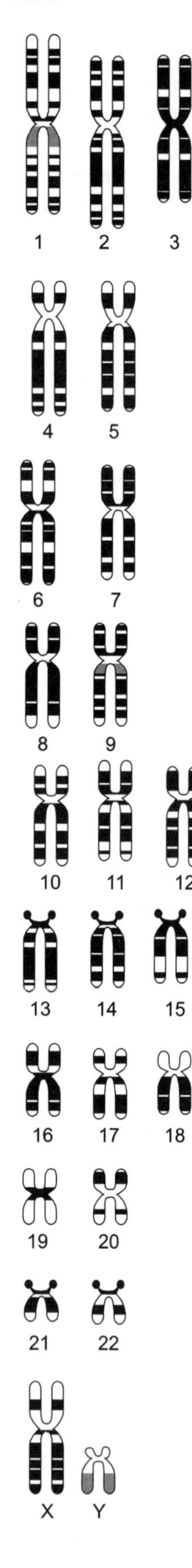

Das Down-Syndrom
Chromosomenmutation: Umbau durch Bruch und Fusion

Schülerbuch Seite 118

① Informieren Sie sich, wie Karyogramme angefertigt werden (s. Seite 116).
– *Lösung s. Schülerband Seite 116*
② Eine freie Trisomie 21 kann auch auf eine fehlende Chromosomentrennung (Nondisjunction) in der Meiose I zurückgehen. Entwerfen Sie ein Schema analog zur Randspaltenabbildung.
– *siehe Abbildung*

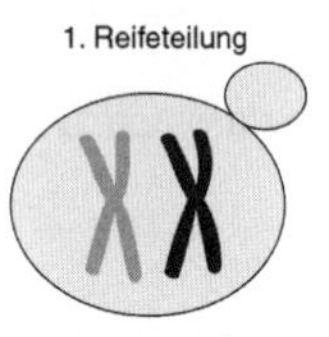

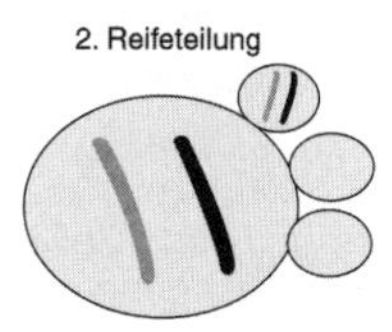

Arbeitsblatt Seite 99

1. siehe Abbildung unten
2. Drei der vier Zellen vermehren sich zu normalen Körperzellen. Die vierte Zelle bringt eine entwicklungsfähige Zelle mit 3 x 21 und eine mit 1 x 21, die abstirbt, hervor. Der entstehende Mensch ist ein „Mosaik" aus normalen und „Down"-Zellen und zeigt nur sehr schwache Down-Symptome.

Das Down-Syndrom

Das *Down-Syndrom* tritt in unserer Bevölkerung unter den Lebendgeborenen mit etwa 1,5 ‰ auf. Fast immer ist mit dem veränderten Erscheinungsbild auch eine geistige Behinderung verbunden (IQ 20 – 50; die geistigen Fähigkeiten verbleiben meist auf der Stufe von 6- bis 7-jährigen Kindern). Die Lebenserwartung ist aufgrund von Herzfehlern und Neigung zur Leukämie geringer. Dank verbesserter medizinischer Betreuung kann heute die Hälfte der Betroffenen trotz vorzeitiger Alterung das 60. Lebensjahr erreichen. Als Ursache des Down-Syndroms wurde schon in den fünfziger Jahren das dreifach vorhandene Chromosom 21 erkannt. Dazu kommt es entweder durch Nondisjunction bei der ersten oder zweiten Phase der Meiose oder aufgrund einer Translokation. Ist Letzteres der Fall (ca. 4 % der Down-Patienten), besitzen die Betroffenen im Karyogramm nur 46 Chromosomen. Für bestimmte Enzyme lässt sich der Gendosiseffekt direkt nachweisen, der dann das 1,5fache des Normalwertes beträgt. Etwa $^2/_3$ aller Trisomie-Fälle ohne Translokation sind auf eine fehlerhafte Meiose der Eizelle zurückzuführen. Vermutlich wird dies durch das lange Stadium des Diktyotäns (Teil der Prophase 1) begünstigt. Da eine besondere Abhängigkeit vom Alter der Mutter vorhanden ist, werden als weitere Faktoren die Abnahme der Östrogene oder Langzeitwirkungen von Röntgenstrahlen vermutet. Die Translokations-Trisomie ist vom Alter der Mutter unabhängig und kann durch unerkannte („ausbalancierte") Verklebungen der Chromosomen familiär gehäuft auftreten. Die Krankheit wurde nach dem Londoner Arzt JOHN LANGDON HAYDON DOWN (1828 – 1896) benannt. Er gründete 1869 ein Heim für geistig behinderte Kinder und beschrieb als erster genau die Symptome der Trisomie 21.

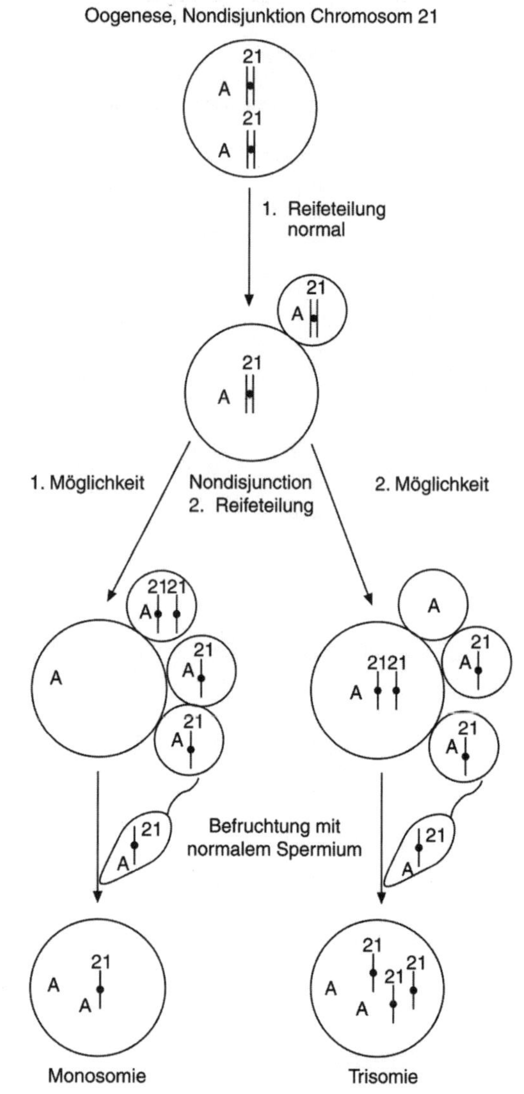

Lösung zum Arbeitsblatt, Aufgabe 1

Nondisjunction in der Oogenese

Unter *Nondisjunction* versteht man die Nichttrennung von Chromosomen bei der Zellteilung.

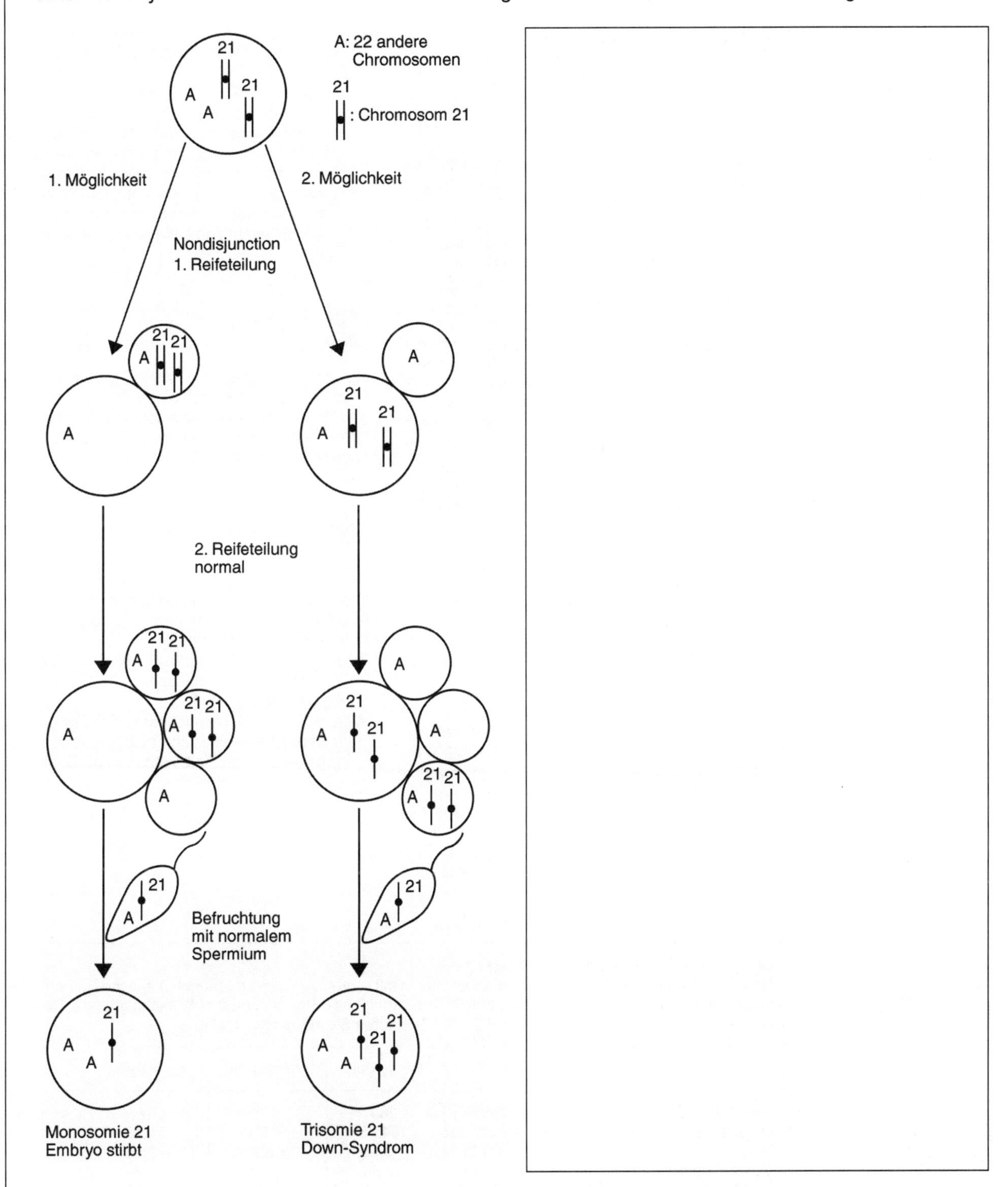

Aufgaben

1. Entwickeln Sie neben dem obigen Schema das entsprechende Schema für den Fall, dass Nondisjunction in der 2. Reifeteilung der Oogenese geschieht und die 1. Reifeteilung normal verlaufen ist.
2. Man weiß heute, dass Nondisjunction auch bei Mitosen stattfinden kann. Die entstehenden Zellen sind aber gewöhnlich den normalen Zellen unterlegen und sterben ab. Was geschieht aber, wenn in einem frühen Embryonalstadium, z. B. 4-Zellen-Stadium, bei einer der Zellen das Chromosom Nr. 21 von Nondisjunction betroffen ist und die trisome Zelle sich weiterentwickelt?

2 Vererbungslehre

Vererbungslehre von Mendel und Chromosomentheorie

Für Freiheitsgrade f > 1 entfällt das Korrekturglied $-^1/_2$.

$$\chi^2 = \Sigma \frac{((B-E)-^1/_2)^2}{E}$$

Schülerbuch Seite 121

① MENDEL experimentierte auch mit Erbsenpflanzen, die sich in zwei Merkmalen unterschieden (Dihybride). Leiten Sie aus Abbildung 3 die 3. Mendel'sche Regel (Unabhängigkeitsregel) ab: Merkmalspaare können beim dihybriden Erbgang in neuen Kombinationen auftreten.

– *In der F_2-Generation treten Merkmalskombinationen auf, die in der P- und F_1-Generation nicht beobachtet wurden, nämlich Samen, die grün und rund sind sowie gelb und kantig.*

② „Verschwindet das Blondinengen?", fragte eine Zeitung kürzlich. Gehen Sie als Vereinfachung davon aus, dass das Allel für blonde Haare rezessiv und das für dunkle Haare dominant ist. Erstellen Sie ein Kreuzungsschema (P, F_1, F_2) und überprüfen Sie die Hypothese. Bei welchen Konstellationen wird das Gen für blonde Haare stark abnehmen?

– *So lange die Nachkommenzahl entsprechend groß ist, kann ein Allel nicht verschwinden, sondern nur phänotypisch nicht zur Ausprägung kommen. Bei geringer Nachkommenzahl ist es allerdings möglich, dass bei heterozygoten Partnern nur reinerbig braune Kinder zur Welt kommen. In diesem Fall würde das Allel tatsächlich seltener.*

Arbeitsblatt Seite 101

1. Die zu kreuzenden Individuen der P-Generation müssen homozygot (reinerbig) bezüglich des Merkmals sein. Bei den Kreuzungsexperimenten muss sichergestellt sein, dass nicht Pollen von anderen als den Individuen des vorgesehenen Kreuzungspartners auf die Narben gelangt. Die Nachkommen der P- und ggf. F_1-Generation müssen uneingeschränkt fertil sein.

2. 1.Versuch: Pfl.1–5: 147 : 48 = 3,0625 : 1, Pfl. 6–10:189 : 53 = 3,5660 : 1.
   2. Versuch: Pfl. 1–5: 165 : 63 = 2,6190 : 1, Pfl. 6–10: 190 : 60 = 3,1667 : 1
   Der Rundung auf das Verhältnis 3 : 1 liegt die Annahme zugrunde, dass es einen kausalen Mechanismus gibt, der zu diesem Verhältnis führt. Heute wissen wir, dass die Kreuzung heterozygoter Individuen zu Nachkommen führt, bei denen das dominant vererbte Merkmal zum rezessiv vererbten statistisch im Verhältnis 3 : 1 auftritt.

Der χ^2-Test

Der χ^2 -Test eignet sich, um festzustellen, mit welcher Wahrscheinlichkeit ein reales Kreuzungsergebnis sich nicht signifikant von dem nach dem Erbschema erwarteten Ergebnis unterscheidet (Bsp. s. u., Formel s. Randspalte).

Literaturhinweise

Die Originalarbeit von GREGOR MENDEL ist im Wortlaut im Internet zu finden bei: http://www. biologie.uni-hamburg.de/b-online/ d08_mend / mendel.htm

TROCHIO, D. D.: Der große Schwindel – Betrug und Fälschung in der Wissenschaft. Campus Verlag, Frankfurt 1994

WEILING, F.: J. G. Mendel hat in der Darstellung seiner Erbsenversuche nicht gelogen. In: Biologie in unserer Zeit, Heft 4/1995, S. 263–267

Beispiel zur Anwendung des χ^2-Tests
MENDEL erhielt bei der Kreuzung von Erbsenrassen mit runden, gelben und grünen, kantigen Samen in der F_2-Generation folgendes Ergebnis: rund/gelb 315, kantig/gelb 101, rund/grün 108, kantig/grün 32. Darin erkannte er ein Spaltungsverhältnis von 9:3:3:1. Überprüfen Sie seine Hypothese.

	rund/gelb	kantig/gelb	rund/grün	kantig/grün	gesamt
beobachtet (B)	315,00	101	108	32	556
erwartet (E)	9/16 x 556 = 312,75	104,25	104,25	34,75	556
B – E	+ 2,25	– 3,25	+ 3,75	– 2,75	
Quadrat davon	5,06	10,56	14,06	7,56	
Quadrat/E	5,06/312,75 = 0,016	0,101	0,134	0,217	
χ^2 =	0.016 +	0,101 +	0,134 +	0,217	= 0,468

Auswertung mit der Wahrscheinlichkeitstabelle:
Für einen χ^2-Wert von 0,468 ist die Wahrscheinlichkeit (p) größer als 90% (ermittelter p-Wert x 100 = Wahrscheinlichkeit in %). MENDEL konnte das Spaltungsverhältnis von 9 : 3 : 3 : 1 mit Recht annehmen.

Versuche über Pflanzenhybriden (von GREGOR MENDEL)

Auszüge aus der Arbeit, die GREGOR MENDEL am 8.2.1865 in Brünn vorlegte:

Auswahl der Versuchspflanzen
Der Werth und die Geltung eines jeden Experimentes wird durch die Tauglichkeit der dazu benützten Hilfsmittel, sowie durch die zweckmäßige Anwendung derselben bedingt. Auch in dem vorliegenden Falle kann es nicht gleichgültig sein, welche Pflanzenarten als Träger der Versuche gewählt und in welcher Weise diese durchgeführt wurden.
Die Auswahl der Pflanzengruppe, welche für Versuche dieser Art dienen soll, muss mit möglichster Vorsicht geschehen, wenn man nicht in Vorhinein allen Erfolg in Frage stellen will.

Die Versuchspflanzen müssen nothwendig
1. Constant differierende Merkmale besitzen.
2. Die Hybriden derselben müssen während der Blüthezeit vor der Einwirkung jedes fremdartigen Pollens geschützt sein oder leicht geschützt werden können.
3. Dürfen die Hybriden und ihre Nachkommen in den aufeinander folgenden Generationen keine merkliche Störung in der Fruchtbarkeit erleiden.

Fälschungen durch fremden Pollen, wenn solche im Verlaufe des Versuches vorkämen und nicht erkannt würden, müssten zu ganz irrigen Ansichten führen. Verminderte Fruchtbarkeit, oder gänzliche Sterilität einzelner Formen, wie sie unter den Nachkommen vieler Hybriden auftreten, würden die Versuche sehr erschweren oder ganz vereiteln. Um die Beziehungen zu erkennen, in welchen die Hybridformen zu einander selbst und zu ihren Stammarten stehen, erscheint es als nothwendig, dass die Glieder der Entwicklungsreihe in jeder einzelnen Generation *vollzählig* der Beobachtung unterzogen werden. ...

Die erste Generation der Hybriden
... Da die Hybriden, welche aus wechselseitiger Kreuzung hervorgingen, eine völlige Gestalt besaßen und auch in ihrer Weiterentwicklung keine bemerkenswerthe Abweichung ersichtlich wurde, konnten die beiderseitigen Resultate für jeden Versuch unter eine Rechnung gebracht werden. Die Verhältnisszahlen, welche für je zwei differierende Merkmale gewonnen wurden, sind folgende:
Versuch: Gestalt der Samen. Von 253 Hybriden wurden im zweiten Versuchsjahre 7324 Samen erhalten. Darunter waren rund oder rundlich 5474, und kantig runzlig 1850 Samen. Daraus ergibt sich das Verhältnis 2.96 : 1.
Versuch: Färbung des Albumens. 258 Pflanzen gaben 8023 Samen, 6022 gelbe und 2001 grüne; daher stehen jene zu diesen im Verhältnisse 3.01 : 1.
Bei diesen beiden Versuchen erhält man gewöhnlich aus jeder Hülse beiderlei Samen. Bei gut ausgebildeten Hülsen, welche durchschnittlich 6 bis 9 Samen enthielten, kam es öfters vor, dass sämtliche Samen rund (Versuch 1) oder sämtliche gelb (Versuch 2) waren; hingegen wurden mehr als 5 kantige oder 5 grüne in einer Hülse niemals beobachtet. Es scheint keinen Unterschied zu machen, ob die Hülse sich früher oder später an der Hybride entwickelt, ob sie der Hauptachse oder einer Nebenachse angehört. An einigen wenigen Pflanzen kamen in den zuerst gebildeten Hülsen nur einzelne Samen zur Entwicklung, und diese besaßen dann ausschließlich das eine der beiden Merkmale; in den später gebildeten Hülsen blieb jedoch das Verhältnis normal. So wie in einzelnen Hülsen, ebenso variiert die Vertheilung der Merkmale auch bei einzelnen Pflanzen. Zur Veranschaulichung mögen die ersten 10 Glieder aus beiden Versuchsreihen dienen:

	1. Versuch: Gestalt der Samen									
Pflanze	1	2	3	4	5	6	7	8	9	10
rund	45	27	24	19	32	26	88	22	28	25
kantig	12	8	7	10	11	6	24	10	6	7

	2. Versuch: Färbung des Albumens									
Pflanze	1	2	3	4	5	6	7	8	9	10
gelb	25	32	14	70	24	20	32	44	50	44
grün	11	7	5	27	13	6	13	9	14	18

Als Extreme in der Vertheilung der beiden Samen-Merkmale an *einer* Pflanze wurden beobachtet bei dem 1. Versuche 43 runde und nur 2 kantige, ferner 14 runde und 15 kantige Samen. Bei dem 2. Versuche 32 gelbe und nur 1 grüner Same, aber auch 20 gelbe und 19 grüne.
Diese beiden Versuche sind wichtig für die Feststellung der mittleren Verhältnißzahlen, weil sie bei einer geringeren Anzahl von Versuchspflanzen sehr bedeutende Durchschnitte möglich machen. Bei der Abzählung, der Samen wird jedoch, namentlich beim 2. Versuche, einige Aufmerksamkeit erfordert, da bei einzelnen Samen mancher Pflanzen die grüne Färbung des Albumens weniger entwickelt wird und anfänglich leicht übersehen werden kann. Die Ursache des theilweisen Verschwindens der grünen Färbung steht mit dem Hybriden-Character der Pflanzen in keinem Zusammenhange, indem dasselbe an der Stammpflanze ebenfalls vorkommt; auch beschränkt sich diese Eigentümlichkeit nur auf das Individuum und vererbt sich nicht auf die Nachkommen.
... Werden die Resultate sämtlicher Versuche [die oben genannten und 5 weitere], so ergibt sich zwischen der Anzahl der Formen mit dem dominierenden und recessiven Merkmale das Durchschnittsverhältnis 2,98 : 1 oder 3 : 1.

Aufgaben

1. Begründen Sie die Auswahl der Versuchsobjekte durch G. MENDEL mit heutigen Begriffen.
2. Von einigen Forschern wurden G. MENDELS Versuchsergebnisse angezweifelt. Welche Verhältnisse hätten sich ergeben, wenn er nur die Samen der ersten 5 oder die zweiten 5 Pflanzen ausgezählt hätte? Wie bewerten Sie das Vorgehen, die Ergebnisse auf ganze Verhältniszahlen zu runden?

Crossingover
Drosophila – Genetik
Genkopplung
MENDEL – Regeln
MORGAN, THOMAS HUNT
Mutation

Gekoppelte Vererbung und Austausch von Genen

Arbeitsblatt Seite 103

1. Gene auf verschiedenen Chromosomen: In der F_2-Generation würde man erhalten: purpurfarben, länglich : purpurfarben, rund : rot, länglich : rot, rund = 9 : 3 : 3 : 1
   Es entstehen (abgerundet):
   - purpurfarben, länglich 3909
   - purpurfarben, rund 1303
   - rot, länglich 1303
   - rot, rund 434
2. gekoppelte Gene: In der F_2-Generation würde man erhalten: purpurfarben, länglich : rot, rund = 3 : 1. Es entstehen: purpurfarben, länglich = 5212 und rot, rund = 1738 wie bei einem monohybriden Erbgang.
3. Das tatsächliche Ergebnis zeigt weder ein 9 : 3 : 3 : 1- noch ein 3 : 1-Verhältnis. Keine der Vorhersagen stimmt mit den tatsächlich gefundenen Werten überein. In der Mehrheit liegen die elterlichen Merkmalskombinationen vor. Diese Ergebnisse sind mit gekoppelten Genen und Crossingover zu *erklären (partielle Kopplung)*.

Thomas Hunt Morgan

THOMAS HUNT MORGAN wurde am 25.9.1866 in Hopemont, Kentucky (USA) geboren und ist am 4.12.1945 in Pasadena, Kalifornien gestorben. Er wurde an der Universität von Kentucky und an der John-Hopkins-Universität ausgebildet, die schon 10 Jahre nach ihrer Gründung internationalen Ruf genoss. Dann wurde er Lehrer am Bryn Mawr College in Pennsylvania. In seiner Freizeit interessierte er sich für Embryologie und die Entwicklung von Tieren. In den Schulferien arbeitete er an den meeresbiologischen Stationen in Woods Hole, Massachusetts und Naples.

Im Jahre 1903 ging er an die Columbia University in New York, wo er seine Arbeiten an der Taufliege *Drosophila melanogaster* begann. Durch die Wiederentdeckung der mendelschen Regeln inspiriert, wollte er Kreuzungsexperimente durchführen. Viele seiner Experimente misslangen. Resigniert stellte er fest: „Ich mache drei Arten von Experimenten: törichte, ausgesprochen törichte und solche, die noch schlechter sind."

Im Mai 1910 entdeckte er unter seinen Fliegen eine weißäugige. Mit ihr begann er seine „mendelschen Züchtungen", indem er sie mit normalen rotäugigen Exemplaren kreuzte. Dieses Experiment war der Auftakt zu einer Serie von Kreuzungen mit Mutanten. Weitere Mutanten erzeugte er, indem er die Taufliegen chemischen Stoffen und Röntgenstrahlen aussetzte. Er entwickelte Methoden, um die Genorte auf den 4 Chromosomen der Drosophila zu kartieren. Im Jahre 1922 konnte er die relative Lage von 50 Genen bekannt geben. MORGAN war 30 Jahre lang der führende Kopf unter den Genetikern. 1933 wurde er mit dem Nobelpreis ausgezeichnet.

Auf die Frage, wie man zu neuen Entdeckungen in der Genetik kommt, antwortete MORGAN: „Durch Arbeitseifer, vertrauend auf das Glück, dass man auf Neues stößt, durch den intelligenten Gebrauch von Arbeitshypothesen (damit meine ich die Bereitschaft, jede These zurückzuweisen, wenn es nicht nach kritischer Prüfung Hinweise für ihre Stichhaltigkeit gibt), durch Suche nach geeignetem Versuchsmaterial, was oft viel wichtiger ist, als sich auf eingefahrenen Wegen abzumühen, in der Hoffnung, dass man etwas findet, was ein bisschen anders ist."

Der von MORGAN und der Drosophila-Schule entwickelten Vorstellung, dass Gene auf Chromosomen linear angeordnet sind, hat JOHANNSEN (1913) scharf widersprochen. Erst HARRIET B. CREIGHTEN und BARBARA MCCLINTOCK konnten 1931 den direkten genetischen und cytologischen Nachweis am Mais führen.

Der erste Versuch

Der im Arbeitsblatt erwähnte Versuch von 1905 erbrachte 381 Pflanzen, bei denen Blütenfarbe und Pollenstruktur ausgezählt wurden:

Anzahl	Blütenfarbe	Pollen
284 (= 74,6%)	purpurfarben	lang
21 (= 5,5%)	purpurfarben	rund
21 (= 5,5%)	rot	lang
55 (= 14%)	rot	rund

Der Anteil der Pflanzen mit entkoppelten Genen ist annähernd so groß wie beim Wiederholungsexperiment, das Verhältnis von 3 : 1 bei den Pflanzen mit den gekoppelt vererbten Merkmalen weicht beim Versuch von BATESON, SAUNDERS und PUNNETT deutlich vom Verhältnis 3 : 1 ab.

Literaturhinweise

DURST, B., SEVERIN, J.: Virtual FlyLab-Drosopila-Genetik im Internet. In: Unterricht Biologie Heft 251/2000, S. 49 – 51

KLAWITTER, E., KLUGE, S.: Arbeitsblätter Genetik. Ernst Klett Verlag, Stuttgart 1996

LEUSCHNER, L., HERRLICH, H.: Berühmte Biologen und Mediziner. Ernst Klett Verlag, Stuttgart 1995 (darin: JOHANN GREGOR MENDEL S. 183 – 188, THOMAS HUNT MORGAN S. 193 – 200)

Milde, H., Wiese, B.: Abiturwissen Genetik, 11. Auflage, Ernst Klett Verlag, Stuttgart 2004

Medienhinweise

Folienbuch Genetik Sek. II. Ernst Klett Verlag, Stuttgart 1998

Natura Simulationssoftware Klassische Genetik. Ernst Klett Verlag, Stuttgart

Das unverständliche Experiment

Im Jahre 1905 nahmen WILLIAM BATESON, E. SAUNDERS und R. PUNNETT eine Dihybridkreuzung mit der Spanischen Wicke vor, deren Ergebnis erst Jahre später erklärt werden konnte. Sie kreuzten Pflanzen mit purpurnen Blüten und länglichen Pollenkörnern und Pflanzen mit roten Blüten und runden Pollenkörnern (P-Generation). Die Allele für die Eigenschaften purpurfarben und länglich sind dominant (Genotyp PPLL) gegenüber denen für die rezessiven für rot und rund (Genotyp ppll). 1917 wiederholte R. PUNNETT das Experiment mit einer größeren Individuenzahl und fand folgende Ergebnisse:

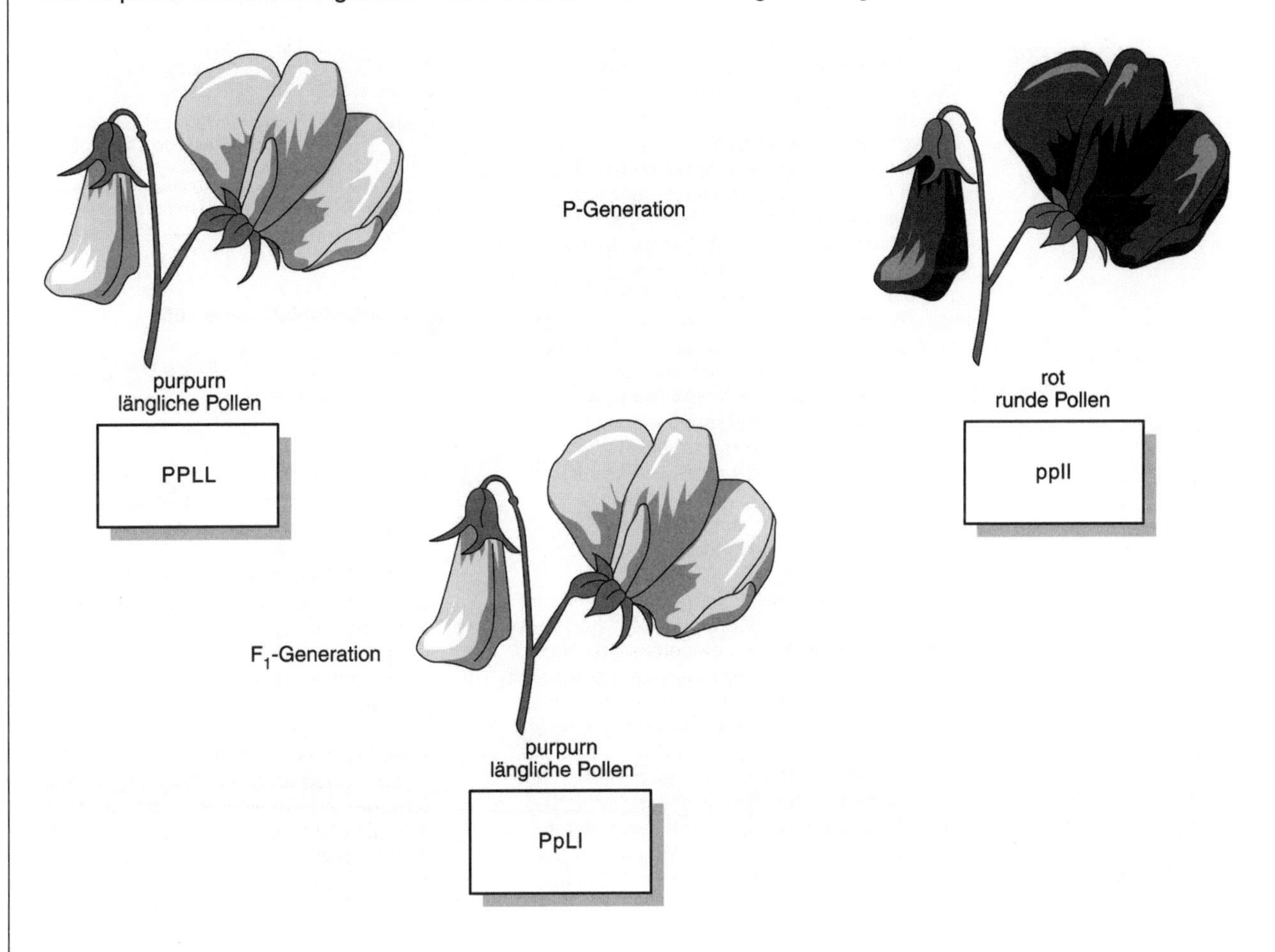

In der F_2-Generation erhielt er 6 950 Pflanzen:

Phänotypen in der F_2	ermittelte Anzahl	erwartete Anzahl ohne Genkopplung	erwartete Anzahl bei Genkopplung
purpurfarben, länglich	4 831		
purpurfarben, rund	390		
rot, länglich	391		
rot, rund	1 338		

Aufgaben

1. Berechnen Sie, wie viele Pflanzen mit welchen Kombinationen im Idealfall hätten entstehen müssen, wenn die Gene auf verschiedenen Chromosomen liegen.
2. Berechnen Sie, wie viele Pflanzen mit welchem Phänotyp die Forscher hätten erwarten können, wenn die Gene auf einem Chromosom liegen.
3. Stellen Sie die berechneten Zahlen den experimentell ermittelten Zahlen gegenüber. Versuchen Sie das Ergebnis, das PUNNETT erhielt, zu erklären.

Beratung – pränatale
Erbgang – autosomaler
Erbgang – gonosomaler
Mutation
Syndrom – Albinismus
Syndrom – Kurzfingrigkeit
Syndrom – Rot-Grün-Blindheit
Syndrom – Tay-Sachs

Verfahren der Humangenetik

Schülerbuch Seite 125

① Analysieren Sie die Familienstammbäume für Albinismus, erbliche Kurzfingrigkeit und Rot-Grün-Blindheit. Um welche Erbgänge handelt es sich jeweils? Bestimmen Sie den Genotyp möglichst vieler Individuen.

– *Das Allel für Albinismus ist rezessiv, das Allel für erbliche Kurzfingrigkeit ist dominant. Rot-Grün-Blindheit hat (wahrscheinlich) einen X-chromosomalen Erbgang, da nur Söhne betroffen sind. Das Allel für Rot-Grün-Blindheit muss rezessiv sein, weil nicht merkmalstragende Eltern Kinder bekommen, die das Merkmal tragen. Die in der Randspalte vorgeschlagenen Genotypen sind teilweise spekulativ. Beim X-chromosomal gebundenen Erbgang sind die Genotypen männlicher Träger eindeutig, alle Frauen müssen heterozygot sein, da sie das Merkmal phänotypisch nicht aufweisen, jedoch Söhne mit dem Merkmal haben.*

② Warum tritt Hämophilie A bei Frauen wesentlich seltener auf als bei Männern?

– *Sie muss in Bezug auf Hämophilie A homozygot sein (Mutter Überträgerin oder krank und Vater krank).*

③ Welche Personen fungieren bei der Hämophilie A (Abb. 124.1) als Konduktorinnen? Begründen Sie.

– *Alle Frauen, die nicht an Hämophilie A leiden, aber kranke Söhne bekommen, sind Konduktorinnen. Da die Söhne im Gegensatz zu Töchtern nur ein X-Chromosom besitzen, prägt sich bei ihnen die Krankheit direkt aus, sofern sie das merkmaltragende X-Chromosom vererbt bekommen haben.*

④ Genetisch bedingte Erkrankungen werden mit verschiedenen Verfahren wissenschaftlich untersucht. Stellen Sie eine Tabelle zur Hämophilie A zusammen, in der die Erkenntnisse aus Klassischer Genetik, Cytogenetik, Molekularbiologie und Biochemie aufgelistet sind.

– *siehe Tabelle rechte Spalte*

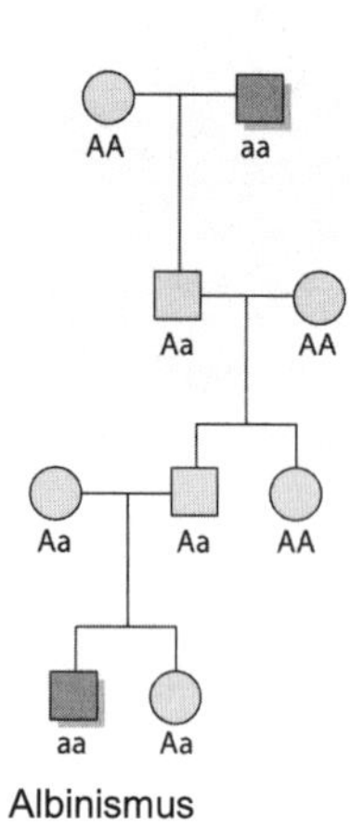

Albinismus

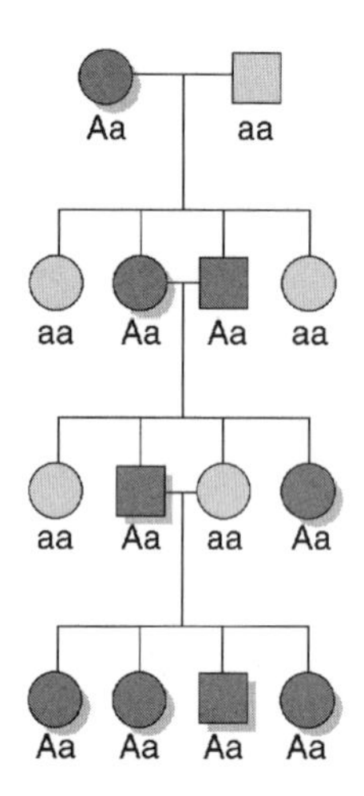

Erbliche Kurzfingrigkeit

Klassische Genetik	X-chromosomal rezessiver Erbgang
Cytogenetik	Das rezessive Hämophilie-A-Allel ist auf dem X-Chromosom gelegen
Molekularbiologie	Das Faktor VIII-Gen besteht aus 2351 Codons, verteilt über 26 Exons. Den schweren Krankheitsausprägungen liegen Deletionen zugrunde.
Biochemie	Patienten fehlt Faktor VIII der Blutgerinnungskaskade. Das Protein besitzt 1997 Aminosäuren, es liegt im Blut Gesunder in einer Konzentration von 0,5–1,0 mg / mol vor

Arbeitsblatt Seite 105

1. Um Diskriminierung von Einzelpersonen oder ganzen Familien und die Bildung eines negativen Selbstbildes zu verhindern.
2. 25%
3. Mit dem Serum-Test konnte man den genetischen Status der Eheleute ermitteln (mit den in Aufgabe 1 genannten Konsequenzen). Seit der Fetus direkt getestet werden kann, kann auch die Möglichkeit des Schwangerschaftsabbruchs in Erwägung gezogen werden.
4. Wirtschaftlich orientierte Unternehmen und Gruppen (z. B. Versicherungen, Arbeitgeber) haben aufgrund ihrer Interessenlage das Ziel, die betriebswirtschaftlichen Belastungen möglichst gering zu halten. Aufgrund dessen ist zu erwarten, dass Risikopersonen gar nicht oder zu sehr ungünstigen Bedingungen versichert bzw. beschäftigt werden. Für Betroffene stellt sich dies so dar, dass sie für ihr Erbgut, welches sich von dem der Mehrheit unterscheidet, verantwortlich gemacht werden. Damit Selektion und Diskriminierung nicht Platz greifen, muss der Gesetzgeber Regelungen erlassen. In einer demokratischen Gesellschaft, in der die individuellen Rechte als unverzichtbare Werte angesehen werden, müssen diese vor Dritten geschützt werden.

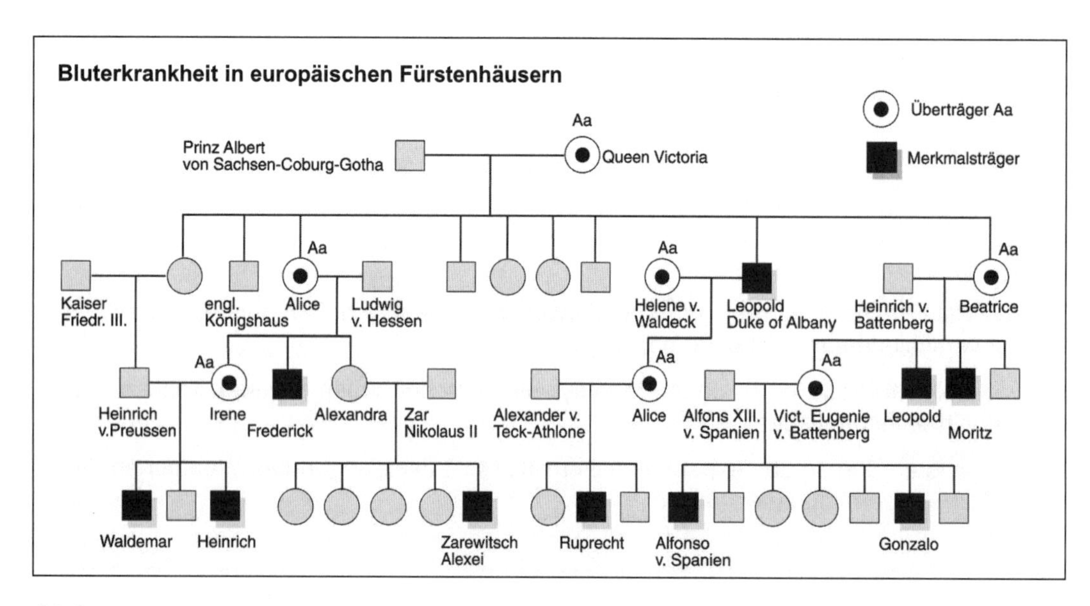

Die Tay-Sachs-Erkrankung

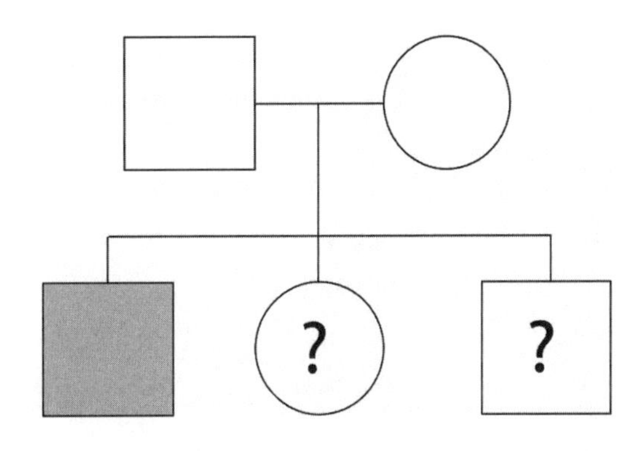

Die Tay-Sachs-Erkrankung gehört zu den so genannten lysosomalen Speicherkrankheiten. Sie ist genetisch bedingt. Die Lage des Gens auf Chromosom 15 ist bekannt. Die Krankheit folgt einem autosomal-rezessiven Erbgang und führt meist in den ersten Lebensjahren zum Tod. Betroffen sind Nervenzellen von reinerbigen Trägern des Allels.

Die Zellen sind aufgrund eines Enzymmangels in den Lysosomen nicht in der Lage, bestimmte Glykolipide aufzubauen. So verläuft der Stoffwechsel normal bis zu der Reaktion, in der das Enzym benötigt wird. Da dieses von den Trägern der Erbkrankheit nicht synthetisiert wird, läuft der Stoffwechsel nicht weiter, sodass das Stoffwechselzwischenprodukt in den Nervenzellen angereichert wird. Dieses stört dann in der Folge den gesamten Zellhaushalt.

Betroffene Kinder zeigen psychomotorische Muskelzuckungen, gehirnbedingte Blindheit und müssen künstlich ernährt werden. Eine Therapie der Krankheit existiert nicht. Die Heterozygotenfrequenz beträgt in bestimmten Gemeinschaften, in denen die Mitglieder vielfach untereinander heiraten, 3% bis 4% und liegt damit weit über dem Durchschnitt. In diesen Populationen ist statistisch eines von 2500 Kindern betroffen (0,04 x 0,04 x 0,25 = 0,0004).

Vor 1970 hatten Paare, die bereits ein Kind mit der Tay-Sachs-Krankheit zur Welt gebracht hatten und weitere Kinder haben wollten, drei Möglichkeiten:

1) Adoption,
2) eine Schwangerschaft mit dem Risiko ein weiteres Tay-Sachs-Kind zur Welt zu bringen,
3) künstliche Befruchtung mit Spendersamen von einer Person, in dessen Familie die Krankheit nicht bekannt ist.

1970 wurde ein Serum-Test auf die Krankheit entwickelt, womit rezessive Träger des Tay-Sachs-Allels ermittelt werden konnten; außerdem war man in der Lage, Feten vor der Geburt auf Reinerbigkeit bezüglich des Tay-Sachs-Allels zu testen. In einigen religiösen Gemeinschaften der USA wurden vor der Heirat Träger des Tay-Sachs-Allels ermittelt. Die Ergebnisse beeinflussten die Partnerkombinationen. Die Ehepartner wurden von Eheschließern vermählt, die den Status der Partner kannten und Konstellationen, in denen beide Eltern Träger des Allels waren, nicht zuließen. Später konnte man den Test auch an Feten durchführen.

Aufgaben

1. Warum wurde der Status der auf das Tay-Sachs-Syndrom getesteten Ehepartner weder diesen noch dritten Personen bekannt gegeben?
2. Welches statistisch errechenbare Risiko haben zwei Eheleute, die bereits ein Tay-Sachs-Kind zur Welt gebracht haben, bei einer weiteren Schwangerschaft wieder ein Tay-Sachs-Kind zur Welt zu bringen? Vervollständigen Sie die Grafik.
3. Welche Konsequenzen hat die Entwicklung eines Tests zur Identifizierung heterozygoter Erwachsener und insbesondere homozygoter Feten in den betroffenen religiösen Gemeinschaften Amerikas gehabt?
4. Wir nehmen an, es sei beabsichtigt, die oben beschriebene Praxis der Testung von Eheleuten auf eine Reihe weiterer genetisch bedingter Risiken auszudehnen und in Deutschland einzuführen. Wägen Sie die Gründe, die für und gegen ein solches Ansinnen sprechen aus der Sicht betroffener Eheleute, deren Kinder, der Familienangehörigen, aber auch verschiedener gesellschaftlicher Institutionen (Staat, Kirche, Krankenversicherung, Arbeitgeber, ...) ab.

Lexikon: Erbgänge
Material: Klassische Humangenetik

Schülerbuch Seite 127

① siehe Abbildung

Eltern			
Phänotyp	AB	und	0
Genotyp	AB	×	00
Keimzellen	(A)	(B)	(0)
Kinder			
Genotyp	A0	oder	B0
Phänotyp	A	oder	B

② Nach der dritten Mendel'schen Regel (Unabhängigkeits- bzw. Neukombinationsregel) spalten die vier Phänotypen im Verhältnis 9:3:3:1 auf. Unter der Annahme eines dihybriden Erbgangs müssten von 3000 untersuchten Kindern statistisch rund 188 den Phänotyp 0 (Genotyp aabb) aufweisen.

③ Weil die Allele A und B gegenüber dem Allel 0 dominant sind und der Elternteil mit der Blutgruppe AB zwangsläufig eines von beiden Allelen an seine leiblichen Kinder weitergibt.

④ Mit Ausnahme des Keuchhustens liegen die Übereinstimmungen bei den in der oberen Tabelle genannten Krankheiten bei eineiigen Zwillingen meist doppelt so hoch wie bei zweieiigen. Vergleichend kann auf eine genetische Disposition für diese Erkrankung geschlossen werden. Allerdings fehlen Angaben darüber, ob die Zwillingspaare gemeinsam oder getrennt aufgewachsen sind. Dass dieser Umstand eine nicht unerhebliche Rolle spielt, geht aus der unteren Tabelle im Schülerband hervor: Gemeinsam aufgewachsene eineiige Zwillinge unterscheiden sich deutlich weniger in den Merkmalen Körpergewicht und Intelligenz als getrennt aufgewachsene eineiige aber auch als zweieiige Zwillinge. Aufgrund dessen kann auf eine starke Umweltkomponente geschlossen werden. Das Merkmal Körpergröße scheint in hohem Maße genetisch determiniert zu sein, weil es diesbezüglich praktisch keinen Unterschied macht, ob eineiige Zwillinge getrennt oder gemeinsam aufgewachsen sind.

Längsschnittkurven für Größe und Gewicht eines eineiigen (a) und eines zweieiigen (b) weiblichen Zwillingspaares aus Schweden (nach STENBORG 1938)

Arbeitsblatt Seite 107

Zunächst zeigen die Werte, dass die geringste Korrelation bei nicht verwandten Personen zu finden ist. Der Wert wird höher, wenn die Personen zusammen aufwachsen. Dies beeinflusst auch die Werte bei Geschwistern und Eltern-Kind-Konstellationen. Allgemein kann man sagen, dass mit steigendem Verwandtschaftsgrad eine steigende Korrelation zu erkennen ist, aber auch, dass die Umwelt einen hohen Anteil an der IQ-Bandbreite hat.

Anmerkung: Um genauere Aussagen machen zu können, müssten die Fragestellungen, Verfahren und Auswertungsmethoden einzeln analysiert werden, was in diesem Zusammenhang wenig sinnvoll ist. Die moderne Forschung geht auch nicht mehr von der pauschalen Fragestellung nach *der* Intelligenz aus, sondern benutzt differenzierte Einzeltests mit präzise formulierten Parametern. Dabei wird deutlich, dass eine bestimmte „Reaktionsbreite" offensichtlich erblich ist, durch die Umwelt aber erheblich modifiziert werden kann. Musikalisch begabte Kinder, die nie ein Instrument in die Hand bekommen, werden sicherlich keine virtuosen Künstler und unsportliche durch noch so viel Training keine Fußballstars. Aber: Intensives Intelligenztraining führt bei minderbegabten Kindern im Durchschnitt zu einer deutlichen Anhebung des IQ, während umgekehrt gut oder hoch Begabte bei entsprechender Vernachlässigung deutlich absinken.

Genetik der Intelligenz

Eineiige Zwillinge sind ein bevorzugtes Untersuchungsobjekt in der humangenetischen Forschung, da hier eine Abschätzung des erbbedingten und des umweltbedingten Anteils von Merkmalen möglich ist. Die leicht zu messenden Körpermerkmale, wie Größe, Gewicht, relative Kopf- oder Körpermaße, sind einfach festzustellen und zu etwa ¾ erbbedingt. Ähnliches gilt auch für den Entwicklungsverlauf (s. Abb. Randspalte). Sehr viel schwieriger werden Aussagen zu Verhaltenskomponenten oder psychischen Besonderheiten. Da bereits bei der Definition dessen, was Intelligenz ist, Schwierigkeiten auftauchen, ist die Messbarkeit noch komplizierter. Intelligenztests sind unter bestimmten Vorbehalten eine Möglichkeit, vergleichende Messungen durchzuführen. Sie sollten nicht überbewertet werden, liefern jedoch einige Anhaltspunkte und können Ausgangspunkt für eine Diskussion sein. Insgesamt ist die genetische Grundlage der Intelligenz ein sehr kontrovers diskutiertes Thema. Die statistischen Ermittlungen schwanken zwischen 45 % Erbe, 35 % Umwelt und 20 % Interaktion Erbe – Umwelt einerseits (JENCKS 1972) und 80 % Erbe und 20 % Umweltanteil andererseits (EYSENCK 1976). Untersuchungen im MPI für psychologische Forschung in München weisen zudem darauf hin, dass der Einfluss der Gene auf die geistige Leistung erst im späteren Lebensalter seinen Höhepunkt erreicht (WEINERT, 1996).

Literaturhinweise

EBERHARD-METZGER, C.: Zwillinge; Heyne Verlag, München 1998

Zwillingsforschung und Intelligenzquotient

Unter Intelligenz als Allgemeinbegabung versteht man weniger das Gedächtnis als vielmehr die Fähigkeit, sich in neuen Situation sinnvoll zu verhalten bzw. neue Probleme zu lösen. Es gibt aber keine Möglichkeit, Intelligenz unter völliger Abstrahierung von Erlerntem zu messen. Daher werden standardisierte Tests verwendet, die u. a. folgende Fähigkeiten messen:

- das allgemeine Verständnis (praktische Urteilsfähigkeit in Problemsituationen),
- die Merkfähigkeit (Zahlen nachsprechen),
- die geistige Wendigkeit (alltagsbezogene Rechenaufgaben, die keine größeren Kenntnisse erfordern),
- das Abstraktionsvermögen (Auffinden von Überbegriffen),
- die Kombinationsfähigkeit und das räumliche Vorstellungsvermögen (Muster legen),
- die visuell-motorische Koordination (Zusammensetzen zerschnittener Figuren).

IQ	Beschreibung	%
< 69	geistig behindert	3
70 – 79	minderbegabt	7
80 – 89	wenig begabt	16
90 – 110	durchschnittlich begabt	49
111 – 120	gut begabt	16
121 – 130	hochbegabt	7
> 130	hervorragend begabt	2

Das Ergebnis wird in Form des *Intelligenzquotienten* (IQ) angegeben, eine Klassifikation zeigt die Tabelle. Angegeben sind auch prozentuale Häufigkeiten in der mitteleuropäischen Bevölkerung. Im Folgenden sind die Korrelationskoeffizienten für verschiedene Vergleichsgruppen dargestellt. Der Korrelationskoeffizient ist ein Maß für die Unterschiede: + 1 bedeutet völlige Übereinstimmung und 0 bedeutet das Fehlen einer Korrelation. Der senkrechte Strich markiert den Mittelwert der Versuchsergebnisse und der Pfeil gibt den Wert an, der bei alleiniger Erbgutwirkung entstehen würde.

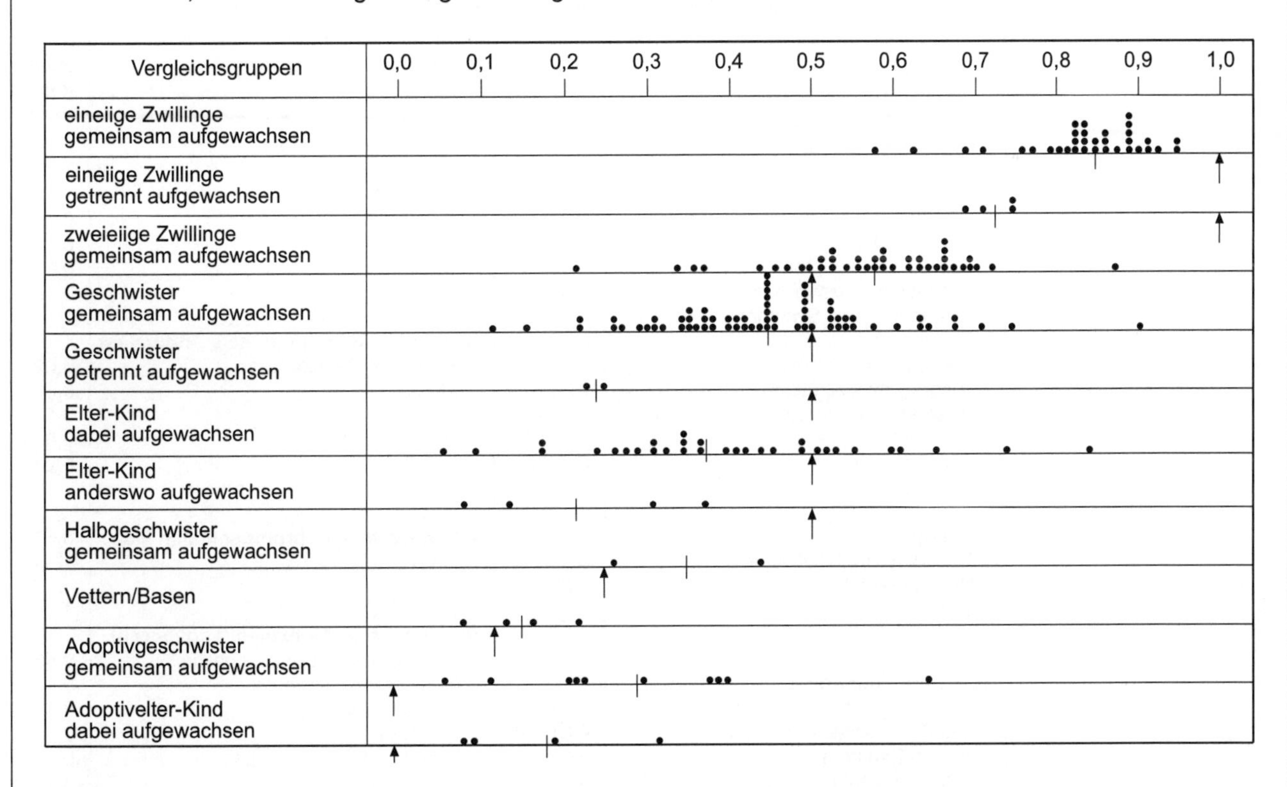

Aufgabe

Nimm mithilfe der dargestellten Ergebnisse zu der Hypothese Stellung, dass die menschliche Intelligenz angeboren ist.

Beratung – genetische
Diagnostik – Präimplantation
Diagnostik – pränatale
Ethik
Mutation
Syndrom

Genetische Beratung
Material: Pränatale Diagnostik

Schülerbuch Seite 129

① a) Die Eltern müssen heterozygote Träger der Mutation sein. Die Wahrscheinlichkeit, dass die Mutation in eine Keimzelle gelangt ist jeweils ½. Für jede Zygote ½ x ½, also 25%.
b) 0% für die Erkrankung, 50% für die Übertragung.

② Das Risiko für eine Fehlgeburt ist bei der Amniozentese am geringsten (0,5%), dicht gefolgt von der Chorionzottenbiopsie (0,5–1%). Die Chorionzottenbiopsie kann allerdings schon einen Monat früher vorgenommen werden und lässt den Eltern mehr Zeit für eine Entscheidung.

③ Erhöhtes Alter der Schwangeren, Verdächtiger Ultraschallbefund oder auffälliges Ergebnis beim Triple-Test, familiäres Risiko für eine genetische Erkrankung oder Behinderung.

④ Ein unauffälliges Testergebnis ist keine Garantie für ein gesundes Kind, sondern liefert nur eine Aussage über veränderte Wahrscheinlichkeiten für ein krankes Kind. Es kann eine Amniozentese also nicht vollständig ersetzen. Der Test liefert unauffällige Ergebnisse, z.B. wenn das Stadium der Schwangerschaft nicht genau bekannt ist (unter 15 Wochen). Ein auffälliges Testergebnis muss unbedingt durch eine Amniozentese bestätigt werden, es kann sonst die werdenden Eltern unnötig ängstigen.

⑤ *Pro:* Warum ist es verboten, eine genetische Behinderung vor der Implantation des Keimes festzustellen, wenn die Abtreibung des implantierten Keimes noch Monate später aus gleichem Anlass erlaubt ist?
Contra: Auswahl von Embryonen gleicht einer „Qualitätskontrolle“ für ungeborene Kinder (Geschlechtswahl u. a.), menschliche Selektion wird möglich, Problematik von Designer-Babys, wo findet das Lebensrecht für Behinderte Berücksichtigung?

Arbeitsblatt Seite 109

1. *Pro:* Die PID erlaubt die Feststellung von Defekten vor Beginn der Schwangerschaft. Im Gegensatz zur Pränataldiagnostik bleibt der Frau ein Schwangerschaftsabbruch erspart.
Contra: Der Test könnte auch ohne erbliche Vorbelastung angewendet werden und so dazu führen, dass Embryonen allgemein „auf den Prüfstand“ kommen.
2. Hinweis: Zu dieser Aufgabe sind unterschiedlichste Standpunkte und Argumente möglich. Sie sollten Anlass zu einer offenen Diskussion in der Lerngruppe sein.

Geschätzte Häufigkeiten von Erbleiden beim Menschen

Anomalie	Häufigkeit (%)	Anomalie	Häufigkeit (%)
Anomalien einzelner Gene		**chromosomale Defekte**	
autosomal-rezessiv		**autosomal**	
– schwere geistige Entwicklungsstörung	0,08	– Trisomie 21	0,13
– Cystische Fibrose	0,05	– Trisomie 18	0,03
– Taubheit, schwer (einzelne Formen)	0,05	– Trisomie 13	0,02
– Blindheit (einzelne Formen)	0,02		0,18
– adrenogenitales Syndrom	0,01		
– Albinismus	0,01	**geschlechtschromosomale Anomalien**	
– Phenylketonurie	0,01	– X0- und X-Deletion	0,02
– andere Aminoacidurien	0,01	– XXY	0,1
– Mukopolysaccharidosen (alle Formen)	0,005	– XXX	0,1
– Tay-Sachs-Krankheit	0,001	– andere	0,016
– Galaktosämie	0,0005		0,24
	0,25		
X-gekoppelt		**Gesamtzahl der chromosomalen Momalien**	0,55
– Muskeldystrophie Duchenne	0,02		
– Hämophilien A und B	0,01		
– andere	0,02		
	0,05	**multifaktorelle Momalien (angeboren)**	
		– Spina bifida und Anencephalie	0,45
autosomal-dominant		– angeborene Herzfehler	0,4
– Blindheit (einzelne Formen)	0,01	– Pylorusstenose	0,3
– Taubheit (einzelne Formen)	0,01	– Klumpfuß	0,3
– Marfan-Syndrom	0,005	– Lippen- und Gaumenspalte	0,1
– Achondroplasie	0,005	– Hüftluxation	0,1
– Neurofibromatose	0,005		1,65
– myotonische Dystrophie	0,005		
– tuberöse Sklerose	0,005	**Gesamtzahl der multifaktorellen Momalien**	> 1,65
– alle anderen	0,015		
	0,06	**Gesamthäufigkeit der aufgeführten genetischen Momalien**	> 2,64
Gesamtzahl der Gendefekte	0,36		

Präimplantationsdiagnostik (PID)

Bei Frauen, die einen beidseitigen Eileiterverschluss aufweisen, kann der Kinderwunsch nur durch In-vitro-Befruchtung erfüllt werden. Für die Entstehung eines so genannten Retortenbabys werden der Frau reife Eizellen entnommen und im Reagenzglas mit Spermien vermischt. Ist dieser Vorgang erfolgreich, so beginnen bald Zellteilungen der neu entstandenen Zygote. Es ist heute technisch möglich, Embryonen vor der Einspülung in die Gebärmutter auf genetische Eigenschaften und Defekte hin zu untersuchen. So kann aus Einzelzellen des frühen Embryos nicht nur das Geschlecht bestimmt werden, sondern auch unterschiedliche Formen von Mutationen. Allerdings ist dieses Verfahren *(Präimplantationsdiagnostik)* umstritten.

Bei der Präimplantationsdiagnostik (PID) testen Mediziner im Reagenzglas erzeugte Embryonen auf spezielle Erbkrankheiten oder Chromosomendefekte. Zeigt sich dabei eine Krankheit wie etwa das Down-Syndrom, wird der Embryo gegebenenfalls nicht in den Mutterleib eingesetzt.

Vor allem Erbkrankheiten, die auf einer Verminderung oder Erhöhung der Anzahl von Chromosomen (Erbgutträgern) beruhen, können durch die PID erfasst werden. Dazu gehört das Down-Syndrom, bei dem das Chromosom 21 3- statt 2-mal vorhanden ist (Trisomie 21). Aufwändiger sind Untersuchungen auf einzelne veränderte Gene, mit denen sich beispielsweise der Muskelschwund „Typ Duchenne“, die Lungen- und Stoffwechselkrankheit Mukoviszidose oder die Bluterkrankheit Hämophilie feststellen lassen.

In Deutschland werden solche genetischen Untersuchungen bereits bei der so genannten pränatalen Diagnostik (vorgeburtlichen Diagnostik) vorgenommen. Dafür werden aus dem Fruchtwasser oder dem Mutterkuchen der Schwangeren Zellen entnommen. Wird dabei ein genetischer Defekt am Embryo festgestellt, ist ein Schwangerschaftsabbruch eine Ermessensfrage. Laut § 218 ist nicht die zu erwartende Schädigung des Kindes, sondern eine für die Mutter unzumutbare körperliche oder seelische Beeinträchtigung ausschlaggebend. Befürworter der PID hoffen, „Schwangerschaften auf Probe“ zu vermeiden. Kritiker befürchten dagegen, dass sich die PID nicht nur auf Paare mit einem Risiko für Erbkrankheiten beschränken lässt. Die auch als Präimplantative genetische Diagnostik (PGD) bekannte PID ist in mehreren europäischen Ländern erlaubt.

Dithmarsche Landeszeitung, 24.01.2003

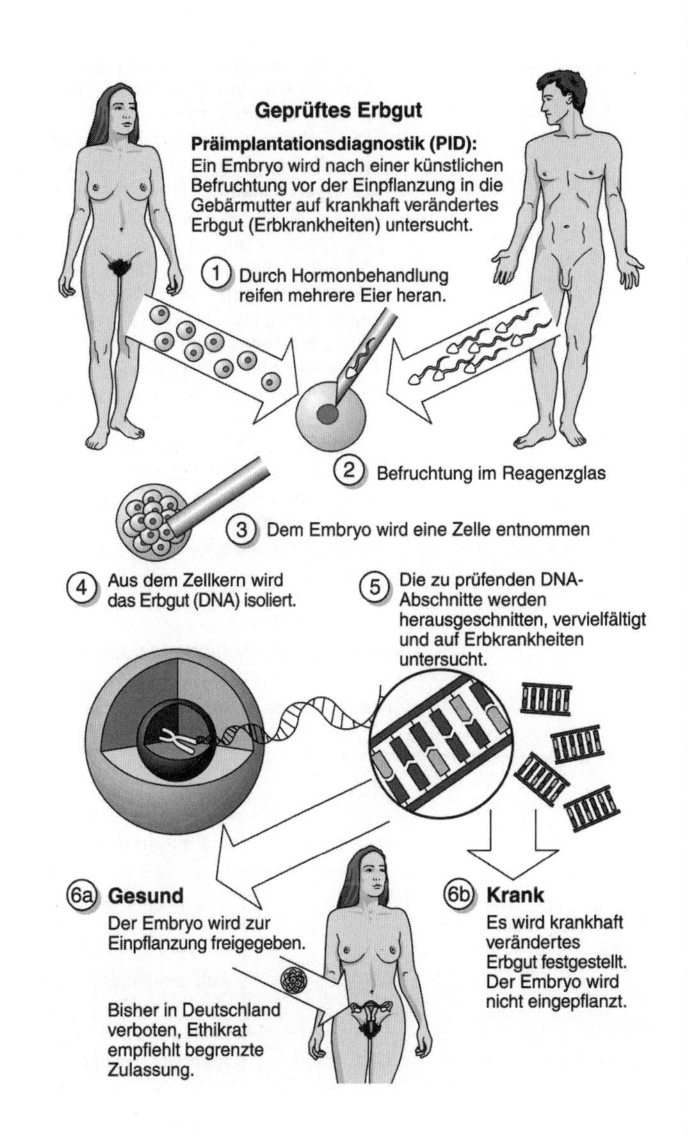

Aufgaben

1. Stellen Sie die Argumente für und gegen die Anwendung des Verfahrens der Präimplantationsdiagnostik zusammen.
2. Kritiker der Anwendung der PID warnen davor, dass die Zulassung des Verfahrens ethische Konsequenzen haben könnte, wie z. B. die Aushöhlung des prinzipiellen Schutzes menschlichen Lebens. So könnte durch die Anwendung dieses Verfahrens potenzielle Eltern „perfekte“ Kinder anstreben, bei denen nicht nur gravierende Behinderungen, sondern bereits mögliche Abweichungen von „Schönheits“-Idealen Anlass zum Abbruch der Schwangerschaft sein könnten. Nehmen Sie zu dieser Aussage Stellung.

Basenkomplementarität
Chargaff-Regel
DNA
Doppelhelix
Nucleinsäuresequenz
RNA
Viren

Molekulargenetik

1 Der Stoff aus dem die Gene sind

Aufbau der DNA

Arbeitsblatt Seite 111

1. Die Nucleotide bestehen aus dem C_5-Zucker Desoxyribose, der am C_1-Atom die organische Base (Pyrimidin oder Purin), am C_5-Atom eine Phosphatgruppe trägt.
2. Die Tabelle zeigt, dass bei Eukaryoten die Basen Adenin und Thymin, bzw. Guanin und Cytosin in gleicher Häufigkeit vorkommen. Die Chargaff-Regel, der die Basenkomplementarität doppelsträngiger DNA zugrunde liegt, bietet eine Erklärung der Zahlenverhältnisse. Die virale DNA folgt dieser Regel nicht, weil sie einsträngig ist.
3. Die DNA besteht aus zwei antiparallelen, umeinander gedrehten Zucker-Phosphatbändern, zwischen denen die Basenpaare strickleiterartig angeordnet sind. Sie hat die Struktur einer Doppelhelix. Wasserstoffbrücken zwischen den Basen und zusätzliche Wechselwirkungen zwischen den übereinander liegenden aromatischen Ringen der Basen, so genannte „Stapelkräfte“, stabilisieren die Raumstruktur. Geht die Zelle in Teilung über, so kommt es zu umfangreichen Kondensationsvorgängen (Verdichtungen) an den DNA-Molekülen. Dazu tragen bestimmte Proteine des Zellkerns, die Histone bei. Die Doppelhelix wird sozusagen um die Histone gewickelt, längs der DNA entstehen DNA-Histonkomplexe, die Nucleosomen. Weitere Proteine sind an der Auffaltung der Nucleosomen zu kompakteren Fasern beteiligt, sodass schließlich als Transportstruktur die Chromatiden entstehen.

Literaturhinweise

WATSON, J. D.; CRICK, F. H. C.: Molecular Structure of Nucleic Acids: A Structure for Desoxyribose Nucleic acid. In: Nature, Vol. 171, S. 737–738, 1953

WATSON, J. D.; CRICK; F. H. C.: Genetical implications of the structure of desoxyribose nucleic acid. In. Nature, Vol. 171, S. 964 – 967, 1953

Systematik verschiedener, exemplarischer Viren

Nucleinsäure	Nucleo-Kapsid-symmetrie	Größe (nm)	Familie	Beispiel
DNA (ds)	kubisch (nackt)	55	Papovaviridae	Warzenvirus, SV 40
DNA (ds)	kubisch (nackt)	70 – 90	Adenoviridae	Adenovirus
DNA (s)	kubisch (Hülle)	27 / 42	Hepadnaviridae	Hepatitis-B-Virus
DNA (ds)	kubisch (Hülle)	100 / 200	Herpesviridae	Herpes-simples-Virus, Varizellen-/ Zoster-Virus, Zytomegalievirus, Epstein-Barr-Virus
DNA (ds)	komplex (Hülle)	230 x 350	Poxviridae	Variola-Virus
RNA (s)	kubisch (nackt)	24 – 30	Picornaviridae	Polio-Virus, Hapatitis-A-Virus, Rhino-Virus
RNA (s)	kubisch (nackt)	33	Caliciviridae	Hepatitis-E-Virus
RNA (s)	kubisch (Hülle)	60 – 70	Togaviridae	Rötelnvirus
RNA (s)	helical (Hülle)	80 –120	Orthomyxoviridae	Influenza
RNA (s)	helical (Hülle)	150 – 300	Paramyxoviridae	Mumpsvirus, Masernvirus
RNA (s)	helical (Hülle)	60 – 180	Rhabdoviridae	Tollwutvirus
RNA (s)	Hülle	100	Retroviridae	HIV 1 und 2
ds = Doppelstrang, s = Einzelstrang				

Struktur der DNA

Base: Adenin	Base: Guanin	Base: Cytosin	Base: Thymin
Nucleosid: Adenosin = A	Nucleotid: Guanosin = G	Nucleosid: Cytosin = C	Nucleosid: Thymidin = T
Nucleotid: Adenosin-monophosphat (AMP)	Nucleotid: Guanosin-monophosphat (GMP)	Nucleotid: Cytidin-monophosphat (CMP)	Nucleotid: Thymidin-monophosphat (TMP)

Abb. 1 Nucleotide der DNA

Prozentuale Basenhäufigkeit (Doppelstrang-DNA)	A	T	G	C
Mensch	29,9	29,8	19,5	20,1
Rind	28,7	27,2	22,2	19,9
Grünalge	20,2	18,8	30,8	30,2
Weizen	26,9	26,5	23,2	17,6

Prozentuale Basenhäufigkeit bei einem Bakteriophagen (Einzelstrang-DNA)			
A	T	G	C
24,6	18,5	32,8	24,1

Abb. 2 Experimentelle Befunde an verschiedenen DNA-Molekülen

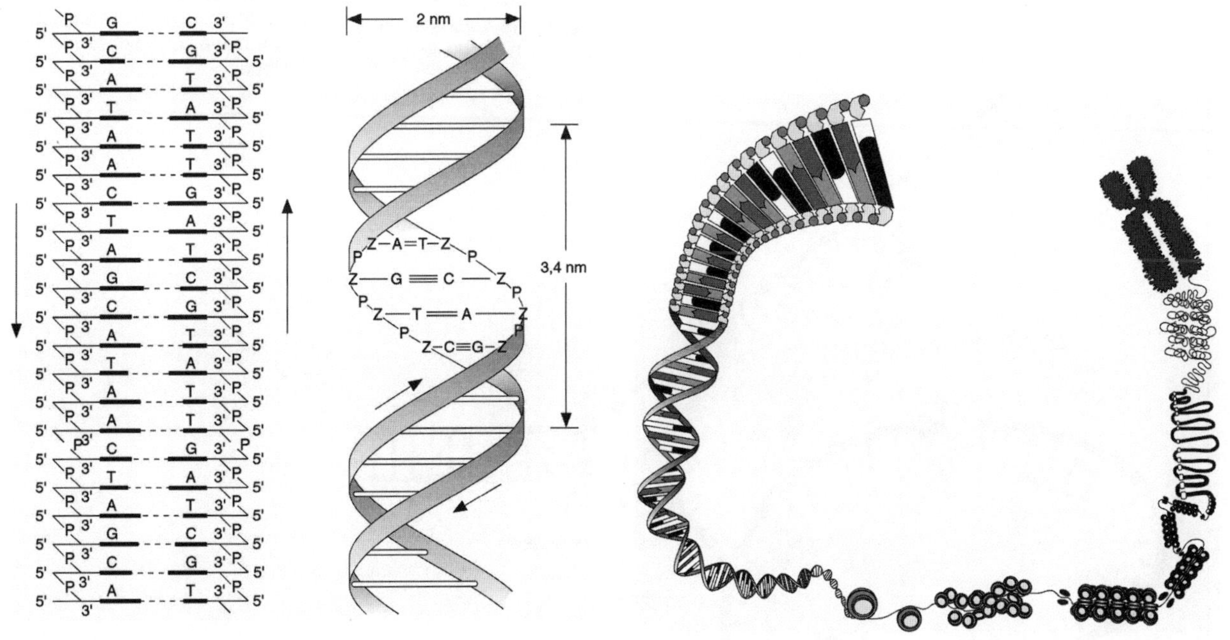

Abb. 3 Raumstruktur der DNA

Aufgaben

1. Beschreiben Sie den Aufbau von DNA-Nucleotiden anhand der Abbildung1.
2. Leiten Sie aus Abbildung 2 eine Regel zur Basenpaarung (Chargaff-Regel) ab.
3. Beschreiben Sie die Raumstruktur der DNA anhand von Abbildung 3.

Basenkomplementarität
DNA
DNA – Polymerase
DNA – Primase
DNA – Replikation
Enzym – Exonuclease-Modell
Enzym – Helicase

DNA-Replikation – aus eins mach zwei

Schülerbuch Seite 135

① Inwieweit lässt sich das Schema der Replikation aus dem Bau der DNA ableiten?

– *Der Strickleiterbau der DNA-Doppelhelix mit Sprossen aus komplementären Basenpaaren lässt eine semikonservative Verdopplung der DNA zu: Werden die Wasserstoffbrücken zwischen den komplementären Basen gelöst, liegen Einzelstränge vor, an die Basen bzw. Nucleotide spezifisch binden können. Die Basensequenz des elterlichen Einzelstranges legt damit die Basensequenz des Tochterstranges fest.*

Arbeitsblatt Seite 113

1. Am Vorwärtsstrang kann die Replikation kontinuierlich erfolgen, am Rückwärtsstrang diskontinuierlich.
2. Die Polymerase bewegt sich im Bereich der Replikationsgabel in eine Richtung fort und zwar in der Syntheserichtung des Vorwärtsstranges. Der Rückwärtsstrang wächst aufgrund der Antiparallelität doppelsträngiger DNA-Moleküle aber genau in die entgegengesetzte Richtung. Die Polymerase kann sich nicht in beide Richtungen bewegen oder zweiteilen.

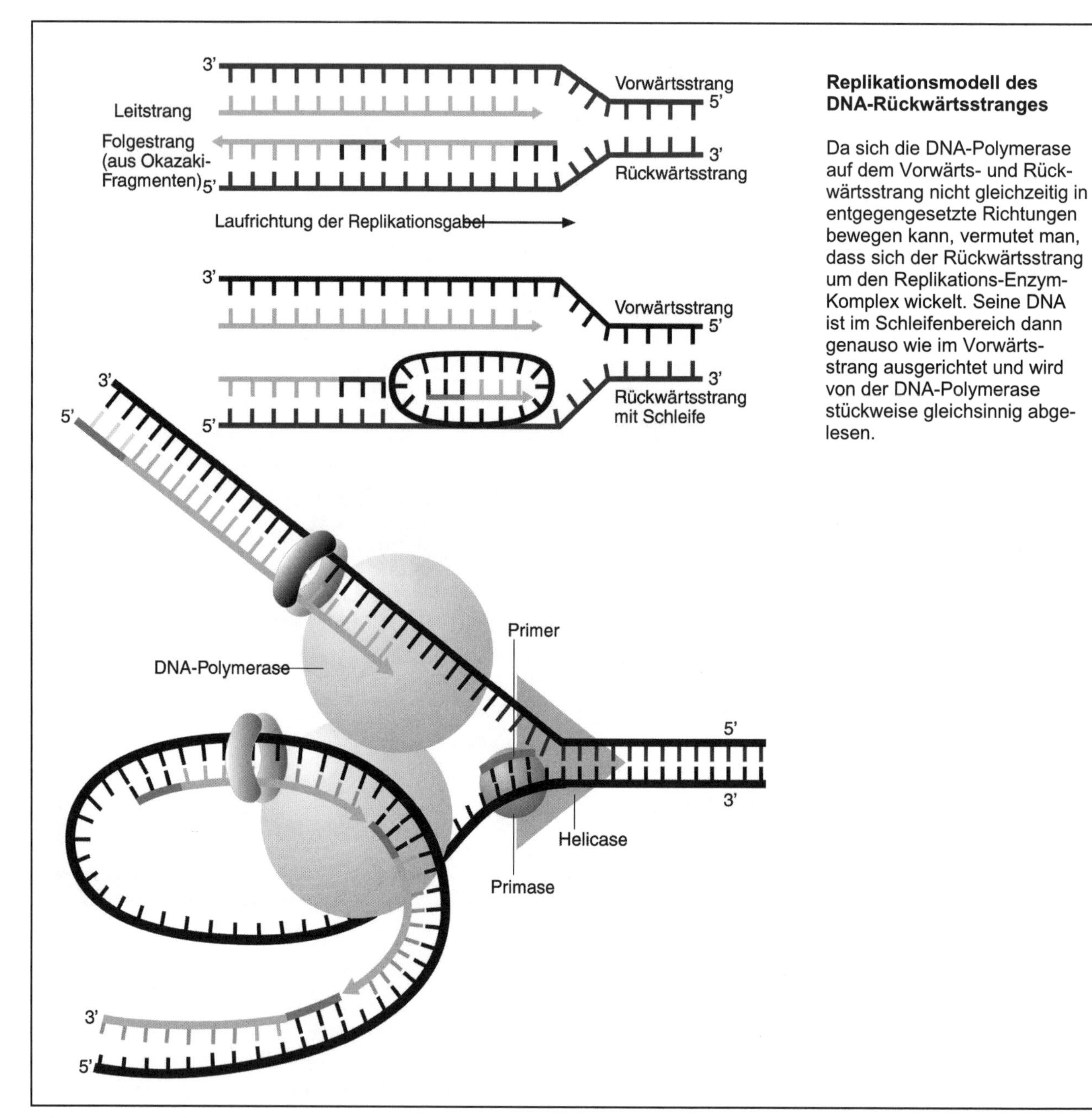

Primase: synthetisiert den Primer
Helicase: trennt die Wasserstoffbrücken zwischen den DNA-Einzelsträngen
DNA-Polymerase: stellen eine neue Nucleotidkette entsprechend der Vorgabe des Matrizenstranges her

Verdopplung der DNA

Bei der Replikation wird das doppelsträngige DNA-Molekül wie ein Reißverschluss geöffnet. An die beiden freigelegten DNA-Einzelstränge lagern sich komplementäre Basen an und werden vom Enzym Polymerase miteinander verkettet. Polymerasen können an „nackten" DNA-Einzelsträngen aber nicht arbeiten. Sie benötigen eine freie 3'-OH-Gruppe, um mit der Synthese des neuen DNA-Stranges zu beginnen. Dadurch wird nur ein Strang kontinuierlich repliziert. Am zweiten DNA-Strang synthetisieren Primasen kurze Stücke aus RNA-Nucleotiden (Primer), an deren 3'OH-Gruppe die Polymerase mit ihrer Synthese so genannter Okazaki-Fragmente (DNA) beginnen kann. Später werden die RNA-Nucleotide der Primer vom Enzym Exonuclease entfernt und durch DNA-Nucleotide ersetzt (Abb. 2).

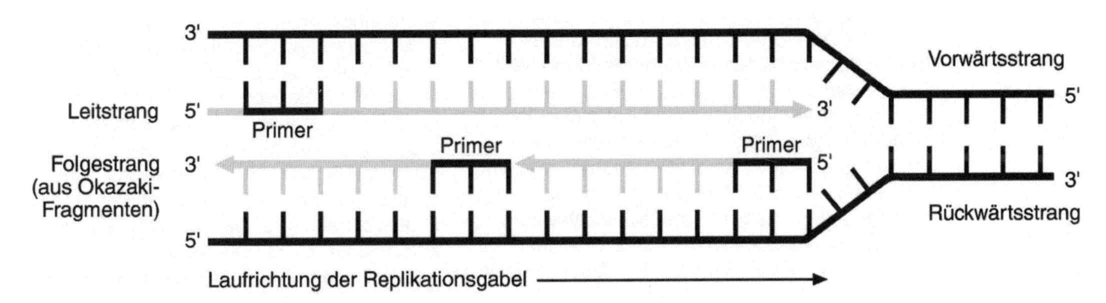

Abb. 1 Replikation des Leit- und Folgestranges

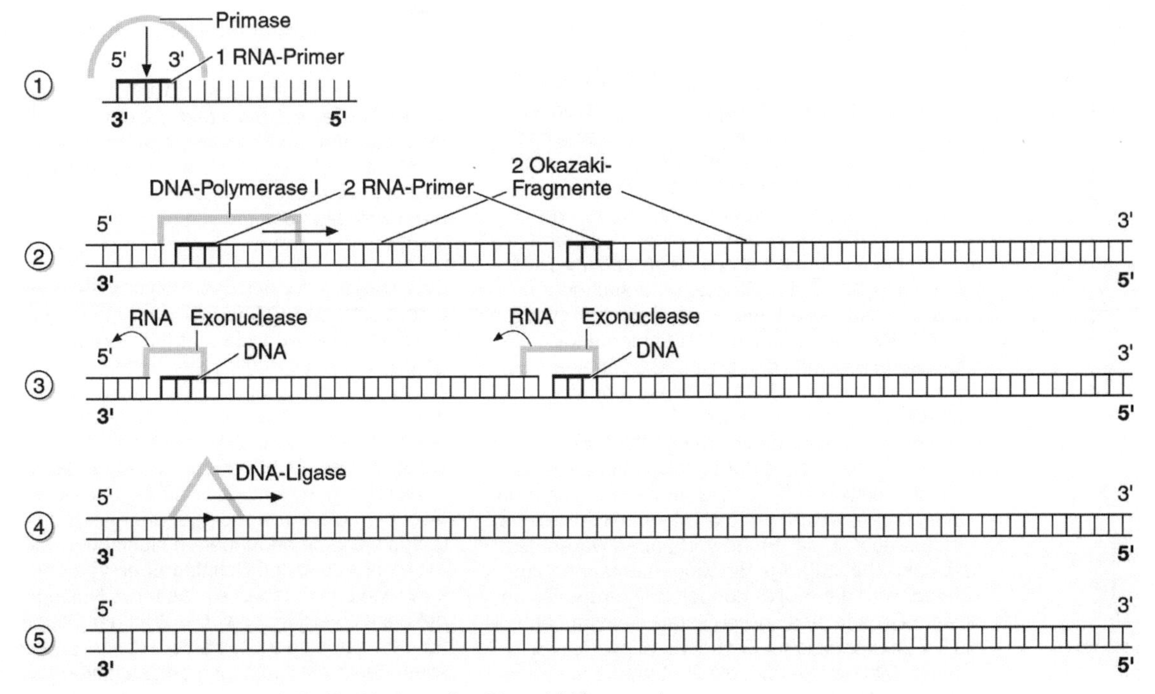

Abb. 2 Startproblem und die Verbindung der Okazaki-Fragmente

Aufgaben

1. Polymerasen benötigen eine freie 3'OH-Gruppe, um DNA-Stränge neu zu synthetisieren. Welche Konsequenzen hat dies für die gleichzeitige Replikation des Vorwärts- und Rückwärtsstranges (Abb. 1)?
2. Vorwärtsstrang und Rückwärtsstrang werden von ein und derselben Polymerase repliziert. Welches Problem ergibt sich aus folgenden experimentellen Befunden?
   a) Die beiden komplementären DNA-Stränge sind antiparallel gelagert.
   b) Polymerasen können neue Stränge nur von 5' nach 3' synthetisieren. Tipp: Veranschaulichen Sie sich das Problem, indem Sie die Situation an der Replikationsgabel skizzieren.

c-DNA
DNA – Transkription
Elektropherogramm
Fotolithografie
m-RNA
Proteom
Transkription – Reverse

2 Genexpression

Genexpression: Von der Information zum Produkt

Arbeitsblatt Seite 115

1. Beim Vergleich von Abb. 1a mit Abb. 1b fällt auf, dass sich eine Proteinbande von ca. 60 u bei pH 5 (Abb. 1a) nach ca. 70 u (Abb. 1b) verlagert hat. Vier weitere Proteinbanden bei ca. 90 u und bei pH 5 bis pH 6 sind nach ca. 100 u gewandert. Die größere Molekülmasse ist auf die Veränderung der Leberproteine nach Halothanbehandlung zurückzuführen. Das Muster der anderen Proteinbanden bleibt unverändert.
2. Ursache der immunologischen Folgereaktion ist die Veränderung der Leberproteine, die vom Immunsystem als körperfremd erkannt werden. Die Veränderung der Genprodukte ist auf Proteinebene, nicht aber auf m-RNA-Ebene zu erkennen. Die ausgelöste Antikörperproduktion hingegen ist auf der RNA-Ebene abgebildet, da zu deren Produktion entsprechende m-RNA-Moleküle benötigt werden.

m-RNA-Spektren

Zur Darstellung von m-RNA-Spektren werden m-RNA-Moleküle mithilfe der Reversen Transkriptase in c-DNA *(complementary DNA)* umgeschrieben, kloniert und sequenziert. Diese c-DNA-Moleküle werden auf Träger (chips) pipettiert und immobilisiert. Da man mehrere Zehntausend verschiedene c-DNA-Moleküle auf einem Chip unterbringen kann, spricht man *von high-density-DNA*. Die m-RNA-Moleküle einer zu untersuchenden Probe werden isoliert, mit einem Farbstoff markiert und auf den Träger gegeben. Komplementäre Basensequenzen binden bekanntlich aneinander, die immobilisierten c-DNA-Moleküle sind durch den Farbstoff der komplementären Proben-m-RNA markiert. Die Stärke der Färbung gibt Auskunft über die Konzentration der jeweiligen m-RNA. Da man die Position auf dem Träger kennt, kann man genau sagen, welche m-RNA-Moleküle in welcher Konzentration in der Probe vorhanden waren. Um unspezifische, zufällige Bindungen erkennen zu können, wird die c-DNA doppelt aufgetragen. Aus diesem Grunde sind im Schülerarbeitsblatt (Abb. 2) die Farbtupfer gleicher Graustufe doppelt zu erkennen. Markiert werden die Proben der verschiedenen m-RNA-Moleküle entweder radioaktiv (wie im Schülerarbeitsblatt, Abb. 2) oder mit Fluoreszenzfarbstoffen. Die Chips werden mithilfe von Robotern (sog. *arrayern*) und angeschlossener elektronischer Datenverarbeitung ausgewertet.

2-D-Gelektrophorese

In der 2-dimensionalen (2-D) Gelelektrophorese werden Proteine nach ihrer elektrischen Ladung (1. Dimension) und dann nach ihrer Molekülmasse (2. Dimension) aufgetrennt. In einem Gel, das einen pH-Gradienten aufweist, wandern die Proteine eines Gemisches im Gleichspannungsfeld bis sie in einen pH-Bereich gelangen, an dem sie sowohl eine negative als auch eine positive Partialladung aufweisen *(= isoelektrischer Punkt)*, und insgesamt elektrisch neutral sind. Der isolelektrische Punkt ist eine charakteristische Kenngröße jeder Proteinspezies. Danach wird die Gleichspannungsquelle im rechten Winkel zur Wanderungsrichtung in der 1. Dimension angelegt und die Proteine nach ihrer Molekülmasse in einer herkömmlichen Elektrophorese getrennt. Die Gele werden fixiert und einer Proteinfärbung unterzogen. An der Farbintensität kann die Proteinkonzentration abgelesen werden.

Fotolithografie-Nucleinsäure-Chips

Heute ist es möglich, mit fotolithografischen Verfahren Nucleinsäuren direkt auf einem Chip zu synthetisieren und eine beinahe unbegrenzte Zahl von Nucleinsäuren mit verschiedenen Basensequenzen zu erzeugen (s. Randspalte). Man spricht dann von *„high density synthetic oligonucleotide arrays"*.

Das Trägermaterial (Glas, Polypropylen) wird mit einer Lochmaske abgedeckt und mit einem Laser bestrahlt. Dort wo Licht auftrifft, werden Schutzgruppen von auf dem Träger befindlichen kurzen Nucleinsäurestücken (Oligonucleotide) abgespalten und eine reaktive Gruppe freigesetzt, an die in einem zweiten Schritt ein Nucleotid gekoppelt wird. Dazu wird der Chip mit einer Lösung, die das entsprechende Nucleotid enthält, überschichtet. Nachdem die Nucleotide gebunden haben, wird gespült. Da die gebundenen Nucleotide wiederum mit einer fotolabilen Schutzgruppe versehen sind, kann wie beschrieben ein weiteres Nucleotid angekoppelt werden, usw. Die Zahl der Oligonucleotide, die auf einem Chip platziert werden kann, wird allein durch die Auflösung der Belichtungsvorrichtung begrenzt.

Literaturhinweise

REHM, H.: Proteinchemie/Proteomics. Spektr. Akad. Verlag, Heidelberg 2000

Fotolithografie

Licht
Maske
Schutzgruppen
Oligonucleotide
Träger
Waschen
+T
Synthese
Licht
Waschen
+A
Synthese
Waschen
usw.

Fotolithografie nach C. Mühlhardt, 2000

Proteomik

In einer Zelle befinden sich tausende von verschiedenen Proteinen, die – in Analogie zum Genom (Gesamtheit aller Nucleinsäuren) – als *Proteom* bezeichnet werden. Natürlich liefern Nucleinsäuren die Bauanleitungen für diese Proteine, die Lebensäußerungen von Zellen gründen aber auf den Proteinen. Mit der Charakterisierung des Proteoms beschäftigt sich die *Proteomik* (engl. *Proteomics).*

Heute stehen leistungsfähige Methoden zur Verfügung, die Gesamtheit der Proteine eines bestimmten Gewebetyps darzustellen und auch ihre Konzentrationen zu bestimmen. So können auch Veränderungen in der Zusammensetzung der Proteine nachgewiesen werden: Beispielsweise wurde nachgewiesen, dass das Narkosemittel Halothan Leberproteine verändert und diese veränderten Leberproteine die Ursache von Leberschäden sind.

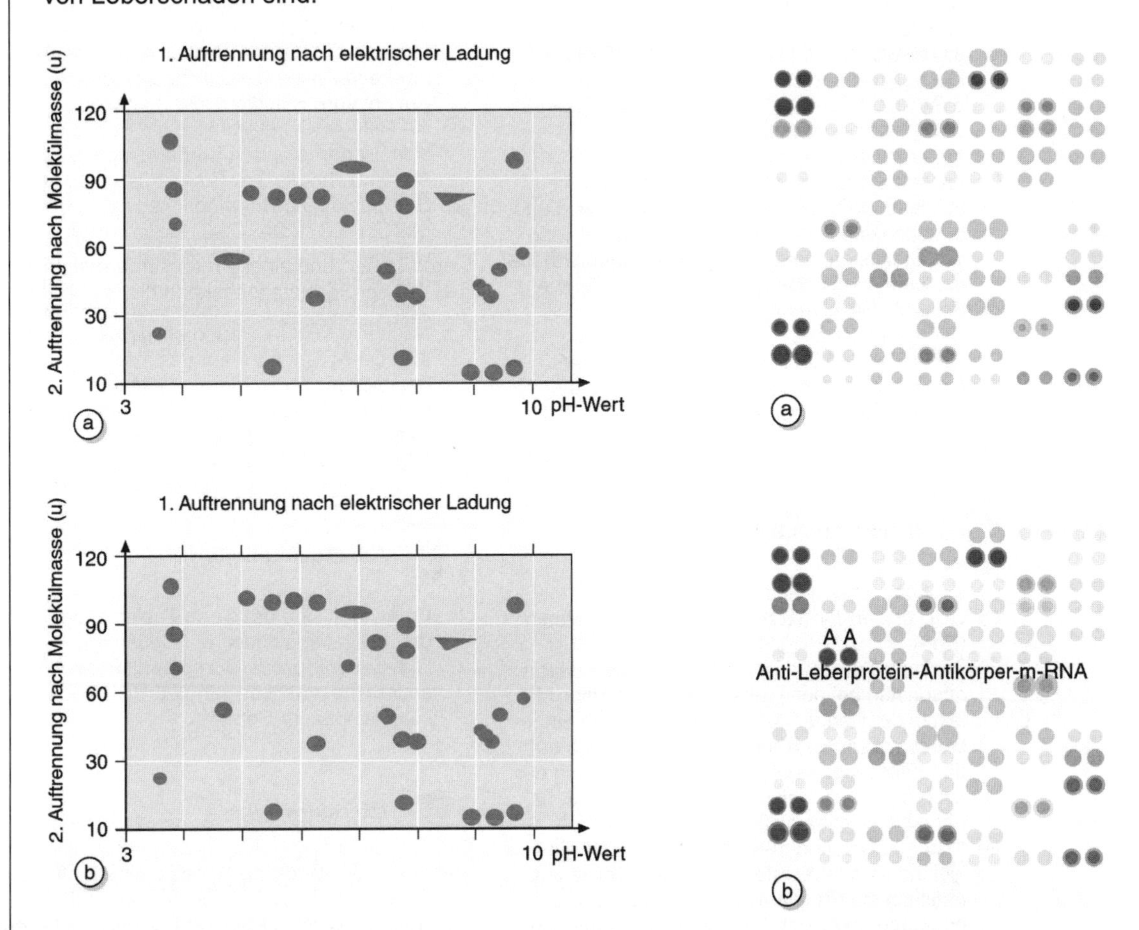

Abb. 1 2-D-Elektropherogramm vom Proteinspektrum eines Patienten

Abb. 2 m-RNA-Spektrum vom Patienten aus Abb. 1

Aufgaben

1. Halothan bewirkt eine chemische Veränderung bestimmter Leberproteine. Durch diese Veränderung nimmt ihre Molekularmasse zu. Deshalb zeigen die Proteine in der 2-D-Gelelektrophorese, einer hoch auflösenden Methode zur Trennung von Proteinen aus komplexen Gemischen, ein anderes Wanderungsverhalten. Abbildung 1b zeigt das Proteinspektrum eines Patienten unmittelbar nach einer Halothanbehandlung. Die Punkte stellen einzelne Leberproteine dar, die nach der Auftrennung angefärbt wurden. Welche Unterschiede bestehen vor und nach Halothanbehandlung?
2. Das Immunsystem einiger Patienten reagiert auf die veränderten Leberproteine, es werden Antikörper gebildet und es kommt zu Leberschädigungen. Abbildung 2a zeigt den Ausschnitt aus einem m-RNA-Spektrum des Patienten aus Abbildung 1 unmittelbar nach einer Behandlung mit Halothan und nach dem Auftreten von Leberschäden (Abb. 2b). Die Punkte stellen verschiedene m-RNA-Spezies dar, die angefärbt worden sind. Je dunkler und größer der Punkt, desto höher ist die m-RNA-Konzentration. Proteinspektrum und m-RNA-Spektrum zusammen lassen den Krankheitsmechanismus erst verstehen. Begründen Sie.

Basentriplett
Code – Gen
DNA – Transkription
Nucleinsäuresequenz
Ribosom
Triplettbindungstest
t-RNA

Der genetische Code
Material: Die Entdeckung des genetischen Codes

Schülerbuch Seite 138

① Suchen Sie das Startcodon und translatieren Sie diese m-RNA-Sequenz:
5'UUAGAUGAGCGACGAACCCCUAAAAUUU ACCUAGUAGUAGCCAU3'
– *Start- und Stopp-Codon sind: Met-Ser-Asp-Glu-Pro-Leu-Lys-Phe-Thr-Stopp-Stopp-Stopp*

② In welche Aminosäuresequenz wird folgender Abschnitt eines codogenen Strangs der DNA übersetzt?
3'CTGGCTACTGACCCGCTTCTTCTATC5'
– *Die m-RNA lautet:*
5'GACCGAUGACUGGGCGAAGAAGAUAG3'
Die Aminosäuresequenz lautet:
Met-Thr-Gly-Arg-Arg-Arg-Stopp

③ Lassen Sie den ersten Buchstaben im Beispielsatz „VORDERRNAISTDIEDNA" weg und behalten den „Triplettcode" bei, wird der Sinn des Satzes entstellt. Welche Konsequenz hätte es, wenn in der oben gezeigten DNA-Sequenz die erste Base wegfallen würde?
– *Die m-RNA lautet:*
5'ACCGAUGACUGGGCGAAGAAGAUAG3'
Durch die Verschiebung des Leserasters entfällt das Start-Codon AUG, es gibt kein Genprodukt.

Schülerbuch Seite 139

① s. Skizze Arbeitsblatt Seite 117
② UUU codiert für die Aminosäure Phenylalanin (Phe).
③ Die radioaktiv markierten Aminosäuren wären ansonsten bei der Translation der m-RNA-Moleküle der Herkunftszelle in die Proteine eingebaut worden, die Radioaktivität hätte sich auf dem Filter wiedergefunden, die Bedeutung der kurzen m-RNA-Moleküle bekannter Sequenz hätte sich nicht aufklären lassen.
④ In der künstlichen m-RNA folgen immer die gleichen Tripletts aufeinander und werden natürlich in ein Protein aus immer gleichen Aminosäuren übersetzt. Die vier Tripletts und ihre Bedeutung sind:
UUU = Phenylalanin AAA = Lysin
CCC = Prolin GGG = Glycin
⑤ Es ist nicht klar, an welcher Stelle die Translation beginnt. Ist A der Translationsstart, ergibt sich die Triplett-Reihenfolge ACA-CAC-ACA-CAC-... Das Peptid hätte die Aminosäuresequenz: Thr-His-Thr-His-... Ist C der Translationsstart, ergibt sich die Triplett-Reihenfolge CAC-ACA-CAC-ACA-... Das Peptid hätte die Aminosäuresequenz His-Thr-His-Thr.
⑥ Auch hier ist wieder nicht festgelegt, wo die Translation beginnt, es sind mehrere Triplettraster möglich:
AAC-AAC-AAC-AAC-... = Poly Asn
ACA-ACA-ACA-ACA-... = Poly Thr
CAA-CAA-CAA-CAA-... = Poly Gln
Auf die Bedeutung der Tripletts kann erst im Vergleich mit anderen Versuchsergebnissen geschlossen werden. Beispielsweise tritt sowohl in Poly-AC als auch in Poly-AAC das Triplett ACA auf. In beiden erzeugten Peptiden findet sich folglich die von ACA codierte Aminosäure Thr. Damit ist aber auch klar, dass das zweite in Poly-AC mögliche Triplett CAC für die Aminosäure Histidin codieren muss.
⑦ Mit Poly-ACCC ergibt sich ein Peptid mit dem sich wiederholenden Sequenzmotiv Thr-His-Pro-Pro-Thr-His-Pro-Pro- ... unabhängig vom Startpunkt. Die vier möglichen Starttripletts (ACC, CCC, CCA, CAC) legen lediglich fest, an welcher Aminosäureposition der „Einstieg" in das Sequenzmotiv genommen wird. Dass das Triplett CCC für Pro codiert, zeigt Aufgabe 4. Nach Pro folgt im Peptid entweder Pro oder Thr. Da ACC immer auf das Triplett CCC folgt, muss es für Thr codieren, CCA ebenfalls für Pro. Dass CAC für His codiert, geht aus Aufgabe 4 hervor, ACC bleibt übrig, es codiert folglich für die übrig bleibende Aminosäure Thr.

Arbeitsblatt Seite 117

1. Es handelt sich um einen Triplettcode, jeweils drei Nucleotide bilden ein Codewort.
2. Das Basentriplett UUU codiert für die Aminosäure Phe; das Basentriplett UCU codiert für die Aminosäure Ser.

Literaturhinweise

BROWN, T. A.: Moderne Genetik, eine Einführung. Spektr. Akad. Verlag, Heidelberg 1992
NIRENBERG, M. W.; LEDERER, P.: RNA Codewords and Protein Synthesis. In: Science, Vol. 145/ 1964, S. 1399–1407

Triplettbindungstest von Nirenberg und Lederer

Lange Zeit konnte keine eindeutige Aussage darüber getroffen werden, welches Basentriplett für welche Aminosäure codiert. Die beiden Wissenschaftler Marshall Nirenberg und Philip Lederer führten 1964 den so genannten *Triplettbindungstest* (s. Abb.) durch, der zur vollständigen Entzifferung des genetischen Codes führte. Zur damaligen Zeit konnte man m-RNA-Moleküle mit bekannter Nucleotidsequenz herstellen. Alle Versuche fanden *in vitro* (im Reagenzglas), d.h. außerhalb von Zellen, statt.

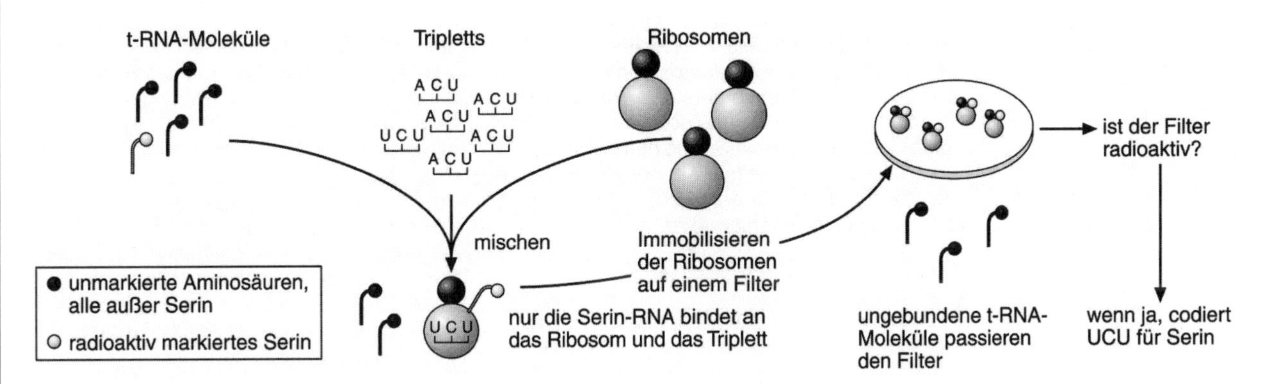

Erster Teil des Experimentes:
Nirenberg und Lederer synthetisierten m-RNA-Moleküle und vermischten diese mit Ribosomen, die sie aus Bakterien gewonnen hatten. Untersuchungen zeigten, dass die kurzen, aus drei Nucleotiden bestehenden m-RNA-Stücke sich mit den Ribosomen verbunden hatten.

Zweiter Teil des Experimentes:
Sie benutzten ein zellfreies System, indem alle zur Proteinbiosynthese notwendigen Bestandteile enthalten waren. In einem Gefäß befanden sich jeweils:
- gereinigte *Ribosomen*;
- ein Gemisch aller *t-RNA-Typen*, die zuvor mit den 20 in Lebewesen vorkommenden Aminosäuren beladen worden waren. Jeweils von Versuch zu Versuch wechselnd war eine der Aminosäure radioaktiv markiert;
- ein m-RNA-Molekül aus drei *Nucleotiden* mit bekannter Basensequenz.

Nachdem man alle Komponenten (Ribosomen, t-RNA-Moleküle mit Aminosäuren, m-RNA) in dem Gefäß zusammengebracht hatte, wurde dieses Gemisch auf einen Filter geschüttet. Die Porengröße des Filters war so gewählt, dass es Teilchen in Größe der Ribosomen zurückhielt. Anschließend wurde untersucht, ob die Radioaktivität auf dem Filter oder im Filtrat wiederzufinden war.

Vier konkrete Versuche und ihre Ergebnisse:
Die beiden Forscher gaben in das Gefäß ein m-RNA-Molekül mit *Basenfolge UUU.*
- 1. Versuch: Sie markierten die Aminosäure *Serin* radioaktiv. Nachdem man die Mischung durch den Filter geschüttet hatte, fand sich die Radioaktivität im *Filtrat.*
- 2. Versuch: Fügten sie anstelle der radioaktiv markierten Aminosäure Serin die markierte Aminosäure *Phenylalanin* hinzu, fanden sie die Radioaktivität auf dem *Filter.*

Nun gaben sie eine m-RNA mit der Basenfolge UCU in das Gefäß.
- 3. Versuch: Sie markierten wieder die Aminosäure *Serin.* Die Radioaktivität fand sich auf dem *Filter.*
- 4. Versuch: Bei Zugabe von radioaktivem *Phenylalanin* fanden sie nach dem Filtrieren die Radioaktivität im *Filtrat.*

Nach diesem Prinzip wurden weitere Versuche mit m-RNA-Molekülen unterschiedlicher Sequenz durchgeführt. Aus den Versuchsergebnissen wurde der genetische Code abgeleitet.

Aufgaben

1. Welche theoretischen Überlegungen werden durch den ersten Teil des Experiments bestätigt?
2. Welche Bedeutung haben die beiden Tripletts UUU und UCU?

Anticodon
Code – Aminosäure
Codon
Mutation
Nucleinsäuresequenz
Proteinbiosynthese
Translation
t-RNA
Wobble-Hypothese

t-RNA – Vermittler zwischen m-RNA und Peptiden
Translation: Ein Protein entsteht

Schülerbuch Seite 140 (Kasten)

① Die Codon-Bevorzugung spiegelt sich in der Konzentration der t-RNA-Moleküle wider. Welches Problem kann auftreten, wenn man ein Gen, beispielsweise von *Escherichia coli*, auf *Saccharomyces frugiperda* überträgt, um das codierende Protein herstellen zu lassen?

– *Die Biosynthese des Proteins aus E. coli kann ineffektiv sein, wenn in S. frugiperda das Codon CCG sehr viel seltener verwendet wird, da die Konzentration der entsprechenden t-RNA dann ebenfalls sehr niedrig ist.*

Schülerbuch Seite 141

① RNA und Proteine gehören unterschiedlichen chemischen Stoffklassen an. Dennoch gibt es strukturelle und funktionelle Parallelen. Begründen Sie.

– *t-RNA-Moleküle sind wie Proteine auch dreidimensionale Gebilde. Erst ihre Raumstruktur ermöglicht es ihnen, ihre Funktion auszuführen. Beispielsweise erkennen t-RNA-Moleküle die passenden Aminoacyl-t-RNA-Synthetasen aufgrund ihrer räumlichen Passung nach dem Schlüssel-Schloss-Prinzip (s. Abb. 122.1 im Schülerbuch).*

② Das Codon AUG hat zwei verschiedene Bedeutungen, je nachdem ob es sich am Anfang einer m-RNA oder nicht befindet. Begründen Sie.

– *Als Startcodon markiert AUG auf einer m-RNA den Beginn der Translation, fungiert also als „Satzzeichen". Methionin ist demgemäß die erste Aminosäure eines Proteins, die aber meist bei der Reifung von Proteinen wieder abgespalten wird. Innerhalb eines Proteins codiert das Codon AUG lediglich für die Aminosäure Methionin und hat darüber hinaus keine weitere Bedeutung.*

③ Formulieren Sie zu dem codogenen DNA-Abschnitt unten die komplementäre m-RNA. Formulieren Sie dann die komplementären Anticodons und die zugehörigen Aminosäuren:
3'CTGGCTTGAACCCGCTTC5'

– *Die Sequenz der m-RNA lautet:*
5'GACCGAACUUGGGCGAAG3'
Die Sequenzen der Anticodons lauten:
3'CUG-GCU-UGA-ACC-CGC-UUC5'
Die Aminosäuresequenz lautet:
Aps-Arg-Thr-Trp-Ala-Lys

Arbeitsblatt Seite 119

1. Das Aminosäuremotiv „REXXE" wird von Tripletts codiert, die sich im Basensequenzbereich 301–360 befinden.
2. Ohne „installiertes" Gen nehmen die Zellen im Vergleich zur „Normalform", also dem Wildtyp, nur wenig Eisen auf. Nach Einbringung des SFT-Gens wird Eisen gut aufgenommen. Ein mutiertes SFT-Gen, das für das Motiv „RAIHA" codiert, vermag dies hingegen nicht.

Datenbankrecherche

Die Sequenzen zahlreicher Nucleinsäuren und Proteine sind in öffentlich zugänglichen Datenbanken gespeichert. Das Verfahren, ähnliche oder identische Sequenzen aufzufinden, ähnelt dem Vorgehen des Arbeitsblattes auf Seite 139: Die „Probensequenz" wird an Strängen bekannter Sequenz entlang gezogen *(alignment)*, übereinstimmende Abschnitte werden markiert.

Internet-Datenbank-Recherche:
1. Internet-Adresse auswählen: www.ncbi.nlm.nih.gov/blast/BLAST.cgi
2. Datenbase auswählen, z. B. nr
3. Aminosäuresequenz in das entsprechende Fenster eingeben (z. B. 20 Positionen des Insulin-Genprodukts)
4. „Expect"-Wert wählen. (Je größer der E-Wert, desto größer die Zahl der Treffer, die jedoch unspezifischer sein können.)
5. Recherche starten (Schaltfläche „Blast" anklicken).
6. „Format" anklicken.

Fragen zum Programm (Blast) und seinen Funktionen, zur Interpretation der Rechercheergebnisse werden unter „FAQ" (frequently asked questions) beantwortet.

Aminosäuren im Drei- und Einbuchstaben-Code

Aminosäure	Abkürzungen	
	3 Buchstaben	1 Buchstabe
Alanin	Ala	A
Arginin	Arg	R
Asparagin	Asn	N
Asparaginsäure	Asp	D
Cystein	Cys	C
Glutaminsäure	Glu	E
Glutamin	Gln	Q
Glycin	Gly	G
Histidin	His	H
Isoleucin	Ile	I
Leucin	Leu	L
Lysin	Lys	K
Methionin	Met	M
Phenylalanin	Phe	F
Prolin	Pro	P
Serin	Ser	S
Threonin	Thr	T
Tryptophan	Trp	W
Tyrosin	Tyr	Y
Valin	Val	V

Medienhinweise

Umfangreiche Informationen zur Molekularbiologie sowie zu weiteren Datenbanken und speziellen Software-Tools findet man im Internet unter: http://www.bioinformatics.vg

Von der Basensequenz zur biologischen Funktion

Eisen ist unverzichtbar für den Stoffwechsel von Zellen. Sie nehmen Eisen aus der sie umgebenden Flüssigkeit auf und verteilen es dann in der Zelle. Wenig bekannt ist, wie Eisen über die biologischen Membranen in die verschiedenen Kompartimente von Zellen transportiert wird.

Molekularbiologen haben ein menschliches Gen identifiziert, das für die Bildung eines Proteins verantwortlich ist, das am Transport von Eisen beteiligt ist. Sie nannten das Protein SFT *(Stimulator of Fe-Transport)*.

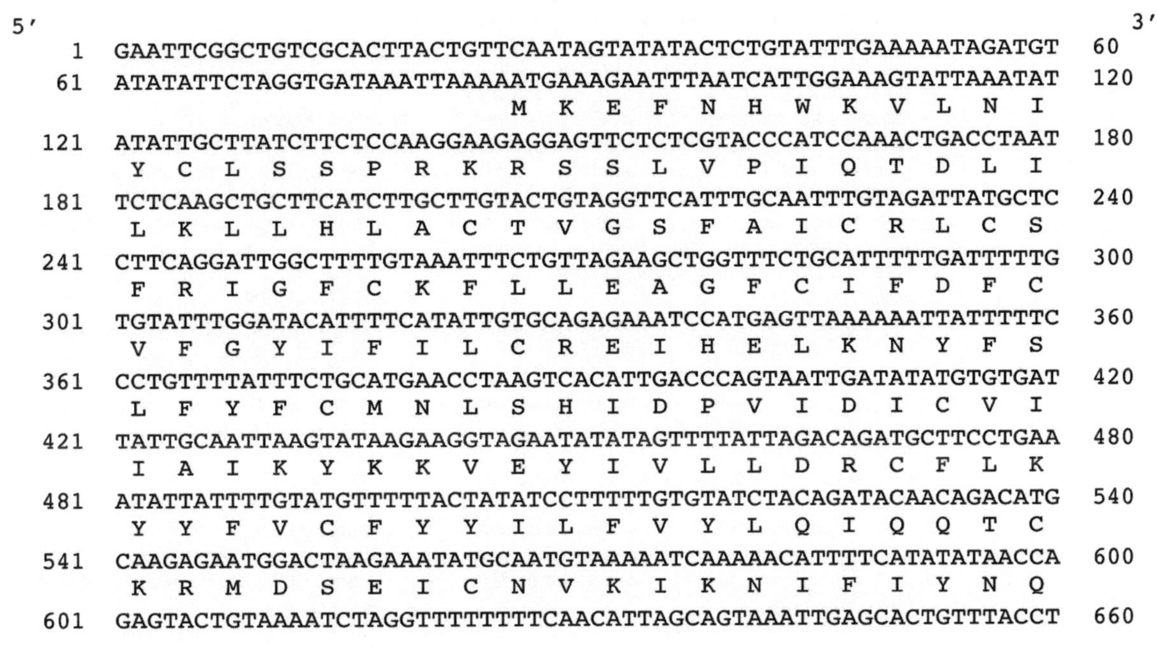

Abb. 1 Basensequenz des SFT-Gens und Aminosäuresequenz des Proteins (Einbuchstaben-Code)

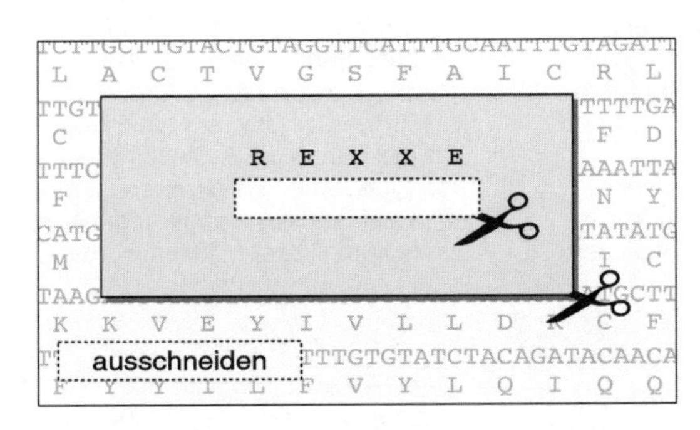

Abb. 2 Suchmaske

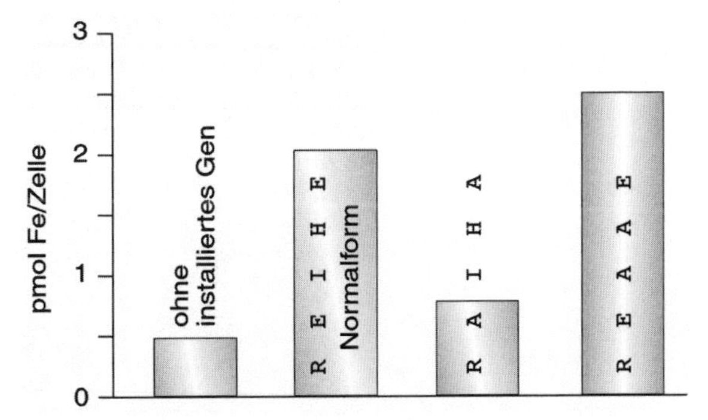

Abb. 3 Eisentransport in verschiedenen Zelltypen

Aufgaben

1. Fertigen Sie eine Suchmaske an (Abb. 2) und fahren Sie damit die Aminosäuresequenz des SFT-Genprodukts ab. Finden Sie das Motiv „REXXE“ und markieren Sie es. Jeder Buchstabe bezeichnet eine Aminosäure (Einbuchstaben-Code). „XX“ bedeutet, dass diese beiden Positionen von beliebigen Aminosäuren eingenommen werden können.
2. Die Funktion des „REXXE“-Motivs im Protein wurde untersucht. Die Forscher veränderten das Motiv gezielt durch Punktmutation und brachten dann das Gen in Zellen ein, die nicht in der Lage waren, Eisen aufzunehmen.
   Begründen Sie mit den in Abbildung 3 dargestellten Versuchsergebnissen die Aussage, das Motiv „REXXE“ besitze eine Schlüsselfunktion beim Transport von Eisenionen durch biologische Membranen hindurch.

Antibiotikum – Hemmstoff
Eukaryot
Exon
Gen – Eukaryot
Gen – Prokaryot
Intron
Prokaryot
Proteinbiosynthese
Spleißen

Proteinbiosynthese bei Prokaryoten
Proteinbiosynthese bei Eukaryoten

Schülerbuch Seite 143

① Menschliches Insulin kann von „umprogrammierten" Bakterienzellen erzeugt werden. Mit welchen Schwierigkeiten ist aufgrund der unterschiedlichen Genetik von Pro- und Eukaryoten zu rechnen?

– *Eukaryotische Gene sind gestückelt, prokaryotische hingegen nicht. Das heißt, würde das Insulin-Gen auf Bakterien übertragen, könnten die Introns nicht entfernt werden, da Prokaryoten die entsprechenden Spleiß-Enzyme nicht besitzen. Die Proteinbiosynthese des Insulins gelänge nicht. Um dieses Problem zu umgehen, schreibt man die Insulin-m-RNA, die aufgrund des Spleißens keine Introns mehr aufweist, mithilfe des Enzyms Reverse Transkriptase in c-DNA um und überträgt diese auf Bakterien.*

② Bei der Erforschung der Proteinbiosynthese haben Hemmstoffe eine wichtige Rolle gespielt, da mit ihnen gezielt bestimmte Schritte blockiert werden können. Welcher Schritt wird von den in der Tabelle genannten Stoffen jeweils blockiert? Welche Hemmstoffe sind theoretisch als Antibiotikum in der Medizin geeignet?

– *Transkriptions-Blocker: Actinomycin blockiert die Transkription, indem es sich an DNA anlagert; Rifampicin und Amanitin blockieren die RNA-Polymerase.*
Translations-Blocker: Streptomycin, Chloramphenicol und Erythromycin binden an die Ribosomen und blockieren diese; Tetracycline verhindern die Bildung beladener t-RNA-Moleküle an Ribosomen; Puromycin wird anstelle beladener t-RNA-Moleküle an Ribosomen gebunden und blockiert die Translation; Kirromycin verhindert das Vorrücken der t-RNA am Ribosom; Cycloheximid verhindert die Verknüpfung der Aminosäuren.
Als Antibiotikum müssen die Stoffe für eukaryotische Zellen ungiftig sein, wenn sie in der Medizin Anwendung finden sollen. Aus diesem Grund scheiden Amanitin, Puromycin und Cycloheximid aus.
Anmerkung: Bevor die verbleibenden Wirkstoffe allerdings in der Medizin eingesetzt werden dürfen, sind sie z. B. auf ihre Verträglichkeit, ihre Wirkdauer und Dosierung hin zu untersuchen.

Arbeitsblatt Seite 121

1. siehe Abbildung unten
2. Amanitin bindet an die RNA-Polymerase menschlicher Zellen und legt so die Transkription lahm. (Besonders Leberzellen mit ihrer regen Enzymproduktion werden davon betroffen.) Allerdings hat jede Zelle einen bestimmten Vorrat an Enzymen und dafür codierender m-RNA-Moleküle, sodass es eine ganze Zeit lang zu keinen spürbaren Ausfällen im Stoffwechsel kommt. Erst wenn diese Vorräte erschöpft sind und eine Neusynthese nicht mehr erfolgt, kommt es zu Ausfällen und damit zu den Symptomen der Vergiftung.
3. Puromycin wird am Ribosom anstelle einer beladenen t-RNA in eine entstehende Peptidkette eingebaut. Der Einbau erfolgt so fest, dass keine weiteren Aminosäuren mehr eingebaut werden. Damit bricht die Translation an dieser Stelle ab, das Peptid erreicht nicht die volle Länge.
4. Die A-Stelle der Ribosomen ist relativ gut zugänglich, da dort ja die beladenen t-RNA-Moleküle gebunden werden. Diese Stelle steht natürlich auch für die Bindung von Puromycin zur Verfügung. Ist aber in dem Moment, in dem der Zelle Puromycin verabreicht wird, an die A-Stelle gerade eine t-RNA gebunden, so kann Puromycin dort nicht angreifen. Durch Puromycin werden also nur die Ribosomen vergiftet, bei denen die A-Stelle gerade unbesetzt ist. Eine zweite Bindungsstelle muss vorliegen, weil sich sonst die angefangene Polypeptidkette vom Ribosom lösen würde.

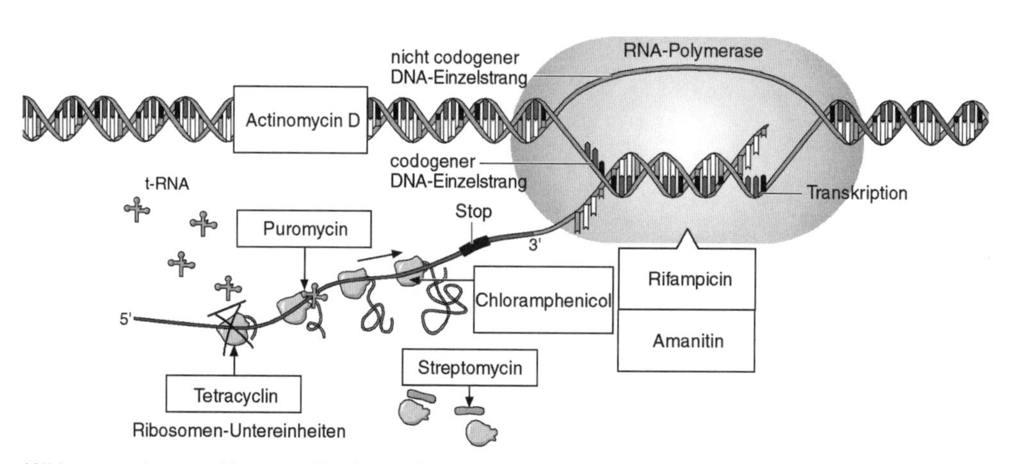

Wirkungsweise von Hemmstoffen in der Proteinbiosynthese

Proteinbiosynthese und Hemmstoffe

Stoffe, die gezielt einzelne Teilschritte der Proteinbiosynthese blockieren, haben in der Forschung eine große Rolle bei der Aufklärung der Mechanismen der Proteinbiosynthese gespielt. Aber auch die Medizin hat vom Wissen um die Wirkungsweise der Hemmstoffe profitiert, da einige von ihnen als Antibiotikum gegen bakterielle Infektionen eingesetzt werden können.

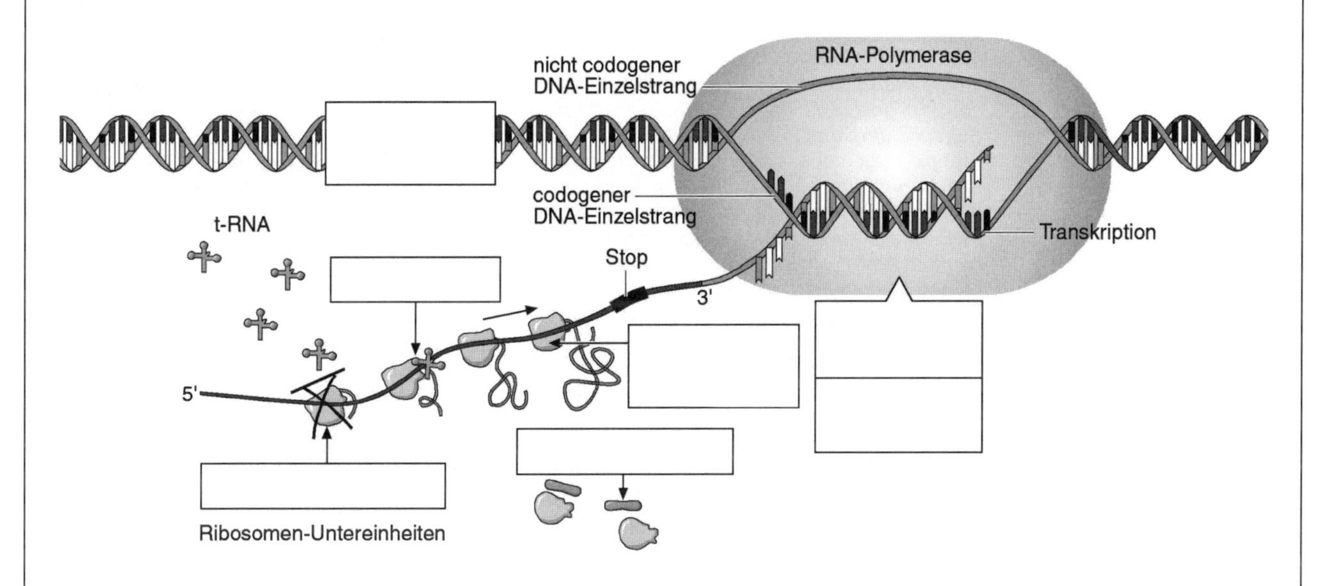

Hemmstoff	Wirkung auf die Proteinbiosynthese
Actinomycin D	verbindet sich mit Prokaryoten-DNA
Rifampicin	bindet an die RNA-Polymerase von Prokaryoten
Amanitin	bindet an die RNA-Polymerase von Eukaryoten
Streptomycin	bindet an die kleine Ribosomen-Untereinheit bei Prokaryoten
Tetracycline	verhindert Bindung der t-RNA an das Bakterien-Ribosom
Puromycin	wird anstelle der beladenen t-RNA fest an das Ribosom gebunden
Chloramphenicol, Erythromycin	binden sich fest an Bakterien-Ribosomen

Aufgaben

1. Tragen Sie die Namen der Hemmstoffe an den entsprechenden Wirkorten der Proteinbiosynthese in die Grafik ein.
2. Das wirksame Gift der Knollenblätterpilze ist *Amanitin*. Eine Knollenblätterpilzvergiftung verläuft oft deshalb tödlich, weil die Symptome (Erbrechen, Durchfall, Leberschäden, ...) erst 8 bis 24 Stunden nach dem Verzehr auftreten und die Schäden dann schon irreversibel (nicht umkehrbar) sind. Für eine Therapie (z. B. Blutwäsche) ist es dann meist schon zu spät. Begründen Sie diese lange Latenzzeit.
3. *Puromycin* führt in Bakterien zur Entstehung stark verkürzter und damit unbrauchbarer Proteine. Warum?
4. JAMES WATSON experimentierte mit Puromycin und fand, dass es an eine Stelle der Ribosomen (A-Stelle) gut, an eine andere (P-Stelle) praktisch nicht gebunden wird. Die A-Stelle ist relativ gut zugänglich, da dort die beladenen t-RNA-Moleküle gebunden werden. Die angefangene Polypeptidkette benötigt die P-Stelle, damit sie sich nicht vom Ribosom ablöst. An welcher Stelle des Ribosoms und in welcher Phase der Translation wird Puromycin gebunden?

Aminosäure
BSE
Glykoprotein
Hämoglobin
Peptidbindung
Prion
Proteine
Proteinstruktur

Struktur der Proteine

Schülerbuch Seite 145

① Bauen Sie mit bunten Perlen und einer Schnur ein Modell für die Proteinstrukturen.

– *Die verschiedenfarbigen Perlen stehen für die unterschiedlichen Aminosäuren. Die Abfolge der bunten Perlen auf der Perlschnur ist Modell für die Primärstruktur. Wird diese Kette z.B. um den Arm gewickelt, kann dies modellhaft für die Sekundärstruktur stehen. Wird der umwickelte Arm gebeugt, sodass sich der umwickelte Unterarm zum umwickelten Oberarm anordnet, kann dies als Modell für die Tertiärstruktur stehen. Bringt man beide umwickelten und gebeugten Arme in Anordnung wäre dies das Modell für die Quartärstruktur.*

② Welche Auswirkungen auf die Proteinstruktur hat die Veränderung eines Tripletts auf DNA-Ebene (s. Seite 151)?

– *Bei einer Misssense-Mutation wird fü reine andere Aminosäure translatiert. Dies bedingt auf jeden Fall eine Veränderung der Primärstruktur mit sich. Sind die Eigenschaften der so translatierten Aminosäure unterschiedlich zu der ursprünglichen kann dies auch die Sekundär-, Tertiär- und ggf. auch die Quartärstruktur eines Proteins verändern, was dann zu veränderten Eigenschaften des Proteins führen könnte.*

Arbeitsblatt Seite 123

1. Allen gemeinsam ist ein zentrales C-Atom, an dem die Aminogruppe, die Carboxylgruppe, ein H-Atom und der für jede Aminosäure charakteristische Rest hängt. Dieser ist bei den dargestellten Molekülen nur ein H-Atom (Gycin) oder ein sperriges Ringsystem (Tyrosin) bzw. eine saure (Glutaminsäure), basische (Lysin) oder unpolare (Valin) Gruppe.
2. Bei der Peptidbindung reagiert die Carboxylgruppe der einen Aminosäure mit der Aminogruppe der zweiten Aminosäure unter Wasserabspaltung. Dadurch entsteht das C-C-N-Rückgrat der Proteine, von dem die Reste nach außen abstehen (Abb. 2).
3. Als Primärstruktur (Abb. 3) wird die Abfolge der Aminosäuren (Aminosäuresequenz) bezeichnet. Sie bestimmt die Faltung des Proteins (siehe Insulin, Ausbildung von Disulfidbrücken). Als Sekundärstrukturen werden die α-Helix (Abb. 4) und das β-Faltblatt angenommen. Es sind durch H-Brücken stabilisierte Bereiche, die in unterschiedlichen Anteilen in der Tertiärstruktur vorkommen. Dies ist die dreidimensionale Anordnung der Sekundärstrukturen (Abb. 5). Sie ist beim Insulin kompakt und keilförmig. Durch Zusammenlagerung mehrerer Tertiärstrukturen entsteht eine Quartärstruktur (Abb. 6). Im Falle des Insulins ist dies eine aus 6 Einheiten gebildete Speicherform, die über ein Zn^{2+}-Ion stabilisiert wird.
4. Zwischen den Aminosäureresten können sich Wasserstoffbrückenbindungen (a) oder elektrostatische Wechselbeziehungen (d), Wechselbeziehungen zwischen nicht-polaren Resten (c) oder kovalente Disulfidbrücken (b) ausbilden.

Proteine und Untersuchungsmethoden

Besondere Proteine stellen die Prionen dar, zu denen die Erreger der Creutzfeldt-Jakob-Krankheit und des Rinderwahnsinns (BSE) zählen. Dabei handelt es sich um Eiweiße, die in Zellen vorkommenden Proteinen eine veränderte Gestalt aufzwingen, wodurch diese Zellen geschädigt werden. Prionen sind infektiös ohne DNA zu besitzen.

Neu entdeckte Proteine zeigen die Vielfalt der Eiweißmoleküle: Das mit dem Hämoglobin verwandte Neuroglobin wurde bisher nur im Gehirn gefunden und ist für die Sauerstoffversorgung im Auge zuständig. Die Netzhaut ist eines der Körpergewebe mit dem höchsten Sauerstoffbedarf und benötigt offensichtlich ein besonderes Transportmolekül.

Glykoproteine dienen den polaren Fischen als „Frostschutzmittel“. Selbst bei Minusgraden wird damit das Blut noch flüssig gehalten. Die Glykoproteine verhindern die Eiskristallbildung und damit Zellschäden. Das Eiweiß der Winterflunder besteht z. B. aus einem sich vielfach wiederholenden Tripeptid mit angehängten Zuckergruppen, die das Anwachsen der Eiskristalle verhindern.

Mit neu entwickelten Untersuchungsmethoden gelingt die Aufklärung der verschiedenen Strukturebenen immer besser. Der Chemie-Nobelpreis im Jahr 2002 wurde z. B. verliehen „für die Entwicklung von Methoden zur Identifikation und Strukturanalyse von biologischen Makromolekülen“. Er ging zur einen Hälfte an JOHN B. FENNS und KOICHI TANAKAS für massenspektrometrische Analysen und zur anderen Hälfte an KURT WÜTHRICH für seine bildgebenden Verfahren zur Bestimmung der dreidimensionalen Struktur von Makromolekülen.

Bereits 1999 hatte GÜNTER BLOBEL den Nobelpreis für Medizin erhalten. Er entdeckte ein „Leitsystem für Eiweiße“, d. h. er konnte zeigen, dass jedes neu gebildete Protein ein eingebautes Signal besitzt, durch das es an den Ort seiner Bestimmung geleitet wird. Diese „Adresszettel“ sorgen dann auch dafür, dass die Proteine in der richtigen Art und Weise in die Membranen eingebaut werden (s. Seite 30/31).

Literaturhinweise

APPEL, TH.R.: Prionen — mehr als nur Protein? Shaker Verlag, Aachen 1999

JAKUBKE, H.D. JESCHKEIT, H.: Aminosäuren, Peptide, Proteine. Wiley-VCH, Weinheim 1982

NUHN, P.: Naturstoffchemie. S.Hirzel, Wiss. Verlagsgesellschaft, Stuttgart 1997

SCHMIDT, M. et. al.: How does the eye breathe? In: J. biol. Chem., Vol. 278, S. 1932, 2003

TACHIBANA, Y.ET. AL.: Antifreeze Glycoproteines. In: Angew. Chem. Vol. 116, S. 874 – 880, 2004

Medienhinweise

FWU 04202950 Biomoleküle: Proteine
FWU 04202061 Insulin

Die Struktur der Proteine

Ausgehend von den Grundbausteinen, den Aminosäuren, unterscheidet man verschiedene Strukturebenen der Proteine, die am Beispiel des Insulins dargestellt sind.

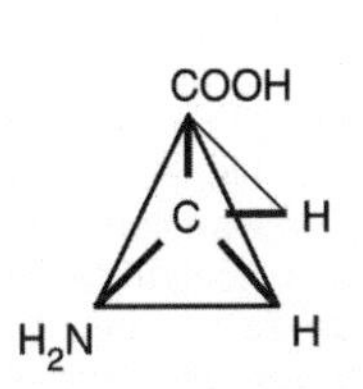

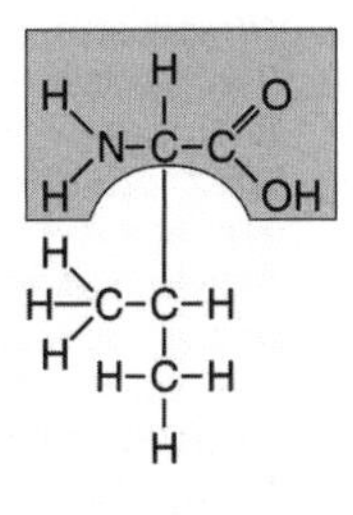

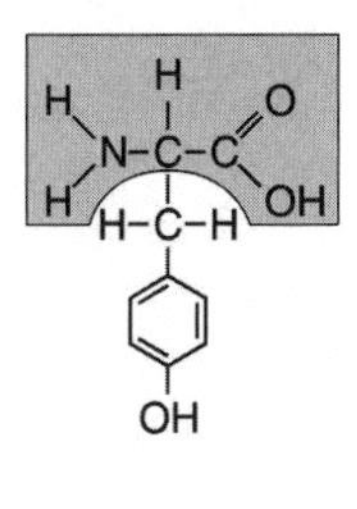

Glycin (Gly, G) Glutaminsäure (Glu, E) Lysin (Lys, K) Valin (Val, V) Tyrosin (Tyr, Y)

Abb. 1 Aminosäuren

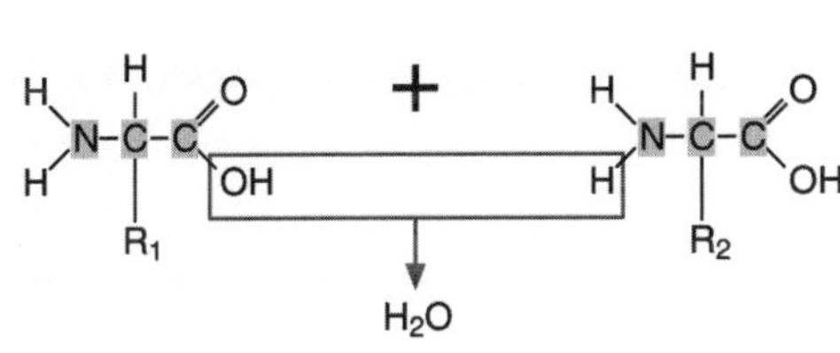

Abb. 2 Peptidbindung

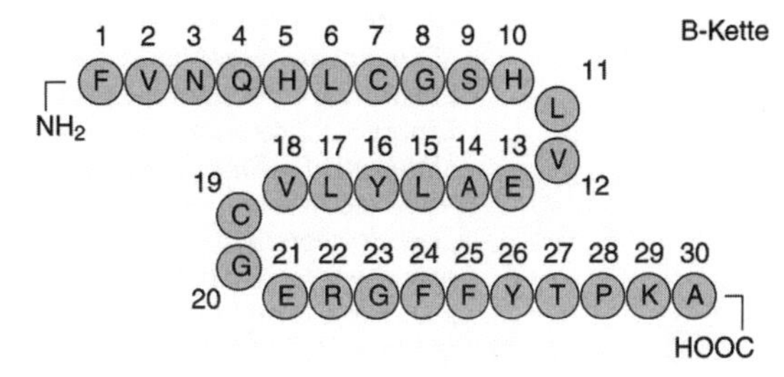

Abb. 3 Primärstruktur (Ausschnitt aus Insulinmolekül, Aminosäuren im Einbuchstaben-Code)

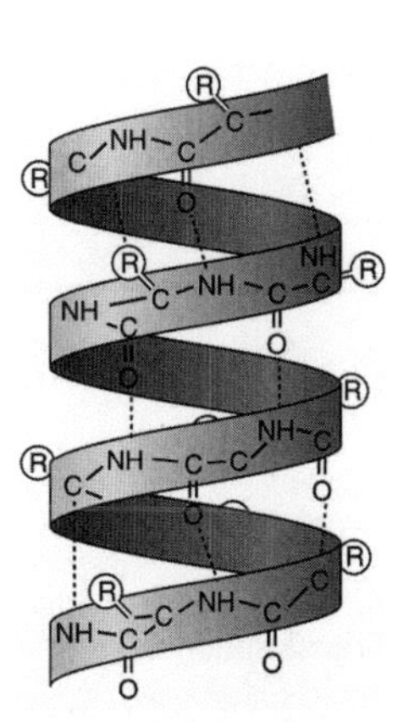

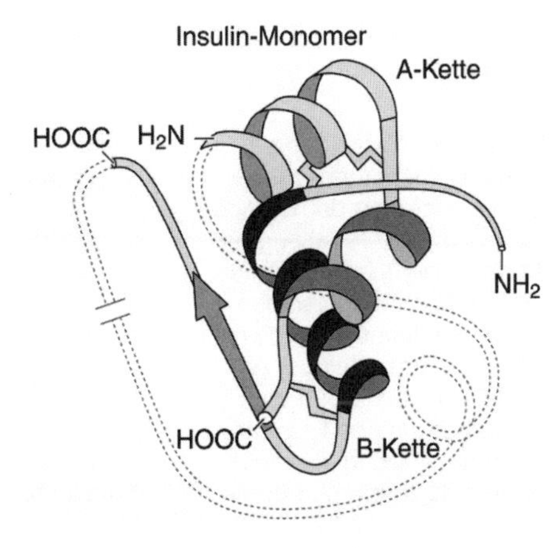

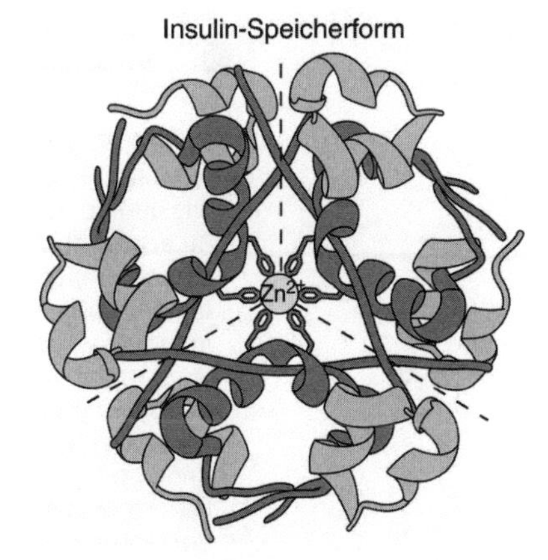

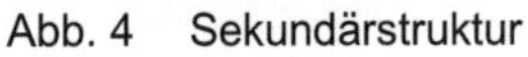

Abb. 4 Sekundärstruktur Abb. 5 Tertiärstruktur Abb. 6 Quartärstruktur

Aufgaben

1. Nennen Sie Unterschiede und Gemeinsamkeiten der dargestellten Aminosäuren (Abb. 1).
2. Erläutern Sie das Zustandekommen einer Peptidbindung (Abb. 2).
3. Beschreiben Sie, was man unter einer Primär-, Sekundär-, Tertiär- und Quartärstruktur eines Proteins versteht (Abb. 3 bis 6).
4. Die Stabilität der Tertiärstruktur wird durch verschiedene Wechselwirkungen zwischen den Aminosäureresten bewirkt (Abb. 7a–d). Um welche Bindungskräfte handelt es sich dabei jeweils?

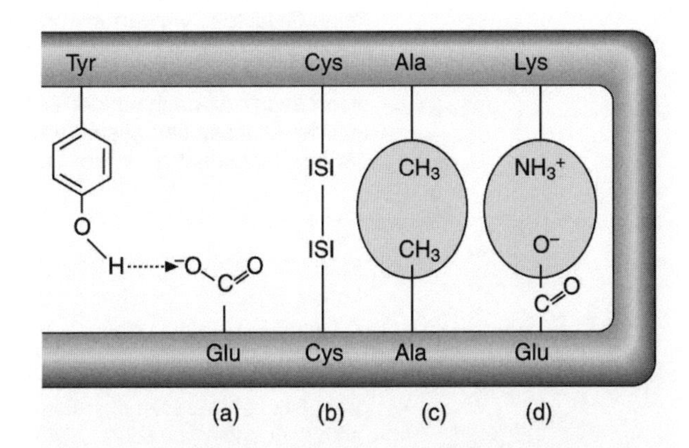

Abb. 7 Wechselwirkungen zwischen Aminosäureresten

Endprodukt-Repression
Experiment
Genregulation
Operon – Modell
Regulation – Stoffwechsel
Substratinduktion
TATA-Box

Regulation der Genexpression

Schülerbuch Seite 147 (Kasten)

① Wie erklären Sie die Entfärbung des Agars?
– *Der Pflanzenembryo hat das Hormon Gibberelin produziert, das in den Agar diffundiert ist. Die Zellen der Aleuronschicht haben das Hormon aufgenommen. Gibberelin hat das Amylase-Gen aktiviert, das Protein Amylase wurde erzeugt und sezerniert. Im Agar baut die Amylase Stärke ab. In diesem Bereich ist der Stärkenachweis mit Iod negativ.*

② Warum haben sich Höfe bei nur 50% der Hälften gebildet?
– *Teilt man ein Weizenkorn in der gezeigten Weise durch, weist nur eine Hälfte einen Embryo auf, dementsprechend kann die unter Aufgabe 1 beschriebene Wirkkette auch nur bei 50% der Hälften in Gang gesetzt werden.*

③ Mit welchem Ergebnis rechnen Sie bei Weizenkörnern, bei denen vor dem Versuch der Embryo abgetrennt wurde?
– *Unter allen Hälften färbt sich der Agar nach der Iod-Probe blau.*

④ Das Hormon Gibberelin kann künstlich synthetisiert werden. Mit welchem Ergebnis rechnen Sie, wenn dem Stärke-Agar Gibberelin zugegeben wird?
– *Unter allen Hälften färbt sich der Agar nach der Iod-Probe blau.*

Arbeitsblatt Seite 125

2. In dem Röhrchen mit der „an Galactose gewöhnten" Hefe setzt die Kohlenstoffdioxidentwicklung sofort ein, die Vergärung der Galactose erfolgt ohne Verzögerung mit relativ hoher Geschwindigkeit, da das Gal-Operon bereits bei der vorherigen Inkubation mit Galactose induziert wurde. Bei der in Glucose inkubierten Hefe muss diese Induktion erst erfolgen, es dauert eine gewisse Zeit, bis auch dort die Produktion von Galactose abbauenden Enzymen und in der Folge davon die Gärung einsetzt.
3. Die Produktion der neuen Enzyme und damit die Gärung wird durch Anwesenheit eines neuen Stoffes (Galactose) in der Umgebung der Hefezellen verursacht. Er wirkt als Effektor, der die Synthese der Enzymproteine in Gang setzt. Es handelt sich also um Enzyminduktion.
4. Wenn die Hefezellen in der Glucoselösung keine Galactose verwerten könnten, dürfte auf Dauer keine Gärung einsetzen. Die Vergärung von Galactose kommt aber auch dort in Gang, wenn auch erst nach einiger Zeit. Die Zellen aus der Glucoselösung sind also auch zur Vergärung der Galactose in der Lage.

Das bakterielle Operon: Gruppierte Gene

Operons sind eine nur in Bakterien anzutreffende Anordnung. Das erste bakterielle Operon, das beschrieben wurde, ist das lac-Operon des Bakteriums *E. coli*. Es handelt sich um eine Gruppe von drei Genen, die für drei verschiedene Enzyme codieren. Sie sind an der Umwandlung des Disaccharids Lactose in die Monosaccharide Glucose und Galactose beteiligt. Bei Anwesenheit von Lactose im Kulturmedium werden alle drei Gene (en block) in eine einzige m-RNA transkribiert und dann in Protein translatiert.

Die Prinzipien der bakteriellen Genregulation gelten auch für eukaryotische Zellen, also auch für Hefen. Das bezieht sich auf DNA-bindende Proteine *(Transkriptionsfaktoren)*, die an bestimmte vor einem zu aktivierenden Gen gelegene DNA-Abschnitte binden, und es den Polymerasen ermöglichen, das entsprechende Gen in m-RNA zu transkribieren. Die so genannte *TATA-Box* ist eine solche Stelle.

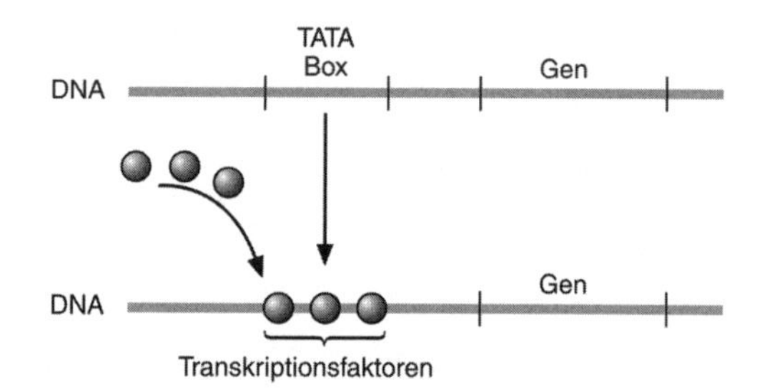

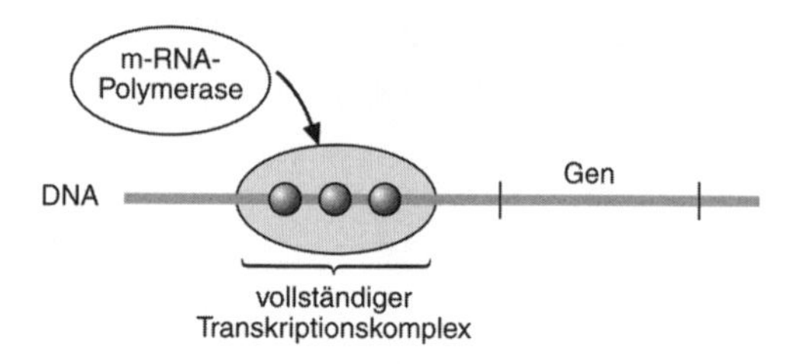

Transkriptionsfaktoren, TATA-Box und RNA-Polymerase bilden einen Transkriptionskomplex

Literaturhinweise

JACOB, F., MONOD, J.: Genetic regulatory mechanisms in the synthesis of proteins. In: Journal of Molecular Biology, Vol. 3, S. 318–356, 1961
LATCHMAN, D. S.: Transcription-factor mutations and disease. In: New England Journal of Medicine, Vol. 334, S. 28–33, 1996

Genregulation im Versuch

Bei Pro- und Eukaryoten existieren viele Möglichkeiten der Genregulation auf der Ebene der Transkription und Translation. Jedoch scheinen Induktion und Repression bei beiden Organismengruppen die grundlegenden Mechanismen der Genregulationen zu sein. Mit einfachen Eukaryoten, wie Hefezellen (Bäckerhefe), lässt sich leicht experimentieren, sodass an ihnen die genannten Mechanismen untersucht werden können.

Material

Bäckerhefe, Glucoselösung 5%, Galactoselösung 5%, Zentrifuge, 2 Gärröhrchen, 3 Gaswaschflaschen

Durchführung

5 g Bäckerhefe werden in einem gut belüfteten Gefäß zwei Tage lang in 100 ml einer 5%igen Glucoselösung gehalten, sodass sich die Zellen gut vermehren können. Anschließend wird kräftig geschüttelt, damit sich die Zellen in der Suspension gleichmäßig verteilen. Von der Suspension überführt man je 30 ml in ein Gefäß mit 70 ml einer 5%igen Glucoselösung und 30 ml in ein Gefäß mit 70 ml einer 5%igen Galactoselösung, belüftet und lässt wieder einen Tag stehen.

Nach erneutem Schütteln zentrifugiert man je 10 ml aus den beiden Kulturen, gießt den Überstand ab und schwemmt die Zellen mit je 10 ml Galactoselösung auf (gut schütteln!). Jeder der beiden Zellsuspensionen wird in je ein Gärröhrchen überführt.

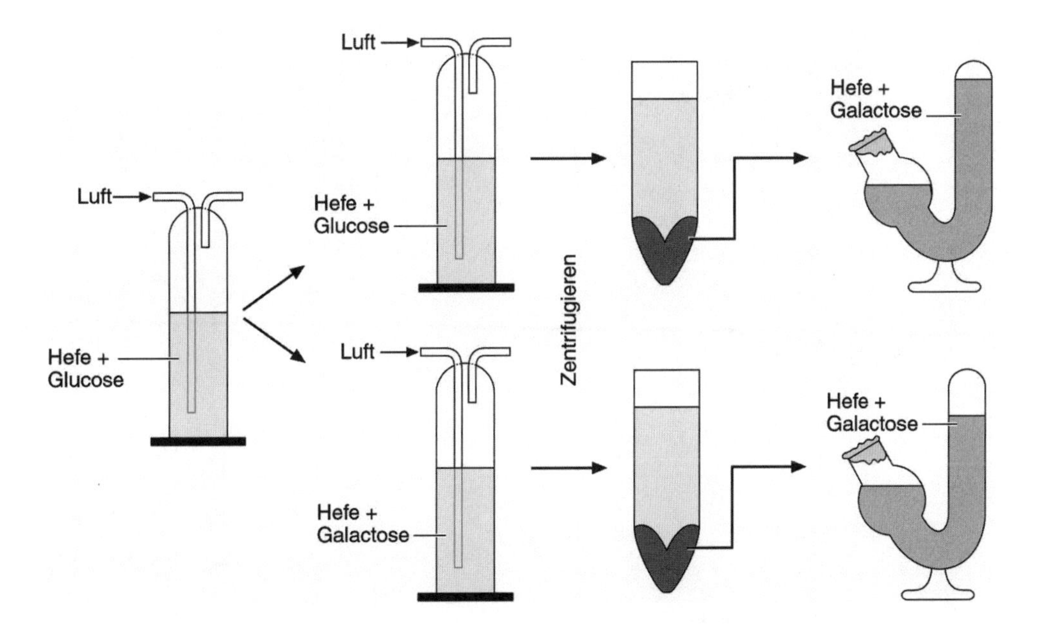

Aufgaben

1. Beobachten Sie die Bildung von Kohlenstoffdioxid (CO_2) in den beiden Gärröhrchen. Notieren Sie die Menge des erzeugten CO_2 stündlich.
2. Vergleichen Sie Ihre Ergebnisse mit dem oben stehenden Versuch.
3. Beschreiben Sie die Wirkung der Zugabe von Galactose auf den Stoffwechsel der Hefezellen und überlegen Sie, ob es sich um eine Substratinduktion oder Endprodukt-Repression handelt.
4. Die Versuchsergebnisse können auch ohne Rückgriff auf die Begriffe „Substratinduktion“ oder „Endprodukt-Repression“ interpretiert werden. Widerlegen Sie die folgenden Vermutungen:
   - In der ursprünglichen Glucoselösung seien die Zellen, die Galactose verwerten können, verhungert.
   - In den Ansatz (Hefe + Glucose) seien zufällig nur Zellen gelangt, die Galactose nicht verwerten können.

Ackerschmalwand
Genkarte
Merkmalsbildung
Transkriptionsfaktor

Vom Genotyp zum Phänotyp

Schülerbuch Seite 149

① Erklären Sie, warum das gezielte An- oder Ausschalten von Genen beim Menschen mittels Substanzen schwierig ist.

– *Je komplexer ein Organismus ist, desto schwieriger ist es möglich vorauszusagen, ob man ein Gen oder mehrere Gene ein- oder ggf. ausschaltet. Daher gestaltet sich die Übertragung von Modellorganismen auf den Menschen meist schwierig.*

Arbeitsblatt Seite 127

1. Die Analyse des RNA-Bestandes erlaubt die Strukturierung der Basenfolge des Genoms in Gene. Der Vergleich mit dem Proteinbestand erlaubt die entsprechende Zuordnung zwischen Gen und zugehörigem Genprodukt Protein. Wenn die Funktion des Proteins bekannt ist, kann man ein Merkmal einem Gen zuordnen.
2. Man kann nach Mutanten suchen, bei denen ein Protein bzw. eine m-RNA nicht wie beim Wildtyp vorkommt oder solche Varianten erzeugen. Der Ausfall des Proteins kann dann Ursache für die Abweichung vom Wildtyp sein.

Transkriptionsfaktoren

Eine Vielzahl von Genen bei der Ackerschmalwand ist bereits identifiziert. Neben den Genen für äußerlich erkennbare Merkmale gilt die Aufmerksamkeit der Genetiker besonders den bereits über 1800 gefundenen Genen für Transkriptionsfaktoren. Diese steuern die Genexpression, teilweise in Abhängigkeit von Umweltfaktoren wie Temperatur und Wasserangebot. Man erwartet, dass sich viele der gefundenen Zusammenhänge auch auf andere Samenpflanzen übertragen lassen und bei der Nutzpflanzenzüchtung von großer Bedeutung sein können (z. B. Ertragssteigerung, Verbesserung der Witterungsunabhängigkeit).

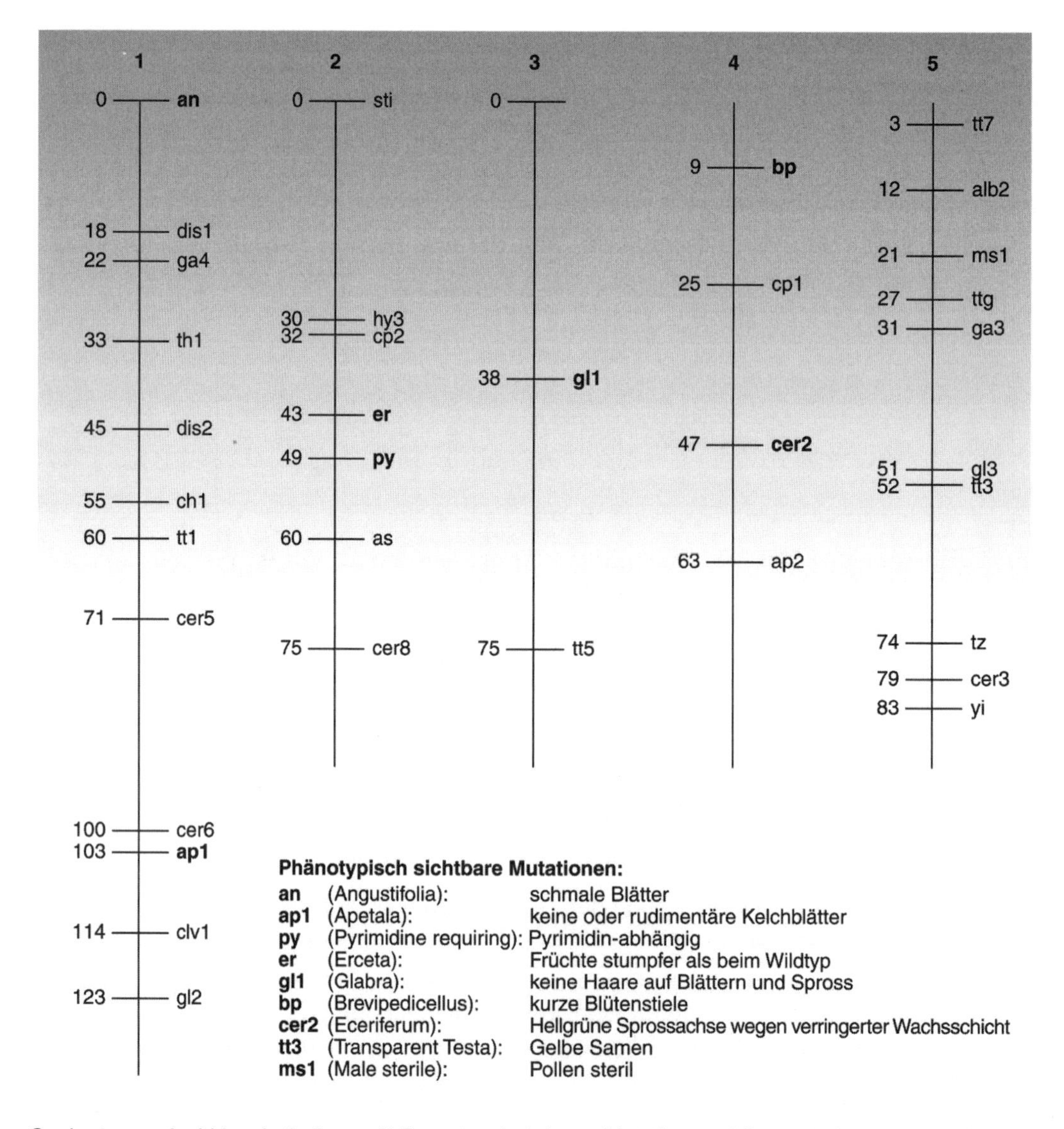

Genkarte von Arabidopsis thaliana mit Genorten, bei denen Mutationen phänotypisch erkennbar sind. (2n = 10 Chromosomen)

Von der Buchstabenfolge zum Roman

Das Bakterium Escherichia coli, die Erbse Pisum sativum und die Taufliege Dropsophila melanogaster gelten als „Haustiere bzw. -pflanzen der Genetiker“, denn an ihnen wurden eine Vielzahl von Erkenntnissen zur Genetik allgemein gewonnen.

Die Ackerschmalwand Arabidopsis thaliana hat diese Rolle unter den Samenpflanzen inne. Seit dem Jahr 2000 ist sie die erste Samenpflanze, deren Basensequenz vollständig aufgeklärt ist.

Dieses Datum bildet aber nicht nur den Endpunkt eines Forschungsvorhabens, sondern markiert den Start zur genaueren Analyse des Genoms und des Zusammenspiels der gefundenen 29 000 Gene.

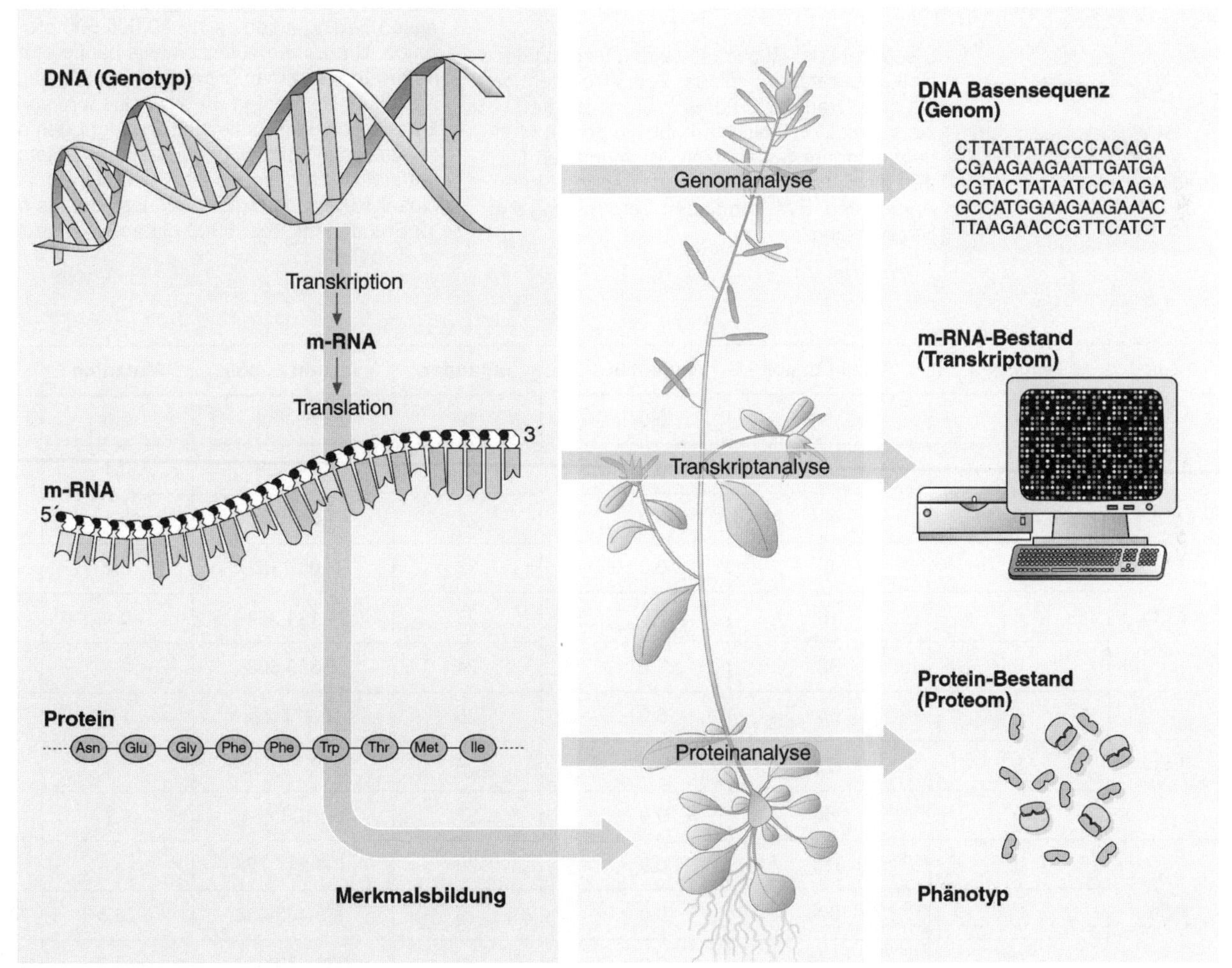

Abb. 1 Vom Genotyp zum Phänotyp

Aufgaben

1. Beschreiben Sie anhand der Abbildung die entscheidenden Arbeitsschritte von der Aufklärung der Basensequenz zum Verstehen des Genoms dieser Pflanzenart.
2. Wie kann man herausfinden, für welches Merkmal ein Gen verantwortlich ist? Stellen Sie eine Möglichkeit dar und erläutern Sie Ihren Vorschlag.

3 Auswirkungen von DNA-Schäden

DNA-Schäden und Reparatur

Schülerbuch Seite 150

① Eine Punktmutation wirkt sich nicht immer aus (stumme Mutation). Zeigen Sie dies an einem Beispiel (siehe auch Seite 138).

– *Die Redundanz zeigt sich darin, dass viele Aminosäuren, vor allem die in Proteinen häufiger verwendeten, durch mehrere Basentripletts verschlüsselt werden. Oft spielt die dritte Base des Tripletts keine Rolle dafür, welche Aminosäure codiert wird (Wobble-Hypothese). Wird sie durch eine Mutation verändert, ist in einem solchen Fall keine Veränderung im codierten Peptid zu beobachten.*

Arbeitsblatt Seite 129

1. Die Anzahl der Rückmutationen steigt mit der Grilltemperatur und mit der Zeit, also offenbar mit dem Grad der Bräunung. Das bedeutet, stark gegrilltes Fleisch enthält die größte Menge mutagener Substanzen. Marinade vermindert die Entstehungsrate für mutagene Stoffe *Anmerkung:* Evtl. vermindert Verdunstung die Hitzewirkung.
2. Die Moleküle (Basenanaloga) haben Ähnlichkeit mit den in der DNA vorkommenden Basen Adenin, Thymin, Guanin und Cytosin. Durch den Einbau der Fremdmoleküle können Mutationen entstehen (Rasterverschiebung oder Abbruch durch Stoppcodon).
3. Unsere Zellen verfügen über Reparaturmechanismen, die Fehlstellen erkennen und die DNA reparieren. Außerdem können Mutationen an irrelevanten Stellen im Genom auftreten. Krebs kann entstehen, wenn entsprechende Gene mutieren und gleichzeitig der Reparaturmechanismus versagt.

Mutationsrate

Bei Bakterien beträgt die Mutationsrate unter normalen Bedingungen ca. 1 : 10 000 000 pro Generation. Um zu verdeutlichen, wie häufig Mutanten auftreten, kann man folgende Modellrechnung anstellen: Betrachten wir ein Bakterium von *E. coli.* Es teilt sich unter optimalen Bedingungen alle 20 Minuten. Sind 10 Millionen Bakterien entstanden, tritt statistisch gesehen eine Mutante auf. Aus dieser Rechnung ergibt sich, dass bereits nach 12 Stunden mit über 3000 Mutanten zu rechnen ist (s. Tabelle).

Zeit	Teilungen	Anzahl E. coli	Mutanten
1 Std.	1	1	0,0
	2	2	0,0
	3	4	0,0
2 Std.	4	8	0,0
	5	16	0,0
	6	32	0,0
3 Std.	7	64	0,0
	8	128	0,0
	9	256	0,0
4 Std.	10	512	0,0
	11	1024	0,0
	12	2048	0,0
5 Std.	13	4096	0,0
	14	8192	0,0
	15	16 384	0,0
6 Std.	16	32 768	0,0
	17	65 536	0,0
	18	131 072	0,0

Teilungen	Anzahl E. coli	Mutanten	Zeit
19	262 144	0,0	7 Std.
20	524 288	0,1	
21	1 048 576	0,1	
22	2 097 152	0,2	8 Std.
23	4 194 304	0,4	
24	8 388 608	0,8	
25	16 777 216	1,7	9 Std.
26	33 554 432	3,4	
27	67 108 864	6,7	
28	134 217 728	13,4	10 Std.
29	268 435 456	26,8	
30	536 870 912	53,7	
31	1 073 741 824	107,4	11 Std.
32	2 147 483 648	214,7	
33	4 294 967 296	429,5	
34	8 589 934 592	859,0	12 Std.
35	17 179 869 184	1718,0	
36	34 359 738 368	3436,0	

Grillen – Mutagene und Krebs sitzen mit am Tisch

Sommerzeit ist Grillzeit. Fleisch oder Würste werden über Holzkohle oder mittels Gas- oder Elektrogrill stark erhitzt. Deutliche Veränderungen am Fleisch sind zu sehen und zu riechen. Auch der Geschmack ändert sich gravierend. Im Fleisch findet eine unüberschaubare Anzahl von chemischen Reaktionen statt: Moleküle werden durch die Hitze so sehr angeregt, dass sie zu reaktiven Produkten zerbrechen bzw. weiterreagieren.

Diese Stoffe gelangen beim Genuss des Grillguts in den Verdauungstrakt und teilweise dann in die Zellen des Magen-Darm-Trakts bzw. über das Blut in andere Zellen. Eine mutagene Wirkung im Körper lässt sich nicht direkt nachweisen. Mithilfe des Ames-Tests kann man aber feststellen, welche Mutationsrate eine Suspension der äußeren Fleischschichten von gegrilltem Fleisch auslöst:

Dazu werden Rindfleischscheiben unterschiedlich lange auf einem Elektrogrill gebraten und anschließend wird die äußere Fleischschicht homogenisiert. Diesem Material gibt man eine Aufschwemmung von Bakterien *(Salmonella typhimurium)* zu. Bei diesem im Ames-Test eingesetzten Bakterienstamm handelt es sich um eine Mangelmutante, die die Fähigkeit zur Synthese der Aminosäure Histidin verloren hat. Wird die oben genannte Mischung auf histidinfreiem Agar ausgebracht, dann können nur solche Bakterien wachsen, bei denen eine Rückmutation stattgefunden hat. Diese Bakterien können Histidin herstellen und Kolonien bilden.

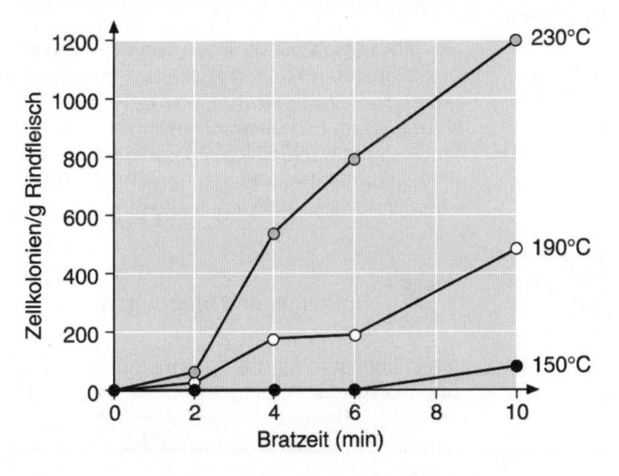

Abb. 1 Nachgewiesene Mutationen im Ames-Test

Fremd-Amine (ng/g) nach dem Garen
nicht mariniert
Marinade:
1/2 Tasse brauner Zucker
3 Knoblauchzehen
1,5 Teelöffel Salz
3 Löffel Senf
1/4 Tasse Essig
2 Löffel Zitronensaft
6 Löffel Olivenöl
4 Stunden einlegen
mariniert
Grillzeit (min)

Abb. 2 Fremdamine (potentielle Mutagene) im Fleisch

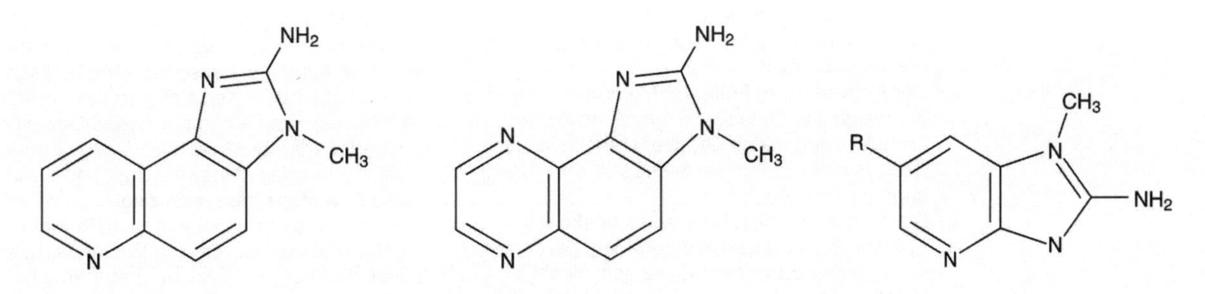

Abb. 3 Nachweis von Fremdaminen (Mutagene) im Grillgut

Aufgaben

1. Werten Sie die dargestellten Messergebnisse der Abbildungen 1 und 2 aus.
2. Im Grillgut wurden die in Abbildung 3 dargestellten mutagenen Substanzen gefunden. Stellen Sie eine begründete Hypothese zur mutagenen Wirkung dieser Substanzen auf.
3. Nicht immer, wenn mutagene Substanzen in Zellen gelangen, treten schädliche Folgen wie z.B. Krebs auf. Erläutern Sie diese Aussage.

Malaria
Plasmodium
Sichelzellanämie

Folgen einer Punktmutation

Schülerbuch Seite 151

① Die Sichelzellanämie ist eine autosomal rezessiv vererbbare Krankheit. Diagnostisch wird häufig eine Hämoglobinelektrophorese genutzt (s. Randspalte). Erklären Sie das Zustandekommen der einzelnen Banden.
– *Das Hämoglobin des Gesunden und das Sichelzellhämoglobin (HBS) sind unterschiedliche Proteine, entsprechend ergeben sich in der Proteinelektrophorese unterschiedliche Banden. Überträger sind bezüglich des Hämoglobins heterozygot – entsprechend wird sowohl HB als auch HBS gebildet und beide Banden sind in der Proteinelektrophorese nachweisbar.*

② Finden Sie mithilfe der Codesonne (s. Seite 138) mehrere Möglichkeiten für stille Punktmutationen.
– *Die Aminosäure Alanin (Ala) wird durch vier unterschiedliche Tripletts codiert. Eine Punktmutation der dritten Base des Tripletts würde daher stumm verlaufen.*

③ Eine weitere Form der Mutation ist die so genannte Rasterschubmutation, bei der eine einzelne Base insertiert (zusätzlich eingefügt) oder deletiert (aus der DNA entfernt) ist. Diskutieren Sie die Folgen dieser Mutation.
– *Bei einer Rasterschubmutation kommt es zu einer Verschiebung des Leserasters. Dadurch werden in der Regel vollkommen andere Aminosäuren translatiert. Dies führt in der Regel zu erheblichen Veränderungen der Proteinstruktur. Eine Rasterschubmutation verläuft meistens nicht stumm.*

Arbeitsblatt Seite 131

1. Die Anophelesmücke muss den Parasiten bereits in sich tragen, d. h. sie muss zuvor einen infizierten Menschen gestochen haben. Danach muss der Parasit bei ausreichender Temperatur genügend Zeit zur Entwicklung in der Mücke haben.
2. Der Endwirt ist im Falle der Malaria die Anophelesmücke, da in ihr die geschlechtliche Fortpflanzung stattfindet. Der Mensch ist der Zwischenwirt, in ihm vermehrt sich der Parasit ungeschlechtlich.
3. Der Parasit benötigt über einen bestimmten Zeitraum hinweg ausreichende Temperaturen, um sich im Körper der Mücke geschlechtlich fortpflanzen zu können. In Deutschland gibt es keine ausreichend langen Wärmeperioden.

Malaria

Wir empfinden Malaria nicht als Bedrohung, da sie bei uns nicht verbreitet ist, sondern nur in Einzelfällen bei Touristen auftritt. Europa war jedoch nicht immer malariafrei, die letzte große Malariaepidemie gab es 1948/49 in Süditalien mit ca. 30 000 Toten. Da es noch keinen Impfstoff gegen Malaria gibt, ist die Bekämpfung nicht einfach. Eine Möglichkeit ist die Vektorkontrolle. Darunter versteht man die Bekämpfung der die Malaria übertragenden Anophelesmücke. In den 1950ern wurde dies mitunter durch den Einsatz von DDT versucht. Eine weitere Möglichkeit ist die Trockenlegung von Sumpfgebieten, um der Anophelesmücke die Möglichkeiten zur Fortpflanzung zu nehmen. Allgemein wird in Malariagebieten empfohlen, Mückenstichen vorzubeugen. Bei Reisen in Risikogebiete sollte eine Chemoprophylaxe durchgeführt werden. Das Sichelzellgen als Schutzfaktor spielt in Europa praktisch keine Rolle.

Es gibt verschiedene Arten von Plasmodien, die bei Menschen Malaria auslösen können, insbesondere *P. falciparum*, *P. vivax*, *P. ovale* und *P. malariae*. Die unterschiedlichen Erreger verursachen unterschiedliche Malariaformen, wobei *P. falciparum* beim Menschen die besonders gefährliche Malaria tropica auslöst (s. Tabelle).

Epidemie und Impfungen

Wie wichtig es für die Verbreitung der Malaria ist, welche Art der Anophelesmücke als Überträger fungiert, zeigt der Vergleich von Kenia und Punjab (Indien): In Kenia wird die Malaria von einem Infizierten auf 1900, in Punjab nur auf 1,4 weitere Menschen übertragen. Dieses Maß bezeichnet man als *Basisreproduktionsrate* (wenn niemand in der Bevölkerung immun ist).

Da in beiden Regionen derselbe Erreger (*P. falciparum*) verbreitet ist, liegt es nahe, dass der Unterschied durch verschiedene Anophelesarten verursacht wird (in Kenia *A. gambiae*, in Punjab *A. culicifacies*). Zum einen hat *A. gambiae* eine höhere Überlebensrate als *A. culicifacies*, zum anderen sticht *A. gambiae* alle zwei Tage, und zwar ausschließlich Menschen, während *A. culicifacies* nur alle drei Tage und dann nur zu 10 % Menschen sticht. So kommt es, dass in Punjab verhältnismäßig wenige Folgeinfektionen auftreten, obwohl die Mückendichte hier im Vergleich zu Kenia um den Faktor 20 höher ist.

Neuere Impfstoffentwicklungen beruhen nicht nur auf der Verwendung einzelner Oberflächenproteine des Erregers, sondern auch auf der Verabreichung genetisch veränderter Erreger, die keine menschlichen Blutzellen mehr befallen können.

Malaria – eine Bedrohung auch für Europa?

Malaria ist eine Infektionskrankheit, die besonders in den Tropen und Subtropen auftritt. Es gibt verschiedene Arten des einzelligen Parasiten *Plasmodium*, die unterschiedliche Formen der Malaria auslösen können. Besonders gefährlich für den Menschen ist *Plasmodium falciparum*, der Erreger der Malaria tropica, die unbehandelt meist tödlich verläuft. Jedes Jahr infizieren sich laut WHO 300 bis 500 Millionen Menschen mit Malaria.

Auf den Menschen wird der Parasit von der Anophelesmücke übertragen. Von dieser gibt es ca. 400 verschiedene Arten, von denen allerdings nur 40 Plasmodien übertragen können. Nur die weiblichen Mücken saugen Blut, da sie dieses zur Entwicklung der Eier benötigen. Obwohl Plasmodien immer wieder durch Reisende aus den Tropen auch nach Europa gebracht werden, breitet sich die Malaria hier nicht aus.

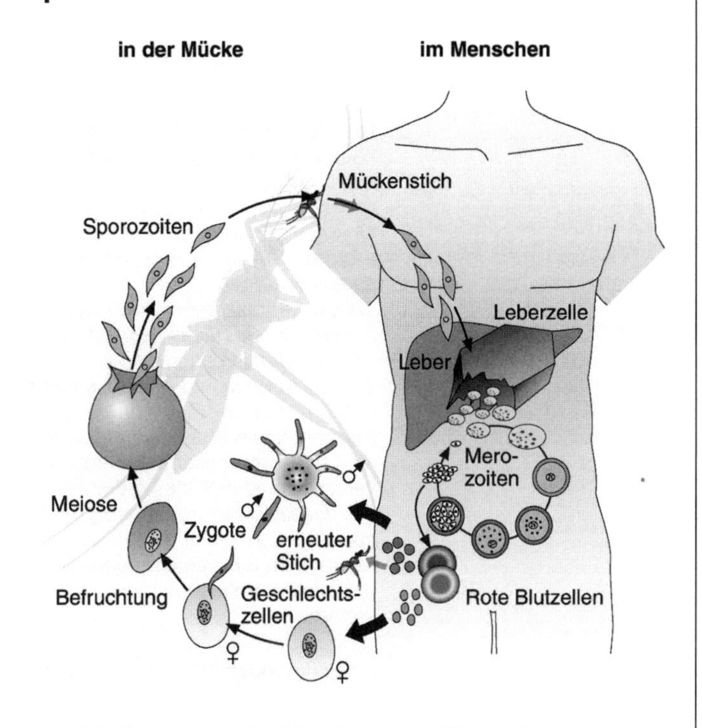

Abb. 1 Die Entwicklung des Malariaerregers Plasmodium

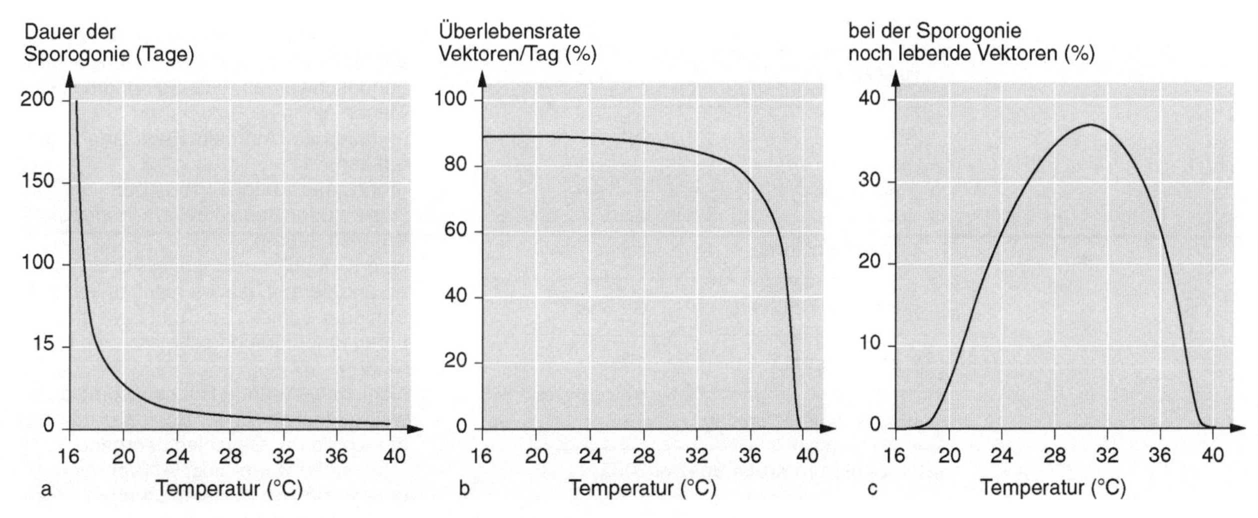

Abb. 2 Temperatureinflüsse auf Anophelesmücke und Plasmodium

Aufgaben

1. Welche Voraussetzungen müssen erfüllt sein, damit sich ein Mensch durch einen Mückenstich mit Malaria anstecken kann?
2. Der Wirt, in dem die geschlechtliche Fortpflanzung des Parasiten stattfindet, ist definitionsgemäß der Endwirt. Im Zwischenwirt findet die ungeschlechtliche Vermehrung statt. Erläutern Sie, wer im Falle der Malaria der Zwischen- bzw. Endwirt ist.
3. Erklären Sie, warum Deutschland nicht als Malariagebiet gilt, obwohl auch hier Anophelesmücken vorkommen.

Krebs
Krebs – Entstehung
Onkogen
Proto-Onkogen
Tumor
Tumor-Suppressorgen

Krebs – Folge fehlgesteuerter Gene?

Schülerbuch Seite 153

① Die Mutation eines Proto-Onkogens zum Onkogen wirkt sich dominant aus, durch Mutation unwirksame Tumor-Suppressorgene dagegen rezessiv. Begründen Sie.

– *Onkogen: Es genügt die Anwesenheit eines einzigen Onkogens, um das Zellwachstum zu stimulieren.*
Tumor-Supressorgen: Auch wenn ein Tumor-Supressorgen ausfällt, kann das andere die Tumorbildung verhindern.

② Zigarettenrauch und Alkohol können ein Gen auf Chromosom 17 verändern, das für das Kontrollprotein P53 codiert (s. Seite 154). Erklären Sie den Zusammenhang mit der Krebs verursachenden Wirkung des Rauchens.

– *P53 ist ein Tumor-Supressorgen, sein Ausfall kann die Entstehung von Krebs begünstigen.*

③ Informieren Sie sich über weitere Risikofaktoren, die zur Entstehung von Krebs führen können.

Risikofaktor	geschätzter Anteil an Krebserkrankungen insgesamt
Rauchen	25–30 %
Ernährung	30–40 %
Alkohol	3 %
Infektionen	5–15 %
erbliche Faktoren	5 %
berufliche Faktoren	4–8%
Luftschadstoffe	1%
Ionisierende Strahlung	1–2 %

(aus: Spektrum Krebs Spezial 2003)

Krebs

In Deutschland erkranken jährlich 300 000, in den USA 1 Million Menschen an Krebs. Statistisch gesehen wird jeder 4. Mensch im Verlaufe seines Lebens Krebs bekommen. 1920 starb jeder 15. Mensch an Krebs, heute jeder 5. An Krebs sterben 12 % mehr Frauen als Männer. Häufigste Todesursache ist Brustkrebs (15,1 %), gefolgt von Gebärmutterkrebs (7 %) und Krebs der Eierstöcke (6 %). Bei Männern ist Lungenkrebs 6-mal häufiger Todesursache als bei Frauen. 9,7 % der Sterbefälle beim Mann sind durch Prostatakrebs bedingt.

Vor allem Organe mit Außenkontakt (auch „innere Oberflächen") und großer Oberfläche sind betroffen. Mehr als 90 % aller Krebsarten entstehen an Häuten und Schleimhäuten des Körpers. Das Verhältnis von Haut zum Stützgewebe beträgt für den Körper des Menschen 1 : 5 bei der Krebsentstehung aber 15 : 1. Als Ursache wird angenommen, dass Krebs erzeugende Stoffe vor allem über die Haut eindringen.

Krebs macht ca. 1 % der Erkrankungen bei Kindern aus (12 bis 14 Krebsfälle bei 100 000 Kindern). Bis zum 16. Lebensjahr wird von 600 Neugeborenen ein Kind Krebs bekommen. Sterbefälle: 8 von 100 000. Jungen sind anfälliger als Mädchen. Bei Kindern entfallen von den über 50 bekannten Krebsarten 80 % auf Blut, Lymphe, Nerven und Nieren. Ein Großteil der Erkrankungen wird bereits während der Embryonalentwicklung angelegt: Wilmstumor (Niere), Medulloblastom (Gehirn), Neuroblastom (Nervensystem). Krebs entsteht in jedem Lebensalter. Bis zum 15. und jenseits des 50. Lebensjahres aber gehäuft.

Als Ursachen sind ermittelt:
1. die belastete Umwelt
2. Abnahme der Zellfunktion zur Krebsabwehr im Alter (physiologische Gründe)

Verdachtsmomente:
- jede nicht erklärbare Gewichtsabnahme
- jede nicht heilende Wunde oder Entzündung
- schmerzlose Knoten und Verdickungen in und unter der Haut, besonders in den Körperregionen Brust oder Hoden, auch Hals, Achseln oder Leisten
- Leberflecken, die grundlos bluten oder nässen, sich ausdehnen oder die Farbe ändern
- anhaltende Schluck-, Verdauungs- oder Magenbeschwerden, das Gefühl „im Hals oder Magen einen Kloß zu haben"
- andauernde Unregelmäßigkeiten in der Darmentleerung
- grundloses blutiges Erbrechen
- Husten oder Heiserkeit, die länger als drei Wochen dauern
- eine „Grippe", die länger als drei Wochen dauert und deren Ursache nicht zu klären ist
- Blut oder Schleim im Stuhl bzw. im Urin
- unregelmäßige und schmerzhafte Harnentleerungen
- nicht zu erklärende Rückenschmerzen
- weiße Flecken an der Schleimhaut des Mundes sowie der Geschlechtsorgane
- Polypen im Darm- oder Afterbereich
- unregelmäßige Monatsblutungen oder Schleimausflüsse bei der Frau
- wiederholte Blutungen während und nach den Wechseljahren der Frau, Aussonderungen mit Blutbeimischungen

Literaturhinweise

Spektrum der Wissenschaft Spezial: Krebsmedizin II. Spektr. Akad. Verlag, Heidelberg 2003 (Krebsmedizin I 1999, erschienen im gleichen Verlag)
Unterricht Biologie Heft 198/1999

Medienhinweise

FWU 42 01900 Krebs: Disharmonie in der Zelle
FWU 42 02064 Krebs – Karl Heinrich Bauer (wissenschaftsgeschichtlich ausgerichtet)

Vier Theorien zur Entstehung von Krebs

Klassisches Dogma

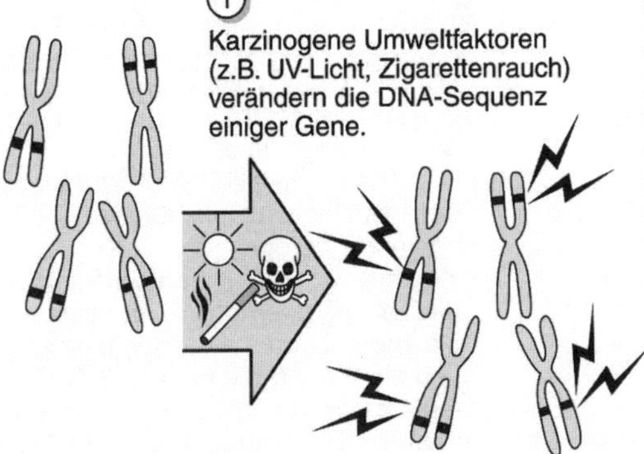

① Karzinogene Umweltfaktoren (z.B. UV-Licht, Zigarettenrauch) verändern die DNA-Sequenz einiger Gene.

② Durch inaktivierende Mutationen in Tumor-Suppressorgenen werden deren wachstumshemmende Proteine nicht exprimiert, sodass die Zelle sich weiter teilt.

③ Mutationen in Onkogenen können überaktive Onkoproteine entstehen lassen, sodass sich die Zellen vermehren, obwohl sie sonst ruhten.

weiter bei ④

④ Der Überschuss an Onkoproteinen und der Mangel an Tumor-Suppressorproteinen lässt die mutierten Zellen wuchern.

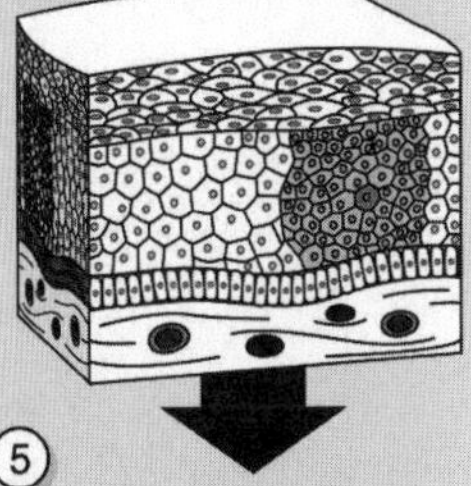

⑤ Nach vielen Zyklen von Mutationen und weiterer Expansion entzieht sich eine Zelle in der Tumormasse jeglicher Kontrolle. Ihre Nachkommen dringen in benachbarte andere Gewebe ein.

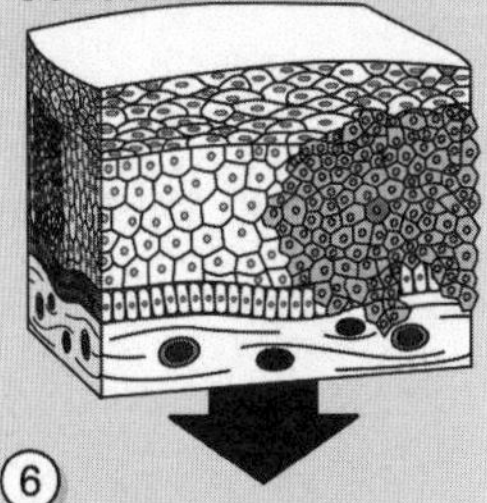

⑥ Schließlich gelangen Krebszellen ins Blut und damit an entfernte Körperstellen, wo sie zu Tochtergeschwulsten heranwachsen.

Modifiziertes Dogma

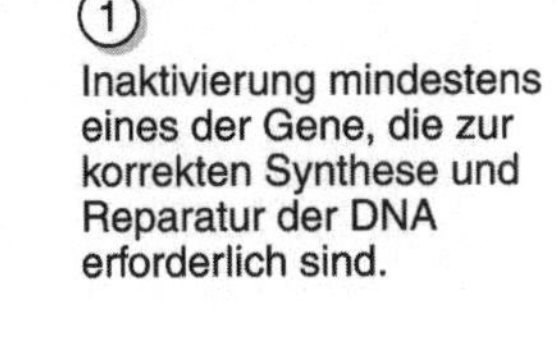

① Inaktivierung mindestens eines der Gene, die zur korrekten Synthese und Reparatur der DNA erforderlich sind.

② Bei der Zellteilung entstehen Mutationen, die nicht repariert werden und sich anhäufen.

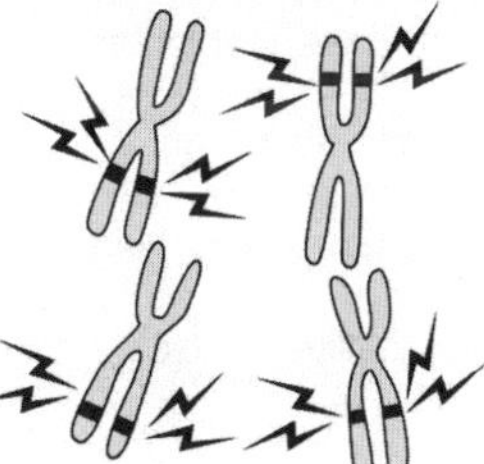

③ Wie beim klassischen Dogma werden Tumor-Suppressorproteine eliminiert und Onkoproteine aktiviert.

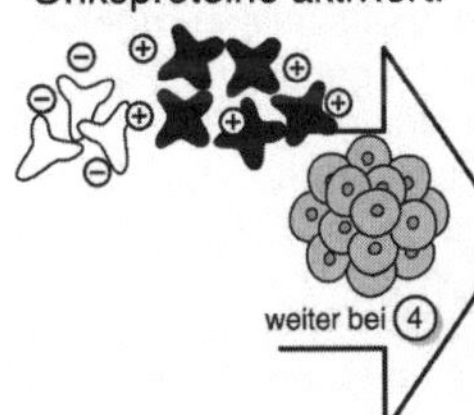

weiter bei ④

Frühe Instabilität

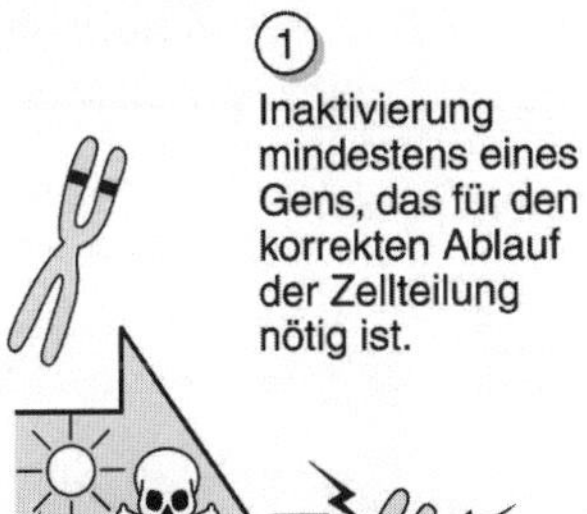

① Inaktivierung mindestens eines Gens, das für den korrekten Ablauf der Zellteilung nötig ist.

② Bei der Verdopplung der Chromosomen und ihrer Verteilung auf die Tochterzellen kommt es zunehmend zu Fehlern. Einige Zellen erhalten Chromosomen in abnormer Zahl oder mit fehlenden oder überzähligen Stücken.

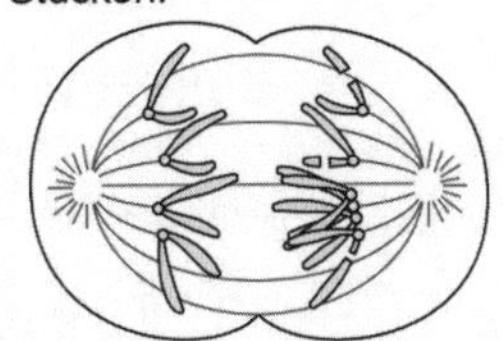

③ Geringe Mengen an Tumor-Suppressorproteinen und erhöhter Gehalt an Onkoproteinen.

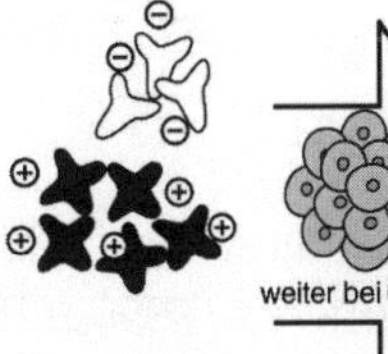

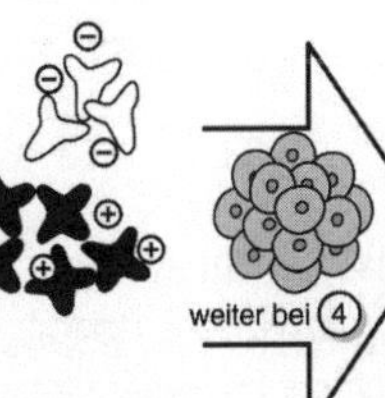

weiter bei ④

⑤ Über Jahre oder Jahrzente erwerben solche Tumorzellen allmählich die Fähigkeit, in anderes Gewebe einzudringen.

Nur-Aneuploidie

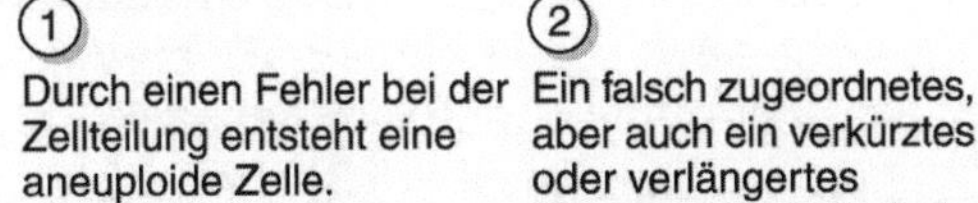

① Durch einen Fehler bei der Zellteilung entsteht eine aneuploide Zelle.

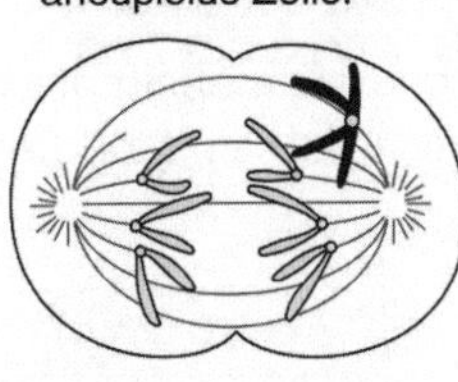

② Ein falsch zugeordnetes, aber auch ein verkürztes oder verlängertes Chromosom verändert die Menge vieler tausend Gene. Die meisten aneuploiden Zellen sterben ab.

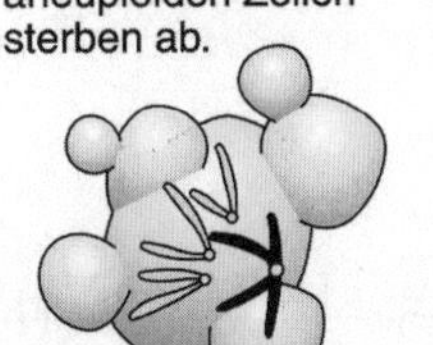

③ Einige wenige überleben. Bei den folgenden Zellteilungen entstehen weitere aneuploide Zellen mit veränderten Eigenschaften.

④ Schließlich erwirbt mindestens eine Zelle die Fähigkeit von Krebszellen. Sie vermehrt sich zu einem präkanzerösen Tumor.

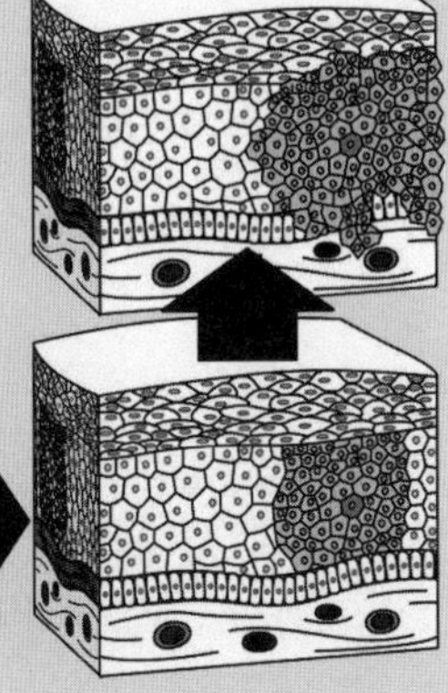

(nach Spektrum Krebs Spezial 2003)

Alterung
Apoptose
DNA – Replikation
Enzym – DNA-Polymerase
Enzym – Telomerase
Krebs – Therapie
Okasaki-Fragment
Telomere

Material: Programmierter Zelltod
Lexikon: Mutagene

Schülerbuch Seite 154

① *Nekrose:* Durch äußere Gewalteinwirkung entstandene Zelltrümmer werden von Makrophagen aufgenommen.
Apoptose: Die Zelle schnürt membranumschlossene Bläschen ab, die von Makrophagen aufgenommen werden.
② Die Nekrose beruht auf äußerer Gewalteinwirkung auf die Zelle, die Apoptose wird durch die Zelle selbst eingeleitet.
③ Zunächst sind die fünf Zehen des Fußes noch durch Gewebe miteinander verbunden. Dieses Gewebe wird später abgebaut, die Zehen sind dann frei beweglich. Das Absterben der Zellen erfolgt zu einem bestimmten Zeitpunkt und in koordinierter Weise – es ist genetisch programmiert.
④ Schwanz der Kaulquappe, Gewebe der Raupe bei der Verpuppung, Rückbildung der Gebärmutter nach der Entbindung, Rückbildung der Kiemen bei der Metamorphose von Lurchen.
⑤ P53 gibt das Apoptose-Signal. Zellen, die sich in Krebszellen umgewandelt haben, vernichten sich dadurch selbst.
⑥ Inaktives P53 kann die Apoptose einer von Viren infizierten Zelle nicht mehr einleiten. Daher teilt sich die Zelle weiter und das Virus wird vermehrt.
⑦ Rote Blutzellen haben keinen Zellkern, also keine Gene für die Apoptose.

Arbeitsblatt Seite 135

1. Die Probe des einjährigen Kindes enthält die längsten Telomerenstücke, da sich die Zellen am wenigsten geteilt haben.
2. Die RNA-Sequenz erlaubt die Anlagerung von DNA-Nucleotiden, die dann zu Telomeren-DNA verknüpft werden.
3. *Krebstherapie:* Wenn es gelingt, in Krebszellen die Telomerase-Aktivität zu hemmen, verlieren sie ihre unbegrenzte Teilungsfähigkeit, altern und sterben ab wie normale Körperzellen. Die Gefahr besteht darin, dass durch die medikamentöse Blockierung der Telomerase unspezifisch auch Keimzellen oder andere teilungsaktive Zellen (Immunzellen, Blut bildende Zellen oder Stammzellen) ihre Telomeraseaktivität und damit ihre Zellteilungsaktivität einbüßen.
Verzögerung des Alterns: Hierfür wäre eine Stimulierung der Telomeroseaktivität sinnvoll. Dies könnte aber zur Auslösung von Krebs führen.

Mutagene

Zur Bearbeitung des Themas „Mutagene“ eignet sich auch das Arbeitsblatt auf Seite 129.

Modell für die Funktionsweise der Telomerase

Drei Nucleotide werden angefügt.
3' AACCC AACCCC AAC
5' TTGGGG TTGGGG TTGGGG TTG

Die Telomerase bewegt sich sechs Basenplätze nach rechts.
3' AACCC AACCCCAAC
5' TTGGGG TTGGGG TTGGGG TTG

Sechs weitere Nucleotide werden angefügt.
3' AACCC AACCCCAAC
5' TTGGGG TTGGGG TTGGGG TTGGGGTTG

Die Telomerase wird entfernt.
3' AACCC AACCCCAAC
5' TTGGGG TTGGGG TTGGGG TTGGGG TTG

Telomere – die Lebensuhr der Zelle

Nach einer Zellteilung *(Mitose)* findet eine Verdopplung *(Replikation)* der DNA statt. Sie ist die Voraussetzung für die sich anschließende nächste Zellteilung. Zur Replikation lagert sich das Enzym DNA-Polymerase an die voneinander getrennten Einzelstränge der DNA an.

Da die Replikation des Tochterstranges nur in 5'–3'-Richtung möglich ist, kann bei der Synthese des „Rückwärtsstrangs" am Elternstrang das Enzym nur stückweise vorgehen. Es springt von Primer zu Primer (s. Abb. 1). Nach Entfernen dieser Primer würde am 5'-Ende des neuen DNA-Stranges ein Stück instabiler DNA-Einzelstrang zurückbleiben und später verkleben oder verloren gehen. Da jedes Chromosom jedoch an den Enden so genannte *Telomere* aufweist, wird dies verhindert. Telomere sind kurze, sich wiederholende DNA-Abschnitte (beim Menschen bis zu 1000-mal) mit bestimmter Basenfolge. Bei jeder Replikation der DNA werden die Telomerenenden kürzer (s. Abb. 3).

Nach dem vollständigen Verlust der Telomeren verliert die Zelle die Fähigkeit sich zu teilen und stirbt nach einiger Zeit ab. In der Telomerenverkürzung liegt wahrscheinlich eine der Hauptursachen für das Altern von Zellen.

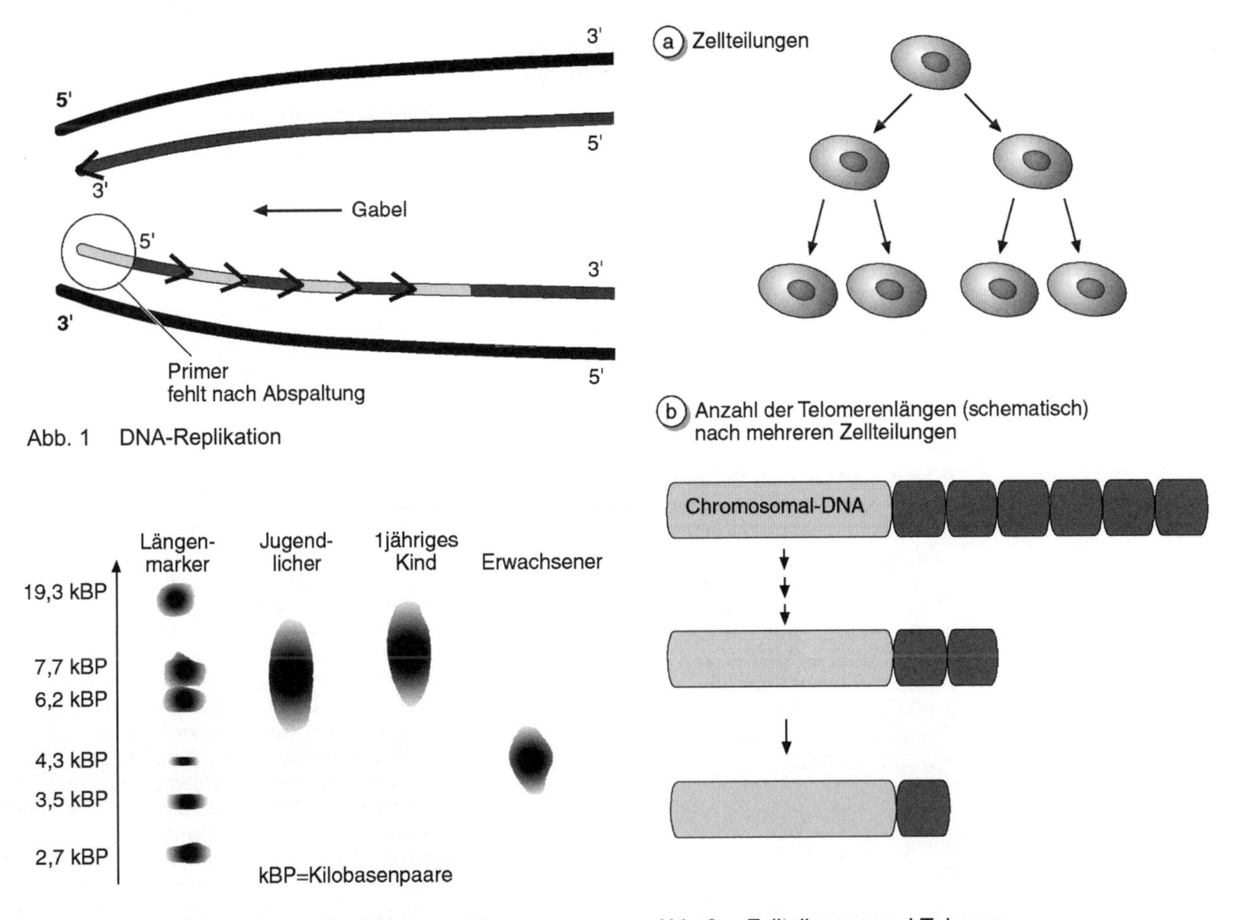

Abb. 1 DNA-Replikation

Abb. 2 Versuchsergebnisse zur Telomerenlänge

Abb. 3 Zellteilungen und Telomere

Aufgaben

1. Mit einem Enzym wurden die Telomeren von Chromosomen unterschiedlich alter Menschen abgespalten und mithilfe der Gelelektrophorese aufgetrennt und durch Anfärben sichtbar gemacht. Deuten Sie das Ergebnis aus Abbildung 2.
2. Zellen der Keimbahn und Krebszellen besitzen unbegrenzte Teilungsfähigkeit. Dies wird u.a. durch das Enzym Telomerase möglich. Es enthält einen RNA-Anteil, der zu der Telomeren-DNA komplementär ist. Erläutern Sie, wie dieses Enzym Telomeren synthetisieren kann.
3. Die Erkenntnisse über Telomeren und die Telomerase eröffnen möglicherweise Ansätze zur Krebstherapie bzw. zur Verzögerung des Alterns. Stellen Sie mögliche Therapieansätze und deren Risiken dar.

DNA – Analyse
DNA – Sequenzierung
Elektrophorese
Enzym – Reverse Transkriptase
PCR
Primer

4 Methoden zur Analyse der DNA

DNA-Analyse

Schülerbuch Seite 157

① Ein PCR-Zyklus im Reagenzglas hat Ähnlichkeit mit der DNA-Replikation in Zellen. Begründen Sie.

– *Das „Schmelzen“ der DNA bei hohen Temperaturen entspricht der Auftrennung des doppelsträngigen DNA-Moleküls vor der Replikation. Sowohl bei der PCR als auch bei der Replikation wird die DNA durch Primer markiert, an die DNA-abhängige DNA-Polymerasen die komplementären Tochterstränge synthetisieren können. Nach einem PCR-Zyklus bestehen die Tochterstränge jeweils aus einem alten Elternstrang und einem neu synthetisierten Strang (semikonservative Replikation).*

② Bei der PCR fungieren die neusynthetisierten DNA-Stränge als Matrizen des nachfolgenden Zyklus. Berechnen Sie die Zahl der Stränge nach 30 Zyklen.

– 2^{30} *Moleküle*

③ Vervollständigen Sie die Basensequenz (Abbildung 3).

– *ATAACAAGCATGAGATTGACGCACTCCATCT*

④ Wie lautet die Basensequenz des Matrizen-DNA-Stranges?

– *TATTGTTCGTACTCTAACTGCGTGTGGTAGA*

Arbeitsblatt Seite 137

1. 2^{10} = 1024 Moleküle (10 Verdopplungen)
2. Da nur einer der beiden DNA-Stränge vervielfältigt würde, bliebe die exponentielle Vermehrung aus.
3. Kennt man die Basensequenz des zu vervielfältigenden DNA-Abschnitts nicht, können keine Primer formuliert und synthetisiert werden. Ohne Primer funktioniert die PCR aber nicht.
4. Primer 1 (oberer Strang):
   3'TGTCGGATAT5'
   Primer 2 (unterer Strang):
   5'CCATTCTATA3'

Polymerasen

DNA-Polymerasen 1 heften sich an kurze DNA-Einzelstrang-Abschnitte (engl. *nicks)* eines ansonsten doppelsträngigen DNA-Moleküls. Sie ergänzen nicht nur die „Lücke“ sondern synthetisieren einen völlig neuen Strang *(Polymeraseaktivität),* indem sie den vorliegenden abbauen *(Nucleaseaktivität).* Polymerase- und Nucleaseaktivität werden von verschiedenen Enzymkomponenten ausgeführt. Die hitzestabile Polymerase 1 aus dem Bakterium *Thermus aquaticus* wird *Taq-Polymerase* genannt.

Die *Reverse Transkriptase* ist ein Enzym, das bei der Replikation von Retroviren eine entscheidende Rolle spielt. Die Fähigkeit dieses Enzyms, an einen RNA-Matrizen-Strang einen komplementären DNA-Strang (c-DNA, engl. *complementary)* zu synthetisieren, ist in der Gentechnik von außerordentlicher Bedeutung, um m-RNA in DNA umzuschreiben und dann in Organismen einzubauen oder zu sequenzieren bzw. beides. Nach der reversen Transkription liegt zunächst ein Hybridstrang aus RNA und DNA vor. Der RNA-Strang wird mithilfe einer RNAase abgebaut, sodass eine reine DNA-Präparation vorliegt.

DNA-Polymerase I

5'–A–T–G–C–A–A–T–G–C–A–T–3'
← 3'–T–A–C–G G–T–A–5'
einzelsträngige Lücke Primer

5'–A–T–G–C–A–A–T–G–C–A–T–3'
← 3'–t–a–c–g–t–t–a–c–G–T–A–5'
vorhandene Nucleotide werden ausgetauscht
ergänzte Nucleotide

Reverse Transkriptase

5'–A–U–G–C–A–A–U–G–C–A–U–3'
3' G–T–A–5'
RNA-Matrize Primer

RNA
5'–A–U–G–C–A–A–U–G–C–A–U–3'
← 3'–t–a–c–g–t–t–a–c–G–T–A–5'
DNA
neuer DNA-Strang

PCR und Basensequenzierung

In einer PCR werden die Primer 1 und 2 in großem Überschuss zugesetzt, da sie im Laufe des Experimentes verbraucht werden. Beim Sanger-Coulson-Verfahren (s. Schülerbuch) zur Basensequenzierung darf aber nur einer der beiden Primer vorhanden sein, da ansonsten Fragmente gleicher Länge beider DNA-Stränge gebildet würden, die Elektrophorese zur Identifizierung der endständigen Basen würde unbrauchbare Ergebnisse liefern. Man löst dieses Problem, indem man entweder die PCR so führt, dass beide Primer nahezu vollständig verbraucht werden oder indem man die synthetisierten DNA-Moleküle einer Reinigung unterzieht. Das ist leicht möglich, da die Primer in der Regel 10 bis 20 Basenpaare lang sind, die neu synthetisierten DNA-Stränge hingegen viel länger.

Literaturhinweise

BROWN, T. A.: Gentechnologie für Einsteiger, 3. Aufl. Spektr. Akad. Verlag, Heidelberg 2001

MÜLHARDT, C.: Molekularbiologie, 2. Aufl. Spektr. Akad. Verlag, Heidelberg 2000

MULLIS, K. B.: Eine Nachtfahrt und die Polymerase-Kettenreaktion. In: Spektrum der Wissenschaft, Heft 6/1990, S. 60 – 67

Polymerasekettenreaktion

Die *Polymerasekettenreaktion* (PCR, engl. *Polymerase Chain Reaction)* gehört heute zu den Routinetechniken der molekularen Genetik. Sie ermöglicht die gezielte Vervielfältigung von DNA-Abschnitten. Möchte man beispielsweise ein bestimmtes Gen von einer Spenderart auf eine Empfängerart übertragen, so wird das Gen zuvor vervielfältigt, da eine erfolgreiche Übertragung ein relativ seltenes Ereignis ist und nur mithilfe eines Überangebots des Gens gelingt.

Damit genügend Genkopien für ein derartiges Experiment zur Verfügung stehen, wird eine PCR bis zu 35-mal wiederholt. Jeder Zyklus ist eine dreistufige Reaktionsfolge (Abb. 1):

1. Auftrennung der zu vermehrenden, doppelsträngigen Proben-DNA bei 95 °C in Einzelstränge (Denaturierung).
2. Anlagerung von DNA-Primern an die zu vermehrenden Abschnitte der beiden DNA-Einzelstränge nach Abkühlung auf 50 °C.
3. Synthese neuer DNA-Stränge durch eine hitzestabile DNA-Polymerase bei 72 °C.

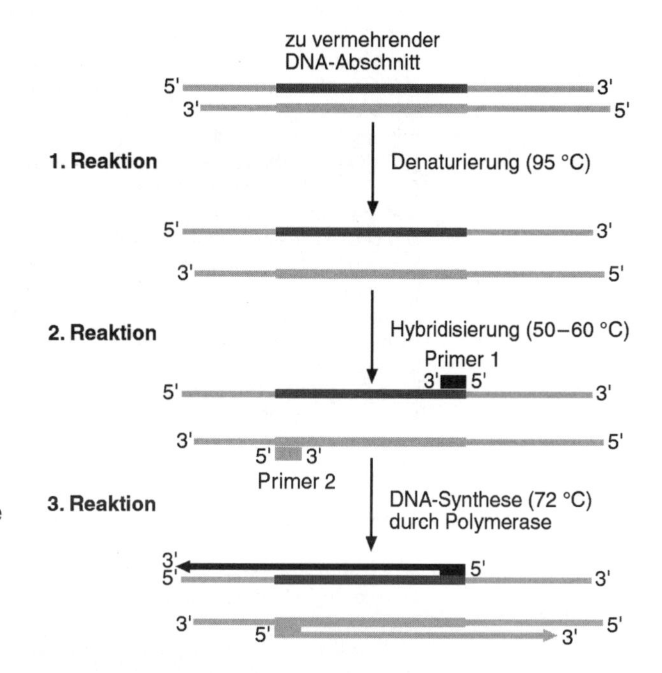

Abb. 1 PCR-Zyklus

5‘ CCA TTC TAT ATC CAT ACA ATG GGT TTT ATG CTT CAT TAA ATT CAC ACA AAG ACA ATT TGA CAG CCT ATA 3‘ 3‘ GGT AAG ATA TAC GTA TGT TAC CCA AAA TAC GAA GTA ATT TAA GTC TGT TTG TGT TAA ACT GTC GGA TAT 5‘

Abb. 2 DNA-Abschnitt

Aufgaben

1. Die PCR basiert auf dem Prinzip, dass die in einem Zyklus an einer DNA-Matrize (Proben-DNA) synthetisierte DNA als Vorlage für den nachfolgenden Zyklus dient. Theoretisch reicht ein einziges doppelsträngiges DNA-Molekül aus, um eine PCR erfolgreich durchzuführen. Die Methode ist so empfindlich, dass die DNA weniger Zellen zur Vervielfältigung ausreicht. Wir nehmen an, in einem PCR-Ansatz befände sich tatsächlich nur ein einziges doppelsträngiges DNA-Matrizenmolekül.
   Wie viele Moleküle (DNA-Doppelstränge) hätte man nach 10 PCR-Zyklen im Ansatz?
2. Die Primer spielen in einer PCR die entscheidende Rolle. Primer sind kurze, künstlich hergestellte DNA-Moleküle (Oligonucleotide). Sie markieren den zu vervielfältigenden DNA-Abschnitt. Man benötigt Primer-Paare. Primer 1 ist basenkomplementär zu einem Abschnitt des „oberen“ DNA-Strangs (Abb. 1), Primer 2 zu dem „unteren“. Die beiden Primer „flankieren“ auf die in Abbildung 1 gezeigte Weise den zu vervielfältigenden DNA-Abschnitt. Welche Konsequenz hätte es für ein PCR-Experiment, wenn fälschlicherweise beide Primer an den oberen Strang binden würden?
3. Warum setzt ein PCR-Experiment voraus, dass die Basensequenz des zu vervielfältigenden DNA-Abschnitts bekannt ist?
4. Der in Abbildung 2 gezeigte DNA-Abschnitt soll mithilfe der PCR vervielfältigt werden. Formulieren Sie Primer 1 und Primer 2 (jeweils 10 Nucleotide lang). Achten Sie bei der Formulierung der beiden Primer darauf, dass die Primer an unterschiedliche DNA-Einzelstränge binden und dass Polymerasen eine freie 3‘OH-Gruppe benötigen, um das nächste Nucleotid anzuhängen.

BSE
DNA – Fingerprinting
Genanalyse
Gentherapie
Infektionskrankheit – Creutzfeldt-Jakob
PCR

Genetischer Fingerabdruck

Schülerbuch Seite 159

① In Abbildung 158.2 sind vergleichbare Ausschnitte aus dem genetischen Fingerabdruck einer Mutter (M), ihrer Tochter (T) und möglicher Väter (V) wiedergegeben. Welcher Mann kann der leibliche Vater sein? Begründen Sie.

– *Der in Abbildung 158.2 gezeigte Ausschnitt des Restriktionsfragment-Musters von Mutter (M), Tochter (T) und verschiedenen Männern (V1 – V4) zeigt, dass es Übereinstimmungen mit der Mutter gibt und solche Banden, die nur väterlich vererbt sein können. Die oberste Bande bei der Tochter kann nur durch die Person V4 erklärt werden.*

② Bei Brustkrebs-Patientinnen werden regelmäßig in einem bestimmten Gen („Brustkrebsgen") Mutationen gefunden. Ein ursächlicher Zusammenhang ist unsicher, denn es gibt Frauen, die diese Mutation ebenfalls aufweisen, aber nicht erkranken. Stellen Sie sich vor, eine Frau ließe ihre DNA testen, Ergebnis positiv. In welchen Konflikt könnte sie geraten? Bedenken Sie auch, dass es keine wirksame Therapie gibt.

– *Die Frau bekommt bei positiver Testung die Information, mit einer bestimmten Wahrscheinlichkeit an Brustkrebs zu erkranken. Ob sie also tatsächlich erkrankt, ist nicht sicher. Das könnte ihr Leben belasten. Andererseits könnte sie den Schluss ziehen, regelmäßig Brustkrebsuntersuchungen durchführen zu lassen, um auftretende Wucherungen möglichst früh erkennen und entfernen zu lassen.*

Arbeitsblatt Seite 139

1. Extrahierte DNA wird mithilfe von PCR vervielfältigt und dann mit Restriktionsenzymen gespalten. Die Bruchstücke werden anschließend elektrophoretisch getrennt. Nach dem Fixieren werden zu den DNA-Einzelstrangfragmenten radioaktiv markierte Sonden gegeben, die an komplementären Strangabschnitten binden. Auf einem strahlenempfindlichen Film entsteht ein charakteristisches Bandenmuster.
2. Ist das DNA-Muster des Tieres bekannt, kann durch einen Vergleich des Musters der Fleischprobe eine nahezu eindeutige Zuordnung erfolgen. Dies gilt ebenfalls für Produkte wie Hackfleisch oder Wurst.
3. Ähnlich wie beim Elternnachweis (Vaterschaftstest) kann bei Fleisch unbekannter Herkunft theoretisch über Vergleiche ein Bandenmuster mit charakteristischen Übereinstimmungen gefunden werden. Ist deren Züchter bekannt, so kann eine Zuordnung zum Halterbetrieb erfolgen.
4. Mikrosatelliten zeigen eine besonders starke Variabilität der Basensequenz, da Mutationen in diesem Bereich meist selektionsneutral sind, sich deshalb ansammeln und daher besonders viele Unterschiede ergeben.

Genanalysen für den Tierschutz

„Genetische Fingerabdrücke" oder der Vergleich von DNA-Basensequenzen bei Artgenossen werden nicht nur zur Identifizierung von Tätern genutzt, die DNA-Spuren hinterlassen haben, sondern sie werden inzwischen auch in der biologischen Forschung vielfältig verwendet.

In der Soziobiologie dienen sie dazu, Verwandtschaftsverhältnisse innerhalb einer Population zu klären, um anschließend untersuchen zu können, ob sich Tiere nahe verwandten Artgenossen gegenüber anders verhalten als gegenüber solchen mit größerer genetischer Distanz (z. B. Helferverhalten).

Bei Geparden nutzt man dieses Verfahren, um zu verstehen, warum diese Tierart trotz intensiver Schutzmaßnahmen vom Aussterben bedroht ist. Forschergruppen untersuchten die genetische Vielfalt bei verschiedenen Raubkatzenarten und Hauskatzen (s. Abb.). Dabei fanden sie bei Geparden eine besonders geringe genetische Varianz. Als Ursache wird vermutet, dass alle heute lebenden Geparden von einer sehr kleinen Population abstammen, also im Verlauf der Evolution diese Art irgendwann einmal fast ausgestorben war. Die Paarung eng verwandter Individuen führt, wie man für unterschiedlichste Arten weiß, durch die geringe genetische Varianz zu geringerer Anpassungsfähigkeit an die Umwelt, vermehrtem Auftreten von Erbkrankheiten und geringerer Fähigkeit zur Immunabwehr. Um weiterer genetischer Verarmung entgegenzuwirken, wählt man für die Verpaarung in Zoos und die Aussetzung in Reservaten Tiere, die sich genetisch besonders stark unterscheiden.

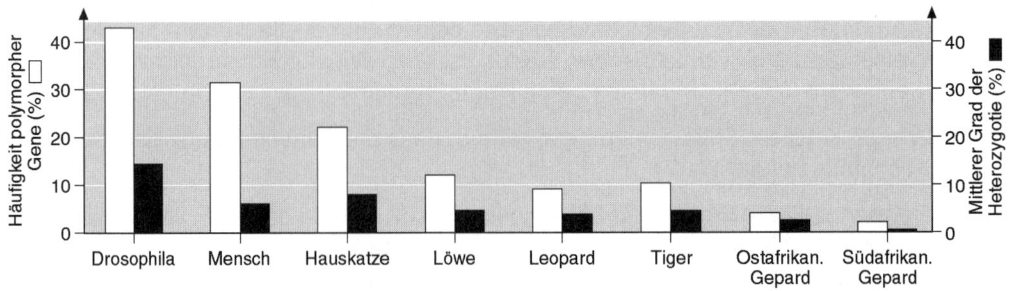

Genetische Vielfalt verschiedener Tierarten und des Menschen

Fälschungssicherer Herkunftsnachweis für Rindfleisch?

Kurze Zeit nachdem in England die Rinderseuche BSE auftrat, wurde die Vermutung geäußert, dass der Verzehr von Fleisch infizierter Tiere (insbesondere Nervengewebe) zu Erkrankungen beim Menschen führen könnte. Beim Menschen ist eine vergleichbare Krankheit, bei der das Gehirn massiv geschädigt wird und die meist zum Tode führt, als *Creutzfeldt-Jakob-Krankheit* bekannt. Deshalb ist für alle Schlachtrinder, die älter als 24 Monate sind, ein BSE-Test vorgeschrieben. Dazu werden von den geschlachteten Tieren, die durch Ohrmarken identifiziert sind, Gewebeproben entnommen und untersucht. Manchmal konnte dennoch ungetestetes Fleisch in den Handel kommen. Fleisch im Handel kann in vielen Fällen nicht eindeutig zurückverfolgt werden.

Ein Vorschlag zur Lösung des Problems besteht darin, die Technologie des genetischen Fingerabdrucks auf Rindfleisch anzuwenden.

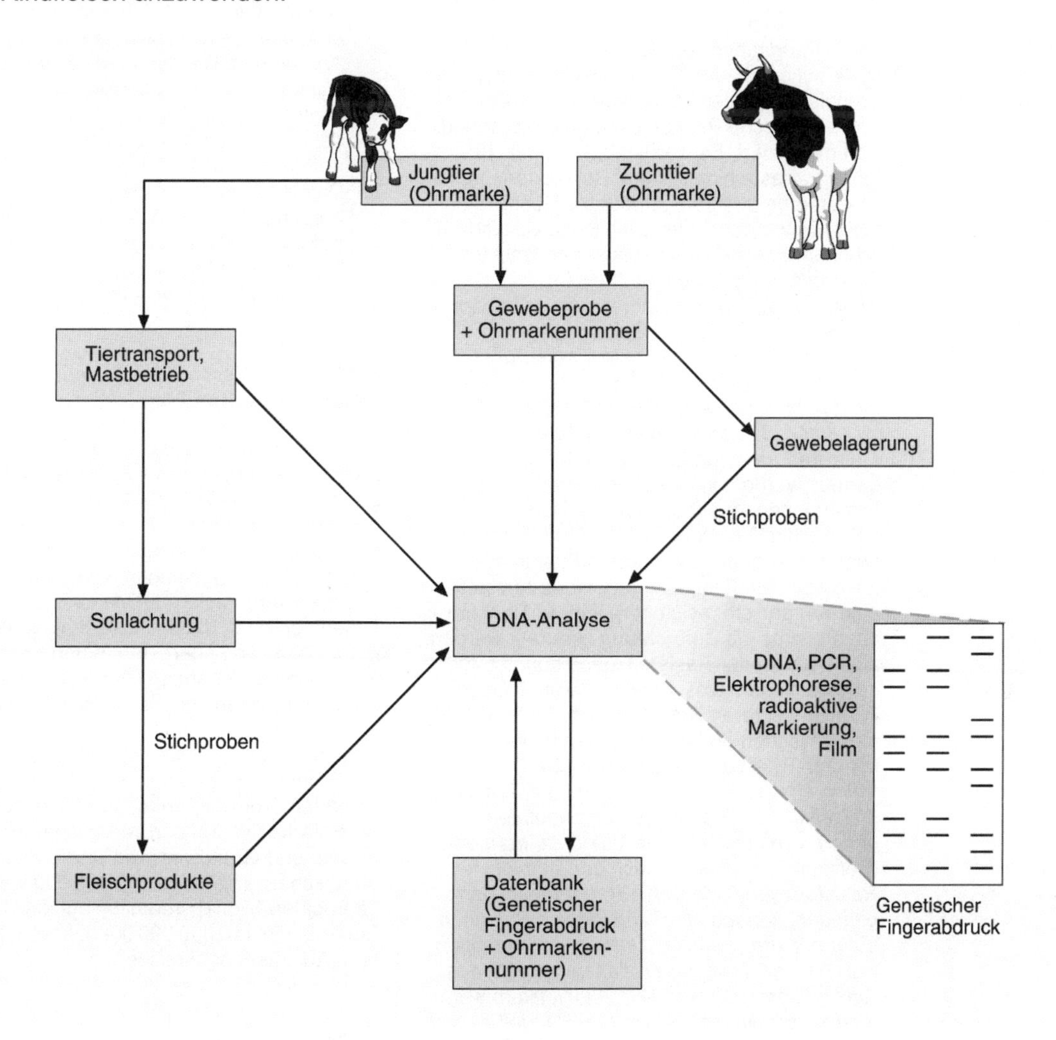

Aufgaben

1. Beschreiben Sie das Verfahren zur Identifizierung genetischen Materials (DNA-Fingerprinting).
2. Inwieweit könnte dieses Verfahren (DNA-Fingerprinting) dazu beitragen, ordnungsgemäß getestetes Fleisch oder Produkte daraus von nicht getestetem Material sicher zu unterscheiden (s. Abb.)?
3. Wenn eine Datenbank mit den DNA-Mustern von Kühen und Bullen angelegt würde, wäre es auch möglich, die Herkunft nicht ordnungsgemäß identifizierter Tiere (z. B. Verlust der Ohrmarken) zurückzuverfolgen. Begründen Sie.
4. Zur Identifizierung eignen sich besonders gut die so genannten Mikrosatelliten. Dabei handelt es sich um DNA-Abschnitte, die nicht für ein Protein codieren, sich also phänotypisch nicht auswirken. Erklären Sie, warum gerade diese geeignet sind.

Antibiotikum
Gentechnik
Herbizid
Resistenz
transgene Pflanze
Trinitrotoluol (TNT)

5 Biotechnologie und Gentechnik

Biotechnologie

Schülerbuch Seite 161

① Das Enzym Reverse Transkriptase besitzt die Fähigkeit, m-RNA in DNA „zurück zu übersetzen". Stellen Sie sich vor, Sie bekämen aus menschlichen Bauchspeicheldrüsen reife Insulin-m-RNA und das Enzym Reverse Transkriptase zur Verfügung gestellt.
Wie würden Sie das in Aufgabe 1 diskutierte Problem experimentell lösen? Skizzieren Sie einen Versuchsplan.

– *siehe Randspaltenabbildung*

Insulin-m-RNA
↓ reverse Transkription
Insulin-c-DNA
↓
Übertragung auf Bakterien

② Viele eukaryotische Proteine werden nach ihrer Translation an den Ribosomen in das Endoplasmatische Retikulum eingeschleust und dort modifiziert. Es werden z.B. oftmals Kohlenhydratreste hinzugefügt. Bei Bakterien gibt es derartige posttranskriptionale Modifikationen nicht. Es werden meist auch keine Disulfidbrücken zwischen den Resten der Aminosäure Cystein geknüpft wie beim Insulin.
Welche Probleme resultieren daraus bei der Insulinproduktion durch Bakterien?

– *Wenn die Kohlenhydratreste für die Funktion des Proteins wichtig sind, wirkt das Protein nicht richtig. Fehlende Disulfidbrücken führen zu einer nicht korrekten Raumstruktur.*

③ Mehrere Pflanzenarten, die landwirtschaftlich genutzt werden, sind im Labor bereits mit Fremdgenen versehen worden. Dabei ging es z.B. um die Resistenz gegen Viren, Herbizide oder Trockenheit. Die meisten Pflanzenvektoren tragen ein Gen, das gegen das Antibiotikum Kanamycin resistent macht. In Tierversuchen konnte die Befürchtung zerstreut werden, die Produkte der Resistenzgene könnten für den Menschen toxisch sein. Warum weisen Pflanzenvektoren Resistenzgene auf? Welche medizinischen und ökologischen Probleme könnten Resistenzgene verursachen?

– *Vektoren weisen Resistenzgene auf, um die Zielzellen, die den Vektor aufgenommen haben, von solchen ohne Vektor zu trennen (Selektion). Handelt es sich um Antibiotika-Resistenzgene, die sich z.B. auf Plasmiden befinden, können die Plasmide von Bakterien aufgenommen werden. Durch Transformation wären diese dann gegen das entsprechende Antibiotikum resistent. Das Antibiotikum wäre medizinisch wertlos geworden. Handelt es sich um Resistenzgene gegen Herbizide, die auf Kulturpflanzen übertragen werden, kann die Resistenz auf „Unkräuter" übertragen werden. Das Herbizid wäre gegen diese unwirksam.*

Arbeitsblatt Seite 141

1. Unter TNT-Belastung zeigt der Tabak-Wildtyp bei der höheren TNT-Konzentration einen starken Biomasseverlust. Die transgene nfs1-Tabaksorte zeigt zwar im Vergleich zur unbelasteten Kontrolle auch einen Rückgang im Wachstum, die Pflanzen sind aber auch unter diesen Bedingungen in der Lage, Biomasse neu zu bilden; sie wachsen.
2. Die transgenen nsf1-Tabakpflanzen nehmen TNT quantitativ aus dem Kulturmedium auf, der Wildtyp hingegen nur geringe Mengen (Abb. 2). Die TNT-Konzentrationsbestimmungen der pflanzlichen Extrakte (Abb. 3) erscheinen auf den ersten Blick widersprüchlich: Die Wildtyppflanzen weisen einen hohen TNT-Gehalt insbesondere im Bereich der Wurzeln auf. Bei nsf1 hingegen wird kein TNT nachgewiesen und ADNT auch nur in geringerer Konzentration. Das könnte daran liegen, dass die transgenen Pflanzen TNT in andere Stoffwechselprodukte, die nicht bestimmt wurden, umsetzen. *Anmerkung:* Bei der Interpretation der Ergebnisse ist auch zu bedenken, dass die TNT-Konzentrationen in Abb. 2 in Millimol, in Abb. 3 jedoch in Nanomol angegeben sind und sich dort außerdem auf 1 g Pflanzenmasse beziehen.
3. Da die transgene Tabaksorte nsf1 TNT im Laborversuch quantitativ aus dem Kulturmedium aufnimmt, ist sie ein geeigneter Kandidat zur Erprobung in Feldversuchen. (Ob sich die Sorte dort auch bewähren wird, ist noch unklar.)

TNT-Verseuchung – ein globales Umweltproblem

Konzentrationsangabe: ppm (part per million)
1g in einer Tonne

TNT (2,4,6-Trinitrotoluol) ist ein für militärische Zwecke häufig genutzter Sprengstoff. Die langlebige und äußerst toxische Substanz hat in ehemaligen Kriegsgebieten (z. B. in Nordafrika, in Vietnam oder Kuwait), in Fabrikationsstätten, Munitionsdepots und Übungsgeländen weiträumige Verseuchungen verursacht. TNT ist toxisch in Konzentrationen von über 10 ppm. Es schädigt das Knochenmark und kann Leberzirrhose und Krebs hervorrufen. Militärisch genutzte Gelände weisen teilweise Kontaminationen von bis zu 1500 ppm auf!

Besonders deutlich wird die Brisanz des Themas am Problem der Landmienen, die gewöhnlich TNT enthalten. Korrodierende Mienen setzen das extrem starke Gift frei und verseuchen Böden, Gewässer und Grundwasser. Für die Entsorgung der 2003 schätzungsweise 110 000 000 weltweit ausgebrachten Mienen veranschlagt die UN eine Summe von 110 000 000 000 Dollar, ein Vielfaches des „Anschaffungspreises".

Literaturhinweise

HANNIK, N. et. al.: Phytodetoxification of TNT. In: Nature Biotechnology, Vol. 19, S. 1168–1171, 2001

Transgene Pflanzen gegen TNT-verseuchte Böden

In den letzten Jahrzehnten haben Herstellung und Einsatz des Sprengstoffs TNT *(Trinitrotoluol)* zu einer weiträumigen Verseuchung der Umwelt geführt. TNT ist für Tiere und Pflanzen hochgradig giftig. Versuche, belastete Böden durch Hitzebehandlung zu entseuchen, haben zu Luftverunreinigungen geführt, außerdem entstand giftige Asche. Das Verfahren ist zudem teuer und deswegen in denjenigen Ländern der „Dritten Welt", in denen das Problem nach zahlreichen kriegerischen Auseinandersetzungen am drängendsten ist, nicht einsetzbar.

Pflanzen haben die Fähigkeit, mit ihrem weit verzweigten Wurzelsystem TNT aufzunehmen. Sie könnten zur Entseuchung von Böden eingesetzt werden, man müsste sie nur ernten und entsorgen. Ein Problem aber ist, dass Pflanzen durch TNT stark geschädigt werden und schließlich verkümmern. Gentechnologen haben in Bakterien ein Enzym *(Nitroreduktase)* gefunden, das in der Lage ist, TNT chemisch zu verändern und damit weitgehend ungiftig zu machen. Die Forscher haben das codierende Gen (nfs1) aus dem Bakterium auf Tabakpflanzen übertragen. Das Ergebnis einer solchen Manipulation sind so genannte transgene Pflanzen.

TNT im Medium (mmol)	**Wildtyp** Masse (g)			**transgener Tabak (nsf1)** Masse (g)		
	vor TNT-Behandlung	nach TNT-Behandlung	Differenz	vor TNT-Behandlung	nach TNT-Behandlung	Differenz
0,0	11,37	16,90	+ 5,53	11,08	16,88	+ 5,80
0,1	11,20	11,30	+ 0,10	11,40	14,65	+ 3,25
0,25	11,59	7,59	– 4,00	11,93	13,95	+ 2,02

Abb. 1 Tabakpflanzen wurden sieben Tage lang in TNT-haltigem Medium gehalten. Das Pflanzenmaterial wurde vorher und danach gewogen.

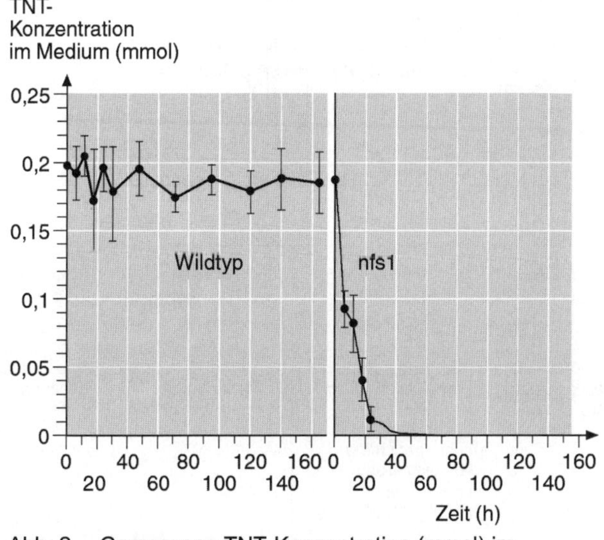

Abb. 2 Gemessene TNT-Konzentration (mmol) im Medium

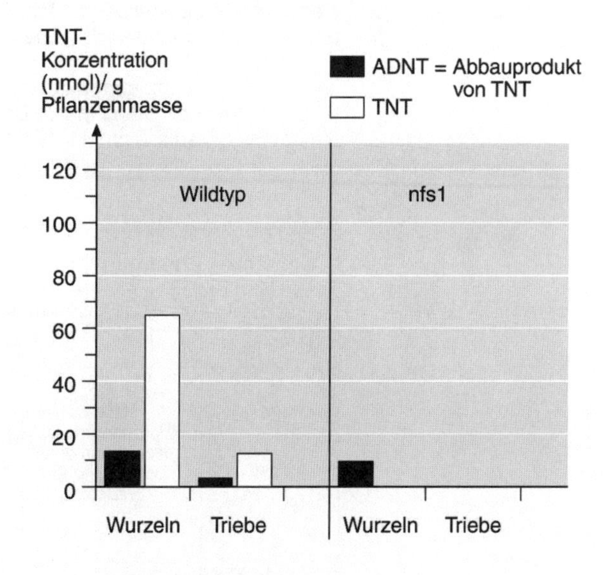

Abb. 3 TNT u. ADNT = Abbauprodukt von TNT (nmol) im Pflanzenmaterial

Aufgaben

1. In Laborversuchen wurden die Wachstumseigenschaften der Tabakpflanzen festgestellt. Welches sind die Unterschiede zwischen unveränderten Tabakpflanzen (Wildtyp) und transgenen Pflanzen (Abb. 1)?
2. Was kann über den Verbleib des TNT in nfs1-transgenen Tabakpflanzen ausgesagt werden (Abb. 2 und 3)?
3. Sind die transgenen Tabakpflanzen geeignet, um in Feldversuchen zur Entseuchung von TNT-belasteten Böden eingesetzt zu werden? Begründen Sie Ihre Einschätzung.

Ethik
Gen – Fähre (Vektor)
Gentechnik
Gentherapie
Plasmid
Stammzelltherapie
Syndrom – Adenosin-Desaminase-Mangel (ADA)
Transformation

Gentechnik in der Medizin

Arbeitsblatt Seite 143

1. Schülerwiedergabe des Textes der Abbildung des Arbeitsblattes
2. Da ausdifferenzierte Zellen des Immunsystems nur eine begrenzte Lebensdauer haben, muss die Behandlung ständig wiederholt werden. Würden stattdessen Zellen des Knochenmarks (Stammzellen) verändert, enthielten alle Tochterzellen das intakte Gen und würden sich nach Injektion im Knochenmark ansiedeln und dort als Stammzellen fungieren. Die Krankheit wäre ursächlich geheilt..
3. Bei einem rezessiven Erbgang reicht die Einfügung eines intakten Allels in das Genom aus, um die Krankheit zu heilen. Es ist zu vermuten, dass dominante, krank machende Allele gezielt ausgeschaltet oder korrigiert werden müssen, um die Krankheit zu heilen.

Gentherapie: Pro und contra

Somatische Gentherapie
„... Die erste Gentherapie wurde im September 1990 in den USA bei einem vierjährigen Mädchen durchgeführt, das an einer schweren Erbkrankheit litt, der so genannten Adenosin-Desaminase-Defizienz .... Beim vierjährigen Mädchen nahmen die Infektionen trotz Plastikzelt und Behandlung mit Medikamenten lebensbedrohlich überhand. Die Eltern entschieden deshalb, eine Gentherapie durchführen zu lassen – mit Erfolg. Das Mädchen kann heute ein ganz normales Leben führen. ..."
(aus dem Internet, Stand Mai 2004: http://www.gensuisse.ch)

Gentechnologie
„Die 6 Versprechen der Gentechnik. Die einen erwarten von der Gentechnik die Erlösung von Krankheiten und Hunger, die anderen fürchten die totale Manipulierbarkeit des Menschen und Gesundheitsrisiken durch „Gen-Lebensmittel".

„Der 14. September 1990 gilt als der Geburtstag der Gentherapie. Damals versuchten amerikanische Ärzte erstmals, eine auf einem Gendefekt beruhende Krankheit durch die Übertragung eines gesunden Gens zu kurieren. Es handelte sich um ADA, den Adenosin-Desaminase-Mangel, eine tödliche Erkrankung des Immunsystems. In die „Medizin des nächsten Jahrtausends" setzen Ärzte und ihre Patienten seither große Hoffnungen. Verspricht sie doch, durch den Austausch oder die Reparatur der verantwortlichen Gene, Krankheiten zu „heilen" – statt nur Symptome zu lindern. Trotz des Booms klinischer Anwendungen einer Gentherapie sind die Beweise für die Wirksamkeit bislang dürftig. ... Auch der Erfolg der als Paradefall vorgestellten Gentherapie des ADA-Mangels ist nur schwer zu beurteilen: Allen bislang mit Genen behandelten Kindern wird das ausgefallene Enzym weiterhin künstlich zugeführt. ... Auf keinem Gebiet hat sich die Gentechnik bisher als nützlicher erwiesen als bei der Herstellung neuer Medikamente. Schon heute sind 30 Präparate im Handel, bei deren Produktion die Gentechnik eine Rolle spielt, drei von ihnen stehen sogar auf der Bestsellerliste ... der 10 umsatzstärksten Arzneimittel weltweit: Der Blutbildner Erythropoietin ..., das Humaninsulin ... und die Krebsmedikamente Interferon alpha-2a und 2b. ..."
(aus dem Internet, Stand Mai 2004: http://www.wissenschaft.de)

Genfähren (Vektoren) in der Medizin

Name des Vektors	Retroviren	Adenoviren	Adeno-assoziierte Viren	Liposomen c-DNA-haltig	nackte DNA (z.B. Plasmide)
Vorteile	stabile Eingliederung in das Genom der Zielzelle, hohe Effizienz	Eingliederung auch in mitotisch ruhende Zellen, kaum pathogen	Eingliederung auch in mitotisch ruhende Zellen, keine, Pathogenität, gerichtete Eingliederung in das Genom (Chromosom 19)	keine Pathogenität	keine Pathogenität Einsatz als DNA-Impfstoff denkbar
Nachteile	zufällige Eingliederung, Risiko der Insertions-Mutation, keine Aufnahme in mitotisch ruhende Zellen	nur vorübergehende Eingliederung, regt Immunantwort stark an	geringe Mengen an Fremd-DNA können übertragen werden	schwache und nur vorübergehende Genexpression in der Zielzelle	schwache und nur vorübergehende Genexpression in der Zielzelle
Zahl behandelter Patienten (Quelle: Spiegel 1999)	1217	437	36	–	69

Gentherapie: Heilen mit Genen?

Die Sequenzierung des menschlichen Genoms ist mit der Erwartung verbunden, bestimmten DNA-Abschnitten Gene zuordnen zu können. Man hofft, in Zukunft eine Reihe von genetisch bedingten Krankheiten besser verstehen und auch heilen zu können. Das Prinzip der Gentherapie beruht darauf, ein Gen in einen Organismus einzubringen oder genetische Information gezielt zu verändern. Die Zellen des Körpers sollen in die Lage versetzt werden, ein bisher nicht oder fehlerhaft hergestelltes Protein korrekt zu erzeugen. Die Krankheit wäre dann ursächlich behoben.

Der erste gentherapeutische Versuch wurde 1990 an einer Patientin mit der sehr seltenen ADA-Mangelkrankheit vorgenommen. Im Dezember 1995 kam die amerikanische Gesundheitsbehörde jedoch zu folgendem Schluss: „Bei keinem Verfahren der Gentherapie wurde die klinische Wirksamkeit bisher zweifelsfrei nachgewiesen." Auch der Erfolg der vorgestellten Gentherapie des ADA-Mangels ist fraglich: Allen bislang mit Genen behandelten Kindern wird das ausgefallene Enzym weiterhin künstlich zugeführt, die Gentherapie hat den Mangel also nicht ursächlich beheben können.

Adenosin-Desaminase-Mangel (ADA)

Adenosin-Desaminase-Mangel (ADA) ist eine tödlich verlaufende Erbkrankheit. Aufgrund eines genetischen Defekts kann ein bestimmtes Enzym in Zellen des Immunsystems nicht hergestellt werden. Das Immunsystem ist dadurch so sehr geschwächt, dass z. B. ein für Gesunde harmloses Grippevirus lebensgefährlich wird. ADA-kranke Kinder verbringen ihr Leben in einem sterilen Plastikzelt, das sie von der Umwelt abschirmt. Behandelt wird die Krankheit traditionell durch Injektion des Enzyms Adenosin-Desaminase.

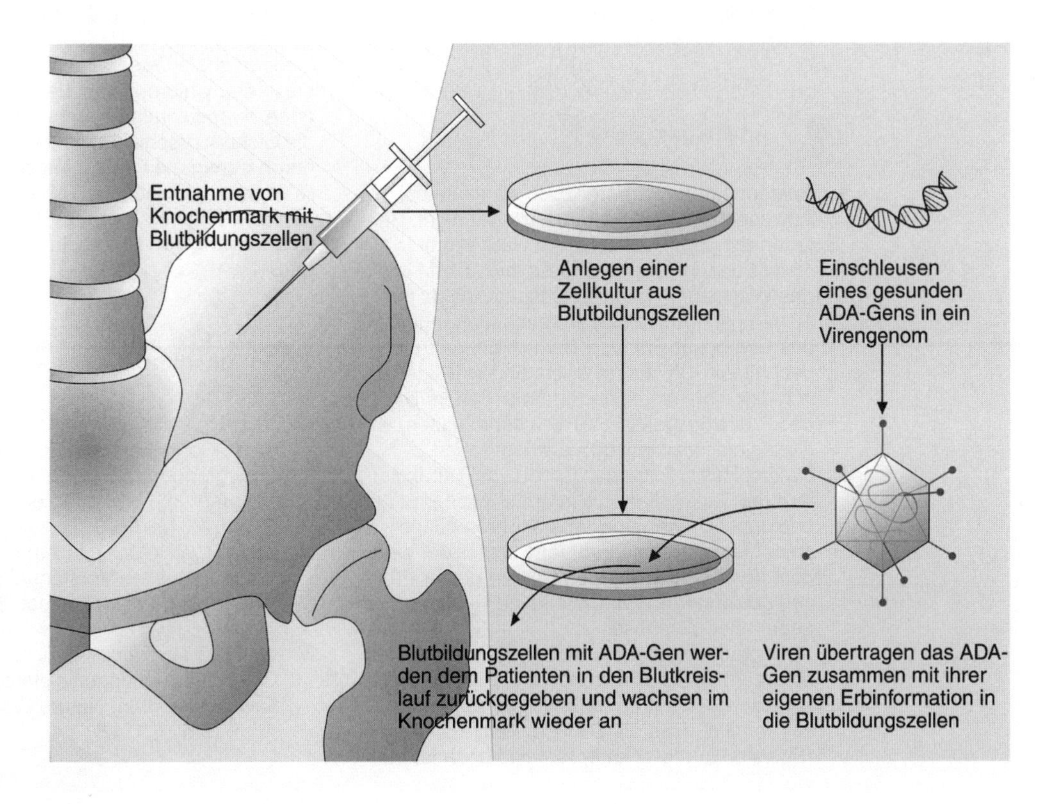

Aufgaben

1. Beschreiben Sie das Verfahren, mit dem das intakte ADA-Gen aus gesunden Spendern auf kranke Empfänger übertragen wird (s. Abb. 1).
2. Beurteilen Sie folgende Aussage: „Die Ursache der ausbleibenden dauerhaften Heilung des ADA-Mangels durch Gentherapie ist, dass das intakte ADA-Gen in bereits ausdifferenzierte Zellen eingeschleust wurde. Erst wenn es gelingt, Stammzellen des Knochenmarks entsprechend genetisch zu manipulieren, ist mit einer ursächlichen Heilung zu rechnen.
3. Der ADA-Mangel wird autosomal-rezessiv vererbt. Spielt es für die Gentherapie eine Rolle, welchem Erbgang die Krankheit folgt? Begründen Sie Ihre Meinung.

Chloroplasten-DNA
Chloroplasten-Transformation
Enzym – EPSP-Synthase
Gentechnik
Herbizidglyphosat
Insektizid
Plasmid
Resistenzgen
Vektortechnik

genetic engineering
(Genchirurgie)
gezielte Veränderung des Erbgutes mithilfe gentechnologischer Methoden

Gentechnik in der Landwirtschaft

Schülerbuch Seite 165

① Informieren Sie sich über die Argumente für und gegen die Gentechnik am Beispiel von Herbizidresistenz, Insektenresistenz und Gen-Tomate.

– *Herbizidresistenz:*
Pro: Herbizide können gezielter eingesetzt werden, oft schon früh in der Vegetationsperiode, was auch die Einsatzmenge reduziert.
Contra: Abnehmer geraten in Abhängigkeit von Gentechnik-Firmen, da sie Saatgut nicht mehr selbst gewinnen können. Der Herbizideinsatz wird möglicherweise vermehrt. Gesundheitsbedenken transformierter Pflanzen, Auswilderungsrisiko
Insektenresistenz:
Pro: Weniger Insektizide sind nötig.
Contra: Gesundheitsbedenklichkeit und Auswilderungsrisiko transformierter Pflanzen
Gen-Tomate:
Pro: bessere Transport- und Lagerfähigkeit
Contra: Unsichtbares Altern und Verlust von Vitaminen und anderen Inhaltsstoffen. Die Tomate altert trotzdem, ihr Vitamingehalt nimmt ab. Gesundheitsbedenklichkeit transformierter Pflanzen.

Arbeitsblatt Seite 145

1. Bakterien ohne Resistenzgen wachsen bei Anwesenheit von 10 mM Glyphosat nicht; Bakterien mit dem Resistenzgen wachsen bei 10 mM und 40 mM Glyphosat, bei 40 mM ist das Wachstum im Vergleich zum Ansatz mit 10 mM gehemmt (Konzentrationsabhängigkeit des Glyphosat-Effekts). Da sich die bei Anwesenheit von Glyphosat wachsenden Bakterien von den nicht wachsenden Bakterien im Besitz des Resistenzgens EPSPS unterscheiden, ist dieses als Resistenzgen anzusprechen.
2. Da das Resistenzgen in Zellen von Tabakblättern der Tabakpflanze eingebaut wurde, Blüten und damit Samen aber aus anderen pflanzlichen Geweben als Laubblättern gebildet werden, besitzen die aus den Samen dieser Pflanzen gewonnenen Pflanzen keine Resistenz gegenüber Glyphosat.
3. Geht man davon aus, dass die überwiegende Mehrzahl dieser Chloroplasten-DNA-Moleküle ein Resistenzgen aufnehmen, ist auch damit zu rechnen, dass die Zahl der Genprodukte *(Resistenzprotein)* entsprechend hoch ist.

Das EPSPS-Gen

Das EPSPS-Genprodukt – Angriffsort für Glyphosat
Glyphosat blockiert die Synthese der aromatischen Aminosäure Phenylalanin, indem es eine enzymatisch katalysierte Reaktion im Stoffwechselweg kompetitiv hemmt. Angriffsort ist das Enzym *5-Enol-Pyruvyl-Shikimat-3-Phosphat-Synthase (EPSPS).* Da nur Pflanzen und Bakterien dieses Enzym besitzen, zeigt Glyphosat bei allen anderen Arten keine Wirkung.

Das EPSPS-Gen als Resistenzgen
Man nimmt an, dass durch das Einbringen zusätzlicher Kopien des EPSPS-Gens und mit einer damit einhergehenden erhöhten EPSPS-Konzentration die Glyphosat-Resistenz in transgenen Pflanzen verursacht wird. Chloroplasten-DNA zeigt eine auffällige Verwandtschaft mit mitochondrialer und prokaryotischer DNA.

Containment der Herbizid-Widerstandsfähigkeit durch gentechnisch veränderte Chloroplasten?
Containment bezeichnet das Verbleiben veränderten genetischen Materials in den Kompartimenten transgener Pflanzen. Die Wissenschaftler DANIELL et al. (1998), die das Glyphosat-Resistenzgen erfolgreich in Tabakpflanzen manipuliert haben, schreiben: „Chloroplast transformation provides containment of foreign genes, because plastid trangenes are not transmitted by pollen. The escape of foreign genes via pollen is a serious environmental concern in nuclear transgenic plants because of the high rates of gene flow from crops to wild weedy relatives."

Die Autoren beziehen sich darauf, dass Chloroplasten angeblich rein maternal vererbt werden, also nur via Eizelle in die nächste Generation gelangen. Würden Chloroplasten auch über Pollen in die nächste Generation weitergegeben, würden die in den Chloroplasten befindlichen Resistenzgene zwangsläufig unkontrolliert ausgebreitet und die Sicherheitsphilosophie eines Containments durch transgene Chloroplasten wäre hinfällig. Bei Koniferen und auch bei Tabakpflanzen beschreiben allerdings mehrere Autoren eine regelmäßige Übertragung von Chloroplasten auch durch Pollen (s. STEWART et al., 1998).

Literaturhinweise

DANIELL, H.; DATTA, S.; VARMA, S.; GRAY, S.; LEE, S. B.: Containment of herbicide resistance through genetic engineering of the cholorplast genome. In: Nature Biotechnology, 16, April, S. 345–348, 1998

HAUSMANN, K.; WOLF, M.: Am Anfang war das Tier – Zum aktuellen Verständnis der Plastidenphylogenese. In: Mikrokosmos 88, Heft 3/1999, S. 149–155

STEWART, C.N.; PRAKASH, C. S.; CUMMINS, J. E.: Chloroplast-transgenic plants are not a gene flow panacea. In: Nature Biotechnology, 16. April, S. 401, 1998

Genetic Engineering: Glyphosat-resistente Tabakpflanzen

Glyphosat ist ein Herbizid, das alle Pflanzen abtötet. Es weist allerdings einige ökologisch günstige Eigenschaften auf: Es wirkt nur auf Pflanzen und auch auf Bakterien tödlich, für alle anderen Organismenarten ist es nach bisheriger Kenntnis weitgehend unschädlich. Das Herbizid wird im Boden schnell abgebaut. Einen entscheidenden Nachteil hat Glyphosat jedoch: Es unterscheidet nicht zwischen den landwirtschaftlich genutzten Pflanzen und den auf den Kulturflächen nicht erwünschten Wildpflanzen.

Gentechniker haben ein Gen namens EPSPS aus Petunien isoliert und in einen geeigneten Vektor (Plasmid) eingeschleust. Dieses Konstrukt wurde anschließend in das Bakterium *Escherichia coli* eingeschleust, um dessen Funktion am einfachen Modell zu untersuchen (Abb. 1).

Die Wissenschaftler haben es dann geschafft, mithilfe des Vektors das Gen EPSPS in das Genom der Chloroplasten von Tabakpflanzen einzufügen (Abb. 2). Aus Gewebe der behandelten Tabakblätter wurden durch vegetative Vermehrung vollständige Tabakpflanzen herangezogen. Die Blätter dieser Pflanzen zeigten keine Empfindlichkeit nach Benetzung mit Wasser, das Glyphosat enthielt. Kontrollpflanzen, die mit dem Vektor ohne das EPSPS-Gen behandelt wurden und unbehandelte Wildtyppflanzen entfärbten sich nach Behandlung mit Glyphosat und starben nach rund sieben Tagen ab.

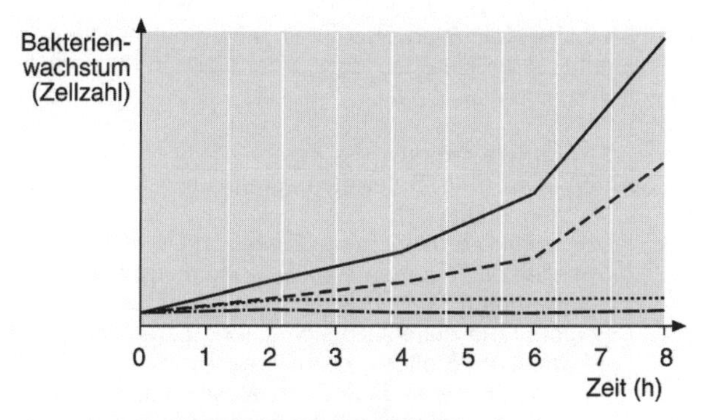

——— E. coli mit Plasmid, 10 mmol Glyphosat
- - - - E. coli mit Plasmid, 40 mmol Glyphosat
·········· E. coli mit Plasmid ohne Resitenzgen, 10 mmol Glyphosat
—·—·— E. coli ohne Plasmid, Wildstamm, 10 mmol Glyphosat

Abb. 1 Glyphosat-Resistenz im Versuch

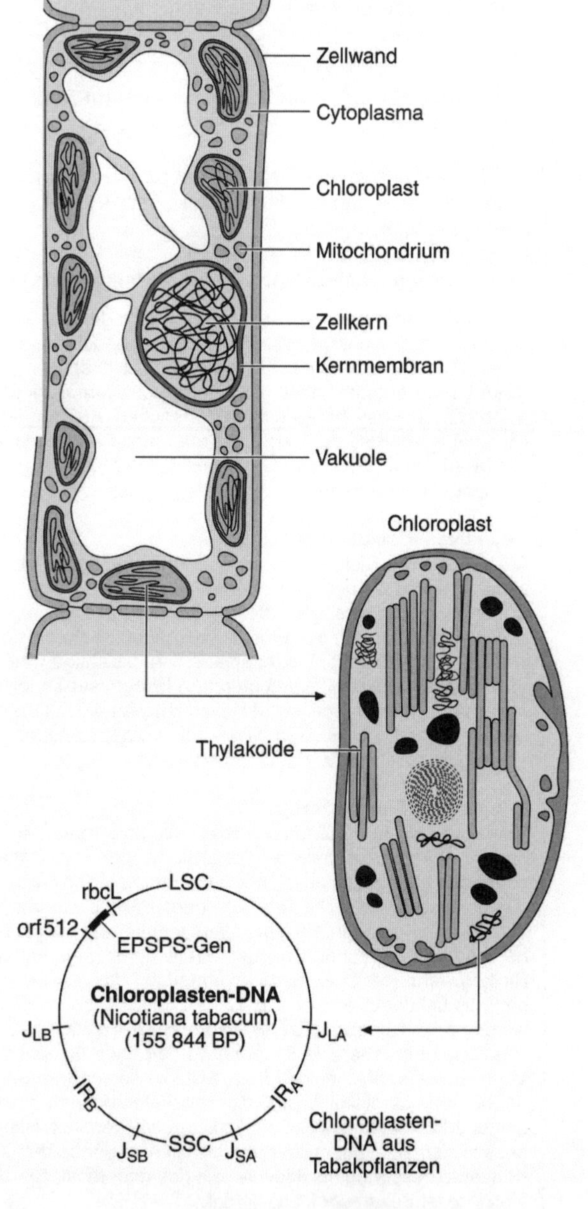

Abb. 2 Chloroplasten-DNA von Blättern der Tabakpflanze mit eingefügtem EPSPS-Gen

Aufgaben

1. Erläutern Sie die in der Grafik (Abb. 1) dargestellten Versuchsergebnisse. Ist es gerechtfertigt, das EPSPS-Gen als Resistenzgen zu bezeichnen?

2. Welche Ergebnisse hätten die Wissenschaftler im Glyphosat-Empfindlichkeitstest erzielt, wenn sie Pflanzen mit Glyphosat behandelt hätten, die aus dem Samen der Pflanzen gezogen worden sind, deren Laubblätter mit dem Vektor behandelt worden waren?

3. In jeder grünen Zelle der Tabakpflanze befinden sich 5 000 bis 10 000 Kopien des Chloroplasten-Genoms. Warum ist es von Vorteil, dass das EPSPS-Gen in das Genom der Chloroplasten eingefügt wurde?

Projekt: Gentechnologie in der Diskussion

Genpatent, Gentechnik, Gentherapie, Projekt, Risikokonzept, Strategie – Informationsbewertung

Was assoziieren Sie mit dem Begriff „Gentechnik“?

Oft wird der Ausspruch eines Interviewten zitiert, der auf die Frage „Würden Sie Gene essen?“ mit der Antwort „Nein, Gene würde ich nicht essen!“ reagiert haben soll.

Die Schüler führen in der Schule eine eigene Umfrage zum Thema der Akzeptanz oder Risikowahrnehmung durch.

Kontroverse Positionen zur Gentechnik im Internet

www.transgen.de
www.gensuisse.ch
www.bukopharma.de
www.bukoagrar.de

Die Schüler analysieren einen Zeitungsartikel oder eine Fernsehdiskussion zum Thema Gentechnik.

Strategien zur Informationsbewertung und Diskussionsführung

Die Schüler analysieren Zeitschriften bzw. Fernsehdiskussionen unter den Aspekten „Risikowahrnehmung“ und „Diskussionsführung“.

1) Bewertung: Risikowahrnehmung/Risikokonzepte

Bei der Bewertung von Aussagen zum Risiko der Gentechnik sind unterschiedliche Risikokonzepte zu beachten, die bewusst oder unbewusst bei Urteilen eine Rolle spielen. Naturwissenschaftler haben oft andere Risiken im Blick als beispielsweise Psychologen und Philosophen. Aufgrund der verschiedenen Risikokonzepte, die aber meist während einer Diskussion nicht offengelegt werden, kann es zu Missverständnissen kommen.

Objektives Risikokonzept:
Ausgehend von Richtwerten, deren Einhaltung durch Messen überwacht werden kann, werden Risiken analysiert (Einengung auf messbare Größen). Bei der Abschätzung der Folgen, die durch den Einsatz von neuen Technologien entstehen, werden oft Kurzzeiteffekte berücksichtigt, weil Vorhersagen, die die Zukunft betreffen (Prognosen), meist fehlerhaft sind. Von Politik und Wirtschaft wird dieses Konzept bevorzugt, weil Risiken „verwaltet“ werden können, eine Voraussetzung für Handlungsfähigkeit.

Subjektives Risikokonzept:
Risiko wird mit Ereignissen assoziiert, die außerhalb der persönlichen Einflussnahme liegen. Sie werden von Dritten verursacht und mit ihnen ist stets zu rechnen (Stichwort: „Damoklesschwert“). Die Zufälligkeit des Risikos wird als belastend empfunden. Es gibt keine Orientierung an wahrnehmbaren Wahrscheinlichkeiten. Freiwillig eingegangene Risiken werden eher akzeptiert, vermeintlich kontrollierbare eher als unkontrollierbare. Die Risiken neuer Technologien werden höher eingeschätzt als vertraute. Durch Risiken entstandene aber reparable Schäden werden eher akzeptiert als irreparable. (Wegen des Sensationswertes und wegen der höheren Identifikationsmöglichkeit bevorzugen und bedienen Medien oftmals das subjektive Risikokonzept. Hierbei soll nicht unerwähnt bleiben, dass keines der beiden Konzepte besser oder schlechter als das andere ist. Sie stellen zwei Seiten der Medaille dar.)

Strategien zur Informationsbewertung und Diskussionsführung

2) Diskussionsführung: Konflikt oder Dialog

Bei der Abwägung zwischen den Risiken und Chancen einer neuen Technologie scheiden sich die Geister oftmals in glühende Anhänger auf der einen Seite und strikte Gegner auf der anderen. Gehören Anhänger und Gegner zu politischen Parteien, versuchen sie jeweils die öffentliche Meinung in ihrem Sinne zu beeinflussen. Verbraucher werden einem Trommelfeuer der verschiedensten Argumente ausgesetzt. Die Herausbildung einer eigenen, fundierten Meinung wird durch die Komplexität des Themas und die komplexen gesellschaftlichen Zusammenhänge erschwert.

Das kann modellhaft an den Diskussionen, mit welchen Techniken wir unsere Energie gewinnen, aufgezeigt werden (Stichwort „Atomkraft ja oder nein“). Dennoch geht an der Herausbildung einer eigenen Meinung kein Weg vorbei.

Strategie Konflikt:
Voraussetzung: Beteiligte begreifen sich als Gegner, sie grenzen sich ab.
Vorgehen: Vereinfachung, Zuspitzung, emotionale Appelle und Argumente sollen andere Sichtweise übertrumpfen.
Folgen: Eine Seite setzt sich durch, Extrempositionen gewinnen an Einfluss, kaum jemand lernt dazu; im günstigen Falle wird die Extremposition angefochten.
Ziel der Strategie: gesellschaftlicher Einfluss z. B. der Industrie; Durchsetzen der eigenen Sichtweise

Strategie Dialog:
Voraussetzung: Beteiligte respektieren verschiedene Sichtweisen, können konstruktiv miteinander reden; Bewusstsein dafür, selber dazulernen zu müssen und sich im Dialog verändern zu können.
Vorgehen: Herstellung von Vertrauen, indem versucht wird, die Gründe des anderen zu verstehen; Verständigung auf die zu klärenden Fragen, alle Informationen finden Berücksichtigung.
Folgen: Gesprächsergebnis spiegelt alle Sichtweisen wider, gemäßigte Positionen gewinnen an Einfluss, „Gegner“ wird als Mensch wahrgenommen, nicht als „Dämon“, Öffentlichkeit nimmt Abwägung und Differenziertheit wahr.
Ziel der Strategie: Glaubwürdigkeit, Einfluss

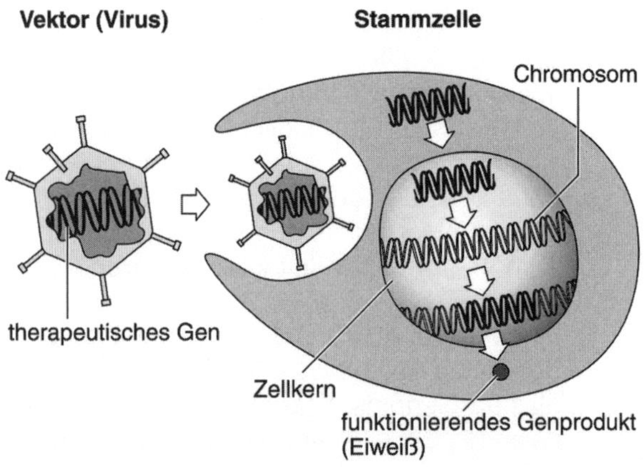

Vektor (Virus)
Stammzelle
Chromosom
therapeutisches Gen
Zellkern
funktionierendes Genprodukt (Eiweiß)

Gentherapie in der Diskussion (1)

Einen Rückschlag erfuhr die Gentherapie, als letztes Jahr bei 2 von 10 erfolgreich behandelten Kindern eine Leukämie-ähnliche Erkrankung auftrat. Wie kam es dazu?

Ursache war hierfür tatsächlich ein technisches Problem der heutigen Gentherapie. Die bisher verwendeten Vektoren bauen ihre Gene an zufälligen Stellen ins Genom ein und in vielen Regionen des Erbguts kann dies negative Konsequenz haben. Es ist die Rede von den so genannten *Proto-Onkogenen*, die in der Entwicklung eines Organismus eine wichtige Rolle spielen, später aber nicht mehr gebraucht und ausgeschaltet werden. Gelangt nun die therapeutische Sequenz in die Nähe eines solchen Gens, kann dieses wieder aktiviert werden. Genau das konnte in den beiden Leukämiefällen nachgewiesen werden. Man vermutet zudem, dass das therapeutische Gen diesen Zellen einen zusätzlichen Überlebensvorteil verschafft hat. So konnten sie sich weiterentwickeln und sind nach drei Jahren zu Krebszellen geworden. Aufgrund des Synergieeffektes geht man davon aus, dass das Krebsrisiko bei anderen Behandlungen, bei denen der Synergieeffekt wegfällt, um ein Vielfaches kleiner ist. Die beiden betroffenen Kinder konnten zum Glück erfolgreich behandelt werden und sind heute wieder gesund.

Internetrecherche zum Thema „EU-Biopatenrichtlinie“

Geben Sie den Begriff in eine der gebräuchlichen Suchmaschinen ein. Klären Sie, welche Gegenstandsbereiche die Richtlinie regeln soll, welche Rolle Patente dabei spielen, welche Positionen die politischen Parteien aber auch Nicht-Regierungsorganisationen (NROs), z. B. Greenpeace, Bundesärztekammer, Bukoagrar), Kirchen aber auch transnationale Konzerne (z. B. Aventis, Monsanto, Bayer) vertreten.

Die Schüler führen eine Diskussion zum Thema „Wem gehören meine Gene?“, „Wie risikofrei ist eine Behandlung?“

Gentherapie in der Diskussion (2)

Der Tod von JESSE GEISINGER 1999 an der Universität von Pennsylvania war ein schwerer Rückschlag für die Gentherapie. Was ist damals passiert?
Es ist inzwischen erwiesen, dass JESSE GEISINGER nicht an der Gentherapie, sondern an der schlechten ärztlichen Behandlung gestorben ist. Die Ärzte haben große Fehler gemacht. Gemäß den Regeln hätte GEISINGER nicht an dem Gentherapie-Projekt teilnehmen dürfen, da er eine milde, medikamentös behandelbare Form einer seltenen monogenen Erbkrankheit hatte. Er wurde nur aufgenommen, weil er die Ärzte ausdrücklich darum gebeten hatte. Außerdem war nicht vorgesehen gewesen, die Viren via Leber-Pfortader zu verabreichen. Der dritte Fehler war die viel zu hohe Dosis an Viren, auf die sein Körper immunologisch reagiert hat. Der Patient starb letztlich an einem septischen Schock und anschließendem Organversagen. Der Fall GEISINGER eignet sich also nicht, um das Risiko einer Gentherapie zu beurteilen.

Patente auf Gene?

Patente auf Gene sind eingebettet in ein kompliziertes System internationaler Verträge und nationaler Gesetze. Eines dieser Regelwerke, das so genannte TRIPS-Abkommen (Trade Related Aspects on Intellectual Property Rights), ist zusammen mit der Gründung der Welthandelsorganisation (WTO, s. Internet: www.wto.org) 1995 in Kraft getreten. Es regelt Rechtsgebiete wie Urheberrecht, Markenrecht und Patente, so genannte geistige Eigentumsrechte.

Was ist ein Patent? Patente müssen drei Bedingungen erfüllen: Sie müssen 1. neu sein, 2. eine erfinderische Leistung repräsentieren und 3. gewerblich nutzbar sein. Sie sind ein Monopol auf Zeit, dessen Dauer im TRIPS-Abkommen auf 20 Jahre festgelegt ist. Die Isolierung und Identifizierung z. B. von Genen wird bereits als Neuheit angesehen und unter den Schutz des TRIPS-Abkommens gestellt. Ein Gen kann also durch die Analyse seiner Sequenz als Erfindung deklariert werden.

Expertengruppen/Interessengruppen: Patente auf Gene?

Pro	Contra
Ohne Patente gibt es keinen finanziellen Anreiz für Forschung. Da neue Medikamente und Therapieverfahren entwickelt werden müssen, ist eine Patentierung von Lebensformen notwendig.	Bis in die 50er-Jahre gab es keine Patente auf Medikamente geschweige denn auf Gene und dennoch wurde geforscht. Patente können sogar wissenschafts- und forschungshemmend sein. Selbst Unternehmen beklagen inzwischen, dass der Patentierungswettlauf reflektierte Forschungszusammenarbeit unmöglich macht.
Patente belohnen den Inhaber für seine Forschungsarbeit und sind notwendig, um die hohen Entwicklungskosten wieder einspielen zu können.	Ein beträchtlicher Anteil der Forschung (z. B. im Gentechnikbereich) wird aus öffentlicher Hand finanziert und nicht von Unternehmen, die meist Patentinhaber sind.
Patente bieten einen Schutz vor Nachahmung oder geistigem Diebstahl. Auch das Beschreiben einer bestimmten Eigenschaft eines menschlichen Gens benötigt den Schutz eines Patentes.	Ein Patent auf ein menschliches Gen ignoriert, dass Gene ohne Zutun des Menschen in der Natur vorhanden sind. Sie stellen zwar eine Entdeckung aber keine Erfindung dar. („Columbus hat Amerika ja auch nicht erfunden.“)
Die Übertragung von Genen z. B. von Gesunden auf Kranke ist eine Neuheit, die so nicht in der Natur vorkommt. Sie ist daher einer Erfindung gleichzusetzen. Somit sind auch Patente auf derartige Verfahren möglich.	Durch Gentechnik wird ein einziges Gen verändert oder dem Genom des Menschen hinzugefügt. Die schätzungsweise 30 000 menschlichen Gene, ohne die auch das manipulierte Gen nicht funktioniert, sind das Ergebnis der Evolution. Gene sind keine Erfindung.

Hormone

1 Hormone

Die Hierarchie der Botenstoffe

Schülerbuch Seite 171

① Bei Winterschläfern wie der Fledermaus fand man im Herbst eine Rückbildung der Schilddrüse. Erst gegen Ende der Winterperiode erreichte sie wieder Normalgröße. Erläutern Sie die Zusammenhänge unter Berücksichtigung der biologischen Bedeutung des Winterschlafes.

– *Während des Winterschlafs wird im Hypothalamus weniger TRF und resultierend in der Hypophyse weniger TSH gebildet. Die Folge ist eine geringere Produktion in der Schilddrüse, die entsprechend an Volumen verliert, was eine Verminderung des Grundumsatzes, der im Winterschlaf zur Überbrückung der kalten Jahreszeit mit schlechten Nahrungsbedingungen gewünscht ist, zur Folge hat.*
Hinweis: Der Winterschlaf ist ein Zustand der Lethargie zur Überbrückung der nahrungsarmen Zeit im Winter. Das Phänomen Winterschlaf findet sich bei einigen Säugern aus den Familien der Insektenfresser, Nagetiere und Fledermäusen. Die Winterschlafbereitschaft wird durch die verkürzte Tageslänge eingeleitet. Auslöser des Winterschlafs ist das Unterschreiten einer für jede Tierart spezifischen Außentemperatur. Aufgrund der niedrigeren Schilddrüsenhormonkonzentration im Blut sinkt während des Winterschlafs die Körpertemperatur bei den meisten Tieren auf 0 °C bis 10 °C ab, bei Fledermäusen sind Werte bis –10 °C möglich. Bei den Tieren findet sich in dieser Zeit ein generell verminderter Stoffwechsel, was sich in einer Herzfrequenz von 2 bis 3 Schlägen pro Minute und Atempausen über Minuten zeigt. Gleichzeitig ist der Energieumsatz auf etwa 10 bis 15 % des Grundumsatzes reduziert.
Während des Winterschlafs ist die Thermoregulation der Tiere nicht ausgeschaltet, sondern auf einen geringeren Sollwert eingestellt. Wird die spezifische Minimaltemperatur unterschritten, führt dies zu einer Steigerung der Schilddrüsenaktivität und damit verbunden zu einer höheren Stoffwechselleistung, ggf. auch zum Aufwachen aus dem Winterschlaf.
(Ein praktischer Leitfaden zum Thema Kältestarre bei Schildkröten findet sich auf der Seite der Schildkröteninteressengemeinschaft der Schweiz: http://www.sigs.ch/blatt7.aspx)

Arbeitsblatt Seite 149

1. Eine hohe Dosis des Thyroxins bewirkt eine Unterdrückung der TSH-Produktion der Hypophyse, entsprechend wird kein körpereigenes Schilddrüsenhormon mehr gebildet.
2. Eine normale Schilddrüse würde, gemäß des in Aufgabe 1 beschriebenen Unterdrückungsmechanismus der Hypophyse, kein Iod aufnehmen, da unter diesen Umständen kein Schilddrüsenhormon gebildet würde. Auf dem Szintigramm einer normalen Schilddrüse kann man daher keine Schwärzung erkennen.
Im dargestellten Fall muss es sich um Stellen in der Schilddrüse handeln, die nicht mehr dem Regelmechanismus unterliegen und auch ohne Vorhandensein von TSH Schilddrüsenhormon bilden. Deshalb wird das radioaktive Iod eingebaut, das zur Schwärzung des Röntgenfilms führt.
3. Das Spurenelement Iod wird selektiv im Körper für die Herstellung der Schilddrüsenhormone gebraucht. Da Iod-122-Natriumiodid eine kurze Halbwertzeit hat, findet man es vor allem in der Schilddrüse und nur in geringen Mengen in anderen Organen (in Form von radioaktivem Schilddrüsenhormon im Blut). Daher besteht für Patienten durch diese Untersuchung keine Gefahr für die anderen Organe.
4. Nach Gabe von TRH würde bei einer gesunden Schilddrüse sowohl die Konzentration von TSH als auch von Schilddrüsenhormonen steigen. Im vorliegenden Fall handelt es sich damit um eine Unterfunktion mit einer Funktionseinschränkung des Schilddrüsenhormon bildenden Organs, also der Schilddrüse.

Hinweise

Gute Beschreibung der Krankheit und der Krankheitszeichen: http://www.medizinfo.de/endokrinologie/schilddruese/hyperthyreose.htm
Sehr informative Seite mit weiterführenden Links: http://www.medizinnetz.de/framesets/fseticenterhyperthyeose.htm

Iodmangel als Schwangerschaftstest

Deutschland ist ein Iodmangelland, wobei vor allem die südlichen Teile besonders betroffen sind. Als tägliche Zufuhr wird eine Menge von 130 µg pro Tag empfohlen. Werden regelmäßig weniger als 100 µg Iodid pro Tag aufgenommen, ist mit einer kompensatorischen Vergrößerung der Schilddrüse *(Kropf)* zu rechnen. Während der Schwangerschaft ist der Iodidbedarf der Schwangeren zusätzlich erhöht. Dieser höhere Bedarf sollte dann nicht mehr ausschließlich mittels iodiertem Salz sondern in der Regel komplett oder teilweise mit Iodidtabletten gedeckt werden.

Der höhere Bedarf der Schwangeren an Iodid wurde früher in den typischen Iodmangelgebieten Süddeutschlands „diagnostisch" von der Dorfgemeinschaft genutzt, um zu sehen, ob eine Frau schwanger geworden war. Frauen trugen zu dieser Zeit eng anliegende Kropfbänder um den Hals. Da der zusätzliche Iodidbedarf in den Iodmangelgebieten nicht über die Nahrung gedeckt werden konnte, bildete sich bei diesen Frauen häufig ein Kropf, der sie dazu zwang, das Kropfband abzunehmen.

Schilddrüsenerkrankungen

Schilddrüsenhormone spielen eine wichtige Rolle in der Regelung des Energieumsatzes des Körpers, der Aktivität des Nervensystems sowie hinsichtlich des Wachstums und der Gehirnreifung. Liegt zu wenig oder zu viel Schilddrüsenhormon vor, führt dies zu schwerwiegenden Krankheitsbildern.

Schilddrüsenunterfunktion
Eine Schilddrüsenunterfunktion ist häufig durch Mangel an Iodsalzen, die zur Synthese der Schilddrüsenhormone notwendig sind, bedingt. Deutschland ist ein „Iodmangelgebiet", d. h. dass zu wenig Iod über das Trinkwasser und die Nahrung aufgenommen werden kann (der tägliche Iodbedarf eines Erwachsenen pro Tag (RDA) wird mit 130 µg angegeben). Das aufgenommene Iod wird fast ausschließlich in der Schilddrüse gespeichert. Zur Vorsorge ist es sinnvoll, iodiertes Speisesalz zu verwenden oder stärker iodhaltige Lebensmittel wie Seefisch (z. B. Schellfisch, Seelachs und Scholle), Salat und Milchprodukte zu essen. 1 bis 2 % aller alten Menschen in Deutschland haben eine Schilddrüsenunterfunktion, deren Symptome, wie z. B. Müdigkeit, Antriebslosigkeit und Verstopfung, häufig fälschlicherweise als „Altersdepression" verkannt werden. Ein anderer Grund für eine Schilddrüsenunterfunktion kann die Zerstörung des Schilddrüsengewebes, z. B. durch Schilddrüsenentzündungen, sein.

Schilddrüsenüberfunktion
Eine Schilddrüsenüberfunktion wird zu etwa 50 % dadurch verursacht, dass sich einzelne Areale der Schilddrüse dem Regelmechanismus (s. Abb. 1) der Hypophyse entziehen und auch ohne TSH (Schilddrüsen stimulierendes Hormon) Schilddrüsenhormone wie Thyroxin produzieren. Fast genauso häufig ist eine nach dem Merseburger Arzt KARL VON BASEDOW (1799 – 1854) benannte Basedow'sche Schilddrüsenüberfunktion, bei der der Körper Antikörper produziert, die die Schilddrüse stimulieren.

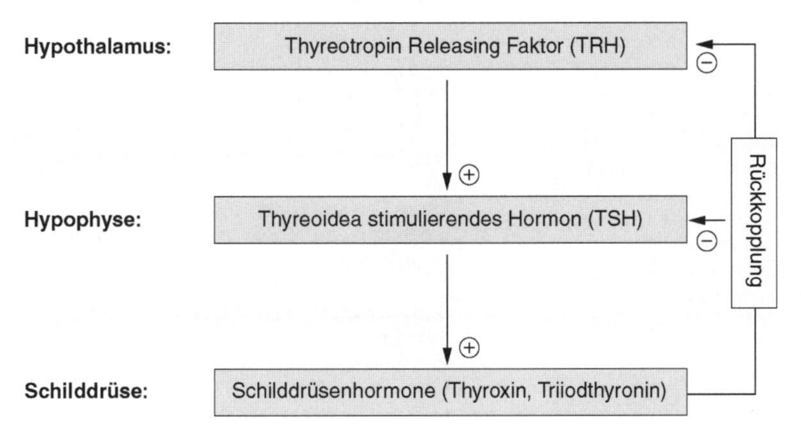

Abb. 1 Regelmechanismus der Schilddrüsenhormonproduktion

Abb. 2 Szintigramm der Schilddrüse

Aufgaben

1. Vor Schilddrüsenuntersuchungen wird den Patienten während 10 Tage lang eine hohe Dosis Thyroxin verabreicht. Erklären Sie die Folgen dieser Behandlung anhand des Regelkreises.
2. Eine wichtige funktionelle Untersuchungsmethode der Schilddrüse ist die Szintigraphie. Dabei wird u.a. radioaktives Iod-123-Natriumiodid gegeben (ein radioaktives Isotop von Iod mit einer sehr kurzen Halbwertszeit von 13 Stunden). Nach Gabe von Iod-123-Natriumiodid wird die radioaktive Strahlung mittels eines Strahlendetektors über der Schilddrüse gemessen. Ein Beispiel für das Ergebnis einer Szintigraphie zeigt Abbildung 2. Vor der Szintigraphie werden Patienten immer, wie in Aufgabe 1 beschrieben, vorbehandelt. Abbildung 2 zeigt die Szintigraphie einer Schilddrüsenerkrankung. Beschreiben Sie, wie ein normales Szintigramm aussehen müsste.
3. Patienten haben häufig Angst, dass alle Organe ihres Körpers aufgrund des radioaktiven Iod-123-Natriumiodid „verstrahlt" werden. Dies ist nicht der Fall. Warum?
4. Um bei einer Schilddrüsenerkrankung feststellen zu können, in welchem Teil des Regelkreises die Funktionsstörung vorliegt, wird der TRH-Bluttest durchgeführt. Dazu werden vor und nach Gabe von TRH die Schilddrüsenhormone und TSH bestimmt. Bei einem Patienten wurde festgestellt, dass sich nach TRH-Gabe nur das TSH erhöht hat. Wo liegt die Funktionsstörung vor? Begründen Sie.

Hormon
Peptidhormon
Rezeptor
Steroidhormon

Hormonwirkung

Arbeitsblatt Seite 151

1. Hinweis: Alle möglichen Lösungen sind angegeben.
   Peptidhormone:
   1. Verhinderung der Transkription oder Translation des Peptidhormons
   2. Mittel, die die Peptidhormone verstärkt im Blut abbauen
   3. Blockierung der spezifischen Membranrezeptoren für das Hormon
   4. Mittel, die den enzymatischen Abbau in der Niere fördern

   lipophile Hormone:
   1. Verminderung der Cholesterinkonzentration bzw. dessen Umbaus
   2. Verminderung (kein Transport möglich) oder sehr starke Erhöhung der Konzentration (alle lipophilen Hormone liegen dann in der unwirksamen Form der Transportproteine vor)
   3. Blockierung der spezifischen intrazellulären Rezeptoren
   4. Mittel, die die Inaktivierung des Hormons in der Leber fördern
2. Die Leber hat zwei Aufgaben, die für die Hormonwirkung eine Rolle spielen. Zum einen ist sie für die Produktion der Transportproteine der lipophilen Hormone zuständig. Werden zu wenig Transportproteine produziert, können die lipophilen Hormone nicht zu ihren Zielzellen transportiert werden. Zum anderen ist sie für den Abbau der lipophilen Hormone zuständig. Ist die Leber geschädigt, werden die aktiven lipophilen Hormone weniger schnell abgebaut, d.h. sie wirken länger im Körper.
3. Adrenalin als Peptidhormon wirkt über einen Second-Messenger. Wird dieser weniger schnell abgebaut, verstärkt sich damit die Adrenalinwirkung. Folgen sind ein erhöhter Wachheitsgrad, aber auch (in größeren Mengen) Herzrasen, hoher Blutdruck und Konzentrationsblockade.
4. Bei einem Patienten, der aufgrund eines Iodmangels einen Schilddrüsenhormonmangel hat, werden die spezifischen Rezeptoren auf den Zielzellen vermehrt. Bekommt ein solcher Patient nun plötzlich durch das iodhaltige Desinfektionsmittel Iodid in größeren Mengen verabreicht, wird anschließend auch in großer Menge Schilddrüsenhormon gebildet. Da bei diesem Patienten die Anzahl der spezifischen Rezeptoren sehr hoch ist, kann die (normale) nun gebildete Schilddrüsenhormonmenge zu einer übermäßigen Wirkung führen.

Wirkung einzelner Hormone im menschlichen Körper

Zu den Tumoren, die bei der Frau auf weibliche Geschlechtshormone sensibel sind, zählen zum Beispiel Brusttumoren. Frauen mit Brusttumoren nach der Menopause werden häufig mit einem kompetitiven Rezeptorblocker behandelt. Lange Zeit bestanden daher auch Bedenken hinsichtlich der Einnahme der „Anti-Baby-Pille", allerdings konnte bis jetzt nicht nachgewiesen werden, dass die Einnahme der „Anti-Baby-Pille" das Auftreten von Brusttumoren begünstigt. Weitere hormonsensible Organe und Gewebe der Frau sind die Eierstöcke und die Schleimhaut der Gebärmutter (für beide bewirkt die „Anti-Baby-Pille" eher eine Verminderung des Tumorrisikos) sowie der Gebärmutterhals (für den das Tumorrisiko eher steigt, höchstwahrscheinlich allerdings vor allem durch die sexuelle Übertragung von Papilloma-Viren).

Die am Beispiel der Schilddrüse gezeigte Sensibilisierung der Zielzellen für ein Hormon durch verstärkte Expression des Rezeptors verläuft auch in umgekehrter Richtung. Ist ein Hormon oder anderer wirksamer Stoff in großer Konzentration vorhanden, wird die Anzahl der Rezeptoren vermindert (so genannte *Downregulation).* Mit diesem Mechanismus lässt sich auch die übermäßig starke Wirkung von Stoffen nach Abstinenz erklären. In der Drogenszene ist dieses Phänomen als „goldener Schuss" bekannt. Während des Drogenmissbrauchs werden die Rezeptoren „down" reguliert, d.h. eine immer höhere Dosis ist für die Erreichung des Rauscheffekts notwendig. Nach einem Drogenentzug sind bei dem Süchtigen die Zielzellen wieder sensibilisiert, d. h. die Downregulation wird wieder rückgängig gemacht. Nimmt der Drogensüchtige nun die hohe ehemals rauschwirksame Dosis zu sich, führt dies zu gravierenden Folgen der (relativen) Überdosierung und häufig zum Tod („goldener Schuss").

Hinweise

http://www.hpt.co.at/chemie/orville/hormonwirk.html
kurze Erklärung der Hormonwirkung und anderer biochemischer Themen jeweils 2 interaktiven Arbeitsblättern.

http://www.physio.unibe.ch/Lehre/pdf/Endokrinologie.1.pdf
kurze Darstellung mit einfachen Skizzen

http://ntbiouser.unibe.ch/trachsel/teaching/Hormone/Hormone.htm
Vorlesung von Prof. TRACHEL der Universität Bern

Literaturhinweis

KLINKE, R, SILBERNAGL, S.: Lehrbuch der Physiologie. 3. Auflage Thieme, Stuttgart 2001, S. 447 – 452

Medienhinweise

FWU-04202348 Hormone – Botschafter in unserem Körper 1998 (1992)
Komplett-Media Wissen auf Video; Tl. 3: Wie Hormone unser Leben steuern

Wirkung von Hormonen

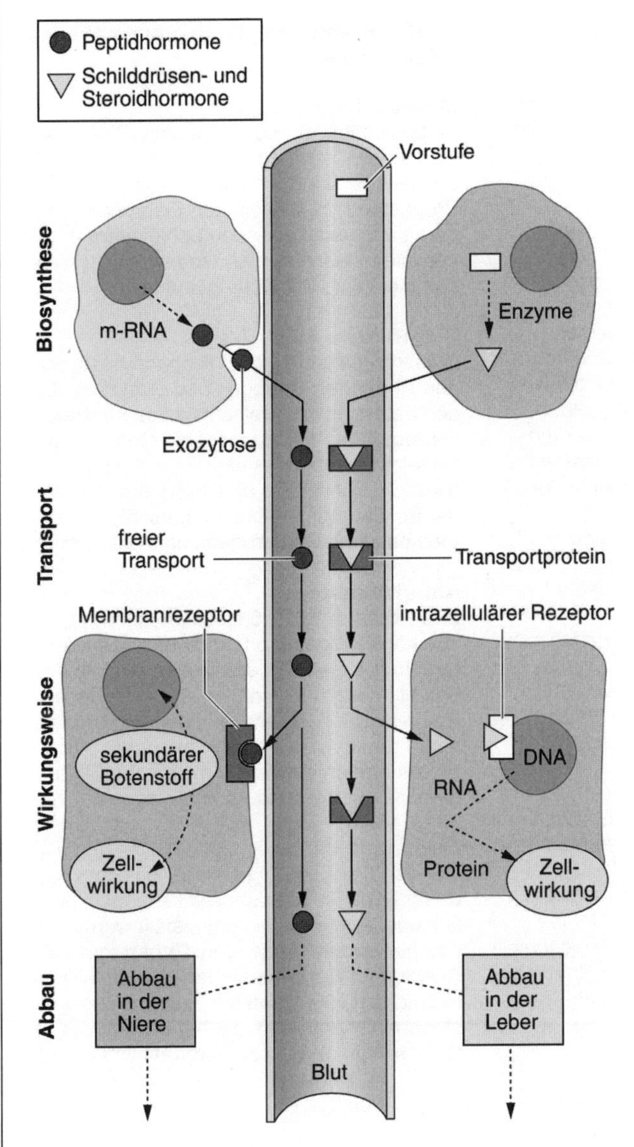

Abb. 1 Biosynthese, Transport, Wirkung von Hormonen

Die Hormone werden aufgrund ihrer chemischen Struktur in Peptidhormone und in lipophile Hormone eingeteilt. Die Peptidhormone werden durch Transkription und Translation der entsprechenden Gene hergestellt. Die lipophilen Hormone werden durch enzymatischen Umbau aus Vorläufermolekülen produziert.

Peptidhormone werden ohne besondere Transportmoleküle im Blut transportiert und schon dort zum Teil durch Protein spaltende Enzyme abgebaut. Lipophile Hormone werden mittels spezieller Proteine im Blut transportiert, die sie vor frühzeitigen Abbau schützen. Solange die lipophilen Hormone an die Transportproteine gebunden sind, sind sie inaktiv.

Lipophile und von ihrem Molekulargewicht sehr kleine Hormone, wie die Schilddrüsenhormone, können die Zellmembran durchdringen und wirken auf spezifische Rezeptoren im Zellinneren *(intrazelluläre Rezeptoren)*. Dieser so genannte *Hormon-Rezeptor-Komplex* bindet dann spezifisch an DNA-Sequenzen und beeinflusst so die Transkription.

Peptidhormone können die Zellmembran nicht durchdringen und daher nur mit spezifischen Rezeptoren reagieren, die sich auf der Zelloberfläche befinden *(Membranrezeptor)*. Die Bindung bewirkt die Aktivierung sekundärer Botenstoffe, die ihrerseits eine Wirkung in der Zelle zeigen (z. B. Öffnung eines Ionenkanals). Peptidhormone werden überwiegend durch Protein spaltende Enzyme in der Niere, lipophile Hormone durch Umbau in der Leber inaktiviert.

Aufgaben

1. Bei manchen Krebserkrankungen (z. B. Krebs der Vorsteherdrüse) kann es sinnvoll sein, die Funktion der Hormone, die auf dieses Organ wirken, durch Medikamente zu hemmen. Geben Sie unter Zuhilfenahme der Abbildung 1 zwei grundsätzliche Möglichkeiten der Hemmung an.
2. Bei einem Patienten wurde die Leber, die u. a. Hauptbildungsstätte für Transportproteine ist, durch übermäßigen Alkoholkonsum weitgehend zerstört. Geben Sie zwei Folgen der Funktionsminderung der Leber für die Hormonwirkung an.
3. Adrenalin, ein Stresshormon des Körpers, zählt zu den Peptidhormonen. Koffein bewirkt einen langsameren Abbau der sekundären Botenstoffe. Erläutern Sie damit die Wirkung von Koffein auf den Körper.
4. Liegt ein Hormon im Körper in einer zu geringen Konzentration vor, wird an den Zielzellen die Anzahl der spezifischen Rezeptoren erhöht. Ein häufiger Grund für eine verminderte Konzentration des Schilddrüsenhormons ist eine zu geringe Zufuhr an Iodid, das für die Herstellung des Hormons notwendig ist. Verwendet ein Patient mit einer krankhaft geringen Konzentration an Schilddrüsenhormon ein iodidhaltiges Desinfektionsmittel, kann dies schwerwiegende Folgen haben. Erklären Sie diese.

Hormonelle Steuerung des weiblichen Zyklus

Schülerbuch Seite 175

① Die Antibabypille ist eine sehr sichere Art der Verhütung. Dies ergibt sich dadurch, dass diese an zwei empfängnisrelevanten Stellen eingreift. Erschließen Sie sich diese Stellen aus dem Text.

– *Durch die Antibabypille sinkt der Blutspiegel von LH und FSH. Bei geringem FSH-Spiegel kommt es zu keiner Eireifung, bei geringen LH-Spiegeln zu keinem Eisprung.*

② Die Geschlechtshormone der Frau wirken (wie alle Hormone) nicht nur am Eierstock sondern im ganzen Körper. Recherchieren Sie die typischen Nebenwirkungen der Antibabypille.

– *Neben den im Text genannten Nebenwirkungen finden sich häufig allgemeine Symptome wie Schwindel, Kopfschmerzen, Ansammlung von Wasser in den Beinen (Ödeme), ;Brustspannung, Gewichtszunahme und Hautreaktionen. Einige Zeit war eine gering erhöhte Auftretenswahrscheinlichkeit von Brustkrebs datiert worden, die sich allerdings nur für Mädchen bestätigte, die sehr früh mit hohen Östrogendosen über lange Zeit verhüten. Ovarial- und Endometriumkarzinome scheinen unter Einnahme von Östrogenen etwas seltener aufzutreten, ebenso Mastopathien (knotige Veränderungen in der Brust).*

③ Die Regulation der Testosteronproduktion beim Mann geschieht ebenfalls über LH. Erklären Sie aufgrund dieser Information einen Mechanismus, warum mit Testosteron gedopte Frauen häufig keine Regelblutung mehr haben.

– *Hohe Testosteronspiegel, die durch Doping erreicht werden, koppeln negativ zur Hypophyse zurück und vermindern so den LH-Spiegel, wodurch es zu keinem Eisprung kommt.*

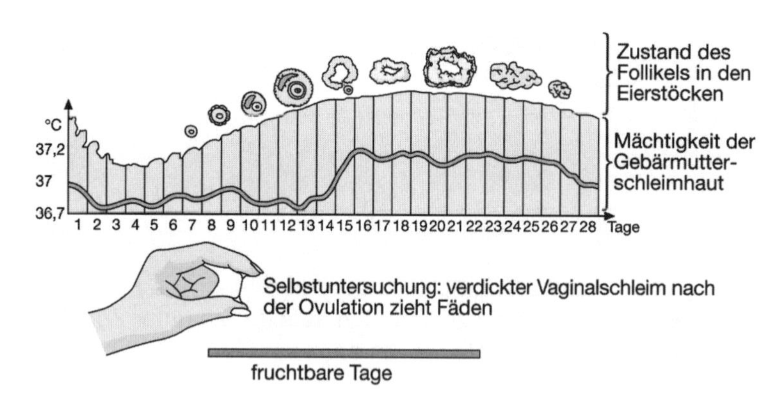

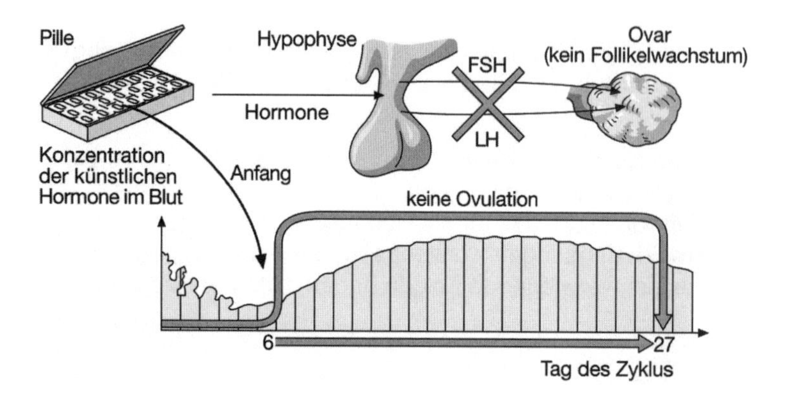

Hormonpräparate und Empfängnisregelung

Minipille
Im Gegensatz zur sog. „Antibaby-Pille“, die mit den Hormonen Östrogen und Progesteron als Ovulationshemmer wirkt, enthält die sog. „Minipille“ nur Progesteron, das allein den Eisprung nicht verhindern kann, wohl aber den Schleimpfropf im Gebärmutterhals verändert, sodass es im Allgemeinen nicht zur Befruchtung kommt.

Die „Pille danach“
Die „Pille danach“ ist ein Präparat bestehend aus den Hormonen Östrogen und Gestagen. 48 Stunden nach dem Geschlechtsverkehr angewendet, verändert das Medikament die Gebärmutterschleimhaut so, dass eine Einnistung des Keimes nicht möglich ist. Da eine Schwangerschaft erst mit der Einnistung des Keimes beginnt, liegt bei dieser Methode kein Schwangerschaftsabbruch vor.

Abtreibungspille
Das Präparat RU 486 blockiert die Wirkung des Hormons Progesteron durch Besetzen des Rezeptors. In der Gelbkörperphase bewirkt es eine Abbruchblutung und wirkt wie die „Pille danach“. Kombiniert mit Prostaglandinen kann RU 486 auch eine Frühschwangerschaft beenden. 10 bis 60 Stunden nach der Einnahme setzen Blutungen ein, der Abstoßungsprozess wird eingeleitet.

Eisprungtests
Der Tag des Eisprunges im Zyklus der Frau und damit seine Regelmäßigkeit kann mithilfe verschiedener Methoden festgestellt werden. Zum Beispiel an der steigenden Körpertemperatur, am Anstieg der Konzentrationen des luteinisierenden Hormons (LH) im Urin der Frau mithilfe von Teststäbchen (Apotheke), am Vaginalschleim, der durchsichtig und flüssig wird (ähnlich wie Eiklar).

Methoden der Empfängnisverhütung

Kalendermethode
Verhütungsprinzip: Kein Geschlechtsverkehr in den sog. fruchtbaren Tagen der Frau. Zu beachten ist, dass eine frisch „gesprungene" Eizelle 48 Stunden lang befruchtungsfähig ist und dass Spermien nach Ablage im weiblichen Genitaltrakt 96 Stunden überleben können.
Vorteile: Beeinträchtigt das Körpergeschehen nicht.
Nachteile: Die Kalendermethode ist nur disziplinierten Paaren zu empfehlen und auch nur Frauen, die einen regelmäßigen Zyklus über Monate protokolliert haben.

Selbstuntersuchung

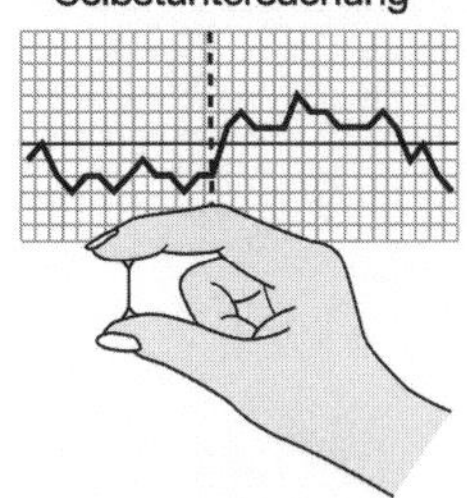

Hormonelle Verhütungsmittel (Die „Pille")
Verhütungsprinzip: Künstlich hergestellte weibliche Sexualhormone (Östrogene und Progesterone), deren Konzentrationen im Blut auch während einer Schwangerschaft erhöht sind, täuschen eine Schwangerschaft vor und verhindern die Freisetzung von Hormonen, die benötigt werden, um eine Eizelle in den Eierstöcken heranreifen zu lassen.
Vorteile: Die Frau kann sich sicher fühlen und braucht sich bei regelmäßiger Einnahme nicht um die Verhütung zu kümmern. Die Blutung ist schwächer und kürzer.
Nachteile: Die Pille ist ein hochwirksames Medikament und nicht frei von Nebenwirkungen. Darf nur von gesunden Frauen eingenommen werden, die nicht rauchen sollten. Sie wird vom Arzt verschrieben.

Die Pille

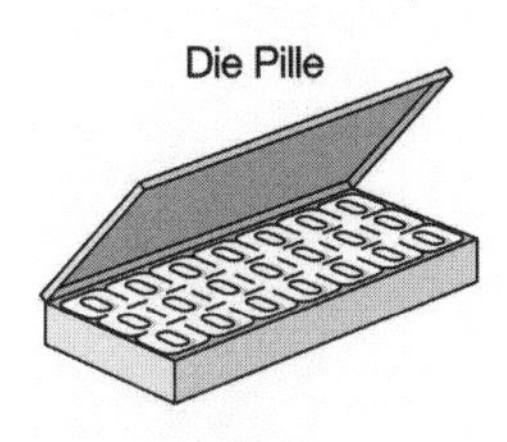

Spirale

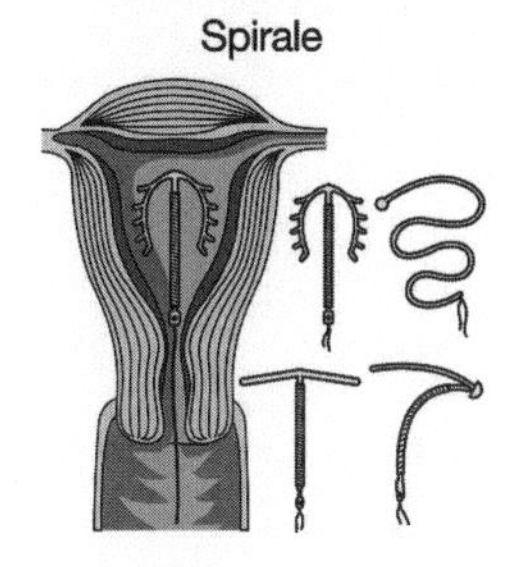

Spirale
Verhütungsprinzip: Die Spirale besteht aus einem Kunststoffkörper, dessen Schaft mit Kupferdraht umwickelt ist. Sie wird vom Arzt durch den Muttermund in die Gebärmutter geschoben. Sie gibt dauerhaft kleinste Mengen Kupfer ab. Kupfer hemmt die Beweglichkeit der Spermien, die den Eileiter nicht mehr erreichen können und verhindert ggf. die Einnistung. Moderne Spiralen müssen nur alle fünf Jahre gewechselt werden.
Vorteile: Die Frau kann sich sicher fühlen und braucht sich nicht weiter um die Verhütung zu kümmern. Der natürliche Zyklus bleibt erhalten.
Nachteile: In der Anfangszeit kann es zu Krämpfen kommen. Oft werden stärkere Monatsblutungen und stärkere Regelschmerzen beobachtet. Kann zu Entzündungen führen, die eine später gewünschte Schwangerschaft gefährden können.

Sterilisation (Spermienleiterdurchtrennung)

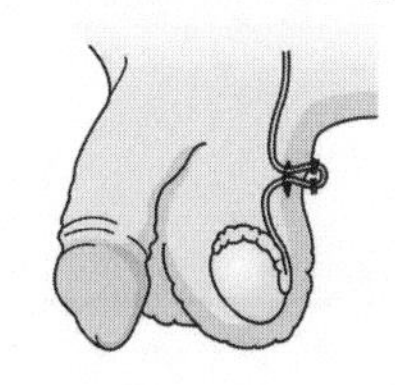

Sterilisation
Verhütungsprinzip: Bei der Frau werden vom Arzt die Eileiter, die Strecke von den Eierstöcken zur Gebärmutter, beim Mann die Spermienleiter unterbrochen.
Vorteile: Durch die Sterilisation wird das Verhütungsproblem ein für allemal gelöst, das Sexualleben wird nicht gestört.
Nachteile: Die medizinisch unbedenklichen Eingriffe sind endgültig, die in seltenen Fällen und nur mit großem Aufwand rückgängig zu machen sind. Entsteht später der Wunsch nach Kindern, ist dieser nicht zu erfüllen.

Sterilisation (Eileiterdurchtrennung)

Barrieremethoden
Verhütungsprinzip: Mechanisch oder chemisch (Schaum, Zäpfchen, Cremes, ...) wird verhindert, dass Eizelle und Spermium zusammenkommen. Das *Kondom* wird vom Mann über den Penis gezogen. Das *Diaphragma* (Pessar) sieht aus wie ein Gummihut, der von der Frau vor dem Geschlechtsverkehr in die Scheide eingesetzt wird. Dadurch wird den Spermien der Weg in die Gebärmutter versperrt. Diaphragmas gibt es in verschiedenen Größen, der Arzt wählt die richtige Größe aus.
Vorteile: Richtig angewendet sind Kondome recht sicher und schützen zudem vor Ansteckung mit dem HI-Virus. Das Diaphragma wird nur bei Bedarf eingesetzt und gilt bei richtigem Gebrauch als sicher. Bei beiden Methoden kein Eingriff in den Körperhaushalt.
Nachteile: An die Verwendung des Kondoms und des Diaphragmas muss gedacht werden. Das Einsetzen des Diaphragmas erfordert einige Übung, sollte nicht länger als zwei Stunden vor dem Geschlechtsverkehr geschehen und muss mit Spermien tötenden Mitteln versehen werden.

Kondom

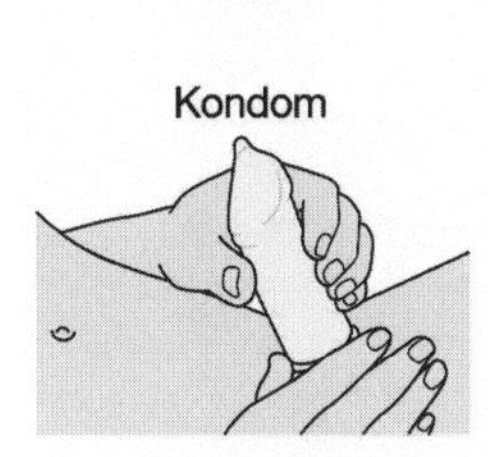

Diaphragma

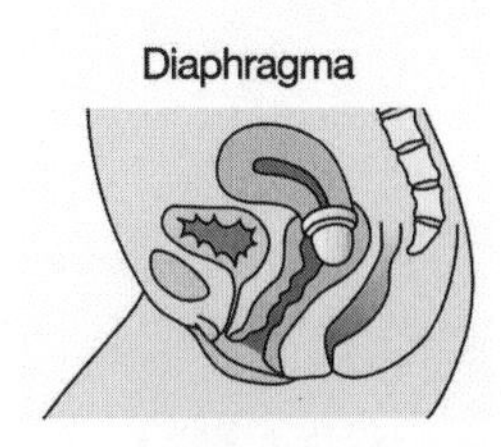

Stress

Schülerbuch Seite 177

① Vor einer Klassenarbeit setzen Schüler ihre Mitschüler dem Stressor „unbekannte exotische Inhalte“ für die Klassenarbeit aus. Beschreiben Sie die Folgen so erzeugter Stressreaktionen auf deren Leistungsfähigkeit.
– *Durch die Stressreaktion wird vermehrt Noradrenalin freigesetzt. Noradrenalin bewirkt, dass vermehrt auf ältere Hirnregionen unter Umgebung der Großhirnrinde zugegriffen wird. Da für die Lösung anspruchsvoller Klassenarbeitsaufgaben das Großhirn so blockiert ist, ist die Wahrscheinlichkeit groß, dass sich der Stress noch weiter erhöht und so tatsächlich eine schlechte kognitive Leistung erzielt wird.*

② Stellen Sie mithilfe des oben stehenden Textes Symptome und Krankheiten zusammen, die auftreten können, wenn ein Mensch unter chronischem Stress leidet.
– *Typische Krankheiten sind: Magengeschwüre, Infektanfälligkeit, Nervosität, erhöhte Herzinfarktgefahr (aufgrund der erhöhten Fett- und Glucosespiegel im Blut).*

Arbeitsblatt Seite 155

1. Stress bewirkt eine bis zu 10-fach erhöhte Bildung des Releasing Hormons CRH im Hypothalamus. CRH bewirkt in der Hypophyse die Ausschüttung von ACTH, das über den Blutweg zu der Nebennierenrinde transportiert wird und dort die Bildung von Cortisol aus Cholesterin bewirkt. Eine hohe Cortisolkonzentration koppelt negativ zum Hypothalamus zurück, sodass weniger CRH gebildet wird.
2. 1) Vermehrte Bildung des Releasing Hormons CRH im Hypothalamus, was zu verstärkter ACTH-Freisetzung führt und damit einer übermäßigen Cortisolbildung.
   2) Fehlende Rückkopplung des Produktes Cortisol auf Hypothalamus und Hypophyse, die entsprechend trotz hoher Cortisolspiegel weiter CRH bzw. ACTH produzieren.
3. Ein erhöhter Cortisolspiegel führt zu einem erhöhten Glucosespiegel, da unter Cortisolwirkung körpereigene Fett- und Eiweißreserven abgebaut und in Glucose umgewandelt werden. Das vermehrte Zurückhalten von Wasser im Körper führt zu einer Zunahme des Blutvolumens und damit zu einer Erhöhung des Blutdrucks und des Gewichts. Das Immunsystem wird geschwächt, die Patienten sind anfälliger für Infekte.
   Bei verminderter Cortisolkonzentration findet sich eine zu geringe Wassermenge im Körper, entsprechend sinken das Blutvolumen und der Blutdruck. Cortisol sorgt für die Bereitstellung von Glucose im Blut. Fehlt Cortisol sinkt der Blutzuckerspiegel. Das Immunsystem agiert ungehemmt, allergische Reaktionen werden wahrscheinlicher.
4. Für Stresssituationen und bei körperlicher Arbeit wird jeweils Cortisol im Körper produziert, um zusätzliche Energiereserven nutzen zu können. Entsprechend steigt in beiden Fällen zunächst die ACTH-Konzentration und anschließend die Cortisolkonzentration. Beim Sport ist diese Reaktion sinnvoll, weil so für die Muskelarbeit mehr Energie bereitgestellt werden kann. Bei einem Examen führt die höhere Wirksamkeit von Stresshormonen zu verstärktem Stress und somit zu weniger Leistungsfähigkeit.

Cortisol im Übermaß

Eine Erhöhung des Cortisolspiegels führt zu einem ausgeprägten Krankheitsbild, das zuerst von dem amerikanischen Chirurgen HARVEY WILLIAMS CUSHING (1869 – 1939) beschrieben und nach ihm benannt wurde. Die Cushing-Krankheit wird meist durch gutartige Tumoren ausgelöst, die im Hypothalamus (und dort unkontrolliert CRH produzieren), in der Hypophyse (und dort unkontrolliert ACTH produzieren) oder in der Nebennierenrinde (und dort unkontrolliert Cortisol produzieren) liegen. Auch eine hoch dosierte Cortisoltherapie kann die Cushing-Krankheit auslösen.

Typische Symptome einer Cushing- Krankheit sind „Vollmondgesicht“, stark ausgeprägter Nacken („Stiernacken“), Stammfettsucht, rote Streifen, vermehrte Bildung von Blutergüssen, Muskelabbau, Wundheilungsstörungen, dünne verletzliche Haut und Bluthochdruck.

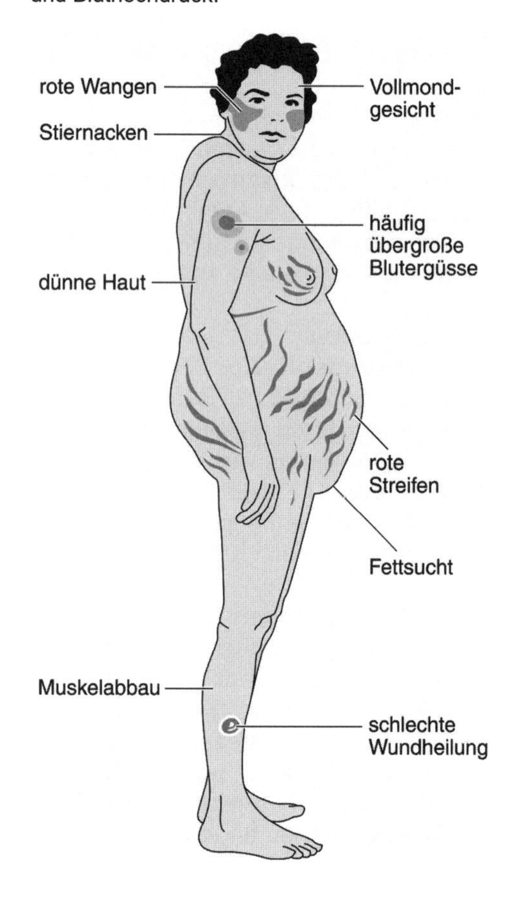

Cortisol, schädlich oder nicht – die Dosis ist entscheidend

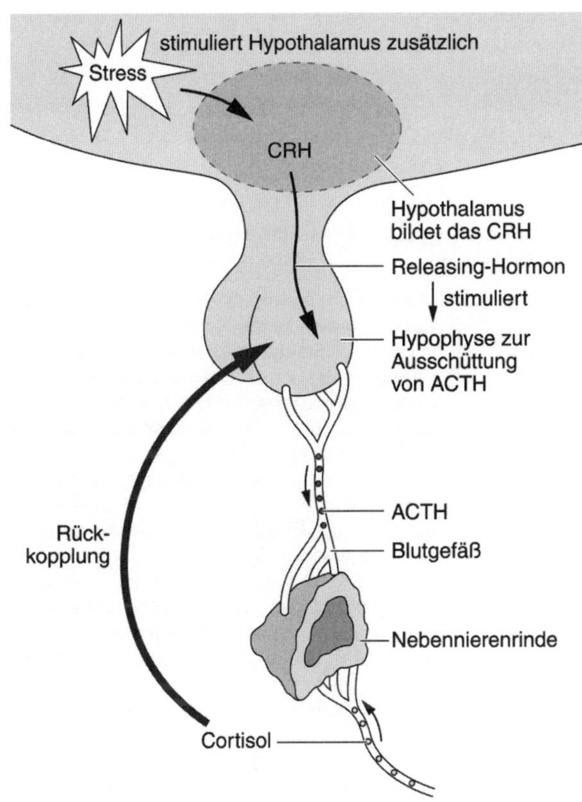

Abb. 1 Regelung und Wirkung von Cortisol

Cortisol wird im Körper aus Cholesterin in der Nebennierenrinde, einem wie eine Kappe auf der Niere aufsitzenden Organ, gebildet. Cortisol ist ein wichtiges Hormon des Körpers, das in viele Stoffwechselgeschehen steuernd eingreift. Bei Stress kann die Cortisolproduktion bis auf das Zehnfache ansteigen.

Medizinisch wird vor allem die Immunsystem hemmende Wirkung des Cortisols eingesetzt. Viele Allergien, so auch Asthma, können mit Cortison erfolgreich behandelt werden. Bei schweren allergischen Erkrankungen oder nach Organtransplantationen muss Cortisol in Tablettenform eingenommen werden. In hohen Dosen kann dies zu schweren Nebenwirkungen führen, da Cortisol auf viele Stoffwechselvorgänge im Körper wirkt.

Reaktionen auf Langzeitstress:
1. Zurückbehalten von Wasser in den Nieren
2. erhöhtes Blutvolumen und erhöhter Blutdruck
3. Abbau von Proteinen und Fetten sowie deren Umwandlung zu Glucose; der Blutglucosespiegel erhöht sich dadurch
4. Immunsystem wird unterdrückt

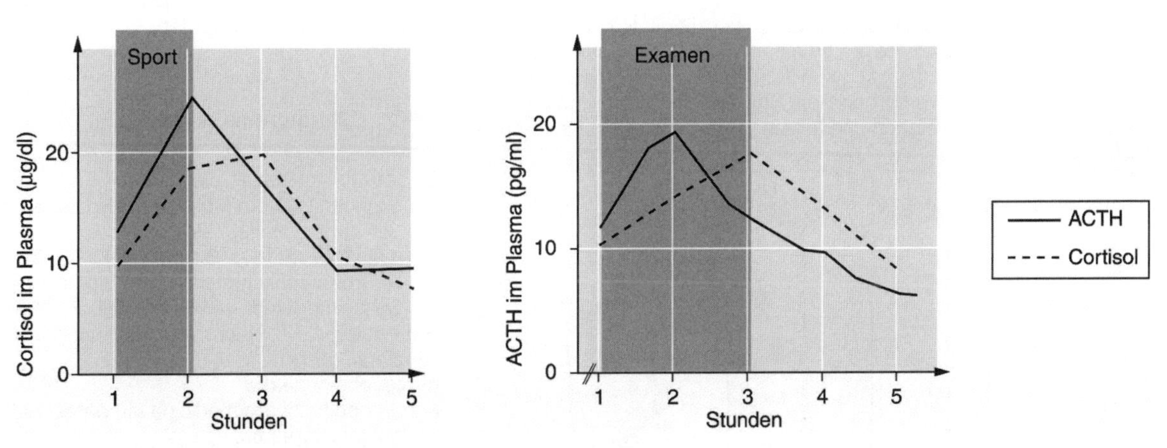

Abb. 2 ACTH und Cortisolspiegel bei verschiedenen Tätigkeiten

Aufgaben

1. Beschreiben Sie die Regelung und Wirkung des Cortisols mithilfe der Abbildung 1 und des Textes. Beginnen Sie mit der Wirkung von Stress auf den Hypothalamus.
2. Die krankhafte Erhöhung des Cortisolspiegels kann verschiedene Ursachen haben. Neben der Erhöhung durch Medikamente kann der Körper selbst zu viel Cortisol produzieren. Finden Sie mithilfe des Regulationsschemas drei Veränderungen, die zu einer erhöhten Cortisolproduktion führen könnten.
3. Sowohl die verminderte als auch die erhöhte Cortisolproduktion hat schwerwiegende Wirkungen im Körper. Finden Sie jeweils drei Wirkungen.
4. Erklären Sie die Kurvenverläufe in der Abbildung 2 unter Zuhilfenahme des oben stehenden Textes. Erläutern Sie, warum der Anstieg der Cortisolkonzentration beim Sport sinnvoll, beim Examen aber kontraproduktiv ist.

Axon
Nervensystem
Neuron
Reiz

Neurobiologie

1 Reizaufnahme und Erregungsleitung

Das Neuron

Arbeitsblatt Seite 157

1. GOLGI betrachtete das Nervensystem als kontinuierliches Netz und glaubte, dass die von ihm beobachteten Zellen miteinander verschmolzen sind. Die Dendriten sind nach seiner Meinung nicht informationsleitend und die neu aufgekommene Neuronentheorie eine vorübergehende Idee. RAMON Y CAJAL hingegen sieht – so wie man es auch heute nachweisen kann – jede Nervenzelle als eigenständiges Gebilde, das die Information in einer festgelegten Richtung transportiert.
2. Auf den damaligen mikroskopischen Bildern (s. Abb.) sind weder Synapsen zu erkennen (hierzu war die Erfindung des Elektronenmikroskops nötig), noch konnten die Schnitt- und Färbetechniken die Fortsätze einer Nervenzelle in alle Schichten kontinuierlich verfolgen. Das Netzwerk ähnelte augenscheinlich dem Blutgefäßsystem.
   Anmerkung: Bis zum Aufkommen der Tracermethode in den 60er-Jahren war die Golgi-Färbung für Nervenzellen die optimale Methode.
3. Auch SHERRINGTON vertritt die Neuronentheorie, da er von einem nicht kontinuierlichen Übergang spricht. Die Verzweigungsenden versorgen Dendriten und Zellkörper mit Information und haben keine Ernährungsfunktion.

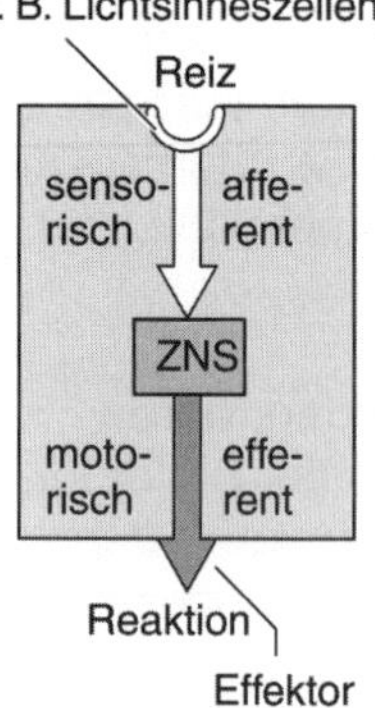

Zur Rolle der Neuronen im ZNS

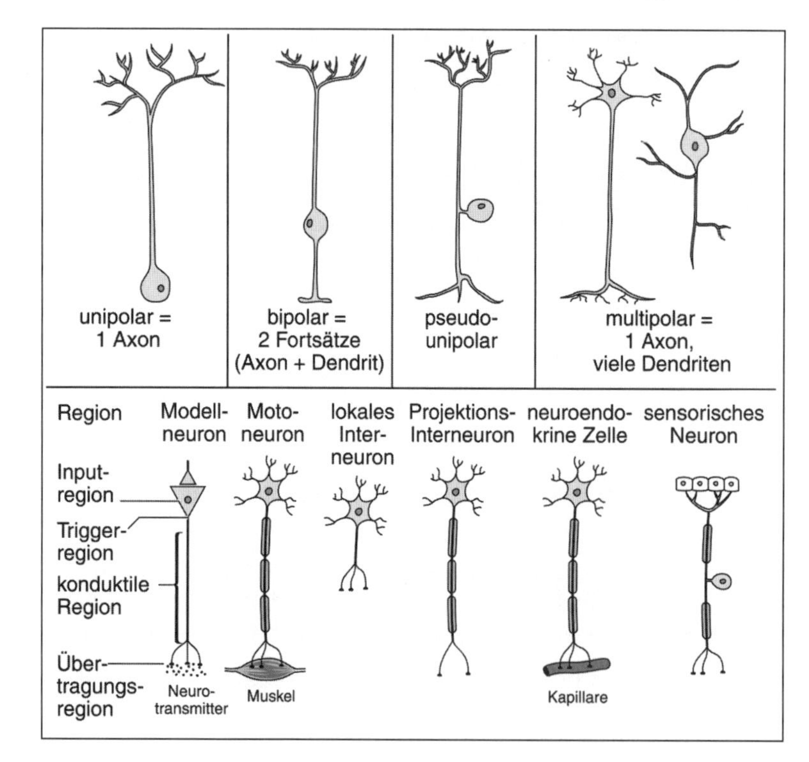

Verschiedene Neuronentypen (oben nach dem Aufbau und unten nach der Funktion aufgelistet)

Hinweise zum Unterricht

Neben dem historischen Ansatz kann als Einstieg das Einwirken eines Reizes und die darauf erfolgende Reaktion beobachtet werden (z. B. im direkten Versuch wie dem Lidschlussreflex oder anhand der Lachsjagd eines Bären, s. Schülerbuch Seite 152), um dann nach der Rolle des ZNS und der Bedeutung der Nervenzellen zu fragen. Anhand des aktuellen Schülerbuchs kann auch der schematische Aufbau der Nervenzelle und die Funktion der Einzelteile erarbeiten werden, um dies auf weitere Neuronentypen (s. u.) oder das 3D-Modell (s. Medienhinweis) zu übertragen. Lässt man die drei Themen von verschiedenen Gruppen des Kurses erarbeiten, können sich daraus anschließend Dreiergruppen bilden (je ein Schüler ist dann Experte für ein Thema (Mosaikmethode). Nach gegenseitigem Informationsaustausch zu den vorgenannten Themen können dann anhand des Buches die Besonderheiten der Nervenzellen im Vergleich mit „normalen Zellen" (z. B. aus Haut, Darm oder Muskel) herausgearbeitet werden. Die Frage, ob Vergleichbares bei Pflanzen vorkommt, könnte z. B. über eine Internetrecherche in der Hausaufgabe geklärt werden.

Literaturhinweise

DUDEL, J., MENZEL, R., SCHMIDT, R.F.: Neurowissenschaft – Vom Molekül zur Kognition. Springer Verlag, Berlin 1996

KANDEL, E.R., SCHWARTZ, J.H., JESSELL, TH.M.: Neurowissenschaften – Eine Einführung. Spektrum Akad. Verlag, Heidelberg 1996

SHEPHERD, G.M.: Neurobiologie. Springer Verlag, Berlin 1993

http://nobelprize.org

http://nobelprize.org/medicine/laureates/1906/golgi-lecture.html

http://nobelprize.org/medicine/laureates/1906/cajal-lecture.html

Medienhinweise

FWU 4202060 Meilensteine der Naturwissenschaft und Technik: Die Nervenzelle – Santiago Ramon y Cajal VHS 1996

Somso-Modell BS 35 Neuron

Zwei Nobelpreisträger: CAMILLO GOLGI und SANTIAGO RAMÓN Y CAJAL

CAMILLO GOLGI (1843 – 1926) und SANTIAGO RAMÓN Y CAJAL (1852 – 1934) erhielten 1906 gemeinsam den Nobelpreis für Medizin oder Physiologie „in Anerkennung ihrer Arbeiten über die Struktur des Nervensystems“. GOLGI hatte eine neue Methode zur Anfärbung von Nervengewebe mit Silbernitrat entwickelt, die nur wenige der Nervenzellen in einem mikroskopischen Feld anfärbte und dadurch die cytologischen Untersuchungen des Nervensystems ermöglichte. RAMON Y CAYAL verbesserte diese Technik. Außerdem entdeckte und beschrieb er Axone und formulierte wichtige Prinzipien zum Aufbau des Nervensystems. Noch während der Feierlichkeiten anlässlich der Preisverleihung gerieten GOLGI und CAYAL in einen heftigen Streit.

GOLGI war Anhänger der so genannten *Retikular-* oder *Netztheorie*: Alle durch die Färbung erhaltenen Bilder könnten nur dahingehend interpretiert werden, dass das Nervensystem eine komplexe, netzartige und einheitliche Struktur ist. Die Nervenzellen bilden die Knoten dieses Netzes, die von ihnen ausgehenden Fasern verzweigen sich stark und verschmelzen miteinander. Wie Körperarterien über die Kapillaren mit den Venen in Verbindung stehen, so sollten die Nervenzellen ineinander übergehen.

GOLGI entdeckte zwar zu seinem Erstaunen in seinen Präparaten vom Zellkörper bis in die feinsten Verästelungen angefärbte Nervenzellen, nahm aber an, dass die Dendriten nur Ernährungsfunktion haben. Selbst in seinem Festvortrag *„The neuron doctrine – theory and facts“* anlässlich der Verleihung des Nobelpreises hielt er noch vehement an der Netztheorie fest. *„It may seem strange that, since I have always been opposed to the neuron theory – although acknowledging that its starting-point is to be found in my own work – I have chosen this question of the neuron as the subject of my lecture, and that it comes at a time when this doctrine is generally recognized to be going out of favour.“*
(aus der Rede von C. GOLGI)

RAMON Y CAJAL kam zu dem Schluss, dass die Nervenzellen wie alle anderen Zellen im Organismus aufgebaut sind. Entsprechend der von MATTHIAS J. SCHLEIDEN und THEODOR A.H. SCHWANN 1839 entwickelten Zelltheorie sei auch die Nervenzelle eine von den übrigen Zellen getrennte, selbstständige Einheit. Von einem rezeptiven Ende *(Dendriten)* über eine leitende Struktur *(Axon)* zu einem übertragenden Ende *(Synapse)* sollte gemäß seinem Gesetz der dynamischen Polarisation ein Signal geleitet werden.
(aus der Rede von R. Y. CAJAL)

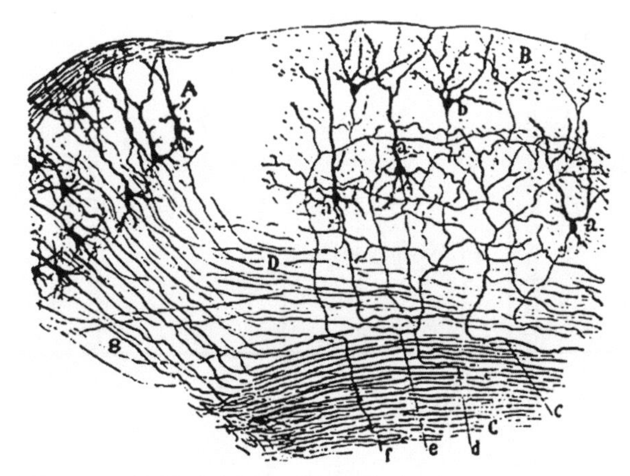

Skizze von R. Y. Cajal zu seinem Festvortrag

Aufgaben

1. Worin unterscheiden sich die Positionen der beiden Forscher?
2. Welche Gründe könnte es aus heutiger Sicht dafür geben, dass GOLGI und viele andere Wissenschaftler vor ihm das Nervensystem als ein „einheitliches ganzes Netz“ betrachtet haben? Berücksichtigen Sie den Stand der damaligen technischen Möglichkeiten (Mikroskope, Schnitt- und Färbetechniken).
3. Der Physiologe CHARLES S. SHERRINGTON beschäftigte sich bereits um 1890 mit der Frage, wie die in den Sinnesfasern zum Rückenmark geleitete Aktivität auf die Motoneurone der Muskeln übertragen werden könne. 1897 formulierte er: „Nach unserer derzeitigen Kenntnis müssen wird annehmen, dass eine Nervenfaser an ihren Verzweigungsenden nicht in die von ihr versorgten Dendriten oder Zellkörper kontinuierlich übergeht, sondern lediglich mit ihnen in einen Kontakt tritt. Solch eine spezielle Verbindung könnte man Synapse nennen.“ (Synapse: gr. *syn* = zusammen *haptein* = ergreifen, fassen, tasten). Anatomisch stellte er sich diese Struktur als „einen Ort der trennenden Oberflächen“ vor, betonte aber immer, dass es in erster Linie eine funktionelle Verbindung sei. War SHERRINGTON ein Anhänger der Netztheorie oder stehen seine Erkenntnisse im Einklang mit der Neuronentheorie von CAJAL.

Membranpotential
Natrium-Kaliium-Pumpe
Neuron
Ruhepotential

Praktikum: Nervenzelle

Schülerbuch Seite 181

① Die Golgi-Färbung ordnet die erkennbaren Nervenzellen in der Großhirnrinde der Katze verschiedenen Schichten zu. Die Zeichnung von CAJAL verdeutlicht das Netzwerk der Neuronen und den Verlauf der einzelnen Fortsätze.

Arbeitsblatt Seite 159

1. Durch die Anordnung der Sauerstoffatome kann das Kaliumion seine Hydrathülle leicht (energetisch günstig) zurücklassen und in die Höhle zwischen den Sauerstoffatomen schlüpfen. Für das Natriumion liegen die Sauerstoffatome zu weit auseinander, um eine Anziehungskraft auszuüben, sodass das Ion mit seiner Hydrathülle außerhalb der Pore verbleibt.
2. Die geöffneten Kaliumkanäle gewährleisten eine gute Membranpermeabiltität für die Kaliumionen, sodass überhaupt ein Ruhepotential (Kaliumgleichgewichtspotential) entsteht.

Lösungen zum Zusatzmaterial

Experiment 1:
1. Durch die Entfernung von Sauerstoff und Glucose wird die ATP-Synthese blockiert, die Konzentration sinkt und steigt erst nach der Blockade wieder steil an. Gleichzeitig sinkt intrazellulär die Kaliumkonzentration, während die Natriumkonzentration steigt. Das Ruhepotential steigt dabei von – 95 mV auf ca. 10 mV.
2. Durch die Blockade der ATP-Synthese wird die Natrium-Kalium-Pumpe gestoppt. Die intra- und extrazellulären Ionenkonzentrationen gleichen sich an. Damit sinkt auch die Differenz der geladenen Teilchen und somit auch die messbare Spannung.

Experiment 2:
Die Werte des Natriumausstroms sinken in beiden Fällen kontinuierlich, da die Konzentration der markierten Ionen abnimmt. Durch die Temperaturabsenkung fällt der Wert sofort, bei Zugabe von DNP langsamer ab, da noch vorhandenes ATP genutzt werden kann. Der Na^+-Ausstrom ist also kein reiner Diffusionsvorgang. Die Tätigkeit der Natrium-Kalium-Pumpe ist ein energieabhängiger Prozess.

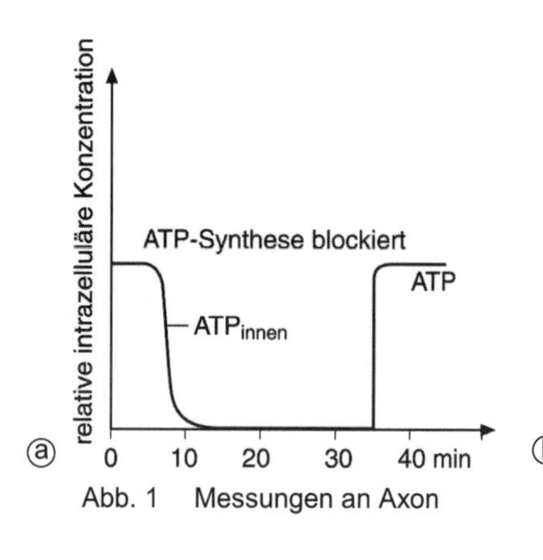

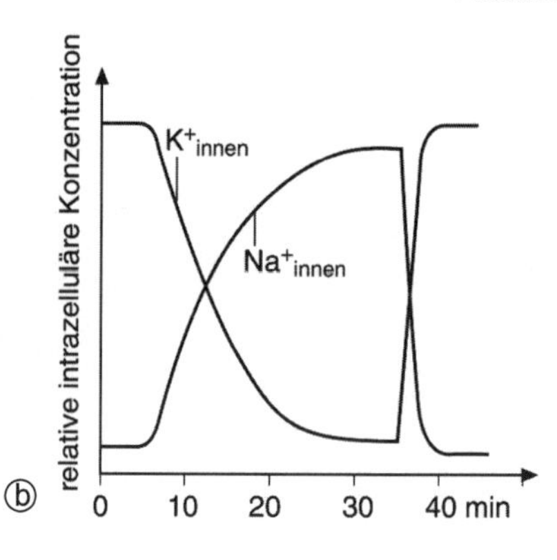

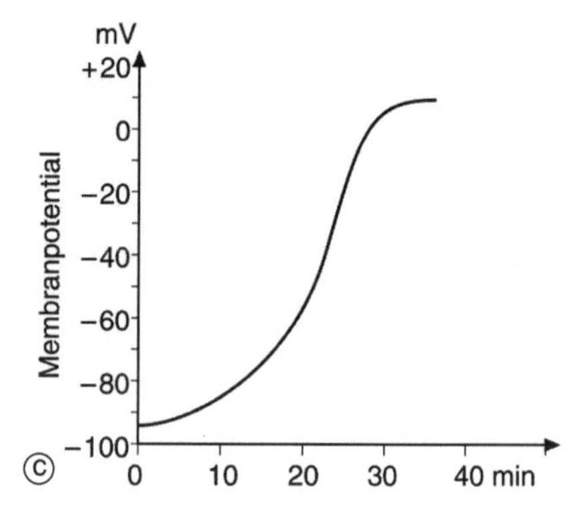

Abb. 1 Messungen an Axon

Abb. 2 Natriumströme am Axon einer nicht gereizten Nervenzelle

Die Natrium-Kalium-Pumpe

Experiment 1: Am Axon einer Nervenzelle werden für 5 Minuten drei unterschiedliche Messwerte (Abb. 1a – c) unter natürlichen Bedingungen registriert. Dann werden Sauerstoff und Glucose entfernt. 35 Minuten nach Versuchsbeginn werden Sauerstoff- und Glucosezufuhr wieder normalisiert.

Aufgaben
1. Beschreiben Sie die Befunde.
2. Setzen Sie die gemessenen Werte zueinander in Beziehung und erläutern Sie die Funktion der Natrium-Kalium-Pumpe.

Experiment 2: Nach Zufuhr von radioaktiven Na^+-Ionen in eine Nervenzelle wird der Na^+-Ionenausstrom gemessen. Im ersten Versuch (Abb. 2a) wird die Temperatur kurzzeitig abgesenkt, im zweiten Versuch (Abb. 2b) wird DNP (Dinitrophenol) hinzugegeben. DNP verhindert die ATP-Synthese.

Aufgabe
Beschreiben und vergleichen Sie die Messkurven und erläutern Sie, welche Erkenntnisse die Wissenschaftler aus diesen Daten ziehen konnten.

Der Kalium-Ionenkanal

Nervenzellen brauchen wie alle anderen Zelltypen in ihrer Membran Kanäle, damit z. B. Ionen die Lipid-doppelschicht durchqueren können. Solche Ionenkanäle sind Proteine, die nicht wie einfache Röhren die Zellhülle durchlöchern, sondern gezielt bestimmte Ionen durchlassen und andere zurückhalten. Lange Zeit war es aber unerklärlich, warum ein Kanal z. B. das große K^+-Ion durchlässt (Ionenradius 0,133 nm), das kleine Na^+-Ion aber nicht (Ionenradius 0,095 nm).

Experimentell bestand die Schwierigkeit darin, die gesuchten Kanalproteine zu kristallisieren und einer Röntgenstrukturanalyse zugänglich zu machen. 1998 gelang es RODERICK MACKINNON durch eine ausgeklügelte Methode, das Eiweiß des Kaliumkanals der Nervenzellen gezielt zu isolieren und dreidimensional darzustellen. Seine Untersuchungen zeigten u. a. folgende Ergebnisse:

- Für den Ionenfluss durch die Kanalpore muss die Hydrathülle des Ions vor dem Eintritt in die Pore entfernt werden, da der Porendurchmesser nur wenig größer ist als das transportierte Ion.
- Das Eiweiß ähnelt einem Trichter, der an seiner äußeren Seite den Ionenfilter und auf der inneren Seite eine Art „Tor" besitzt.
- Die vier Untereinheiten des Proteins gruppieren sich so zueinander, dass auf der Höhe des Selektivitätsfilters die Sauerstoffatome bestimmter in ihnen enthaltener Aminosäuren eine Art „Höhle" bilden.
- Diese Höhle hat genau dieselben Abmessungen wie der „Käfig aus Wassermolekülen", der ein Kaliumion in wässriger Lösung umgibt.
- Für das kleinere Natriumion reichen durch die Anordnung der Sauerstoffatome die elektrostatischen Anziehungskräfte nicht dafür aus, die Wasserhülle abzustreifen.
- Der „Torbereich" des Proteins kann zwischen offen und geschlossen wechseln. Durch die Anordnung der Aminosäurereste werden beide Zustände abhängig von der umgebenden Spannung reguliert. Die Anordnung kann auch durch Chemikalien verändert werden.

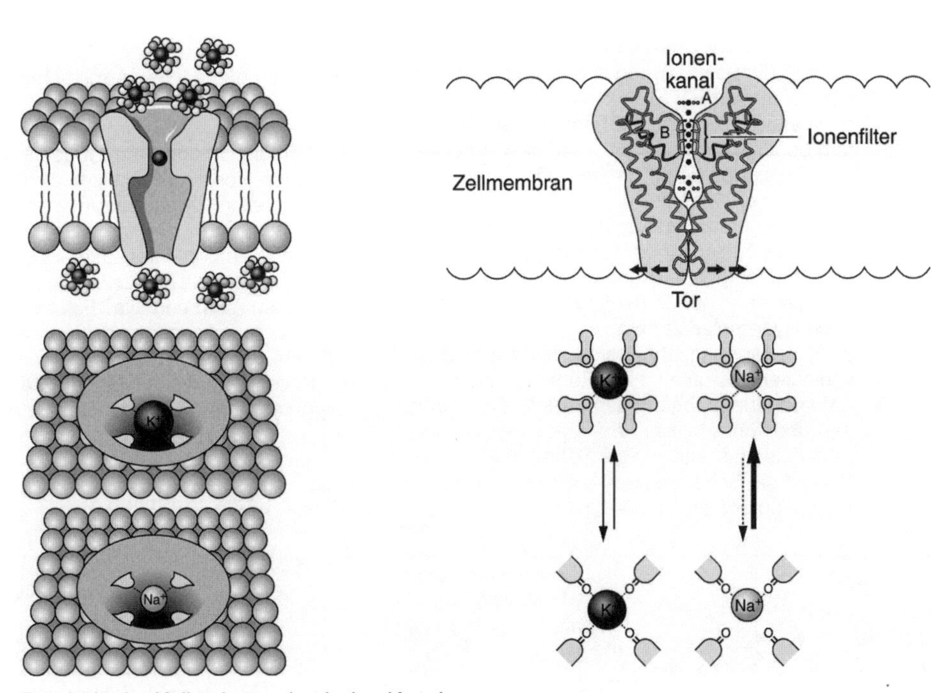

Abb.1 Durchtritt der Kaliumionen durch den Kanal

Aufgaben

1. Erklären Sie aus den Befunden und der Abbildung 1, warum die Membranproteine passgenaue Tunnel für einzelne Ionensorten sind.
2. Welchen Einfluss haben ständig geöffnete Kaliumkanäle auf die Entstehung des Ruhepotentials?

Aktionspotential
Axon
Erregungsleitung
Membranpotential
Ruhepotential

Das Ruhepotential
Das Aktionspotential

Schülerbuch Seite 185

① Erläutern Sie, weshalb man bei der Depolarisation, die zur Bildung des Aktionspotentials führt, von einem sich selbst verstärkenden Vorgang spricht (s. Randspalte)

– *Durch die Änderung der Spannung an der Membran steigt die Wahrscheinlichkeit, dass einige Na^+-Ionenkanäle für eine kurze Zeit geöffnet werden. Die einströmenden Na^+-Ionen verstärken die Veränderung der Membranspannung und erhöhen somit die Wahrscheinlichkeit für die kurzzeitige Öffnung weiterer Na^+-Ionenkanäle in der Umgebung. Dies geht solange, bis alle Na^+-Ionenkanäle in der Umgebung aktiviert und letztlich wieder inaktiviert sind.*

Arbeitsblatt Seite 161

1. a) Neuron, b) Messgerät/Verstärker, c) Darstellung auf dem Oszilloskop, d) Axonaußenseite, e) Axoninnenseite, f) links RP – rechts AP, g) Membranpotential in mV, h) Zeit in msec, i) Ruhepotential, j) Schwelle,
2. k) Geöffnete „normale“ K^+-Kanäle erzeugen das Ruhepotential, K^+-Ionen folgen dem Konzentrationsgradienten nach außen.
   l) Durch den Reiz ausgelöste Spannungsänderung öffnet einige Na^+-Kanäle, Na^+-Ionen folgen dem Konzentrations- und Ladungsgradienten (Depolarisierung in Richtung des Schwellenwertes).
   m) Weitere spannungsabhängige Kanäle werden geöffnet („Overshoot“, schneller Aufstrich zum Spitzenpotential), weitere Na^+-Ionen diffundieren nach innen.
   n) Durch Spannungsänderung werden die Na^+-Kanäle geschlossen und zeitverzögert spannungsabhängige K^+-Kanäle geöffnet, K^+-Ionen strömen nach außen (Repolarisierung, evtl. auch Hyperpolarisierung).
   o) Alle spannungsabhängigen Kanäle sind geschlossen (Rückkehr zum Ruhepotential).
3. Die spannungsabhängigen Kanäle sind verändert und können nicht erneut geöffnet werden (absolute und relative Refraktärphase).
4. Dort ist die Schwelle zum Auslösen eines Aktionspotentials am geringsten.

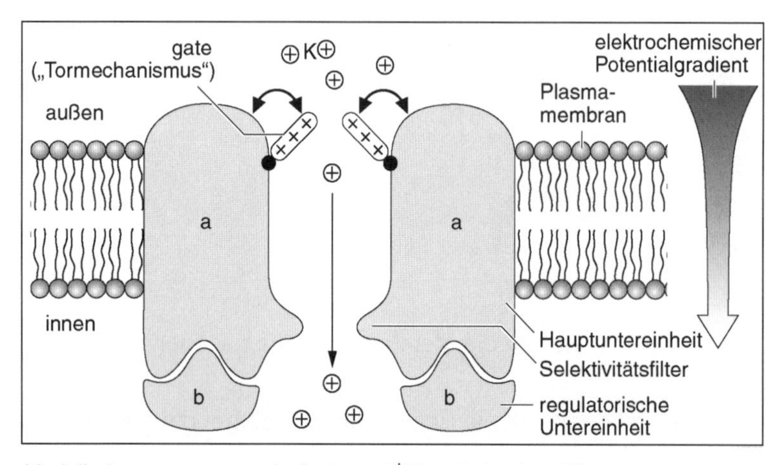

Modell eines spannungsabhängigen K^+-Kanals in einer Pflanze

Membranpotentiale bei Pflanzen

Elektrotonische Erregungsleitungen findet man auch bei pflanzlichen Zellen. Bekannt sind hier solche Pflanzen, die deutlich sichtbare Bewegungen durchführen wie z. B. die Mimose (bei Berührung verändert sich die Blattstellung) oder die Venusfliegenfalle (bei Berührung schließt sich das Blatt schnell und kann dadurch kleine Insekten fangen). Die Ableitung erfolgt, indem man eine Elektrode in die Vakuole oder das Cytoplasma einsticht und die zweite Elektrode in die umgebende Nährlösung, in die man das Pflanzengewebe zur Messung legt. Typische Membranpotentiale bei Pflanzenzellen haben Werte zwischen – 60 mV bis – 240 mV. Die folgende Abbildung zeigt das Membranpotential bei Zellen der Armleuchteralge und die Veränderungen der Ionenleitfähigkeit.

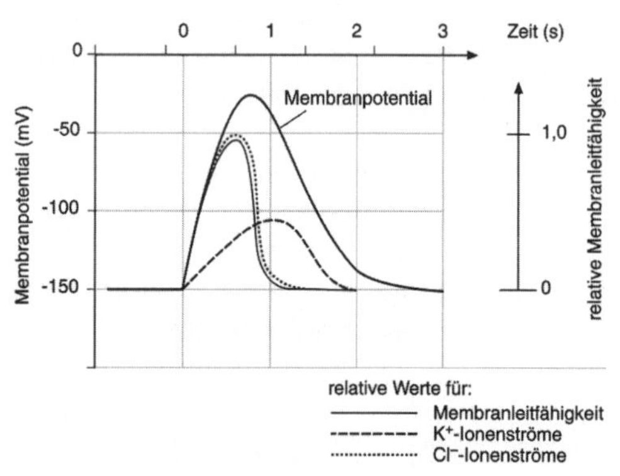

Membranpotential bei Armleuchteralgen

Im Vergleich mit den Vorgängen am Axon einer tierischen Nervenzelle lassen sich einige Parallelen feststellen: Durch den Ausstrom der Cl^--Ionen nimmt die Anzahl der negativ geladenen Teilchen innen ab und damit der Anteil der positiv geladenen Teilchen zu. Der Ausstrom der Cl^--Ionen entspricht am Axon dem Na^+-Einstrom. Durch Änderung des Membranpotentials von – 150 mV auf ca. – 10 mV wird der K^+-Ionenausstrom durch Öffnen der K^+-Ionenkanäle ausgelöst. Die Kanalstrukturen zeigen ebenfalls Ähnlichkeiten (s. Abb.).

Literaturhinweise

PURVES, W.K., SADAVA, D., et.al.: Life – The science of Biology. Sinauer Associates, Sunderland USA 2004

TAIZ, L., ZEIGER, E.: Physiologie der Pflanzen. Spektrum Akad. Verlag, Heidelberg 2000

Medienhinweise

http://www.thelifewire.com (Bilder, Trickfilme zur Ionenbewegung, Quiz, Übungsaufgaben in englischer Sprache)

Klett 045283 Natura Simulationen Neurobiologie

Der Ablauf des Aktionspotentials

Eine Nervenzelle wird im Experiment gereizt und die Veränderung der Membranspannung am Axon wird registriert. Dabei sind mehrere Phasen zu beobachten, denen verschiedene Zustände der Ionenkanäle in der Membran zugeordnet werden können.

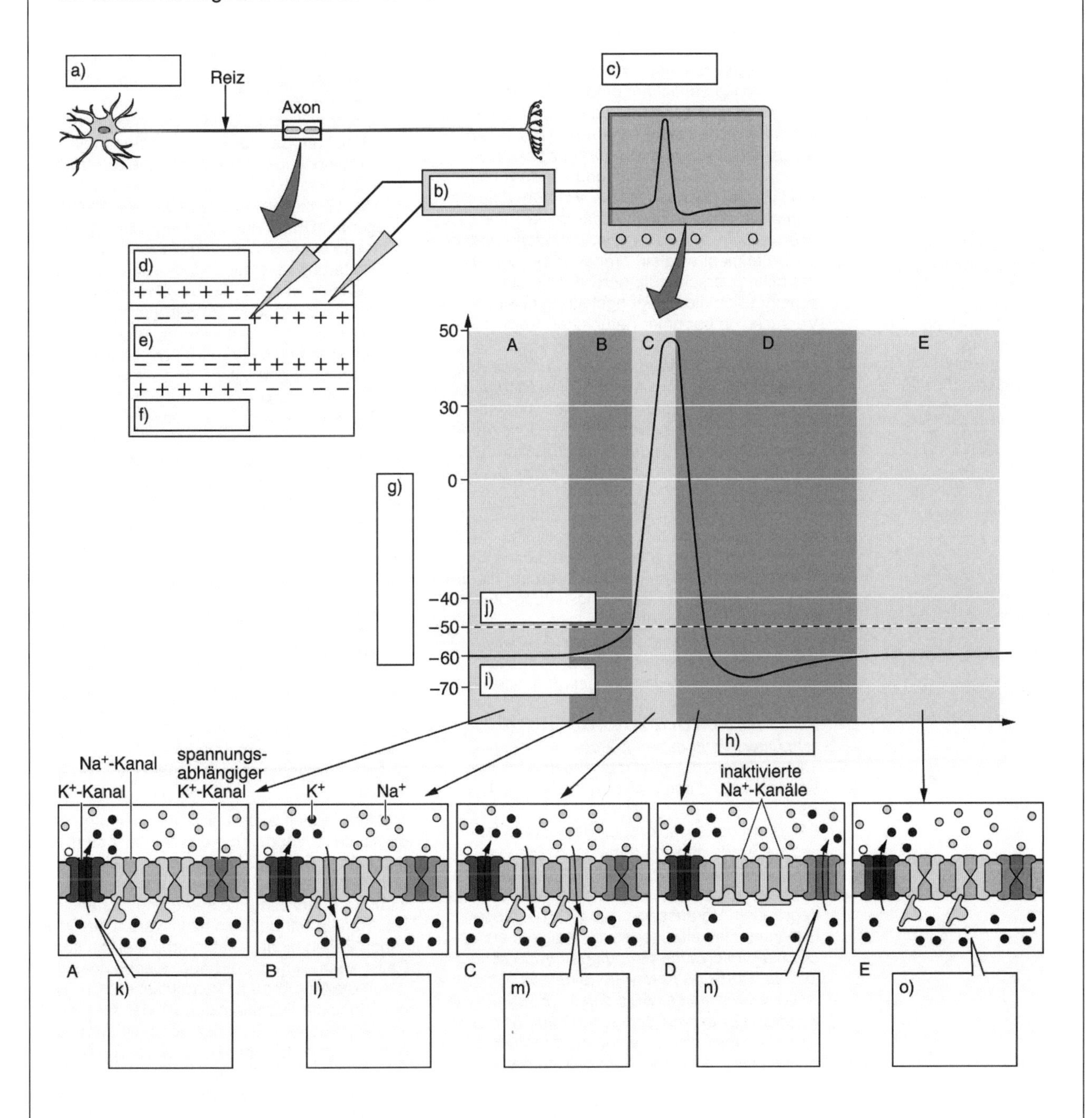

Aufgaben

1. Beschriften Sie den Versuchsaufbau (a – f) und die Grafik (g – j).
2. Erläutern Sie für die einzelnen Phasen (A – E) die Ionenverteilung, den jeweiligen Zustand der Ionenkanäle und die Folgen für das Membranpotential (k – o).
3. Laufen die Phasen A – E ab, können neu ankommende Reize nicht beantwortet werden. Erklären Sie dies.
4. Am Axonhügel ist die höchste Dichte spannungssensitiver Natriumkanäle. Wie verändert sich dadurch die Schwelle zum Auslösen eines Aktionspotentials?

Aktionspotential
Axon
Erregungsleitung
Natrium-Kalium-Pumpe
Schwann'sche Zelle

Fortleitung des Aktionspotentials

Schülerbuch Seite 187

① Erklären Sie, warum die saltatorische Erregungsleitung weniger Energie benötigt als die kontinuierliche.

– *Bei der saltatorischen Erregungsleitung wird das Aktionspotential auf einer gleich langen Strecke gegenüber dem kontinuierlichen Auslösen bei nicht myelinisierten Axonen seltener ausgelöst. Der Energiebedarf hängt jedoch nicht direkt von der Auslösung sondern von der ATP verbrauchenden Na^+-K^+-Pumpe ab, deren Pumprate von der intrazellulären Na^+- und der extrazellulären K^+-Ionenkonzentration abhängt.*

Geschwindigkeit der Erregungsleitung in mm pro Sekunde
Mimose: 20
Venusfliegenfalle: 110
Muschel: 45
Octopus: 3 000
Säugetiere: 100 000

② Im Experiment wird ein präpariertes Axon in der Mitte überschwellig gereizt. Wie unterscheidet sich die Erregungsleitung in diesem Versuch von der unter natürlichen Verhältnissen?

– *Unter natürlichen Verhältnissen läuft das Aktionspotential nur vom Axonhügel in Richtung Synapse, da die hinter dem Aktionspotential liegenden Bereiche refraktär sind. Bei experimenteller Reizung in der Mitte des Axons könnte sich die Erregung nach beiden Seiten ausbreiten.*

③ In der unten stehenden Tabelle sind Beispiele für die mittlere Leitungsgeschwindigkeit unterschiedlicher Neurone angegeben. Leiten Sie aus den Daten die beiden Faktoren ab, die die Geschwindigkeit der Erregungsleitung beeinflussen und begründen Sie.

– *Faktor Myelinisierung: Axone mit Myelinscheiden haben wesentlich höhere Leitungsgeschwindigkeiten wegen der saltatorischen Erregungsleitung.*
Faktor Faserdurchmesser: Axone mit größerem Querschnitt haben höhere Leitungsgeschwindigkeiten, weil der innere elektrische Widerstand in Längsrichtung des Axons kleiner ist.

④ Entzündliche Erkrankungen der Nerven können die Markscheiden schädigen. Eine typische Untersuchungsmethode ist die Messung der Leitungsgeschwindigkeit. Machen Sie eine begründete Voraussage, wie sich bei diesen Patienten die Leitungsgeschwindigkeit ändert.

– *Die morphologische Grundlage für die schnellere saltatorische Reizweiterleitung in Nerven ist die Markscheide. Wird diese z.B. durch entzündliche Erkrankungen geschädigt, ist anzunehmen, dass dies zu einer Verringerung der Leitungsgeschwindigkeit im betroffenen Nerv führt.*

Arbeitsblatt Seite 163

1. Ein Aktionspotential wird nur an den Ranvier'schen Schnürringen ausgelöst. Die Ausbreitung unter der Myelinscheide erfolgt elektrotonisch, schnell und fast verlustfrei. Einen Zeitverlust findet man nur bei der Ausbildung des Aktionspotentials am Schnürring.
2. An Punkt A sind die Na^+-Kanäle geöffnet und durch die Depolarisation entsteht das Aktionspotential. Dessen schnelle, elektrotonische Ausbreitung bringt die Membran am nächsten Schnürring (Punkt B) zum Überschreiten der Schwelle und dadurch zum Öffnen der spannungsgesteuerten Na^+-Kanäle. Während an Punkt A durch die Inaktivierung der Na^+-Kanäle und die geöffneten K^+-Kanäle die Refraktärphase einsetzt und die Repolarisation stattfindet, kann sich an Punkt B das Aktionspotential aufbauen, aber nicht auf Punkt A zurückwirken. Der Vorgang wiederholt sich in Richtung Punkt C, sodass das Potential nur in eine Richtung weiterläuft.
3. Im Modell wird das ankommende Aktionspotential am Schnürring durch die umfallenden Dominosteine verdeutlicht. Die elektrotonische Ausbreitung unter der Hüllzelle (dieser Typ von Gliazellen wird auch Schwann'sche Zelle genannt) wird dadurch symbolisiert, dass der letzte Dominostein den Holzstab unter der Halterung verschiebt und die Dominosteine dahinter umstößt. Da die Steine vor der Halterung erst aufgerichtet werden müssen, kann der Holzstab keine Wirkung rückwärts haben (entsprechend Refraktärphase). Im Modell kann nicht gezeigt werden wie das elektrische Feld auf die Ionenkanäle wirkt. Als weitere Modellkritik wäre zu sehen, dass ein nächstes Funktionieren erst möglich ist, wenn „eine Kraft von außen" gewirkt hat (Mensch muss die Steine wieder aufstellen), während das Neuron durch die Eigenschaften der Biomembran und die Ionenverteilungen „von selbst" bei entsprechen der Energiezufuhr wieder funktionsfähig wird.
4. Durch den geringeren Querschnitt des Axons wird weniger Zellmaterial verbraucht. Die Energie verbrauchenden Ionenpumpen arbeiten nur an den Ranvier'schen Schnürringen. Die schnelle Ausbreitung unter der Myelinscheide erhöht die Geschwindigkeit der Fortleitung.

Hinweise zum Modell

Mit dem Modell lassen sich nur bestimmte Vorgänge bei der Weiterleitung des Aktionspotentials verdeutlichen. Es erklärt in dieser Form z. B. nicht, warum das elektrische Feld nur über eine bestimmte Entfernung die spannungsabhängigen Na^+-Kanäle öffnen kann bzw. warum die Schwann'schen Zellen nicht beliebig groß werden können. Es ist auch nicht in der Lage, Ionenbewegungen durch die Membran zu verdeutlichen. Die Tatsache, dass die Dominosteine wieder aufgestellt werden müssen, lässt sich noch mit der notwendigen Energiezufuhr für die Ionenpumpe parallelisieren. Die Pumpe selbst kann wiederum nicht dargestellt werden. Wie zu jedem Modell kann man aber auch hier zusammen mit den Schülern Vorteile und Nachteile einer derart vereinfachten Darstellung diskutieren und eine systematische Modellkritik üben.

Erregungsleitung an einer markhaltigen Nervenfaser

An einem markhaltigen Axon wurde die Geschwindigkeit der Erregungsleitung gemessen und in Bezug zu den einzelnen Abschnitten der Faser gesetzt (Abb. 1). Den zeitlich aufeinander folgenden Phasen kann man Ionenbewegungen und Veränderungen der Ionenkanäle zuordnen (Abb. 2).

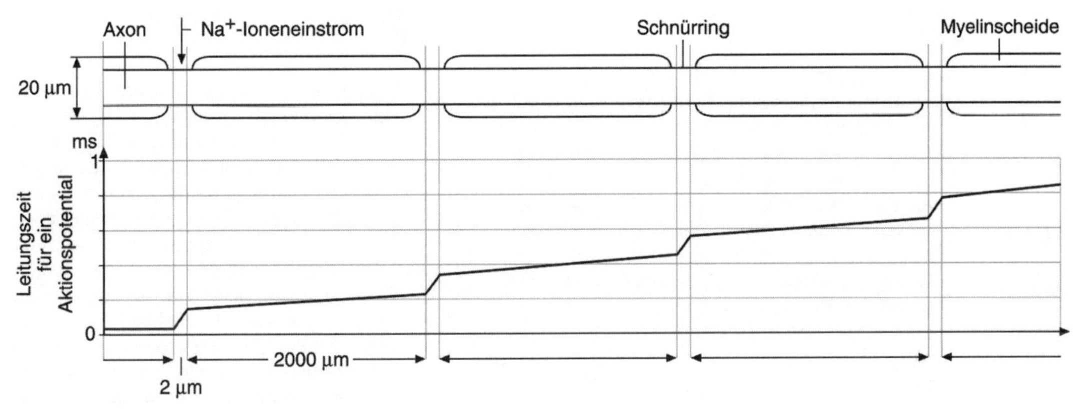

Abb. 1 Räumlich-zeitlicher Verlauf der Erregungsleitung

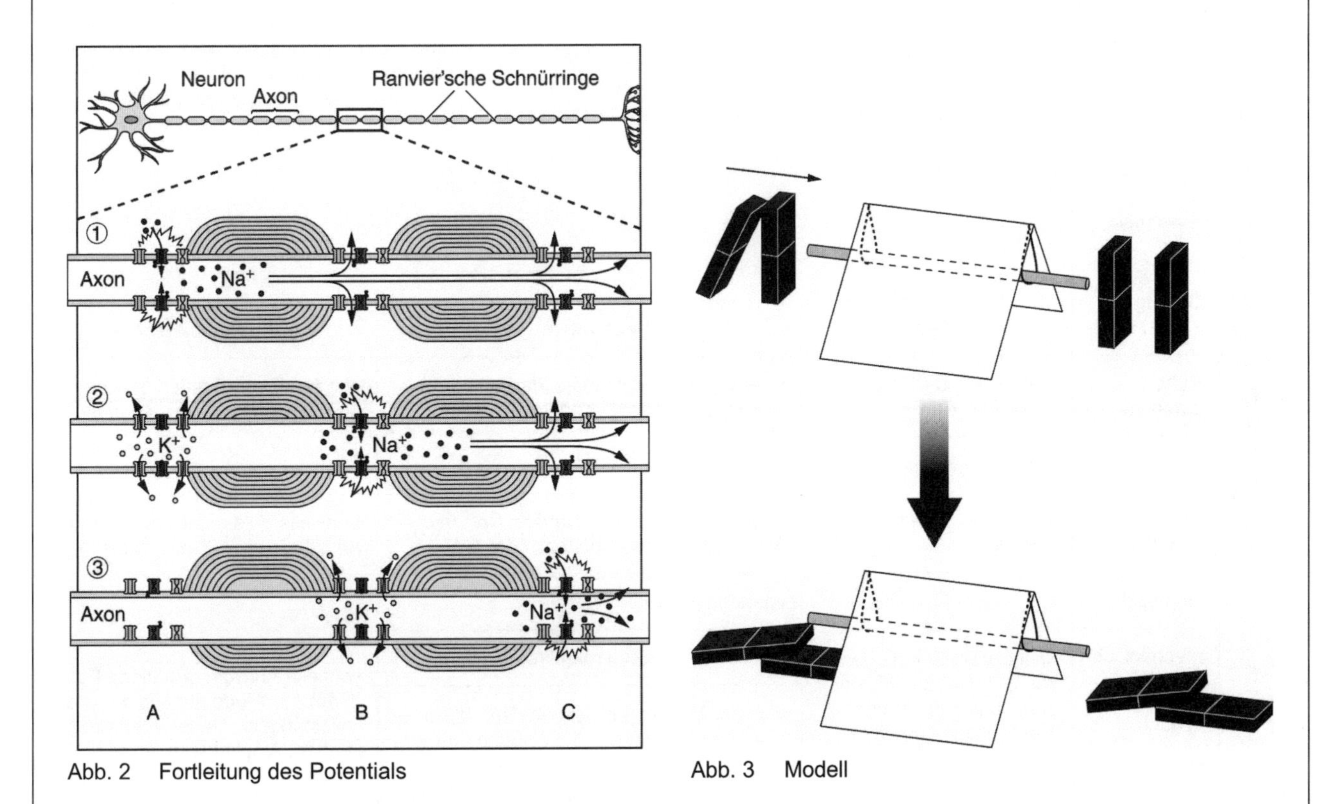

Abb. 2 Fortleitung des Potentials

Abb. 3 Modell

Aufgaben

1. Beschreiben und deuten Sie den räumlich-zeitlichen Verlauf (Abb.1). Beachten Sie dabei den Aufbau einer markhaltigen Nervenfaser.
2. Erklären Sie, welche Veränderungen der Ionenkanäle nacheinander stattfinden und wie sich die Ionenkonzentrationen auf der Innen- und Außenseite der Axonmembran verändern (Abb. 2).
3. Beschreiben Sie, welche Vorgänge am Neuron durch das einfache Modell (Abb. 3) verdeutlicht werden und üben Sie Modellkritik.
4. Welche Faktoren erhöhen die Geschwindigkeit der saltatorischen Erregungsleitung im Vergleich mit der in marklosen Axonen?

Aktionspotential
Reiz
Rezeptor

2 Neuronale Schaltungen

Vom Reiz zum Aktionspotential
Synapsen

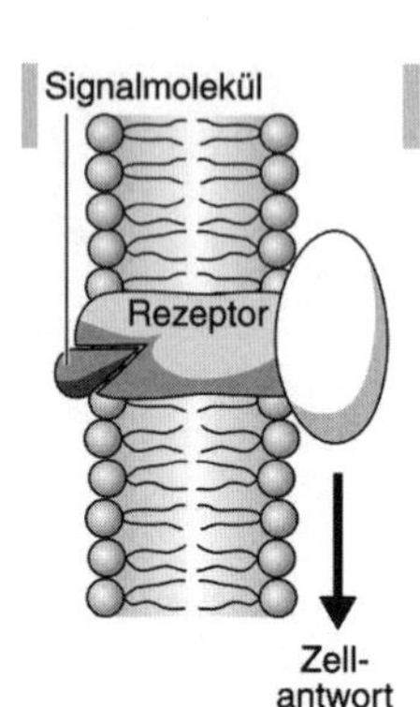

Second-Messenger-System

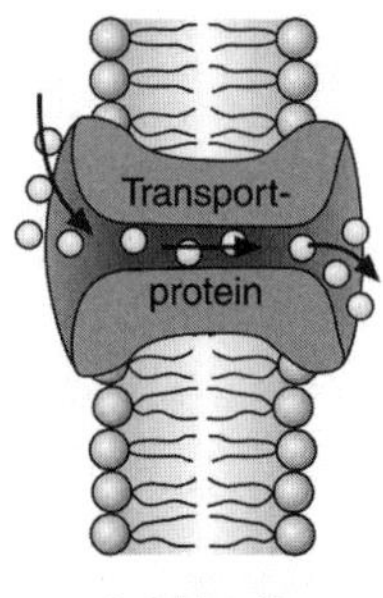

Leckkanäle

Schülerbuch Seite 189

① Erklären Sie den Unterschied zwischen den Natriumionenkanälen in der Axonmembran und am synaptischen Spalt.

– *Die Ionenkanäle in der Axonmembran sind spannungsgesteuert, reagieren also auf das elektrische Feld der Umgebung. In der postsynaptischen (auf den Dendriten und im Bereich des Zellkörpers) hingegen befinden sich Rezeptorproteine, zu denen die Transmittermoleküle wie ein Schlüssel zum Schloss passen. Dies führt zu einer kurzen Formveränderung des Rezeptorproteins und zum Öffnen der Ionenkanäle (ligandengesteuerte Kanäle).*

② Welche Bedeutung hat die hohe Geschwindigkeit, mit der in den synaptischen Spalt abgegebene Transmittermoleküle gespalten werden (50 Moleküle/ms).

– *Die Transmittermoleküle wirken direkt oder indirekt auf die Ionenkanäle im synaptischen Spalt. Würden sie nicht sehr schnell abgebaut werden, könnten sich die ankommenden Impulse immer weiter addieren und es gäbe keine Abklingphase in der Erregung.*

Arbeitsblatt Seite 165

1. An den Chemo- oder Mechanorezeptoren werden ebenso wie durch Acetylcholin an der motorischen Endplatte Kationenkanäle geöffnet, wodurch graduierte Potentiale entstehen. Duft- oder Geschmacksstoffe wirken wie Acetylcholin als Liganden. Die spannungsgesteuerten Kanäle auf dem Axon arbeiten nach dem Alles-oder-Nichts-Prinzip.
2. Capsaicin und hohe Temperaturen steuern die Kationenkanäle offensichtlich nicht auf identische Weise: Die Schmerzempfindung nach Hitzeeinwirkung entsteht nach einem Mechanismus, der der direkten Einwirkung mechanischer Verformung entspricht, während die Reaktion auf Capsaicin der Duft- oder Geschmackswahrnehmung gleicht.
Anmerkung: Dies wird durch Versuche gestützt, die die britischen Wissenschaftler zusätzlich durchführten: blockiert man den Kanal mit bestimmten Substanzen, antwortet er nicht mehr auf Capsaicin, wohl aber auf Hitze.

	Ort/Signal	Ionenkanäle		
		Typ	**Mechanismus**	**Signaleigenschaften**
NEURON	Ruhepotential	meist K^+- und Cl^--Kanäle; einige Na^+-Kanäle	überwiegend Leckkanäle, darunter spannungsgesteuerte K^+-Kanäle	gleichbleibend; variiert in verschiedenen Zellen zwischen –45 und –90 mV
	auch an Rezeptoren vorhanden			
	Aktionspotential	separate Na^+- und K^--Kanäle	spannungsgesteuerte Kanäle; Na^+- und K^+-Kanäle werden nacheinander aktiviert	Schwelle: Alles- oder Nichts-Prinzip; Amplitude um 100 mV; Dauer 1–10 ms
REZEPTOR	chemisch	unspezifischer Kationenkanal für Na^+ und K^+, der durch unterschiedliche Mechanismen geöffnet wird	ligandengesteuerte Kanäle	schnelle Antwort; graduierte Potentiale, deren Amplitude abhängig von der Reizstärke ist; Dauer: mehrere Millisekunden, Amplitude mehrere Millivolt
	mechanisch		auf Druck oder Zug reagierende Kanäle	
	optisch		Second-Messenger-System (Rhodopsin → cGMP → Na^+-Kanäle der Außenmembran)	
	thermisch		Hitze (oder Kälte) ändert die Proteinkonfiguration	
	elektrisch	Gap-Junctions (permeabel für viele Ionen und kleine organische Moleküle)	Kanäle können durch Potentialänderungen durch den pH-Wert oder durch Ca^{2+} reguliert werden.	schnell, aufgrund der passiven Stromausbreitung von der prä- zur postsynaptischen Zelle
SYNAPSE	erhöhte Leitfähigkeit	EPSP hängt von einem unspezifischen Kationenkanal für Na^+ und K^+ ab; IPSP hängt von separaten Cl^-- oder K^+-Kanälen ab.	Kanäle werden durch Bindung eines Neurotransmitters gesteuert.	graduiert; schnell; Dauer mehrere Millisekunden bis Sekunden, Amplitude mehrere Millivolt
	verminderte Leitfähigkeit	Schließen der K^+- oder Cl^--Kanäle	Kanäle werden indirekt von einem G-Protein oder einem Second-Messenger gesteuert.	graduiert; langsam; Dauer Sekunden bis Minuten; Amplitude ein bis mehrere mV, trägt zur Amplitude und Dauer des Aktionspotentials bei

Verschiedene Typen von Ionenkanäle (nach KANDEL, 1996)

Signalumwandlung

Scharf gewürzte Speisen werden häufig als „brennend heiß“ empfunden und treiben uns den Schweiß auf die Stirn. Wie ist es möglich, dass „scharf“ und „heiß“ so ähnliche Empfindungen hervorrufen? Wissenschaftler wurden auf besondere Ionenkanäle aufmerksam.

Chemisch gesteuerte Ionenkanäle

Viele Duft- oder Geschmacksstoffe arbeiten an den Sinneszellen ähnlich dem bekannten Acetylcholin. Dieser Transmitter des Nervensystems bewirkt an den motorischen Endplatten ein Öffnen der Kationenkanäle, sodass durch die polarisierte Membran ein großer Na^+-Einstrom und ein geringer K^+-Ausstrom stattfindet. Der Rezeptorkanal-Komplex für Acetylcholin besteht aus fünf homologen Transmembranproteinen, die zwei Acetylcholin-Bindungsstellen besitzen.

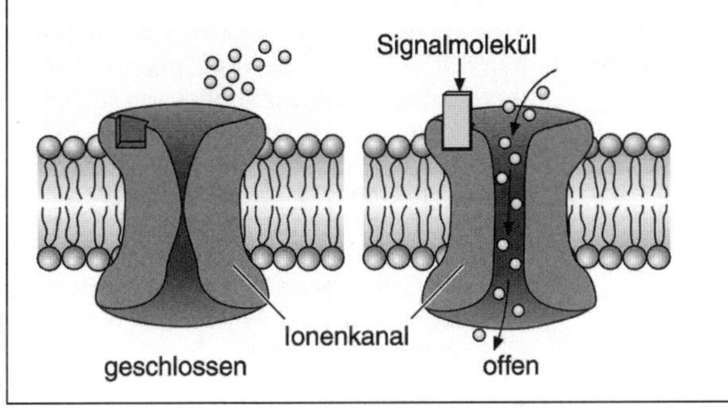

Spannungsabhängige Ionenkanäle

Sie sind in der Regel an der Axonmembran und werden durch eine Depolarisation nahe gelegener Membranbereiche geöffnet. Sie schließen sich automatisch nach 1 bis 2 ms auch dann, wenn die Depolarisation noch andauert.

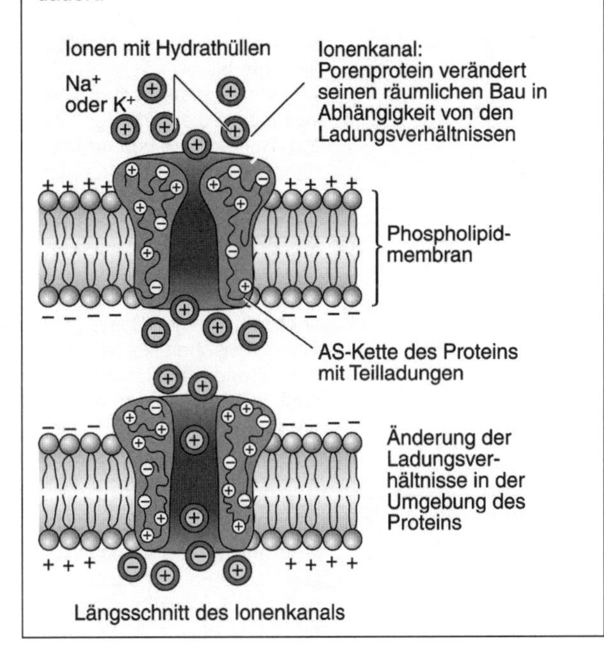

Mechanische gesteuerte Ionenkanäle

Auf der Oberfläche spezifischer Sinneszellen existieren Ionenkanäle, die z. B. durch Zug oder Druck geöffnet werden.

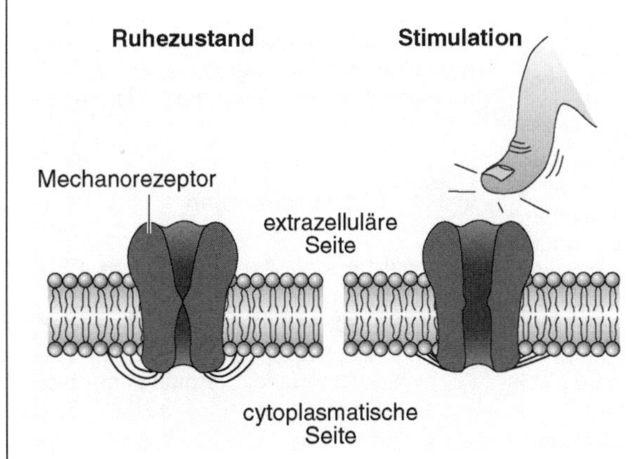

„Brennendes“ Capsaicin

Der Schmerz, den wir bei großer Hitze und nach dem Genuss von Cayennepfeffer wahrnehmen, beruht vermutlich auf ähnlichen molekularen Mechanismen. Hohe Temperaturen scheinen in sensorischen Nervenzellen die Membranporen für positiv geladene Ionen zu öffnen. Das fanden britische Wissenschaftler bei der Untersuchung der Inhaltsstoffe des aus scharfem Paprika hergestellten Pfeffers. Das Capsaicin wirkt allerdings am Ionenkanal als Botenstoff nach dem Schlüssel-Schloss-Prinzip, während extreme Hitze vermutlich die Membranporen von einem geordneten in einen eher ungeordneten Zustand übergehen lässt. Dadurch könnten sie sich einen Spalt weit öffnen und so direkt durchlässig werden.

Die Untersuchungsergebnisse der Londoner Forscher deuten damit an, dass dies ein weiterer Mechanismus neben den chemisch gesteuerten, den spannungsabhängigen und den mechanisch gesteuerten Ionenkanälen sein könnte.

Aufgaben

1. Beschreiben und vergleichen Sie die dargelegten Mechanismen zum Öffnen von Ionenkanälen.
2. Erläutern Sie die Untersuchungsergebnisse der britischen Wissenschaftler zum „brennenden“ Capsaicin.

Synapsengifte
Material: Synapsengifte als Arzneimittel

Schülerbuch Seite 191

① Bei Myasthenia gravis ist die Erregungsübertragung zwischen Nerv und Muskel gestört. Das Immunsystem bildet Antikörper, die sich gegen die Acetycholinrezeptoren richten und diese blockieren oder zerstören. Der freigesetzte Transmitter Acetylcholin kann daher nur an wenige Rezeptoren binden und nur wenige Natriumionenkanäle werden geöffnet. Die Depolarisation ist zu gering, um ein Aktionspotential auszulösen; eine Kontraktion der Muskelfaser unterbleibt.
② Acetylcholinesterasehemmer, z. B. Neostigmin, verlängern die Wirkungsdauer des freigesetzten Transmitters und ermöglichen so eine ausreichende Depolarisation. Denkbar ist auch der Einsatz von Anti-Antikörpern, die sich gegen die schädigenden Antikörper richten.
③ Mögliche Adressen: www.dmg-online.de, www.myasthenia-gravis.de, www.dgn.org.
④ Durch schonendes Abschnüren wird die Blutversorgung eines Beins unterbunden, ohne die motorischen Nerven zu schädigen. Anschließend wird Curare in den Bauchlymphsack injiziert. Werden mithilfe von Elektroden die motorischen Nerven, die die Beinmuskulatur versorgen, auf beiden Körperseiten gereizt, so kontrahiert nur die Muskulatur des Beins, das von der Blutversorgung abgeschnitten ist. Wird dagegen die Muskulatur direkt gereizt, kontrahieren die Muskeln beider Beine.
⑤ Die Versuche von BERNARD zeigen, dass Curare die Erregungsübertragung zwischen Nerv und Muskelfaser an den motorischen Endplatten blockiert.
⑥ Die Wirkung des Hemmstoffs muss genau bekannt und vor allem reversibel sein.
⑦ Alkylphosphate hemmen das Enzym Acetylcholinesterase irreversibel.
⑧ Eine Hemmung der Acetylcholinesterase erhöht die Wirkungsdauer des freigesetzten Transmitters und hebt die Wirkung von Curare bzw. Tubocurarin auf. Daraus lässt sich folgern, dass Curare die Acetylcholinrezeptoren der postsynaptischen Membran reversibel besetzt, ohne die Natriumionenkanäle zu öffnen. Wird der enzymatische Abbau des Transmitters gehemmt, können dennoch genügend Kanäle geöffnet werden, um eine ausreichende Depolarisation für eine Kontraktion auszulösen.
⑨ Wird Atropin in den Bindehautsack des Auges getropft, erreicht es durch Diffusion die Iris und den Ziliarmuskel des Auges. Hier blockiert es die Signalübertragung an den parasympathischen Synapsen. Der Ziliarmuskel erschlafft und die Pupille weitet sich, was eine Untersuchung des Augenhintergrunds erleichtert.
⑩ Früher wurde Atropin aus kosmetischen Gründen zur Pupillenerweiterung eingesetzt, das erklärt die wissenschaftliche Bezeichnung *Atropa belladonna* (*bella donna*, ital. = schöne Frau).
⑪ Alkylphospate hemmen die Acetylcholinesterase. Da die Transmittermoleküle nicht abgebaut werden, bleiben die Natriumionenkanäle der postsynaptischen Membran geöffnet und es kommt zur Dauerdepolarisation. Atropin hat eine lindernde Wirkung, da es die Natriumkanäle besetzt und so den Natriumioneneinstrom verringert.

Arbeitsblatt Seite 167

a = Strychnin, b = Tetanustoxin; c = Hexachlorophen, d = Schwann'sche Zelle und Myelinscheide, e = Ranvier'scher Schnürring, f = Diphtherietoxin, g = Tetrodotoxin und Conotoxine, h = Axon, i = Latrotoxin, k = Botulinustoxin, l = Bungarotoxin, m = Sarin, n = Nervenendigung, o = Vesikel, p = synaptischer Spalt

Verschiedene Klassen der Neurotoxine

Bakterientoxine: Botulinustoxin (Botulismus, Nahrungsmittelvergiftungen), Tetanustoxin (Wundstarrkrampf), Choleratoxin (Cholera), Clostridienneurotoxine sowie Diphtherietoxin (Diphtherie).

Tiergifte: meist Peptide bzw. Enzyme; Gift der Kegelschnecken der Gattung Conus, das Saxitoxin von Muscheln und das Tetrodotoxin des Kugelfischs, Latrotoxin der Schwarzen Witwe, Bungarotoxin der Giftnatter), Cobratoxin der Brillenschlange, Batrachotoxin der Phyllobates-Arten (Farbfrösche) und Skorpiongifte.

Pflanzengifte und Pilzgifte: Die Pflanzeninhaltsstoffe sind meist Alkaloide wie z. B. Aconitin aus dem Eisenhut, Atropin z. B. aus der Tollkirsche, Coniin des Schierlings, Curare als Pfeilgift aus den Brechnussgewächsen, Morphin aus Opium und Mohnstroh gewonnen, Nikotin der Tabakpflanze, Strychnin aus Strychnos-Arten usw. oder Glykoside wie z. B. Amygdalin aus bitteren Mandeln.

Schwermetalle: meist erst in höheren Konzentrationen wirksam wie z. B. Quecksilber-, Blei- und Thalliumvergiftungen durch irreversible Blockade von Enzymen.

Chemische Kampfstoffe: C-Waffen werden zu kriegerischen Zwecken eingesetzt und sind zumeist organische Phosphorverbindungen, wie z. B. Tabun, Sarin, Soman, VX und Diisopropyl-Fluorphosphat, die ihre neurotoxische Wirkung über eine Hemmung der Acetylcholin-Esterase entfalten.

Literaturhinweise

ALTMANN, H.: Giftpflanzen, Gifttiere. BLV, München 2004
MEBS, D.: Gifttiere. Wiss. Verl. Ges, Stuttgart 2000
PUTZIER, I., FRINGS, ST.: Vom Jagdgift zur neuen Schmerztherapie: Tiergifte in der biomedizinischen Forschung. BiuZ, 32, Heft 3, 2002, S. 148 – 158
ROTH, L., DAUNDERER, M., KORMANN, K.: Giftpflanzen – Pflanzengifte. Ecomed, Landsberg 1994

Medienhinweise

FWU 4210447 Skorpione
www.meb.uni-bonn.de/giftzentrale/
www.gifte.de

Neurotoxine

Als *Neurotoxine* werden allgemein Substanzen bezeichnet, die in erster Linie schädigend auf das Nervensystem wirken. Zu ihnen gehören z. B. Bakterientoxine, Tier- und Pflanzengifte, Schwermetalle und chemische Kampfstoffe. Angriffspunkte liegen im Allgemeinen an der Nervenzelle, es können aber auch die Gliazellen der Myelinscheide oder andere Gliazellen betroffen sein. Die meisten bekannten Nervengifte greifen jedoch bestimmte Strukturen der Nervenzelle bzw. der Synapse an.

Die Wirkung der Neurotoxine beruht dabei zumeist auf einer Blockierung oder übermäßigen Stimulierung der Erregungsleitung im Nervensystem. Das breite Spektrum der daraus resultierenden Erkrankungen und Vergiftungssymptome wird zusätzlich vom Alter, dem Gesundheitszustand und genetischen Faktoren beeinflusst. Auch die Konzentration und Verweildauer einer Substanz ist vom entsprechenden Gewebe abhängig und beeinflusst die Giftwirkung.

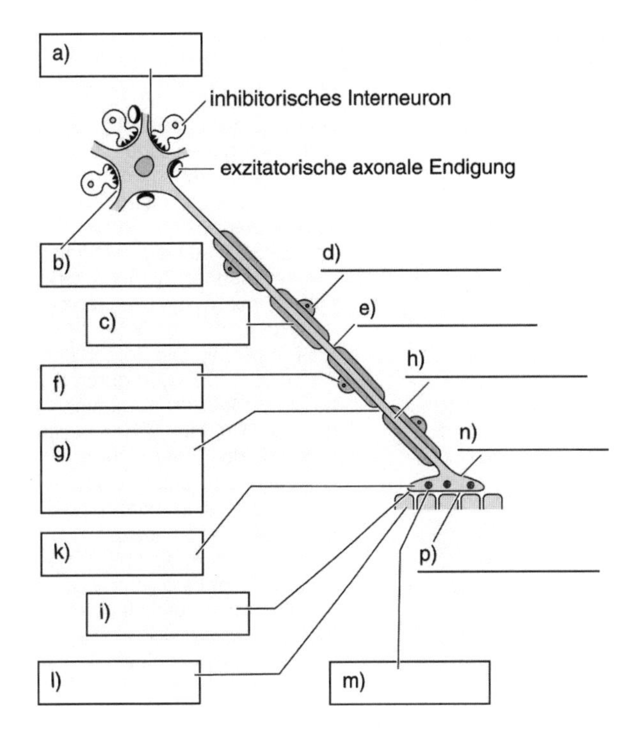

Strychnin: Pflanzengift, das als Fraßschutz produziert wird; blockiert Rezeptoren des hemmenden Transmitters Glycin im Rückenmark und unterbricht damit inhibitorische Neurotransmission; Folge: Übererregung, Starrkrämpfe

Diphtherietoxin: Bakteriengift zum Verdrängen von Nahrungskonkurrenten; bindet an die Gliazellen und hemmt dort die Proteinbiosynthese

Hexachlorophen: synthetisches Produkt; Bestandteil von Desinfektionsmitteln; da es Myelinscheiden zersetzt, führt unsachgemäße Anwendung zu unkoordinierten, zum Teil spastischen Bewegungen.

Tetanustoxin: Bakteriengift zum Verdrängen von Nahrungskonkurrenten; hemmt die Freisetzung der inhibitorischen Transmitter Glycin und GABA (Gamma-Aminobuttersäure); hemmt auch die Freisetzung von Acetylcholin durch Hydrolyse von Vesikelproteinen; Folge: Wundstarrkrampf.

Tetrodotoxin: Fischgift, das zum Schutz vor Fressfeinden produziert wird; blockiert die spannungsgesteuerten Natriumkanäle auf dem Axon. Ähnliche Wirkung: *Saxitoxin* (von Algen hergestelltes Gift in Muscheln).

Sarin: synthetisches Produkt; hemmt die Acetylcholinesterase. Folge: Krämpfe.

Bungarotoxin: Schlangengift, das zum Beuteerwerb produziert wird; bindet an den Acetylcholinrezeptor (Muskeln) und verhindert das Öffnen des Acetylcholin-Rezeptor-Kanals. Ähnliche Wirkung: *Curare*

Botulinustoxin: Bakteriengift zum Verdrängen von Nahrungskonkurrenten; blockiert die Freisetzung von Acetylcholin durch Hydrolyse von Proteinen der präsynaptischen Membran und führt zur Erschlaffung der quergestreiften Muskulatur. Folge: Tod durch Atemlähmung.

Latrotoxin: Gift der schwarzen Witwe, das sie zum Beuteerwerb produziert; verursacht eine massive Transmitterfreisetzung aus der Synapse; Folge: Muskelkrämpfe, unter Umständen Tod durch Atemlähmung.

Conotoxine: Gifte der Kegelschnecken, die diese zum Beuteerwerb produzieren; blockieren spannungsgesteuerte Ionenkanäle auf der Axonmembran (spezifische Varianten für Na^+, K^+ und Ca^{2+}). Folge: Muskellähmung und Herzversagen.

Aufgabe

Benennen Sie die markierten Teile des Neurons und ordnen Sie die genannten Gifte entsprechend ihrem Angriffspunkt zu.

Codierung
Erregungsleitung
Nervensystem
Second messenger
Synapse
Transmitter

Nervenschaltungen – Verrechnungsprozesse an Synapsen

Arbeitsblatt Seite 169

1. An M1 ist (a) bereits zugeordnet und zeigt, dass eine hohe Frequenz ankommender Aktionspotentiale auf dem erregenden Axon A sein soll. Demzufolge ist an M3 die Abbildung (g) zuzuordnen, da die Amplitude der entstehenden EPSP's ständig ansteigt. Da B als Axon mit hemmender Synapse vorausgesetzt ist, gibt M2 mit (d) die Frequenz der ankommenden Potentiale und M4 mit (c) die Summe der IPSP's wieder. Die Folgen der Verrechnung am Axonhügel (M7) wird durch (b) stark vereinfacht symbolisiert. Die beiden Axonaufzweigungen (M5, M6) zeigen gleiche Bilder (e, f) als Ergebnis der Verrechnung.
2. Die Generatorregion (Dendriten, Zellkörper, Axonhügel) ist in Anlehnung an die Generatorpotentiale der Sinneszellen zu sehen als der Bereich, in dem die ankommenden postsynaptischen Potentiale verrechnet und zu fortgeleiteten Aktionspotentialen umcodiert werden. Der Leitungsbereich entspricht dem Axon und die Synapse dem Übertragungsbereich.
3. Die frequenzcodierte Weiterleitung über relativ große Strecken auf dem Axon ist wenig störanfällig und kann sich durch das Alles-oder-Nichts-Gesetz immer wieder selbst aufbauen, während die amplitudenmodulierte Weiterleitung auf dem Zellkörper nur kurze Distanzen überwinden muss und sich zur Verrechnung eignet. Die Umsetzung der elektrischen Information in chemische „Informationspakete" an der Synapse erlaubt eine spezifische Weitergabe und Modifikation, da die Empfängerzellen mit speziellen Rezeptoren ausgerüstet sein müssen, um eingehende Transmitter zu erkennen und in Abhängigkeit von ihrer Quantität zu beantworten.
4. Die Renshaw-Zelle setzt mit inhibitorischen Synapsen auf dem Ausgangsneuron an und wird durch eine Axonkollaterale des Motoneurons erregt. Durch sie wird eine „rückläufige Hemmung" möglich: Bei starker Aktivität der Motoneurone werden sie dadurch stark gehemmt und bei schwacher Aktivität wird auch die Hemmung reduziert, was wiederum die Erregbarkeit der Motoneurone erhöht. Die negative Rückkopplung verhindert eine Überlastung und reguliert die Aktivität des Motoneurons.

Second-Messenger: Übertragung (G-Protein gekoppelter Rezeptor)

Bei der Signalweitergabe von Zelle zu Zelle spielen die Rezeptoren eine besondere Rolle, da sie den Transmitter erkennen und die Ionenkanäle aktivieren müssen. Hierin sind zwei verschiedene Typen zu unterscheiden: die direkt steuernden Rezeptoren, die gleichzeitig Rezeptor und Ionenkanal sind und die indirekt steuernden Rezeptoren, die einen „zweiten Boten" benötigen, um den zugehörigen Ionenkanal anzusprechen.

Nach dem bekannten Schema des „primären Boten" und der direkten Steuerung arbeiten z. B. Acetylcholin und GABA. Sie binden an eine spezielle Region auf der Außenseite ihres Rezeptorproteins, wodurch dieses seine Konformität ändert und den Ionenkanal zur Entstehung eines EPSP's oder IPSP's öffnet bzw. schließt. Das Ergebnis ist dabei nicht nur vom Transmitter abhängig, sondern auch von den Eigenschaften des Rezeptors: Eine Depolarisation kann z. B. durch einen Na^+-Einstrom infolge der Öffnung des Natriumkanals oder durch einen verminderten K^+-Ausstrom nach Schließen des Kaliumkanals entstehen.

Der „sekundäre Bote" der indirekt steuernden Rezeptoren ist wie in verschiedenen anderen Stoffwechselprozessen c-AMP. Es aktiviert Proteinkinasen, die zur Phosphorylierung des Ionenkanals führen, wodurch sich dessen Konformität ändert und die Ionen ein- oder ausströmen können. Zwischen dem Andocken des Transmitters an den Rezeptor und der Bildung von c-AMP liegt eine Kaskade biochemischer Reaktionen: Das G-Protein, das Guanin als wichtigsten Bestandteile enthält, kann dann an den Rezeptor andocken, ändert dadurch seine Konformität und vermittelt damit die Umwandlung von GDP zu GTP. Die α-Untereinheit des G-Proteins kann daraufhin die Adenylatcyclase aktivieren, die ATP zu c-AMP umwandelt.

Das „Second-Messenger-System" scheint in Lern- und Gedächtnisvorgängen eine herausragende Rolle zu spielen: CREB-Proteine (= c-AMP responsive element binding proteins) initiieren auch Transkriptionsvorgänge, die zu Genprodukten führen, die zur Verstärkung von Synapsen, Langzeitpotenzierung und damit zu erhöhter Lernleistung beitragen.

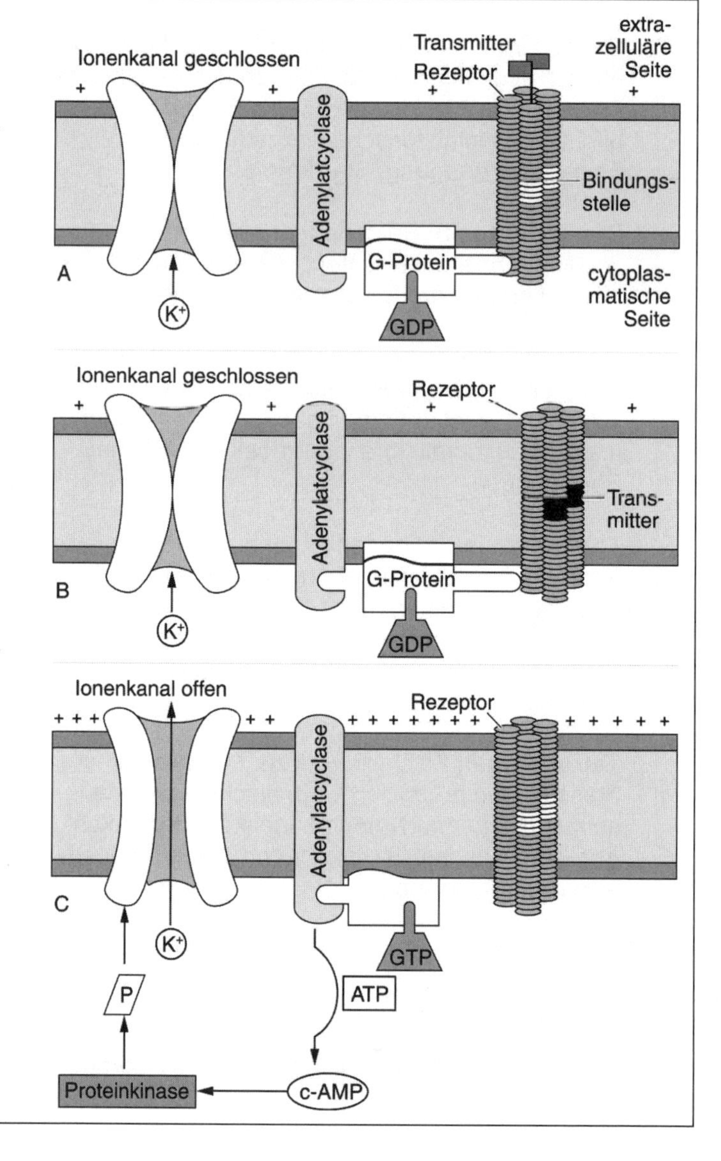

Neuronale Informationsverarbeitung

Erregende und hemmende Synapsen findet man zu tausenden an jedem einzelnen Neuron nebeneinander. Ihre Transmitter unterscheiden sich, sodass an der Membran des nachgeschalteten Axons entweder eine *Depolarisation* (erregende Synapsen) oder *Hyperpolarisation* (hemmende Synapsen) entsteht. Am Axonhügel können die eingehenden Signale somit verrechnet werden.

In der folgenden Abbildung ist A ein Axon, das eine erregende, B ein Axon, das eine hemmende Synapse am Neuron C ausbildet. An den Messpunkten M1 bis M7 werden die Potentiale gemessen. Das Ergebnis (a) ist dem Punkt M1 bereits zugeordnet. Die Ergebnisse der anderen Messpunkte sind unter (b) bis (g) in wahlloser Reihenfolge dargestellt.

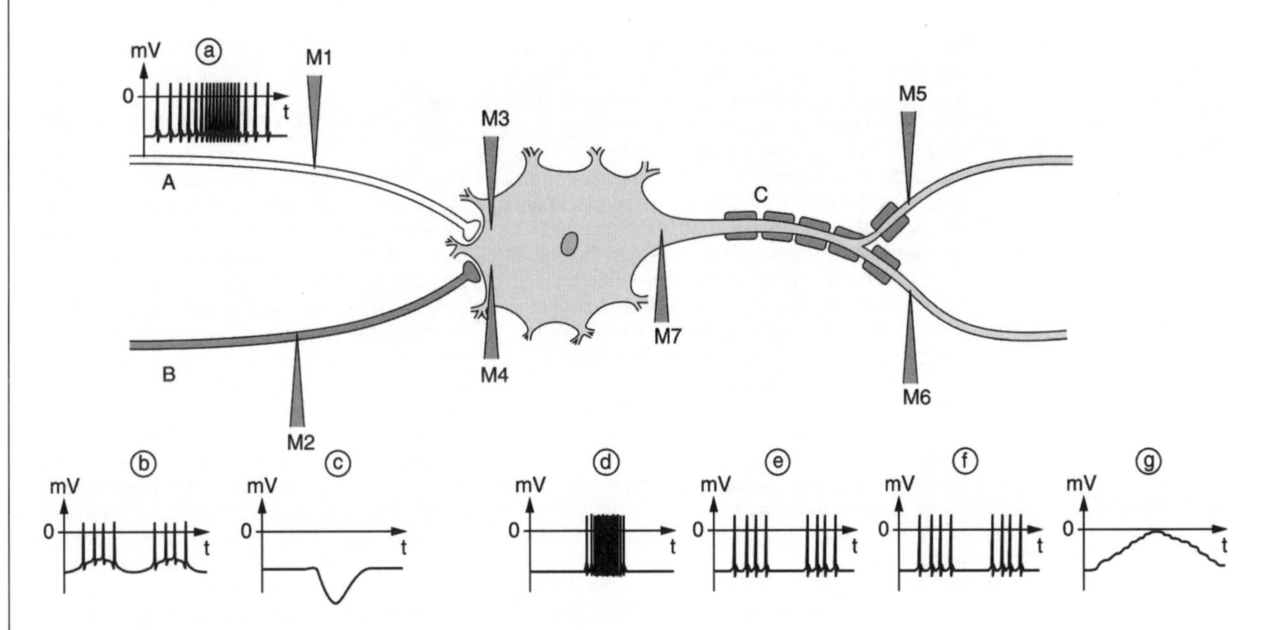

Abb.1 Grundprinzipien der neuronalen Verschaltungen

Aufgaben

1. Ordnen Sie die Messergebnisse den entsprechenden Messpunkten zu und begründen Sie ihre Zuordnung.
2. An einem Neuron lassen sich funktionelle Bereiche unterscheiden, die man als Generator-, Leitungs- und Übertragungsbereich bezeichnet. Welche Bestandteile des Neurons übernehmen jeweils diese Funktionen?
3. Die Informationsweiterleitung ist mit einem mehrfachen Codewechsel verbunden. Man unterscheidet zwischen einem Frequenz-Code und einem Amplituden-Code. Zusätzlich gibt es eine Umcodierung, wenn die Transmitter in Abhängigkeit von der Frequenz der Aktionspotentiale ausgeschüttet werden. Begründen Sie, warum eine mehrfache Umcodierung sinnvoll ist.
4. Erläutern Sie die Funktionsweise der in Abbildung 2 gezeigten Schaltung.

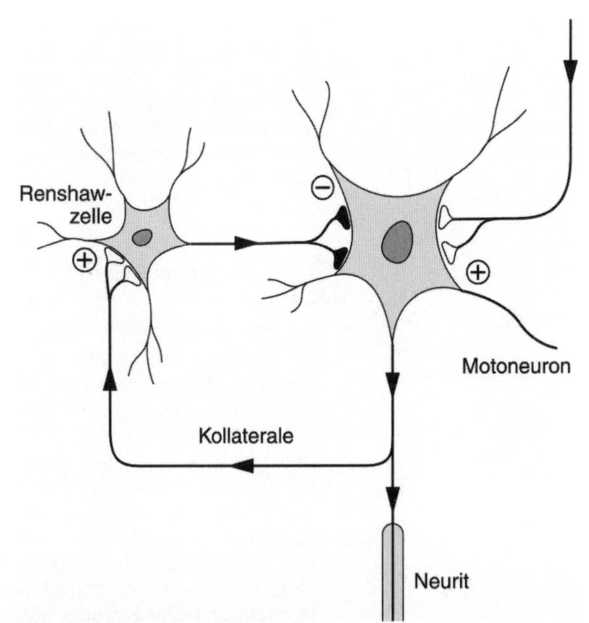

Abb. 2 Renshaw-Hemmung

Gegenspielerprinzip
Gehirn
Nervensystem
Reflex

Reflexe

Schülerbuch Seite 195

① Lösen Sie den Kniesehnenreflex aus. Achten Sie auf die Reihenfolge von Reaktion und bewusster Wahrnehmung.
– *Hinweis: Ursachen für das Nichtgelingen des Versuchs können das Nichttreffen der Grube unter der Kniescheibe sein oder die Tatsache, dass die Beinmuskeln nicht entspannt sind. Bei richtiger Durchführung kann die Versuchsperson wahrnehmen, dass das Hochschnellen des Unterschenkels erst wahrgenommen wird, nachdem die Reaktion erfolgt ist.*

② Neugeborene zeigen einen Greifreflex, der sich durch Berühren der Handinnenfläche auslösen lässt. Klassifizieren Sie den Reflex und geben Sie seine biologische Bedeutung an.
– *Wird die Hand als ein Körperteil aufgefasst, so muss der Greifreflex als ein Eigenreflex gelten, allerdings werden zum Greifen wesentlich die Fingermuskeln angespannt, die nicht Ort der Reizung sind (Fremdreflex). In jedem Fall muss es sich um einen polysynaptischen Reflex handeln, da die Muskeln aller Finger beteiligt sind, und zwar jeweils Agonist und Antagonist.*

③ Der Herzschlag wird beim Menschen durch ständige, periodische Signale eines Muskelknotens (Sinusknoten) ausgelöst. Vergleichen Sie diesen Vorgang mit dem Ablauf eines Reflexes.
– *Die rhythmische Kontraktion beruht auch auf einer einfachen Nervenschaltung, wird aber nicht durch singulär auftretende Außenreize ausgelöst.*

④ Beschreiben Sie anhand der Abbildung 2 die Fortleitung der Erregung beim Reflexbogen.
– *Ausgelöst durch die Dehnung der Muskelspindel entsteht ein Rezeptorpotential im sensorischen Neuron, das in eine fortgeleitete Erregung übersetzt und in dieser Form über das Axon als Afferenz zum ZNS hingeleitet wird. An seiner Synapse zum motorischen Neuron entsteht nach der Transmitterausschüttung ein graduiertes Potential (EPSP), das über den Zellkörper bis zum Axonhügel gelangt und dort in eine fortgeleitete Erregung umgesetzt wird (Efferenz, vom ZNS zum Muskel hin). An den motorischen Endplatten sind nach der Transmitterausschüttung lokale, graduierte Potentiale messbar, deren Summe zur Muskelkontraktion führt.*

Arbeitsblatt Seite 171

1. Strecker und Beuger sind Antagonisten. Daher ist es wichtig, dass parallel zur Erregung des Streckers die Hemmung des Beugers verläuft. Die Reflexschaltung im Rückenmark ermöglicht ein koordiniertes Laufen, da bei dem zweiten Bein diese Verschaltung reziprok verläuft.
2. Der Druckreiz am Fuß löst eine Kontraktion des Beugers am entsprechenden Bein aus. Die Interneurone E und D sind fördernd, das Bein wird weiterhin gebeugt. Das Interneuron F muss hemmend sein, da auf dem Weg über Interneuron B der Strecker des gleichen Beins gehemmt werden muss. Außerdem gehen Kollaterale des Interneurons F zur Gegenseite: Auf dem Weg über Neuron C wird mit der Hemmung des Beugers erreicht, dass ein „Standbein" existiert. Dazu wird hier der Strecker durch eine „Hemmung der Hemmung" auf dem Weg über Neuron A erregt.
3. Impulse von der Muskelspindel und vom Gleichgewichtsorgan werden im Kleinhirn koordiniert. Von dort ziehen Impulse zur Großhirnrinde, wo die Positionsänderungen bewusst werden und zu den Nervenzellen des Rückenmarks, welche die Spannung (Tonus) in den Muskeln kontrollieren. In Abbildung 1 müssten demzufolge alle Verbindungen mit dem Groß- und Kleinhirn und dem Gleichgewichtsorgan ergänzt werden.

Lidschlussreflex und Schreckreaktion

Zahlreiche bildgebende Verfahren ermöglichen in jüngster Zeit den „Blick ins Gehirn" (s. Lexikon „Methoden der Hirnforschung" im Schülerband Seite 252/253). Trotzdem wird für bestimmte Untersuchungen immer noch über das Elektromyogramm (EMG) des Augenschließmuskels die Schreckreaktion gemessen. Der Reflex läuft einerseits im Rahmen der normalen Schutzfunktion ab, d. h. beim Herannahen einer Fliege oder eines Gegenstandes bewahrt der Lidschlussreflex das Auge vor Verletzungen. Der Reflex läuft aber auch als Zeichen einer Schreckreaktion ab, wenn wir uns z. B. durch einen lauten Knall bedroht fühlen. Ist der Schreck groß genug, verschließen wir nicht nur die Augen; innerhalb von Sekundenbruchteilen werden auch Beugemuskeln aktiviert, sodass wir Kopf und Gliedmaßen einziehen, um weniger Angriffsfläche für Verletzungen zu bieten.

Neuere Forschungen zeigen nun, dass diese Schreckreaktion durch Gefühle beeinflusst wird. Sehen die Versuchspersonen vor dem lauten Knall Bilder mit positivem emotionalem Gehalt oder auch erotische Darstellungen, wird der Schutzreflex verzögert oder abgeschwächt. Umgekehrt erzeugen negative Emotionen schnelleres und heftigeres Blinzeln. Evolutionsbiologen erklären dies so, dass in einer sicheren Umgebung die Schutzreflexe zugunsten anderer Fähigkeiten in den Hintergrund treten können. Sicher kennt jeder das Phänomen, dass wir beim kleinsten Geräusch nachts allein in einer dunklen Gasse schneller zusammenzucken als sonst.

Auch psychische Veränderungen – untersucht wurden Depressionen, Phobien, Schizophrenie, emotional gestörte Gewalttäter – beeinflussen den Lidschlussreflex und die Schreckreaktion. Auch gleichzeitig ablaufende kognitive Verarbeitungsprozesse hemmen sie. Reflexe können demzufolge in weit größerem Maß beeinflusst werden als bisher bekannt war.

Medienhinweise

FWU 4231518 Der Körper des Menschen II: Reflexe und bewusste Bewegungen

Gekreuzter Beuger-Strecker-Reflex

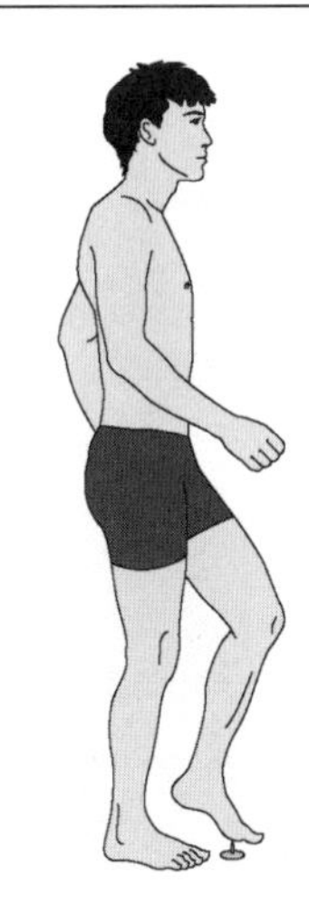

Hemmende und erregende Verschaltungen von Neuronen sind im Zusammenhang mit Bewegungen wichtig, da hierdurch Muskeln und ihre jeweiligen Antagonisten (Gegenspieler) sinnvoll gesteuert werden können. Zusätzlich zum „automatischen“ Ablauf bei den normalen Gehbewegungen ist das z. B. für Beuger und Strecker der Beine bei Schutzreflexen notwendig.

Wie beim recht einfach aufgebauten Kniesehnenreflex erfolgt die Reaktion beim gekreuzten Beuger-Strecker-Reflex sehr viel schneller, als eine bewusste Reaktion auf den Reiz ausgeführt werden könnte.

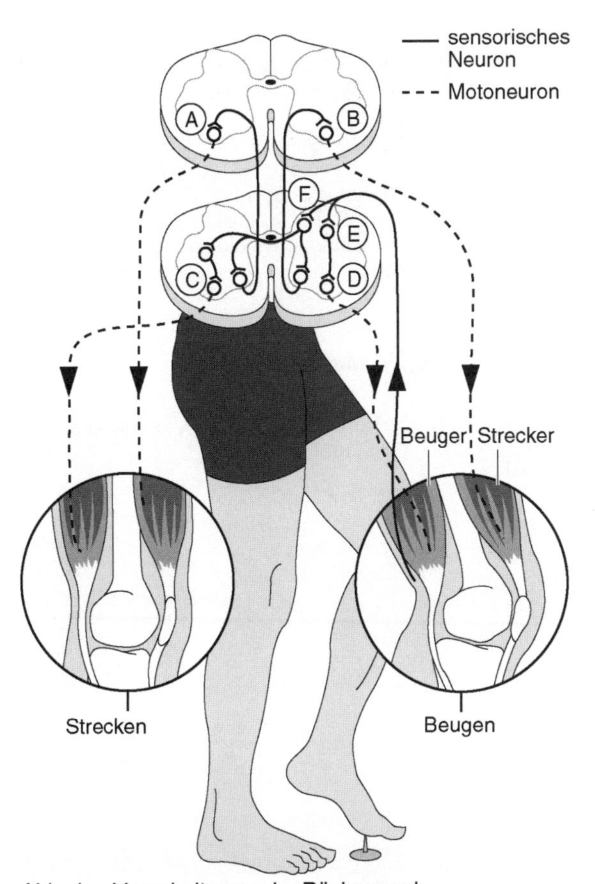

Abb. 1 Verschaltungen im Rückenmark

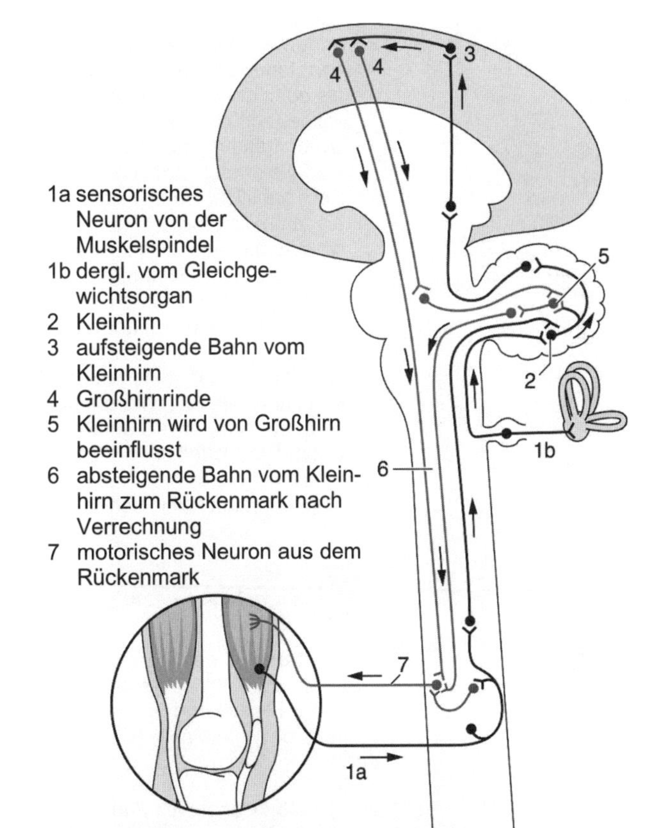

Abb. 2 Verschaltungen zu Gehirnzentren

Aufgaben

1. Erläutern Sie die Bedeutung von hemmenden und erregenden Neuronen, indem Sie die Gehbewegung der Beine mit der Verschaltung in eine sinnvolle Verbindung bringen.
2. Beuger und Strecker der Beine zeigen eine koordinierte Reaktion, wenn man z. B. mit dem linken Fuß in einen spitzen Gegenstand tritt. Zeichnen Sie in Abbildung 1 ein, an welchen Stellen hemmende Interneurone (schwarz ausfüllen) wirken müssen und welcher Muskel zur Kontraktion veranlasst wird (mit + markieren) bzw. gehemmt werden muss (mit – markieren). Beschreiben Sie den Ablauf kurz und gehen Sie dabei insbesondere auf die Stellen A – F ein.
3. Teile des Gehirns und das Rückenmark arbeiten insbesondere bei der Ausführung von Reflexen derart zusammen, dass sehr schnelle Reaktionen möglich werden. Abbildung 2 zeigt einen Teil der komplexen Nervenverbindungen, welche die fast unbewusste Kontrolle der Körperhaltung durch den Muskeltonus (Spannungszustand) ausüben. Erläutern Sie die Darstellung und leiten Sie daraus ab, welche weiteren Neurone und Verschaltungen in Abbildung 1 ergänzt werden müssten.

Adaptation
Auge
Drogen
Ecstasy
Sinne
Sinneszelle
Stäbchen
Vitamin
Zapfen

Sinnesorgan Auge
Lexikon: Sinne des Menschen
Impulse: Psychoaktive Stoffe

Arbeitsblatt Seite 173

1. Bei Helladaptation sind nur die geringer empfindlichen Zapfen aktiv, die empfindlichen Stäbchen sind in diesem Zustand abgeschaltet. Bei der Dunkeladaptation sind die empfindlicheren und zahlenmäßig mehr vorhandenen Stäbchen aktiv. Während der Dunkeladaptation wird wenig Licht absorbiert, entsprechend liegt mehr Rhodopsin vor. Wird nach der Dunkel adaptation ein Lichtreiz gesetzt, stehen nun zahlenmäßig sehr viel mehr Rhodopsinmoleküle zu Lichtabsorption zur Verfügung.
2. In den ersten 5 Minuten während der Dunkeladaptation sehen sowohl der Normalsichtige als auch der Nachtblinde mit den Zapfen. Anschließend sieht der Normalsichtige allerdings zunehmend mit den empfindlicheren Stäbchen, was die erhöhte relative Empfindlichkeit erklärt.
3. Bei Tageslicht sieht sowohl der Normalsichtige als auch der Nachtblinde mit den Zapfen. Entsprechend findet sich im Tageslicht bei beiden eine gleiche Sehleistung.
4. Farbensehen wird durch weniger empfindliche Rezeptoren (Zapfen) erkauft. Um bei geringer Lichtintensität aktiv sein zu können, brauchen nachtaktive Tiere einen hohen Anteil an hoch empfindlichen Rezeptoren, nämlich den Stäbchen mit einer etwa 1 000fach höheren Sensibilität. Der Vorteil der höheren Sensibilität überwiegt bei diesen Tieren den Nachteil, nur eingeschränkt farbig sehen zu können.

Vitamin A – wichtig für das Sehen

Der Sehfarbstoff der Stäbchen, das Rhodopsin, wird aus Vitamin A aufgebaut, das entweder direkt z. B. über Fleisch und Eier oder indirekt über eine Vorstufe des Vitamins A (Carotin), das vor allem in Karotten vorkommt, aufgenommen wird.

Bei Nachtblinden ist die Funktion der Stäbchen herabgesetzt bis hin zum völligen Ausfall. Ursachen für die Nachtblindheit können vererbbare Erkrankungen der Netzhaut sein, Erkrankungen der lichtbrechenden Organe und des Sehnervs und Vitamin A-Mangel. Vitamin A-Mangel ist in den westlichen Industrienationen bei Menschen mit normaler Diät eher selten. Entsprechend ist eine zusätzliche regelmäßige Vitamin A-Zufuhr im Rahmen von Tabletten nicht sinnvoll. Im Gegenteil, da es sich bei Vitamin A um ein fettlösliches Vitamin handelt, wird der Überschuss gespeichert. Diese Phänomen war schon lange von Polarforschern und Jägern bekannt, die sich in größeren Maßstab von der Leber von Eisbären und Robben ernähren. Typische Folgen der Vitamin A-Überdosierung sind Kopfschmerzen aufgrund einer Hirndrucksteigerung, Hauterscheinungen wie Haarausfall und Kratzen der Haut. Häufig sind auch Gelenkschmerzen, bei Jugendlichen können sich die Wachstumsfugen vorzeitig schließen. Ungeborene können während der Schwangerschaft geschädigt werden.

Hinweise

Wissenschaftliche aber gut verständliche Darstellung der Lichtabsorption von Prof. STEPHAN FRINGS, Zoologisches Institut der Universität Heidelberg: http://www.sinnesphysiologie.de/hysinne/hysensin.htm

Literaturhinweise

DEETJEN, SPECKMANN,HESCHELER (Hrsg.): Neuro- und Sinnesphysiologie. Springer Verlag, Berlin 2001

HELDMAIER, G. NEUWEILER, G.: Vergleichende Tierphysiologie, Band 1: Neuro- und Sinnesphysiologie. Springer Verlag, Berlin 2003

SCHMIDT, R. F., SCHAIBLE, H. G. (Hrsg.): Neuro- und Sinnesphysiologie. Springer Verlag, Berlin 2001

Medienhinweise

Unser Körper: Die Augen. Video und Arbeitsblätter. Ernst Klett Verlag

Zellen der Netzhaut

Die Netzhaut des Menschen enthält etwa 120 Millionen lichtempfindliche Zellen. Das sind durchschnittlich etwa 400 000 Sehzellen pro mm^2. Man unterscheidet zwei Sehzelltypen: die *Stäbchen* und die *Zapfen*. Die Stäbchen machen über 90 % der Sensoren der Netzhaut aus. Diese Sehzellen dienen dem Hell-Dunkel-Sehen und enthalten den Sehfarbstoff *Rhodopsin*, der auch *Sehpurpur* genannt wird. Er verleiht der Netzhaut ihre rote Farbe, da grünes und blaues Licht absorbiert wird. Die Zapfen dienen dem Farbensehen und enthalten kein Rhodopsin sondern Sehfarbstoffe für blau, rot oder grün.

Die Zapfen finden sich ausschließlich im *Gelben Fleck*, der seinen Namen daher hat, dass er bei der Untersuchung mit rotfreiem Licht gelb erscheint. Der Gelbe Fleck ist eine Vertiefung in der Netzhaut mit einem Durchmesser von etwa 2 mm. In der Mitte des Gelben Flecks liegt der Ort des schärfsten Sehens, die *zentrale Sehgrube*.

Obwohl der Mensch mehr als zehnmal so viele Stäbchen wie Zapfen in der Netzhaut besitzt, sehen wir bei Tageslicht farbig und nur bei geringer Beleuchtung, wie zum Beispiel in der Dämmerung, hell-dunkel. Zwei Mechanismen tragen zu diesem Phänomen bei: Zum einen die etwa 1000-mal höhere Empfindlichkeit der Stäbchen verglichen mit den Zapfen; zum zweiten ein noch nicht vollständig erforschter Mechanismus, der die Stäbchen ab einer gewissen Belichtung „abschaltet". Personen, die nachtblind sind, können aus verschieden Gründen ihre Stäbchen nicht nutzen.

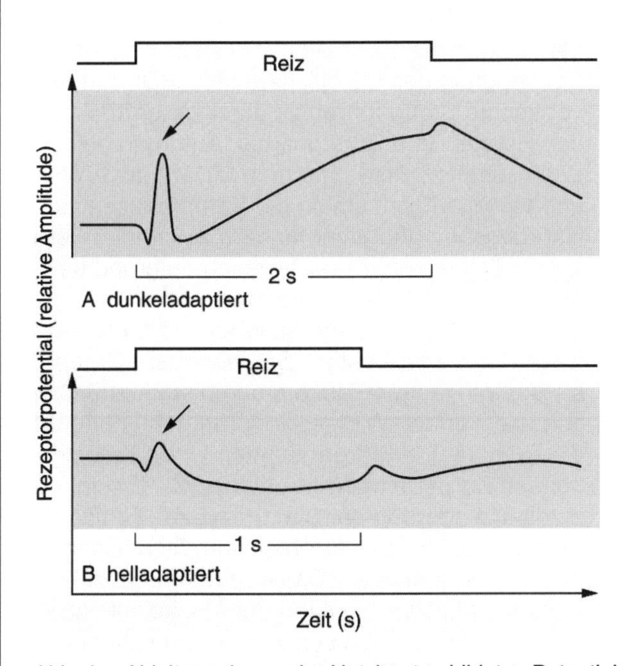

Abb. 1 Ableitung der an der Netzhaut gebildeten Potentialdifferenzen nach Belichtungsänderung

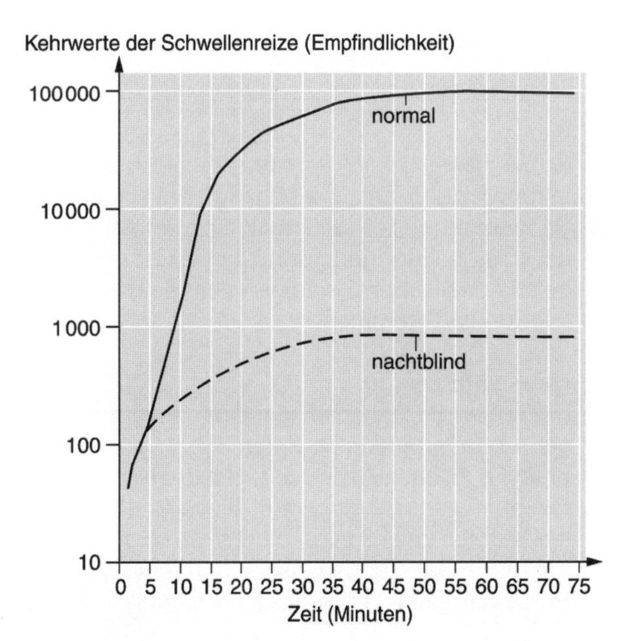

Abb. 2 Verlauf der Dunkeladaptation bei Gesunden und Nachtblinden

Aufgaben

1. Erklären Sie die unterschiedlich hohen Rezeptorpotentiale an den mit den Pfeilen gekennzeichneten Stellen bei Hell- und Dunkeladaptation.
2. Abbildung 2 zeigt den Verlauf der Dunkeladaptation. Stellen Sie eine Hypothese für den gemeinsamen Verlauf der Kurven des Normalsichtigen und des Nachtblinden in den ersten 5 Minuten auf. Erklären Sie weiterhin die unterschiedliche relative Empfindlichkeit in der Folgezeit der Messung.
3. Stellen Sie eine begründete Vermutung auf, ob ein nachtblinder Mensch bei Tageslicht normal oder nur mit Einschränkungen sehen kann.
4. Nachtaktive Tiere haben meist einen höheren Anteil an Stäbchen als tagaktive. Begründen Sie, warum dies für diese Tiere von Vorteil sein kann.

Ecstasy (MDMA 3,4-Methylen-dioxymethamphetamin)

„Designer-Drogen" wie MDMA erfreuen sich immer noch einer hohen Beliebtheit. Im Vergleich zu den in die Vene gespritzten Drogen wie Kokain und Heroin werden sie „in der Szene" als relativ harmlose „Glücklichmacher" dargestellt und z. B. auf der „Love Parade" konsumiert.

Wirkmechanismus
MDMA (3,4-Methylendioxymethylamphetamin), besser bekannt als Ecstasy, ist recht gut untersucht. MDMA setzt im synaptischen Spalt in hohen Dosen den Neurotransmitter Serotonin frei und hemmt dessen Wiederaufnahme.

Wirkung
Serotonin wirkt auf entsprechende postsynaptische Rezeptoren. Die Folge kann ein Glücksgefühl sein, wobei dies erheblich von der psychischen Verfassung vor der Einnahme abhängt, bei schlechter Stimmung und bei (ggf. noch nicht erkannten) psychiatrischen Störungen kann es zu schweren geistig-seelischen Störungen dem so genannten „Horror-Trip" kommen.

Nebenwirkungen
Die hohen Serotoninspiegel und die zum Teil giftigen Abbauprodukte bewirken Schädigungen der präsynaptischen Axone der Nervenzellen. Versuche mit Ratten zeigten, dass diese Schädigungen selbst nach zwei Jahren nicht reversibel waren. Diese Beobachtungen lassen befürchten, dass der Serotoninhaushalt nach MDMA-Einnahme langfristig gestört sein wird. Die Folgen wären entsprechend mangelnde Wahrnehmung von Glücksgefühlen, sprich *Depressionen*. Weiterhin wird eine Verminderung der Hirnstromaktivität beobachtet, was zu einer verminderten Konzentrations- und Merkfähigkeit führen kann, die über längere Zeit anhält.

Eine Zerstörung von Axonen ist ab einer Gesamtdosis von 10 mg/kg Körpergewicht beobachtbar, die „wirksame" Dosis hinsichtlich von Glückgefühlen liegt bei etwa 2 mg/kg Körpergewicht. Bei dauerhafter Einnahme ist ein kumulativer Effekt zu beobachten, d. h. die Schäden durch konsumiertes MDMA addieren sich. Die Gefahr der „Falschdosierung" wird zusätzlich dadurch erhöht, dass MDMA in Deutschland als Droge verboten und daher das auf dem Markt befindliche MDMA ausschließlich von illegalen Laboren ohne jegliche Qualitätskontrolle hergestellt wird. Giftige Beimengungen, Überdosierungen und Verunreinigungen werden daher in beschlagnahmten Tabletten häufig gefunden.

Die akut gefährlichste Nebenwirkung des MDMA, der Hitztod, lässt sich aus der Geschichte der Verwendung des MDMA herleiten. MDMA und verwandte Stoffe führen zu einer Unterdrückung des Hunger- und Durstgefühls. Aufgrund dieser Eigenschaften versuchte man MDMA im 2. Weltkrieg einzusetzen, um so die Kampfpausen zur Nahrungsaufnahme vermindern zu können. Nach kurzer Zeit wurde dieser Versuch aufgrund der erheblichen Nebenwirkungen von MDMA aufgegeben. Schließlich tauchte MDMA in der „Techno-Szene" auf. Hier besteht die besondere Gefahr, dass durch langes Tanzen, durch starkes Schwitzen und Atmung Wasser verloren geht, ohne dass ein Durstgefühl wahrgenommen wird. Die Folge können Körpertemperaturen über 40 °C sein, die zu einer Änderung der (Quartär- bzw. Tertiär-) Proteinstruktur, z. B. der Muskeln, führt. Entsprechend führt manche MDMA-Einnahme zum lebensbedrohlichen Zustand der Muskelauflösung. Weiterhin finden sich schwere Nierenschäden, da MDMA über die Nieren ausgeschieden wird.

Liquid Ecstasy (Gamma-Hydroxybutansäure (GHB)
GHB ist eine Substanz, die in geringen Dosen leicht euphorisierend wirkt, in höheren Dosen bewirkt sie Schläfrigkeit bis hin zum Koma. Weiterhin führt GHB zur Verminderung der Atemtätigkeit bis zum Tod durch Atemstillstand. GHB ist chemisch und vom Wirkmechanismus nicht mit MDMA verwandt. GHB ähnelt chemisch dem inhibitorischen Neurotransmitter *Gamma-Aminobuttersäure (GABA)*. GHB wurde als Narkosemittel entwickelt, wird allerdings aufgrund seiner Nebenwirkungen selten anwendet. Eine gewisse Berühmtheit erlangte GHB allerdings unter dem Namen „K.o.-Tropfen", die den Opfern in krimineller Absicht in Getränke gegeben werden, um sie anschließend ausrauben oder vergewaltigen zu können.

Drogenaufnahme

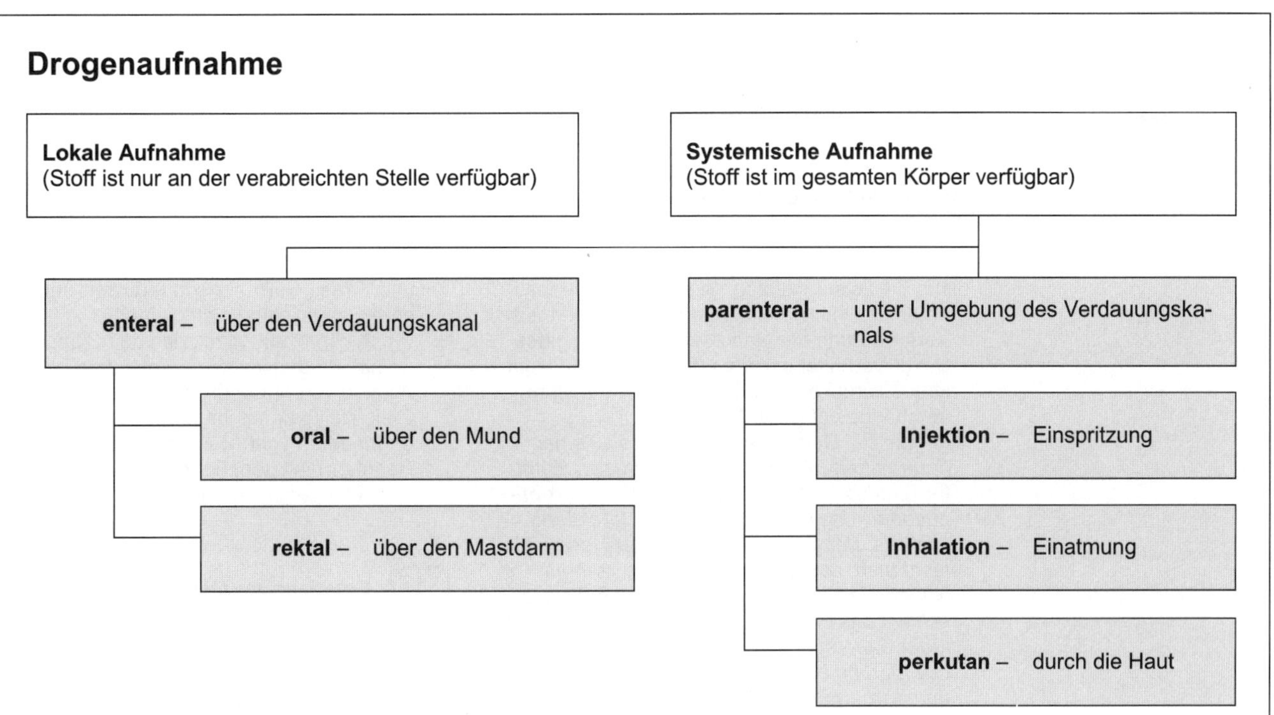

Abb. 1 Aufnahmewege von Stoffen in den Körper

Die Aufnahme von Drogen geschieht wie die von Medikamenten. Man unterscheidet dabei zwei grundsätzlich unterschiedliche Aufnahmewege. Zum einen über den Verdauungstrakt *(enteral)* und zum andern unter Umgehung des Verdauungstraktes *(parenteral*, s. Abb. 1). Alle Stoffe, die enteral aufgenommen werden, passieren zunächst die Leber, das größte Stoffwechselorgan des Körpers. Je nach Stoff werden bis zu 50 % um- oder abgebaut und sind so häufig wirkungslos. Ein weiterer Unterschied ist die Dauer, bis der verabreichte Stoff verfügbar ist. Enteral aufgenommene Stoffe sind erst nach etwa 30 Minuten im Blut nachweisbar und damit auch an den für Drogen relevanten Stellen des zentralen Nervensystems zu finden. Der parenterale Aufnahmeweg ist meist schneller. Wird eine Substanz in die Vene gespritzt, ist sie sofort im Blut verfügbar. Inhalierte Stoffe (z. B. das Nikotin im Zigarettenrauch) werden über die Schleimhaut in nur etwa 5 Minuten aufgenommen. Die parenterale Aufnahme über die Haut verläuft ähnlich langsam wie die enterale Aufnahme.

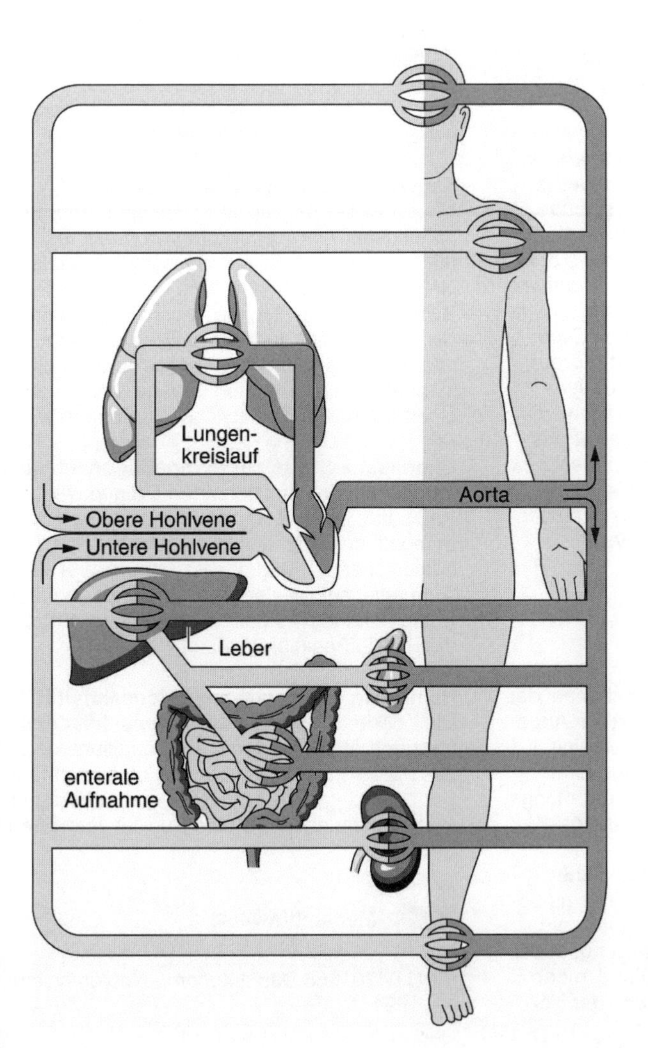

Ein wichtiges Kriterium für das Suchtpotential einer Droge ist, wie schnell und konzentriert sie im Blut des Betroffenen anflutet. Vor allem diese Spitzenwerte können das Rauscherlebnis *(high)* und damit verbunden auch die Sucht erzeugen. Entsprechend wird für die Aufnahme von Drogen meist der parenterale Weg gewählt (z. B. Rauchen von Tabak und Spritzen oder Schnupfen von Kokain). Bei der Entwöhnungstherapie sollen Spitzenwerte vermieden werden, denn der Patient soll nicht „high" werden unter der Therapie sondern nur weniger körperlich oder seelisch unter dem Entzug der Droge leiden. Daher wird z. B. in der Entzugstherapie des Tabaks mit Pflastern und Kaugummis gearbeitet.

3 Bau und Funktion des Nervensystems

Nervensystem des Menschen

Schülerbuch Seite 201

① In Stresssituationen wird durch den Sympathicus die Leistungsfähigkeit gefördert. Zivilisationskrankheiten, wie z. B. erhöhtes Infarktrisiko, Vergrößerung der Nebennieren, Störung des Sexualverhaltens u.a. werden auch auf Dauerstress zurückgeführt. Zeigen Sie die Zusammenhänge auf (Abb. 1).

– *Infarkt: Bei Dauerstress kommt es zu einer dauerhaften Erhöhung des Blutdrucks. Erhöhter Blutdruck ist ein Risikofaktor für die Arterienverkalkung und damit für den Herzinfarkt.*
Hinweis: Beim Herzinfarkt wird der Herzmuskel nicht mehr ausreichend mit Sauerstoff und Nährstoffen versorgt. Bei dauerndem Stress schlägt das Herz schneller und braucht daher mehr Sauerstoff und Nährstoffe zur Bedarfsdeckung. Sind bei einem Menschen die Arterien bereits zum Beispiel durch Arterienverkalkung verengt, kann nicht mehr so viel Blut hindurchfließen wie für das schnell schlagende Herz notwendig wäre. Folge ist eine relative Unterversorgung des Herzens (Angina pectoris) mit herzinfarktähnlichen Beschwerden.
Nebennierenvergrößerung: Die Stresshormone Adrenalin, Noradrenalin und bei Dauerstress auch Cortisol werden in den Nebennieren gebildet. Bei Dauerstress müssen diese Hormone dauerhaft in größeren Mengen gebildet werden, entsprechend vergrößert sich die endokrine Drüse, die Nebenniere.
Sexualverhalten: Die Sexualfunktionen sind komplex gesteuert. Sowohl der Sympathicus als auch der Parasympathicus sind beteiligt. Die Erektion des Mannes wird parasympathisch gesteuert. Bei Menschen, die im Dauerstress leben und diesen auch außerhalb der Arbeitswelt empfinden, besteht eine andauernde Stimulation des Sympathicus. Da das sympathische und das parasympathische System häufig gegensätzliche Wirkungen im Körper haben, ist in diesem Zustand die parasympathisch gesteuerte Erektion nur erschwert möglich. Folgen können zusätzlicher Stress auch im Sexualverhalten sein, was einer Erektion weiter abträglich ist. Abgesehen davon erscheint ein Partner im Dauerstress in einer Beziehung nicht unbedingt attraktiv.

Arbeitsblatt Seite 177

1. *Sympathicus:* Der sympathische Schenkel des vegetativen Nervensystems bewirkt am Auge eine Pupillenerweiterung, am Herzen eine Herzfrequenzerhöhung, in der Lunge eine Bronchienerweiterung und in den Verdauungsorganen eine Hemmung der Verdauungstätigkeit.
   Parasympathicus: Der parasympathische Schenkel des vegetativen Nervensystems bewirkt am Auge eine Pupillenverengung, am Herzen eine Herzfrequenzerniedrigung, in der Lunge eine Bronchienverengung und in den Verdauungsorganen eine Anregung der Verdauungstätigkeit.
2. Mittels der Entspannungstechniken kann die Intensität der Sympathicusaktivierung vermindert werden. Damit können unerwünschte Wirkungen des Sympathicus, wie Anspannung und Stress, in Prüfungen reduziert und so bessere Ergebnisse erzielt werden.
3. Ulrich nimmt ein Mittel, das den Sympathicus anregt, da damit seine krankhaften, durch das Asthma verengten Bronchien erweitert werden. Gleichzeitig bringt ihn dieses Mittel in den „Fight oder Flight"-Zustand, der ihm bei der Rennfahrt mit dem Fahrrad einen Vorteil z. B. im Sprint geben würde.

Entspannungstechnik

Eine Anleitung zur Verminderung der einer dauerhaft gesteigerten Sympathicusaktivität mittels „Jin Shin Jyutsu" findet sich auf
http://www.jinshinjyutsu.de/seminar_praktisch1.html?session=mm2Od0lOy2NAkOgrPNntsGPckU

Erhöhte Sympathicuswirkung

Eine verstärkte Sympathicuswirkung kann auf verschiedenen Wegen entstehen. Drei davon werden dargestellt: Selbstverstärkende Rückkopplung, Erhöhung der Sympathikusaktivität durch chemische Stoffe und die Hemmung der antagonistischen Parasympathicusaktivität.

Selbstverstärkende Rückkopplung
Übermäßiges Schwitzen ist auf eine erhöhte Sympathicusaktivität zurückzuführen. Stellt man dann fest, dass man „total durchgeschwitzt" ist, ist dies vielen peinlich. Folge ist eine weitere Erhöhung der Sympathicusaktivität, ein Teufelskreis entsteht. Bei der Innervierung der Schweißdrüsen findet sich ein interessantes Detail, denn diese sind die einzigen sympathisch innervierten Organe, bei denen der Übertragungsstoff Acetylcholin gefunden wird.

Chemische Stoffe zur Sympathicusaktivierung
Einnahme von stimulierenden Drogen, wie z. B. Amphetaminen („Speed"), führt zu einer erhöhten Sympathicusaktivität. Neben der „gewünschten" aufputschenden Wirkung ist auch eine erweiterte, nicht auf Licht reagierende Pupille zu beobachten. Entsprechend wird deshalb bei Polizeikontrollen die Pupillenreaktion getestet.

Hemmung der Parasympathicusaktivität
Die Tollkirsche *(Atropa belladonna)* hat den Inhaltsstoff Atropin, der die Acetylcholinrezeptoren des Parasympathicus hemmt. Folge ist ein relatives Überwiegen des Sympathicus. Am Auge findet sich deshalb ebenfalls eine Pupillenvergrößerung.

Medienhinweise

FWU 04201858 Das autonome Nervensystem 1994

Sympathicus oder Parasympathicus

Sympathicus und Parasympathicus sind Teile des unwillkürlichen peripheren Nervensystems. Dieser Teil des Nervensystems kann nicht mit dem Willen gesteuert werden. So können wichtige Funktionen des Körpers, wie z. B. die Frequenz des Herzschlages und der Blutdruck, geregelt werden, ohne dass dafür bewusste Entscheidungen notwendig sind. Gerade in Gefahrensituationen ist dies von Vorteil, da so der Kopf „frei bleibt" für Entscheidungen. Dies bedeutet allerdings auch, dass man in schwierigen Situationen das bis zum Hals schlagende Herz und die hochroten Ohren nicht einfach willentlich beeinflussen kann.

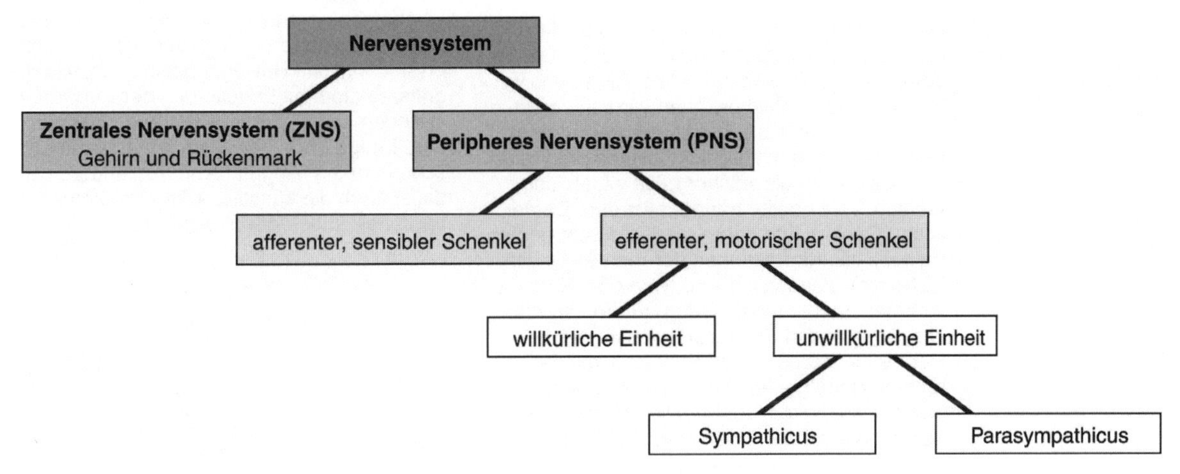

Abb. 1 Stellung des Sympathicus und des Parasympathicus im Nervensystem

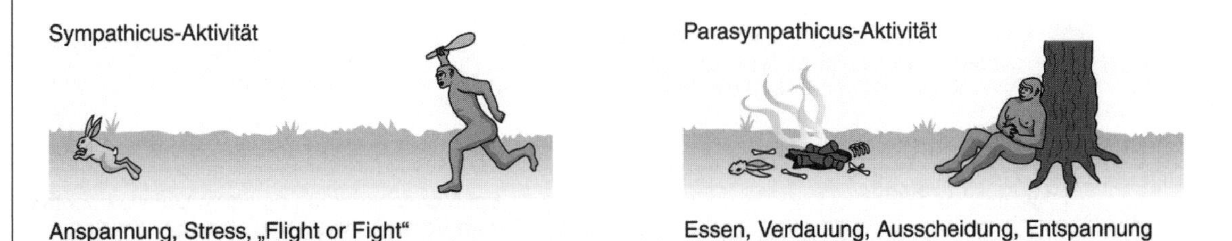

Abb. 2 Zusammenfassung: Wirkung des Sympathicus und des Parasympathicus

Aufgaben

1. Ordnen Sie mithilfe der Abbildung 2 die folgenden Begriffe dem Sympathicus oder dem Parasympathicus in der Tabelle zu: Pupillenerweiterung, Pupillenverengung, Pulsbeschleunigung, Pulsverlangsamung, Bronchien- (= Lungenäste-) Erweiterung, Bronchienverengung, Hemmung der Verdauungstätigkeit, Anregung der Verdauungstätigkeit

	Sympathicus	Parasympathicus
Auge		
Herz		
Lunge		
Verdauungsorgane		

2. In Prüfungsbüchern werden Entspannungstechniken empfohlen, um bei Prüfungen nicht von Herzrasen und häufig damit verbundenen Gedächtnisausfällen geplagt zu werden. Stellen Sie eine Vermutung auf, auf welchen Teil des Nervensystems diese Entspannungstechniken wirken müssen.
3. Der Radrennfahrer Ulrich hat Asthma (krampfhafte Verengung der Bronchien). Vor dem Rennen nimmt er ein Mittel, das den Sympathicus anregt. Klären Sie die gewünschte Wirkung des Asthmamedikaments und finden Sie heraus, inwieweit dieses Medikament ein Dopingmittel sein könnte.

Gehirn
Gesichtsfeld
Hirnforschung – Methoden
Wahrnehmung

Bau und Funktion des menschlichen Gehirns
Lernen

Arbeitsblatt Seite 179

1. Das Erkennen und Benennen von Gegenständen, sei es mündlich oder schriftlich, ist nur unter Zuhilfenahme der linken Gehirnhälfte möglich.
2. Das Erkennen von Schrift ist unter Zuhilfenahme der linken Gehirnhälfte möglich. Da die Sehbahn kreuzt, wird das Wort „Ring", das im rechten Gesichtsfeld projiziert wird, in der linken Gehirnhälfte verarbeitet und wahrgenommen. Der richtig mit der linken Hand ergriffene Schlüssel kann als solcher nicht mittels der rechten Gehirnhälfte benannt werden. Da der linken Gehirnhälfte aufgrund des durchtrennten Balkens die Informationen der rechten Gehirnhälfte nicht zugänglich sind, wird das Wort, das wahrgenommen wurde (Ring) für den ergriffenen Gegenstand (Schlüssel) verwendet.
3. Der Patient muss seinen Schlüssel mit der rechten Hand greifen. Die sensiblen Bahnen kreuzen zur linken Gehirnhälfte, die den Gegenstand erkennen und benennen kann.
4. Der Patient wird angeben, dass er eine Frau mit kurzen, schwarzen Haaren und einem weißen Pullover gesehen hat. Dies erklärt sich dadurch, dass die rechte Sehbahn zur linken Gehirnseite kreuzt. Beide Gehirnhälften vervollständigen „ihre" Bilder, aber nur das mit dem rechten Auge gesehene Bild kann mithilfe der linken Gehirnhälfte benannt werden.

Hinweise

Interaktive Ausstellung des Heinz-Nixdorf-Museums-Forums, die die Fähigkeiten des menschlichen Gehirns mit der von Computern vergleicht: http://www.computer-gehirn.de/deutsch/home.html

Brian Explorer: Seite des Lübeck Instituts, mit der man die einzelnen Teile des Gehirns interaktiv erarbeiten kann: http://de.brainexplorer.org/

Wie viel „Gehirn" ist nötig für ... ?

An Tieren sind systematische Studien unternommen worden, um festzustellen, welche Aufgaben die einzelnen Hirnregionen haben.

Wird durch eine Schnittführung (1) das Mittel- und Zwischenhirn entfernt, tritt unmittelbar eine muskuläre Versteifung vor allem bei den Muskeln ein, die gegen die Schwerkraft wirken. Diesen Zustand der Muskelversteifung nennt man *Enthirnungsstarre*. Die Enthirnungsstarre weist darauf hin, dass die übergeordneten motorischen Zentren anscheinend eine hemmende Wirkung auf die Hirnstammnervenzellen haben.

Bei der Schnittführung (2) bleibt das Mittelhirn erhalten. Bei diesen Tieren wird eine geringere Starre beobachtet. Diese Tiere können sich weiterhin selbständig aufrichten.

Bei der Schnittführung (3) bleibt zusätzlich das Zwischenhirn mit dem Thalamus erhalten. Bei diesen so genannten „Thalamustieren" sind rhythmische Schreitreflexe nachweisbar. Allerdings ist der Gang automatenhaft und unflexibel. Wird dem Tier ein Hindernis in den Weg gestellt, rennt es stur dagegen an.

Elektrische Reizungen des Mittelhirns lassen vermuten, dass es auch für auch höhere motorische Leistungen verantwortlich sein könnte. Durch elektrische Reizungen im Mittelhirn konnten komplexe instinktähnliche Bewegungsabfolgen, wie die Angriffsreaktion mit Erweiterung der Pupillen, Haarsträuben und Blutdruckerhöhung, ausgelöst werden. Einige Forscher vermuten daher im Zwischenhirn ein „Angriffszentrum", andere vermuten, dass durch die künstliche Reizung höhere Zentren neuronal „angestoßen" werden.

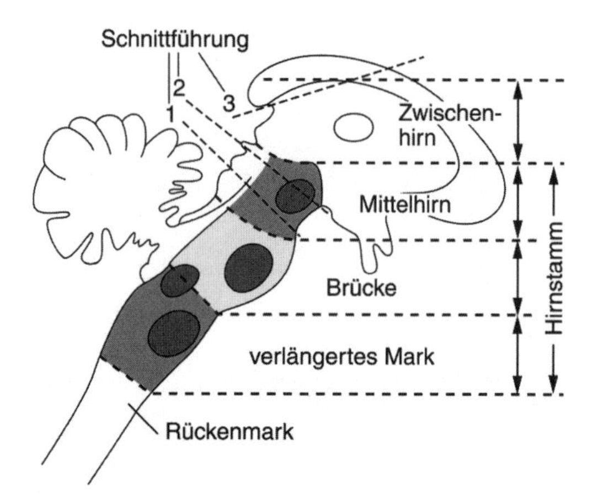

Bei Menschen kann es durch Unfälle ebenfalls zum Verlust der Nervenzellen der Großhirnrinde kommen. Da diese Nervenzellen im Vergleich zu den älteren oben beschriebenen Hirnanteilen einen höheren Energiebedarf haben, werden diese bei Sauerstoffmangel zu erst geschädigt. Dies führt dazu, dass bei diesen Unfallopfern die lebenswichtigen Kreislauf- und Atemzentren des Hirnstamms erhalten bleiben, während alle intellektuellen Fähigkeiten mit der Willkürmotorik verloren gehen. Man spricht von einem *Hirntod*. Richtiger müsste man allerdings vom *Großhirntod* sprechen.

Literaturhinweis

DUDEL, J.; MENZEL, R.; SCHMIDT, R. F. (Ed.): Neurowissenschaft: Vom Molekül zur Kognition. Springer, Berlin 2001

Medienhinweise

FWU-04231532 Der Körper des Menschen III Das Gehirn, ein Computer, den der Mensch nicht schaffen kann. 2002 (1978)
FWU-05600058 Das Gehirn: Neuronale Steuerung 2003 (1987)
FWU-05600057 Das Gehirn: Bau. 2003 (1987)

Leben mit getrennten rechten und linken Gehirnhälften

Das Gehirn ist zweigeteilt und besteht aus einer linken und einer rechten Gehirnhälfte. Beide Hälften sind über den *Balken* verbunden. Patienten mit Krampfanfällen leiden unter abnormalen elektrischen Potentialen im Gehirn, die unter anderem zu Zuckungen der Gliedmaßen führen. Meist treten diese abnormalen elektrischen Potentiale nur in einer Hirnhälfte auf. Bei Patienten mit besonders schweren Krampfanfällen gelangen die abnormalen elektrischen Potentiale über den Balken auch zur anderen Gehirnhälfte, was die Ausprägung der Krampfanfälle verstärkt. Wenn keine anderen medizinischen Maßnahmen halfen, durchtrennte man diesen Patienten den Balken. Im täglichen Leben schienen diese Patienten vollkommen normal, bei intensiverer Untersuchung konnte man allerdings wichtige Einblicke in die Arbeitsweise der rechten und linken Gehirnhälfte gewinnen. Bei der Interpretation ist zu beachten, dass sowohl die Sehbahn als auch motorische und sensible Bahnen im Gehirn zur Gegenseite kreuzen.

In der untenstehenden Versuchsanordnung wird dem Patienten jeweils nur auf ein Auge ein Wort projiziert. Werden dem Patienten im rechten Gesichtsfeld Gegenstände projiziert, so kann er diese benennen und mit der rechten Hand greifen.

Werden dem Patienten Namen von Gegenständen im linken Gesichtsfeld projiziert, kann er diese zwar nicht benennen, er kann sie aber mit der linken Hand aus einer vorgegebenen Auswahl heraussuchen. Der Patient kann bestimmte Aufgaben durchführen, aber weder mündlich noch schriftlich äußern, was er gerade gemacht hat.

Im oben dargestellten Versuch berichtet der Patient, dass er im rechten Gesichtsfeld das Wort „Ring" gelesen hat, er verneint, im linken Gesichtsfeld das Wort „Schlüssel" gelesen zu haben. Gleichzeitig sucht er mit der linken Hand aus der Auswahl den Schlüssel heraus, bezeichnet ihn jedoch als „Ring".

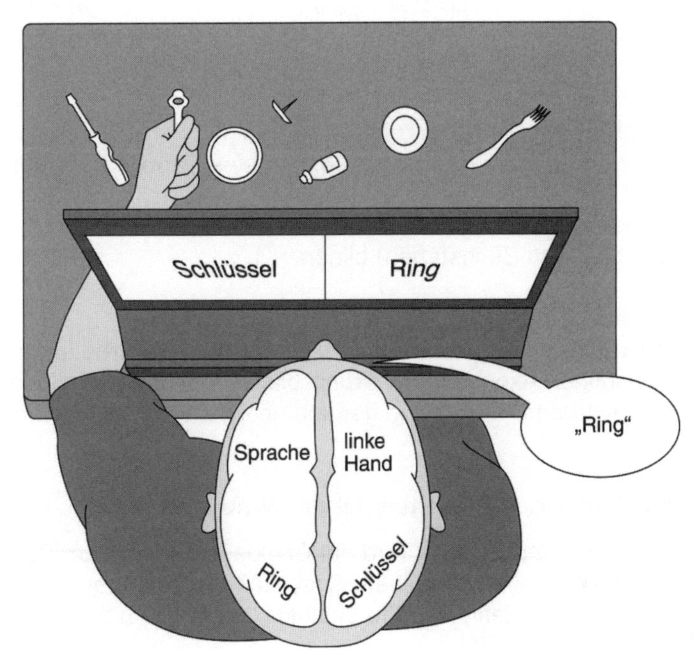

Abb. 1 Versuch zum Verhalten eines Patienten mit getrennten Gehirnhälften

Aufgaben

1. Welche Aufgaben kann anscheinend nur die linke Gehirnhälfte bewältigen?
2. Erklären Sie die Ergebnisse des oben dargestellten Versuchs.
3. Welche Hand benutzt ein Patient mit getrennten Gehirnhälften, wenn er aus seiner Hosentasche neben vielen anderen Gegenständen, die sich darin befinden, seinen Schlüsselbund herausholen soll?
4. Das nebenstehende Bild wird einem Patienten mit zwei getrennten Gehirnhälften gezeigt. Die Versuchsanordnung wird dafür so gestaltet, dass für den Patienten im linken Gesichtsfeld nur die Frau mit den langen hellen Haaren und schwarzem Pullover sichtbar ist und im rechten nur die mit kurzen schwarzen Haaren und weißem Pullover. Es ist anzunehmen, dass jede Gehirnhälfte die fehlende Hälfte des Bildes ergänzt.
   Wenn man den Patienten nun fragt, was er gesehen hat, welche Antwort wird er geben? Äußern Sie eine Vermutung und begründen Sie sie.

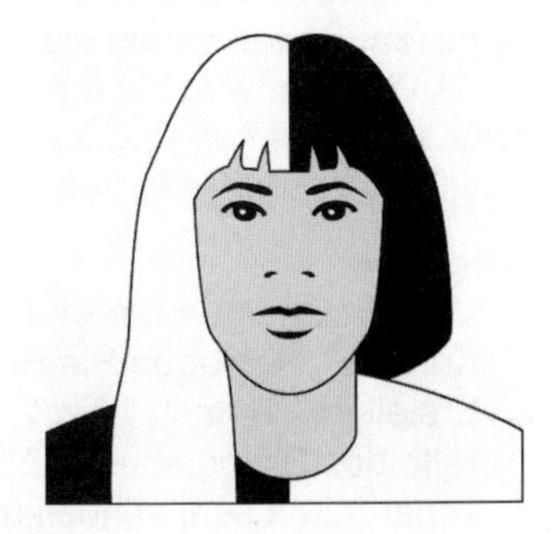

Lerntechniken (1)

Ziel vieler Lerntechniken ist, effektiver mit dem Arbeitsgedächtnis, auch *Kurzzeitgedächtnis* genannt, arbeiten zu können. Das *Arbeitsgedächtnis* speichert Informationen maximal einige Minuten lang. Der limitierende Faktor des Arbeitsgedächtnisses ist außer der kurzen Dauer der Informationsspeicherung das begrenzte Fassungsvermögen. Man geht von 7 ± 2 Einheiten aus.

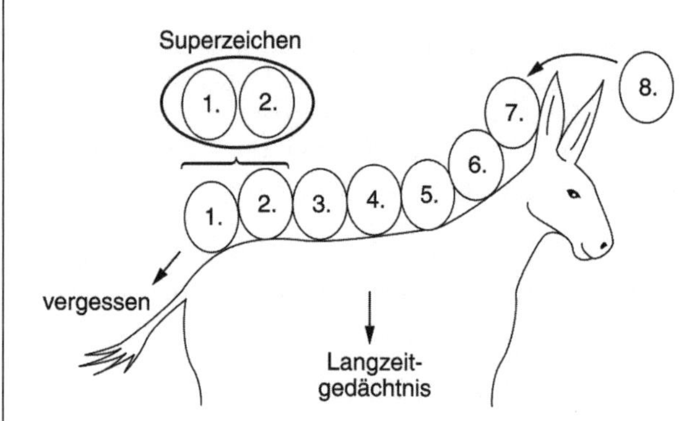

Werden die 7 Einheiten (z. B. neue Fachwörter, Daten, Telefonnummern) durch eine neue, achte, Information überschritten, muss für die neue Information Speicherplatz freigemacht werden. Dies kann im ungünstigsten Fall durch Vergessen der Information eins geschehen (fällt vom Rücken des Esels hinunter), die Information kann ins *Langzeitgedächtnis* übergehen, wofür sie in der Regel aber wiederholt werden muss oder die Einheiten werden zu größeren Einheiten so genannten Superzeichen verknüpft.

Lerntechnik Nr. 1: Superzeichen bilden

- *Strukturierung:* Zu Lernendes wird in eine Tabelle überführt, in eine logische Reihenfolge gebracht, in einer Mind-Map (s. u.) oder bildlich dargestellt.
- *Kombinieren:* Assoziieren mit bereits Bekanntem, einen Reim oder Stabreim (alle Worte beginnen mit dem gleichen Buchstaben) bilden.

Aufgaben:

1. Strukturieren Sie den Lerninhalt Informationsverarbeitung: Axon, Synapse, Depolarisation, Neuron, Transmitter, Axonhügel (s. Arbeitsblatt Seite 169) auf mindestens 2 unterschiedliche Arten und Weisen.
2. Kombinieren Sie die oben genannten Themen der Informationsverarbeitung.

Lerntechnik Nr. 2:. Arbeiten mit der Mind-Map

Bei der Mind-Map-Technik wird der Schlüsselbegriff (zum Beispiel Steuersysteme des Körpers) in die Mitte eines Blattes geschrieben. Anschließend zeichnet man Striche ein, die vom Schlüsselbegriff abgehen und schreibt dann Begriffe dahinter, die mit dem Schlüsselbegriff in direkter Verbindung stehen (s. Mind-Map Seite 21).

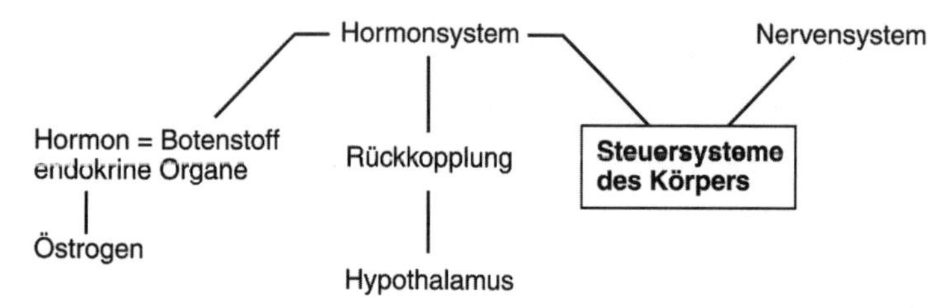

Beispiel: Zu den Steuersystemen des Körpers zählt das Nerven- und Hormonsystem. Das Hormonsystem ist geregelt mittels Rückkopplung usw. Die nebenstehende (zu vervollständigende) Mind-Map soll das Gesagte veranschaulichen:

Das Arbeiten mit Mind-Maps hat verschiedene Vorteile. Der Aufbau erlaubt es, die Ideen und Begriffe in freier Reihenfolge, wie sie im Gehirn ablaufen, festzuhalten; im Gegensatz zum konventionellen Aufschreiben, bei dem, wenn ein wichtiger Begriff fehlt, das Blatt verworfen werden muss. Gerade beim Lösen von den häufig als sehr schwer empfundenen Transferaufgaben in Klassenarbeiten kann die Methode helfen. So kann man sich rasch eine Übersicht über das Grundwissen zur Transferaufgabe verschaffen. Außerdem wird bei dieser Art der Arbeit die kreative rechte Gehirnhälfte angeregt, die für die Lösung eines unbekannten Problems notwendig ist und beim konventionellen Arbeiten eher blockiert wird.

Aufgaben:

1. Vervollständigen Sie (auf einem DIN A4-Querblatt) die Mind-Map zum Thema „Steuersysteme des Körpers". Schlagen Sie Begriffe, die Ihnen nicht mehr geläufig sind, in Ihrem Biologiebuch nach.
2. Erstellen Sie nach 1 bis 2 Tagen noch einmal eine Mind-Map zum gleichen Thema, allerdings ohne Hilfe des Biologiebuchs. Vergleichen Sie diese Mind-Map mit der vorherigen. So können Sie vor Klassenarbeiten sehr schnell und sicher noch letzte Lücken im „Klassenarbeitsstoff" finden.

Lerntechniken (2)

Lerntechnik Nr. 3: In Bildern denken
Abstraktes lässt sich häufig schlecht merken, weder Jahreszahlen noch Abfolgen. Hierbei können Zahlensymbole helfen. Dabei wird statt der Zahl allein mittels der Symbole eine Geschichte assoziiert, die sich besser merken lässt. Symbole können auch individuell gewählt werden, allerdings ist es sinnvoll, dass die symbolisierte Zahl annähernd durch das Symbol dargestellt wird.

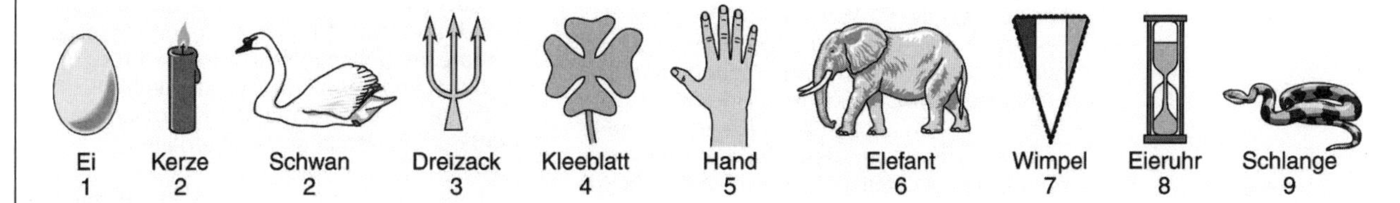

Beispiel:
- Das Maximum der Lichtabsorption für Zapfenfarbstoffe ist für Blau bei 420 nm, das für Grün bei 535 nm, das für Rot bei 565 nm.
- Eine Möglichkeit diese Daten unter Bildung von Superzeichen mithilfe von Assoziationen zu merken, wäre sich zu vergegenwärtigen, dass das Spektrum des sichtbaren Lichts von etwa 400 nm bis 800 nm reicht. Die Spektralfarben geben den Regenbogen wieder (nun muss man sich allerdings an die Reihenfolge der Farben im Regenbogen erinnern und kann die Maxima auch noch nicht genau angeben). Daher ein Vorschlag, wie man sich diese Zahlen mithilfe der Symbole merken kann.
- Ein tiefblauer See ist von einer Kleewiese (4) umgeben; auf diese Tritt ein mächtiger Schwan (2) und legt ein Ei (0).
- Diese Situation muss man sich so plastisch wie möglich vorstellen, am besten sogar mit dem „geistigen Ohr hören" wie das Wasser des Sees plätschert. Geübte können solche Situationen direkt beim Hören der Zahlen bilden. Das Üben hat Vorteile, denn die Information wird so eher ins Langzeitgedächtnis überführt. Je verrückter die Situation (vor allem, wenn sie selbst erdacht wird), desto besser kann sie behalten werden. Probieren Sie es aus, es wirkt!

Aufgaben

1. Finden Sie für die übrigen Photopsine je eine Situation.
2. Ihr Partner schreibt die folgenden 10 Begriffe in einer beliebigen Reihenfolge auf ein Blatt und liest sie Ihnen anschließend vor. Sie sollen sich anschließend die 10 Begriffe in der richtigen Reihenfolge merken. Versuchen Sie es einmal ohne die Symbole und anschließend mit den Symbolen! Wäre zum Beispiel „Abraham Lincoln" der erste Begriff, so stellen Sie sich ihn vor, wie er im Licht einer Kerze schreibt usw.

Abraham Lincoln	Stein	Segelboot	Mülltonne	Sonne
Bleistift	Fensterbank	Kartoffel	Blatt Papier	Telefon

3. Diese Methode eignet sich auch hervorragend, um sich den Einkaufszettel zu merken (den man häufig auf dem Küchentisch liegen lässt). Stellen Sie sich dazu jeden Gegenstand, den Sie kaufen möchten, zusammen mit einem der 10 Symbole vor und gehen Sie die Symbole dann im Geschäft nacheinander durch.

Lerntechnik: Gemäß dem Lerntyp lernen
Man unterscheidet 3 grundsätzliche Lerntypen, die in Reinform und Kombination vorkommen können: den visuellen Typ, der vor allem mit Bildern lernt, den auditiven Typ, der am besten durch Zuhören lernt und der motorische Typ, der durch eigens Tun lernt.

Ein einfacher Test um Ihren Lerntyp zu bestimmen: Erinnern Sie sich daran, was Sie gestern Abend gemacht haben. Zum Beispiel das Abendessen:
- Sehen Sie sich am ehesten wie Sie am Tisch sitzen und essen, sind Sie ein *visueller Typ*.
- Beim Erinnern hören Sie direkt wieder die Musik, die spielte und das Geräusch des Messers auf dem Teller. Sie sind ein *auditiver Typ*.
- Sie haben direkt wieder den Geschmack auf der Zunge und Sie spüren wieder, wie unbequem der Stuhl war. Sie sind ein *motorischer Typ*.

Anästhesie
Drogen
Ecstasy
EEG
Gehirn
Lerntyp
Potential – visuell ausgelöstes

Lexikon: Methoden der Hirnforschung

Arbeitsblatt Seite 183

1. Hat der Patient die Wahrheit gesagt, findet sich als größter Unterschied nur ein kleiner oder gar kein P2-Wert. Lügt der Patient, findet sich eine Aufzeichnung wie in Abbildung 1.
2. Die Zeit, bis die P2-Welle erscheint, ist ein Hinweis für die Geschwindigkeit der Erregungsleitung im Sehnerven. Möchte man die Leitungsgeschwindigkeit des Hörnervs messen, muss man zunächst die Region kennen, in der die Afferenzen des Hörorgans verrechnet werden. Auf diesen Bereich wird die differente Elektrode aufgelegt. Anschließend wird das Ohr durch ein überschwelliges Geräusch gereizt und die resultierende Potentialänderung registriert. Wie beim visuell ausgelösten Potential wird man zunächst die Afferenz und anschließend die Verrechnung in der Hirnrinde beobachten können.
3. Beim Unschuldigen wird man ein visuell ausgelöstes Potential ähnlich dem in der Abbildung 1 (gegebenenfalls mit einem etwas stärker ausgeprägten P3) sehen. Beim Mörder ist mit einer sehr viel stärkeren kognitiven Verarbeitung des Bildes zu rechnen, entsprechend kann man ein sehr viel stärker ausgeprägtes P3 als beim Unschuldigen erwarten.

Hinweise

Die Seite des Max-Planck-Instituts für Hirnforschung in Frankfurt bietet bebilderte Artikel und kurze Filmsequenzen zur Hirnforschung an:
http://www.mpih-frankfurt.mpg.de/global/index.htm

Gut verständliche Seite des Zoologischen Instituts der Otto-von-Guericke-Universität Magdeburg mit verschieden Artikeln zum Thema:
http:www.uni-magdeburg.de/bio/hirnforschung.htm

Anästhesie, EEG

Eine *Anästhesie* ist ein Funktionsausfall des Gehirns. Die Ausschaltung der einzelnen Gehirnteile erfolgt konzentrationsabhängig. Zunächst wird die Hirnrinde mit den höheren Funktionen ausgeschaltet, gefolgt vom Mittelhirn, Stammhirn, Rückenmark und bei Überdosierung schließlich das Kreislauf und Atmung steuernde verlängerte Mark.

Das bekannte, aber in Deutschland nicht mehr eingesetzte, Narkosemittel Chloroform führte zu typischen Phasen der Narkose. In der ersten Phase wird die Schmerzempfindung ausgeschaltet. In der zweiten Phase, dem Erregungsstadium, finden sich gesteigerte Reflexe bis hin zu heftigen Abwehrreaktionen. Dieses Stadium wird deshalb möglichst schnell überwunden. Die dritte Phase, das so genannte Toleranzstadium, wird durch eine regelmäßige Atmung und Herztätigkeit gekennzeichnet. In diesem Stadium ist die Muskulatur weitgehend erschlafft. Während dieses Stadiums werden chirurgische Eingriffe durchgeführt. Schließlich kennt man das unerwünschte 4. Stadium, in dem ein Atemstillstand durch Ausschaltung des Atmungszentrums im verlängerten Mark auftritt. In diesem Fall wurde die weitere Zufuhr des Medikaments unterbrochen und der Patient künstlich beatmet.

Aufgrund der oben beschriebenen unerwünschten Eigenschaften, der Brennbarkeit und der resultierenden Explosionsgefahr wird Diethylether in Deutschland nicht mehr verwandt. Heutzutage wird eine Anästhesie durch beruhigende Medikamente vorbereitet, anschließend wird ein flüssiges Anästhetikum in die Vene injiziert und schließlich die Narkose mit einzuatmenden Narkosemitteln während der Operation aufrecht erhalten.

Eine wichtige Untersuchungsmethode des Gehirns ist die *Elektroenzephalografie* (EEG). Bei dieser Methode werden die von Ganglienzellen spontan ausgehenden Potentialschwankungen (Millivolt) von Elektroden, die auf die Kopfhaut aufgepresst werden, registriert. Dabei kann man unterschiedliche Formen unterscheiden (s. Abb.): Langsame Alphawellen, die beim entspannten Erwachsenen bei geschlossenen Augen abgeleitet werden können und Betawellen, die bei geöffneten Augen oder Denkanstrengungen auftreten. Weiterhin die deutlich langsameren Deltawellen, die im Schlaf auftreten. Je nach Schlaftiefe nimmt die Frequenz der Deltawellen weiter ab.

Frequenz (pro sec)
10 (8 – 13) α
20 (14 – 30) β
3 (0,5 – 3,5) δ

Abb. 1 EEG-Ableitungen beim Gesunden

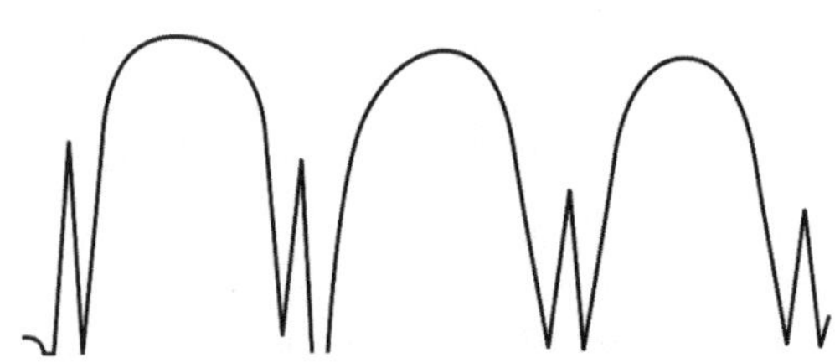

Abb. 2 EEG-Ableitung während eines epileptischen Anfalls mit Krampfpotentialen

Literaturhinweise

BEYER, I.: Lernen lernen. Klett, Stuttgart 2000
KOLB, B., WHISHAW, I. Q.: Neuropsychologie Spektrum Akademischer Verlag, Heidelberg 1996
POECK, K., HACKE, W.: Neurologie Springer Berlin 2001
SCHMIDT, LANG, THEWS: Physiologie des Menschen mit Pathophysiologie. Springer, Berlin 2005
SPITZER, M.: Lernen Gehirnforschung und die Schule des Lebens. Spektrum Akademischer Verlag, Heidelberg 2002

Visuell ausgelöste Potentiale

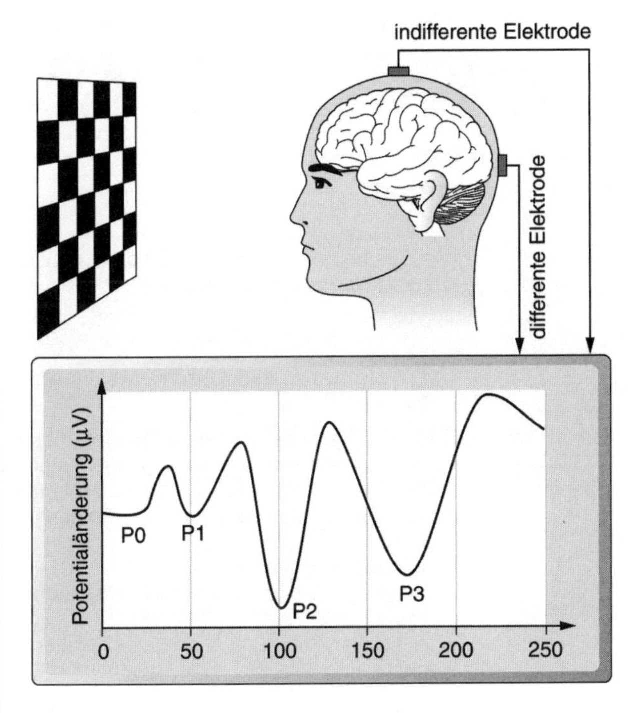

Abb. 1 Technik des visuell ausgelösten Potentials

Visuell ausgelöste Potentiale werden durch Reizung mit Lichtblitzen oder meist durch wechselnde Schachbrettmuster ausgelöst (weiße Felder werden schwarz und anschließend wieder weiß, entsprechend ändern sich die schwarzen Felder).

Die Potentialänderungen werden durch die differente Elektrode, die außen auf dem Schädel über der Sehrinde angebracht wird, abgeleitet. Ein Beispiel für ein visuell ausgelöstes Potential ist nebenstehend abgebildet.

Für die Interpretation entscheidend sind die P-Ausschläge. Das gilt besonders für den ersten großen P-Ausschlag (P2), der für die Untersuchung der Intaktheit der afferenten Sehbahn verwendet wird. Spätere P-Potentiale (ab 300 ms) stehen für kognitive Komponenten der Reizverarbeitung.

Visuell ausgelöste Potentiale können bei jedem Patienten mit offenen Augen ohne sein aktives Zutun gemessen werden.

Aufgaben

1. Nach einem Arbeitsunfall, bei dem die Netzhaut geschädigt worden ist, gibt der Betroffene an, fast nichts mehr sehen zu können. Zur Sicherung seiner Angaben sollen seine visuell ausgelösten Potentiale untersucht werden. Welche Ergebnisse erwarten Sie wenn er die Wahrheit gesagt hat und welche, wenn er, z. B. um eine höhere Rente zu bekommen, lügt?
2. Mit visuell ausgelösten Potentialen lässt sich die Leitungsgeschwindigkeit des Sehnervs messen. Welche Daten der Abbildung 1 würden Sie nutzen? Wenden Sie das Prinzip der visuell ausgelösten Potentiale an, um eine Methode zur Messung der Leitgeschwindigkeit des Hörnervs zu entwerfen.
3. Das Prinzip der visuell ausgelösten Potentiale könnte auch bei Zeugenbefragungen bei der Polizei eingesetzt werden. Zunächst wurde einem Mordverdächtigen ein emotional neutraler Reiz, nämlich das wechselnde Schachbrettmuster, gezeigt und das in Abbildung 1 dargestellte visuell ausgelöste Potential erhalten. Nun wird dem Verdächtigen das Bild des Mordopfers dargestellt. Gehen Sie davon aus, dass bei dem Mörder das Bild des Opfers stärker kognitiv verarbeitet wird als bei einem unschuldig Verdächtigten. Stellen Sie mithilfe des Textes eine Vermutung auf, wie das visuell ausgelöste Potential beim Mörder und beim Unschuldigen aussehen könnte und tragen Sie es in das entsprechende Diagramm ein.

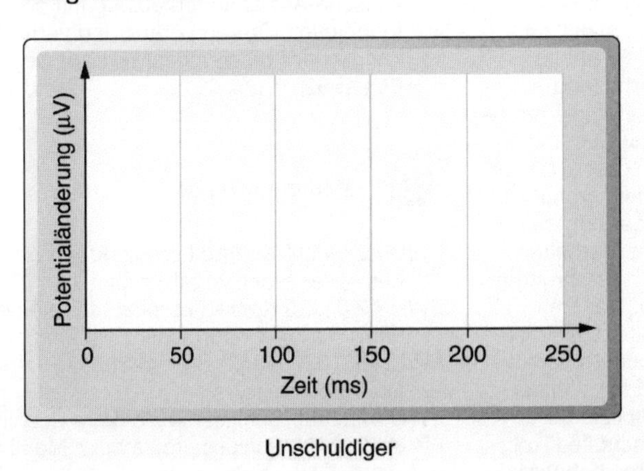

Unschuldiger

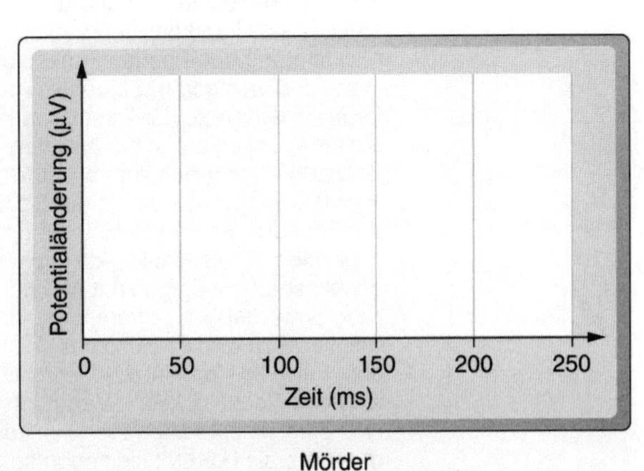

Mörder

Instinkt
LORENZ, KONRAD
Verhaltensforschung

Verhaltensbiologie

1 Grundlagen zum Verhalten

Zur Geschichte der Verhaltensforschung
Lexikon: Instinktlehre – in die Kritik geraten

Arbeitsblatt Seite 185

Der verkürzte Zeitungsartikel kann unter verschiedenartigen Aspekten eingesetzt werden: In fächerübergreifender Zusammenarbeit mit Geschichte (Nationalsozialismus), Deutsch (Biografien) oder Englisch (s. Hinweise: Nobelpreis-Verleihung); im Kurs Verhaltensbiologie als Einstieg in die Diskussion um Ethologie contra Soziobiologie oder kursübergreifend zum Thema Evolution.

Warum Konrad Lorenz notwendig war

Die Ethologie, im deutschen Sprachgebrauch meist gleichgesetzt mit der klassischen vergleichenden Verhaltensforschung, ist wissenschaftshistorisch eine Nachbardisziplin zur Psychologie. Als OSKAR HEINROTH 1910/11 in seinen Publikationen erstmals das Wort „Ethologie" verwendete, löste sie die bis dahin vitalistisch orientierte Tierpsychologie ab. Der Begriff „Ethologie" wurde ursprünglich 1843 von J.S. MILL für eine „exakte Wissenschaft von der menschlichen Natur" eingeführt. L. DOLLO (1895, 1902) verstand darunter das, was wir heute „Ökologie" nennen. Es ist der Verdienst von LORENZ und TINBERGEN, dass eine empirisch ausgerichtete Verhaltensforschung initiiert wurde und Diskussionen zum Erbe-Umwelt-Problem in Gang kamen.

Das ethologische Instinktkonzept geht von der Annahme aus, dass Instinktbewegungen genetisch verankert sind und durch Schlüsselreize ausgelöst werden können, solange die innere aktionsspezifische Energie vorhanden ist. Dieses Ineinandergreifen habe sich während der Stammesgeschichte entwickelt und diene letztlich der Arterhaltung. Bis Ende der 60er-Jahre wurden Instinkthandlungen gleichgesetzt mit angeborenen Fähigkeiten. Die immer exakteren Beobachtungen zeigten aber, dass starre Reaktionen auf äußere Reize eigentlich Ausnahmefälle sind und die Organismen vielmehr variabel und flexibel reagieren – meist zur Maximierung der eigenen Fitness (s. Soziobiologie) und weniger im Sinne der Arterhaltung. Zentrale Konzepte der klassischen Ethologie gerieten ins Wanken durch die Arbeiten von WOLFANG WICKLER (einem Schüler von KONRAD LORENZ) und HANNA-MARIA ZIPPELIUS (einer Schülerin von KARL VON FRISCH). So erwies sich die Frage „angeboren oder erlernt?" als sinnlos, da jegliches Verhalten genetische Grundlagen hat und durch Erfahrungen bzw. Umwelteinflüsse verändert wird. Der Nahrungserwerb wird heute in der Verhaltensökologie eher unter Kosten-Nutzen-Gesichtspunkten analysiert und Reiz-Reaktions-Verknüpfungen von der Neurophysiologie als wesentlich komplizierter angesehen, als LORENZ dies noch betrachtete. Trotzdem waren seine Arbeiten zu einer Zeit bahnbrechend, wo den Tieren – durch Übertragung menschlicher Gefühle oder aufgrund des Glaubens – noch relativ viel ohne nähere Untersuchung unterstellt wurde.

Hinweise zum Unterrichtsablauf

Über die angegebene Literatur, die Internetadressen und verschiedene Filme kann die historische Rückschau von Schülern gut als Referat mit entsprechenden Präsentationsanforderungen geleistet werden.
http://www.nobel.de
http://www.univie.ac.at/zoology/nbs/gruenau/

Literaturhinweise

EIBL-EIBESFELDT, I.: Die Biologie des menschlichen Verhaltens. Grundriss der Humanethologie. Piper, München 1997.
EIBL-EIBESFELDT, I.: Grundriß der vergleichenden Verhaltensforschung – Ethologie. Piper, München 1999
FESTETICS, A.: Zum Sehen geboren. Das Jahrhundertwerk des Konrad Lorenz. Orac, Wien 2000
KOTRSCHAL, K., MÜLLER, G., WINKLER, H.: Konrad Lorenz und seine verhaltensbiologischen Konzepte aus heutiger Sicht. Filander Verlag, Fürth 2001
LORENZ, KONRAD. Spektrum Biographie, Heft 1, 2001
SCHINK, P.: Kritik des Behaviorismus. Kovac, Hamburg 1993.
TASCHWER, K., FÖGER, B: Konrad Lorenz. Paul Zsolnay Verlag, Wien, 2003
TINBERGEN, N.: Instinktlehre. Parey, Berlin 1979.
WATSON, J. B.: Behaviorismus. Klotz, Eschborn 1997
WUKETITS, F.M.: Die Entdeckung des Verhaltens. Eine kurze Geschichte der Verhaltensforschung. Wiss. Buchges., Darmstadt 1995.
ZIPPELIUS, H.M.: Die vermessene Theorie. Eine kritische Auseinandersetzung mit der Instinkttheorie von Konrad Lorenz und verhatenskundlicher Forschungspraxis. Vieweg, Wiesbaden 1992

Medienhinweise

FWU 42 01124 Konrad Lorenz: Ideen einer Kindheit – Teil I: der Vogelkumpan
FWU 42 01125 Konrad Lorenz: Ideen einer Kindheit – Teil II: Geburt einer Wissenschaft
FWU 4601020 (DVD) oder 4200242 (VHS-Video) Die Honigbiene
FWU 4202490 Schlüsselreize beim Stichling
FWU 4202491 Schlüsselreize beim Maulbrüter

Dr. Doolittle im Zauberschloss – eine neue Biografie zu KONRAD LORENZ

(PHILIP BETHGE, Der Spiegel, Nr. 38, 15.9.2003, S.164/165; gekürzter Artikel)

„... Schon vom Alter gezeichnet begann der 84-jährige Naturforscher im Frühjahr 1988 seiner Sekretärin seine Autobiografie zu diktieren. ... Doch das Werk blieb Fragment. Zehn Monate später, am 27. Februar 1989, starb LORENZ in Wien. Lange galt LORENZ' Werk als verschollen. Doch pünktlich zum 100.Geburtstag des Zoologen legen nun die Wiener Autoren KLAUS TASCHWER und BENEDIKT FÖGER eine Biografie über den österreichischen Nobelpreisträger vor, die Auszüge aus dem geheimnisumwitterten Manuskript enthält und sich auf weiteres, bisher unbekanntes Material stützt. ... Im Wortlaut eigne es sich nicht zur Veröffentlichung. Und doch ist es den Autoren gelungen, ein außergewöhnlich detailreiches Bild des streitbaren und wegen seiner NS-Vergangenheit bis heute umstrittenen Gänsefans zu zeichnen.

Warum wurde LORENZ zum „Megastar" (FÖGER) des internationalen Wissenschaftszirkus? Was macht den „Vater der Graugänse" bis heute zur polarisierenden Symbolfigur der Ethologie wie der Umweltbewegung? Was bleibt von einem Forscher, dessen wissenschaftliches Lebenswerk zu großen Teilen längst etwa durch die Erkenntnisse der Soziobiologie überholt ist?

Nonchalant schloss LORENZ vom Tierverhalten auf das des Menschen (den er als „Zwischenglied zwischen dem Tier und dem wahrhaft humanen Menschen" bezeichnet) und provozierte damit Millionen. Sein Charisma zog Wissenschaftler aus aller Welt in seinen Bann. Mit dem gleichen Enthusiasmus, mit dem er über seine Tiere sprach, verschrieb er sich auch der Sache des Nationalsozialismus und wetterte, Jahrzehnte später, gegen Naturzerstörung und die „Todsünden der Menschheit".

Einen „gleich bleibend kindhaften Spieltrieb" bescheinigt FÖGER dem Zoologen, der eher „ein Wissenschaftler des 19. Jahrhunderts" gewesen sei und der gern auch mal Dinge gepredigt habe, die „nicht erwiesen waren, aber sehr wahrscheinlich so hätten sein können".... Durch die Augen eines „extrem verwöhnten Kindes" habe LORENZ zeitlebens die Welt gesehen. Tatsächlich verlebte LORENZ eine „paradiesische Kindheit in einem zauberschlossartigen Gebäude", „umgeben von Luxus", einem „Kometenschweif von Bediensteten" und „jeder Menge Tiere", ...

Auf Druck des Vaters wurde der Arztsohn jedoch erst einmal Doktor med., ehe er in Wien Zoologie und Psychologie studierte. Seine ebenso brotlosen wie epochalen Verhaltensstudien an Graugänsen, Enten, Dohlen und anderem Getier hatten da schon aus dem Altenberger Herrenhaus eine zoologische Massenunterkunft gemacht. Schon in diesen frühen Jahren habe der Forscher – ein junger „Dr. Doolittle, der mit den Tieren spricht, aber stets von Geldsorgen geplagt ist" – „die entscheidenden Grundlagen für jene Disziplin geschaffen, die später als vergleichende Verhaltensforschung weltweit Beachtung erhalten sollte".

Dann folgten die „dunklen Jahre", denen TASCHWER und FÖGER schon ihr 2001 erschienenes Buch „Die andere Seite des Spiegels" widmeten. Als „schwärmerischer Opportunist" habe LORENZ „mit den braunen Wölfen" geheult und sich dann durch die russische Kriegsgefangenschaft laviert. „Wir jubeln alle wie kleine Kinder", schrieb LORENZ in einem Briefwechsel mit dem Biologen OSKAR HEINROTH, als Hitlers Soldaten durch Wiens Straßen marschierten. Am 28. Juni 1938 stellte der Zoologe, was er bis zu seinem Tode abstritt, sein Ansuchen auf Mitgliedschaft in der NSDAP. „Ich war als Deutschdenkender und Naturwissenschaftler selbstverständlich immer Nationalsozialist" beteuert LORENZ in seinem Parteiantrag und bediente sich in den Folgejahren in seinen wissenschaftlichen Veröffentlichungen schamlos der Terminologie der Nazis.

Die „Verhausschweinung" des Menschen beklagte der Biologe und verglich die „überzivilisierten Menschen" der Großstädte mit ihren „Mopsköpfen" und „Hängebäuchen" mit überzüchteten Haustieren. „Wie die Zellen einer bösartigen Geschwulst" durchdrängen die „mit Ausfällen behafteten Elemente" den „Volkskörper", erläuterte LORENZ in seiner „Domestikations-Arbeit" von 1940. Da helfe, so LORENZ, nur „ein Rassepfleger", der auf eine noch schärfere Ausmerzung ethisch Minderwertiger bedacht" sei.

Die in dieser Zeit entstandenen NS-Aufsätze, „die zurückzunehmen seine Größe nicht ausreichte und die sein Fach bis heute belasten" („Zeit"), wurden LORENZ nach 1945 immer wieder vorgehalten. In der jetzt entdeckten Autobiografie versucht der Biologe eine Rechtfertigung: „Die Propaganda ließ den Nationalsozialismus als etwas sehr Harmloses, ja Familiäres erscheinen", schreibt der Forscher. „Das Wenige, was ich schon von Untaten und Gräueln des neuen Regimes wusste, konnte ich nicht glauben und wollte es vor allen nicht glauben. Der Vorgang, den SIGMUND FREUD ‚Verdrängung' nannte, hat eine dämonische Macht über den Menschen, von der man sich keine Vorstellung macht".

Trotz seiner deftigen Einlassungen avancierte LORENZ nach dem Krieg sehr schnell zum wissenschaftlichen Überflieger. Schon 1950 wurde der Biologe Direktor der eigens für ihn gegründeten Max-Planck-Forschungsstelle für vergleichende Verhaltensforschung. Viele von LORENZ geprägte Begriffe wie Triebstau, Auslöser oder Instinkt wurden in dieser Zeit definiert, das Forschungsfach internationalisiert.

LORENZ sei „ganz generell ein Enthusiast" gewesen, ... Zudem habe LORENZ es verstanden, sich der Medien virtuos zu bedienen. Erst dadurch sei er zum Wegbereiter jenes Forschungszweiges geworden, der herauszufinden trachtet, was für ein Tier der Mensch eigentlich ist. Ein ziemlich aggressives, behauptete LORENZ in seinem 1963 erschienenen Schlüsselwerk „Das sogenannte Böse". In aller Ausführlichkeit schloss der Forscher hier von der Gans aufs Ganze: Der menschliche Geist, so sein provozierender Befund, sei nicht frei, sondern gekettet an ein ererbtes Instinkt-Programm. ... Das bedrohliche Missverhältnis zwischen ererbten Sicht- und Handlungsbeschränkungen und geistigen Höhenflügen war fortan sein Lebensthema. ..., der Mensch, das „blöde Vieh", sei „mit seinem Gehirn im Stande, sich selbst und alle anderen auszurotten". ...

In den achtziger Jahren schließlich – inzwischen zusammen mit NIKO TINBERGEN und KARL VON FRISCH mit dem Nobelpreis geehrt – stieg LORENZ als vehementer Kernkraftgegner zum „nationalen Gewissen" Österreichs auf.

Mit „Kritik von zwei Seiten", von LORENZ-Feinden wie Freunden, rechnen die Autoren schon in der Einleitung ihres Buches ... .Aber: „Die Masse der Korrespondenz hat es uns ermöglicht, zu vielen Themen jemand zu Wort kommen zu lassen und relativ wenig selbst zu kommentieren", sagt FÖGER. ... Am Ende entsteht ein Mosaik einer vielschichtigen und widersprüchlichen Persönlichkeit. Als „bahnbrechender Wissenschaftler, mutiger Mahner und Gründervater der Umweltbewegung" gelte LORENZ den einen. Für die anderen sei er „schlicht ein Biologist, noch dazu einer mit NS-Vergangenheit. Dazwischen scheint bis heute nur wenig Platz zu sein."

Methoden in der Verhaltensforschung
Prägung

Schülerbuch Seite 212 (Zettelkasten)

① Analysieren Sie den Versuchsaufbau und erläutern Sie das Ergebnis unter Berücksichtigung kausaler und funktionaler Gesichtspunkte.

– *Durch die Versuchsanordnung können sich die beiden Männchen nicht sehen und damit auch nicht gegenseitig beeinflussen. Die Partnerwahl des Weibchens wird offensichtlich nur durch die Größe und Balzdarbietungen des jeweiligen Männchens beeinflusst. Die Versuchsplanung ging also vermutlich von der Hypothese aus, dass Buntbarschweibchen ihre Männchen nach bestimmten Kriterien aussuchen und die Verpaarung nicht durch den Kampf der Männchen untereinander entschieden wird. Die Wahl des größeren Männchens legt den Schluss nahe, dass die Größe ein Indikator für die Eignung des Männchens im Sinne väterlicher Fürsorge ist. Größere Männchen können z. B. bessere Beschützer oder aggressivere Verteidiger sein.*

Schülerbuch Seite 213

① „Jemand hat mich geprägt!" Erklären Sie, ob diese Aussage biologisch stimmt.

– *In der Biologie ist der Begriff „Prägung" streng definiert, bei der die auslösenden Reize für angeborene Verhaltensweisen erlernt werden. Die Prägung kann nur in der sensiblen Phase stattfinden und ist in der Regel irreversibel und unabhängig von Belohnungen. eine Person kann also einen großen Einfluss auf einen anderen Menschen haben, prägen im biologischen Sinne kann dies den Menschen (zum Glück) allerdings nicht.*

Arbeitsblatt Seite 187

1. Möglicher Ablauf: alle 30 Sekunden wird der Aufenthalt der Tiere protokolliert.
2. Präsentation als Blockdiagramm (s. Abb.)
3. Im gezeigten Versuch sind zwei Paare vorhanden, die die Sektoren 1 und 2 bzw. 9 und 10 besetzen.
4. In den entgegen gesetzten Bereichen könnten Tonscherben als Höhlen angeboten werden; evtl. kann der Versuch auch wiederholt werden, wenn Jungfische vorhanden sind.
5. Text A entstammt der klassischen Ethologie und beschreibt die Mechanismen der Verhaltenssteuerung (proximate Ebene); Text B ergibt sich aus der Soziobiologie und fragt nach den ultimaten Ursachen. Die biologische Bedeutung der Paarbindung liegt in der erfolgreichen Aufzucht der Nachkommen (Buntbarsche sind sehr konkurrenzstark, vgl. fast 2 000 Arten weltweit).

Hinweis: Ist ein hinreichend großes Aquarium in der Schule vorhanden, sollte man zwei deutlich unterschiedliche Pärchen der Zebrabuntbarsche einsetzen und die Beobachtungsexperimente direkt durchführen. Besteht diese Möglichkeit nicht, können die angegebenen Ergebnisse ausgewertet werden.

Literaturhinweise

Randler, Ch.: Verhaltensbeobachtung in der Schule. MNU 55/2, 2002, 81 – 83
Schäfer, C.: Buntbarsche. Ulmer, Stuttgart (Hohenheim) 1998
Ziemek, H.P.: Die Paarbindung bei Buntbarschen. MNU 56/7, 2003, 415 – 417
Zupanc, G.K.H.: Fische im Biologieunterricht. Aulis Verlag, Köln 1990

Medienhinweise

http://www.schuelerlabor-biologie.de/index.htm
Das Modul „Buntbarsche" wird von der Universität Gießen (Didaktik der Biologie) für Schülerexperimente mit dem Ziel angeboten, naturwissenschaftliches Arbeiten unter Laborbedingungen kennen zu lernen.

Gibt es eine Paarbindung bei Buntbarschen?

Buntbarsche kommen mit fast 2 000 Arten in Afrika, Mittel- und Südamerika sowie in Vorderindien vor und werden in vielen Arten weltweit gezüchtet. In hinreichend großen Aquarien (ab 100 Liter) lassen sich verschiedene Verhaltensweisen gut beobachten. Zur oben gestellten Frage kann ein einfacher Versuch Auskunft geben.

Zebrabuntbarsche sind sehr variabel in der Färbung. Die Tiere können leicht unterschieden werden. Jeder Beobachter kann daher für „seinen" Fisch in einem bestimmten Zeitraum protokollieren, wo er sich aufhält. Dies wird erleichtert durch eine Unterteilung der Frontscheibe in Sektoren, die mit wasserfesten Stiften aufgezeichnet wird.

Abb. 1 Versuchsanordnung

Aufgaben

1. Planen Sie innerhalb einer Vierergruppe, wie der Versuch (Zeitdauer ca. 30 Minuten) ablaufen soll. Legen Sie auch die Art der Protokollierung fest.
2. Wie sollen die Versuche im Plenum präsentiert werden?
3. Vergleichen Sie Ihre Daten mit der nebenstehenden Abbildung. Welche Schlussfolgerungen ergeben sich?
4. Wie könnte man den Versuchsaufbau variieren, um weitere Aussagen zur Erklärung des beobachteten Verhaltens zu erhalten?
5. Im Folgenden sind zwei Texte nach ZIEMEK zitiert, die das vorliegende Problem betreffen. Analysieren Sie jeweils, ob der Text der klassischen Ethologie oder der Soziobiologie zuzuordnen ist und ob proximate oder ultimate Ursachen beschrieben werden. Welche biologische Bedeutung hat die Paarbindung?

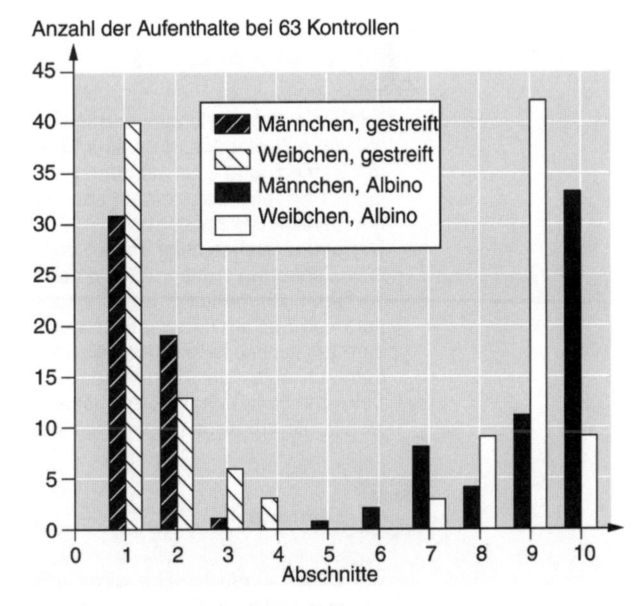

Abb. 2 Versuchsergebnisse

Text A

LENZ und seine Schüler beschrieben Bindung als die so genannte partnerbeschränkte Verträglichkeit. Diese würde mit dem Zeitpunkt beginnen, ab dem Männchen und Weibchen sich nicht mehr gegenseitig bekämpfen, sondern gemeinsam gegen andere Individuen vorgehen. LAMPRECHT beschrieb als Grund für diese Verträglichkeit eine Beiß- und Aggressionshemmung, die das Zusammenleben der Partner ermöglicht. Diese Hemmung soll durch einen allmählichen Lernvorgang in Form einer Gewöhnung *(Habituation)* erfolgen. Dazu sei außerdem das Erlernen individueller Merkmale des Partners notwendig.

Text B

Beide Partner investieren uneigennützig in die Paarbindung (sie kennen ja noch nicht den letztlichen Reproduktionserfolg mit dem gewählten Partner) und investieren in ihre Nachkommen. Dabei hätten beide Vorteile, wenn sie einen Partner wählen, der seine jeweilige Rolle optimal ausfüllen kann. Das Männchen stellt durch die Bewachung des vom Paar gewählten Laichterritoriums sicher, dass die von ihm befruchteten Eier zur Entwicklung kommen. Es verzichtet durch monogames Verhalten auf die Paarung mit anderen Weibchen. Das Weibchen investiert wesentlich mehr in die Beziehung, da es Eier in großer Zahl produzieren muss und durch die intensive Brutpflege Nachteile im Wachstum und der eigenen Fitness erleidet.

Konditionierung – das Tier als Automat?
Konditionieren und Erziehung

Schülerbuch Seite 215

① Ein Kind räumt nur sehr selten seine Spielsachen weg. Erarbeiten Sie mithilfe jeder der im Text genannten operanten Konditionierungsarten einen Plan, wie erreicht werden kann, dass das Kind aufräumt.
– *Wenn das Kind auch nur einzelne Spielsachen wegräumt, wird dies konsequent durch Belohnungen verstärkt. Dadurch wird die Wahrscheinlichkeit erhöht, dass das Kind zunehmend mehr Ordnung schafft.*
② Beurteilen Sie anhand von Abbildung 1 mögliche Gefahren von Filmen und Comics auf Kinder.
– *Das Beobachten von Gewalt, deren Ausführung belohnt wird, führt bei Filmen und Zeichentrickmodellen zu einem höheren allgemein aggressiven Umgang als die Live-Beobachtung. Auch die direkte Nachahmung von Gewalttaten wird erheblich gesteigert. Der Versuch legt nahe, dass die Beobachtung von Gewalt mittels dieser beiden Medien aggressives Verhalten verstärkt.*

Arbeitsblatt Seite 189

1. Es liegt operante Konditionierung vor, da ein zufällig auftretendes, neutrales Verhalten mit der Befriedigung einer bestehenden Handlungsbereitschaft aus einem anderen Verhaltensbereich belohnt wird.
2. Der erste Versuch zeigt, dass Seehunde über eine Echoortung entsprechend dem Sonar verfügen. *(Anmerkung:* So können z. B. Beutetiere von Steinen unterschieden werden.) Aus dem Ergebnis des zweiten Versuchs kann man schließen, dass Seehunde zwar ihre Schwimmgeschwindigkeit registrieren, dazu jedoch die Vibrissen nicht nötig sind.

Duftreize

In einer ersten Versuchsreihe wird die Biene in ein Röhrchen eingeklemmt, sie kann aber Antennen und Rüssel bewegen. Wird die Antenne der Biene mit einem Tropfen Zuckerlösung berührt, streckt das Tier den Rüssel heraus und versucht, die Zuckerlösung zu trinken. Wird zwei Sekunden vor der Zuckerlösung ein Duftreiz verabreicht, so ist nach wenigen Wiederholungen dieses Versuchsteils der Duftreiz alleine in der Lage, das Herausstrecken des Rüssels auszulösen.

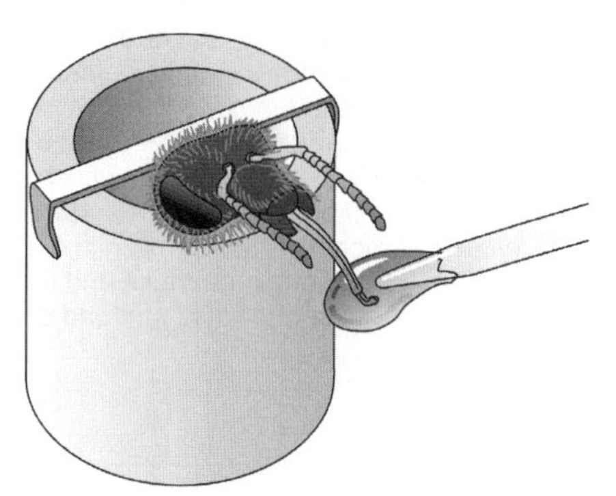

Da der vorher neutrale Reiz „Duft“ den Reflex (Herausstrecken des Rüssels ist die unbedingte Reaktion) nach dem Lernvorgang auslöst, handelt es sich um eine klassische Konditionierung. Der zuvor neutrale Duftreiz wird auf diesem Weg zum bedingten Reiz und die durch ihn ausgelöste Reaktion ist die bedingte Reaktion.

Literaturhinweise

HASSENSTEIN, B.: Verhaltensbiologie des Kindes. Spektr. Akad. Verl., Weinheim 2001
HASSENSTEIN, B.: Instinkt, Lernen, Spielen, Einsicht. Piper, München 1980
MCFARLAND, D.: Biologie des Verhaltens. Spektr. Akad. Verl., Weinheim 1989

Medienhinweise

FWU 42 02647 Konditionierung bei Ratten (Arbeitsvideo)
FWU 42 02482 Tierdressur im Zirkus: Haustiere in der Manege
http://www.psych.nyu.edu/phelpslab/
Hier sind Arbeiten aufgelistet, die mit einer Pawlow-Konditionierung menschliches Verhalten untersuchen, so z. B. wie stabil die Angst vor Personen mit anderer Hautfarbe ist – unabhängig davon ob Weiße oder Farbige getestet werden – und mit welchen Gehirnarealen und Verhaltensweisen dies verknüpft ist.

Konditionierung als Hilfsmittel der Forschung

Seehunde sind außerordentlich geschickt beim Beutefang. Sie können auch im Dunkeln in tieferen Wasserschichten kleine Fische (ihre Hauptnahrung) und Garnelen fangen. Um Aussagen über die Sinnesleistungen der Tiere zu erhalten, dressierte man die Tiere darauf, in einer Versuchssituation bestimmte Verhaltensweisen zu zeigen.

In das Seehundbecken wurde zunächst ein Ring gehängt. Für das Apportieren des Rings erhielt der Seehund einen Fisch. Nachdem er dies gelernt hatte, wurden zwei äußerlich gleiche Ringe angeboten, von denen einer mit Luft gefüllt war, während der andere Wasser enthielt. Die Ringe unterschieden sich also äußerlich nicht, sondern nur in ihrem Verhalten bei der Reflexion von Schallwellen, was technisch bei der Sonarortung angewendet wird. Der Seehund erhielt jetzt nur dann einen Fisch, wenn er den mit Luft gefüllten Ring brachte. Nach 26 Versuchen traf der Seehund in mehreren Versuchsreihen in 75 bis 80 % der Fälle die richtige Wahl.

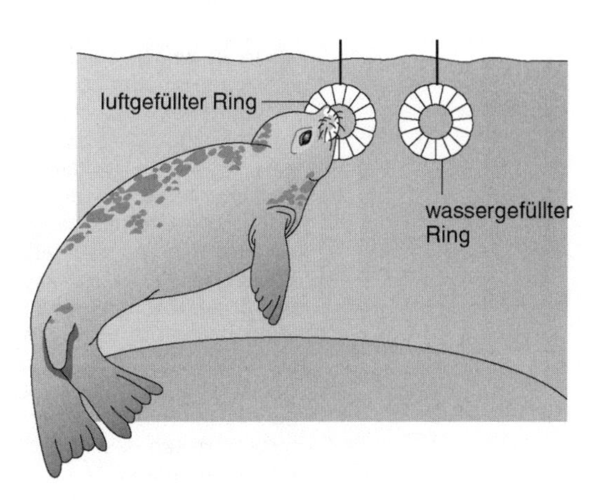

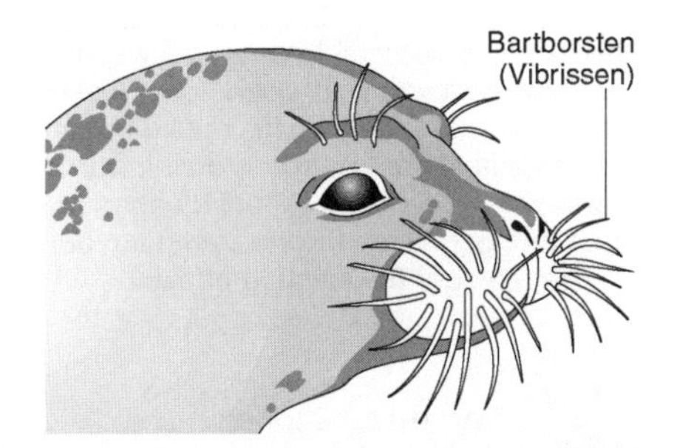

Seehunde haben Bartborsten (Vibrissen). Eine Hypothese zu deren Funktion war, dass sie der Geschwindigkeitsmessung beim Schwimmen durch unterschiedlich starkes Abbiegen durch das beim Schwimmen vorbeiströmende Wasser dienen.

Zur Überprüfung der Hypothese wurde folgendes Experiment gemacht:

Die Tiere lernten mit konstanter Geschwindigkeit in einer Kreisbahn zu schwimmen (vgl. Abb.). Bei Einhaltung der Geschwindigkeit erhielten die Seehunde einen Fisch, bei abweichender Geschwindigkeit erklang ein Summton und es wurde kein Fisch angeboten.

Als die Tiere das Einhalten der Geschwindigkeit gelernt hatten und dies auch nach 17 Tagen Trainingspause noch gut beherrschten, wurden die Vibrissen abgeschnitten. Sie wachsen in einigen Wochen nach. Nach dem Abschneiden der Vibrissen wurden die Tiere wieder in die Versuchsanlage gesetzt. Sie hielten auch ohne Vibrissen die Geschwindigkeit mit gleicher Sicherheit.

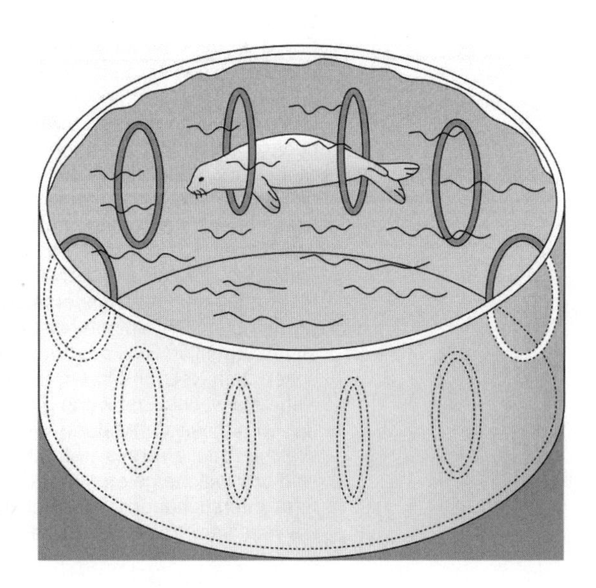

Aufgaben

1. Leiten Sie aus den Versuchsbeschreibungen ab, welche Form des Lernens die Seehunde in diesen Versuchen gezeigt haben.
2. Deuten Sie die Ergebnisse der beiden Versuche. Stellen Sie dazu ihre Schlussfolgerungen bezüglich der Sinnesleistung der Seehunde zusammen.

Balz
Lerndisposition
Lernen
Paarungsverhalten
Prägung

Lernen und Reifung

Arbeitsblatt Seite 191

1. Die Lebensbedingungen eines Kaspar-Hauser-Tieres dürften sich in den meisten Fällen stärker von der natürlichen Situation unterscheiden als in diesem Beispiel. Die Gefahr von Verfälschungen ist aber dennoch gegeben, weil auch die artfremde Aufzucht Artefakte verursachen kann. Bezüglich der beim Wirt und den „Pflegetieren" gleichen Verhaltensweisen lässt diese Methode keine Aussage zu.
2. Bettel- und Kontaktrufe bleiben artspezifisch erhalten. Nahrungspräferenz, Kontaktrufe und Flugweise werden durch die Fremdaufzucht verändert, d. h. in diesen Bereichen lernen die Jungen von ihren Zieheltern.
3. Lerndispositionen z. B. bei den Bettelrufen, erhöhen die reproduktive Fitness. Möglicherweise erleichtern auch die anderen gelernten Verhaltensweisen das Teilen knapper Nistplätze mit der anderen Art.

List und Gegenlist

Auf den ersten Blick erscheint die parasitische Fliege *Arachnidomyia lindae* lebensmüde: Gezielt fliegt sie in die nicht klebende Mitte des Spinnennetzes und löst so einen Kontrollgang der mexikanischen Spinne Metepeira incrassate aus. Die kurze Abwesenheit vom ansonsten gut bewachten Eikokon benutzt die Fliege dann zur Eiablage. Ihre Larven durchdringen später die Kokonhülle und fressen die Eier der Spinne in sicherer Umgebung auf. Notwendig ist der gefährliche Trick mit der Landung im Netz, weil die Spinne die parasitoide Fliege an der charakteristischen Frequenz ihres Flügelschlages erkennt. Fixierte, Flügel schlagende Arachnidomyia-Fliegen rufen im Experiment ein charakteristisches Abwehrverhalten der Spinne hervor, wie auch Tonaufnahmen, nicht aber eine Stubenfliege oder deren Tonaufnahmen. Die Fliege benötigt allerdings mehrere Anflüge zur Eiablage, sodass die Spinne immer wieder eiligst zurückkommt. Rütteln am Netz, versuchte Eiablage, Flucht vor der zurückgekehrten Spinne und erneutes Rütteln am Netz können sich daher mehrfach wiederholen. Die Spinne reagiert daraufhin mit einer Gegenlist: Sie kappt den Signalfaden zwischen dem Netz und ihrem Eiersack, in dessen Nähe sie wacht. Erst wenn die Fliege aufgegeben hat, wird diese Verbindung wieder hergestellt. Welche Anteile dieses Verhaltens genetisch fixiert sind und welche gelernt werden, werden erst weitere Untersuchungen oder Entwicklungen dieses koevolutiven Prozesses zeigen.

Futterwahl bei Bachstelzen

Eine ältere Arbeit von John R. Krebs und Nicholas B. Davies beschäftigte sich mit der Futterauswahl und den Entscheidungen, wie die Beute zu fangen sei. Die untersuchte Trauerbachstelze, die in Südengland ganzjährig vorkommt, und die nah verwandte Schafstelze, die dort nur den Sommer verbringt, wurden im zeitigen Frühjahr verglichen, bevor die Vögel mit der Brut begannen. Auf den Weiden sind die Kuhfladen die Hauptnahrungsquelle für die Insekten, von denen sich die Stelzen ernähren. Die Stelzen jagen aber auch am nahen Ufer kleinere Insekten. Die Forscher stellten fest, dass an den Kuhfladen jeweils nur ein einzelner Vogel jagte, während am Flussufer meist eine große Schar gemeinsam dieselbe Stelle besuchte. Der einzelne Vogel muss also jeweils die Entscheidung treffen, eine bestimmte Stelle am Ufer oder einen Kuhfladen aufzusuchen, um die Ergiebigkeit der Futterquelle zeitlich richtig zu nutzen. Die Tiere verbringen etwa 90 % der Tageslichtstunden mit der Futtersuche und mangelnde Optimierung hat einen Gewichtsverlust zur Folge, was sich dann auch im Misslingen der Jungenaufzucht äußert. Die beobachteten Vögel wechselten recht wirkungsvoll von Kuhfladen zum Flussufer und umgekehrt, sodass die maximale Futtermenge bei kleinstmöglichem Aufwand erzielt wurde. Die Anpassung an die Umweltbedingungen machen auch hier das genetisch fixierte Verhalten durch Lernprozesse sehr flexibel und effektiv.

Lerndispositionen

Laborratten können nach der Skinner-Methode sehr leicht konditioniert werden, bestimmte Verhaltensweisen auszuführen: So wurden z. B. die Tiere mit einem elektrischen Strafreiz darauf dressiert, nach einem Warnsignal in einem Laufrad loszulaufen oder – in einer anderen Versuchsserie – sich darin umzuwenden. Mit derselben Methode ist es aber nicht möglich, die Ratten darauf zu dressieren, dass sie sich aufrichten: Ratten, die sich unmittelbar nach dem Warnsignal aufrichteten, erhielten keinen Strafreiz; trotzdem lernten sie dieses Verhalten nicht. Auch mit anderen Tieren kann gezeigt werden, dass für bestimmte Verhaltensmuster keine Lerndisposition besteht.

Literaturhinweise

Hieber, C.S. et.al.: The spider and fly revisited: ploy-counterploy behavior in a unique predator-prey system. Behavioural Ecology and Sociobiology, 53(1), 2002, 51 – 60

Krebs, J.R., N.B. Davies: Behavioural ecology, an evolutionary approach. Blackwell, Oxford (1978). Neuere Ausgabe unter: Einführung in die Verhaltensökologie, Berlin 1996

Was lernt ein Kakadu?

Kakadus sind eine Gattung der Papageienvögel. Sie gehören zur farbenprächtigen Vogelwelt Australiens. Manche Arten, wie der *Inkakakadu*, sind als Haustier weit verbreitet. Sie begeistern ihre Besitzer dadurch, dass sie eine Vielzahl von Verhaltensweisen lernen können. Neben Kunststücken, wie das Fahren auf einem kleinen Fahrrad, gehört dazu das Nachahmen der menschlichen Sprache.

Die Beobachtung der Tiere in ihrem natürlichen Lebensraum führte zur Entdeckung eines ungewöhnlichen Brutverhaltens der Kakadus. Die Lebensräume zweier Arten, der Inkakakadus und der Rosakakadus, überschneiden sich teilweise. Beide Arten brüten in Baumhöhlen. Manchmal kommt es vor, dass sich Brutpaare beider Arten eine Höhle teilen. Innerhalb von 3 bis 4 Tagen legen die Weibchen beider Arten Eier, ohne sich dabei wesentlich gegenseitig zu stören. Wenn dann jedoch das eigentliche Brüten beginnt, kommt es zum Streit zwischen den Brutpaaren. Da die Inkakakadus größer und kräftiger sind, gelingt es ihnen, die Rosakakadus zu vertreiben. Erstaunlicherweise brüten die Inkakakadus nicht nur beide Gelege aus, sondern ziehen neben ihren eigenen Jungen auch die Pfleglinge groß.

Für Verhaltensforscher bietet diese Verhalten die Möglichkeit, zu untersuchen, welche Verhaltensweisen der jungen Rosakakadus durch Lernen verändert werden können. Dazu verglichen sie die Verhaltensweisen von Rosakakadus, Inkakakadus und den von der fremden Art aufgezogenen Rosakakadus:

	Rosakakadu	**Inkakakadu**	**von Inkakakadus aufgezogener Rosakakadu**
Flugverhalten	schnelle, flache Flügelschläge	langsame, weit ausholende Flügelschläge	langsame, weit ausholende Flügelschläge
bevorzugte Nahrung	bestimmte Früchte	andere Früchte	wie Inkakakadu
Bettelrufe der Jungtiere	Rosakakaduruf	Inkakakaduruf	Rosakakaduruf (wird von den Inkakakadus mit Füttern beantwortet)
Kontaktrufe im Schwarm	0 1 2 3 4 5; 0 1 Zeit (s) 2	0 1 2 3 4 5; 0 1 Zeit (s) 2	0 1 2 3 4 5; 0 1 Zeit (s) 2

Aufgaben

1. Vergleichen Sie die Versuchsbedingungen in diesem Fall mit denen in typischen Kaspar-Hauser-Experimenten. Nennen Sie dabei Vor- und Nachteile beider Methoden.
2. Stellen Sie zusammen, welche Verhaltensweisen bei den Rosakakadus überwiegend genetisch bedingt sind und bei welchen Verhaltensweisen überwiegend Lernen vorliegt.
3. Leiten Sie aus dem Material begründete Hypothesen ab zur biologischen Bedeutung der Lernfähigkeit.

Komplexes Lernen
Lexikon: Weitere Lernformen

Arbeitsblatt Seite 193

1. Im ersten Fall ist das passende Muster identisch, in den vier folgenden um einen bestimmten Winkel gedreht: 45°, 90°, 135° bzw. 180°. Beim 6. Beispiel ist das passende Muster vergrößert, beim 7. verkleinert und beim 8. Beispiel bleibt die Kontur erhalten, aber die Form ist nicht ausgefüllt.
2. Die Grundlage für das Taubenexperiment ist deren Fähigkeit, die Futtergabe mit dem Picken gegen eine Scheibe zu assoziieren *(klassische Konditionierung).* Da die Taube eine Handlung erlernt, erfolgt damit eine *operante Konditionierung.* Die Tauben können aber nicht einfach eine einmal gelernte Handlung wiederholen, sondern sie müssen herausfinden, welches Muster passt. Dazu müssen sie vom Gelernten auf das Prinzip generalisieren. Sie müssen erkennen, was „passendes Muster" bedeutet, wenn es nicht identisch ist. Der Versuch zeigt, dass sie offenbar in der Lage sind, charakteristische Merkmale eines Objektes auch nach Rotation oder Änderung der Größe wieder zu erkennen. Das letzte Muster können sie nur richtig wählen, wenn sie eine Eigenschaft des Objekts *(Umriss)* wieder erkennen, auch wenn eine andere (ausgefüllt sein) nicht zutrifft. Hier muss eine averbale Begriffsbildung vorliegen.
3. Die Reaktionszeiten sind ähnlich, außer beim Bewerten spiegelbildlicher Muster. Hier sind die Tauben schneller. Die Anteile richtiger Antworten unterscheiden sich nicht gravierend.

Seehunde erkennen feindliche Wale

Nicht alle Schwertwale sind für Seehunde gefährlich. Manche Populationen leben in Küstennähe und fressen nur Fische, andere durchstreifen weite Gebiete in den Gewässern und jagen die Seehunde. Die Gesänge der Durchreisenden unterscheiden sich von denen der ortstreuen harmlosen Wale. Seehunde konnten die aufgezeichneten Laute der beiden Populationen deutlich unterscheiden. Welche Komponenten des Gesangs die Seehunde dabei lernen, ist jedoch noch nicht klar. Vermutet wird, dass ihnen das Unbekannte Angst macht: Spielte man den Seehunden Gesänge von harmlosen, aber weit entfernt lebenden Walen vor, ergriffen sie ebenfalls die Flucht (Nature, Bd.420).

Kluge Krähen

Neukaledonische Krähen erfinden selbst neue Werkzeuge: Forscher boten den Vögeln ein Stück Metalldraht, mit dem in der ursprünglichen Form das Futter in einem Gefäß nicht zu erreichen war. Die Tiere verbiegen den Draht innerhalb weniger Minuten selbstständig so, dass sie damit die Nahrung aus der Röhre angeln können. Bei Wiederholungen haben die Haken zwar unterschiedliche Formen, erfüllen aber immer ihren Zweck.
Der Film zum Versuch ist zu finden unter http://www.sciencemag.org/feature/data/crow/index.html

Schülerversuch

Der Versuchsansatz lässt sich für die Schüler gut veranschaulichen. Dazu werden mehrere Musterbeispiele auf Folie kopiert gezeigt (unten sind einige schwierige Muster dargestellt). Ein Schüler mit einer Stoppuhr misst, in welcher Zeit ein anderer Mitschüler das Erkennen der passenden Figur signalisiert. Die eigenen Messergebnisse können am Ende mit denen in Literaturangaben verglichen werden.

Literaturhinweise

DELIUS, J.D.: Komplexe Wahrnehmungsleistungen bei Tauben. Spektrum der Wissenschaft, Heft 4, 1986

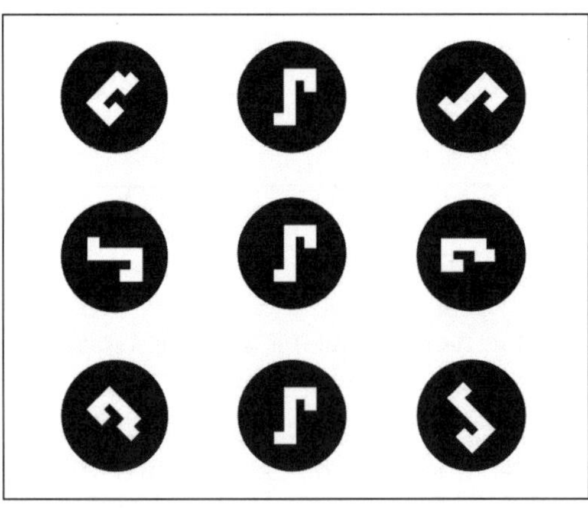

Musterbeispiele für Schülerversuche

Tauben denken schneller

Tauben erbringen trotz ihres relativ kleinen Gehirns enorme Leistungen beim Wiedererkennen von Objekten. So sind sie in der Lage, Personen auf Fotografien wieder zu erkennen, selbst wenn das Gesicht aus einer anderen Perspektive aufgenommen ist, die Person andere Kleidung trägt und anders geschminkt ist.

In einem Experiment konditionierte man Tauben in einer Skinnerbox darauf, geometrische Muster wieder zu erkennen. Ihre Leistungen wurden mit denen von Menschen verglichen. Zuerst zeigte man den Tieren ein Muster im mittleren Feld. Wenn sie dagegen pickten, bekamen sie zwei weitere Muster vorgeführt, von denen eines dieselbe Figur verändert darstellte, während das andere nicht zu den beiden Mustern passte. Die Tauben wurden belohnt, wenn sie auf das passende Muster pickten. Zum Vergleich zeigte man Versuchspersonen ein Vorbild und zwei Vergleichsmuster und sie erhielten die Aufgabe, das passende Muster durch Tastendruck zu markieren.

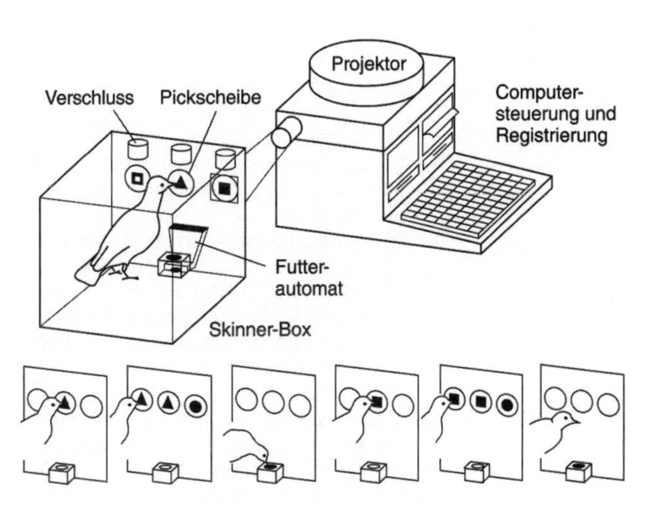

Abb. 1 Versuchsaufbau

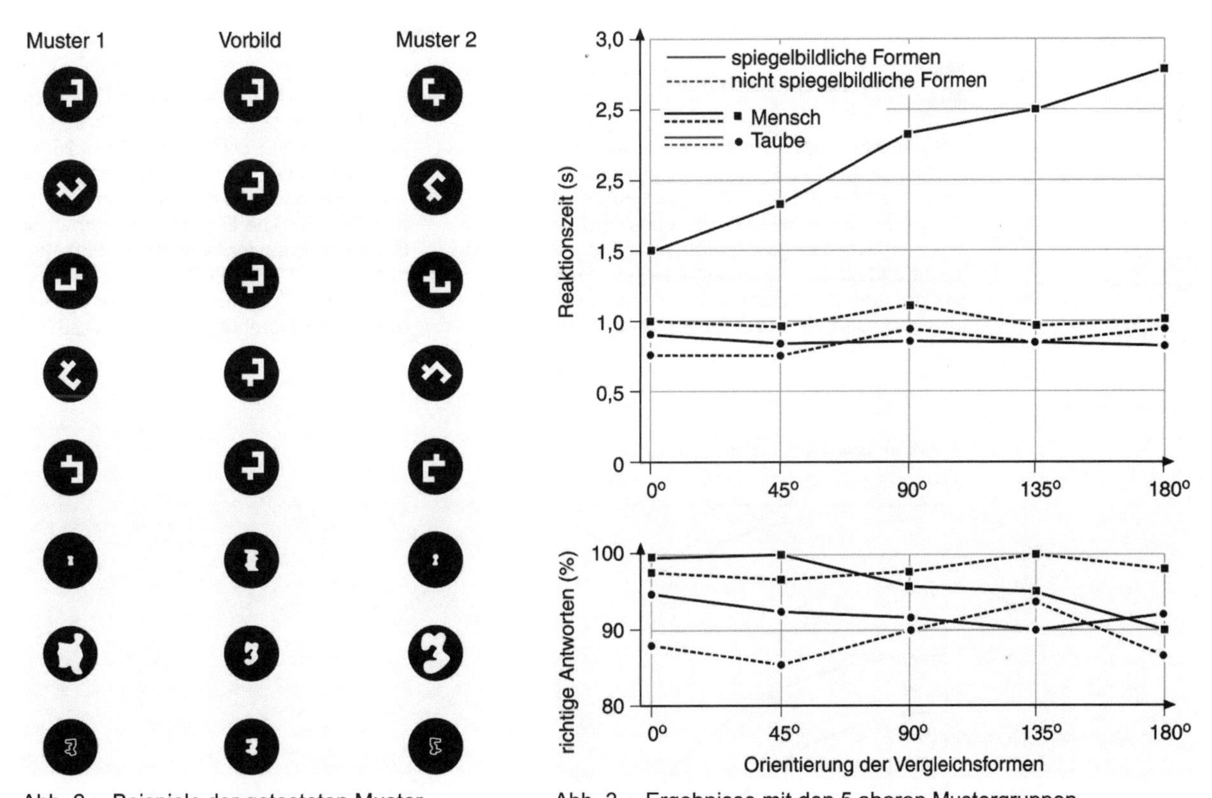

Abb. 2 Beispiele der getesteten Muster

Abb. 3 Ergebnisse mit den 5 oberen Mustergruppen

Aufgaben

1. Identifizieren Sie in den Musterserien das passende Muster und benennen Sie gegebenenfalls die Veränderung.
2. Erläutern Sie, welche Lernleistungen hier erbracht werden müssen.
3. Vergleichen Sie die Lernleistungen von Taube und Mensch.

Fitness – reproduktive
Habitat
Revier

Habitatwahl und Reviere

Arbeitsblatt Seite 195

Die Versuche erbrachten folgende Ergebnisse:
1. A. auratus entschied sich im Wahlversuch am häufigsten für eine Grasumgebung.
2. A. pulchellus zog im Wahlversuch langes Gras dem kürzeren Gras vor.
3. Vor die Entscheidung zwischen Gras und Buschlandschaft gestellt, wählte A. pulchellus klar das Gras.
4. Wahlversuche mit A. cristatellus waren etwas differenzierter. Bei dieser Art hängt das Wahlverhalten von der Körperlänge ab, die indirekt auch für das Alter der Tiere steht: Kleinere Tiere bevorzugten Gras, während die Größeren zu den Bäumen liefen.

Alle Versuche zeigten, dass die Tiere diejenigen Aufenthaltsräume auswählten, in denen sie normalerweise vorkommen. Da es sich bei den im Experiment verwendeten Tieren um Wildfänge handelte, kann man keine Aussagen darüber machen, ob diesem Wahlverhalten genetisch determinierte Verhaltensweisen oder Lernvorgänge zugrunde liegen.

Theorie der Habitatwahl

Tiere wurden in der Evolution an bestimmte Lebensräume angepasst. Dies setzt voraus, dass sie sich entsprechend häufig in diesen aufgehalten haben. Sie sollten daher in der Lage sein, in einzelnen Entscheidungsschritten ein geeignetes Habitat und hierin eine besonders gute Stelle zu erkennen und zu besetzen. Tiere einer Art, die dies besser konnten als andere, konnten sich erfolgreicher fortpflanzen und haben diejenigen, die diese Wahl nicht so gut trafen, ersetzt. Gute Stellen für den Nestbau oder sichere Stellen vor Räubern müssen aber nicht die besten Nahrungsgründe sein. Die Fitness, die in bestimmten unterschiedlich guten Habitaten erreicht werden kann, nimmt mit zunehmender Dichte aufgrund der Konkurrenz ab. Erreicht die Fitness in einem Habitat F_1 einen Wert, der in einem schlechteren, aber noch nicht besiedelten Habitat (vgl. F_2 und F_3) erreicht wird, sollte ein Tier unter Umständen in dieses konkurrenzfreie Habitat übersiedeln.

In einigen Fällen legen die Forschungsergebnisse nahe, dass der Habitatwahl genetisch bedingte Mechanismen zugrunde liegen. Eine Vielzahl von Tierarten scheint jedoch später dasjenige Gebiet zu bevorzugen, in dem es erfolgreich großgezogen wurde. Untersuchungen zeigen, dass Menschen halboffene, überschaubare Landschaften mit eingestreuten Baumbeständen und Wasserflächen bevorzugen, die womöglich von prägungsähnlichen Vorgängen auf bestimmte Landschaftstypen überlagert werden.

Literaturhinweise

KIESTER, A. R., G.C. GORMAN und D.C. ARROYO: Habitat selection behaviour of three species of Anolis lizards. Ecology 56, 220 – 225, 1975

ORIANS, G.H.: Habitat selection: General theory and applications to human behavior. In: LOCKARD, J.S.: The Evolution of Human Social Behavior. Elsevier, New York 1980, 49 – 66

PARTRIDGE, L.: Habitatwahl. IN: KREBS, J.R. und N.B. DAVIES: Öko-Ethologie. Verlag Paul Parey, Berlin, Hamburg 1981, 273 – 291

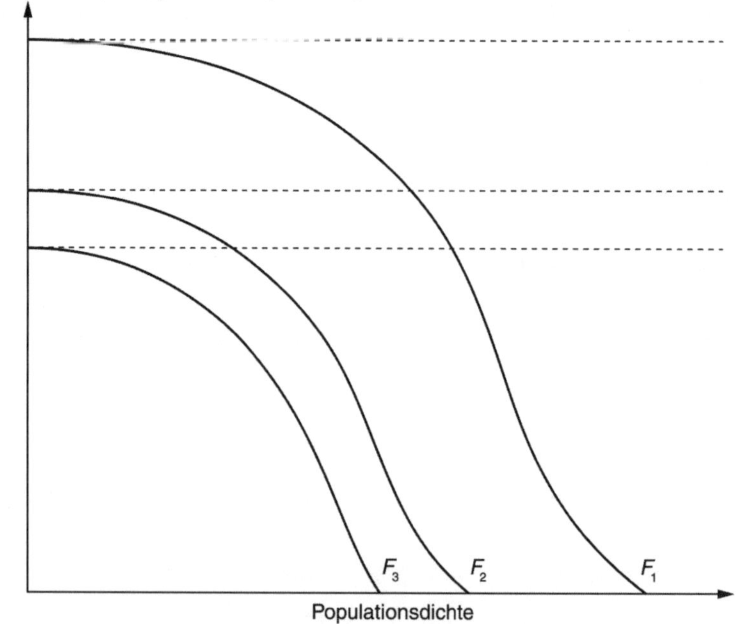

F_1, F_2, F_3 = Fitness in Habitaten unterschiedlicher Qualität

Habitatwahl bei Anolis-Echsen

In Mittelamerika leben mehrere Anolisarten. Sie gehören zu den Leguanen.

	Die untersuchten Tierarten		Vorkommen	natürliche Aufenthaltsräume	
A	Schwarzkehlanolis	Anolis auratus	Panama	Grasland	mittlere Grashöhen
B	Grasanolis	Anolis pulchellus	Costa Rica	Grasland	langes Gras
C	Kammanolis	A. cristatellus (jung)	Costa Rica	Gras-Busch-Habitat	
D	Kammanolis	A. cristatellus (erwachsen)	Costa Rica	Baumstümpfe – Stämme	

Bei Umsetzversuchen ließ man eingefangene Echsen in für sie untypischen Habitaten frei und beobachtete, wie sie abwanderten. Viele Echsen kletterten zunächst auf erhöhte Aussichtspunkte, beobachteten die gesamte Umgebung und wanderten dann in geeignete Lebensräume ab.

Ausgehend vom beobachteten Verhalten baute man jeweils im Gelände eine hohe Röhre auf, von deren Spitze zwei lange Leisten zum Boden hinabführten, die auf den gegenüberliegenden Seiten jeweils in unterschiedlicher Vegetation endeten (s. Abb.).

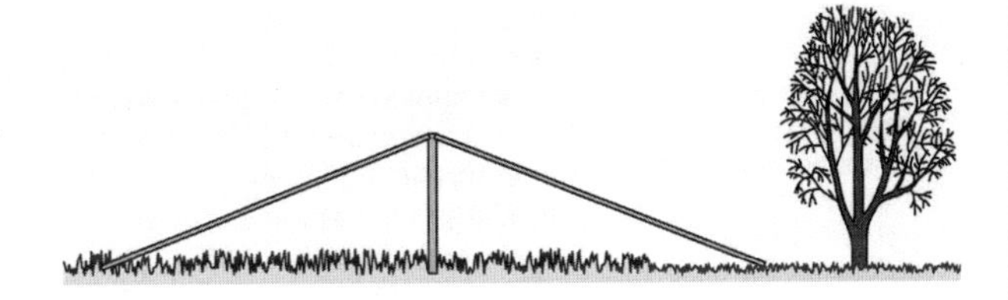

Für die einzelnen Versuche fing man nachts schlafende Anolis ein, hielt sie bis zur Versuchsdurchführung in dunklen Plastikboxen und setzte die Einzeltiere dann am nächsten Tag vorsichtig auf dem Oberende des Rohres aus. Der Experimentator zog sich dann zurück und beobachtete, wohin sich das Versuchstier wendete. Auffallenderweise verweilten die Echsen zunächst auf der Röhrenspitze und betrachteten die gesamte Umgebung, bevor sie herunterstiegen. Der Versuch wurde als Wahl gewertet, wenn das Versuchstier mindestens $^2/_3$ der Rampe herunterlief, bevor es ins Gras sprang. Sprang das Tier vorher herunter, galt dies als keine Wahl (KW). Die Wahlversuche ergaben folgende Ergebnisse:

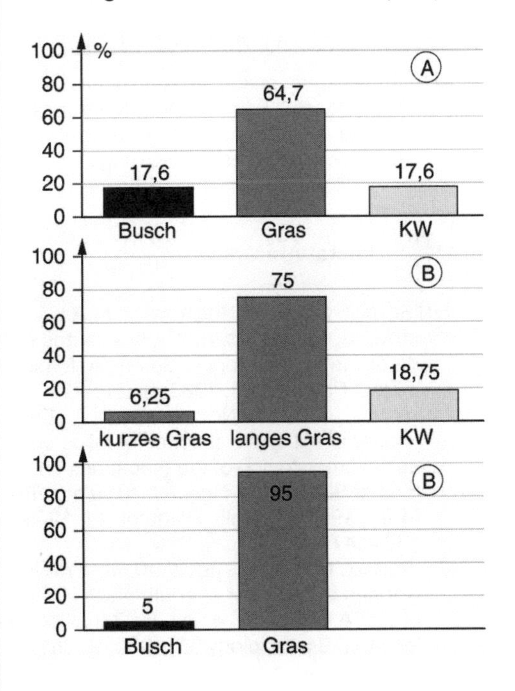

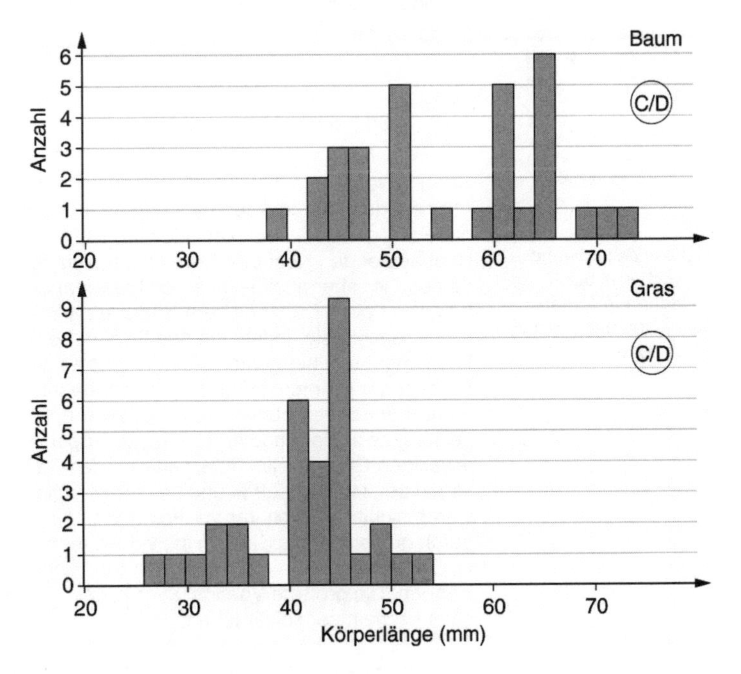

Aufgabe

Beschreiben Sie die Versuchsergebnisse und stellen Sie einen Zusammenhang zu den natürlichen Aufenthaltsräumen her.

Sozialsysteme
Fortpflanzungsstrategien

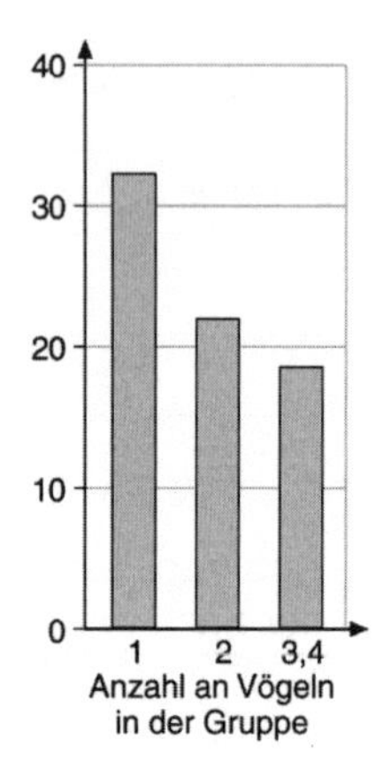

Abb. 1
relative Zeitdauer des Sicherns (%) bei Straußen in Abhängigkeit von der Anzahl der Vögel pro Gruppe

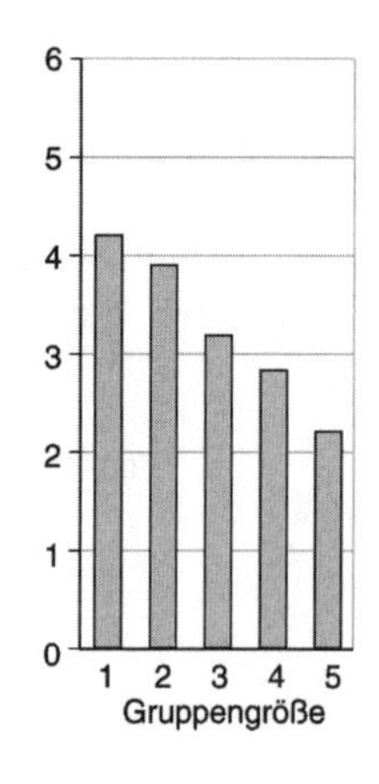

Abb. 2
relativer Zeitaufwand des Sicherns bei Menschen in Abhängigkeit von der Anzahl pro Gruppe

Arbeitsblatt Seite 197

Nach Abbildung 1 nimmt die Nahrungskonkurrenz mit zunehmender Gruppengröße zunächst stark zu. Ist die Gruppe schon groß, erhöht ein weiteres Gruppenmitglied die Nahrungskonkurrenz nicht mehr wesentlich. Nahrungskonkurrenz sollte dazu führen, dass die Gruppenmitglieder sich voneinander trennen. Mit steigender Gruppengröße nimmt der Räuberdruck dagegen ab. Dies liegt einerseits daran, dass die größere Gruppe den herannahenden Feind früher entdeckt und andererseits daran, dass der Räuber nur ein Individuum erbeuten kann, sodass das Risiko selber zur Beute zu werden mit zunehmender Gruppengröße geringer wird. Die Nachteile durch die Nahrungskonkurrenz können dann durch die Vorteile der Sicherheit vor Feinden wieder ausgeglichen werden. Je nachdem wie gefährlich die Raubfeinde sind, liegt die optimale Gruppengröße bei verschiedenen Werten. Der Vergleich der Gruppengrößen von Javamakaken in Semeulue und Ketambe (Abb. 3) bestätigt die theoretische Überlegung. Da die Nahrungsgrundlagen in beiden Gebieten vergleichbar gut ist, lassen sich die höheren Werte für Ketambe nur mit der Anwesenheit von Tigern und Nebelpardern erklären. Nach Abbildung 4 bilden Männchen häufiger kleinere Gruppen aus. Dies gilt nicht für die Weibchen und Gruppen mit Jungtieren. Diese bilden – besonders mit Jungtieren – die größten Gruppen. Bezogen auf Abbildung 2 bedeutet dies, dass für die wehrhafteren Männchen der Feinddruck geringer ist und für sie unter Umständen die Konkurrenz um Weibchen eine größere Rolle spielt. Weibchen und speziell die Jungtiere sind besonders gefährdet und bilden daher größere Gruppen aus.

Sichern bei Tier und Mensch

Strauße verbergen ihren Kopf zwar nicht im Sand, aber bei der Nahrungssuche häufig in der bodennahen Vegetation. In dieser Situation sieht der Beobachter den Kopf des Tieres nicht, zwangsläufig das Tier aber auch nicht einen herannahenden, höheren Feind. Daher sichern Strauße zwischendurch regelmäßig, indem sie den Kopf heben und ihre Umgebung betrachten. Abb. 1 gibt an, wie viel Prozent der Untersuchungszeit die beobachteten Tiere den Kopf erhoben trugen und zwar für Einzeltiere, zwei Tiere und drei bzw. vier Vögel in der jeweiligen Gruppe. Die Mittelwerte für das Sichern liegen bei 34,9 %, 22,9 % und bei 14,0 %. Die Tiere waren signifikant sicherer vor Feinden und hatten durch gemeinsames Sichern individuell mehr Zeit zur Nahrungssuche. Hähne sichern häufiger als Hennen. Die größere Vorsicht könnte daran liegen, dass sie häufiger solitär leben.

Ähnliche Ergebnisse hat man bei Säugetierarten wie Erdhörnchen, Makaken und Schimpansen, aber auch beim Menschen entdeckt (Abb. 2). Die Beobachtungen wurden an essenden Studentengruppen gemacht. Während des Essens schauen Menschen immer wieder auf und beobachten ihre Umgebung. Dieses Sichern wird von manchen Forschern als Relikt aus Zeiten betrachtet, in denen der Mensch noch von Raubtieren bedroht war.

Der Ursprung des Verhaltens könnte aber auch in der Notwendigkeit zur sozialen Aufmerksamkeit in den komplexen sozialen Strukturen der Primaten hängen. Genau wie beim Strauß und bei den Schimpansen sichern Männer häufiger als Frauen. Im Gegensatz zum Strauß nimmt aber sowohl die Häufigkeit als auch die Länge einzelner Sicherungsphasen mit der Gruppengröße ab.

An den im Arbeitsblatt betrachteten Javaneraffen konnten die Forscher auch feststellen, dass sie von den Gruppen umso eher entdeckt wurden, je größer die Gruppe war.

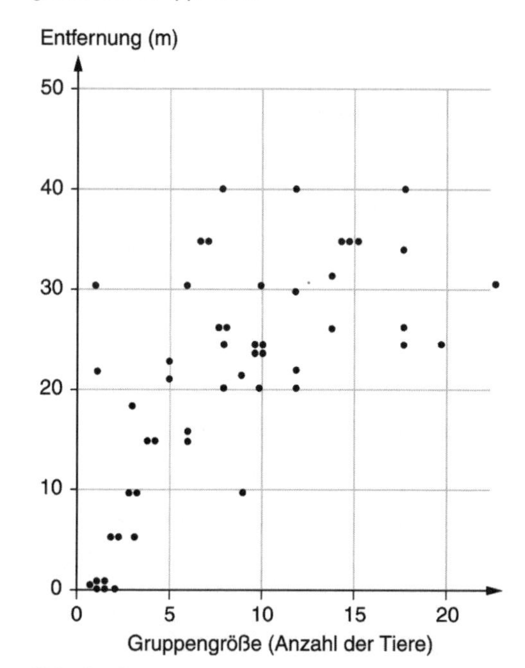

Abb. 3 Zusammensetzung zwischen der Individuenzahl von Javaneraffengruppen und der Entfernung zu den Beobachtern zum Zeitpunkt ihrer Entdeckung

Literaturhinweise

VAN SCHAIK, C.P.; VAN NOORDWIJK, M.A.; WARSONO, B.; SUTRIONO, E.: Party size and early detection of predators in Sumatran forest Primates. Primates 24, 1983; S. 211 – 2

VAN SCHAIK, C.P.; VAN NOORDWIJK, M.A.: Evolutionary effect of the absence of felids on the social organization of the macaques on the island of Simeulue (*Macaca fascicularis fusca* Miller, 1903). In: Folia Primatol. 44, 1985, S. 138 – 147

VAN SCHAIK, C.P.; HÖRSTERMANN, M.: Predation risk and the number of adult males in a primate group: A comparative test. In: Behavioral Ecology and Sociobiology 35, 1994, S. 261 – 272

Die optimale Gruppengröße

Abb. 1 Javamakake

Ökologen haben die in der Abbildung 2 dargestellten Zusammenhänge nach theoretischen Überlegungen aufgestellt und einen dieser Aspekte an Javamakaken – einer Affenart – genauer betrachtet. Man untersuchte die Gruppengrößen und ihre jeweilige Zusammensetzung aus Männchen, Weibchen und Jungtieren. Die Beobachtungen wurden auf Simeulue, einer Insel vor der Küste Sumatras, auf der es keine Raubkatzen gibt, sowie im Schutzgebiet Ketambe auf Sumatra durchgeführt. Hier gibt es neben dem Nebelparder auch Tiger. Die Gruppengrößen auf den beiden Inseln vergleicht Abbildung 3. In Abbildung 4 sind die Gruppengrößen und ihre Zusammensetzungen in Ketambe dargestellt.

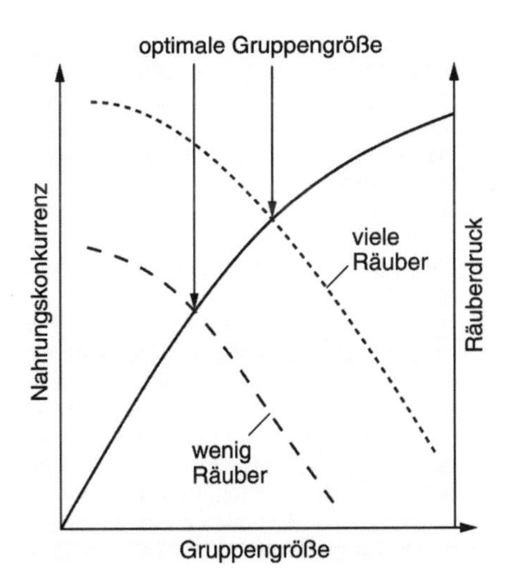

Abb. 2 Optimale Gruppengröße

Anzahl der Gruppen
Simeulue (ohne Katzen)
Ketambe (mit Katzen)
Gruppengröße (Anzahl der Tiere)

Abb. 3 Gruppengröße und Feinddruck

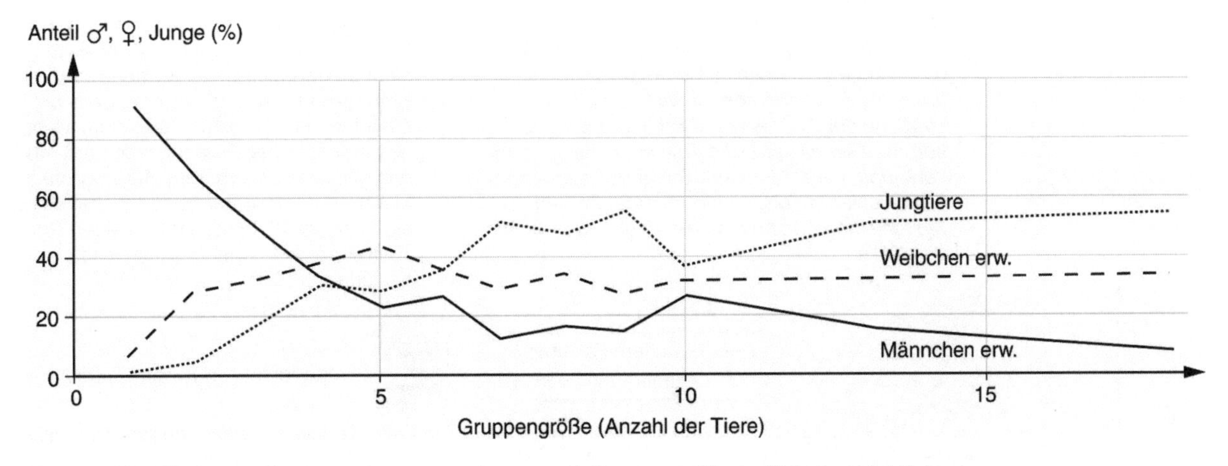

Abb. 4 Verhältnis von Gruppenzusammensetzung und Gruppengröße im Schutzgebiet Ketambe

Aufgabe

Formulieren Sie die theoretischen Aussagen der Abbildung 2 und stellen Sie jeweils einen Zusammenhang zu den Untersuchungsergebnissen aus Abbildung 3 und Abbildung 4 her.

Aggression und Rangordnung
Verhalten und Computerspiele

Schülerbuch Seite 225

① Begründen Sie auf der Grundlage einer Risikoabwägung, warum die Männchen häufiger Rangordnungen ausbilden als die Weibchen.

– *Kämpfe zwischen Tieren einer Art bergen immer ein großes Verletzungsrisiko (Kosten), das durch Vorteile (Nutzen) bei einem Sieg ausgewogen werden muss. Da der Nutzen für Männchen – durch Zugang zu Weibchen mehr Nachkommen zeugen zu können – meist wesentlich größer ist als für Weibchen, die um Futter kämpfen, sind Kämpfe um Rangordnungen bei Männchen häufiger.*

Schülerbuch Seite 227

① Erstellen Sie ein klassisches Konditionierungsschema, das zeigt, wie bei Gewalt verherrlichenden Computerspielen eine Assoziation zwischen brutalem Töten und Glücksgefühlen beim Spieler entstehen kann.

– *Bei diesen Spielen wird das Glücksgefühl beim Spielgewinn mit brutalem Töten assoziiert.*

② Erstellen Sie ein Informationsplakat, in dem Sie alle relevanten Einzelinformationen zusammenstellen. Geben Sie klar Auskunft, wer besonders gefährdet ist. Beenden Sie Ihr Plakat mit Ihrem persönlichen Fazit, ob Sie Gewalt verherrlichende Computerspiele als gefährlich einschätzen oder nicht.

– *Da die Assoziation von Glücksgefühl beim Spielgewinn mit brutalem Töten in der Regel unbewusst erfolgt, könnte man sich vorstellen, dass entsprechend labile Menschen nach dieser Konditionierung Glücksgefühle beim brutalen Töten von Menschen empfinden.*

③ Fassen Sie zusammen: Warum kann Ausleben von Gewalt zu mehr Gewalt führen?

– *Neuere Befunde sprechen eher gegen die Frustrations-Aggressions-Hypothese und für die Theorie des Modelllernens, die annimmt, dass das Ausleben von Gewalt zu einer Verstärkung der Aggression führt. Ist das Ausleben der Gewalt zusätzlich mit einer Belohnung verknüpft, sei es direkt im Sinne der operanten Konditionierung oder indirekt im Sinne des Modelllernens, kann dies die Aggression weiter verstärken.*

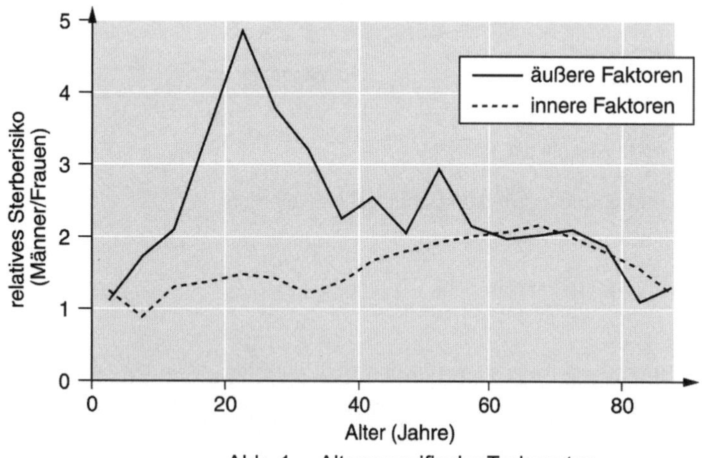

Abb. 1 Altersspezifische Todesraten

Arbeitsblatt Seite 199

1. Aus Abbildung 1 geht hervor, dass Männer viel häufiger als Frauen zu Tatverdächtigen gehören, in der Altersgruppe der 18- bis 21-Jährigen sogar zu mehr als 80 %. Das gleiche Bild ergibt sich aus Abbildung 2, das größte Risiko bei einem Autounfall zu sterben, tragen Männer im Alter zwischen 16 und 25 Jahren und Männer sowie Frauen über 70.
   Aus Abbildung 3 geht hervor, dass in Schimpansengruppen Auseinandersetzungen zwischen Weibchen sehr selten vorkommen, Konflikte zwischen Männchen und Weibchen wesentlich häufiger sind, die Auseinandersetzungen zwischen Männchen jedoch weitaus am häufigsten sind.
   Die Abbildung 4 stellt den Zusammenhang zwischen Rangstellung der Männchen und der durchschnittlichen Kopulationsrate dar. Es wird deutlich, dass der Zugang zu den Weibchen eindeutig mit dem Rang in der Männchenhierarchie gekoppelt ist. Ranghohe Männchen kopulieren pro Stunde am häufigsten. Abbildung 5 zeigt, dass es unter den Männchen einer Rhesusaffenkolonie besonders in der Paarungszeit zu Verletzungen und Todesfällen kommt.
2. Nach Batemans Prinzip können Männchen durch Zugang zu mehreren Weibchen ihre Fitness erhöhen, d. h. umgekehrt aber auch, dass sie ohne Zugang zu Weibchen auch keinen Nachwuchs zeugen. Da ranghohe Männchen die meisten Kopulationen mit Weibchen haben, der Rang aber ausgekämpft wird, steht ihre Aggression unter einem positiven Selektionsdruck. Da es für die Männchen um Alles oder Nichts geht, können die Kämpfe auch eskalieren und zum Tod führen (Abb. 5). Da der Rang immer wieder verteidigt werden muss, ist eine insgesamt höhere Aggressionsrate zwischen Primatenmännchen zu erwarten als zwischen Weibchen, die hauptsächlich um Futter, aber nicht um Männchen konkurrieren. Auf diesen Hintergrund wird verständlich, dass bei Rhesusaffen die Aggression zwischen Männchen besonders in der Paarungszeit groß ist. Die hohe Aggressionsrate bei heranwachsenden Männern dürfte damit zu tun zu haben, dass sie in diesem Alter beginnen, einen Rang anzustreben und dabei größere Risiken eingehen als junge Frauen.

Risikoverhalten junger Männer

Das relative Sterberisiko – ausgedrückt als Sterberisiko von Männern im Verhältnis zu dem von Frauen – ist in jedem Lebensalter für Männer höher als für Frauen. Schlüsselt man es nach äußeren Faktoren (Unfälle, Mord, Selbstmord usw.) und inneren Faktoren (Krankheit, Altersfolgen) auf, zeigt sich, dass das Sterberisiko aufgrund innerer Faktoren für Männer leicht erhöht ist, mit einem Maximum im Alter. Das Risiko aufgrund äußerer Faktoren zu sterben, ist für junge erwachsene Männer fünfmal so hoch wie für Frauen (statistische Daten aus Kanada).

Warum Jungen eher ausrasten

„Das Modell der menschlichen Natur, wie es die soziologische Lehrmeinung vertritt und wonach männliche und weibliche Psyche miteinander identisch unbegrenzt formbar sind, kann die Tatsache, dass in der ganzen Welt und durch die Jahrhunderte hinweg die meisten Gewalttaten von Männern begangen wurden, kaum erklären. ... Weltweit ist der „Prototyp" des Mörders ein männlicher Teenager oder Twen."
(aus ALLMAN, 1999)

Angaben über die Häufigkeit von Tatverdächtigen in Deutschland, aufgeschlüsselt nach Geschlecht und Alter sowie ein geschlechtsspezifischer Vergleich des relativen Todesrisikos deuten in die gleiche Richtung (Abb. 1, 2). Beobachtungen an verschiedenen Affenarten, wie Schimpansen, Steppenpavianen und Rhesusaffen, zeigen den gleichen Sachverhalt auf und liefern den Ansatz einer soziobiologischen Erklärung (Abb. 3 – 5).

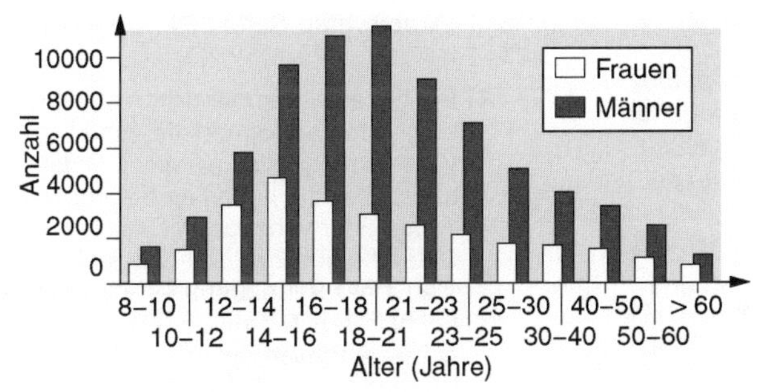

Abb. 1 Tatverdächtige auf 100 000 der jeweiligen Altersgruppen (Deutschland)

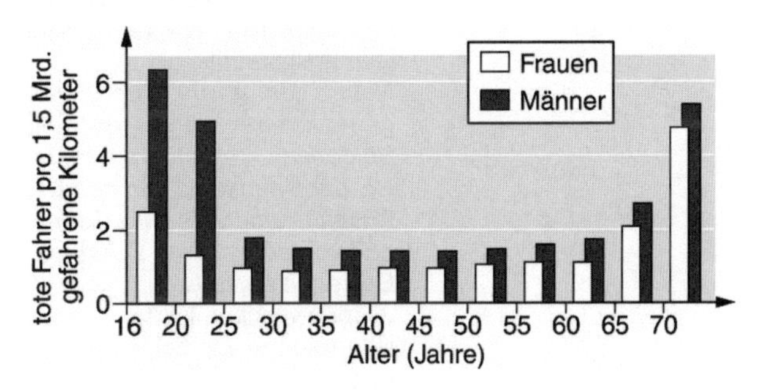

Abb. 2 Sterberisiko für Männer und Frauen (tödliche Autounfälle in den USA 1970)

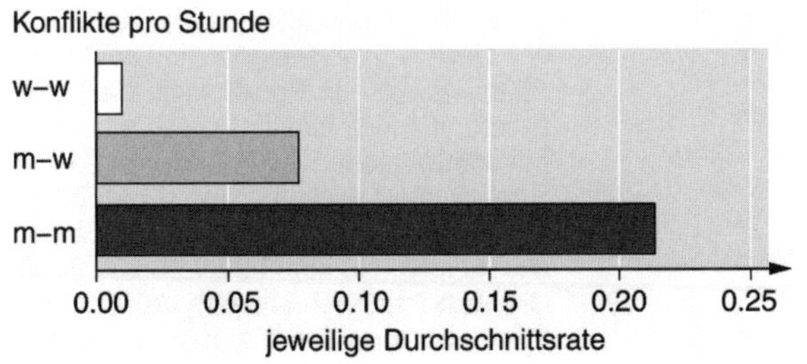

Abb. 3 Konflikte pro Stunde zwischen männlichen (m) und weiblichen (w) Schimpansen einer Zookolonie

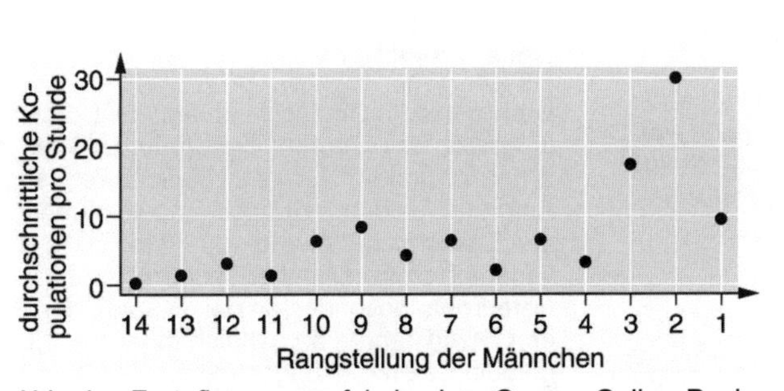

Abb. 4 Fortpflanzungserfolg in einer Gruppe Gelber Paviane

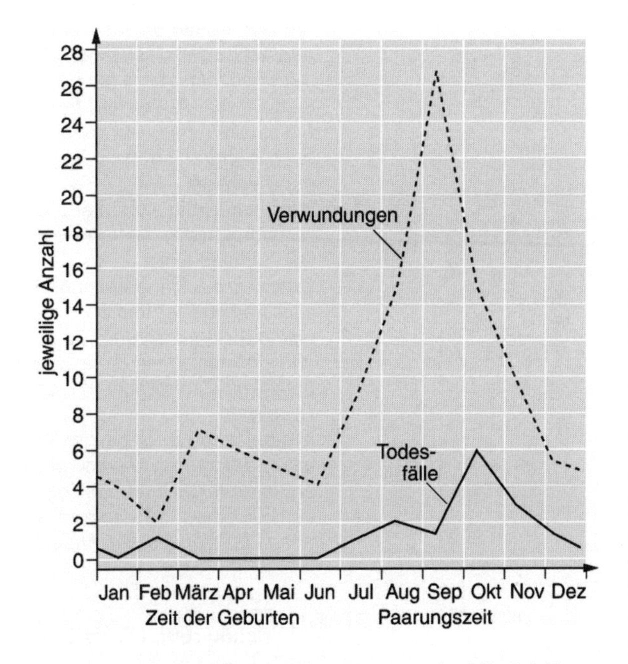

Abb. 5 Jahreszeitliche Schwankungen der Häufigkeit von Verletzungen und Todesfälle in einer Rhesusaffen-Kolonie in Puerto Rico

Aufgaben

1. Fassen Sie alle Aussagen der Abbildungen zusammen.
2. Im Gegensatz zu Weibchen können Männchen durch Zugang zu mehreren Fortpflanzungspartnerinnen ihren Lebensfortpflanzungserfolg erhöhen. Stellen Sie eine Beziehung dieses Sachverhaltes zu den Kurven dar und begründen Sie, wieso männliche Primaten in der Evolution aggressiver als Weibchen werden mussten.

Bakterien
Einzeller
Gesundheit
Infektionsabwehr
Infektionskrankheiten
Krankheitserreger

Immunbiologie

1 Krankheitserreger und Immunsystem

Bakterien
Angepasstheit von Bakterien: Genetische Rekombination

Schülerbuch Seite 230

① Antibiotika töten pathogene und apathogene Bakterien. Erklären Sie, warum häufig nach einer Antibiotikatherapie bakteriell verursachter Durchfall auftritt.
– *Neben dem erwünschten Abtöten der pathogenen Erreger werden auch die apathogenen Bakterien unter anderem im Darm abgetötet. Bei der Neubesiedlung des Darms nach der Antibiotikatherapie wird dieser dann häufig zuerst von pathogenen Durchfall verursachenden Bakterien besiedelt.*

② „Händewaschen ist der wichtigste Schutz vor Übertragung von bakteriellen Infektionskrankheiten.“ Erklären Sie anhand der Eigenschaften der Bakterien, warum diese Vorbeugung einer nachträglichen Antibiotikatherapie vorzuziehen ist.
– *Einmal in den Körper eingedrungen, vermehren sich Bakterien exponentiell, d.h. die Bakterienlast ist dann sehr viel höher und der Betreffende leidet bereits unter den Krankheitssymptomen. Außerdem besteht immer die Möglichkeit, dass sich eine Antibiotikaresistenz ausbildet und die Krankheit dann schwerwiegend verläuft.*

③ Informieren Sie sich über den Unterschied zwischen hygienischer und chirurgischer Händedesinfektion.
– *Chirurgische Händedesinfektion: Ziel: Abtöten aller pathogener und apathogener Mikroorganismen; Durchführung: Zwei Minuten Hände und Unterarme mit Seife waschen, dann 5 Minuten mit alkoholischem Desinfektionsmittel einreiben.*
hygienische Händedesinfektion: Ziel: Abtöten aller pathogenen Mikroorganismen nach Patientenkontakt; Durchführung: 30 bis 60 Sekunden Einreiben mit alkoholischem Desinfektionsmittel, danach ggf. Hände waschen.

Schülerbuch Seite 231

① Erklären Sie die Mechanismen, die bei zu kurzem und übermäßigem Einsatz von Antibiotika Resistenzentstehung fördern.
– *Nach kurzem Antibiotikaeinsatz sind noch nicht alle Bakterien abgetötet. Nach Absetzen des Antibiotikums sinkt der Antibiotikumspiegel im Blut. Bakterien, die verblieben sind und Ansätze von Resistenzen haben, können bei den niedrigen Antibiotikaspiegeln überleben und sich anschließend wieder vermehren. Wird das Antibiotikum erneut gegeben, wird es mindestens erheblich weniger wirksam sein.*

② Die Transduktion kann auch in der Gentechnik angewandt werden. Welche Nachteile hat diese im Vergleich zur Transformation?
– *Bei der Transduktion werden neben den gewünschten Genen auch die Gene des Phagen übertragen, was unvorhersehbare Folgen haben kann.*

Arbeitsblatt Seite 201

1. (A) Bei höheren Temperaturen steigt die Teilungsrate der Salmonellen und es werden viele gesundheitsschädliche Giftstoffe gebildet. Bei niedriger Temperatur wird die Teilung nur verlangsamt. Auch hier werden Giftstoffe gebildet. Deshalb sollten Speisen, die Salmonellen enthalten könnten, weder bei höheren Temperaturen noch zu lange aufbewahrt werden.
   (B) Werden frische Speisen mindestens 10 Minuten bei über 70 °C erhitzt, ist eine Infektion mit Salmonellen ausgeschlossen.
   (C) Haben sich in Speisen bereits Salmonellen vermehrt und Toxine gebildet, sind sie auch nach Erhitzen bzw. Gefrieren nicht mehr für den Verzehr geeignet.
2. Beispielsweise in Hackfleisch, Geflügel- und Eiersalat sowie eihaltiger Majonäse haben sich bei sommerlichen Temperaturen vorhandene Erreger stark vermehrt und Giftstoffe gebildet.
3. Durch die Konjugation findet Rekombination (Austausch, Neukombination) von Erbgut statt. Dies erhöht die genetische Variabilität in der Population und damit Anpassungsfähigkeit der Bakterien.

Diphtherie und Tetanusbakterien-Infektionen

Diphtherie: In Deutschland liegt die Durchimpfungsrate für Diphtherie bei Kindern derzeit zwischen 70 und 80 % mit rückläufiger Tendenz. Aufgrund fehlender Auffrischungsimpfungen besitzen Erwachsene aber nur zu 20 bis 30 % effektiven Impfschutz. Diphtherieerkrankungen stiegen in Osteuropa, besonders in den Staaten der GUS, in den letzen Jahren an (jährlich mehr als 150 000 gemeldete Erkrankungen mit ca. 5 000 Todesfällen). Durch die wachsende Zahl von Kontakten nach Osteuropa und durch berufliche oder touristische Reisen, steigt die Ansteckungsgefahr auch in Westeuropa. In Deutschland sind zwischen 1993 und 1999 27 Erkrankungsfälle (zumeist eingeschleppt) beobachtet worden.

Tetanus: Die Sporen des Bakteriums *Clostridium tetani* kommen im Erdboden, im Straßenstaub und in Exkrementen von Mensch und Tier vor. Sie sind über viele Jahre lebensfähig und infektiös. Die Ausrottung des Erregers ist somit nicht möglich.

Jährlich sterben weltweit über eine Millionen Menschen nach einer Tetanus-Infektion. In Deutschland erkranken an Tetanus jährlich etwa 10 bis 20 Personen.

Salmonellose

Eine Geburtstagsparty im Garten: Es ist ein heißer Sommertag. Das Essen – Kartoffelsalat mit Majonäse, Frikadellen, Brötchen mit Hackfleisch, Geflügel- und Eiersalat mit Baguette – bleiben den ganzen Tag über auf dem Tisch stehen. Die „Reste" werden nach am folgenden Tag aufgegessen.
Bei einigen Personen stellen sich Übelkeit, Erbrechen und Durchfall ein.
Der Arzt stellt die Diagnose: Salmonellose.

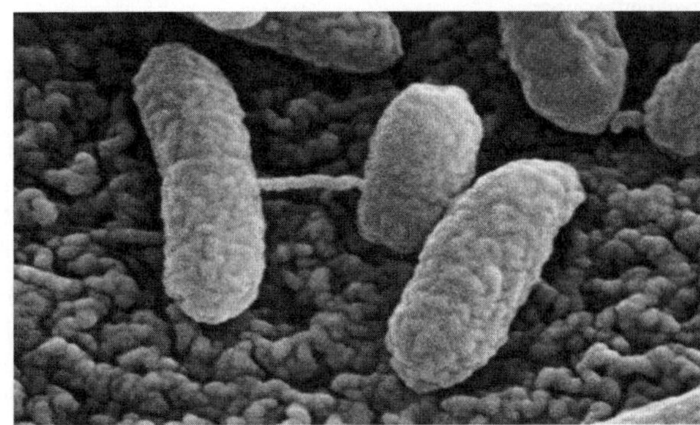

Abb. 1 Salmonellen

Salmonellose wird durch Salmonellen (Darmbakterien) ausgelöst. Wenn diese Bakterien in hohen Konzentrationen auftreten, kommt es zu Krankheitserscheinungen. Die Erreger bilden Giftstoffe, die zu Durchfall, Übelkeit, Erbrechen, Glieder- und Kopfschmerzen sowie zu Fieber führen. Die Symptome verschwinden nach etwa einer Woche. Von der Ansteckung bis zum Ausbruch der Krankheit (Inkubationszeit) vergehen nur 3 bis 36 Stunden. Bei infizierten Tieren sind die Erreger im Fleisch, aber auch in Milch und Eiern zu finden.

A Die Salmonellen werden im Nährmedium in Petrischalen bei unterschiedlichen Temperaturen kultiviert. Teilen sich die Bakterien, bilden sich sichtbare Bakterienkolonien.

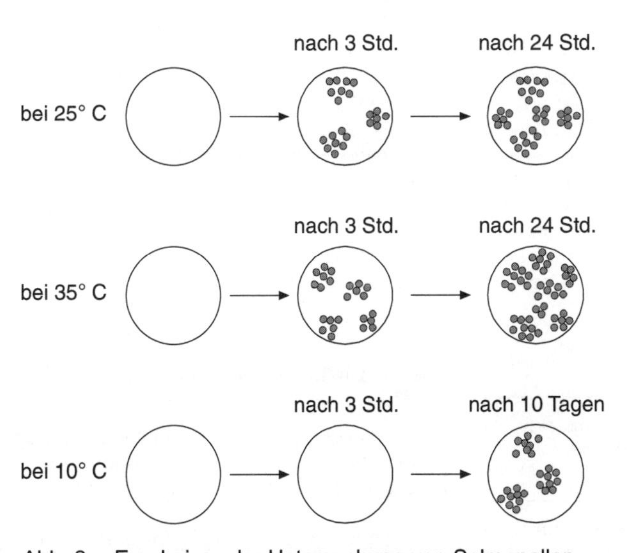

Abb. 2 Ergebnisse der Untersuchung von Salmonellen

B Eine Lösung mit Salmonellen wird auf fünf Reagenzgläser verteilt und 10 Minuten verschiedenen Temperaturen von 40 °C bis 80 °C ausgesetzt. Danach wird die Anzahl der lebensfähigen Bakterien bestimmt.

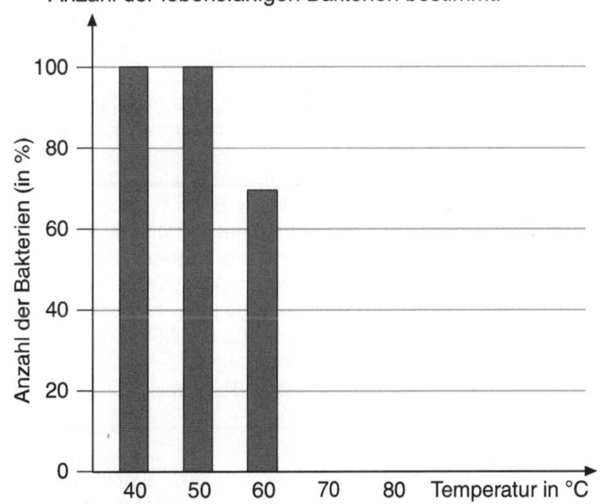

C Die von Salmonellen gebildeten Gifte werden weder durch Einfrieren noch durch Kochen zerstört.

Aufgaben

1. Leiten Sie aus A, B und C Regeln für die Vermeidung einer Salmonelleninfektion ab. Begründen Sie.
2. Erläutern Sie, wie es im oben beschriebenen Beispiel zur Infektion mit Salmonellen kommen konnte. Gehen Sie dabei auf verschiedene Möglichkeiten ein.
3. Auf dem Foto in Abbildung 1 ist eine Konjugation bei zwei Bakterien zu erkennen. Erläutern Sie die Bedeutung dieses Vorgangs für die Bakterien.

Antibiotikum
Bakterien
Gesundheit
Krankheitserreger
Kefir
Milch

Viren
Tierische und andere Parasiten als Krankheitserreger

Schülerbuch Seite 232

① Stellen Sie den Mechanismus zusammen, wie auch einem Vogelgrippevirus, der nur über direkten Kontakt zu Geflügel übertragen wird, und dem menschlichen Grippevirus ein hochgefährlicher neuer Grippevirus entstehen kann.
– *Es müsste zu einer Rekombination kommen, d.h. ein Mensch muss gleichzeitig durch direkten Kontakt mit Geflügel an der Vogelgrippe und an einer durch den menschlichen Grippevirus verursachten Grippe erkranken. Unter diesen Umständen besteht die Möglichkeit der Rekombination zu einem neuen hoch gefährlichen Grippevirus.*

Hinweise zum Arbeitsblatt Seite 203

Das Praktikum kann durch weitere Versuche ergänzt werden. Die beiden folgenden Verfahren sind geeignet, um den Frischegrad von Milch einzuschätzen. In der routinemäßigen Gütekontrolle werden heute exakte Methoden der Keimzahlbestimmung eingesetzt.

Methylenblau-Reduktase-Probe:
In 50 ml Glasstopfenflaschen je 1 ml Methylenblaulösung geben, mit der zu untersuchenden Milch bis zum Überlauf füllen und Flaschen verschließen. Die Kulturen bei 37 °C bebrüten. Das Methylenblau wird durch reduzierende Bakterienenzyme entfärbt; die Entfärbungsdauer ist ein Maß für die Reduktaseaktivität und von der Menge der Bakterien abhängig. Frische pasteurisierte Milch benötigt zur Entfärbung mehr als 6 Stunden.
Anmerkung: Bei der industriellen Milchproduktion wird Milch gekühlt. In kalt gelagerter Milch vermehren sich Kälte liebende Keime wie Pseudomonaden, die ein geringes Reduktionsvermögen aufweisen. In Folge kann es zur Fehleinschätzung des Frischegrads von Milch kommen.

Resazurin-Probe:

	Methylen-blau-Reduktase-Probe	Resazurin-Probe
Milchqualität (Keimbelastung)	Reduktionszeit/ Minuten	Resazurin-Farbton
gering keimbelastet	über 330	pastellblau
mäßig keimbelastet	120 bis 330	blauviolett
stark keimbelastet	20 bis 120	rotviolett
sehr stark keimbelastet	weniger als 20	rosarot bis farblos

Je eine Resazurin-Tablette (im Chemikalienhandel erhältlich) wird in 50 ml Aqua dest. gelöst (Herstellung von 0,01%iger Lösung). Je 10 ml Untersu-

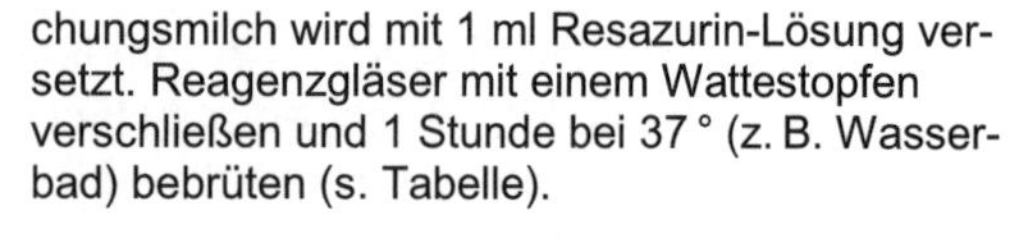

chungsmilch wird mit 1 ml Resazurin-Lösung versetzt. Reagenzgläser mit einem Wattestopfen verschließen und 1 Stunde bei 37 ° (z. B. Wasserbad) bebrüten (s. Tabelle).

Arbeitsblatt Seite 204

1. d, c, e, b, a
2. Viren vermehren sich in Wirtszellen. Beim Platzen der Wirtszellen kommt es jeweils zum Anstieg der Anzahl frei werdender Viren.
3. Angebrütete Eier enthalten lebende Zellen, die die Viren als Wirtszellen zu ihrer Vervielfältigung benötigen.

Arbeitsblatt Seite 205

1. Pro Prionentheorie:
   Extrakte aus den Gehirnen erkrankter Tiere behalten ihre Infektiosität bei, wenn sie mit UV-Strahlung behandelt werden, die DNA zerstört. Aus den Extrakten gewonnenes Amyloid löst in Versuchstieren die Erkrankung aus.
2. Herkömmliche Erreger (z. B. Viren, Bakterien) benötigen Nucleinsäuren, um infektiös zu sein. Prionen sind Proteine und kommen ohne Nucleinsäure aus.
3. Maßnahmen: Testen von Schlachtrindern auf Prionen und anschließendes Töten von infizierten Tieren. Verbot der Verwendung von Nervengewebe geschlachteter Rinder in Wurstwaren.
   Begründung: Das Testen der Rinder und Töten infizierter Tiere soll verhindern, dass infektiöses Fleisch erhalten bleibt. Das Spongiforme Enzephalopathien eine Erkrankung von Nervengewebe darstellen, unterbricht man die Infektionskette, wenn derartiges Gewebe nicht weiter verwendet wird.

Die Milchflora verändert sich

In Abhängigkeit von Vorbehandlung und Lagertemperatur verändert sich bei längerer Aufbewahrung die Flora in Milch und Milchprodukten.

Eine längere Aufbewahrung frischer (nicht abgekochter) Milch bei niedrigen Temperaturen führt zu einer Verschiebung der natürlichen Milchflora. Es entwickeln sich Schleim bildende Bakterien und bekapselte Stämme von Mikrokokken, wodurch die dick gewordene Milch Faden ziehend wird. Milcheiweiß wird abgebaut; einige der dabei entstehenden Peptide schmecken bitter.

Auf alter Sauermilch entwickelt sich Milchschimmel, der samtartig erscheint (auch mikroskopisch bei 400-facher Vergrößerung sichtbar). Diese Hefen betreiben Säureabbau, wodurch weitere, weniger säuretolerante Arten zur Entwicklung gelangen. Farbige Veränderungen auf der Oberfläche alter Sauermilch werden von verschiedenen Hefen (z. B. *Candida, Thodoturula*) hervorgerufen.

„Kefirpraktikum“

Kefir ist ein Sauermilchgetränk, das besonders in warmen Ländern Südeuropas sehr beliebt ist. Es wird aus Frischmilch durch Zusatz von Kefirkörnern hergestellt. Kefirkörner haben ein blumenkohlartiges Aussehen. Sie werden von verschiedenen Bakterien und Hefepilzen gebildet. Die sogenannten Kefirbakterien *(Bacillus caucasicus)* bilden lange Ketten, umwinden damit die anderen Mikroorganismen und tragen so zur Stabilität des Kefirkorns bei.

Bei den Versuchen muss darauf geachtet werden, dass alle verwendeten Geräte und Gefäße sauber sind.

Die Herstellung von Kefir

500 ml Milch kurz aufkochen, auf Zimmertemperatur abkühlen lassen und in ein entsprechend großes Weckglas füllen.
Ca. 120 g Kefirkörner zugeben und bei Zimmertemperatur 24 Stunden stehen lassen.
Die jetzt etwas angedickte Milch durch ein Sieb gießen, um die Kefirkörner zurück zu gewinnen.
Die Kefirmilch in einem verschlossenen Glas ein bis zwei Tage kühl (ca. 15 °C), aber nicht im Kühlschrank, reifen lassen. Danach ist der Kefir zum Verzehr fertig. „Fertige“ Kefirmilch immer im Kühlschrank aufbewahren, sonst erfolgt eine Nachsäuerung.
Abgesiebte Kefirkörner für eine neue Kefirkultur nutzen.

Stellen Sie selbst Kefirmilch her. Kefirkörner sind zum Beispiel in einigen Reformhäusern und „Naturkostläden“ erhältlich.

Tipps zur Aufbewahrung von Kefirkörnern

Möchte man mit der Herstellung von Kefir eine Weile aussetzen, müssen die Kefirkörner richtig aufbewahrt werden. Lässt man die Kefirkörner längere Zeit in der gleichen Milch, bilden sich auf der Oberfläche Schimmelpilze und der Kefir wird ungenießbar. Die Sporen dieser Schimmelpilze haften auch an den Kefirkörnern, werden so übertragen und verderben die neu angesetzte Kefirkultur.

Kefirknollen können aber in abgekochtem und abgekühlten 1%igem Salzwasser einige Wochen im Kühlschrank gelagert werden. Für etwa 14 Tage können Kefirkörner auch in einer Plastiktüte im Gefrierschrank aufbewahrt werden. Gibt man solche Kefirkörner danach wieder in Milch, ist die erste Kefirmilch meist nicht brauchbar, weil die Kefirkörner noch nicht ihren vollen Stoffwechsel zeigen.

Mikroskopieren eines Kefirkorns

Spülen Sie ein Kefirkorn unter fließendem Wasser gut ab. Schneiden Sie mit einer Rasierklinge ein kleines Stück ab, bringen Sie es zwischen zwei Objektträger und zerquetschen Sie es vorsichtig. Nach dem Auseinanderziehen beider Objektträger muss auf jedem ein dünner Belag sichtbar sein.

Färben Sie das Präparat etwa 4 Minuten mit Methylenblaulösung. Spülen Sie den überschüssigen Farbstoff mit Wasser ab und lassen Sie das Präparat kurz trocknen. Decken Sie das Präparat mit einem Deckglas ab und mikroskopieren Sie bei stärkster Vergrößerung.

Vergleichen Sie Ihr mikroskopisches Bild mit der Zeichnung und versuchen Sie die Mikroorganismen zu identifizieren.

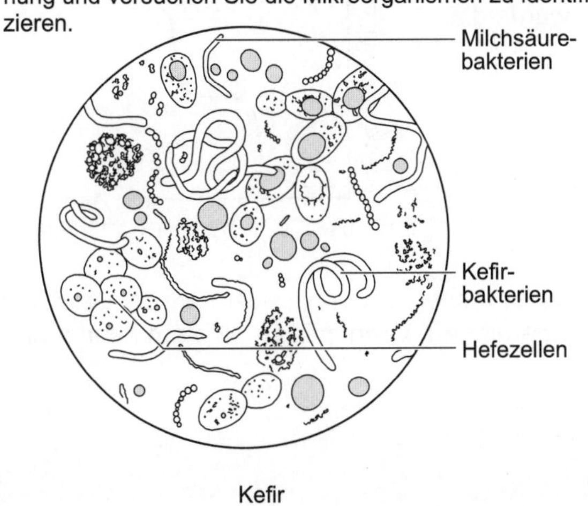

Kefir

„Wachstum“ der Kefirkörner

Nach kurzer Zeit wird aus einem kleinen Kefirkorn ein blumenkohlartig aussehendes „Gebilde“. Dieses kann man wiederum in kleine Teile zerschneiden und damit jeweils neue Kulturen ansetzen.

Erläutern Sie, wie ein Kefirkorn „wächst“. Beachten Sie, dass sich Kefirkörner aus verschiedenen Bakterienarten und Hefepilzen zusammensetzen.

Untersuchen der Abhängigkeit des „Wachstums“ der Kefirkörner von der Temperatur

Versuchsansatz:
In 3 Flaschen (mit großer Öffnung und Verschluss) je 50 ml Frischmilch und je 5 g Kefirkorn geben und verschließen. Eine Flasche kühl (z. B. Kühlschrank) bei ca. 10 °C lagern, eine weitere bei Zimmertemperatur und die dritte an einem warmen Ort (z. B. Brutschrank) bei 37 °C aufstellen.

Beobachtung und Auswertung:
Nach jeweils 2 Tagen wird der Inhalt jeder Flasche durch ein Sieb gegossen, sodass das Kefirkorn gut abtropfen kann. Das Kefirkorn wird erneut in die Flasche mit jeweils 50 ml frischer Milch gegeben. Der Milchwechsel erfolgt im gleichen Rhythmus bis zum 14. Tag. Nach 14 Tagen werden die Kefirkörner kurz auf Filterpapier abgetrocknet und gewogen. Die dabei anfallende Kefirmilch kann getrunken werden.

Führen Sie den Versuch durch und interpretieren Sie die Ergebnisse.

Die Suche nach einem Erreger: Viren

1883 suchte der deutsche Biologe A. MAYER nach der Ursache für eine Pflanzenkrankheit. Bei der *Tabak-Mosaik-Krankheit* zeigen Tabakpflanzen ein geringes Wachstum und die Laubblätter werden fleckig, sodass ein mosaikfarbiges Farbmuster entsteht.

Versuche:

Versuch	
MAYER besprühte gesunde Pflanzen mit dem Zellsaft kranker Tabakpflanzen. Nach kurzer Zeit traten die typischen Krankheitszeichen auf.	
1893 überprüfte der russische Wissenschaftler D. IVANNOWSKY die Hypothese von MAYER, dass Erreger die Krankheit verursachen. Er filtrierte den Zellsaft kranker Tabakblätter durch einen Bakterien undurchlässigen Filter. Wurden Pflanzen mit dem so gewonnen Filtrat behandelt, trat auch bei ihnen die Krankheit auf.	
1897 stellte der holländische Mikrobiologe M. BEIJERINCK Zellsaft aus kranken Tabakpflanzen her, filtrierte ihn durch Bakterienfilter und sprühte die Bakterien über eine gesunde Pflanzenkultur. Dann stellte er jeweils aus den neu erkrankten Pflanzen Filtrate her und besprühte damit immer wieder erneut gesunde Pflanzenkulturen. Der im ersten Filtrat enthaltene „Giftstoff" müsste sich von Pflanzenkultur zu Pflanzenkultur immer weiter verdünnt haben. Er stellte fest, dass die Krankheitssymptome der nacheinander behandelten Pflanzen immer gleich stark ausgeprägt waren.	
BEIJERINCK gab das Filtrat auf Nährböden, die zur Vermehrung von Bakterien benutzt werden. Die Konzentration der „infektiösen Teilchen" auf den Nährböden erhöhte sich aber nicht. Infizierte er Tabakpflanzen, so stellte er fest, dass in den Pflanzen die Konzentration der „infektiösen Teilchen" stark anstieg. Er versetzte das Filtrat mit Alkohol, der auf Bakterien abtötend wirkt. Mit diesem Filtrat ließen sich aber erneut Tabakpflanzen infizieren.	
1935 identifizierte der amerikanische Wissenschaftler W. STANLEY aus erkrankten Pflanzen Viren.	

Schlussfolgerungen:

a) Die Krankheit wird durch infektiöse Viren ausgelöst.
b) Bei dem Erreger handelt es sich um ein „vermehrungsfähiges Teilchen", das viel kleiner als Bakterien ist. Es kann sich nur in anderen Lebewesen vermehren.
c) Die Bakterien kommen als Erreger nicht in Betracht.
d) Die Krankheit ist ansteckend.
e) Giftstoffe kommen als Infektionsquelle nicht in Betracht, denn Giftstoffe vermehren sich nicht. Es muss also ein vermehrungsfähiger Erreger sein, der den Filter passieren kann.

Aufgaben

1. Aus den oben beschriebenen Versuchsergebnissen leiteten die Wissenschaftler Schlussfolgerungen ab. Ordnen Sie diese zu.

2. Interpretieren Sie folgendes Diagramm. Gemessen wurde die Viruskonzentration im Blut eines Infizierten.

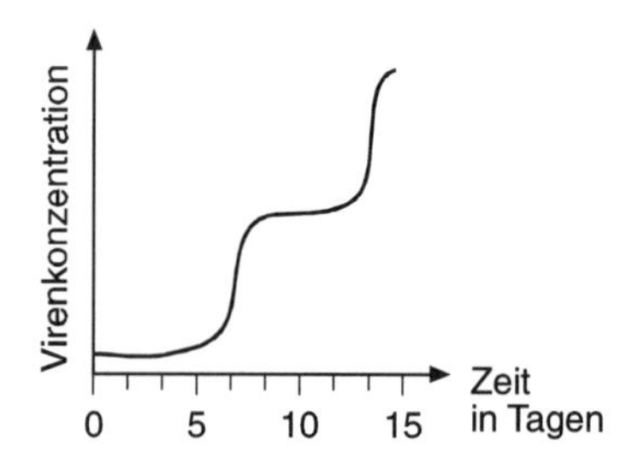

3. Zur Gewinnung von Impfstoffen ist es erforderlich, krank machende Viren zu vermehren. Dazu werden unter anderem befruchtete und kurz angebrütete Hühnereier mit Viren infiziert. Warum kann man auf diese Weise Viren vermehren?

BSE und die Prionentheorie

BSE gehört zu einer Gruppe von Gehirnerkrankungen, die bei verschiedenen Säugetierarten beschrieben werden und die unter dem Begriff *Spongiforme Enzephalopathien* zusammengefasst werden. Stets findet man eine massive Zerstörung von Gehirngewebe. Im lichtmikroskopischen Bild können regelrechte Löcher im Gewebe wie in einem Schwamm beobachtet werden. Man spricht deswegen auch von „Hirnschwamm“ (lat. *spongiform* = schwammartig).

Außerdem findet man Ablagerungen eines Proteins, das *Amyloid* genannt wird. Brisant ist das Thema Spongiformer Enzephalopathien geworden, weil man seit dem Auftreten von BSE-Fällen (BSE = *Bovine spongiforme Enzephalopathie)* bei Rindern annimmt, dass der Erreger Artgrenzen überschreiten und sich auch der Mensch durch den Verzehr von infiziertem Rindfleisch anstecken kann.

Eine neue Variante der Creutzfeldt-Jakob-Krankheit des Menschen – ebenfalls eine spongiforme Enzephalophathie – wird auf den Verzehr von Fleisch, das aus BSE-Rindern gewonnen wurde, zurückgeführt. Aus diesem Grund ist es heute auch gesetzlich vorgeschrieben, Schlachtrinder auf BSE hin zu testen.

Prionentheorie

Überträgt man einen Extrakt aus Gehirngewebe von Mäusen, die an Spongiformer Enzephalopathie erkrankt sind, auf gesunde Mäuse, so erkranken diese ebenfalls. Die Infektiosität der Extrakte bleibt auch nach einer Bestrahlung mit hartem UV-Licht, das die DNA zerstört, erhalten.

Aus den Extrakten kann man das Protein *Amyloid* isolieren, das auf der Zellmembran von Nervenzellen vorkommt. Das Protein aus den Extrakten (auch Prion genannt) unterscheidet sich jedoch in seiner räumlichen Gestalt vom „normalen“ Amyloid: Es ist flächig ausgebreitet. Die Übertragbarkeit der Krankheit erklärt die Prionentheorie damit, dass das veränderte Amyloid, wenn es in gesunde Organismen gelangt, sich an normales Protein lagert und diesem seinen Bauplan aufzwingt. Die umgestalteten Amyloid-Proteine verklumpen und führen zu Ablagerungen im Hirngewebe, die zu massenhaftem Zelltod und infolge dessen zum Krankheitsbild der Spongiformen Enzephalopathie führen.

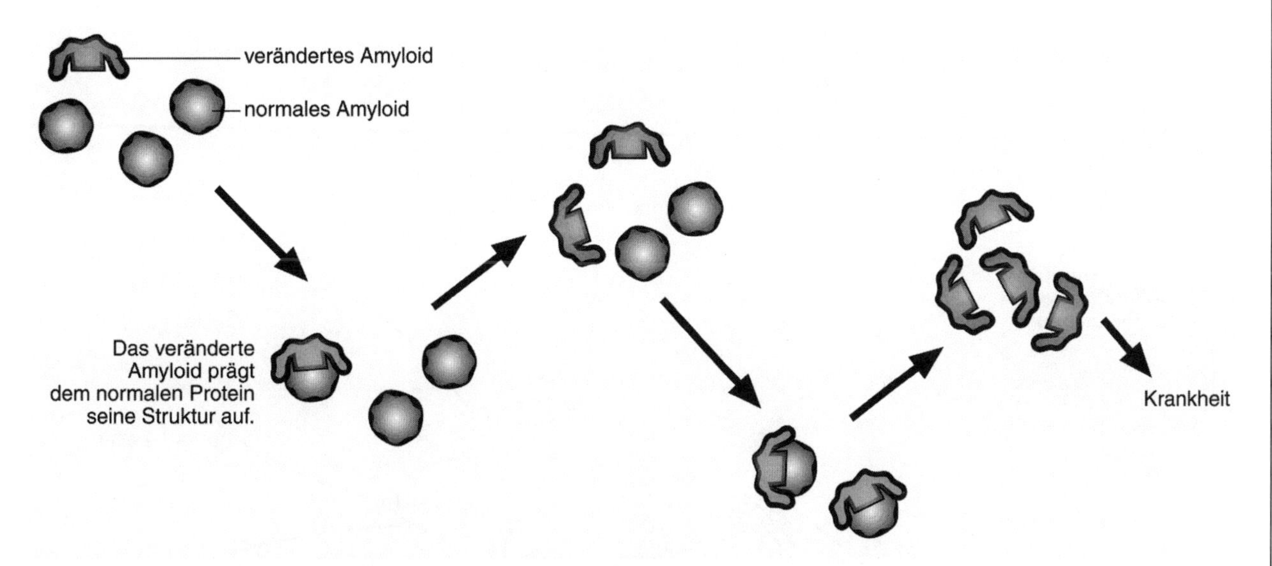

Abb.1 Prionentheorie – ein verändertes Amyloid ist der Erreger

Aufgaben

1. Zu Beginn der BSE-Epidemie wurde die Hypothese aufgestellt, ein Virus sei die Ursache der Erkrankung. Widerlegen Sie diese Hypothese.
2. Prionen stellen ein völlig neues Infektionsprinzip dar. Begründen Sie diese Aussage unter Berücksichtigung der „konventionellen Erreger“: Viren und Bakterien.
3. Nennen Sie einige Bestimmungen, die der Gesetzgeber im Umgang mit Schlachtrindern erlassen hat und begründen Sie diese Maßnahmen.

Antigen
Antikörper
Autoimmunität
Immunisierung
Immunität – humorale Theorie
Immunität – Phagocyten-Theorie
Impfung

Mechanismen des Immunsystems
Lexikon: Das Immunsystem

Arbeitsblatt Seite 207

1. Der Rosendorn (und darauf befindliche Erreger und Verunreinigungen) lösen zuerst eine unspezifische Immunreaktion aus. Fresszellen (Phagocyten) wandern zur Stelle der Infektion, lagern sich an dem Fremdkörper an und bauen ihn soweit möglich ab. Die von BEHRING übertragene Flüssigkeit (Blutserum) enthält keine Zellen, also auch keine Phagocyten. Die Wirkung muss auf Molekülen im Serum beruhen. Dies sind Antikörper gegen die Toxine der Diphtherieerreger.
2. Es handelt sich um die beiden Teile des Immunsystems. Phagocyten gehören zum unspezifischen Teil des Immunsystems, die Antikörper zum spezifischen Teil des Immunsystems.

Logistische Probleme des Immunsystems

Das Immunsystem des Menschen enthält mehr als 10^9 spezifische Lymphocytenklone. Jedes Antigen wird von einer kleinen Zahl von Lymphocyten erkannt. d.h. von einem Rezeptor (Antikörper, T-Zellrezeptor) nach dem Schlüssel-Schloss-Prinzip gebunden. Unter 1 000 000 Lymphocyten befindet sich schätzungsweise eine Zelle, die den entsprechenden Rezeptor für ein gegebenes Antigen besitzt.

Daraus ergibt sich ein logistisches Problem: Wie kann eine vergleichsweise kleine Menge eines Antigens mit denjenigen in Kontakt gebracht werden, die den passenden Rezeptor tragen, das Antigen binden und reagieren? Ein Teil der körperfremden Eindringlinge (z.B. Bakterien, Viren) gelangen mit der Lymphflüssigkeit in die Lymphknoten. Lymphknoten sind Gewebe, in die Lymphocyten aus dem Blut bevorzugt auswandern. Damit ist die Wahrscheinlichkeit eines Kontakts zwischen Antigen und passendem Lymphocyten stark erhöht. Lymphocyten, die im Lymphknoten Antigen binden, werden aktiviert.

Literaturhinweise

ECKEBRECHT, D.; SCHNEEWEIß, H.: Naturwissenschaftliche Bildung, Ernst Klett Verlag, Stuttgart 2003

GEBHARD, U.: 100 Jahre Opsonin – ALMROTH WHRIGHTs Beitrag zur Immunbiologie. In: Naturwissenschaftliche Rundschau Heft 4/2004

JAHN, J. (Hrsg.): Geschichte der Biologie. Spektr. Akad. Verlag, Heidelberg 2000

LEUSCHNER, L.; HERRLICH, H.: Berühmte Biologen und Mediziner. Ernst Klett Verlag, Stuttgart 1995 (darin: Emil von Behring: S. 28 – 39, Paul Ehrlich: S. 61– 68, Ilja Iljitsch Metschnikow: S. 189–192)

Medienhinweise

FWU 42 02063 Immunsystem – Paul Ehrlich, Elias Metschnikoff

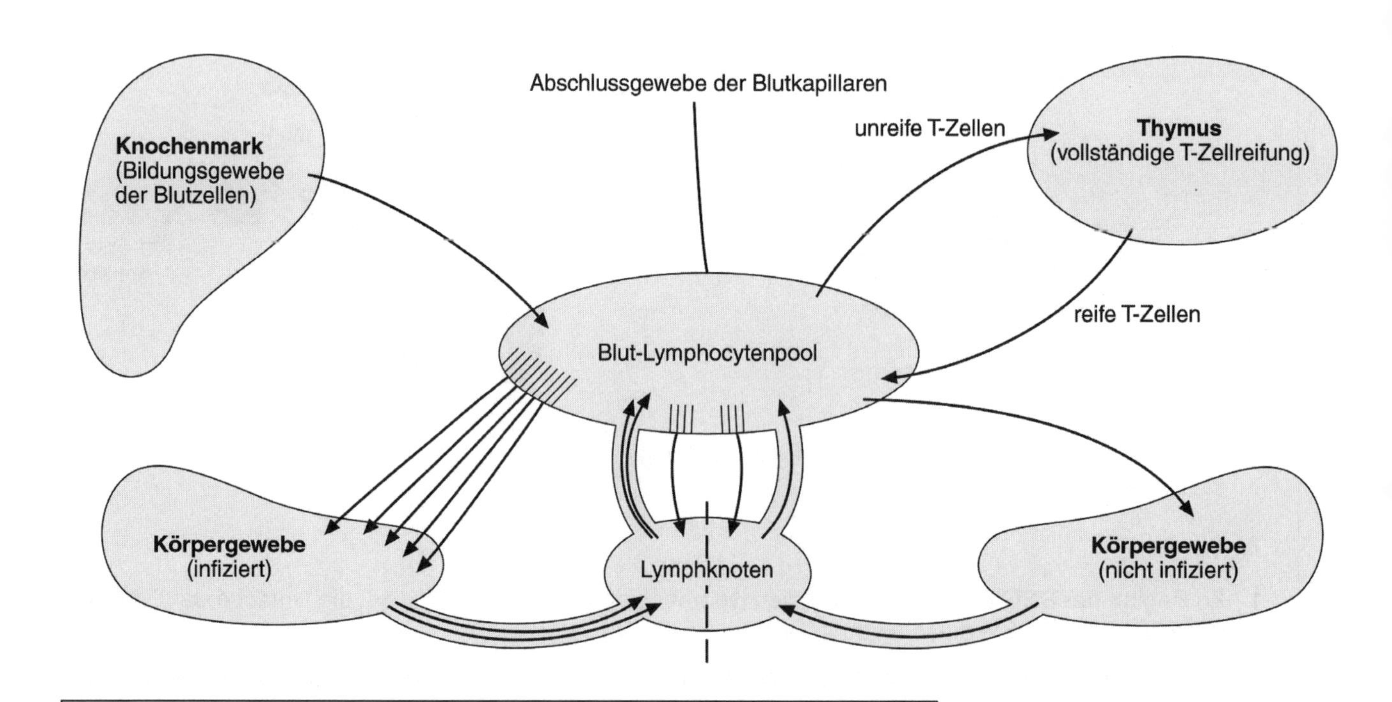

Abb. 1 Immunologisch bedeutsame Kompartimente des menschlichen Körpers. Die Pfeile zeigen die „Wanderpfade" von Lymphocyten an.

Meilensteine auf dem Weg zum Verständnis von Immunreaktionen

Seit dem 18. Jahrhundert ist bekannt, dass nach einer Impfung mit abgeschwächten Pockenerregern die Geimpften gegen Pocken immun sein können. Im 19. Jahrhundert wurden die Erreger einer Reihe von Infektionskrankheiten entdeckt. Ende des 19. Jahrhunderts wurde das Immunsystem erforscht.

Der Zoologe ELIAS METSCHNIKOFF (1845 – 1916) beobachtete 1882 nach vorangegangenen Experimenten zur intrazellulären Verdauung bei Schwämmen, dass sich Partikel des Farbstoffs Carmin, die in Seesterne injiziert wurden, in bestimmten Zellen ansammelten. Er stellte die Theorie auf, dass bewegliche Zellen den Organismus beim Kampf gegen körperfremde Eindringlinge unterstützen und ihn so schützen. Er führte daraufhin folgenden Versuch durch: Er implantierte einen kleinen Rosendorn in die durchsichtige Larve eines Seesterns.

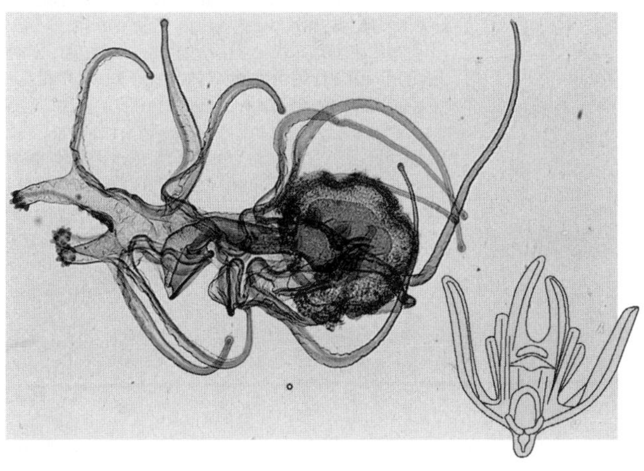

Nach einigen Tagen untersuchte er das den Dorn umgebende Gewebe unter dem Mikroskop. Dabei fand er eine auffällige Anhäufung beweglicher Zellen.

Dies bestätigte seine Vorhersage. Die Grundlage der metschnikoffschen Phagocytenlehre war gelegt. E. METSCHNIKOFF nahm an, dass die intrazelluläre Verdauung, die bei niederen Tieren zu beobachten ist, bei den amöboid beweglichen Phagocyten höherer Tiere fortbestünde und dort heute das Schlüsselelement einer ersten Verteidigungslinie gegen körperfremde Eindringlinge bilde.

1888 zeigten PIERRE PAUL EMILE ROUX (1853 – 1933) und JOHN EMILE ALEXANDRE YERSIN (1863 – 1943), dass ein lösliches Toxin aus den Kulturüberständen von Diphtheriebakterien gewonnen werden kann. Dieses Toxin ruft im Tierversuch nach dessen Injektion alle Symptome der Krankheit hervor. Kurze Zeit später veröffentlichten EMIL VON BEHRING (1854 –1917) und SHIBASABURO KITASATO (1852 –1931), dass sich im Blut von Tieren, die mit Diphtherietoxin behandelt wurden, eine Substanz befindet, die das Toxin neutralisiert und die Krankheit verhindert. 1891 verabreichte EMIL VON BEHRING Schafen das Toxin mehrfach in steigender Dosis:

Y = Antikörper (Antitoxin) • = Erreger (Toxin)

Blutserum der so behandelten Tiere wurde später von PAUL EHRLICH auf infizierte Kinder übertragen und bewirkte eine schnelle Genesung, insbesondere im frühen Stadium der Krankheit. Das Agens, das gegen das Toxin gerichtet ist, wurde zunächst *Antitoxin* genannt (später *Antikörper)*, die Substanz, die die Bildung des Antitoxin hervorruft, *Antigen*. Nach der „Humoralen Theorie" PAUL EHRLICHs sind Substanzen, nicht Zellen der Schlüssel zum Verständnis der Infektionsabwehr.

Aufgaben

1. Deuten Sie die Ergebnisse der beiden Experimente von E. METSCHNIKOFF und E. v. BEHRING mit heutigem Wissen über Immunreaktionen.
2. Die beiden Auffassungen über die Funktionsweise des menschlichen Immunsystems standen nach dem damaligen Wissen in Widerspruch zueinander. Wie ist dieser Widerspruch aus heutiger Sicht zu bewerten?

Antigen
Antikörper
Blutzelle – Lymphocyt
Immunbiologie
Makrophage
Schlüssel-Schloss-Prinzip
T-Helferzelle
T-Killerzelle

Spezifisches Abwehrsystem

Arbeitsblatt Seite 209

1. T-Killerzellen binden nur an HLA-Moleküle, die virale Bruchstücke tragen.
2. a) B-Lymphocyten, Makrophagen
   b) Die Antigen präsentierenden Immunzellen vermehren sich, B-Lymphocyten produzieren und sezernieren antigenspezifische Antikörper, Makrophagen phagocytieren und präsentieren verstärkt Antigen.
   c) B-Lymphocyten binden Antigen spezifisch mit membranständigen Antikörpern (1. Stimulus), präsentierte Antigen-Komplexe werden von T-Helferzellen erkannt. Diese setzen daraufhin aktivierende Hormone frei.
3. T-Helferzellen binden mit ihrem Rezeptor nur solche B-Lymphocyten, die das passende Antigen-Bruchstück auf ihrer Oberfläche präsentieren (s. Aufgabe 2).

Röteln – eine Gefahr für ungeborene Kinder

Röteln sind eine durch ein Virus verursachte Infektionskrankheit, die häufig schon im Kindesalter auftritt („Kinderkrankheit"). Erkranken Schwangere an Röteln, so kann der Embryo bzw. Fetus durch Giftstoffe des Erregers geschädigt werden. Besonders häufig treten Schäden am Nervensystem auf.

Eine Rötelninfektion hinterlässt eine lang andauernde Immunität. Im Blut immuner Personen findet man Gedächtniszellen und Antikörper, diese jedoch in geringerer Konzentration als während der Infektion. Tritt bei bereits einmal erkrankten Personen eine Zweitinfektion ein, verhindert die Immunabwehr den Ausbruch der Krankheit und bei Schwangeren dadurch auch eine Schädigung des ungeborenen Kindes.

Auch eine Impfung *(aktive Immunisierung)* kann eine Erkrankung verhindern. Um festzustellen, ob eine solche Maßnahme notwendig ist, wird bei Frauen vor einer gewollten Schwangerschaft ein Test durchgeführt, der über den immunologischen Status Auskunft geben soll. Für diesen HAH-Test (*Hämagglutinations-Hemmtest)* werden 2 ml Blutserum der zu testenden Person benötigt. Der Test basiert auf der Eigenschaft des Virus an Oberflächenmoleküle roter Blutzellen binden zu können. So können Viren durch die Bindung an mehrere Erythrocyten zu deren Verklumpung *(Agglutination)* führen.

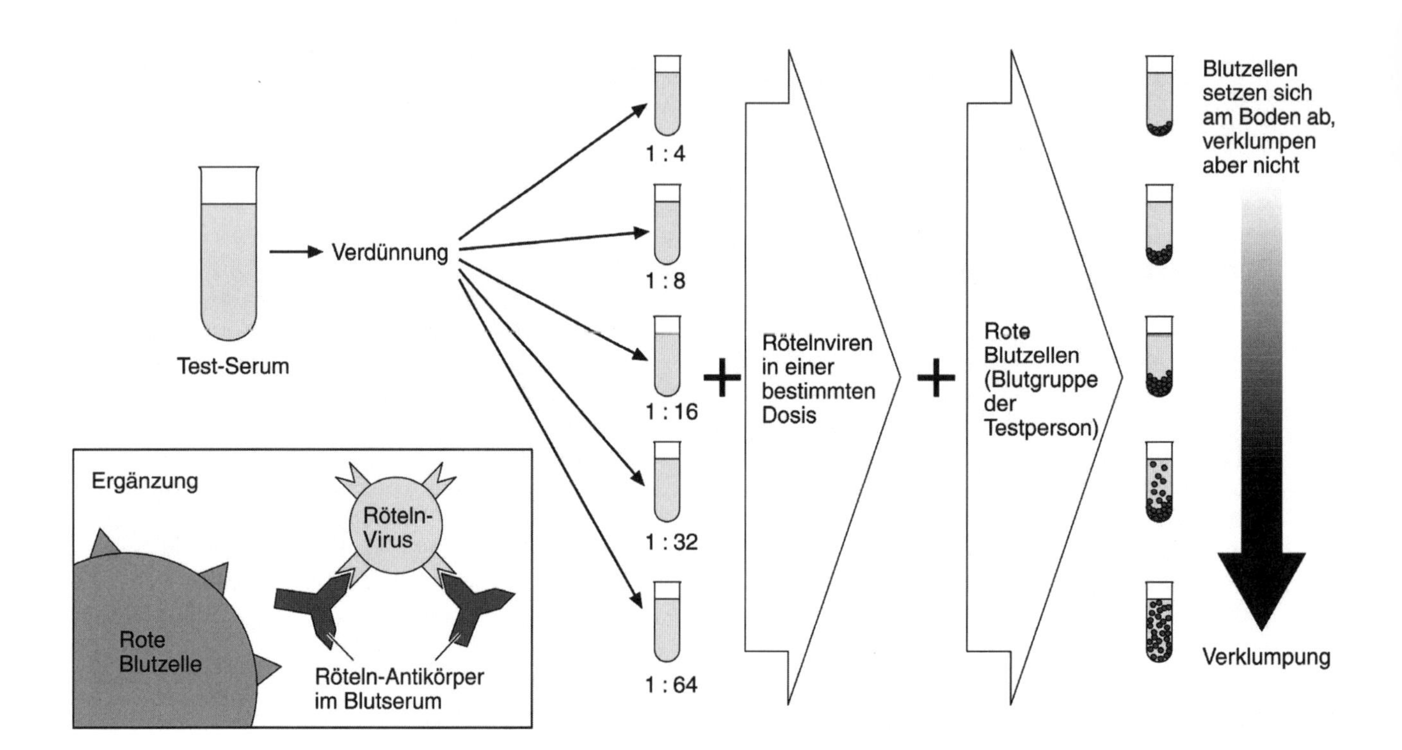

Abb. 1 Hämagglutinations-Hemmtest (HAH)

Zellen und Erkennungsmoleküle ermöglichen die Immunantwort

Dringen Bakterien oder Viren in den Körper des Menschen ein, wird das Immunsystem aktiviert. Bei der Bekämpfung körperfremder „Eindringlinge“ spielen Zellen des Immunsystems und Erkennungsmoleküle zusammen. Der Erkennungsvorgang basiert auf der spezifischen Bindung von körperfremden Molekülen (Antigenen) durch Antikörper und T-Zellrezeptoren nach dem Schlüssel-Schloss-Prinzip. Antikörpermoleküle kommen entweder auf der Oberfläche von Antikörper produzierenden Zellen (B-Lymphocyten) fest gebunden oder frei in den Körperflüssigkeiten vor. Der T-Zellrezeptor befindet sich – wie der Name schon vermuten lässt – auf der Oberfläche von T-Lymphocyten. Der T-Zellrezeptor besitzt die Eigentümlichkeit, Antigen nur im Komplex mit körpereigenen Molekülen, den so genannten HLA-Proteinen, binden zu können (Abb. 3).

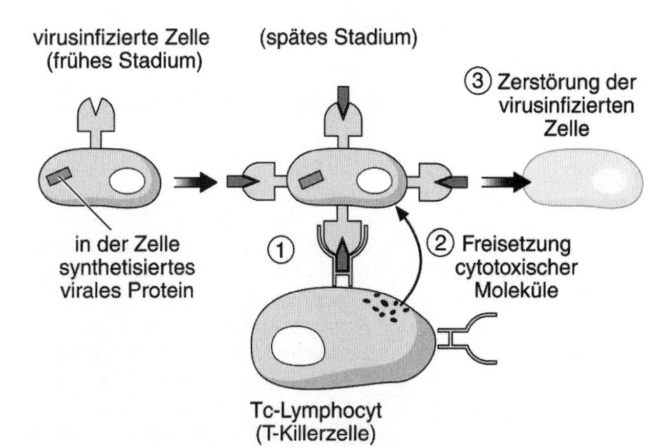

Abb. 1 Cytotoxische T-Killerzellen eliminieren virusbefallene körpereigene Zellen

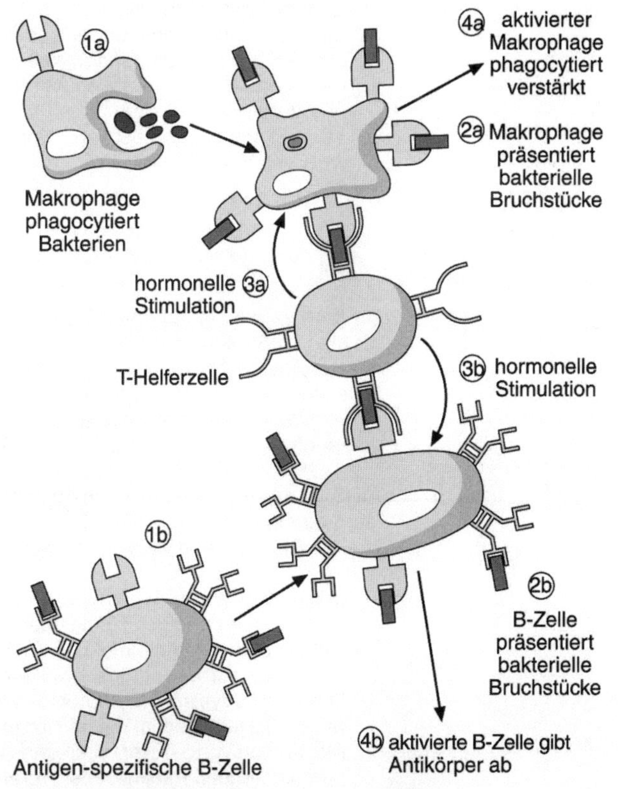

Abb. 2 T-Zellhilfe bei der Antikörperbildung

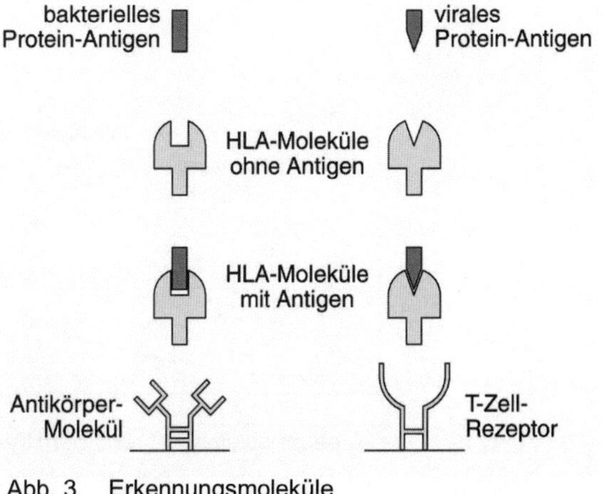

Abb. 3 Erkennungsmoleküle

Aufgaben

1. Bei der Bekämpfung von viralen Infekten müssen die darauf spezialisierten T-Killerzellen infizierte und nicht infizierte körpereigene Zellen unterscheiden. Abbildung 1 zeigt den Mechanismus, der die Erkennung einer virusinfizierten Zelle ermöglicht. Woran erkennen die T-Killerzellen infizierte Körperzellen?

2. T-Helferzellen haben eine Schlüsselposition bei der antikörperabhängigen Immunität. Erkennen sie körperfremde Eiweiße auf der Oberfläche so genannter Antigen präsentierender Immunzellen, werden sie aktiviert. Das bedeutet, dass sie sich durch Zellteilung vermehren und bestimmte Hormone freisetzen. Diese haben aktivierende Wirkung auf die Antigen präsentierenden Immunzellen (Abb. 2).
   a) Welche Immunzellen fungieren als Antigen präsentierende Immunzellen?
   b) Was bedeutet Aktivierung im Falle der Antigen präsentierenden Immunzellen?
   c) Welche beiden Stimuli benötigen B-Lymphocyten, um aktiviert zu werden?

3. Ein einzelner B-Lymphocyt stellt jeweils nur eine Antikörpersorte her, d. h. diese Antikörper binden spezifisch nur ein bestimmtes Antigen. Durch welchen Mechanismus wird sicher gestellt, dass aktivierte T-Helferzellen nur solchen B-Lymphocyten Hilfe leisten, die auch die passenden Antikörper herstellen können?

AIDS

Arbeitsblatt Seite 211

1. Das Prinzip, Antikörper aus dem Serum des Infizierten über eine Farbreaktion nachzuweisen, ist bei beiden Verfahren gleich. Durch die Elektrophorese werden die Antigene des HI-Virus aufgetrennt. Bei HIV-Infizierten sollten sich Antikörper gegen mehrere Proteine des Erregers finden. Einzelne Banden können auf zufälligen Übereinstimmungen basieren.
2. Zufälliges Passen von Antikörpern des Getesteten können beim ELISA-Test zu einer positiven Reaktion führen. Beim Western-Blot-Test müssten Antikörper gegen mehrere verschiedene virale Proteine vorhanden sein, um eine falsche positive Reaktion auszulösen. Das ist sehr unwahrscheinlich.
3. Bei der Geburt kann mütterliches Blut mit Antikörpern in den Kreislauf des Neugeborenen gelangen. Auch beim Stillen werden Antikörper übertragen. Aus diesem Grund können die Tests falsch positiv ausfallen. Nur der Nachweis des Virus ist sicher.

Verlauf einer HIV-Infektion

HI-Viren tragen auf der Oberfläche Glycoproteine, die sich an Strukturen bestimmter Zellen im menschlichen Körper anlagern können. In erster Linie sind dies Moleküle auf der Oberfläche von T-Helferzellen des Immunsystems. Befallen werden auch Makrophagen und Zellen im ZNS.

AIDS ist das Endstadium eines 10 Jahre oder länger dauernden Prozesses. Der Verlauf der HIV-Infektion wird meist in vier Phasen eingeteilt (s. Abb. unten):

- In der *Akutphase* (Beginn ca. eine Woche nach der Infektion) erfolgen Reaktionen des Körpers wie bei anderen Virusinfektionen: Hohes Fieber, Schüttelfrost und geschwollene Lymphknoten sind typische Symptome. Von Viren befallene T-Helferzellen, die im Normalfall für die Aktivierung von T-Killerzellen und Antikörper produzierenden Plasmazellen verantwortlich sind, sind nun selbst Opfer der Killerzellen. Auch von Viren befallene Makrophagen werden vom Immunsystem angegriffen. Es gelingt dem Körper dennoch, zunehmend HIV-Antikörper zu bilden und eine große Zahl von T-Killerzellen behindert die weitere Produktion des Virus. Dadurch erhöht sich die Anzahl intakter T-Helferzellen wieder. Das hohe Fieber und die übrigen Symptome klingen am Ende dieser 3 bis 10 Tage langen Phase wieder ab.
- Hierauf folgt eine häufig 7 bis 9 Jahre dauernde *symptomfreie Phase.* Sie ist gekennzeichnet durch eine recht hohe HIV-Antikörperkonzentration und eine dementsprechend niedrige Konzentration an HI-Viren. Dennoch sinkt, wenn auch sehr langsam, die Anzahl der T-Helferzellen. Die Anzahl der T-Killerzellen bleibt hoch. Antikörper binden sich an frei werdende HI-Viren, die dann von Makrophagen verdaut werden. Da das Enzym Reverse Transkriptase, verantwortlich für die Übersetzung von Viren-RNA in DNA, ziemlich ungenau arbeitet (auf ca. 2 000 Nucleotide ein Fehler), entstehen immer neue Viren-Varianten. Darüber hinaus besteht das genetische Material der Viren aus zwei Stücken, die sich bei Mehrfachinfektionen einer Zelle rekombinieren und neue Viren-Varianten entstehen lassen. Dadurch muss das Immunsystem immer wieder neu reagieren und entsprechend passende Antikörper produzieren. Nach einigen Jahren findet man im Blut der Betroffenen eine hohe Konzentration an Antikörpern, von denen jedoch wenige zu den letzten Viren-Varianten passen. Die Menge funktionsfähiger T-Helferzellen nimmt weiterhin langsam ab.
- Fällt die T-Helferzellkonzentration unter den kritischen Wert von 400 pro µl Blut, geht der Krankheitsverlauf in die nächste Phase über, die als *AIDS-related complex (ARC)* bezeichnet wird. Symptome dieser Vorphase des Vollbildes der Krankheit AIDS sind Gewichtsverlust, nächtliche Schweißausbrüche und Fieber. Das Immunsystem ist mit der Bekämpfung der Vielzahl von Virusvarianten überfordert. Die T-Helferzellkonzentration sinkt weiter, die Konzentration an T-Killerzellen und HIV-spezifischen Antikörpern geht zurück. Unspezifische Aktivierungen von B-Zellen führen zur Produktion von nonsense-Antikörpern. Aufgrund der Schwächung des Immunsystems steigt die HI-Virenkonzentration an.

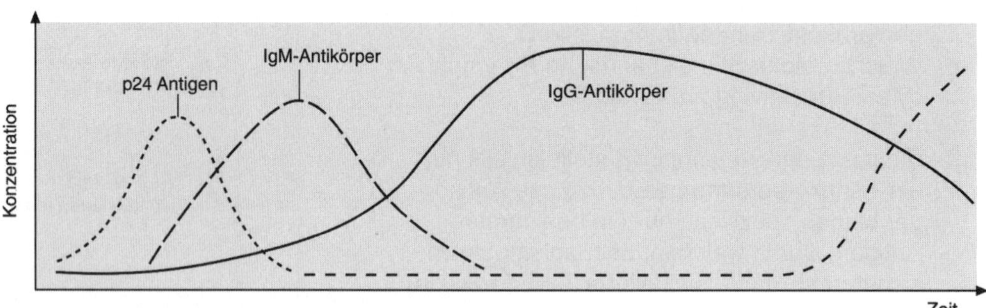

Antikörperproduktion während der HIV-Infektion

Nachweis einer HIV-Infektion

Nach einer Infektion mit dem HI-Virus dauert es häufig Jahre, bis Symptome von AIDS auftreten. Schon kurz nach der Infektion ist jedoch die Übertragung der Viren auf eine andere Person möglich. HIV-Tests ermöglichen den Nachweis der Infektion während der Inkubationszeit.

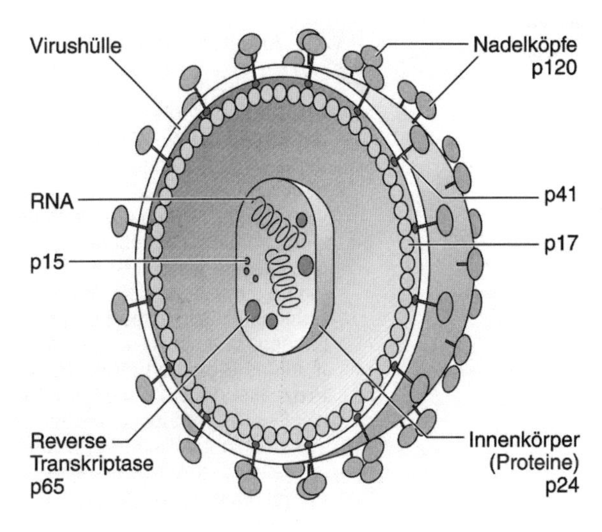

Üblicherweise wird der Nachweis in zwei Schritten geführt. Lässt man bei einem Arzt oder dem Gesundheitsamt einen HIV-Test vornehmen, so wird ein ELISA-Test durchgeführt.

I. Der ELISA-Test

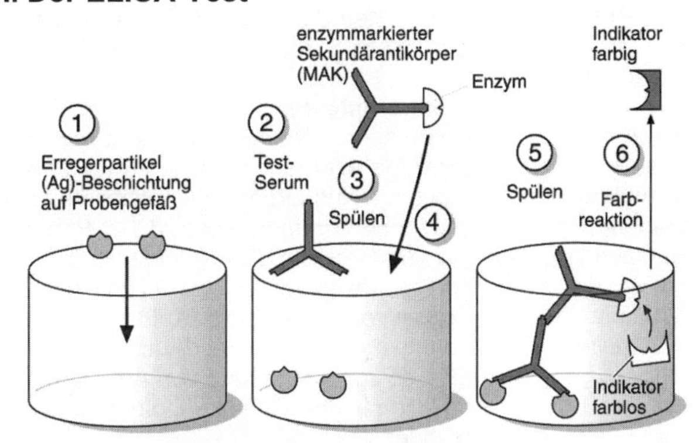

Enthält das zu untersuchende Blutserum Antikörper (HIV-AK) gegen HIV-Antigene, so färbt sich die Indikatorsubstanz. Fällt dieser Test positiv aus, wird er zur Sicherheit wiederholt, um Patienten nicht unnötig zu beunruhigen.

II. Der Western Blot-Test

In einem zweiten Schritt wird dann der Western Blot-Test durchgeführt. Dazu werden Proteine von HI-Viren in einer Elektrophorese aufgetrennt. Die Banden werden dann auf eine Membran übertragen und so fixiert. Auf die Membran gibt man anschließend Blutserum der Testperson. Sind HIV-Antikörper (Anti-HIV-AK) vorhanden, so binden diese an die viralen Proteine.

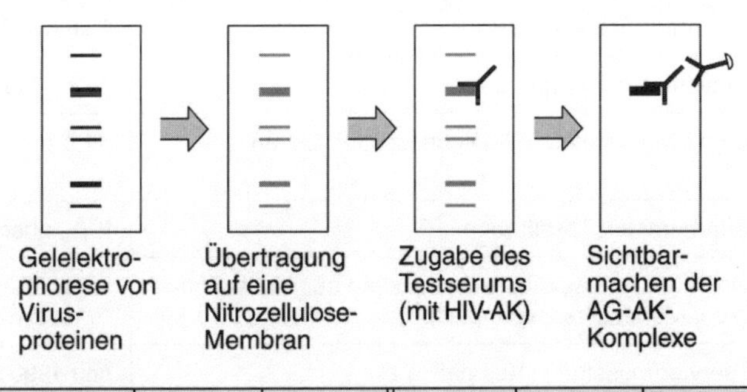

Ein zweiter, mit einem Enzym gekoppelter Antikörper gegen die Anti-HIV-Antikörper (s. auch Abb. ELISA-Test) bindet an entsprechender Stelle. Das Enzym führt mithilfe eines Farbstoffes zur Anfärbung der entsprechenden Bande. Werden auf diese Weise drei Banden sichtbar, gilt der Test als positiv.

	1	2	A	B	C
p160					
p120					
p55					
p41					
p31					
p24					
	HIV-positiv	HIV-negativ	Patienten		

Aufgaben

1. Vergleichen Sie die beiden Testverfahren. Welchem Zweck dient die Elektrophorese beim Western-Blot-Verfahren?
2. Der aufwändigere Western Blot-Test gilt als sicherer. Erklären Sie.
3. Bei Neugeborenen, deren Mütter HIV-infiziert sind, werden diese Tests nicht durchgeführt, sondern mit erheblichem Aufwand wird nach viraler RNA oder Viren selbst gesucht. Geben Sie eine Begründung.

Allergie
Autoimmunerkrankung
Diabetes mellitus
Regelkreis
Regulation – Blutzucker

Unerwünschte Immunreaktionen

Arbeitsblatt Seite 213

1. Bei der Schilddrüsenüberfunktion binden Autoantikörper, die molekulare Ähnlichkeiten mit dem Schilddrüsenhormon haben, an den Hormonrezeptor von Schilddrüsenzellen und aktivieren diese. Durch die ständige Aktivierung wird das Gewebe geschädigt. Bei der perniziösen Anämie werden Antikörper in das Magenlumen sezerniert, die nach dem Schlüssel-Schloss-Prinzip in die Bindungsstelle des IF passen. Vitamin B_{12} kann nur im Komplex mit IF in das Blut übertreten. Dadurch werden alle Prozesse, die B_{12} benötigen, blockiert.
2. b) Der B-Lymphocyt prozessiert das Autoantigen nicht vollständig, wodurch eine Präsentation des Antigens verhindert wird.
   c) Es fehlen T-Helferzellen mit passendem T-Zellrezeptor.
3. Die T-Zelldeterminante das körpereigenen Moleküls könnte verändert sein, sodass es zu einer T-Hilfe kommt (3b); T-Zelldeterminante und B-Zelldeterminante treten auf gesonderten Molekülen auf, die aber in räumlicher Nähe zueinander auf Oberflächen von körpereigenen Zellen exprimiert sind, sodass die T-Helferzelle die nahegelegene B-Zelle hormonell stimulieren kann (3c).

Allergische Reaktionen

Neben dem Sofort- und dem Spättyp (s. Schülerbuch Seite 240/241) gibt es zwei weitere Typen allergischer Reaktionen:

Cytotoxischer Typ
Manche Antibiotika können bei empfindlichen Menschen dazu führen, dass körpereigene Zellen den gleichen Mechanismus auslösen, wie er z. B. von virusbefallenen Körperzellen ausgelöst wird: T-Killerzellen greifen dann das eigene Gewebe an. Häufig sind Erythrocyten betroffen. Das entsprechende Krankheitsbild wird dann als *Blutarmut (Anämie)* bezeichnet. Auch die Bluttransfusion mit einer falschen Blutgruppe kann diese cytotoxische Reaktion auslösen.

Immunkomplextyp
Ursache allergischer Reaktionen dieses Typs sind frei lösliche Allergene (Antigene), an die sich entsprechende Antikörper heften. Diese Immunkomplexe werden normalerweise durch Phagocytose oder Lysis beseitigt. Bei Gelenkentzündungen *(Arthritis)* wirken körpereigene Proteine wie Antigene, die von Antikörpern (Auto-Antikörpern) gebunden werden. Bei dieser Autoimmunreaktion kommt es zur Ablagerung von Antigen-Antikörperkomplexen in den Gelenken, die dann chronisch entzündet sind.

Häufigkeit von Allergien
Seit Längerem wird eine stetige Zunahme von allergischen Erkrankungen festgestellt. 2004 litten in Deutschland ca. 15% bis 25% der Bevölkerung an allergischen Erkrankungen. Sensibilisierungen lassen sich bei ca. $^{1}/_{3}$ der Bevölkerung nachweisen. Eine mögliche Ursache ist der Kontakt mit einer wachsenden Zahl potenzieller Allergene.

Stoff	Vorkommen/Verwendung	Sensib. Quote
Nickel	Modeschmuck, Euromünzen	17% (2004)
Duftstoffe: ca. 3000 verschiedene Einzelstoffe:	Parfums, Waschmittel, Reinigungsmittel, Seifen	11,5%
Farbstoffe (Azofarbstoffe)	Haarfärbemittel, Textilfarben	k. A., aber über 2%
Formaldehyd	Desinfektionsmittel, Biozid, Ausgasung aus Kunststoff-Harzen, Möbel (Pressspanplatten)	unter 2%
Methyl-dibromo-glutaronitril (Dibron-dicyano-butan)	Konservierungsstoff in Kosmetika	seit 1990 stark angestiegen
Terpentinöl	Lösungsmittel in Farben	2,4%
Propolis	harzartiger, von Bienen produzierter Naturstoff, in Naturheilmitteln und Kosmetika	über 2%
Kolophonium	Kleber, Flussmittel für Weichlöten, Bogenharz für Streichinstrumente, Kühlschmierstoffe, Fluorid-Lacke, Epilierwachs	4,4%
Quecksilber	Amalgamfüllungen in Zähnen, Konservierungsstoffe für Arzneimittel, homöopathische Arzneimittel	über 2%
Palladium	Zahnersatzmaterial, Schmuck	6,7%
Epoxid-Harze	Kleber, Kunststoffe, Baustoffe, 2-Komponenten-Lacke, Farben, Glasfaser-Kunststoffe, häufig bei Windrotoren	über 2%

Immunologische Toleranz und Autoimmunität

Schon um das Jahr 1900 war der deutsche Mikrobiologe und Nobelpreisträger PAUL EHRLICH davon fasziniert, dass der menschliche Körper im Normalfall keine Immunität gegen körpereigene Gewebe produziert. Für diesen Sachverhalt prägte er den Begriff „Horror autotoxicus", was so viel wie Furcht vor der Selbstzerstörung bedeutet. EHRLICH erkannte schon damals, dass die Durchbrechung dieses Prinzips schwerwiegende Folgen haben würde. Heute kennen wir die molekularen und zellulären Mechanismen der immunologischen Toleranz und ihrer Brechung. T- und B-Lymphocyten und ihre Antigenrezeptoren sind die Schlüsselelemente des Immunsystems. Richtet sich die Aktivität gegen körpereigene Gewebe, spricht man von *Autoimmunität*. Dabei können in Abhängigkeit von der Spezifität der gebildeten Antikörper einzelne Organe (z.B. Schilddrüse, Bauchspeicheldrüse) zerstört werden oder aber das gesamte Muskel- oder Gelenksystem betroffen sein (Rheuma).

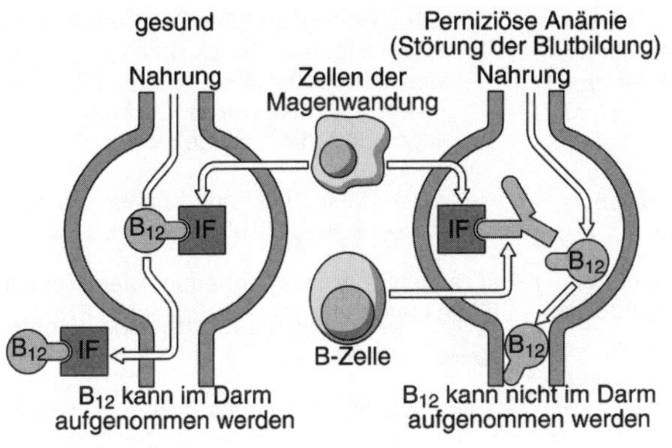

Abb. 1a Perniziöse Anämie: Vitamin B12 (unverzichtbar für die Blutbildung) kann im Darm nur im Komplex mit dem sog. Intrinsic Faktor (IF) aufgenommen werden.

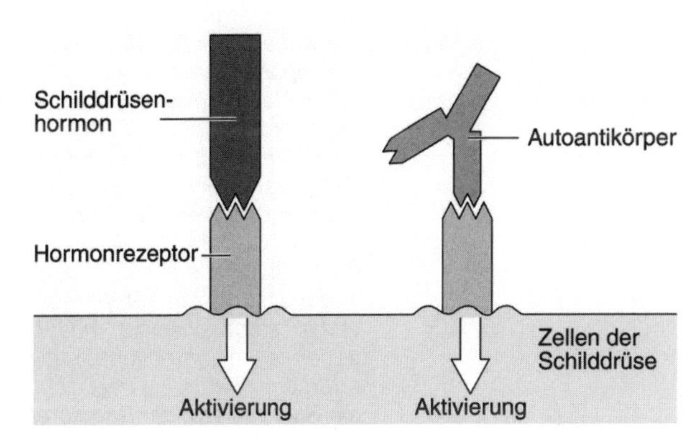

Abb. 1b Schilddrüsenüberfunktion

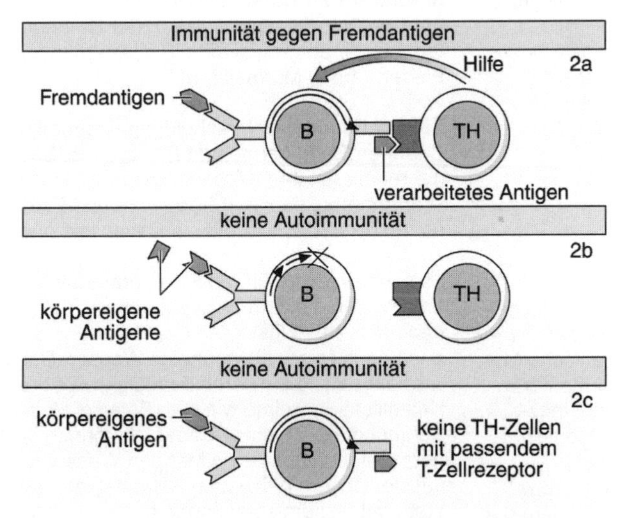

Abb. 2a–c: T-Helferzellen (TH) geben B-Zellen (B) Hilfe zur zur Antikörperproduktion bei immunologisch Gesunden nur, wenn Fremdantigene vorhanden sind

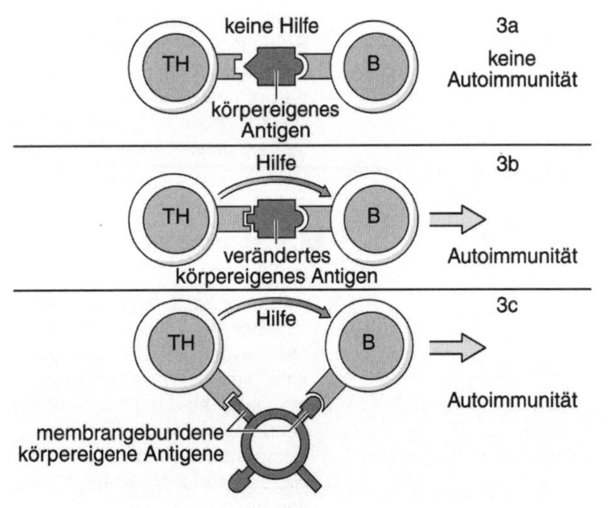

Abb. 3a–c: Durchbrechung der immunologischen Toleranz gegenüber körpereigenen Antigenen

Aufgaben

1. Beschreiben Sie die Wirkung von Autoantikörpern bei der Schilddrüsenüberfunktion und der perniziösen Anämie.
2. Abbildung 2a zeigt die Mechanismen, die zur Aktivierung von Antikörper produzierenden B-Lymphocyten gegen Fremdantigene führen (T-Zell-B-Zell-Kooperation).
   Warum werden in Abb. 2b und c keine Autoantikörper gebildet?
3. T-Helferzellen müssen in Kontakt zu T- oder B-Lymphocyten treten, um diese hormonell zu aktivieren. Welche Mechanismen könnten bei der Schilddrüsenüberfunktion und der perniziösen Anämie zur Autoimmunität geführt haben? Beziehen Sie sich auf Abbildung 3a–c.

Angepasstheit
Frostschutz
Gefrierpunktserniedrigung
homoiotherm
Ökofaktor – Temperatur
poikilotherm

Ökologie

1 Angepasstheit und ökologische Potenz

Der Einfluss der Temperatur auf Lebewesen

Schülerbuch Seite 245

① Vergleichen Sie das Vorkommen und die Laichzeiten von Bachforelle und Karpfen mit den Laborergebnissen (Abb. 1).

– *Die Alttiere der Bachforelle haben ein Temperaturoptimum von ca. 8 – 12 °C. Damit sind sie an ihr Habitat (relativ kalte Gebirgsbäche) gut angepasst. Auch die Laichzeit im Winter steht im Einklang mit dem Optimum bei noch tieferen Temperaturen von ca. 4 – 6 °C. Der Karpfen dagegen zeigt ein Temperaturoptimum von ca. 12 – 26 °C. Damit ist diese eurypotente Art an die Verhältnisse in stehenden Gewässern gut angepasst, da die Temperatur dort im Jahresverlauf stark schwankt. In Gebirgsbächen dagegen ist im Jahresverlauf keine große Temperaturschwankung zu beobachten. Dazu passt die Stenopotenz der Bachforelle. Die Laichzeit des Karpfens im Sommer steht im Einklang mit den Ansprüchen des Karpfenlaichs (hohe Temperaturen zwischen 17 °C und 28 °C).*

② Vergleichen Sie die Toleranzkurve des Mehlwurms (Abb. 1) mit der Temperaturabhängigkeit der Enzymaktivität (Abb. 54.2).

– *Beide Kurven zeigen ein sehr ähnliches Maximum und ähnliche Grenzwerte. Das deutet darauf hin, dass die Temperaturtoleranz des Mehlwurms durch die physiologischen Grenzen seiner Enzymaktivität bestimmt wird.*

Arbeitsblatt Seite 215

1. *Kälteempfindlichkeit:* Die Geschwindigkeit chemischer Reaktionen nimmt mit sinkender Temperatur gemäß RGT-Regel ab. Organische Makromoleküle, vor allem Enzyme und Membranmoleküle, sind in ihrer Funktion stark eingeschränkt, da sie vielfach nur in bestimmten Temperaturbereichen aktiv sind.
   Hitzeempfindlichkeit führt zur Denaturierung von biologisch aktiven Molekülen, vor allem der Proteine und dort speziell der Enzyme.
   Körperinnentemperatur: Gleichwarme winteraktive Tiere können aufgrund von Schutzeinrichtungen (Winterfell, Fettschicht, Reservefett) ihre Körpertemperatur konstant halten. Dies erfordert aber einen hohen Energieaufwand, den sie nur durch regelmäßige Nahrungsaufnahme erbringen können. Einige der Gleichwarmen halten Winterschlaf, eine Form des Überdauerns kalter Perioden, bei der auch bei diesen Tieren die Körpertemperatur sinkt. Bei zu heißen Temperaturen spielen Ausweichreaktionen, Schwitzen oder Nachtaktivität eine Rolle.
   Außentemperaturabhängigkeit: Allen nicht gleichwarmen Organismen fehlen Isolationsmechanismen gegen Kälte bzw. Hitze. Ihre Körpertemperatur entspricht nahezu der Außentemperatur. Wird es zu kalt, fallen sie an frostreichen Orten in Winterstarre, bei Hitze ist die Gefahr des Hitzetodes sehr hoch.
2. Der Gefrierpunkt des Wassers kann durch Zusatz von Ionen oder anderen gelösten Stoffen (Alkohol, Zucker) erniedrigt werden. Wassermoleküle werden gebunden und können somit nicht gefrieren (Streusalz als Glatteisschutz). Ionen und polare Stoffe erhöhen den Siedepunkt. Außerdem führt Druckerhöhung zum selben Ergebnis (Black Smoker). Durch biochemische Aktivitäten in den Zellen werden „Frostschutzmittel“, z. B. Zucker oder Glykol, eingelagert, die eine Gefrierpunktserniedrigung bewirken.
   In der Tiefsee verhindert hoher Druck, dass Wasser bei über 100 °C siedet.

Endotherme, Ektotherme, Frostschutzmittel

Eine Klassifikation von Organismen in *Homoiotherme* (haben immer die gleiche Temperatur) und *Poikilotherme* (haben eine veränderliche Körpertemperatur, je nach Außentemperatur) erscheint nicht ganz korrekt, denn es gibt eine Reihe von gleichwarmen Tieren, die mit Körpertemperaturen überwintern, die nicht weit von der Umgebungstemperatur entfernt sind (z. B. Haselmäuse, Igel, Fledermäuse, Murmeltiere).

Eine treffendere Unterscheidung findet man in den Begriffen *Endotherme* und *Ektotherme*. Endotherme regulieren ihre Körpertemperatur aktiv durch Wärmeproduktion im Körper, während Ektotherme auf äußere Wärmequellen angewiesen sind.

Manche Insekten überstehen Temperaturen weit unter Null mit einem ganz einfachen Trick. Sie haben nur wenig Flüssigkeit im Körper und die ist auch noch reiner als normales Wasser. Dadurch wird die Eisbildung verhindert. Denn Eis braucht Kristallisationskeime wie zum Beispiel kleine Schmutzpartikel, um wachsen zu können. Außerdem bleiben sehr kleine Mengen Wasser länger flüssig. Unsere heimische Getreideblattlaus übersteht mit diesem so genannten „supercooling“ Temperaturen bis zu minus 23 °C. Marienkäfer entleeren im Winter ihren Darm und bieten dem Eis möglichst wenig Angriffsfläche.

Im Tierreich sind Glycerin und Traubenzucker beliebte Frostschutzmittel. Viele Käferarten schützen sich mit Glycerin gegen die eisigen Nadeln. Der Alkohol macht die Körperflüssigkeit viskoser, wodurch sie später gefriert.

Literaturhinweise

SAUER, K. P. (Hrsg.): Ökologie, Spektrum Akademischer Verlag, Heidelberg 1998

Die Temperatur als limitierender Faktor

Die durchschnittliche Umgebungstemperatur ist für das Überleben eines Organismus in den seltensten Fällen bestimmend. Die Verbreitung vieler Arten hängt vielmehr von den weniger häufig auftretenden Extremtemperaturen ab.

Neuer Hitzerekord

121 °C – das ist die Standardtemperatur, bei der jedes Leben normalerweise sicher abgetötet wird. Wirklich jedes Leben? Ein neu entdeckter Bakterienstamm fühlt sich aber unter diesen Bedingungen erst richtig wohl. Forscher von der University of Massachusetts entdeckten jetzt auf dem Grunde des Pazifik in sogenannten *Black Smokern* bei Temperaturen von weit über 100 °C einen Organismus, der den bisherigen Rekord in den Schatten stellt. Sie konnten einen bisher unbekannten Archaea-Stamm isolieren, den sie „Stamm 121" nannten.

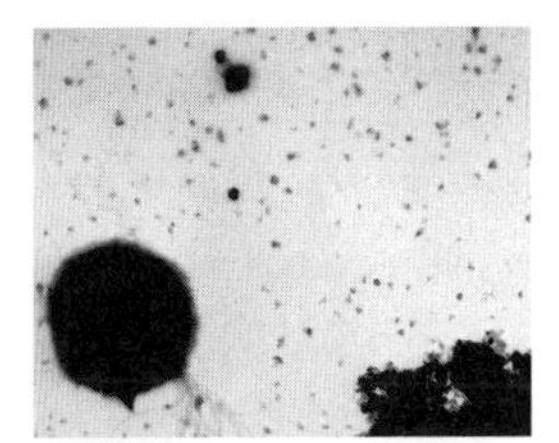
Archaea-Stamm 121

Die Mikroorganismen, die von den „echten" Bakterien aufgrund ihrer genetischen und physiologischen Besonderheiten abgegrenzt werden, bevorzugen Lebensräume, in denen andere Organismen nicht existieren können: So hielt die hyperthermophile Archaea-Art *Pyrolobus fumarii* mit einem Leben bei 113 °C den Hitzerekord – bis jetzt. Selbst Temperaturen von 130 °C scheinen „Stamm 121" nicht viel auszumachen. Nach zwei Stunden und anschließender Rückführung auf kühlere 103 °C teilten sich die Mikroorganismen wieder. Temperaturen unterhalb von 85 °C empfand „Stamm 121" hingegen als deutlich zu frisch: Er stellte sein Wachstum ein. (nach: Science 301: S. 934 (2003), verändert)

Leben unter null Grad

Zu den ersten Anpassungskünstlern an kalte Temperaturen im Meer gehören Algen und Kleinstlebewesen, die im Eis oder an dessen Unterseite leben. Dort ist das Wasser – 2 °C bis – 3 °C kalt. Die Grenzschicht zwischen Eis und Wasser ist sehr nährstoffreich. Das Ökosystem der Arktis hat kurze Nahrungsketten, die manchmal nur aus wenigen Gliedern bestehen: Meer- und Eisalgen – Zooplankton und Krill – Kabeljau und Hering – Seehund und Walross – Eisbär.

In der arktischen Kälte ist für gleichwarme Tiere der Wärmeverlust das Hauptproblem. Große Tiere wie der Eisbär, der sogar Temperaturen bis – 70 °C ertragen kann, haben dabei Vorteile. Mit dicken Fettschichten sind alle arktischen Säugetiere und auch viele Vogelarten perfekt an die Kälte zu Land und im Wasser angepasst.

Gefriert die Körperflüssigkeit, ist es schon zu spät. Spitze Eiskristalle zerreißen die Körperzellen, und das bedeutet den Tod. Wer bei Temperaturen unter null überleben will, muss dies verhindern. Säugetiere halten deshalb ihre Körpertemperatur nahezu gleichwarm, sodass die Kälte keine Chance hat. Das kostet zwar Energie, sichert aber das Überleben. Insekten, Krebse, Fische und Amphibien haben es da schwerer. Ihre Körpertemperatur ist abhängig von der Umgebungstemperatur. Sie verhindern die Bildung der tödlichen Eiskristalle auf unterschiedliche Weise.

Aufgaben

1. Betrachten Sie vergleichend die im Text angesprochenen Organismen unter den Gesichtspunkten Kälte- und Hitzeempfindlichkeit, Körperinnentemperatur und Außentemperaturabhängigkeit.
2. Wasser kann unter 0 °C und über 100 °C noch flüssig vorliegen. Nennen Sie die Voraussetzungen. Erklären Sie daran die Mechanismen, die die unterschiedlichen Lebewesen gegen das Einfrieren ihrer Zellflüssigkeit entwickelt haben.

Tiergeografische Regeln
Lexikon: Weitere abiotische Faktoren

Arbeitsblatt Seite 217

1. Bei homoiothermen Tieren nimmt die Größe nahe verwandter Arten oder Rassen von den warmen Zonen zu den Polen hin zu. Die großen Kaiserpinguine haben relativ zum Volumen (der Körpermasse) eine geringere Oberfläche als die deutlich kleineren Galapagospinguine. Das größere Volumen ermöglicht eine höhere Wärmeproduktion, die relativ betrachtet kleinere Oberfläche führt zu einer geringeren Wärmeabgabe.
2. Die Wärmeleitfähigkeit der Luft ist viel geringer als die des Wassers. Die gute Isolierung des warmen Pinguinkörpers kann daher zu einem Hitzestau führen.
3. Die Körperform unterliegt auch der Selektionswirkung anderer Umweltfaktoren. So können auch in heißen Regionen große Tiere mit einem großen Körpervolumen auftreten, bei denen z. B. der Faktor Konkurrenz entscheidend ist. In kalten Regionen kann eine besondere Isolierung eine vergleichbare Wirkung wie ein massiger Körper haben. Die Größe der Körperanhänge korreliert nicht nur mit der Temperatur, sondern auch mit der Lebensweise. So hat der tropische Tapir extrem kleine Ohren und eine kompakte, kurzbeinige Form, mit der er gut durch das Unterholz schlüpfen kann.

Die Biosphäre – der belebte Raum

Vergleicht man die Erde mit ihrer Lufthülle mit einem Apfel, so findet man Leben nur in der äußeren Schale. Innerhalb dieser „Apfelschale" der lebendigen Haut der Erde, genannt *Biosphäre*, spielt sich alles Leben im Wasser, auf dem Eis, an Land und in der Luft ab.

Die Biosphäre umgibt wie eine Kugelschale von etwa 20 km Dicke die Erde. Mehr als zwei Drittel der Erdoberfläche sind mit Wasser bedeckt. In dieser *Hydrosphäre* liegt der Ursprung der Lebens. Mikroorganismen findet man in diesem Lebensraum noch in 10 000 m Tiefe (Tiefsee). Alle Lebensräume im Wasser bilden die *Hydrobiosphäre*.

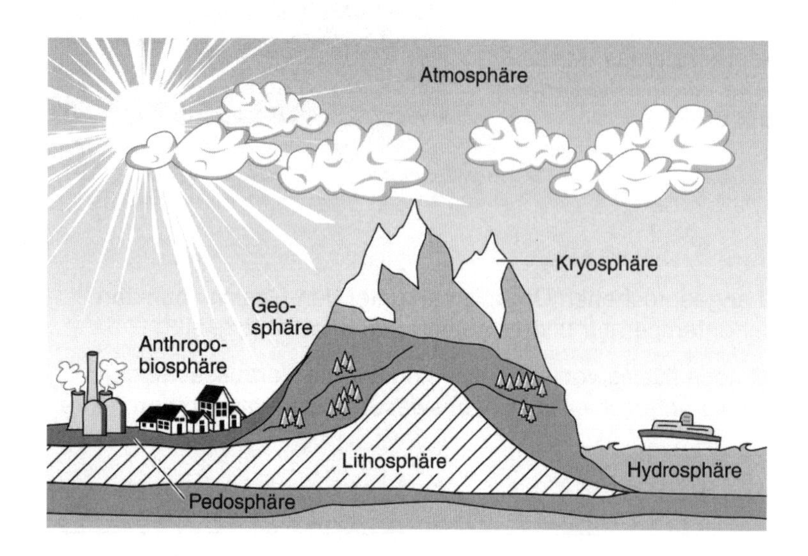

Erdmantel und Erdkruste *(Lithosphäre)* sind nur in den oberen Verwitterungsschichten besiedelt. Die belebte Bodenschicht *(Pedosphäre)* ist in der Regel bis zu ca. 5 m tief. In 50 Meter Tiefe findet man in Madagaskar noch Termitengänge, in 4000 m tiefen Erdöllagern wurden Bakterien nachgewiesen. Die belebten Räume im Boden und auf dem Land heißen *Geobiosphäre*.

Die Eismassen auf dem Festland und den Meeren, die *Kryosphäre*, bieten polaren Tieren wie Seevögeln und Pinguinen zwar Brut- und Rastplätze, die meisten Polartiere sind jedoch bei der Nahrungssuche vom Lebensraum Meer abhängig, ausgenommen die Landraubtiere, die jedoch auch keine Dauerbewohner des Eises sind. Dennoch ist die Kryosphäre nicht unbelebt. So bilden z. B. in einem Labyrinth feinster Kanäle im Eis der Polarmeere hochspezialisierte Organismen (Kieselalgen, Fadenwürmer, Kleinkrebse) eine Lebensgemeinschaft, von der sich der antarktische Krill im polaren Winter ernährt. Zur Kryosphäre gehören auch die Gebirgsgletscher und schneebedeckten Regionen.

Die *Atmosphäre* ist ein nur zeitweilig belebter Raum. Sie ist jedoch für alles Leben auf der Erde als Grenze und Filter zum Weltraum von besonderer Bedeutung.

Die frühen Menschen lebten eingebunden in die natürlichen Lebensräume. Die heutigen Menschen leben – von wenigen Naturvölkern abgesehen – in einem selbst geschaffenen Lebensraum, der *Anthropobiosphäre*. Dazu gehören die Kultur- Agrar- und Industrielandschaften in Städten und Dörfern.

Wie die Waldgrenze in den Alpen entstand

Vor etwa 20 000 Jahren gegen Ende der Würm-Eiszeit waren im Alpenraum nur wenige klimabegünstigte Vegetationsinseln erhalten geblieben. Mit dem Rückgang des Eises wurden die Alpen wieder besiedelt. Dabei spielten Birken, Weiden, Lärchen und Kiefernarten eine wesentliche Rolle. Diese späteiszeitlichen Wälder zeigten bei stark schwankender Waldgrenze ein durch die Kiefern geprägtes einheitliches Bild. Mit dem anhaltenden Temperaturanstieg stieg die Waldgrenze, und es breiteten sich von Süden her wärmeliebende Eichenmischwälder in tieferen Lagen aus. Die Fichte wanderte von Osten, die Tanne von Westen ein. Später folgte die Buche und so entstand die Höhenzonierung in den Alpen.

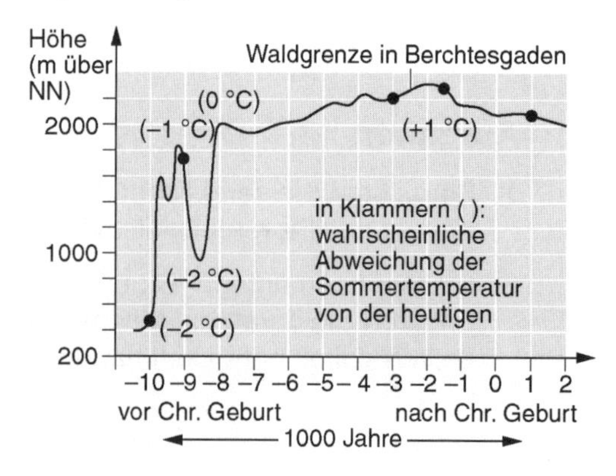

Die geografische Verbreitung von Pinguinarten

Der *Galapagospinguin* vom Äquator ist mit 53 cm deutlich kleiner als der antarktische Kaiserpinguin (115 cm). Dazwischen gibt es verschiedene Pinguinarten in Übergangsgrößen (Abb. 1). Der Einfluss der Körpergröße auf den Wärmehaushalt darf jedoch nicht überschätzt werden: Die Körperoberfläche von *Kaiser-* und *Königspinguin* ist nur unwesentlich verschieden, der mittelgroße *Adeliepinguin* (70 cm) lebt in den gleichen Regionen wie der Kaiserpinguin. Für die Wärmeabgabe ist nicht nur die Größe der Fläche, sondern auch die Wärmeleitfähigkeit des Gewebes entscheidend (Abb. 2). Der Kaiserpinguin ist durch ein dickeres Unterhautfettgewebe und ein dichtes, langes Federkleid wesentlich besser isoliert als der Königspinguin und damit besser an die Kälte angepasst.

Kaiserpinguin-Männchen brüten im antarktischen Winter 2 Monate lang ein Ei aus, das sie zum Schutz vor Auskühlung auf ihren Füßen tragen. In dieser Zeit fressen sie nicht, sondern leben ausschließlich von ihren Fettvorräten.

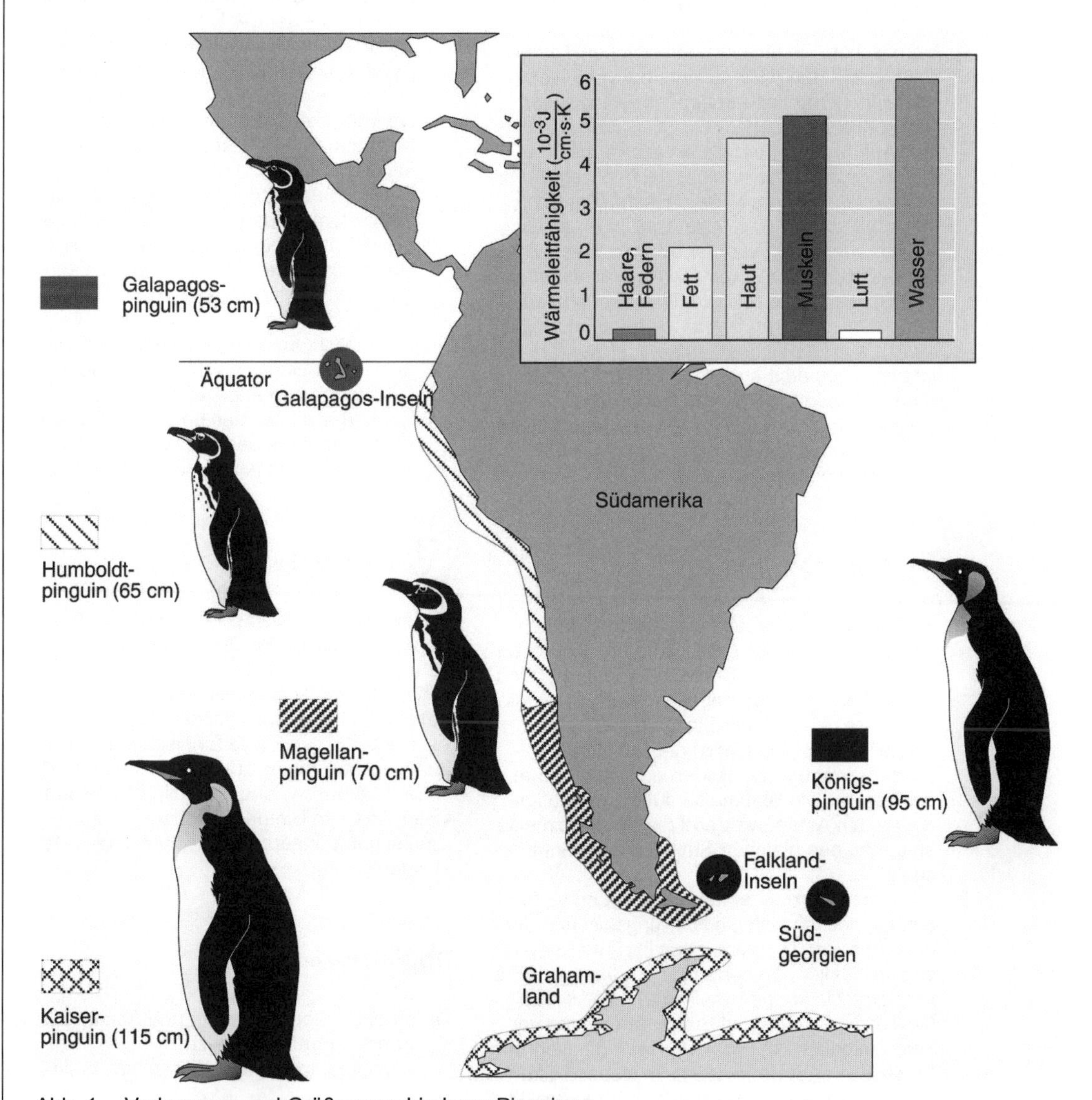

Abb. 1 Vorkommen und Größe verschiedener Pinguine

Aufgaben

1. Erläutern Sie am vorliegenden Beispiel die Bergmann-Regel.
2. An Land besteht für Pinguine die Gefahr der Überhitzung. Erklären Sie dies anhand von Abbildung 2.
3. Erläutern Sie, weshalb die Allen- und die Bergmann-Regel nicht generell zutreffen.

Das Konzept der ökologischen Nische

Schülerbuch Seite 249

① Leiten Sie die Punkte A, B und C in Abbildung 1b aus der Abbildung 1a ab.
– *Punkt A und C beziehen sich auf eine Lufttemperatur von 27 °C, die auch im unteren Diagramm bei 60%iger Luftfeuchtigkeit direkt ablesbar ist (Überlebensrate von 90 %).*
Punkt C findet sich bei gleicher Temperatur und 90%iger Luftfeuchtigkeit; die Überlebensrate beträgt etwa 85 %.
Punkt B findet sich im linken oberen Diagramm (12 °C, 20%ige Überlebensrate, dagegen nicht im unteren Diagramm, da dort keine Werte für 12 °C angegeben sind).

② Vergleichen Sie die unterschiedlichen Temperaturoptima des Apfelwicklers bei verschiedener Luftfeuchte mit den Lebensbedingungen der Puppe (Internet).
– *Der Apfelwickler überwintert als Raupe, die sich ungefähr Mitte April (je nach Witterung) bis Anfang Mai verpuppt. Die nächste Generation verpuppt sich im Juli. Mitte April ist es deutlich kühler, aber auch feuchter als im trockeneren und wärmeren Juli. Die Merkmalskombination trocken/warm und feucht/kühl entspricht tendenziell also diesen beiden Generationen und kann als Angepasstheit aufgefasst werden. Es ist aber noch eine andere Deutung als Angepasstheit möglich: Die Puppen finden sich entweder im Boden (kühler, feucht) oder in Ritzen der Baumrinde (wärmer und trocken, wenn sonnenexponiert).*

Arbeitsblatt Seite 219

1. Im Sommer suchen alle drei Meisenarten an den gleichen Stellen nach Nahrung: Sie halten sich überwiegend im Bereich der Zweigspitzen und äußeren Zweige der Bäume auf. Im Winter unterscheiden sich die Stellen der Nahrungssuche (Nahrungsnischen) deutlich: Die Kohlmeise bevorzugt den Boden und den Stamm der Bäume. Die Blaumeise sucht am häufigsten an den Ästen, während die Schwanzmeise an genau den gleichen Stellen wie im Sommer sucht.
2. Im Sommer, wenn genügend Nahrung vorhanden ist, decken sich die Nahrungsnischen der drei Meisenarten. Sie suchen ihr Futter bevorzugt an Stellen, an denen sie am ökonomischsten sammeln können. Außerdem sind sie im Gewirr der Zweige und Blätter am besten vor Feinden geschützt. Im Winter wird die Nahrung für Meisen deutlich knapper. In dieser Zeit unterscheiden sich die Nahrungsnischen der Arten, was ihre interspezifische Konkurrenz verringert. Insgesamt wird das Nahrungsspektrum für die drei Arten breiter (neben Insekten etc. noch Samen und Beeren).

Das Nahrungsspektrum der Schwanzmeise ist sommers wie winters gleich. Mit ihrem bis 8 cm langen Schwanz als Balancierstange und ihrem leichten Körperbau kann sie auf den feinsten äußersten Zweigen geschickt herumturnen und dort nach Insekteneiern und Puppen suchen.
Die Blaumeise ist schwerer als die Schwanzmeise, aber kleiner als die Kohlmeise. Sie kann gut klettern und holt – kopfunter an inneren Zweigen und Ästen hängend – aus Ritzen und Spalten überwinternde Wirbellose hervor. Auch im Stamm- und Bodenbereich ist sie jetzt häufiger zu finden.
Beide Bereiche sind im Winter bevorzugtes Nahrungsrevier der kräftigsten der drei Meisenarten, der Kohlmeise. Hier findet sie größere Beutetiere und Samenkörner, darunter auch hartschalige, die sie – anders als ihre beiden Nahrungskonkurrenten – dank ihrer größeren Kraft und Schnabelstärke öffnen und verspeisen kann.
Die Ausweitung der Nahrungssuche auf die Baumstämme und den Bodenbereich erschließt zwar den beiden größeren Arten neue Nahrungsquellen, ist für sie jedoch auch mit größerem Risiko verbunden: Am Boden sind sie Feinden wie Katzen oder Wieseln leichter zugänglich, im unteren Bereich der Stämme auch noch Greifvögeln, wie z. B. dem Sperber.
Der Nahrungsmangel im Winter förderte als Konkurrenzdruck das unterschiedliche Nahrungsverhalten, das zu einer für alle Meisenarten günstigen Konkurrenzverminderung führt.

Zur Diskussion

Die ökologische Nische bestimmt die Rolle und Funktion einer Art im Ökosystem, sie ist sozusagen der Beruf einer Art. Der Begriff der ökologischen Nische ist also keine Ortsangabe, sondern beschreibt die artspezifischen Beziehungen einer Art mit der Umwelt. Die Einnischung ist das wirkungsvollste Prinzip zur Vermeidung interspezifischer Konkurrenz und ermöglicht die Koexistenz vieler Arten im Biotop. Anschaulich ist z. B. die Einnischung unserer heimischen Vogelarten in den Wäldern.

Medienhinweise

Unterricht Biologie: Klausur und Abitur, CD-ROM Friedrich Verlag, Seelze
www.vogelarten.de: Vogelschutz online e.V.

Meisen unter sich

Die Kohl- und die Blaumeise sind in Mitteleuropa in hohen Bestandsdichten verbreitet, während die Schwanzmeise zwar nirgends besonders häufig vorkommt, aber überall als Brut- bzw. Standvogel anzutreffen ist.

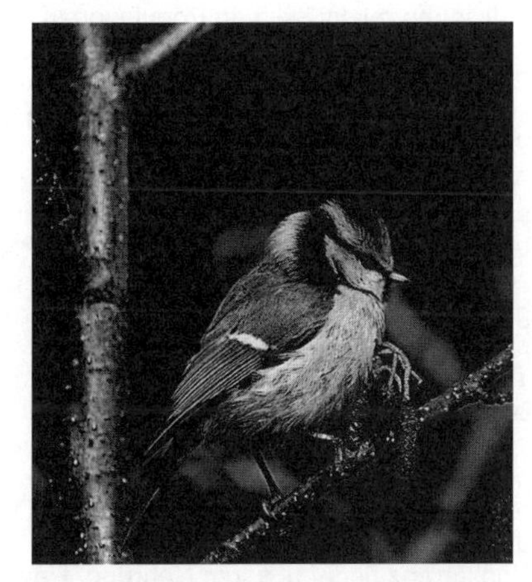

Blaumeise: ca. 12 cm, 9 – 12 g, lichte Laub- und Mischwälder

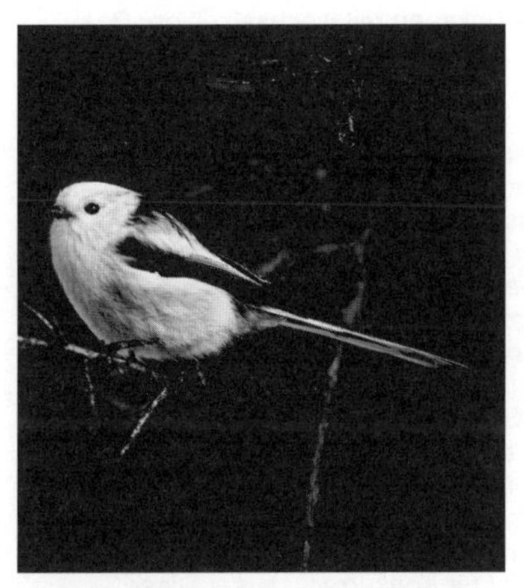

Schwanzmeise: ca. 14 cm, davon über die Hälfte Schwanz, 7 – 9 g, unterholzreiche Laub- und Mischwälder

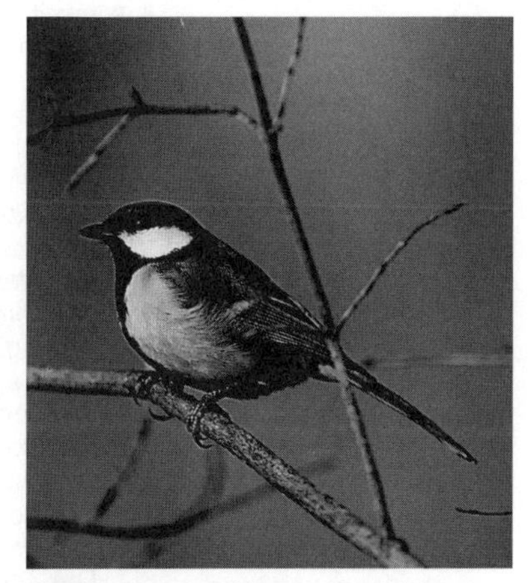

Kohlmeise: ca. 14 cm; 18 – 21 g, offene Landschaft, lichte Laub- und Mischwälder

Abb. 1 Einheimische Meisenarten

Insekten überwintern artspezifisch als Larve, Puppe oder Imago (geschlechtsreife Form). Sie fallen in der Laubstreu, in Astlöchern oder Ritzen in Winterstarre. In diesem Zustand sind sie bewegungsunfähig. In der Frühjahrssonne kehren sie zu normaler Aktivität zurück. Das Larvenstadium, in dem die Tiere leichter zur Beute werden, dauert oftmals wesentlich länger als das Imagostadium.

Das Nahrungsspektrum der drei Meisenarten ist sehr ähnlich. Die meisten Beutetiere, wie Insekten, Raupen und Spinnen, werden von allen Arten bevorzugt. Im Herbst und Winter wird die Nahrung durch Beeren und ölhaltige Samen ergänzt. Kohlmeisen können allerdings größere und härtere Samen aufhacken als Blaumeisen, die nur dann fetthaltige Samen fressen, wenn deren Schale nicht allzu hart und dick ist. Schwanzmeisen fressen nur relativ kleine, weiche Samen.

In einem Gebiet, in dem alle drei Meisenarten leben, wurden Untersuchungen zum Aufenthalt der Meisen bei der Nahrungssuche durchgeführt. Abbildung 2 gibt die Ergebnisse dieser Untersuchungen wieder.

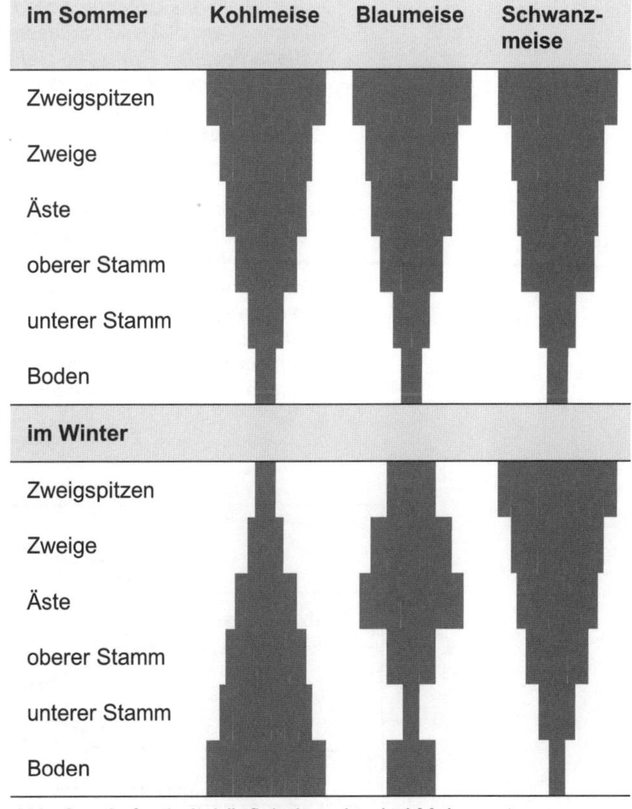

Abb. 2 Aufenthaltshäufigkeiten der drei Meisenarten

Aufgaben

1. Fassen Sie die Ergebnisse der Untersuchungen aus Abbildung 2 kurz zusammen.
2. Deuten Sie das Verhalten der Tiere unter ökologischen Gesichtspunkten. Berücksichtigen Sie dabei die Daten aus der Abbildung 1.

Konkurrenz
Landwirtschaft
Populationsgröße
Regelung

Konkurrenz um Ressourcen

Schülerbuch Seite 251

① Untersuchen Sie mithilfe der Abbildung 250.1, inwieweit alle Faktoren mit wechselseitiger Beeinflussung als Ressourcen bezeichnet werden können.

– *Faktoren wie Fressfeinde und Artgenossen (Konkurrenten) stehen auch in wechselseitiger Beeinflussung, sind aber keine Ressourcen. Manche Ressourcen wie Sauerstoff oder der Flugraum zeigen bei Landtieren nicht die typischen Kriterien einer Ressource, nämlich bei hoher Populationsdichte zu verknappen; dazu ist das Angebot zu groß und der Verbrauch zu gering.*

② Vergleichen Sie die Fundamental- und die Realnische der Waldbäume (Abb. 2 und Randspalte) und erklären Sie die Unterschiede.

– – *Rotbuche: Fundamentalnische (Optimum) und Realnische gleichen sich weitgehend. Das spricht für Konkurrenzstärke. Diese begründet sich in den minimalen Lichtansprüchen der Jungbäume, die als einzige unter dem tatsächlich im Rotbuchenwald herrschenden Lichtangebot liegen.*
  – *Die Stieleiche kann nur in den Bereichen als dominierende Baumart existieren, die außerhalb des Optimums der Rotbuche liegen. Vermutlich ist in diesem Fall das Blätterdach der Rotbuche nicht so dicht, damit fällt mehr Licht auf den Boden und auch Jungeichen können existieren. Unklar bleibt, weshalb sich nicht trotzdem die Jungbuchen neben der Stieleiche behaupten.*
  – *Die Waldkiefer hat die höchsten Lichtansprüche. Diese sind weder im Buchen- noch im Eichenwald erfüllt. Jungkiefern können also nur in Bereichen aufwachsen, in denen diese beiden Baumarten nicht – oder nur schlecht – existieren können. Als konkurrenzschwächste Art ist ihre Realnische am meisten eingeschränkt.*

Arbeitsblatt Seite 221

1. Abb.1: In Populationen hoher Dichte sind die Individuen relativ klein, in Populationen geringer Dichte hingegen relativ groß. Die gesamte Biomasse bleibt aber ab einer bestimmten Dichte nahezu konstant – Beeinflussung des Wachstums.
   Abb. 2: Verschiedene Teile der Maispflanze sind unterschiedlich stark von der Konkurrenz betroffen. Bei hoher Dichte werden die Pflanzen nicht nur kleiner, sondern ein relativ geringer Betrag der Biomasse wird für die Körnerproduktion aufgewendet.
2. Trotz zunehmender Individuendichte wird die Biomasse (Trockengewicht) nur unwesentlich verringert. Weniger das Wachstum als viel mehr die Entwicklung und Reifung werden beeinflusst. Daher sinkt bei zunehmender Dichte der Körnerertrag.
3. Konkurrenz findet u. a. um Nahrung, Reviere (z. B. Nist- und Brutplätze, Rastplätze) und Sexualpartner statt. Die Folgen sind: Nahrungsverknappung, Gedrängefaktor, Sterilität, Kannibalismus, Abwanderung, erhöhte Sterberate, sinkende Geburtenrate.
4. Erwartet werden Angaben von Kausalbeziehungen, das Aufzeigen negativer Rückkopplung und die Formulierung von „Je-mehr-desto-mehr-" und „Je-weniger-desto-weniger-Beziehungen“ mit + und – Zeichen. Es soll nur eine vereinfachte Darstellung gegeben werden, da nur ein Teil der Faktoren angegeben ist (s. Abb. unten).

Literaturhinweise

BRANCH, G. M.: Intraspecific competition in Patella cochlear Born. In: Journal of Animal Ecology 44, 1975

HARPER, J. L.: Approaches to the study of plant competition. Cambridge University Press 1961

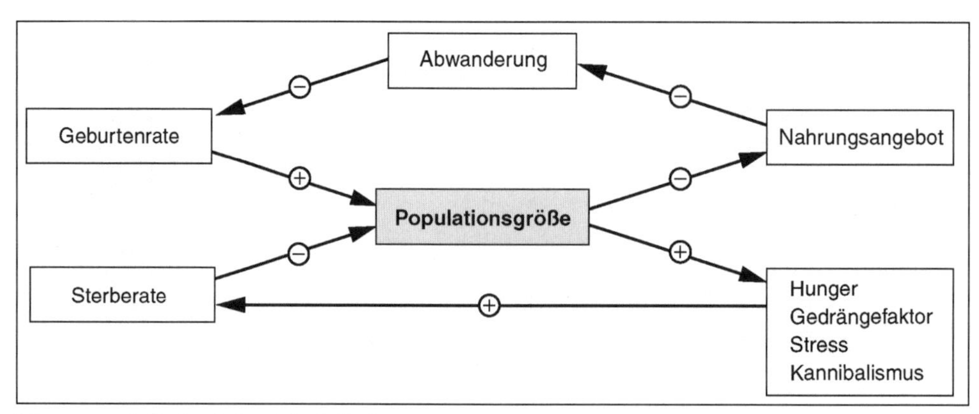

Lösung zu Aufgabe 4 des Arbeitsblattes

Innerartliche Konkurrenz und dichteabhängiges Populationswachstum

Innerartliche Konkurrenz beeinflusst teilweise nicht unerheblich die Individuendichte einer Population. Dabei können sich die Einflüsse ganz unterschiedlich auswirken. In Abbildung 1 und 2 sind dazu zwei Beispiele zu sehen.

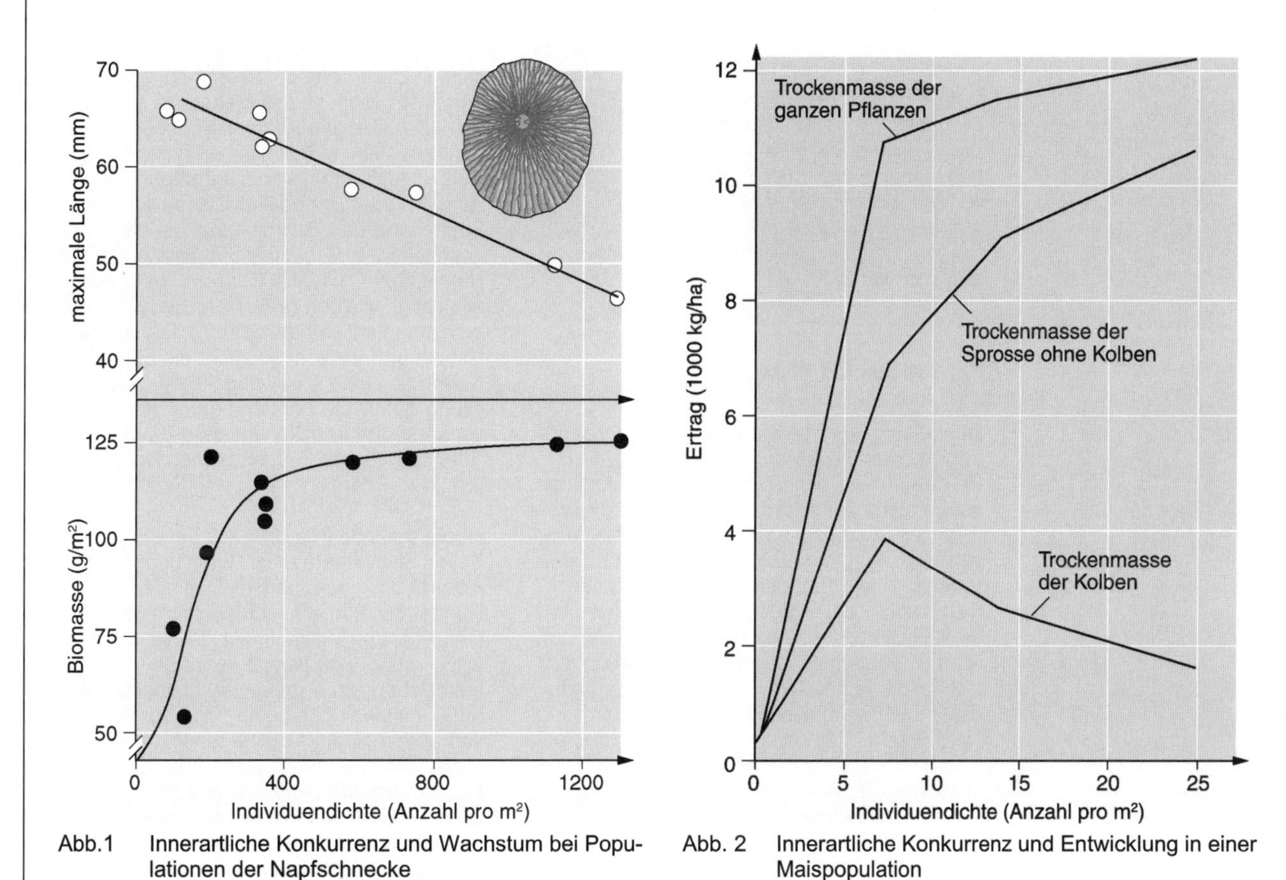

Abb. 1 Innerartliche Konkurrenz und Wachstum bei Populationen der Napfschnecke

Abb. 2 Innerartliche Konkurrenz und Entwicklung in einer Maispopulation

Aufgaben

1. Untersuchen Sie die Auswirkungen der Populationsdichte in Bezug auf die Biomasse von Napfschnecke und Maispflanze.
2. Gehen Sie speziell auf die Zusammenhänge zwischen Individuendichte und Ertrag beim Mais ein.
3. Nennen und erläutern Sie weitere Faktoren für innerartliche Konkurrenz bei Tieren und deren Auswirkungen.
4. Erläutern Sie in einer vereinfachten Darstellung die Wirkungskreisläufe zur Regulation der Größe einer Population, ausgehend von dem Begriff „Populationsgröße“, ergänzen Sie weitere Faktoren und verwenden Sie folgende Schreibweise (+/– einsetzen).

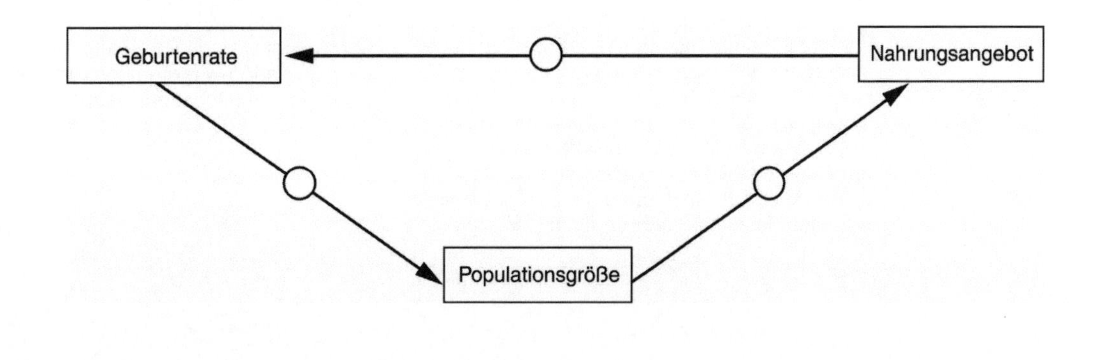

Artenverschleppung
Neophyten
Neozoen
Population
Populationswachstum

2 Populationsökologie

Grundlagen der Populationsökologie

Schülerbuch Seite 253

① Erklären Sie unter Verwendung von Abbildung 2, wie sich die menschliche Population wahrscheinlich in Zukunft verändern wird.
– *Die menschliche Bevölkerung befindet sich noch im exponentiellen Abschnitt der Wachstumskurve. Es ist zu erwarten, dass begrenzende Faktoren zunehmend an Gewicht gewinnen werden. Dann würde die Kurve in den logistischen Teil übergehen und an die Kapazität oszillieren.*

Arbeitsblatt Seite 223

1. Darstellung des Kurvenverlaufs: Zunächst findet exponentielles Wachstum statt, da die Pflanze anscheinend eine sehr große ökologische Potenz aufweist und anderen, heimischen Pflanzen überlegen ist. Die Folge ist Massenvermehrung (Gradation). Dadurch erfolgt eine Verdrängung der anderen Wasserpflanzen. Durch abiotische und biotische Faktoren – beide sind dichtebeeinflussend – kam es vermutlich zum Zusammenbruch der Population, die sich im Laufe der Zeit wieder erholt hat und deren Dichte um den K-Wert schwankt.
2. Ursprünglich stammt die Algenart aus tropischen Gewässern, jedoch konnte sie sich auch in kälteren Zonen des Mittelmeeres (unter 12 °C) durchsetzen. Die Art ist eurytherm und damit sehr widerstandsfähig. Die Besiedlung erfolgte aufgrund von Auswilderung aus dem Aquarienwasser des Ozeanographischen Institutes in Monaco – es handelt sich um eine unabsichtliche Einschleppung, analog zur Wasserpest. Im interspezifischen Konkurrenzkampf ist die Alge den heimischen Pflanzen durch ihre üppige Vegetation überlegen, sodass andere Pflanzen überwuchert und erstickt werden. Die weite Verbreitung wird durch Bruchstückregeneration begünstigt. Bei einer erwogenen Bekämpfung durch Schnecken könnte es zu Gradationen in der Schneckenpopulation kommen, da für diese günstige Nahrungsbedingungen vorliegen. Daraus ergibt sich die Gefahr von Massenvermehrungen bei den Schnecken mit Auswirkungen auf heimische Schneckenarten, u.a. Überweidung heimischer Algenarten. Sollten keine natürlichen Feinde vorkommen, ist die Dominanz einer weiteren eingebürgerten Art vorprogrammiert. Als Vorteile dieser Maßnahme kann die zielgerichtete Bekämpfung angesehen werden, falls sichergestellt werden kann, dass die Schnecken ausschließlich auf die Algenart Caulerpa spezialisiert sind. Es kommt zu keiner Anreicherung von Pestiziden im Nahrungsnetz, keiner Resistenzbildung bei den Algen und zu keiner Nützlingsschädigung mit anschließender erneuter Massenvermehrung von Caulerpa.

Neophyten – Einwanderer aus fernen Ländern

Neophyten sind Pflanzenarten, die von Natur aus nicht in Deutschland vorkommen, sondern erst durch den Einfluss des Menschen zu uns gekommen sind. Sie gehören daher zu den gebietsfremden oder nicht einheimischen Arten *(Neobiota)* und werden manchmal wenig zutreffend auch als „Exoten“ oder „fremdländische Arten“ bezeichnet. Bei den meisten Pflanzenarten ist dies beabsichtigt geschehen, z. B. bei der Einführung von Zier- und Nutzpflanzen, wie der Roteiche, oder kann unbeabsichtigt erfolgen (z. B. Verschleppung von Pflanzensamen mit Handelsgütern). Der menschliche Handel und Verkehr spielt für die Einführung von Neophyten eine so wichtige Rolle, dass die Entdeckung Amerikas 1492 und der sich mit ihr extrem verstärkende transkontinentale Handel auch als „Stichtag“ für die Einführung von Neophyten (wörtlich „Neu-Pflanzen“) festgelegt wird.

Gebietsfremde Pflanzen, die bereits zu früheren Zeiten zu uns kamen (z. B. mit dem Beginn des Ackerbaus in der Jungsteinzeit oder durch den Handel der Römer), werden als *Archäophyten* („Alt-Pflanzen“) bezeichnet. Gebietsfremde Arten, also Archäo- und Neophyten, sind von den einheimischen Arten *(Indigene)* abzugrenzen, die in unserem Gebiet seit dem Ende der letzten Eiszeit vorhanden sind, es aus eigener Kraft besiedelt haben oder hier entstanden sind. Wenn sich gebietsfremde Arten bei uns selbstständig – d. h. ohne Einfluss des Menschen – über mehrere Generationen erhalten, gelten sie als etabliert. Etablierte gebietsfremde Arten, die natürliche oder naturnahe Lebensräume besiedeln und sich deshalb auch ohne menschlichen Einfluss bei uns halten würden, nennt man *Agriophyten*.

Als invasive Arten werden im Naturschutz gebietsfremde Pflanzenarten bezeichnet, die unerwünschte Auswirkungen auf andere Arten, Lebensgemeinschaften oder Biotope haben. So können sie z. B. in Konkurrenz um Lebensraum und Ressourcen zu anderen Pflanzen treten und diese verdrängen. Invasive Neophyten können auch ökonomische (z. B. Unkräuter) oder gesundheitliche Probleme verursachen (wie der Verbrennungen verursachende Saft des Riesen-Bärenklaus).
Quelle: Bundesamt für Naturschutz

Medienhinweise

www.neophyten.de (Beispiele, Maßnahmen)
www.ifu.baden-wuerttemberg.de (Neozoen)
www.3sat.de (Neozoen, Neophyten)

Populationsökologie – Neophyten

Die biologische Diversität kann durch mehrere Faktoren gefährdet sein; eine der größten Gefahren für die Artenvielfalt ist die *Bioinvasion*. Eine Bioinvasion findet dann statt, wenn sich ein Lebewesen in einem Ökosystem ansiedelt, wo es ursprünglich nicht heimisch war und das es ohne direkte oder indirekte Hilfe des Menschen nicht erreicht hätte. Diese Spezies nennt man auch invasive Spezies oder *Bioinvasoren*.

Beispiel 1: Das „grüne Gespenst“

Der Dichter HERMANN LÖNS schrieb bereits am 9. Oktober 1910 im Hannoverschen Tageblatt über *Elodea canadensis*: „Es erhob sich überall ein schreckliches Heulen und Zähneklappern, denn der Tag schien nicht mehr fern, da alle Binnengewässer Europas bis zum Rande mit dem Kraute gefüllt waren, sodass kein Schiff mehr fahren, kein Mensch mehr baden, keine Ente mehr gründeln und kein Fisch mehr schwimmen konnte.“ Die Rede ist von Elodea canadensis, der Kanadischen Wasserpest. HERMANN LÖNS' Befürchtung erwies sich als voreilig und auch der Name „Wasserpest“ erscheint aus heutiger Sicht übertrieben. Um 1835 gelangte die Pflanze über Irland und Großbritannien nach Europa. Im Berliner Raum wurde sie in Botanischen Gärten ausgesetzt. Es folgte eine explosionsartige Ausbreitung über ganz Mitteleuropa. Nach einigen Jahren verstummten die Klagen, weil die Populationsdichte der Pflanzen stark vermindert wurde. Es kam allerdings nicht zur Ausrottung.

Beispiel 2: Die „Killeralge“

Caulerpa taxifolia ist eine im Mittelmeer weit verbreitete Algenart, die durch ihr rapides Wachstum viele marine Tier- und Pflanzenarten verdrängt. Dadurch hat sie den Namen „Killeralge“ erworben. Da die Alge giftig ist, hat sie keine natürlichen Feinde. Die Universität Genf kam bei einer Untersuchung zum Ergebnis, dass diese Algenart vermutlich „aus dem Meeresgebiet östlich von Australien“ stammt. Weitere genetische Untersuchungen scheinen zu bestätigen, dass alle Individuen dieser Art im Mittelmeer aus derselben Linie abstammen, was die Hypothese erhärtet, dass sie mit Abwasser der Aquarien des *Ozeanographischen Institutes von Monaco* ins Mittelmeer gelangte. Die ganze verzweigte und bis über einen Meter lange Alge besteht nur aus einer einzigen riesigen Zelle mit vielen Zellkernen; sie gilt als größtes und komplexestes einzelliges Lebewesen überhaupt. Mit bis zu 8 000 fiederartigen Wedeln und über 200 Metern wurzelähnlicher Gebilde *(Rhizoiden)* pro Quadratmeter „erstickt“ Caulerpa an ihrem Standort nahezu alles Leben. Die Abtrennung eines Stücks der Alge führt dazu, dass sich dieses regeneriert.

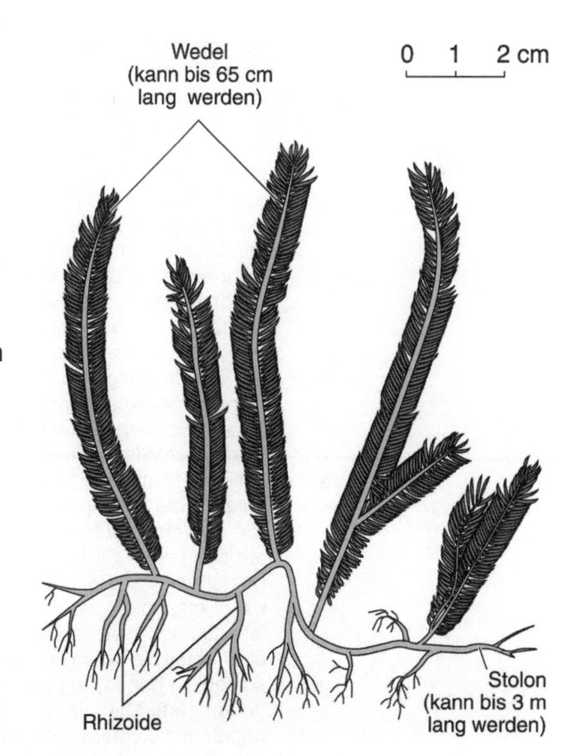

Einige Daten der Ausbreitung im Mittelmeer verdeutlichen dies: 1984 wurde eine Fläche von 1 m^2 lokalisiert, 1990: 3 Stellen mit 3 Hektar, 1994: 150 Hektar, 1996: 30 km^2. Die Alge ist sehr widerstandsfähig, toleriert Temperaturen von unter 12 °C und überlebt tagelange Dunkelheit.

Aufgaben

1. Erstellen Sie zum Beispiel 1 eine grafische Darstellung der Populationsentwicklung bei der Kanadischen Wasserpest und erläutern Sie diese.
2. Beschreiben und diskutieren Sie die Ausbreitung der Alge Caulerpa aus ökologischer Sicht. Zur Bekämpfung von Caulerpa wird u. a. erwogen, Schneckenarten einzuführen, die in tropischen Gewässern den Algenrasen abweiden.
   Stellen Sie aus ökologischer Sicht Vor- und Nachteile der geplanten Maßnahme im Vergleich zu einer chemischen Bekämpfung der Alge dar.

Hase
Lotka-Volterra-Regeln
Luchs
ökologisches Gleichgewicht
Räuber-Beute-Beziehung

Modelle zur Räuber-Beute-Beziehung

Arbeitsblatt Seite 225

1. Die Geburtenrate der Luchse steigt mit zunehmender Anzahl der Schneeschuhhasen proportional an. Die Dichtezahlen der Schneeschuhhasen fallen daraufhin mit zunehmender Anzahl der Luchse proportional ab. Der Räuber kann sich demnach nur vermehren, solange er ausreichend Nahrung hat. Hat er die Beutepopulation zu sehr verringert, so dezimiert sich auch seine Populationsdichte. Dadurch kann sich wiederum die Beutepopulation erholen und steigt an. Die Durchschnittszahlen der Beutepopulation liegen stets über den Durchschnittszahlen der Räuberpopulation.
   1. Volterra-Regel: Die Zahlen von Räuber- und Beuteorganismen schwanken periodisch. Die Maxima der beiden Wachstumskurven sind phasenverschoben.
   2. Volterra-Regel: Die Populationsdichten von Räuber- und Beuteorganismen liegen trotz der periodischen Schwankungen konstant bei einem Mittelwert.
2. Ist viel Nahrung vorhanden (verholzte Triebe), steigt die Anzahl der Schneeschuhhasen. Geht die Nahrungsmenge zurück, sinkt auch die Population wieder ab. Die Menge der vorhandenen Nahrung steuert demnach die Dichte der Hasenpopulation. Je größer die Hasenpopulation ist, desto mehr steigt auch die Anzahl der Räuber. Es ist zu erkennen, dass das Räubermaximum nach dem Hasenmaximum auftritt (Volterra 1). Die Dichte der Luchse wirkt sich aber auch gemeinsam mit der Hasendichte auf die Populationsgröße der Kragenhühner aus. Der Luchs weicht nämlich auf das Huhn als Beute aus, wenn zu wenig Hasen vorhanden sind. Ebenfalls erkennbar ist, dass sich nach völligem Rückgang von Räuber- und Beutepopulation die Beutepopulation schneller erholt.
3. Die Kurvenverläufe in Abbildung 1 stellen nur auf den ersten Blick eine echte Räuber-Beute-Beziehung dar. Bei näherer Überprüfung erkennt man, dass die Schneeschuhhasenpopulation nahezu regelmäßige Populationswellen über einen Zeitraum von 10 Jahren mit unterschiedlich hohen Amplituden aufweist. Dies deutet darauf hin, dass nicht allein die Luchspopulation dichtebestimmend für die Hasenpopulation sein kann, zumal die Kurvenverläufe bei der Räuberpopulation in manchen Zeitabschnitten asynchron sind. Es müssen also auch noch andere Faktoren eine Rolle spielen, wie z. B. die Nahrungsmenge für die Schneeschuhhasen. Das Lotka-Volterra-Modell ist für die Erklärung einfacher Beziehungen sicherlich von Nutzen, kann aber für komplexere Systeme keine vollständige Erklärung geben.

Populationszyklen

Das komplexe System aus Pflanzen-, Hasen-, Luchs- und Kragenhuhnzyklen im Freiland

Die Schneeschuhhasenpopulation in den borealen Wäldern Kanadas zeigt einen Zehnjahresrhythmus. Der Hase, der bestimmende Pflanzenfresser in diesem Lebensraum, ernährt sich im Herbst und Winter hauptsächlich von den Endtrieben verschiedener Sträucher. Parallel dazu durchläuft der Fressfeind des Hasen, der Luchs, ähnlich lange Zyklen. Geht die Populationsdichte zurück, ist damit eine hohe Nachkommensterblichkeit, eine geringe Wachstumsrate und Gewichtsverlust bei den Alttieren verbunden. Untersuchungen haben ergeben, dass im Populationsmaximum der Hasen häufig Nahrungsmangel herrscht. Bei zunehmender Dichte der Hasen nimmt also die Menge an Nahrung ab, was dazu führt, dass die Hasen mehr Zeit zur Nahrungssuche aufbringen müssen, in der sie leichter Räubern zum Opfer fallen. Daher konzentrieren sich die Luchse in dieser Zeit vornehmlich auf das Fangen von Hasen. Beide Faktoren bedingen demnach den Rückgang der Hasenpopulation.

Hinzu kommt, dass nach starker Beweidung die neu gebildeten Triebe in hohen Konzentrationen ungenießbare und sogar giftige Stoffe produzieren. Erst nach zwei bis drei Jahren werden wieder schmackhafte Triebe ausgebildet. Somit wird die nächste Anstiegsphase der Population weiter hinausgezögert.

Die Wechselbeziehungen zwischen Hasen und Pflanzen und zwischen Luchsen und Hasen zeigen Tendenzen zu zyklischen Schwankungen auf. Auch das Vorkommen einer nachgeordneten Beuteart, hier das Kragenhuhn, unterstützt diese These. Die Hasenpopulation schwankt aber genauso auf luchsfreien Inseln.

Lotka-Volterra-Regeln – eine unzulässige Vereinfachung?

Die alten Lotka-Volterra-Regeln stellen nach dem heutigen Kenntnisstand eine starke Vereinfachung dar. Da bei diesem mathematischen Modell z. B. der wichtige Faktor der innerartlichen Konkurrenz unberücksichtigt bleibt und nur die Räuber-Beute-Relation betont wird, kann dieses Modell selbst bei Fällen, auf die es normal in der grafischen Darstellung zutrifft, irreführend sein. Selbst im Labor führen Experimente in der Regel nicht zu derart einfachen Beziehungen. Untersuchungen ergaben z. B., dass sehr kleine Räuber, wie Parasiten, und sehr große Räuber, wie Filtrierer, oft einen ausgeprägten Einfluss auf die Populationsdichte der Beute haben, wogegen dieser bei typischen Jägern oft fehlt. Im realen Ökosystem erweisen sich die Beziehungen zwischen Räuber und Beute als variabel und abhängig von vielen speziellen abiotischen und biotischen Faktoren.

Die sehr differenzierten Modelle der theoretischen Ökologie beruhen jedoch immer noch auf dem Grundansatz von LOTKA und VOLTERRA.

Literaturhinweis

BEGON, M. E. u. a.: Ökologie. Spektrum Akademischer Verlag, Heidelberg 1998

Populationszyklen von Schneeschuhhase und Luchs

Der amerikanische Biophysiker LOTKA und der italienische Biomathematiker VOLTERRA haben in den 30er-Jahren des vergangenen Jahrhunderts anhand eines Modells Populationsschwankungen mathematisch analysiert. Das stark vereinfachende und idealisierte Modell basiert auf der Fangstatistik für Schneeschuhhasen und Kanadaluchse der kanadischen Hudson's Bay Company von 1845 bis 1935 in der Provinz Alberta. Diese wird in der folgenden Abbildung dargestellt.

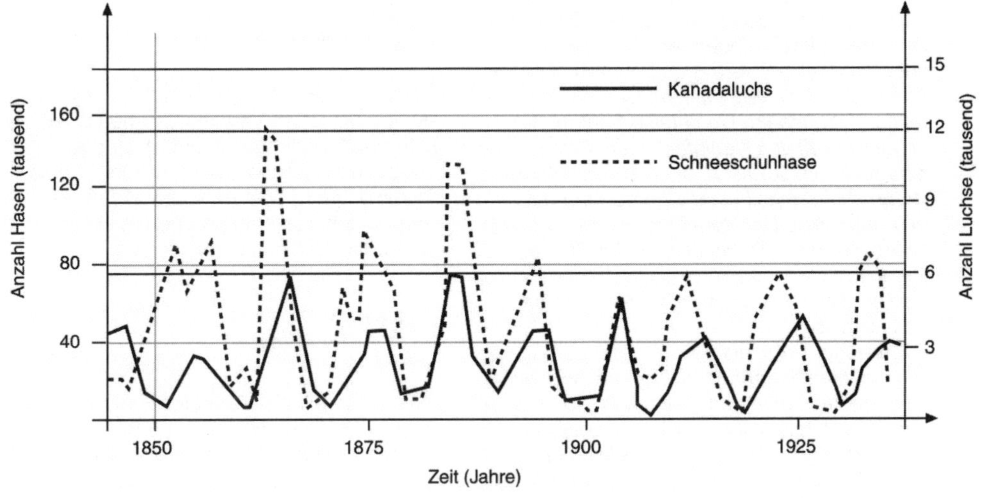

Abb. 1 Fangstatistik der kanadischen Hudson's Bay Company von 1845 bis 1935

Die Modellvorstellungen von LOTKA und VOLTERRA stellen den Sachverhalt auf die Beziehung zweier Populationen reduziert dar. Genauere Überprüfungen der tatsächlichen Gegebenheiten in den 70er- und 80er-Jahren des letzten Jahrhunderts haben ergeben, dass mehrere Faktoren (Populationen wie auch äußere Einflüsse) beteiligt sind. Abbildung 2 zeigt einen Ausschnitt dieser Zusammenhänge.

In der nebenstehenden Abbildung sind Schwankungen in der relativen Biomasse der wichtigsten Komponenten eines Systems, das in der kanadischen Provinz Alberta einen Zehnjahreszyklus durchläuft, abgebildet. Die Pfeile zeigen die wichtigsten Kausalzusammenhänge.

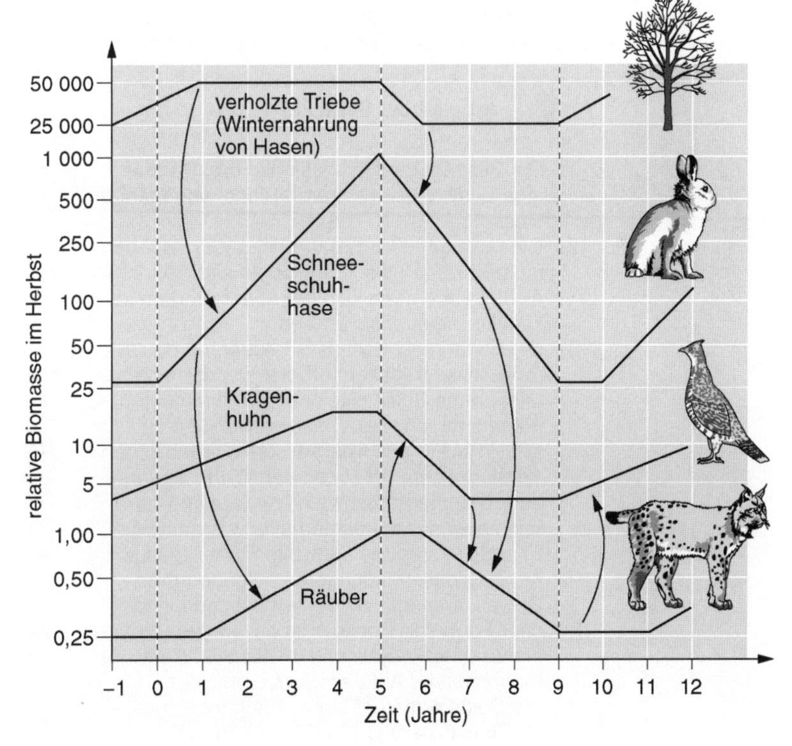

Abb. 2 Schwankungen in der relativen Biomasse

Aufgaben

1. Stellen Sie eine Hypothese zu den Abläufen der Abbildung 1 auf.
2. Beschreiben Sie die Kurvenverläufe in Abbildung 2 und stellen Sie die Beeinflussungen und ihre Folgen dar.
3. Überprüfen Sie unter Verwendung des erarbeiteten Materials Ihre Hypothese aus Aufgabe 1.

Parasitismus
Symbiose

Schülerbuch Seite 256

① Informieren Sie sich über Krankheitserreger wie Pestbakterium und Salmonellen. Zeigen Sie typische Parasitenmerkmale?

– *Salmonellen: Endoparasit, der den Darmtrakt besiedelt, ohne zwingenden Wirtswechsel, sondern direkte Übertragung über mit Kot verunreinigten Nahrungsmitteln. Der mit der Infektion verbundene Durchfall erhöht die Wahrscheinlichkeit von Neuinfektionen. Die Erreger sind recht unspezifisch, auch das erhöht die Wahrscheinlichkeit einer Übertragung auf einen neuen Wirt. Der Parasit tötet den Wirt nicht zwingend, doch Todesfälle sind nicht selten. Die extrem hohe Vermehrungsrate der Bakterien ermöglicht dennoch eine Weiterverbreitung des Parasiten.*
Pesterreger (Yersinia pestis): Endoparasit im Blut, nicht sehr spezifisch (Mensch, Nagetiere). Wirtswechsel über den Rattenfloh; durch dessen Stich erfolgt mit hoher Wahrscheinlichkeit die Übertragung auf die potentiellen Hauptwirte Mensch und Ratte. Für den Hauptwirt häufig tödlich. Durch die Existenz im Zwischenwirt und die direkte Verbreitungsart (Blut saugender Rattenfloh, der spezifisch potenzielle Hauptwirte befällt) ist die Verbreitung des Parasiten gewährleistet.

Arbeitsblatt Seite 227

1. Die Besonderheit ist, dass hier drei Partner eine Symbiose im engeren Sinne eingegangen sind.
2. Die bekannten Verwandten des Wurms leben indirekt vom Sulfid. Man konnte sich zunächst nicht erklären, wie sich der ebenfalls darmlose *Olavius algarvensis* ernährt.
3. Die Sulfat reduzierenden Bakterien produzieren Schwefelwasserstoff, der von den eng benachbarten Sulfid oxidierenden Symbionten aufgenommen wird. Diese verwandeln H_2S z. B. in Sulfat und fixieren CO_2 in organischen Verbindungen, die sie an den Wurm weitergeben. Der interne Schwefelkreislauf im Wurm kann aber nur aufrechterhalten werden, wenn Energie von außen – etwa in Form organischer Kohlenstoffverbindungen – aufgenommen wird. Diese kommen z. B. im Meeresboden in löslicher Form vor. Denkbar ist auch eine Art symbiontisches Recycling, d. h. der Sulfatreduzierer verwendet Abfallprodukte vom Wirt.
4. Die Sulfidoxidierer führen eine fotosyntheseähnliche Fixierung von CO_2 durch, während der Sulfatreduzierer eine anaerobe „Zellatmung" betreibt.
   Anmerkung: Die Identität der Sulfat reduzierenden Bakterien scheint noch nicht endgültig geklärt zu sein. Sollten sie autotroph arbeiten, wäre auch Wasserstoff als Energiequelle von außen denkbar. Dann entfällt der Vergleich mit der Zellatmung.
5. Dem Wurm ist es mithilfe seiner Symbionten möglich, in einer Umgebung zu leben, die kaum H_2S und sehr wenig oder keinen Sauerstoff enthält. Durch den zyklischen Austausch von Stoffwechselprodukten wird Energie gewonnen, die dem Wirt zugute kommt. Außerdem werden Abfallprodukte des anaeroben Stoffwechsels durch das symbiontische Recycling wiederverwertet.

Hinweise

Nähere Informationen zu molekularbiologischen Methoden unter www.mpi-bremen.de (Downloads Stichwort Schwefelbakterien). Das Arbeitsblatt kann auch im Kurs Evolution zum Thema „Endosymbiontentheorie" genutzt werden. Ein Vergleich der beiden Bakteriengruppen mit Mitochondrien und Chloroplasten bietet sich an.

Symbiosen

Symbiose gilt als Motor der Evolution. Der Begriff wurde 1875 von HEINRICH DE BARY (1831–1888), einem deutschen Arzt und Botaniker, für jegliches „Zusammenleben artverschiedener Organismen" (einschließlich des Parasitismus) geprägt. Er untersuchte vorwiegend Pilze, Algen und Flechten.

Führender Symbioseforscher war aber PAUL BUCHNER (1886 – 1978). Der Zoologe und Cytologe prägte die Bezeichnung „Endosymbiose". Dieser Begriff bekam später mit der Endosymbiontentheorie zur Entstehung der Eukaryoten eine besondere Bedeutung. Die verschiedenen Symbioseformen zeigen ein sehr breites Spektrum, das von wechselseitiger und fast vollständiger Abhängigkeit (Symbiose im engeren Sinn) bis zum „kontrollierten Parasitismus" reicht.

Die neu entdeckte, ungewöhnliche Dreier-Symbiose von Schwefelbakterien mit *Olavius algarvensis*, einem marinen, regenwurmähnlichen Oligochäten, ist ein Beispiel für eine ungeheure Vielfalt bakterieller Symbiosen. Der Wurm besitzt weder Mund noch Darm. Seine Verwandten findet man gewöhnlich in Meeressedimenten, die Sulfid enthalten. Sie leben mit Schwefelbakterien in Symbiose, die dieses Sulfid oxidieren. Dabei wird CO_2 in organische Verbindungen überführt, die dem darmlosen Wurm zugute kommen. *Olavius algarvensis* wurde dagegen im Mittelmeer in weitgehend sulfidfreien Sedimenten gefunden. Die Symbiose mit Sulfid oxidierenden und zusätzlich mit Sulfat reduzierenden Bakterien, die direkt unter seiner Haut sitzen, ermöglicht ihm dort das Überleben.

Literaturhinweise

BEYER, I. u.a.. Natura aktuell Heft 6, Ernst Klett Verlag, Stuttgart 2003

DUBILIER, N. et al. Endosymbiotic sulphate-reducing and sulphide-oxidizing bacteria in an oligochaete worm. Nature 411, S. 298 – 302 (2001)

Symbiose zu dritt

Eine Symbiose mit drei Partnern wurde bisher aus verschiedenen Gründen für wenig wahrscheinlich gehalten. Man war der Meinung, dass u. a. „Konkurrenzkämpfe“ um Ressourcen wie Raum und Nahrung die Gemeinschaft belasten würden. Das jetzt entdeckte Zusammenleben zweier Bakterienarten in einem marinen Wurm – zum gegenseitigen Nutzen aller drei Partner – widerspricht dieser Auffassung.

Die Partner

- *Bestimmte Schwefelbakterien, so genannte Sulfatreduzierer:*
  Sie können anaerob organische Substrate abbauen. Dabei dient Sulfat als Elektronenakzeptor und es entsteht H_2S („Sulfatatmung“).
- *Chemosynthetisch aktive Schwefelbakterien (Sulfidoxidierer):*
  Sie decken ihren Energiebedarf, indem sie H_2S (Schwefelwasserstoff, S^{2-}) oxidieren. Die Summengleichung entspricht der Fotosynthese-Grundgleichung: $6\ CO_2 + 12\ H_2S \Rightarrow C_6H_{12}O_6 + 6\ H_2O + 12\ S$ (H_2S ist für die meisten Tiere giftig.)
- *Der regenwurmähnliche Oligochaet Olavius algarvensis:*
  Er besitzt weder Mund noch Darm, ist 1 bis 2 cm lang und misst 0,2 mm im Durchmesser. Verwandte dieser Würmer findet man gewöhnlich in Meeressedimenten, die Sulfid enthalten. Sie leben in Symbiose mit Sulfid oxidierenden Bakterien. Olavius algarvensis wurde an der Küste Elbas in Sedimenten in acht bis zehn Metern Wassertiefe entdeckt. In seiner Umgebung konnte kein Schwefelwasserstoff nachgewiesen werden!

Die Beziehung

Unter der Haut des Wurmes leben Schwefelbakterien. Verabreicht man ihm radioaktives Sulfat, so lässt sich die Sulfidanreicherung beobachten, jedoch nur bei geringer Sauerstoffkonzentration.

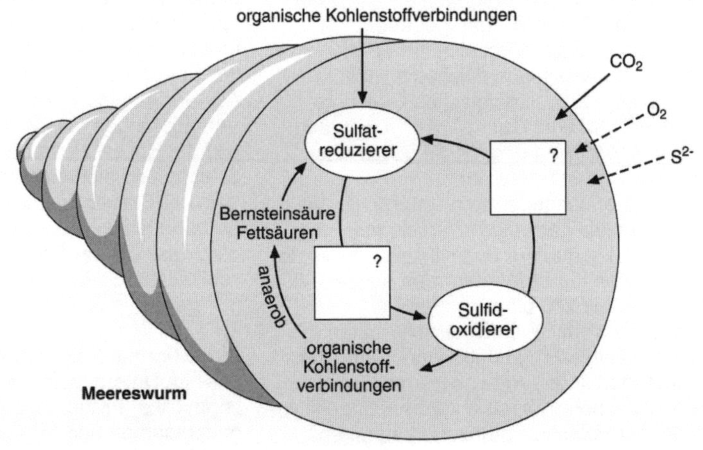

Abb. 1 Wechselwirkung der Symbionten

Aufgaben

1. Als Symbiose bezeichnet man ein Zusammenleben verschiedener Organismen mit gegenseitigem Nutzen. Erläutern Sie die Besonderheit des vorliegenden Beispiels.
2. Die Beobachtung, dass *Olavius algarvensis* in weitgehend sulfidfreier Umgebung lebt, überraschte die Forscher. Wieso?
3. Die Beziehung der beiden Bakterienarten untereinander und zum Wurm ist nicht vollständig dargestellt. Ermitteln Sie, welche Substanzen jeweils umgesetzt und weitergegeben werden.
4. Welcher der genannten Stoffwechselvorgänge ähnelt der bekannten Fotosynthese und welcher der Zellatmung? Begründen Sie Ihre Zuordnung.
5. Welche ökologische Nische kann der beschriebene marine Verwandte des Regenwurms mithilfe dieser Symbiose besetzen?

Konsument
Nahrungskette
Nahrungsnetz
Nahrungspyramide
ökologisches Gleichgewicht
Ökosystem
Produzent
Räuber-Beute-Beziehung
Trophiestufe

Gestufte Systeme
Primärproduktion

Schülerbuch Seite 259

① Argumentieren Sie, warum der immer zunehmende Fleischkonsum den Hunger begünstigt.
– *Von einer Trophiestufe zur nächsten geht ein großer Teil der Energie verloren, d.h. um die gleiche Energie mit Fleisch bereitstellen zu können, ist ein Vielfaches an Energie in Form von Futterpflanzen notwendig (die z. B. im Falle von Mais Menschen ernähren könnten).*

Fragen bewerten statt Antworten korrigieren

Verständnis biologischer Konzepte

Im naturwissenschaftlichen Unterricht sollten die Lernenden nicht nur in der Lage sein, inhaltlich akkurate Antworten auf „Wissensfragen" zu geben, sondern vor allem ein grundsätzliches Verständnis für naturwissenschaftliche Konzepte entwickeln. Dieser Ansatz liegt der „Idea-Centered Laboratory Science" (I-CLS) zugrunde. Bei diesem Curriculum steht vor allem die Fähigkeit im Vordergrund, „richtige" Fragen zu stellen. Der vorgeschlagene Unterricht ist ganz auf die Behandlung wissenschaftlicher Ideen oder Konzepte ausgerichtet. Dazu werden u. a. folgende Empfehlungen gegeben:

- Der Unterricht konzentriert sich auf ein bestimmtes naturwissenschaftliches Konzept. Das Konzept – z. B. „biologisches Gleichgewicht" oder „Stoffkreisläufe" – wird in verständlicher Form formuliert und für die Dauer des Unterrichts an der Tafel fixiert.
- Während einer ausgedehnten Unterrichtsphase erarbeiten die Lernenden verschiedene Fragen zum Thema. Für das Konzept relevante Fragen werden für die Weiterarbeit ausgewählt. Die Antworten bleiben offen.
- Nun wird das Konzept im Unterricht anhand der ausgewählten Fragestellungen bearbeitet. Die Lernenden finden Antworten und dürfen dabei – wenn nötig – auch zu unbefriedigenden oder gar „falschen" Antworten kommen, die aber helfen, das Konzept und die damit einhergehenden Probleme zu erfassen.
- Eine weitere Unterrichtsphase wird darauf verwendet, das Konzept zusammenfassend zu betrachten und basierend auf den Unterrichtserfahrungen neue Fragen zu formulieren.

Die Autoren sind davon überzeugt, dass das Stellen und Beurteilen von Fragen einen besseren Einblick in die Tragfähigkeit der Konzepte bzw. Ideen gibt als das Beantworten vorgegebener Fragen. Die in Lernkontrolltests gestellten Fragen sollen daher nicht beantwortet werden – sie müssen nicht einmal beantwortbar sein.

Lernerfolgskontrollen zum Konzept „Trophiestufen"

Zur Konstruktion entsprechender Testaufgaben bietet sich daher folgendes Vorgehen an:

1. Nach dem Unterricht werden die Lernenden gebeten, so viele Fragen wie möglich niederzuschreiben, die sich alle auf das gelernte Konzept beziehen sollen. Während dieser Aufgabe steht das Konzept immer noch an der Tafel. Alternativ können die Fragen auch in einem „Fragen-Tagebuch" gesammelt werden.
2. Aus den gesammelten Fragen wird ein Test zur Leistungskontrolle erstellt, indem die Lehrperson die gesammelten Fragen vorab in zwei Kategorien ordnet:
   a) Fragen, die sich ihrem Urteil nach eng auf das Konzept beziehen
   b) Fragen, die sich ihrem Urteil nach nicht auf das Konzept beziehen.
   Fragen, für die keine Entscheidung getroffen werden kann, werden aussortiert.
3. Von jeder Liste wählt die Lehrperson nun eine gleiche Anzahl (etwa 10 bis 30) Fragen für den Test aus. Diese Fragen müssen nicht beantwortbar sein, sondern lediglich sinnvoll.
4. Der aus den ausgewählten Fragen erstellte Test wird den Lernenden als Entscheidungstest vorgelegt. Sie sollen beurteilen, welche Fragen sich wesentlich auf das Konzept beziehen und welche dies nicht tun. Das Urteil ist durch „+" bzw. „–" anzugeben.

Einordnung und Auswahl der Fragen (vgl. Punkt 2 und 3) werden objektiver, wenn mehrere Lehrpersonen ihr Urteil abgeben. Die Auswertung der Lerner-Tests erfolgt anhand der vorher festgelegten Zuordnung der Fragen. Die von den Lernenden erreicht Punkteanzahl ergibt sich aus der Anzahl der Übereinstimmungen mit den Zuordnungen. Aus der Abbildung können die Lernenden die Verknüpfungen von Masse- und Energieströmen und die Rollen der Organismen beim Stoffkreislauf ablesen und diese Informationen bei der Bewertung der Fragen nutzen. Entsprechend kann die Aufgabe hinsichtlich der Vorgaben so variiert werden, dass bei der Bewertung der Fragen unterschiedliche Gedächtnis- und Abstraktionsleistungen gefordert werden.

Diese Form der Lernerfolgskontrolle setzt voraus, dass im Unterricht im wissenschaftlichen Sinn „sinnvolles" Fragen und die Unterscheidung von bedeutsamen und weniger wichtigen Fragen für eine Konzeptidee praktiziert worden sind. Bei erstmaliger Anwendung des Verfahrens ist es daher angebracht, die Bewertung der Fragen mit den Lernenden gemeinsam zu reflektieren und zu begründen. Beispielsweise beziehen sich Fragen zum Ökosystem und zum biologischen Gleichgewicht nur indirekt auf den Stoffkreislauf, während Fragen nach dem Energiefluss unmittelbar das Verständnis vom Stoffkreislauf betreffen. Wie die Pflanzen Stoffe aufnehmen, ist weniger bedeutsam für das Konzept als die Frage, welche Stoffe sie aufnehmen und abgeben. Sicherlich wird es nicht immer für alle Fragen eine eindeutige Zuordnung geben. Wichtig ist daher, dass auch die Testteilnehmer ihre Kriterien äußern und begründen.

Literaturhinweis

KATTMANN, U.: Fragen bewerten statt Antworten korrigieren. In: Unterricht Biologie, Heft 230, Friedrich-Verlag, Seelze 1997

Ökologische Pyramiden terrestrischer Ökosysteme

Zur Beschreibung und Erklärung komplexer Zusammenhänge können in den Naturwissenschaften Konzepte dienen. Sie ermöglichen es, eine Vielzahl von Einzelinformationen unter einem bestimmten Gesichtspunkt zu ordnen.

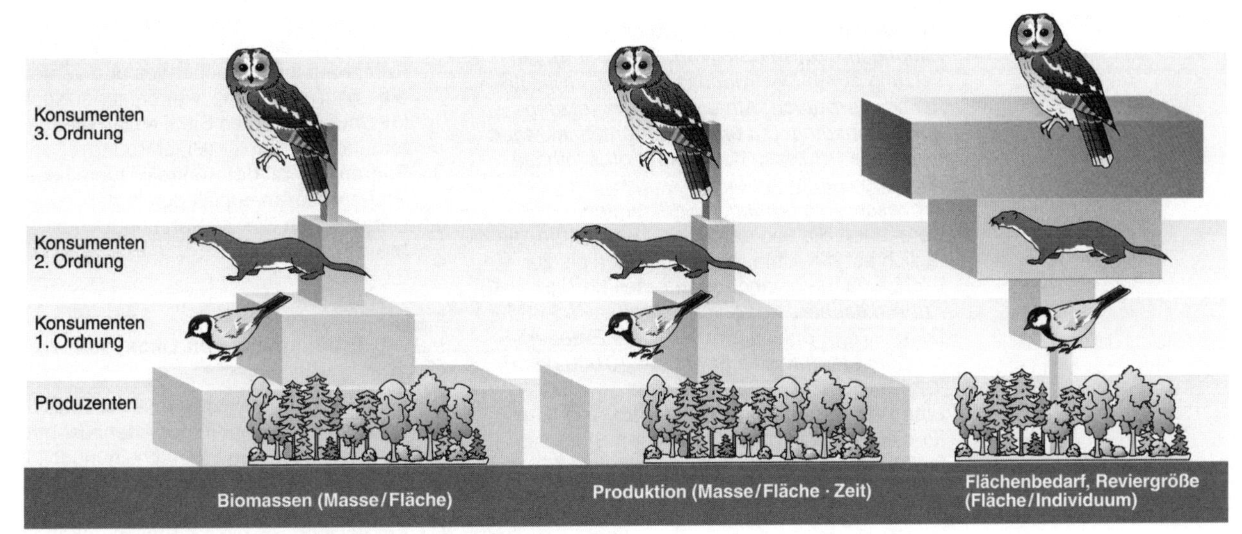

Abb. 1 Ökologische Pyramiden terrestrischer Ökosysteme

Konzept: In einem terrestrischen Ökosystem leben viele Tier- und Pflanzenpopulationen zusammen (Abb. 1). Sie bilden eine Lebensgemeinschaft mit einer Vielzahl von Wechselwirkungen. Diese Beziehungen sind so vielfältig, dass sie als stark verflochtenes Netz aufgefasst werden müssen. Viele Populationen nutzen vergleichbare Ressourcen, sie werden in Trophiestufen zusammengefasst. Damit lassen sich einfache Gesetzmäßigkeiten aufzeigen.

Aufgaben

1. Lesen Sie das Konzept sorgfältig durch. Lesen Sie es erneut, wenn Sie bei der Bearbeitung der Aufgaben unsicher sind.
2. Lesen Sie die Liste der Fragen zunächst einmal vollständig durch, ohne sie zu bewerten.
3. Lesen Sie die Liste noch einmal durch und markieren Sie diejenigen 5 Fragen mit einem „+“, die sich Ihrer Ansicht nach am klarsten und eindeutigsten auf das Konzept beziehen.
4. Beginnen Sie dann noch einmal und markieren Sie weitere 5 Fragen, die sich nach Ihrer Ansicht ebenfalls noch klar und deutlich auf das Konzept beziehen.
5. Formulieren Sie weitere Fragen, die sich auf das Konzept und die Abbildung 1 beziehen.

↓	+ oder – eintragen
	1. Was ist ein Ökosystem?
	2. Wie viele Trophiestufen beinhaltet ein Ökosystem normalerweise?
	3. Inwieweit ist ein Ökosystem stabil?
	4. Welche Rolle spielen Konsumenten in den Trophiestufen?
	5. Welche ist die wichtigste der ökologischen Pyramiden?
	6. Können Räuber ihre Beute ausrotten?
	7. Wozu verwenden Konsumenten die aufgenommenen Stoffe?
	8. Was passiert, wenn eine der Trophiestufen ausfällt?
	9. Bleibt das Verhältnis von Produzenten und Konsumenten in einem Ökosystem immer gleich?
	10. Wie groß ist die Primärproduktion in einem Ökosystem?
	11. Welche abiotischen Faktoren beeinflussen ein Ökosystem?
	12. Warum sieht die Pyramide des Flächenbedarfs anders aus als die Biomassen- und Produktionspyramide?
	13. Warum ist die Produktion in den einzelnen Ebenen so unterschiedlich?
	14. Gleicht die Biomassenpyramide eines Gewässers der eines terrestrischen Systems?
	15. Warum gibt es innerhalb der Produzenten unterschiedliche Produktivitätsleistungen?
	16. Wie nehmen Pflanzen Mineralstoffe auf?
	17. Warum steigt der Flächenbedarf eines Konsumenten 3. Ordnung?
	18. Warum ist die Biomasse bei den Produzenten am größten?
	19. Wofür verwenden Produzenten die aufgenommene Energie?
	20. Warum ist die Anzahl der Trophiestufen begrenzt?
	21. Wie erhalten heterotrophe Organismen ihre Biomasse?

Destruent
Energiefluss
Experiment
Konsument
Nahrungskette
Nahrungspyramide
Ökosystem
Produzent
Stickstoffkreislauf

Stoffkreislauf und Energiefluss

Schülerbuch Seite 261

① Stellen Sie anhand der Abb. 260.1 Bildungsprozesse (Quellen) und fixierende Prozesse (Senken) für Kohlenstoffdioxid gegenüber.

– *Bildungsprozesse (Quellen): Zellatmung, Zersetzung durch Destruenten, Brände, zivilisatorischer Verbrauch, Atmung und Zersetzung durch Konsumenten und Destruenten im Meer; fixierende Prozesse (Senken): Fotosynthese der Produzenten, chemische und geologische Prozesse, Ablagerung in Sedimenten.*

② Berechnen Sie von der Strahlungsenergie, die täglich auf die Atmosphäre trifft, den bis zur Erdoberfläche gelangenden Anteil (in %).

– *Auf Atmosphäre treffende Energie = 100 000 (kj/m² · Tag), entspricht 100 %; bis Erdoberflächedurchgedrungene Energie = 10 000 (kj/m²· Tag), entspricht 10 %.*

③ Eine Wassermühle soll als Modellvorstellung für die enge Verbindung zwischen Stoffkreislauf und Energiefluss dienen. Erläutern Sie die Vorzüge und Grenzen der Modellvorstellung.

– *Stoffe reagieren unter Energieaufnahme – Rad dreht sich; Energie wird dabei (teilweise) entwertet. Energiefreisetzung durch Stoffumwandlungen wird nicht dargestellt.*

Versuch: Nachweis von Stickstoff bindenden Bakterien in der Gartenerde

Material: K_2HPO_4, Mannit, NaOH (konz.), Indikatorpapier, Nesslers Reagenz, 2 Erlenmeyerkolben (250 ml), Zellstoffstopfen, Bechergläser, Gartenerde

Versuchsdurchführung: In 100 ml dest. Wasser werden eine Spatelspitze K_2HPO_4 und 2 g Mannit gelöst. Die Lösung wird auf 2 Erlenmeyerkolben verteilt. In einen der Kolben wird eine Spatelspitze Gartenerde gegeben. Die Kolben werden mit Zellstoff verschlossen und bei Zimmertemperatur stehen gelassen (4 bis 8 Tage).

Aufgaben

1. Filtern Sie nach einigen Tagen, wenn eine Trübung eingetreten ist, einen Teil der Lösung mit Kahmhaut ab und prüfen Sie mit Nesslers Reagenz auf Ammoniumionen (Gelbfärbung bzw. gelber flockiger Niederschlag).
2. Gießen Sie die restliche Flüssigkeit mit der Kahmhaut in ein Becherglas und versetzen Sie die Lösung mit konz. Natronlauge. Kochen Sie kurz auf und prüfen Sie die Dämpfe mit feuchtem Indikatorpapier (Blaufärbung).
3. Führen Sie mit der Kontrolllösung dieselben Proben auf Ammoniak durch.
4. Untersuchen Sie die Kahmhaut unter dem Mikroskop.

Produktivität von Ökosystemen

Die verschiedenen Ökosysteme der Erde unterscheiden sich nicht nur in der Artenzusammensetzung, Artenvielfalt und im Erscheinungsbild, sondern auch in ihrer Produktivität.

① Vergleichen Sie die mit Pfeilen gekennzeichneten Ökosysteme bezüglich der angegebenen Werte und erklären Sie die Unterschiede.

– *Im offenen Meer ist die durchschnittliche Produktivität gering, durch die große Fläche ist der Anteil an der Welt-Nettoprimärproduktion jedoch sehr hoch. Der tropische Regenwald hat eine enorme Produktivität (viele ökologische Nischen, Mineralstoffkreislauf wird schnell durchlaufen, genügend Wasser, warm). In der Tundra ist die Temperatur und zum Teil auch Wasser begrenzender Faktor, die Produktivität ist recht gering. Korallenriffe beinhalten eine komplexe Lebensgemeinschaft in warmem Wasser. Da es bezogen auf die Erdoberfläche relativ wenige Korallenriffe gibt, ist der Beitrag zur globalen Nettoprimärproduktion recht gering.*

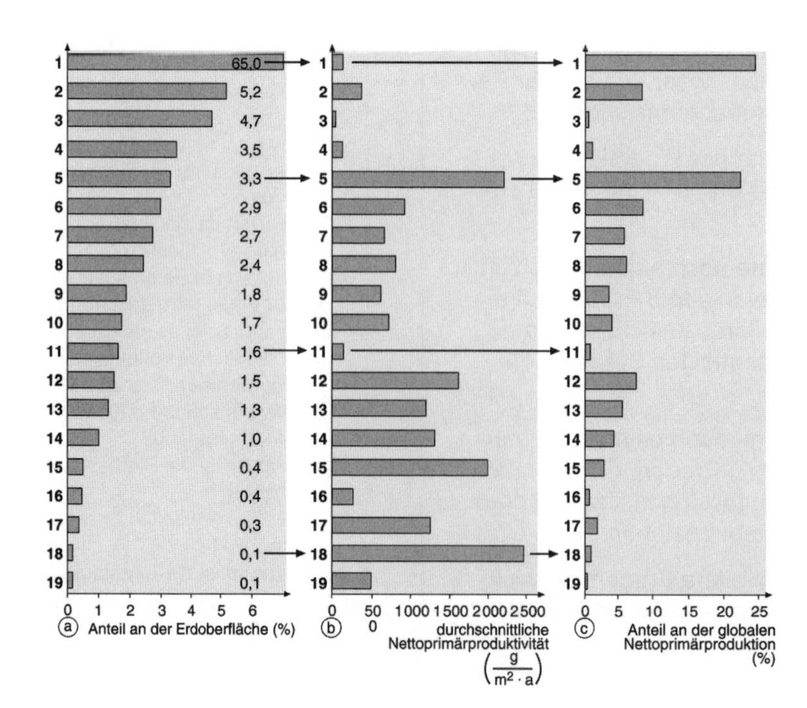

Versuchsreihe zum Stickstoffkreislauf

Versuch 1: Nachweis des Abbaus von Eiweißstoffen zu Ammoniak

Vorbemerkung: Harnstoff fällt durch Ausscheidungen der Tiere in größeren Mengen im Boden an. Bei seinem mikrobiellen Abbau entsteht Ammoniak, der nachgewiesen werden kann.

Material: Erlenmeyerkolben, Harnstoff, Seignettesalz, Soda, verschiedene Bodenproben, Nesslers Reagenz

Versuchsdurchführung: 6 g Harnstoff werden in 200 ml Wasser gelöst. Je eine Spatelspitze Seignette-Salz (C-Quelle) und Soda (bakterienfreundliches alkalisches Milieu) werden hinzugefügt. Die Lösung wird gleichmäßig auf 5 Erlenmeyerkolben verteilt. Ein Kolben wird verschlossen und dient als Kontrolle. In die anderen Gefäße werden die Bodenproben gegeben: 1) einige Spatelspitzen mageren Sandboden, 2) sauren Boden, 3) Torfboden, 4) Gartenerde. Die Kolben werden verschlossen und bei 37 °C 3 bis 4 Tage bebrütet.

Aufgaben

1. Führen Sie nach zwei Tagen Geruchsproben an den Kolben durch.
2. Untersuchen Sie jeweils einen Tropfen aus den Lösungen unter dem Mikroskop.
3. Geben Sie Nesslers Reagenz zu den Lösungen.
4. Fassen Sie die Ergebnisse zusammen.

Versuch 2: Abbau von Ammoniak durch Nitritbakterien

Vorbemerkung: Als Nitritbakterium kommt bei uns besonders häufig *Nitrosomonas europaea* vor.

Material:
- Nitrin-Reagenz = 50 ml Methanol (96 %), 0,5 ml Salzsäure (10 %), 0,5 g Nitrin (Merck). Lösung in brauner Flasche aufbewahren. Braunfärbung: Lösung unbrauchbar
- Nährlösung für Nitritbakterien: 100 ml Wasser, 2 g $(NH_4)_2SO_4$, 2 g NaCl, 1 g K_2HPO_4, 0,5 g $MgSO_4$, 0,4 g $FeSO_4$
- mehrere Erlenmeyerkolben (250 ml), $MgCO_3$, Gartenerde, Gentiana-Violett

Versuchsdurchführung: Die Nährlösung wird mit $MgCO_3$ im Überschuss versetzt (Bindung der entstehenden H_2SO_4). In die Kolben werden jeweils 50 ml abgefüllt und die Lösung mit Gartenerde beimpft. Ein Kolben wird zur Kontrolle ohne Erde steril aufbewahrt. Bei 27 °C 8 bis 10 Tage lang bebrüten.

Aufgaben

1. Prüfen Sie die Kolbeninhalte mit Nitrin-Lösung auf Nitrit (Gelbfärbung).
2. Nehmen Sie eine Probe aus einem beimpften Kolben und untersuchen Sie den Tropfen nach Färben mit Gentiana-Violett unter dem Mikroskop. *Nitrosomonas* ist gelblich gefärbt.

Versuch 3: Abbau von Ammoniak durch Nitratbakterien

Vorbemerkung: Bei uns kommt als Nitratbakterium am häufigsten *Nitrobacter winogradsky* vor.

Material:
- Nährlösung für Nitratbildner: 1 000 ml Leitungswasser, 1 g $NaNO_2$, 0,5 g K_2HPO_4, 0,4 g $FeSO_4$, 1 g Na_2CO_3, 0,3 g $MgSO_4$, 0,5 g NaCl
- Nitratnachweis-Reagenz: Diphenylamin (kristallin), konz. Schwefelsäure oder Teststäbchen
- Gentiana-Violett, Erlenmeyerkolben, Gartenerde, Mist, Kompost

Versuchsdurchführung: Bodenproben jeweils mit 100 ml Wasser in Kolben (250 ml) geben, schütteln und absetzen lassen. Die Flüssigkeit wird durch einen Filter in ein Gefäß gegossen und mit Nitrat-Reagenz (Blaufärbung) oder einem Teststäbchen auf Nitratgehalt überprüft. Die Bodenprobe muss nitratfrei sein – daher eventuell mehrmals wässern. Anschließend wird die nitratfreie Probe mit 50 ml der Nährlösung für Nitratbildner in einen Kolben gefüllt und10 bis 14 Tage bei 25 °C bebrütet. Anschließend wird mit Nitrat-Reagenz überprüft.

Aufgaben

1. Färben Sie einen Lösungsausstrich unter dem Mikroskop mit Gentiana-Violett an. *Nitrobacter* ist hell bis schwach bräunlich gefärbt, die restlichen Bakterien sind violett.
2. Fassen Sie die Ergebnisse zusammen und entwickeln Sie ein Schema des Stickstoffabbaus im Boden.

Fotosynthese
Frühblüher
Ökofaktor – Licht
Ökosystem
Wald
Waldschäden

Ökosystem Wald

Schülerbuch Seite 263

① Der Massenbefall durch Laub fressende Schadinsekten stellt nur sehr selten eine wirkliche Bedrohung der Wälder dar. Begründen Sie diese Aussage.

– *Physiologische Begründung: Bäume haben nur einen relativ kleinen Teil ihrer Biomasse als Laubblätter angelegt. Bei Verlust der Blätter reichen die Mineralstoffvorräte in der Regel für einen neuen Austrieb aus. Die Insektenlarven sind dann durch Verpuppung verschwunden. Ökologische Begründung: Das vielfältige Nahrungsnetz im Wald führt dazu, dass eine Vielzahl von Fressfeinden (Insekten fressende Vögel, Spinnen, Raubinsekten wie Ameisen) die Zahl der Schädlinge nachhaltig dezimieren können.*

Arbeitsblatt Seite 233

1. Im Frühjahr steht der Wald vor der Laubentfaltung. Frühblüher der Krautschicht beginnen ihre Vegetationsperiode weit vor den Pflanzen der Strauch- und Baumschicht. Auch ihre Blühphase liegt früher. Die Sträucher und Bäume setzen zum Blattaustrieb verstärkt Kohlenstoffdioxid frei. Ihre Blühphase liegt je nach Bestäubungsart zu Beginn der Laubausbildung, bei der Haselnuss allerdings schon weit vor der Belaubung. Mitte des Frühjahrs beginnt die Aktivität der Bodenlebewesen. Die Laufkäfer haben ein Dichtemaximum im Mai.
Im Sommer ist die Baumschicht voll belaubt. Die Lichtintensität – und damit die Fotosyntheserate – in der Kronenschicht ist sehr hoch, während sie in der Krautschicht auf ein Minimum sinkt und dort nur noch wenige Schattenpflanzen existieren können. Frühblüher haben ihre Vegetationsperiode schon beendet.
Bei den Bodentieren nimmt die Populationsdichte der Spinnen ab Juli zu. Mit dem Laubfall im Herbst steigt die Anzahl der Kurzflügler und vor allem der Weberknechte. Die Fotosyntheserate der Bäume und Sträucher sinkt durch den Laubfall stark ab. Mit sinkenden Temperaturen gehen auch die Populationsdichten der Bodenlebewesen zurück.
2. Bezogen auf die Pflanzen bestimmt die Lichtintensität maßgeblich die zeitliche Abfolge von Blüh- und Vegetationsphase im Wald. Die Frühblüher (u. a. Scharbockskraut Goldstern und Buschwindröschen) haben ihre kurze Vegetations- und Blühphase vor dem Laubaustrieb der Strauch und Baumschicht, da sie auf eine große Lichtintensität angewiesen sind. Trotz der niedrigen Temperaturen gelingt es ihnen durch ihre Speicherorgane (Wurzelstock, Zwiebel) frühzeitig auszutreiben. Ihre Vegetationsphase endet, wenn das Laubdach der Baumschicht zu dicht wird. In dieser Zeit müssen sie Reservestoffe für das kommende Jahr angesammelt haben. Die Sträucher und Bäume haben ihre Blühphase je nach Bestäubungsart vor oder gleich zu Beginn der Laubbildung (Windbestäuber) oder erst nach der Belaubung (Tierbestäuber). In Abhängigkeit von der Lichtintensität entfalten sie ihre höchste Fotosyntheserate in den frühen Sommermonaten, während in der Krautschicht ausschließlich Schattenpflanzen mit geringen Lichtansprüchen überdauern können.
Bei den Bodenlebewesen haben die Laufkäfer im Mai ein Dichtemaximum. Als räuberisch lebende Tiere ernähren sie sich von den Larven anderer Insekten bzw. als Pflanzenfresser ernähren sie sich vornehmlich von Pflanzensäften. Der Populationsanstieg von Kurzflüglern und Weberknechten liegt im steigenden Nahrungsangebot durch den Laubfall begründet. Den Winter überleben die Bodenorganismen in verschiedenen Zustandsformen (Ei, Larve, Imago).

Der deutsche Wald

Deutschland ist zu einem Drittel mit Wald bedeckt. Zwischen den Bundesländern gibt es allerdings deutliche Unterschiede: So hat das waldreichste Bundesland Hessen 42 % Wald, während Schleswig-Holstein nur mit 10 % Wald bedeckt ist.

Die folgende Tabelle zeigt die Verteilung über die Bundesrepublik:

Bundesland	%-Anteil
Hessen	42%
Rheinland-Pfalz	42%
Saarland	39%
Baden-Württemberg	38%
Bayern	36%
Brandenburg, Berlin	35%
Thüringen	32%
Sachsen	28%
Nordrhein-Westfalen	26%
Niedersachsen, Bremen, Hamburg	24%
Sachsen-Anhalt	24%
Mecklenburg-Vorpommern	23%
Schleswig-Holstein	10%
Deutschland	31%

Quelle: Schutzgemeinschaft Deutscher Wald 2005

Literaturhinweise

GODET, J.-D.: Bäume und Sträucher. Arboris-Verlag, Bern 1987
weitere Informationen beim BMU: www.bmu.de

Ökosystem Wald

In unseren Breiten hat der Wald zu jeder Jahreszeit ein anderes Gesicht. Der Ökologe bezeichnet das jeweilige Erscheinungsbild der Biozönose als deren *Aspekt*. Die unteren Abbildungen zeigen Ausschnitte aus der Aspektfolge im Eichen-Buchen-Mischwald.

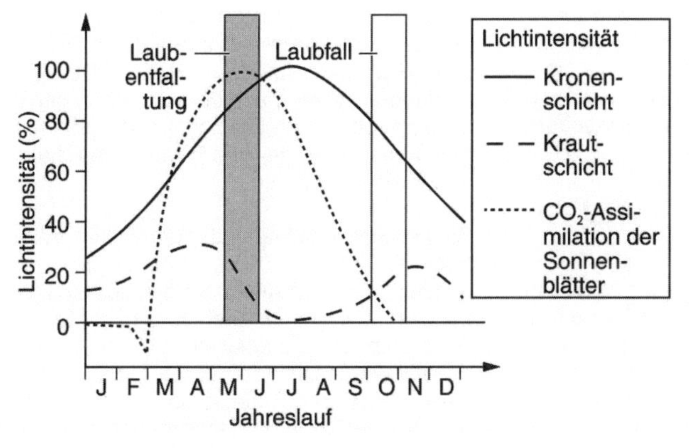

Abb. 1 Jahresgang der Lichtintensität im Mischwald und CO_2-Assimilation

Abb. 2 Häufigkeit typischer Bodenlebewesen im Wald

Die jahreszeitlichen Schwankungen der Klimafaktoren führen zu periodischen Wechseln im Erscheinungsbild eines Ökosystems *(Aspektfolge)*. Es wiederholt sich Jahr für Jahr und zeigt für jede Jahreszeit charakteristische Formen, z. B. in den Blüh- und Vegetationsphasen der Pflanzenarten.

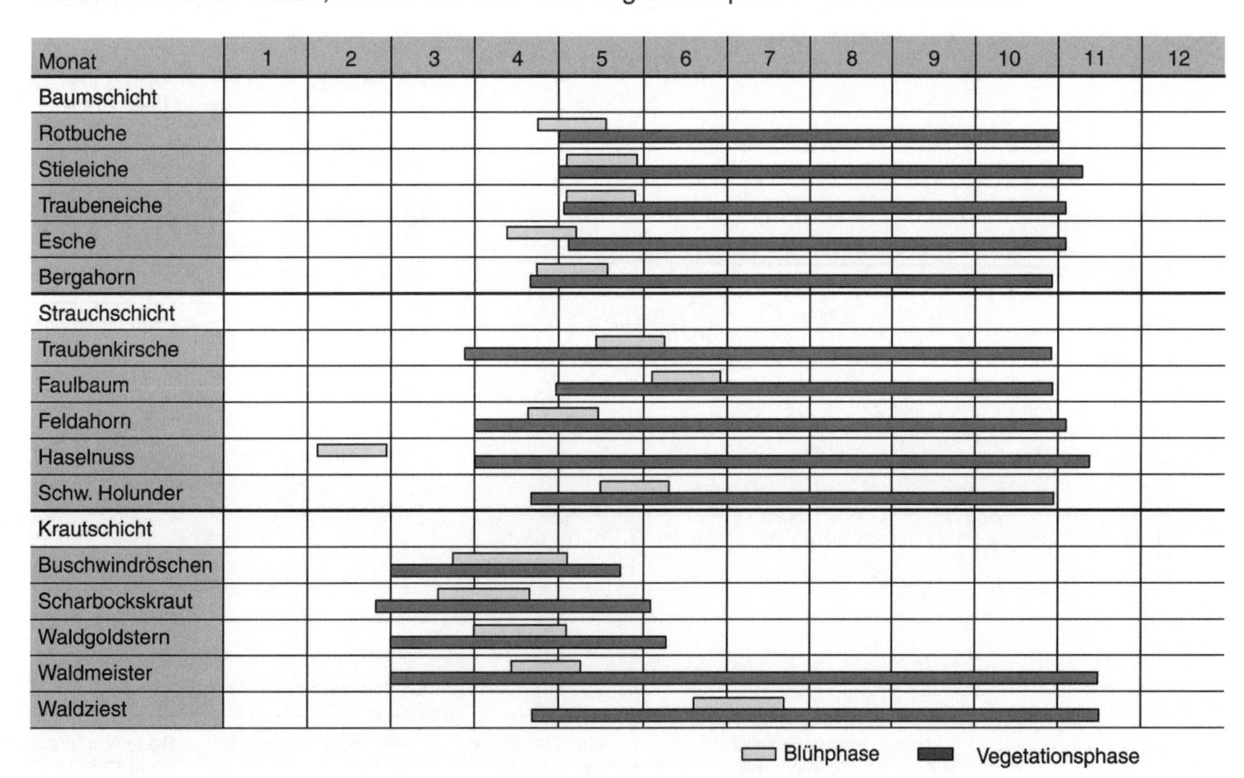

Abb. 3 Aspektfolge (Pflanzen) in einem Eichen-Buchen-Mischwald (Blühphase und Vegetationsphase)

Aufgaben

1. Beschreiben Sie die Aspektfolge in einem Eichen-Buchen-Mischwald.
2. Erläutern Sie mögliche Zusammenhänge der dargestellten abiotischen und biotischen Faktoren im Jahreslauf.

Geschichte – Wald
Rohstoffe – nachwachsende
Saurer Regen
Umweltverschmutzung
Wald
Waldschäden

Gefährdung des Waldes

Schülerbuch Seite 265

① Erklären Sie die Wirkung des ausgebrachten Calcium-Magnesiumcarbonats auf die Bäume.
– *Die im Boden deponierten Säuren werden neutralisiert, der Magnesiumanteil für die Nadeln und Blätter erhöht und die dem Wald entzogenen Mineralstoffe wieder zurückgegeben.*

Arbeitsblatt Seite 235

1. Im Kontrollversuch werden H^+, PO_4^{3-} und NH_4^+ im Kronendach zurückgehalten, Ca^{2+} und Mn^{2+} werden ausgewaschen. SO_4^{2-} und Al^{3+} werden im Boden freigesetzt.
2. Die Konzentrationsveränderungen von Al^{3+} und Mn^{2+} beeinflussen die Wurzelaktivität und können so die Wasser- und Mineralstoffaufnahme einschränken. Verliert die Pflanze Mg^{2+} und Ca^{2+} aus dem Blattgewebe, so wird der Stoffwechsel erheblich beeinträchtigt.
3. Bei SO_2-Begasung steigt der Bodeneintrag von SO_4^{2-}, Mn^{2+} und H^+; Mg^{2+} und Ca^{2+} werden im Sickerwasser freigesetzt. Gleichzeitige Ozon-Begasung verstärkt diesen Effekt. Vor allem die Auswaschung wichtiger Ionen wie Ca^{2+} und Mg^{2+} nimmt erheblich zu.

Z Wie wird der Wald untersucht?

Seit 1983 wird der Wald in Rheinland-Pfalz umfassend überwacht. Durch landesweite Untersuchungen kann der aktuelle Zustand des Waldes eingeschätzt werden. Zusätzlich wird auf Dauerbeobachtungsflächen nach den Ursachen der Waldschäden geforscht. Die Ergebnisse (s. Abb) helfen, geeignete Vorsorge- und Rettungsmaßnahmen für den Wald zu finden.

Bei der Eiche war nach der deutlichen Verschlechterung im Vorjahr 2004 eine merkliche Erholung festzustellen. Der Anteil der deutlichen Schäden ist mit 41 % aber immer noch sehr hoch. Bei der Buche hat sich bundesweit der Kronenzustand deutlich verschlechtert (63 %). Mit ausgelöst wurde dieser neuerliche Schadensschub durch einen überaus großen Fruchtanhang und einen ungewöhnlich starken Befall der Blätter durch die Buchenblattbaumlaus. Bei Fichte und Kiefer war der Kronenzustand 2004 nur wenig verändert, die Schädigungen lagen aber weit unter den Werten der Laubgehölze.
(Quelle: Landesforsten Rheinland-Pfalz)

Waldzustandsbericht 2004 (bundesweite Übersicht)

Schadstufe	Anteil in % (Veränderung gegenüber 2003)
Schadstufe 0:	28 % (– 3 %-Punkte)
Schadstufe 1:	41 % (– 5 %-Punkte)
Schadstufe 2 – 4:	31 % (+8 %-Punkte)

Quelle: Schutzgemeinschaft Deutscher Wald

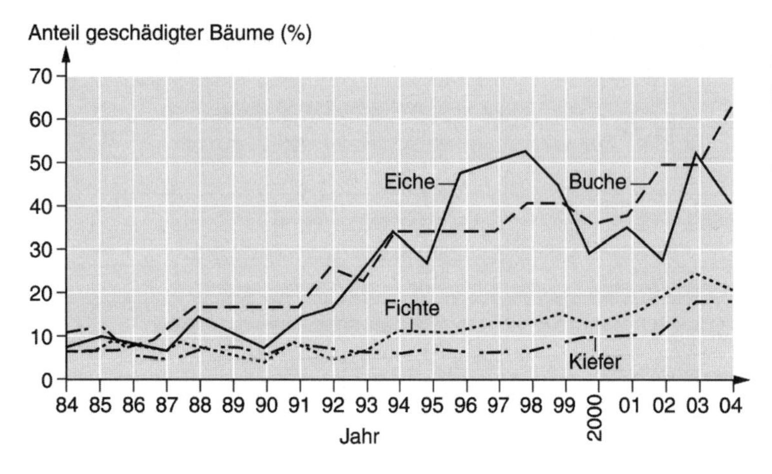

	landesweite Übersichtserhebungen			
Wie?	terrestrische Waldschadenserhebung (TWE)	Luftbild Waldschadenserhebung (LWE)	Waldernährungserhebung	Bodenzustandserhebung (BZE)
Was?	Kronenzustand	Kronenzustand	Versorgung der Nadeln/Blätter mit Nährelementen	bodenchemischer Zustand
Wann?	jährlich	alle 5 Jahre	alle 10 Jahre	
Wozu?	– großräumige Mustererkennung – Trenderkennung (Schadentwicklung) – Überprüfen der Relevanz der Fallstudien-Befunde			

Umweltüberwachung in Rheinland-Pfalz (Quelle: Landesforsten Rheinland-Pfalz)

Gefährdungen des Waldes: Wirkungsketten zwischen Luft und Boden

Bäume werden über Kronen und Wurzeln durch Schadstoffe belastet. Die Wirkung der Belastung mit saurem Regen und mit Luftschadstoffen untersucht man an Modellökosystemen in sogenannten Open-Top-Kammern, die es ermöglichen, den Schadstoffgehalt der Luft bzw. des Regens zu verändern. Gemessen werden vor allem Ionenkonzentrationen nach der Passage des Regenwassers durch die Baumkrone und durch den Boden, d. h. im Sickerwasser.

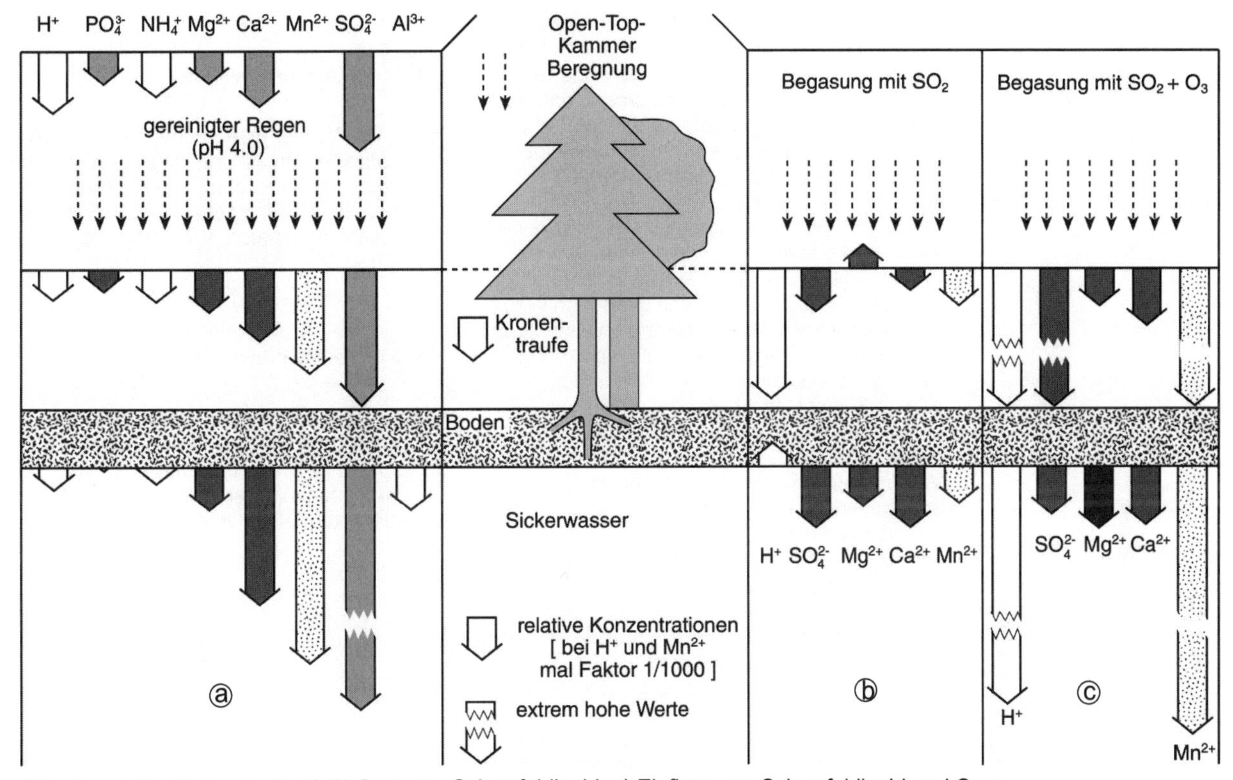

Abb. 1 a) Kontrollversuch, b) Einfluss von Schwefeldioxid, c) Einfluss von Schwefeldioxid und Ozon

Al^{3+} / Mn^{2+} im Boden	Ca^{2+} in der Zelle	Mg^{2+} in der Zelle
Bei einem Anstieg der Ionenkonzentration relativ zu anderen Ionen sinkt die Anzahl der Wurzelspitzen, die Wurzelbiomasse und die Anzahl der mit Mykorrhiza besetzten Wurzeln. Die Pilzflora ändert sich, die Mykorrhiza kann parasitär werden.	Diese Ionen sind Regulatoren im Zellstoffwechsel, vor allem bei der Atmung und im Zucker-, Eiweiß- und Fettstoffwechsel. Sie beeinflussen die Stabilität und Durchlässigkeit von Zellmembranen. Sie haben katalytische Funktion bei der Verholzung und beim Bau der Samenschale.	Magnesium-Ionen sind die Zentralatome des Chlorophylls und beeinflussen so die Fotosyntheserate. Sie spielen eine Rolle bei der Energieweitergabe in der Zelle, bei der Verdopplung der Gene und beim Kohlenhydrattransport. Ihre Aufnahme in die Pflanze ist von der Ca-Aufnahme abhängig.

Abb. 2 Mögliche Wirkungen von Ionen auf Pflanzen

Aufgaben

1. Beschreiben Sie die Messergebnisse nach der Beregnung mit saurem Regen (Kontrollversuch 1a). Beantworten Sie dazu folgende Fragen:
   a) Welche Ionen werden durch die Kronenschicht zurückgehalten?
   b) Welche Ionen werden aus der Kronenschicht ausgewaschen?
   c) Welche Ionen werden im Boden freigesetzt?
2. Erläutern Sie mögliche Auswirkungen des sauren Regens auf die Pflanze. Berücksichtigen Sie dazu auch die Angaben in Abbildung 2.
3. Vergleichen Sie die Ergebnisse des Kontrollversuches mit denen bei Zugabe von Luftschadstoffen (Abb. 1b, c) und deuten Sie die Befunde.

Experiment
Ökofaktor – Sauerstoff
Ökofaktor – Temperatur
Ökosystem
Phosphatkreislauf
See
Siliziumkreislauf

Ökosystem See

Arbeitsblatt Seite 237

1. *Versuch 1:* Der Luftstrom des Föhns verursacht auf der Wasseroberfläche Wellenbewegungen, die sich am Gefäßrand brechen und dazu führen, dass in dem gleichmäßig temperierten Wasser eine Wasserzirkulation stattfindet. Diese Zirkulation umfasst den gesamten Wasserkörper – sichtbar wird dies durch die Schlierenbildung des Kaliumpermanganats, das als Festkörper auf dem Gefäßboden liegt und vom Wasserstrom mitgerissen wird. Nach einiger Zeit ist das gesamte Wasser gleichmäßig gefärbt.
   Versuch 2: Der Föhn verursacht die Wellenbewegung, die aber nur zu einer Zirkulation im oberen Teil – der Warmwasserschicht – führt. Dass die Zirkulation nicht den gesamten Wasserkörper erfasst, kann man an den sich nicht bewegenden Schlieren des Kaliumpermanganats im Kaltwasser erkennen. Nur in der oberen Schicht lässt sich anhand der leichten Verfärbung eine Bewegung feststellen.
2. Versuch 1 simuliert im Modell den Zustand der Vollzirkulation, wie er im Frühjahr und Herbst anzutreffen ist. Der Wasserkörper wird bei der Frühjahrszirkulation erwärmt, das Eis schmilzt und das Oberflächenwasser sinkt in Tiefen gleicher Dichte ab (unten 4 °C). Gleichzeitig wird das Oberflächenwasser an den Ufern nach unten gedrückt – das Tiefenwasser steigt auf und wird ebenfalls erwärmt. Es erfolgt eine gründliche Durchmischung durch eine Vollzirkulation der Schichten. Im Herbst kühlt das Oberflächenwasser immer mehr ab und sinkt, da es schwerer ist, bis in Schichten gleicher Dichte. So erfolgt eine Herbst-Vollzirkulation mit einer vollständigen Wasser- und Stoffverteilung im gesamten See.
   Versuch 2 zeigt modellhaft die Sommerstagnation auf. Die stabile Wärmeschichtung wird dadurch erreicht, dass das wärmere und damit leichtere Oberflächenwasser auf dem kalten Tiefenwasser schwimmt. Es erfolgt nur eine Teilzirkulation in der oberen Schicht *(Epilimnion)*. Eine Sprungschicht *(Metalimnion),* in der die Temperatur binnen weniger Meter rapide sinkt, verhindert einen Wasser- und Stoffaustausch zwischen Oberflächen- und Tiefenwasser. Dieser fehlende Austausch kann vornehmlich im Tiefenwasser *(Hypolimnion)* zu Sauerstoffmangel für die dort lebenden Organismen führen.

Hinweis: Die Winterstagnation durch Eisbildung kann durch die Versuche nicht dargestellt werden. Die Versuche bieten sich als Demonstrationsversuch durch die Lehrkraft an, können aber auch in Gruppenarbeit durchgeführt werden. Das Aquarium sollte nicht zu klein sein.

Literaturhinweise

KLEE, O.: Wasser untersuchen. Einfache Analysemethoden und Beurteilungskriterien. Arbeitsbücher 42, Quelle und Meyer, Heidelberg 1990

SCHWAB, H.: Süßwassertiere - Ein ökologisches Bestimmungsbuch. Ernst Klett Verlag, Stuttgart 1995

Medienhinweise

www.wasser-wissen.de: Institut für Umweltverfahrenstechnik der Universität Bremen

www.home.foni.net/~bastian-haas/see

www.aquakulturtechnik.de/Lexikon/s/see.htm: Internetportal der Aquakulturtechnik

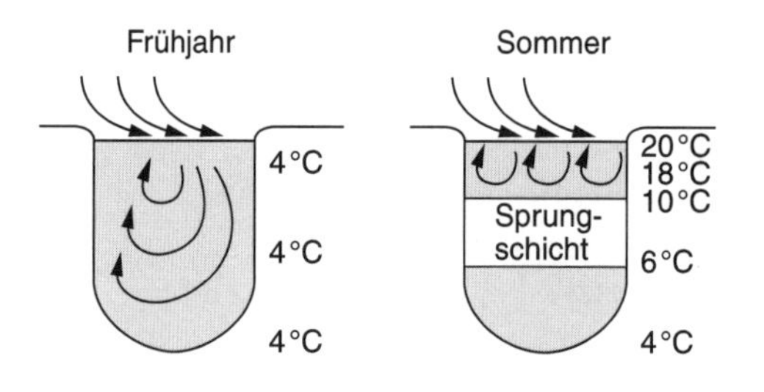

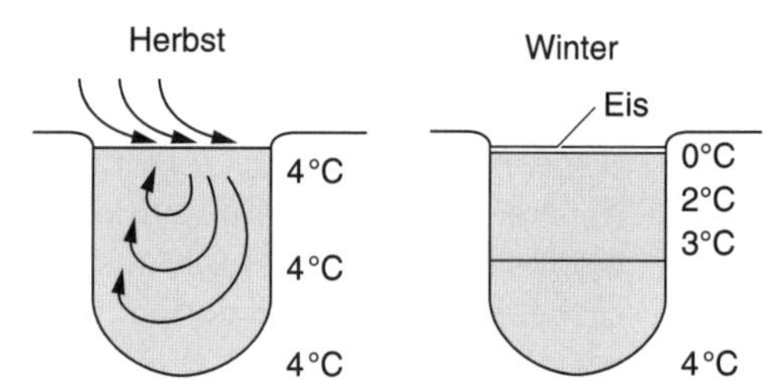

Ökosystem See

Die sich während der Jahreszeiten verändernden Temperaturen beeinflussen die Stoffverteilung in den Wasserschichten eines Sees maßgeblich. Zwei Modellversuche sollen dies verdeutlichen.

1. Modellversuch:

Material: großes Kunststoffaquarium (mind. 30 Liter), Föhn, Stativmaterial, Leitungswasser, Kaliumpermanganat

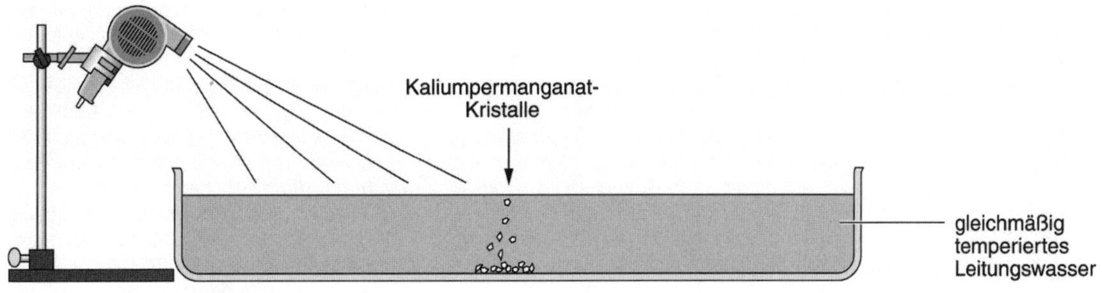

Abb. 1 Versuchsaufbau

Versuchsdurchführung: Ein ca. 30 bis 40 Liter fassendes durchsichtiges Aquarium zu ¾ mit Leitungswasser füllen und einige Zeit zur Beruhigung stehen lassen. Anschließend gibt man wenige Kaliumpermanganat-Kristalle hinzu. ($KMnO_4$ eignet sich besonders gut, da es leicht wasserlöslich sowie intensiv farbig ist und außerdem Schlieren bildet, an denen man die Wasserbewegungen gut erkennen kann). Mit einem Föhn (s. Abb. 1) werden Wellenbewegungen erzeugt, die die Bewegungen im Wasser simulieren sollen.

2. Modellversuch:

Material: großes Kunststoffaquarium (mind. 30 Liter), Föhn, Stativmaterial, Leitungswasser kalt und heiß, Kaliumpermanganat, Plastikfolie

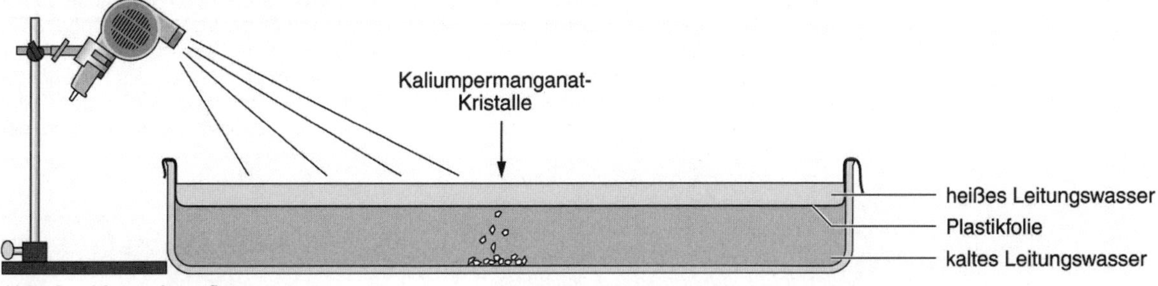

Abb. 2 Versuchsaufbau

Versuchsdurchführung: Ein ca. 30 bis 40 Liter fassendes durchsichtiges Aquarium zur Hälfte mit kaltem Leitungswasser füllen. Anschließend die Wasserfläche so mit einer Plastikfolie (aufgeschnittene Einkaufstüte) abdecken, dass die Folie über den Gefäßrand ragt. Auf die Plastikfolie wird nun vorsichtig heißes Wasser gegossen, sodass das Gefäß zu ca. ¾ gefüllt ist. Die Plastikfolie langsam herausnehmen und das Wasser einige Zeit zur Beruhigung stehen lassen. Anschließend gibt man wenige Kaliumpermanganat-Kristalle hinzu. Mit einem Föhn (s. Abb. 2) werden Wellenbewegungen erzeugt, die die Bewegungen im Wasser simulieren sollen.

Aufgaben

1. Protokollieren Sie die Versuchsabläufe.
2. Erklären Sie ihre Beobachtungen unter Berücksichtigung der Besonderheiten des Wassers und ordnen Sie die Modellversuche begründend den Abläufen in einem natürlichen See zu.

Eutrophierung
Praktikum: Freilandökologie am stehenden Gewässer
Fließgewässer

Schülerbuch Seite 268

① Suchen Sie eine Erklärung für dieses „Umkippen". Nutzen Sie Abbildung 2 und 3.

– *Eine hohe Wassertemperatur senkt zum einen den Sauerstoffgehalt des Wassers durch geringere Sauerstoffsättigung, vor allem aber durch höhere Stoffwechselaktivität der Organismen (Sauerstoffzehrung). Das Algenwachstum wird weiter gefördert, damit nimmt die Gesamtbiomasse des Gewässers zu. Die absterbenden Algen sinken nach unten und werden dort mit der abgestorbenen Biomasse der Konsumenten von den Bakterien zersetzt. Dieser Vorgang senkt den Sauerstoffgehalt tieferer Wasserschichten bis auf Null. Als Folge davon verschieben sich die mikrobiellen Prozesse von einem Übergewicht der Chemosynthese zu Prozessen wie der Nitratatmung. Dadurch entstehen giftige Substanzen wie Ammoniak und Schwefelwasserstoff. Das Gleichgewicht zwischen oxidierenden und reduzierenden Prozessen ist besonders deutlich am Verhältnis der Oxidations- zur Reduktionsschichtdicke im Benthal zu sehen (Abb. 2). Die Oxidationsschicht schützt das freie Wasser vor den Giftstoffen in der Reduktionsschicht. Deshalb ist ein „Umkippen" vor allem zu erwarten, wenn die Oxidationsschicht völlig verschwunden ist. Das „Umkippen" ist ein Aufschaukelungsprozess: Durch die toten Fische fällt eine große Menge organischer Substanz ab, die bei der mikrobiellen Zersetzung die Reste von Sauerstoff im Gewässer noch verzehrt und zudem die reduzierten (also toxischen) Formen der Mineralstoffe freisetzt. Dadurch steigt die Giftkonzentration, noch mehr Fische sterben etc.*

② Begründen Sie, weshalb das „Umkippen" eines Sees vor allem im Sommer gegen Ende der Nacht erfolgt.

– *Die hohen Wassertemperaturen im Sommer senken den Sauerstoffgehalt und steigern den Sauerstoffverbrauch im Gewässer (s. Aufg. 1). Nachts findet keine Fotosynthese und damit keine Sauerstoffproduktion statt. Folglich ist der Sauerstoffgehalt des Gewässers morgens am niedrigsten.*

③ Wie kann man „Umkippen" kurz- und langfristig verhindern?

– *Kurzfristig ist die Belüftung des Gewässers sinnvoll. Langfristig hilft nur die Reduktion der Nährstoffzufuhr und das Abfischen organischer Substanz, z. B. von Wasserpflanzen. Auch der Fischbesatz darf nicht zu hoch sein.*

Schülerbuch Seite 271

① Stellen Sie die Parameter BSB_5, Ammonium/ Ammoniak- und Sauerstoffgehalt (Abb. 270.2) in eine kausale Beziehung.

– *Ein hoher BSB_5-Wert zeigt eine starke Sauerstoffzehrung an. Folglich zeigt das Gewässer dann vor allem in größerer Wassertiefe einen geringen Sauerstoffgehalt. Als Folge ergibt sich ein recht hoher Ammonium- bzw. Ammoniakgehalt, da unter diesen Bedingungen Nitratatmung stattfindet (s. Seite 268).*

② Welche Folgen erwarten Sie bei einer starken Erwärmung eines Fließgewässers, etwa durch Einleitung des Kühlwassers von Kraftwerken?

– *Die Erwärmung des Gewässers vermindert die maximal mögliche Sauerstoffsättigung, vor allem aber erhöht sie gemäß der RGT-Regel den Sauerstoffverbrauch pro Zeiteinheit. Als Folge davon steigt die Gefahr eines „Umkippens" erheblich.*

③ Vergleichen Sie die natürliche Selbstreinigung und die Abwasserklärung (s. Zettelkasten).

– *Die Abwasserklärung nutzt dieselben Prinzipien wie die Selbstreinigung, allerdings in zeitlich und räumlich stark verkürzter Weise. Das ist möglich, indem zum einen die abzubauende Masse organischer Substanz durch die mechanische Reinigungsstufe deutlich vermindert wird und zum anderen künstlich Luft und damit Sauerstoff zugeführt wird.*
Deutlich unterschiedlich ist die Verminderung der Nitratbelastung in der Kläranlage: Durch den geregelten Wechsel von Nitratatmung und Aufoxidation kann Stickstoff als Luftstickstoff in die Atmosphäre entweichen. Dieser Prozess wird im Fließgewässer wegen der fehlenden Regelung nur in untergeordnetem Maße stattfinden, sodass bei natürlicher Selbstreinigung mit einem Anstieg des Nitratgehaltes zu rechnen ist. Das wiederum kann zu erhöhtem Algenwachstum und damit wiederum bei niedriger Strömung und geringer Wasserdurchmischung zu Sauerstoffmangel führen.
Auch die Phosphate werden in der Kläranlage aus dem Gewässerkreislauf entfernt. Das geschieht vor allem durch das Absetzen der organischen Substanz, die Phosphat gebunden hat, im Nachklärbecken. Dieser Schlamm wird im Faulturm umgesetzt, das Phosphat kann als Dünger verwendet werden. In der Kläranlage ist also der Selbstreinigungsprozess perfektioniert.

Arbeitsblatt Seite 239

Mit dem Abwasser gelangen Schwebstoffe, Salze und organische Verunreinigungen (s. BSB_5-Wert) in den Fluss. Auch der Ammonium- und Phosphatgehalt sind erhöht. Der Sauerstoffgehalt sinkt erheblich ab, was dazu führen kann, dass Nitrat zu Ammonium reduziert wird. Mit dem Abwasser gelangen große Mengen an Bakterien in den Fluss. Das Bakterium Sphaerotilus vermehrt sich stark. Bereits kurz hinter der Einleitungsstelle ist die Reinwasserfauna verschwunden.
Die Einzeller vermehren sich aufgrund der großen Mengen an organischen Stoffen, auf die der hohe BSB_5-Wert hinweist. Mit dem Abwasser wurden auch Algen zugeführt. Besonders die Grünalgen vermehren sich erst in der Zone, in der mineralisierte Stoffe wie Nitrat und Phosphat vorliegen, und verbrauchen diese. Die Reinwasserfauna wird abgelöst von Organismen, die trotz einer geringen Sauerstoffkonzentration überleben. Mit zunehmendem Sauerstoffgehalt treten andere Organismen bis hin zur Reinwasserfauna auf. Der Abwassereinfluss löst ein Populationswachstum der Organismen aus, die die eingeleiteten Stoffe abbauen.

Selbstreinigung eines Fließgewässers

Eine der größten Gefährdungen für Fließgewässer besteht durch die Einleitung organischer Abwässer aus der Landwirtschaft oder aus Klärwerken mit unzureichenden Klärstufen. Der mikrobielle Abbau der Substanzen gelingt nur dann, wenn die Selbstreinigungsmechanismen funktionstüchtig sind. Die vier Grafiken A bis D zeigen diesen Ablauf.

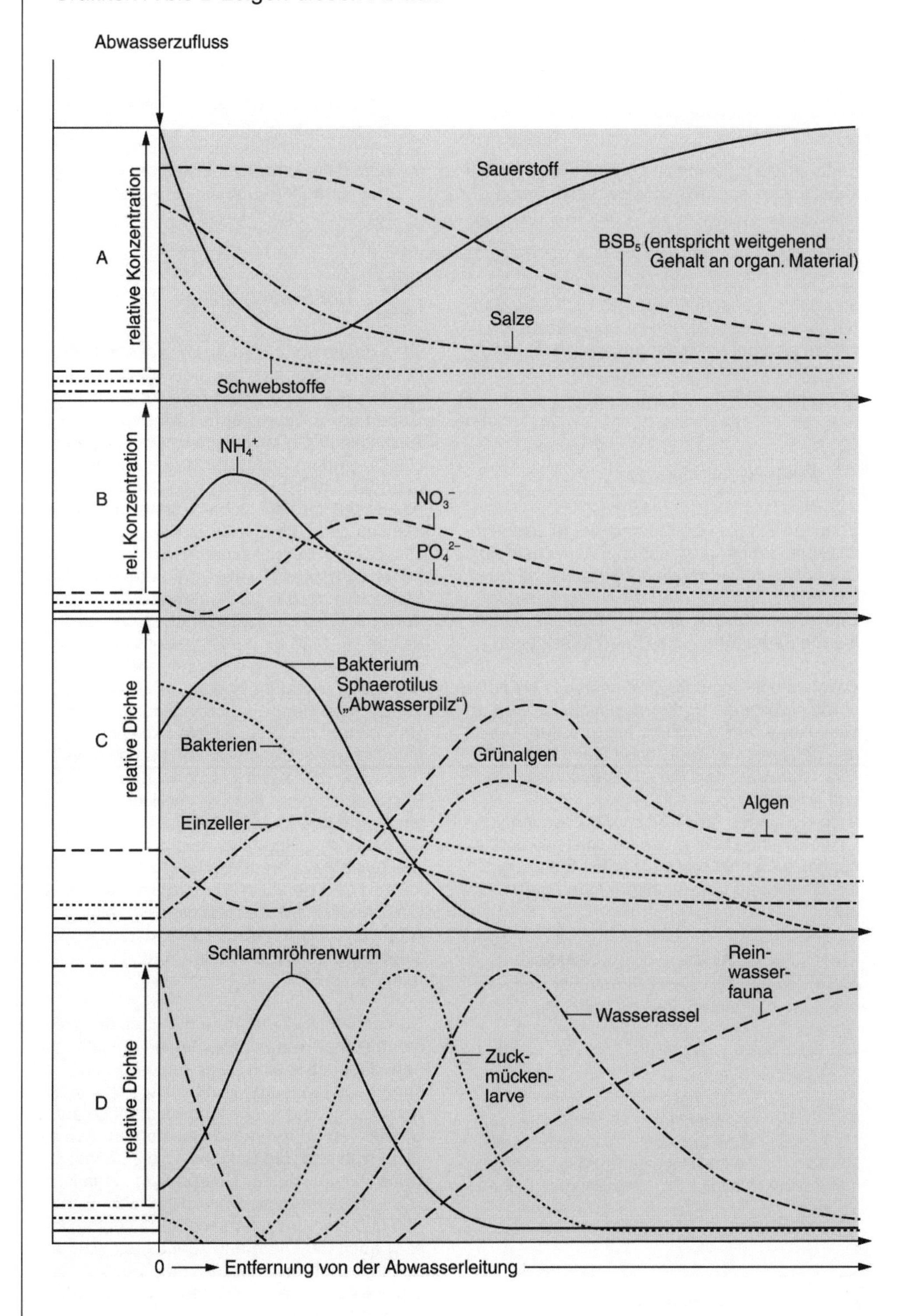

Aufgabe

Beschreiben Sie die Veränderungen der abiotischen und biotischen Faktoren nach Einleitung von Abwässern. Erklären Sie die Zusammenhänge.

DARWIN
Evolutionstheorie
Geschichte – Evolution
LAMARCK
LYSSENKO

Evolution

1 Grundzüge der Evolution

Evolution durch natürliche Selektion
Lamarcks Vorstellungen

Schülerbuch Seite 276

① Erklären Sie auch mithilfe der Abbildung in der Mittelspalte, warum der Sozialdarwinismus (Recht des Stärkeren) nicht der Theorie nach DARWIN entspricht.

– *Im Sozialdarwinismus nimmt sich der Stärkere das, was er meint, dass es ihm zustehe. Die von DARWIN beschriebene natürliche Auslese beschreibt, dass die besser angepassten Individuen sich eher und mit größerer Anzahl fortpflanzen können, also eine größere reproduktive Fitness haben.*

TROFIM D. LYSSENKO

Schülerbuch Seite 277

① Erläutern Sie die Abbildung in der Mittelspalte im Sinne der Lamarck'schen Evolutionstheorie.

– *Die Abbildung verdeutlicht den Lamarck'schen Grundsatz, wonach die Veränderungen der Umweltverhältnisse, in diesem Fall die zunehmende Baumhöhe, neue Bedürfnisse erfordern.*
Die Verlängerung des Giraffenhalses wird also durch ein inneres Bedürfnis ausgelöst, sich an die veränderte Baumhöhe anzupassen. Durch den häufigen und dauernden Gebrauch des Giraffenhalses, wird dieses Organ vergrößert und gekräftigt.

② Vergleichen Sie tabellarisch die Theorien von LAMARCK und DARWIN am Beispiel der Entstehung des Giraffenhalses. Stellen Sie dabei Unterschiede und Übereinstimmungen gegenüber.

	DARWIN	LAMARCK
Evolution	zufällig, ungerichtet	gerichtet, intentional
Anpassung	Selektion Merkmal „langer Hals“ aus Varietäten in Population	Stärkung des langen Halses durch Gebrauch, Vererbung der erlangten Eigenschaften

Arbeitsblatt Seite 241

1. LYSSENKOS Vorgehen war in dem Sinne nicht naturwissenschaftlich, dass er andere wissenschaftliche Erkenntnisse schlicht „übersah“ und damit die Notwendigkeit der inneren Widerspruchsfreiheit leugnete. Dies gilt erst recht für die Tatsache, ungeliebte Theorien und Hypothesen zu verbieten, entsprechende Bücher zu vernichten und Zensur auszuüben.
2. Da LYSSENKO der Meinung war, durch gezielte Behandlung Arten umformen zu können, ging er – wie auch ENGELS – von der Vorstellung aus, dass Umwelteinflüsse die Erbanlagen gezielt verändern und folgte LAMARCKS Ideen, widersprach damit DARWINS Ideen.

Höherentwicklung

„Und da die natürliche Auslese allein durch den und für den Vorteil eines jeden Geschöpfes wirkt, werden alle körperlichen Fähigkeiten mit geistigen Gaben der Vollkommenheit zustreben.“ Diesen Ausblick auf die zukünftige Entwicklung gibt CHARLES DARWIN im Abschlusskapitel seines Buches über die „Entstehung der Arten“. Diese Vorstellung passte gut zur christlichen Vorstellung, dass der Mensch das gottgewollte Ziel sei, um über die „Schöpfung“ zu herrschen. Was sind nun aber höher entwickelte Tiere? „Wir betrachten den Menschen als das höchstentwickelte Lebewesen der Erde. Das ist nicht einfach Hochmut, sondern es gibt ein Maß für die Höherentwicklung, mit dem sich alle Lebewesen als höher oder weniger hoch entwickelt einstufen lassen. ... Als Maß nimmt man ... diejenige Menge an Informationen über die Umwelt und die Welt, die ein Lebewesen ansammeln, speichern und sich nutzbar machen kann.“ (WICKLER 1971). Die Tatsache, dass es in der Evolution zu einer Höherentwicklung gekommen ist, beruht aber zunächst einmal darauf, dass es in der Natur der Dinge lag, dass die ersten Lebewesen einfach waren und unter dem Zwang der Konkurrenz und Selektion komplizierter werden mussten. Ein Blick auf die Häufigkeitsverteilung der Arten verschieden hoch entwickelter Tiergruppen zeigt aber, dass die meisten Arten im unteren Bereich vorliegen.

Da hoch entwickelte Tiere nur über lange Zeiträume in komplexen Lebensräumen entstehen können, dabei aber eine lange Lebenszeit und entsprechend langsame Evolutionsgeschwindigkeit entwickeln, sind sie besonders stark gefährdet, bei Umweltveränderungen auszusterben. Aus dieser Sicht sind eher die Bakterien die „Erfolgstypen“. Genauso gut wie der Übergang in einen komplexen Lebensraum die Entwicklung von Sinnesorganen und Nervensystem anstoßen konnte, konnte aber auch der Übergang zum Leben z. B. als Höhlenbewohner oder Parasit zum Abbau ganzer Sinnesorgane der Vorfahren und damit zur Abwärtsentwicklung führen.

Literaturhinweise

MEDWEDJEW, S.A.: Der Fall Lyssenko – Eine Wissenschaft kapituliert. dtv, München 1974

TROFIM D. LYSSENKO

Da die Erkenntnisse der Genetik und der Evolutionstheorie den Vertretern einiger religiöser oder politischer Richtungen nicht in ihr Vorstellungsbild passten, kam es wiederholt zu Versuchen, naturwissenschaftliche Erkenntnisse zu unterdrücken oder politischen Ideologien unterzuordnen. Der wohl tragischste Fall ist die Entwicklung der Biologie in der UdSSR zwischen den späten zwanziger Jahren und 1965. Russland war zu Beginn dieser Periode Agrarnation mit einer außerordentlich rückständigen Wirtschaft. Die kommunistische Partei hatte der sowjetischen Wissenschaft den Auftrag erteilt, „die wissenschaftlichen Leistungen außerhalb der Grenzen des Vaterlandes einzuholen und zu übertreffen". Um die sozialen Verhältnisse zu verbessern, waren anwendbare Erkenntnisse in der Medizin und Pflanzen- bzw. Tierzucht wichtig. STALIN lehnte die Ergebnisse der in der westlichen Welt schnell fortschreitenden Genetik völlig ab und ENGELS behauptete, dass Eigenschaften, die ein Lebewesen durch Nahrungsaufnahme oder Übung erworben hat, vererbbar sind.

In dieser Zeit berichtet der 1898 geborene LYSSENKO über seine Versuche zur *Jarowisation*, einem Verfahren, bei dem Wintergetreide nach Kältebehandlung erst im Frühjahr ausgesät wird, um Verluste durch die langen und extrem kalten Winter im Norden zu vermeiden. Der Begriff „Jarowisation" stammt aus dem Altslawischen (*Jarow* = Frühling) und lässt sich mit „Versommerung" übersetzen. Durch Kältebehandlung gelang es ihm, Winterweizen in die Sommerform „umzuwandeln".

LYSSENKO meinte, dass es keine entscheidenden Gene für Sommer- oder Winterformen geben kann, wenn alle Eigenschaften von der Umgebung abhängen. Nach seinen Vorstellungen waren Erbinformationen über die gesamte Zelle verteilt. Die Grundlage der Vererbung war seiner Meinung nach die Zelle selbst. Da LYSSENKO und seine Schule die Existenz von Genen und die Chromosomentheorie der Vererbung leugneten und gezielte Erbänderungen durch die Umwelt annahmen, mussten sie zwangsläufig auch die Existenz von ungerichteten Mutationen ablehnen. Zwischen 1949 und 1951 erregten Veröffentlichungen internationales Aufsehen, in denen behauptet wurde, dass Viren in Bakterien umgewandelt wurden. Man versuchte auch Weizen in Roggen umzuformen oder Fichten in Kiefern usw. Dieses wäre bei der Annahme seltener und ungerichteter Mutationen unmöglich gewesen.

Mit der Entwicklung des sogenannten „Nestaussaatverfahrens" verwarf LYSSENKO als Letztes die Existenz der innerartlichen Konkurrenz. Nach seiner Vorschrift sollten bei Wiederaufforstungen 30 bis 40 Eicheln in einem Nest ausgepflanzt werden. LYSSENKO war klar, dass 29 von 30 Eichen sterben würden, sie würden sich „zum Wohle der Art opfern". „Es gibt keinen innerartlichen Kampf in der Natur. Es gibt nur Auseinandersetzungen zwischen den Arten: der Wolf frisst den Hasen, der Hase frisst keinen anderen Hasen, er frisst Gras".

Nachdem die Lyssenkoisten auf einer Tagung 1948 an die Macht gekommen waren, ließen sie alle in Universitäten vorhandenen Drosophila-Stämme vernichten sowie die gesamte genetische Literatur entfernen. Wissenschaftler durften nicht mehr an Kongressen im Ausland teilnehmen. Die Trennung von „kapitalistischer" und „sozialistischer" Biologie war vollzogen.

Während sich die russischen Biologen von den Vertretern westlicher Forschung isoliert sahen, wurden von diesen die DNA-Struktur sowie der genetische Code und die Protein-Biosynthese entdeckt und entschlüsselt. Der Rückstand der „sozialistischen" Biologie wurde immer erdrückender und ließ sich nicht mehr verheimlichen. Einige kritische Artikel erschienen in mathematischen und physikalischen Fachzeitschriften, da die biologischen unter der strengen Zensur der offiziellen Vordenker standen.

Im Februar 1965 wurde LYSSENKO entlassen. In der sowjetischen Presse war nichts davon zu erfahren, nur ausländische Blätter meldeten das Ereignis. 1966 begann eine umfassende Reform des russischen Schul- und Universitätswesens. Der Versuch, die sozialistische Theorie durch Schaffung der passenden biologischen Grundlagen zu untermauern, war gescheitert. Der Erkenntnisvorsprung der westlichen Welt konnte lange Jahre nicht aufgeholt werden. LYSSENKO starb 1976 im Alter von 78 Jahren.

Aufgaben

1. Erläutern Sie am beschriebenen Beispiel, welche „Spielregeln" der naturwissenschaftlichen Forschung verletzt wurden.
2. Vergleichen Sie LYSSENKOs Vorstellungen mit denen von LAMARCK und DARWIN.

Impulse: Evolution: Tatsachen, Theorien und Geschichte
Synthetische Evolutionstheorie

Arbeitsblatt Seite 243

1. *zu Zitat 1:* GOETHE benutzte den Theorie-Begriff eher als Gegenteil zu Praxis und verwendet ihn so im Sinne von „unsichere Annahme".
   zu Zitat 2: siehe zu 1
   zu Zitat 3: HAWKING stellt den Bezug zu Spielregel 6 heraus, dass gute Theorien auch gute Vorhersagen zulassen.
   zu Zitat 4: DURKHEIM lehnt einen Zusammenhang der Sozialwissenschaften zu anderen Wissenschaften wie z. B. der Biologie ab und verletzt damit die Forderung nach der Einbindung wissenschaftlicher Ergebnisse in Nachbardisziplinen. Mit der Findung der Autonomie des Wissenschaftsbereiches verletzt er die Forderung nach äußerer Konsistenz.
   zu Zitat 5: MAHNER betont in Zitat 5 die Forderung der Überprüfbarkeit.
   zu Zitat 6: Papst JOHANNES PAUL II. fordert Wissenschaftler auf, göttliche Gesetze zu bestätigen und verletzt damit die Forderung danach, dass Glaubens- und Wertvorstellungen keinen Einfluss auf die Wissenschaft haben dürfen.
   zu Zitat 7: HOYLE, ein Vertreter der Zeugen Jehovas, versucht hier ein göttliches Wesen als Schöpfer anzunehmen und verletzt damit die Forderung des Naturalismus.
2. Aus der Forderung heraus, dass widerlegte Hypothesen verworfen oder verändert werden müssen, ergibt sich automatisch, dass es keine endgültigen Wahrheiten geben kann und die Modelle sich im Forschungsgeschehen der Wirklichkeit immer mehr annähern.
3. Die Annahme übernatürlicher Wesenheiten, die jegliche natürliche Gesetze durchbrechen könnten, würde dazu führen, dass jeder Zustand der Natur damit erklärt werden könnte, auch widersprüchliche. Dies würde das Ende der naturwissenschaftlichen Forschung bedeuten, da eine ihrer Grundannahmen falsch wäre.

Der naturalistische Fehlschluss heute

Auch wenn der sozialdarwinistische Ansatz heute hoffentlich weitgehend überwunden ist, ist der naturalistische Fehlschluss noch ein weit verbreitetes Phänomen. So bezeichnete PAPST BENEDIKT XVI. im Mai 2005 Homosexualität und Schwangerschaftsverhütung als moralisch verwerflich, da sie „wider die Natur" seien. In diesem Zusammenhang muss man dem Papst nicht nur vorwerfen, dass er dem naturalistischen Fehlschluss erlegen ist, sondern, dass er ohne biologisches Fachwissen davon ausgegangen sein muss, dass Homosexualität nur beim Menschen und nicht in der restlichen Natur vorkommt. Neben der heute nicht mehr haltbaren Trennung in Mensch und Natur fehlt hier Wissen um die Fülle von homosexuellen Verhaltensweisen im Tierreich. „Wenn ...im Verlauf der Geistesgeschichte immer wieder der Versuch unternommen wurde aus der Natur Moral abzuleiten, so mag das ... an der religiösen Überzeugung liegen, dass die Welt so wie sie ist, im Prinzip „gut" sein müsse, weil Gott sie geschaffen hat." (VOGEL 1989, S. 56).

Schon 1751 hat der Philosoph DAVID HUME gesagt „Aus Sein folgt kein Sollen." „Er (der Biologe) kann zwar richtige und falsche Verhaltensweisen unterscheiden, wenn er sie daran misst, ob sie für das Überleben des Individuums nützlich oder schädlich sind. Eine ethische Wertung nach gut und böse aber ist ihm unmöglich, die mit naturwissenschaftlichen Methoden gewonnenen Erkenntnisse bleiben stets diesseits von gut und böse." (WICKLER 1971, S. 92).

Der Naturbegriff ist in besonderer Weise anfällig für naturalistische Fehlschlüsse, weil er sowohl deskriptive wie auch normative Bedeutungen annehmen kann. Dass in der Ökologie und insbesondere in der Naturschutzforschung naturalistische Fehlschlüsse häufig unterlaufen, ist eine Folge der ökologischen Semantik. Wenn eine Tierart als „selten" charakterisiert wird, so hat der Terminus „selten" einen beschreibenden (deskriptiven, wertenden (axiologischen) sowie auch normativen Aspekt, weil Seltenheit in der Regel als Kriterium für schützenswert gilt. Für die ökologische Semantik sind die fließenden Übergänge zwischen diesen drei Aspekten geradezu charakteristisch. (PIECHOCKI, 2002)

Die Schüler können weitere Beispiele untersuchen, in denen Dinge von Bevölkerungsgruppen abgelehnt werden, weil sie „unnatürlich" sind. Interessant wären hier z. B. auch Argumentationen von Öko-Aktivisten, Umweltschützern usw. Ein umgekehrter Fehlschluss wäre es, die menschliche Moral der Natur überstülpen zu wollen, also z. B. den Raubtieren das Töten „verbieten" zu wollen. In diesem Zusammenhang wäre eine Zusammenarbeit z. B. mit einem Religionskurs oder einem Philosophiekurs sinnvoll.

Literaturhinweise

DÜNCKMANN, M.; INGENSIEP, H.W.; VOLAND, E.; WINKLER, P.: Evolution des Menschen 4, Evolution des Verhaltens – biologische und ethische Dimensionen. Deutsches Institut für Fernstudien an der Universität Tübingen 1990

MAHNER, M.: Naturalismus. In Naturwissenschaftliche Rundschau 12, 2002, S. 689 – 690

PIECHOCKI, R.: Naturalistischer Fehlschluss. In: Naturwissenschaftliche Rundschau 12, 2003, S. 693 – 694

SOMMER, V.: Wider die Natur? Homosexualität und Evolution. C.H. Beck, München 1990

VOGEL, CHR.: Vom Töten zum Mord. Hanser-Verlag, München-Wien 1989

WICKLER, W.: Die Biologie der Zehn Gebote. Piper, München 1971

Alles nur graue Theorie?

A. Die „Spielregeln" der Naturwissenschaften

1. Gegenstand der naturwisschenschaftlichen Forschung sind Dinge der belebten und unbelebten Natur, die sich mit Sinnesorganen erfassen lassen oder durch Hilfsgeräte wahrgenommen werden können. Dinge, deren Existenz nicht eindeutig beweisbar ist, wie übernatürliche Kräfte, Geistwesen, Götter oder dergleichen, stellen keinen Teil der Naturwissenschaften dar.
2. Die Naturwissenschaften versuchen Regeln und Zusammenhänge in der Natur zu finden und zu erklären.
3. Grundlage naturwissenschaftlichen Erkennens sind objektive, wiederholbare Beobachtungen. Diese liegen vor, wenn sie von unabhängigen Personen wiederholt gemacht werden können. Religiöse Überzeugungen, Glaubens- oder Wertvorstellungen bzw. ideologische Einbindungen dürfen keinen Einfluss auf diese Beobachtungen haben *(Naturalismus).*
4. Alle Erkenntnisse müssen den Regeln der Logik gehorchen und dürfen sich demzufolge z. B. nicht widersprechen. Diese Widerspruchsfreiheit muss sowohl innerhalb der Theorie *(innere Konsistenz)* als auch zu Nachbardisziplinen *(äußere Konsistenz)* bestehen.
5. Zu diesen objektiven Tatsachen stellt der Naturwissenschaftler Vermutungen über dahinterstehende Zusammenhänge – so genannte *Hypothesen* – auf, die durch Experimente überprüft und bestätigt oder widerlegt werden. Hypothesen müssen falsifizierbar (widerlegbar) sein, um als naturwissenschaftlich anerkannt zu werden. Widerlegte Hypothesen müssen verworfen oder verändert werden.
6. Kann man mit einer durch viele Beobachtungen, Experimente und kritische Betrachtungen wiederholt bestätigte Hypothese immer mehr natürliche Phänomene verstehen, widerspruchsfrei erklären und neue Dinge vorhersagen, nennt man sie eine *Theorie*. Im Gegensatz zur weit verbreiteten laienhaften Vorstellung, dass eine Theorie etwas Unsicheres, d. h. Vermutetes ist, ist eine *naturwissenschaftliche Theorie* die am besten belegte und abgesicherte Aussage, die Naturwissenschaftler machen können.

B. Zitate

1. „Grau, teurer Freund, ist alle Theorie. ..." (GOETHE)
2. „Laien verwechseln häufig die Begriffe Theorie und Hypothese."
3. „Gut ist eine Theorie wenn sie zwei Voraussetzungen erfüllt: Sie muss eine große Klasse von Beobachtungen auf der Grundlage eines Modells beschreiben, das nur wenige Elemente enthält, und sie muss bestimmte Voraussagen über die Ergebnisse künftiger Beobachtungen ermöglichen." (STEPHAN HAWKING 1988)
4. „Soziale Phänomene formen ein autonomes System und können nur durch andere soziale Systeme erklärt werden. (DURKHEIM 1895, Gründer der Sozialwissenschaften)
5. „Der Naturalismus ist für die Wissenschaften keine beliebige Setzung, sondern er wird gleichsam von deren methodologischen Prinzipien erzwungen. Wissenschaftliche Hypothesen und Theorien sollen z. B. überprüfbar sein. Überprüfbar ist aber nur das, mit dem wir wenigstens indirekt interagieren können, was sich gesetzmäßig verhält. Übernatürliche Wesenheiten entziehen sich hingegen unserem Zugriff..." (MAHNER, 2002)
6. „So werden die Männer der Wissenschaft, vor allem aber die katholischen Wissenschaftler durch ihren Beitrag beweisen, dass, wie es die Kirche lehrt, kein wirklicher Widerspruch zwischen den göttlichen Gesetzen, die die Weitergabe des Lebens regeln und jenen, die die echte eheliche Liebe fördern, bestehen kann. (Enzyklika Humanae Vitae, Papst JOHANNES PAUL II. 1968).
7. „Statt die verschwindend geringe Wahrscheinlichkeit zu akzeptieren, das Leben sei durch blinde Naturkräfte aufgetreten, schien es besser zu sein anzunehmen, dass der Ursprung des Lebens ein vorsätzlicher intellektueller Akt war." (HOYLE, 1998)

Aufgaben

1. Nehmen Sie auf der Grundlage der „Spielregeln" und der Definition des Theorie-Begriffs Stellung zu den angegebenen Zitaten. Untersuchen Sie in diesem Zusammenhang, in welcher Hinsicht einige der Aussagen die geforderten Grundregeln verletzen.
2. Kommentieren Sie die Aussage: „Naturwissenschaftler finden keine endgültigen Wahrheiten, sondern nähern ihre Modelle und Theorien der Wirklichkeit immer mehr an."
3. Welche Konsequenzen hätte es, wenn man übernatürliche Erklärungen in den Naturwissenschaften akzeptieren würde?

2 Variabilität und Artbildung

Artenvielfalt und Variabilität
Die Ursachen der Variabilität

Arbeitsblatt Seite 245

1. Unterscheiden sich zwei Populationen morphologisch und lassen sich große Unterschiede in den Markergenen feststellen, dann liegen sicher getrennte Arten vor, wenn sie in unterschiedlichen Gebieten vorkommen oder bei einem gemeinsamen Vorkommen keine Fortpflanzungsgemeinschaft mehr bilden (rechter Rand der Abb.). Sind keine morphologischen und genetischen Unterschiede vorhanden, gehören die beiden untersuchten Gruppen zur gleichen Art (linker Rand der Abb.). Zwischen beiden Extremen, die in Einklang mit der morphologischen und genetischen Artdefinition stehen, gibt es einerseits Übergänge, die auf Variationen innerhalb einer Art zurückgehen (wenn sich z. B. männliche und weibliche Tiere unterscheiden) bzw. andererseits noch „junge" Arten betreffen, die keine gemeinsame Fortpflanzung mehr haben.
   Anmerkung: Entscheidend für die genetische Distanz ist das Überschreiten von Schwellenwerten, die zu genetischen Unverträglichkeiten führen.
2. Die wissenschaftlichen Bezeichnungen verweisen bereits auf unterschiedliche Gattungen (Branta, Anser) hin. Die Tatsache, dass gelegentlich Hybriden auftreten können, zeigt, dass es nahe verwandte Arten sind, die ohne Eingriffe des Menschen in geographisch verschiedenen Gebieten vorkommen würden.
3. Wenn die Vögel im gleichen Gebiet nebeneinander vorkommen, können sie sich in ihren Gesängen unterscheiden. Leben sie weitgehend in verschiedenen geographischen Gebieten, Habitaten oder haben sie leicht unterschiedliche Fortpflanzungszeiten, ergibt sich keine Vermischung.
   Anmerkung: Ersteres gilt überwiegend für Fitis und Zilpzalp bzw. die Baumläufer, letzteres für Nachtigall (westlicher) und Sprosser (östlicher) sowie für die Meisen (unterschiedliche Habitatansprüche: Die Sumpfmeise besiedelt Laubwälder und Parks, die Weidenmeise feuchte Auwälder mit Weichhölzern und mit einer anderen Rasse Bergwälder).

Umfassende Artdefinition

Unter Berücksichtigung der immer umfangreicher werdenden genetischen Daten und Erkenntnisse wurde folgende Artdefinition vorgeschlagen: „Die Art ist das terminale Glied einer evolutionären Linie und umfasst Gruppen von Individuen oder Populationen, die sich von anderen Gruppen durch diagnostische Merkmale (Morphologie, Anatomie, Verhalten) eindeutig als distinkt abtrennen lassen. Genetische Unterschiede, die durch Analyse von Markergenen sichtbar werden, können dann als zusätzliches Kriterium herangezogen werden, wenn sie zwischen zwei etablierten Arten größer sind als die genetische Variation zwischen den Mitgliedern einer Art. Unterscheiden sich informative Markergene signifikant zwischen zwei Taxa, so kann man annehmen, dass beide Taxa nicht länger in einer Fortpflanzungsgemeinschaft stehen, während gleiche Gensequenzen auf Genaustausch hindeuten." (STORCH, 2001)

Nach MAYR entspricht dies einem von zwei möglichen Artkonzepten: „Es gibt nur zwei Artkonzepte, alles andere sind Definitionen, wie man eine Art als systematische Einheit, also als Taxon, umschreiben soll. Die beiden Konzepte sind das *typologische Artkonzept*, das eine Art als etwas beschreibt, was sich deutlich äußerlich von anderen Lebewesen unterscheidet, und das *biologische Artkonzept*, das Arten als Gemeinschaften von Individuen bezeichnet, die potenziell fortpflanzungsfähige Nachkommen miteinander zeugen können. Andere Artkonzepte gibt es nicht."

Literaturhinweise

KUNZ, W.: Was ist eine Art? Biologie in unserer Zeit 1, 2002, 10 – 19

MAYR, E.: Konzepte der Biologie, Hirzel-Verlag, Stuttgart 2005

STORCH, V., WELSCH, U., WINK, M: Evolutionsbiologie. Springer Verlag, Berlin 2001

Medienhinweise

FWU 4602300 Der tropische Regenwald – Ökosystem, Nutzung, Zerstörung

Was ist eine Art?

„Jeder von uns, der Tiere und Pflanzen anschaut, glaubt zu wissen, dass es in der Natur Arten gibt. Unterzieht man den Artbegriff jedoch einer kritischen Prüfung, so erkennt man in jeder Definition letztlich Konflikte und Widersprüche. Eigentlich gilt immer noch der Satz DARWINS aus dem Jahre 1859." (W. KUNZ, 2002).

No one definition has yet satisfied all naturalists; yet every naturalist knows vaguely what he means when he speaks of a species" (CH. DARWIN, 1859)

Betrachtet man zwei verschiedene Tiere und soll entscheiden, ob sie der gleichen Art angehören, kann man folgendes Schema anwenden:

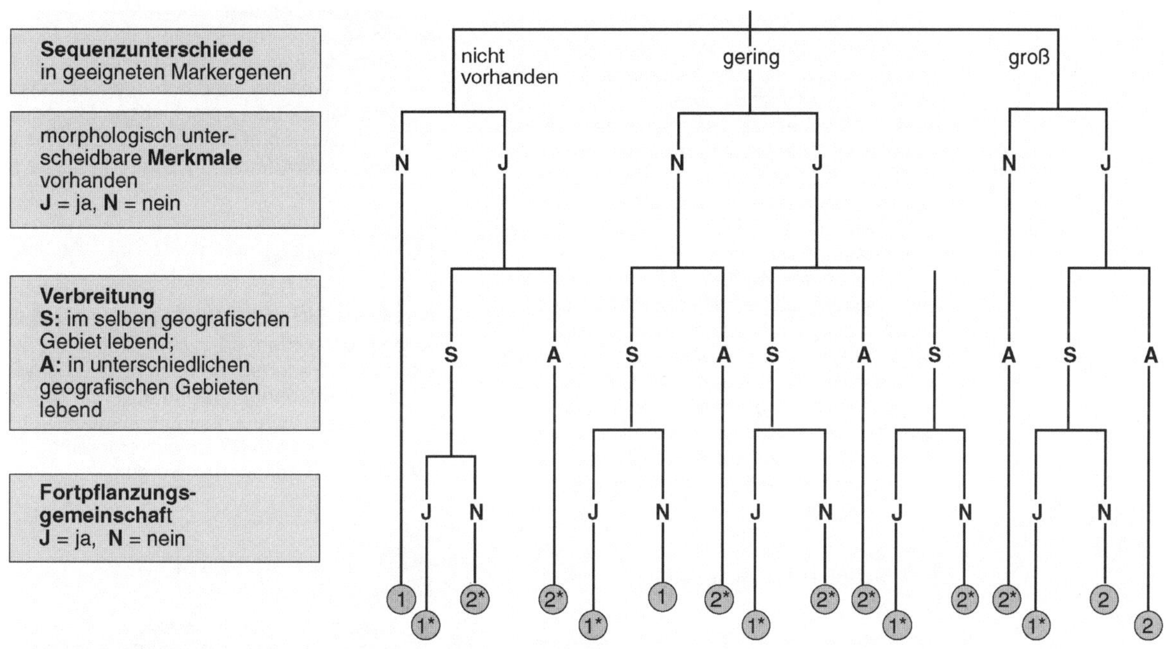

1 = eine Art
1* = eine Art mit Sexualdimorphismus oder Polymorphismus
2* = zwei junge Arten oder schon etablierte, aber noch nicht eindeutig unterscheidbare Arten
2 = zwei abgegrenzte, genetisch unterscheidbare Arten

Aufgaben

1. Entscheidungshilfen zur Artunterscheidung liefern in den letzten Jahren immer häufiger molekulargenetische Verfahren, die zusammen mit anderen Methoden den Systematikern helfen, Arten gegeneinander abzugrenzen. Erläutern Sie das Diagnoseverfahren (Abb. 1) auch unter Verwendung der morphologischen und genetischen Artdefinition.

2. Die Kanadagans *(Branta canadensis,* oben) war ursprünglich nur in Nordamerika verbreitet. Seit Beginn des 18. Jahrhunderts wurde sie auch in Parks in Europa eingebürgert und schließlich auch in freier Natur heimisch. Mit der europäischen Graugans *(Anser anser,* unten) ergeben sich gelegentlich Hybriden, die die Merkmale beider Eltern aufweisen. Was muss man wissen, um zu entscheiden, ob es sich um zwei Arten handelt?

3. Unter den heimischen Vögeln gibt es zahlreiche Beispiele für so genannte Zwillingsarten: Garten- und Waldbaumläufer, Sumpf- und Weidenmeisen, Nachtigall und Sprosser, Fitis und Zilpzalp sind morphologisch kaum zu unterscheiden, pflanzen sich aber untereinander jeweils nicht fort. Welche Gründe könnte es dafür geben?

Angepasstheit
Art
Artbildung
Isolation
ökolologische Nische

Allopatrische Artbildung
Der Zufall begünstigt die Artbildung

Schülerbuch Seite 284

① Warum kann es für eine Art von Vorteil sein, wenn es innerhalb der Art eine große Vielfalt gibt.

– *Bei einer hohen Variabilität im Genpool einer Art führt dies auch zu einer größeren phänotypischen Variabilität. Damit sind die Chancen größer, dass es Individuen gibt, die einer neuen Umweltbedingung eher angepasst sind, sodass sich diese trotz der neuen Umweltbedingung fortpflanzen können.*

② In der Wirtschaft gilt: Unterschiedlichkeit der Mitarbeiter ist kein Hindernis, sondern eine Chance. Stützen Sie diese Hypothese dadurch, dass Sie erörtern, welche Vorteile Variabilität für eine Art und in Analogie für ein Unternehmen hat.

– *Ändert sich die Marktlage für ein Unternehmen, zum Beispiel weil neue Märkte erschlossen werden sollen, ist es vorteilhaft, Mitarbeiter mit unterschiedlichen Fähigkeiten und Interessen zu haben. Ein Kollege, der vielleicht schlecht Englisch spricht, dafür aber die Sprache des Marktes, der erschlossen werden soll, wäre ein Beispiel für die Vorteilhaftigkeit von Unterschiedlichkeit (Variabilität) von Mitarbeitern.*

Schülerbuch Seite 285

① Erklären Sie den Einfluss der Gendrift bei der Besiedelung einer weit vom Festland entfernten Insel durch eine Vogelart.

– *Es kann zu einer Gendrift kommen, wenn nur eine kleine Population von Vögeln dieser Art auf die weit vom Festland entfernte Insel verschlagen werden, denn in dem beschriebenen Fall ist durch die große Entfernung der Insel die Wahrscheinlichkeit gering, dass weitere Vögel dieser Art auf diese Insel verschlagen werden. Da die kleine Population von Vögeln nicht den gesamten Genpool der Vogelart auf dem Festland repräsentiert und die Wahrscheinlichkeit der Wiedervermischung mit der Ursprungsart gering ist, kann es (ohne das Auftreten von Mutationen und Selektion) zu Schwankungen der Allelfrequenzen und damit zu einer Gendrift kommen.*

Arbeitsblatt Seite 247

1. Die Guppy-Populationen sind räumlich getrennt *(allopatrische Artbildung)*. Es liegen nur Varietäten vor, über deren mögliche Kreuzbarkeit nichts ausgesagt ist. Die Feuersalamander sind Schwesternarten, besiedeln den gleichen Lebensraum *(sympatrische Artbildung)*, nutzen aber das Wasserangebot unterschiedlich. Die Fruchtfliegen sind durch Hybridisierung entstanden, besiedeln den gleichen Lebensraum wie die Elternarten, nutzen aber einen Neophyten.
2. Im Guppy-Beispiel ist es eine geografische Isolation. Die Feuersalamander sind ursprünglich ethologisch und ökologisch sowie letztlich genetisch isoliert. Die hybriden Fruchtfliegen sind durch die enge Bindung an die Wirtspflanze von anderen Spezies isoliert. Eine Besonderheit ist hier, dass die Hybriden nicht wie sonst üblich konkurrenzschwächer als ihre Ausgangsarten sind, sondern eine neue Nische besetzen konnten.
3. Im Fruchtfliegen-Beispiel trifft dies sicher zu. Auch die beiden anderen Beispiele zeigen in diese Richtung, da durch unterschiedlichen Feinddruck oder verschiedene ökologische Bedingungen besondere Angepasstheiten selektiert werden.

Hinweise

Das Arbeitsblatt kann als Einstieg zur Artbildung eingesetzt werden; dann sind die in der Lösung genannten Fachbegriffe noch nicht zu erwarten. Wird es dann benutzt, wenn auch die Artbildung ohne geografische Isolation behandelt wurde, können von den Schülern weitergehende Differenzierungen vorgenommen werden.

Literaturhinweise

KUTSCHERA, U.: Evolutionsbiologie – Eine allgemeine Einführung, Parey, Berlin 2001

REZNICK, D. N. et al.: Evaluation of the Rate of Evolution in Natural Populations of Guppies. Science 275, 1934 – 1937 (28.3.1997)

SCHWARZ, D. et al.: Host shift to an invasive plant triggers rapid animal hybrid speciation, Nature 436, 546 – 549 (28.7.2005)

STEINFARTZ, S., TAUTZ, D.: Vor unserer Haustür entstehen neue Arten, PdN-BioS 7/51, 2002, 3 – 8

Neue Nischen, neue Arten?

Die Entstehung neuer Arten wird durch verschiedene Faktoren vorangetrieben, die unterschiedlich stark auf eine Ausgangspopulation einwirken können.

Frei lebende *Guppys* sind seit 1981 bevorzugte Objekte der Evolutionsforschung in Südamerika. Zwei durch einen Wasserfall getrennte Teiche weisen einen unterschiedlichen Feinddruck auf: Im unteren Gewässer jagen verschiedene Buntbarsche bevorzugt die größeren Guppys, im oberen gibt es nur einen Allesfresser *(Killifisch)*. Aus der unteren Population wurden Vertreter entnommen und mit den Guppys aus dem oberen Teich verglichen. Sie zeigten eine kürzere Entwicklungszeit, geringere Körpergröße, höhere Anzahl kleinerer Jungtiere und eine häufigere Fortpflanzung. Diese als Varietät 1 bezeichneten Tiere wurden in einen weiteren guppyfreien Teich 3 gesetzt, in dem auch nur der relativ friedliche Killifisch vorkam. Nach 11 Jahren lag die 18. Generation vor, deren Größe und Verhalten weitgehend den natürlicherweise in Teich 2 lebenden Fischen glich.

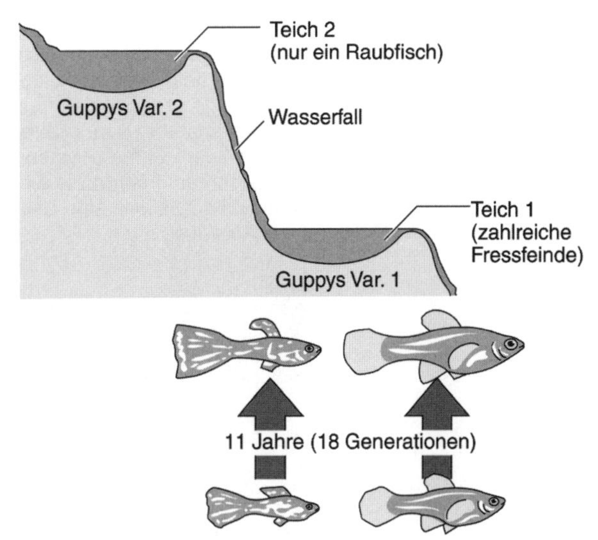

Abb. 1 Versuchsanordnung mit Guppys

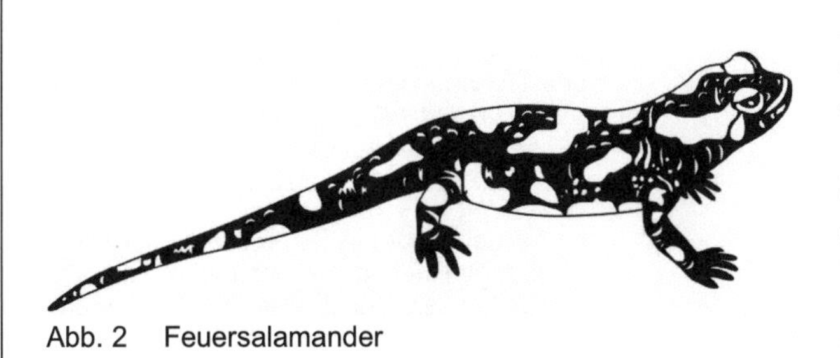

Abb. 2 Feuersalamander

Auf einer Bergkette zwischen Köln und Bonn leben *Feuersalamander*, die offensichtlich zwei verschiedenen Arten angehören. Genetische Analysen ergaben signifikante Unterschiede. Die Amphibien besiedeln den gleichen Lebensraum, nutzen aber zur Vermehrung unterschiedliche Gewässer: Die *„Pfützensalamander"* legen ihre Eier in stehende Gewässer und vollziehen die Metamorphose in kürzerer Zeit als ihre „Schwesternart", die fließende Gewässer nutzt.

Eine Verwandte der *Kirschfruchtfliege* ist als Hybride (Nachkomme von Eltern mit unterschiedlicher Artzugehörigkeit) entstanden und hat sich zu einer eigenen Spezies entwickelt. Dies war verbunden mit der Einführung einer nicht heimischen Geißblatt-Variante in Nordamerika, die sich dort Ende des 19. Jahrhunderts als Zier- und Wildpflanze etablierte. Fruchtfliegen aus der Gattung *Rhagoletis* sind hoch spezialisierte Fruchtparasiten, die jeweils auf ihre Beeren tragende Wirtspflanze beschränkt sind. Die Larven entwickeln sich in den Beeren, verlassen diese vor der Verpuppung und überwintern im Boden. Als Eltern der neuen Art wurden *Rhagoletis mendax* und *R. zephyria* über genetische Untersuchungen ausgemacht.

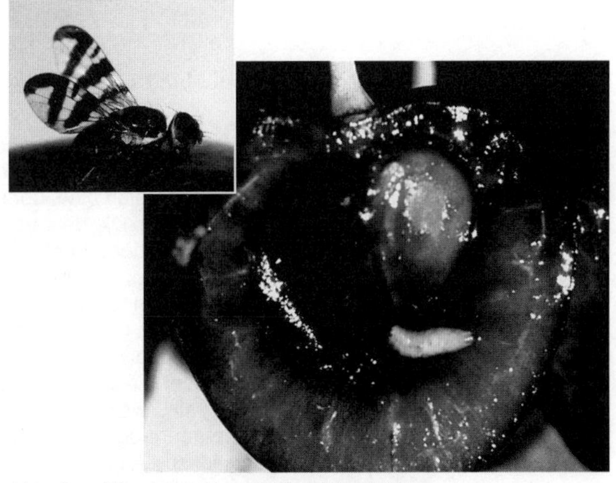

Abb. 3 Kirschfrucht und Kirschfruchtfliege

Aufgaben

1. Beschreiben und vergleichen Sie die in den Beispielen genannte Entstehung neuer Arten.
2. Welche Faktoren tragen jeweils dazu bei, dass neue Arten entstehen?
3. Trifft die Aussage „Neue Nischen, neue Arten" auf die drei Beispiele zu?

Artbildung
Isolation
Kamel
ökologische Nische
Verwandtschaft

Isolationsmechanismen
Sympatrische Artbildung

Schülerbuch Seite 287

① Stellen Sie grafisch den Mechanismus dar, der dazu führt, dass Allopolyploide fruchtbar werden. Hybridisieren Sie dafür eine Art mit einem Chromosomensatz von 2 Chromosomen und eine mit einem Chromosomensatz von 3 Chromosomen. Führen Sie eine Nondisjunction durch und schließlich eine Selbstbefruchtung.

– *siehe Abbildung*

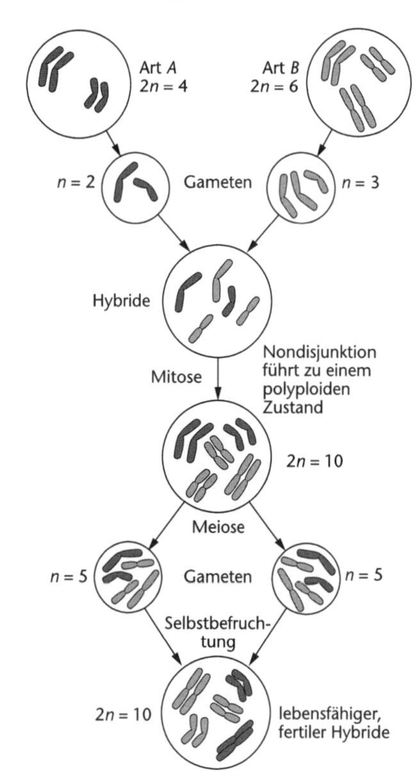

Arbeitsblatt Seite 249

1. Nachfahren des Urkamels wanderten über die Behringstraße nach Europa und von dort nach Nordafrika und Asien bzw. über Mittelamerika nach Südamerika. Die beiden geografisch isolierten Teilpopulationen entwickelten sich unterschiedlich. Es entstanden die Ausgangsformen der Gattungen Camelus und Lama. Bei beiden Gattungen fand nachfolgend jeweils eine weitere Aufspaltung in zwei getrennte Arten statt. Die Lebensräume von Dromedar und Trampeltier sind weit voneinander entfernt. Nach erneuter geografischer Isolation sind unterschiedliche Angepasstheiten an den Lebensraum entstanden (z. B. die Felllänge beim Trampeltier als Schutz gegen die zum Teil extreme Kälte). Die Lebensräume von Guanako und Vicunja überschneiden sich. (Durch die unterschiedlich bevorzugten Höhenlagen ergeben sich aber Unterschiede in der ökologischen Nische, sodass man von ökologischer Isolation ausgehen kann.)
2. Wenn das Urkamel bereits von einer „Urlaus" parasitiert wurde, kann diese bei der Aufspaltung in beiden Gattungen nahezu unverändert erhalten geblieben sein. Es könnte sich aber auch um konvergente Entwicklung der Läuse aufgrund starker Ähnlichkeit der ökologischen Nische handeln. Da sich die Lebensräume vonVikunja und Guanako überschneiden, kann es sich auch um Lausrassen mit vermindertem Genfluss handeln.
3. Die ökologische Nische des Parasiten ändert sich nur langsam bzw. wenig, wenn nicht extreme Mutationen (z. B. Fellverlust) eintreten. Bei Anpassung des Wirtes an kälteres Klima z. B. ändert sich dessen Haarlänge. Das führt dazu, dass sich die Umgebungstemperatur für die Laus im Fell in Hautnähe nur wenig ändert. Ebenso bleibt die Nahrungsquelle die gleiche, während sich der Wirt unter Umständen an andere Nahrungspflanzen anpassen muss.

Feuerameisen

Viele neue Tierarten sind während der Eiszeit durch geografische Isolation entstanden: Die vorrückenden Gletscher bildeten eine Barriere zwischen Tieren der gleichen Art, sodass diese sich unabhängig voneinander weiterentwickelten. Als sich das Eis wieder zurückzog, waren die Unterschiede so groß, dass sich die Tiere der gebildeten neuen Arten nicht mehr miteinander fortpflanzten *(allopatrische Artbildung)*. Aber auch ohne räumliche Trennung kann sich eine Art aufspalten *(sympatrische Artbildung)*. Einen Beleg dafür fanden Wissenschaftler bei der Untersuchung an der Feuerameise *(Solenopsis invicta)*.

Im Norden Georgias leben von dieser Art zwei Formen: Im Nest der ersten gibt es nur eine einzige Königin, die Eier legt, im Nest der zweiten teilen sich über 200 Königinnen diese Aufgabe. Genetische Untersuchungen zeigten, dass charakteristische Veränderung im Erbgut der Königinnen nicht auf die Nachkommen der jeweils anderen sozialen Form übergehen. Königinnen legen also im Nest der jeweils anders organisierten Verwandten keine Eier. Angehörige der unterschiedlichen sozialen Formen paaren sich nur dann, wenn sich Männchen, die aus dem Staat mit nur einer einzigen Königin stammen, in ein Nest mit vielen Königinnen verirren. Der stark eingeschränkte Austausch von Erbmaterial könnte zu einer Aufspaltung in zwei verschiedene Arten führen.

Unterstützt wird dies durch einen weiteren Faktor: Königinnen, die aus einem Nest einer Alleinherrscherin stammen, müssen ausschwärmen, um eine neue Kolonie zu gründen. Sie legen sich daher Körpervorräte an, was sie von den Königinnen der anderen Form unterscheidet. Dieser Faktor verhindert auch, dass sie in Nestern der zweiten Form akzeptiert werden. Gensequenzierungen zeigen, dass ein Protein (Gp-9) eine Rolle im Geschmacks- und Geruchssinn der Tiere spielt und damit auch das Sozialverhalten beeinflusst. In Ameisenvölkern mit nur einer Königin gibt es nur eine Variante des Proteins, in den Oligarchievölkern hingegen besitzt jedes Tier zwei Varianten.

Es handelt sich vermutlich um ein Pheromon bindendes Protein. Produziert die Königin das richtige Signal, wird sie von den Arbeiterinnen akzeptiert, andernfalls getötet.

Die Entstehung der Kamelartigen

Die vier heute vorkommenden Arten aus der Familie der Schwielensohligen Wiederkäuer *(Kamelartige)* leben auf drei Kontinenten verteilt. Von ihnen abgeleitete Nutztierformen dienen den Menschen auf unterschiedliche Weise als Nutztiere: als Fleisch- und Milchlieferanten, zur Erzeugung von Wolle und als Lasttiere. Die ältesten Fossilien von Verwandten der heutigen Kamelartigen wurden in Nordamerika gefunden. Ihr Alter wird mit ca. 2 Millionen Jahren angegeben.

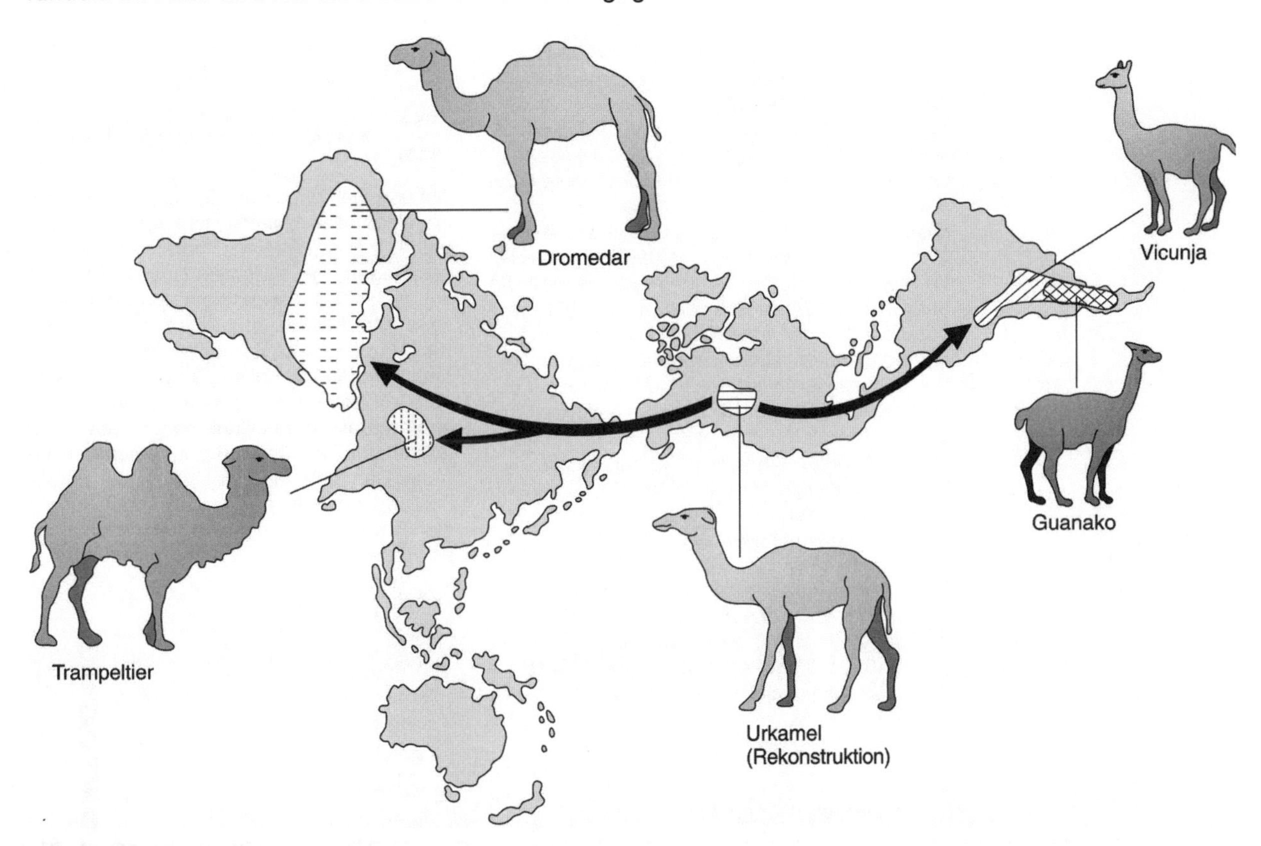

Trampeltier Camelus bactrianus	Dromedar Camelus dromedarius	Guanako Lama guanicoe	Vicunja Lama vicugna
2 Höcker	1 Höcker (2. Rudiment)	keinen Höcker	keinen Höcker
Rückenhöhe mit Höcker 190 bis 230 cm	Rückenhöhe mit Höcker 180 bis 220 cm	Rückenhöhe 90 bis 130 cm	Rückenhöhe 70 bis 110 cm
Gewicht bis ca. 650 kg	Gewicht bis ca. 600 kg	Gewicht ca. 70 kg	Gewicht ca. 50 kg
lebt in Trockengebieten mit extremen Temperaturunterschieden (+ 50 °C bis – 27 °C)	leben in heißen Trockengebieten	lebt in Steppen, Mittel- und Hochgebirge	lebt in Steppen, Mittel- und Hochgebirge
langes Winterfell	Fell überwiegend kurz	langes Winterfell	langes Winterfell
können längere Zeit dursten	können mehrere Wochen dursten	trinken täglich	trinken täglich

Aufgaben

1. Erklären Sie anhand des Materials die Verbreitung, Verwandtschaft und Entstehung der vier Arten.
2. Alle vier Arten werden von sehr ähnlichen Läusearten parasitiert. Stellen Sie mögliche Hypothesen zur Erklärung auf.
3. Nehmen Sie Stellung zu der Aussage, die Evolution der Parasiten verlaufe langsamer als die der Wirte.

Adaptive Radiation
Gecko
ökologische Nische
Selektion
Sequenzvergleich
Variabilität
Verwandtschaft
Vogel

Adaptive Radiation
Populationsgenetik

Schülerbuch Seite 289

① Die sogenannte Hardy-Weinberg-Regel beschreibt, dass Kreuzungen die Allelhäufigkeiten einer idealen Population nicht ändern. Überprüfen Sie dies, indem Sie zwei Folgegenerationen für das Birkenspannerbeispiel erstellen und untersuchen.

– *Im genannten Fall kennt man die Häufigkeit von AA = 36 % und von aa = 16 %. Im Kreuzungsquadrat werden die haploiden Allele der Keimzellen eingetragen, d. h. A und a. Entsprechend muss für die Häufigkeit von A die Wurzel von 36 % = 0,6 und für die Häufigkeit von a die Wurzel aus 16 % = 0,4 eingetragen werden. So entsteht die identische Kreuzungsquadrat wie das der Elterngeneration. Bei einer weiteren Folgegeneration ist das Ergebnis identisch.*

② Die Milchzuckerunverträglichkeit (Lactose-Intoleranz) wird rezessiv vererbt. In Norddeutschland sind davon etwa 9 % aller Menschen betroffen. Berechnen Sie mithilfe der Hardy-Weinberg-Regel die Häufigkeit der gesunden Überträger.

– *Lactose-Intoleranz wird rezessiv vererbt, d. h. die Allelhäufigkeit für aa ist 9 %. q^2 ist 9 %, q ist dann die Wurzel aus 9 % = 0,3. Aus p+q=1 folgt p=1-q=0,7. Setzt man dies in die Hardy-Weinberg-Gleichung ein, ergibt sich: $0,7^2+2x0,7x0,3+0,3^2=1$, d.h. 49 % + 42 %+9 %=1. Die Häufigkeit der Überträger (Aa) beträgt damit 42 %.*

Arbeitsblatt Seite 251

1. Die Astlängen der Geckos von den Westinseln sind größer als die der Ostinseln. Zu allen Ostinseln gehört der Typ *T.angustimentalis,* d. h. sie lassen sich von einer gemeinsamen Stammart ableiten. Da die Kanaren vulkanischen Ursprungs sind, kann ihr Alter gut bestimmt werden: Die Westinseln sind jünger (10 Millionen Jahre und weniger) als die Ostinseln. Selbst kleine und kleinste Inseln weisen bereits spezifische Typen auf.
2. Die Ausgangssituation ist vergleichbar der Besiedlung der Galapagos-Inseln durch die Finken. Man kann daher vermuten, dass *T.mauritanica* vom afrikanischen (Kanarentiere) oder europäischen Festland (Madeiratiere) z. B. mit Holzstämmen auf die Inseln verdriftet wurde, wobei die Besiedlung der Westinseln in einer zweiten Phase erfolgte.

Die Sinne der Geckos

Nachtaktive Geckos können auch dann Farben noch gut unterscheiden, wenn für uns schon längst „alle Katzen grau“ sind. Das erleichtert ihnen die Suche nach Beute oder Partnern, insbesondere im ungleichmäßigen oder schwachen Mondlicht. Mit einer einfachen Unterscheidungsdressur konnten Forscher nachweisen, dass blau oder grau gemusterte Futterzangen auch dann noch sicher differenziert werden, wenn die Leuchtdichte nur noch 0,002 Candelar pro Quadratmeter beträgt. Dies ist besonders erstaunlich, da die Geckos keine Stäbchen in der Retina besitzen, weil sie von tagaktiven Echsen abstammen. In ihrer Netzhaut finden sich nur die drei Zapfenvarianten, die für ultraviolettes, blaues und grünes Licht empfindlich sind. LINA ROTH und ALMUT KELBER von der Universität Lungd untersuchten dazu die Helmkopfgeckos.

Kurzfristige Umwelteinflüsse

Auf den Galapagos-Inseln sind starke Regenfälle im Allgemeinen zeitlich nicht vorauszusagen. So gab es z.B. ein El-Nino-Phänomen mit sintflutartigen Regenfällen zwischen November 1982 und Juli 1983. Dies bewirkte ein ungewöhnlich reichhaltiges Pflanzenwachstum mit zahlreichen Samen. Kleine und weiche Samen werden unter Normalbedingungen sowohl von den kleinen wie auch von den großen Grundfinkenarten bevorzugt gefressen. Schrumpft das Nahrungsangebot in trockenen Jahren, bleiben die großen und harten Samen übrig. Das führt zu einer Umkehr der Selektionsrichtung. Der Mittlere Grundfink kann sich offensichtlich kurzfristig solchen Veränderungen anpassen (s. Abb.).

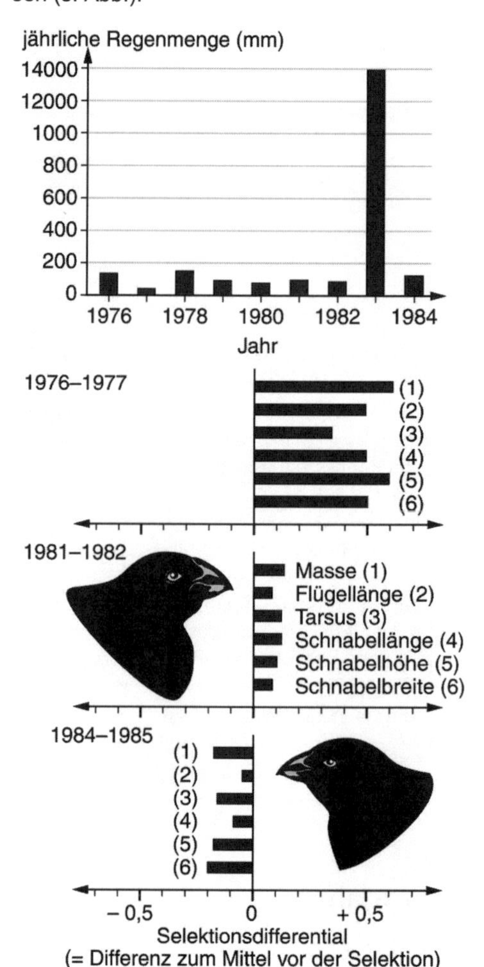

Literaturhinweise

COCKBURN, A.: Evolutionsökologie. Fischer, Stuttgart 1995

Die Geckos der Kanarischen Inseln

Mauergeckos der Gattung Tarentola sind etwa 10 – 20 cm lang und leben in südeuropäischen und nordafrikanischen Ländern. Die bekannteste Art ist der 16 cm lange Mauergecko *Tarentola mauritanica*. Er lebt an Mauern und Felsen, insbesondere im halbtrockenen Küstenflachland rund um das Mittelmeer und auch auf den Kanarischen Inseln sowie Madeira. Seine Färbung variiert von meist grau bis bräunlich mit dunklen Flecken. Auf der gesamten Unterseite der Zehen besitzt er flache Haftorgane. Der geschickte Kletterer ernährt sich von Insekten, Spinnen, Tausendfüßern.

Nur auf den kanarischen Inseln findet man weitere Tarentola-Arten, die sich in Größe und Zeichnung unterscheiden. Abb. 1 zeigt eine Beziehung zwischen dem Stammbaum und der geografischen Verteilung (rekonstruiert über die Nucleotidsequenzen mitochondrialer DNA). Abbildung 2 verdeutlicht Alter und Lage der Inseln; die Kanaren sind vulkanischen Ursprungs bestehen aus den sieben Hauptinseln (s. Abb.) sowie sechs mittleren Inseln (u. a. Los Lobos und den vier nördlich von Lanzarote gelegenen) und verschiedenen kleineren unbewohnten Inseln und Felsen (wie z. B. die Selvage-Inseln).

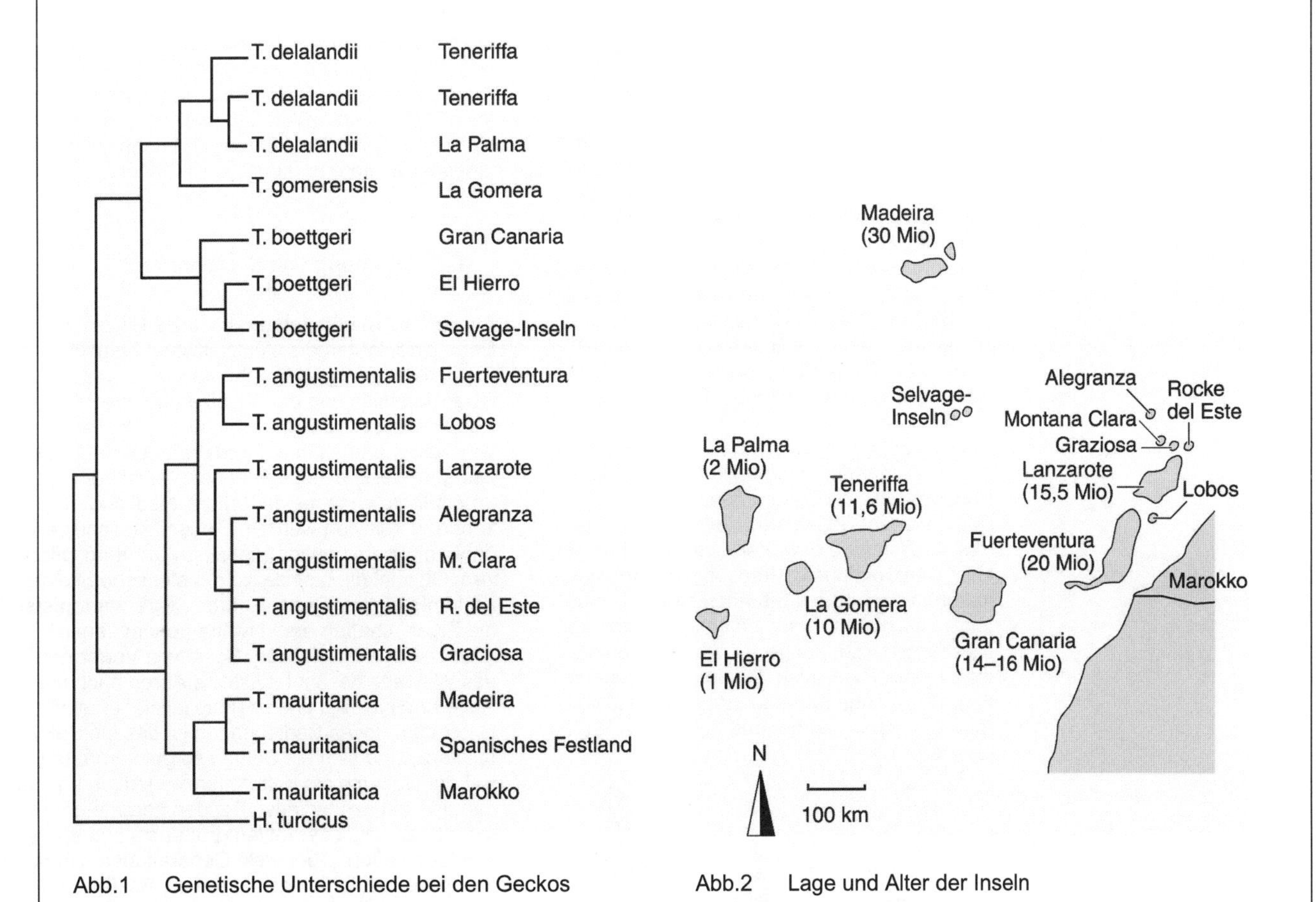

Abb.1 Genetische Unterschiede bei den Geckos

Abb.2 Lage und Alter der Inseln

Aufgaben

1. Analysieren Sie die Astlängen im Stammbaum und untersuchen Sie das Vorkommen der Geckos auf den verschiedenen kanarischen Inseln.
2. Stellen Sie eine mögliche Hypothese zur Artbildung auf.

Artenverschleppung
Elefant
Räuber-Beute-Beziehung
Selektion
Variabilität

Selektionstypen
Selektionsfaktoren

Schülerbuch Seite 291

① Erklären Sie, warum viele Zuchtrassen einer Art unter natürlichen Bedingungen nicht lebensfähig wären.

– *Selektionskriterien der Zucht durch den Menschen sind z. B. hoher Ertrag, Lebensfähigkeit unter industriellen Zuchtbedingungen und schnelles Wachstum, d. h. Organismen, die diesen künstlichen, menschlichen Selektionskriterien genügen, tun dies oft nicht mehr für natürliche Selektionskriterien, da viele abiotische und biotische Selektionsfaktoren unter Zuchtbedingungen für die Tiere selbst keine Rolle mehr spielen. Beispielsweise finden sich keine natürlichen Räuber mehr unter Zuchtbedingungen.*

Arbeitsblatt Seite 253

1. Die Bejagung der älteren und kräftigen Bullen fördert indirekt die Zahl der stoßzahnlosen Männchen. Sie haben damit eine größere Wahrscheinlichkeit, ihre Gene in die Folgegeneration einzubringen. Da das Geschlechterverhältnis stark verschoben ist, befruchten wenige Männchen die Weibchen einer Herde. Sollten sich die Hinweise auf eine geringere Fitness stoßzahnloser Tiere verdichten, wären damit eine Verschiebung des Genpools und eventuell ein Aussterben der Teilpopulationen möglich. Das wird durch die geringe Anzahl der Tiere, die noch in einer Fortpflanzungsgemeinschaft leben, beschleunigt. Damit ergeben sich zusätzliche negative Auswirkungen auf das Regenwald-Ökosystem, die auch für andere Arten schlechtere Lebensbedingungen bedeuten.
2. Die drei Beispiele zeigen unterschiedliche Folgen von Eingriffen des Menschen oder der Räuberart auf die Zusammensetzung von Populationen: Schwermetalle oder Neozoen bzw. Fressfeinde bewirken eine Selektion solcher Tiere, die durch Mutation oder Rekombination mit der neuen Situation besonders gut „zurechtkommen" und sich entsprechend häufiger fortpflanzen können. Ähnliches könnte für die Elefanten zutreffen. Dem widersprechen aber die geringe Fortpflanzungsrate und die räumlich schon weitgehend getrennten Populationen.

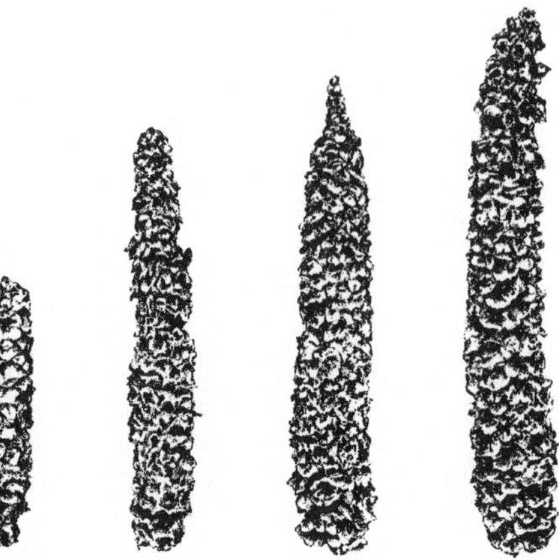

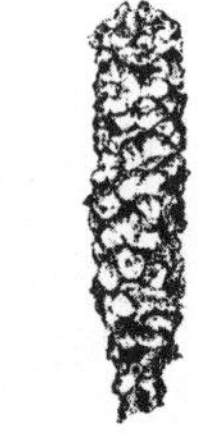

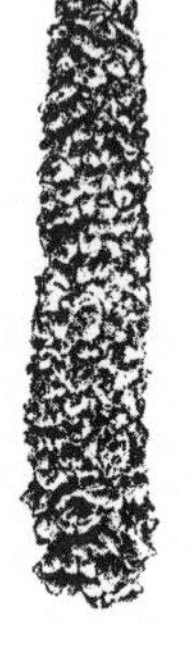

Die dunkle Mähne der Löwenmännchen

Die Löwenmähne unterliegt widerstreitenden evolutionären Zwängen: Im Serengeti-Nationalpark wurde beobachtet, dass Löwenweibchen männliche Tiere mit möglichst dunkler Mähne bevorzugen (Craig Packer, Payton West, Univ. Minesota, Science, Bd. 297). Bluttests dieser Tiere zeigten höhere Testosteronwerte, größere genetische Fitness und einen besseren Ernährungszustand. Dunkelhaarige Tiere werden im Durchschnitt älter als ihre Konkurrenten und haben mehr Zeit, sich zahlreich fortzupflanzen. Tiere mit hellblonder Mähne werden weniger oft von den Weibchen erwählt und können sich seltener gegenüber Konkurrenten behaupten. Eine lange Mähne bietet außerdem bei Kämpfen Vorteile: Sie schützt ihren Träger vor den Prankenhieben der Rivalen. Je dunkler und länger aber die Mähne ist, desto stärker wärmt sie auch, sodass diese Männchen dann im heißen Klima Afrikas Probleme mit der Qualität ihres Spermas bekommen. Im Vergleich mit Löwinnen wurde durch Infrarot-Thermografie herausgefunden, dass die Männchen durch die Mähne nur halb soviel Körperwärme an die Umgebung abführen können und daher wohl lieber im Schatten liegen als auf die Jagd gehen. In unterschiedlichen Populationen findet man daher in Abhängigkeit von der Äquatornähe oder Berghöhe kürzere und dünnere oder längere, dichtere und dunklere Mähnen.

Züchtung von Nutzpflanzen

Als vor ca. 10 000 Jahren die letzte Eiszeit zu Ende ging, lebten die steinzeitlichen Menschen als Sammler und Jäger. Das Klima wurde weniger lebensfeindlich und die Bevölkerungsdichte stieg. Aus der Zeit um 7500 v. Chr. sind erste Zeugnisse von Ackerbau bekannt. Funde bei Ausgrabungen belegen, dass in verschiedenen Teilen der Erde unabhängig voneinander unterschiedliche Pflanzenarten kultiviert wurden. Dieser Tatsache verdanken wir die heutige Vielfalt an Nahrungspflanzen. Obwohl die steinzeitlichen Menschen keine Kenntnisse über Genetik hatten, veränderten sie die Eigenschaften der in Kultur genommenen Pflanzen durch Selektion. So ist von Vorformen des Weizens bekannt, dass die Ähren nach der Reife brüchig sind und deshalb leicht zerfallen. Unter natürlichen Bedingungen ist das ein Selektionsvorteil, da sich die Samen so gut verbreiten. Bei der Nutzung als Kulturpflanzen jedoch entsteht dadurch ein Ernteverlust. Bei den geernteten Ähren ist der Anteil der festen größer als in der Gesamtpopulation. Über viele Generationen nimmt der Anteil nichtbrüchiger Ähren zu. Bezüglich der Lagerfähigkeit und Krankheitsresistenz (z. B. Pilzbefall) trifft das Gleiche zu.

Literaturhinweise

MAYR, E.: The objects of selection. Proc. Natl. Acad. Sci. USA 94 (1997) 2091-2094. Download des vollständigen Artikels unter http://www.pnas.org (Suche: Mayr selection)

Zahnlose Elefanten – beobachtbare Evolution?

Asiatischer Elefant

Afrikanischer Elefant

Die chinesische Population der Asiatischen Elefanten *(Elephas maximus)* zeigt in den letzten Jahren eine merkwürdige Veränderung. Immer häufiger kommen Tiere ohne Stoßzähne zur Welt. Waren dies in den vergangenen Jahrzehnten nur zwei bis fünf Prozent, so hat heute schon jedes zehnte Tier keine Stoßzähne mehr. Als Ursache sehen die chinesischen Forscher die starke Wilderei an. Eine immer geringer werdende Zahl der Stoßzahnträger wurden auch schon in Indien und Sri Lanka für den Asiatischen Elefanten und in Uganda für den Afrikanischen Elefanten *(Loxodonta africana)* beobachtet. Bei den Asiatischen Elefanten tragen nur die Männchen Stoßzähne, bei den Afrikanischen Elefanten beide Geschlechter.

Die Stoßzähne sind obere Schneidezähne mit Dauerwachstum, d. h. die älteren und größeren Bullen sind für die Wilderer begehrte Objekte. Die Stoßzähne werden als Waffe beim Kampf um Territorien eingesetzt. Stoffwechselphysiologische Untersuchungen deuten darauf hin, dass stoßzahnlose Exemplare eine geringere Gesamtfitness haben.

Der Lebensraum der Elefanten sind Ur- und Bergwälder, aber auch Gras- und Bambusdschungel. Elefanten spielen eine wichtige Rolle in der Lebensgemeinschaft der Regenwälder, da sie durch ihre Art der Nahrungsbeschaffung „Straßen" für andere Tierarten anlegen und auch wieder frischen Unterwuchs für weitere Pflanzenfresser ermöglichen. Die beiden Arten der heutigen Elefanten sind die Überlebenden einer einst recht artenreichen Ordnung, die unter den rezenten Huftieren keine näheren Verwandten mehr haben. Der Gesamtbestand der Asiatischen Elefanten wird auf 50 000 geschätzt. Die Unterarten (China, Indien, Sri Lanka, Sumatra, Malaysia) sind weitgehend räumlich getrennt. In Südchina leben gegenwärtig noch 250 Elefanten. Ursprünglich kamen auf ein Männchen zwei Weibchen: dies hat sich in China auf 1 : 4 verschoben. In Indien beträgt das Geschlechterverhältnis sogar nur noch 1 : 100. Die Fortpflanzungsrate ist gering; während ihres Lebens bringt eine Elefantenkuh maximal 7 Kälber zur Welt.

Aufgaben

1. Welche Folgen könnten sich aus einer zunehmenden Zahl stoßzahnloser Tiere sowohl in genetischer wie auch in ökologischer Sicht ergeben?
2. Einige Wissenschaftler bezweifeln, dass die Befürchtungen der chinesischen Forscher zutreffen, die eine Auszehrung des Genpools und ein mögliches Aussterben der Art voraussagen. Nehmen Sie dazu Stellung unter Berücksichtigung der im nebenstehenden Text genannten weiteren Beispiele zur beobachtbaren Evolution.
3. Informieren Sie sich über den augenblicklichen Stand der rechtlichen Grundlagen zum Elfenbeinhandel und seinen Umfang. Legal gehandeltes Elfenbein kostete 2005 auf dem internationalen Markt 500 Dollar pro Kilogramm, illegales 100 Dollar.

Weitere Beispiele

1. Mit Schwermetallen verseuchte Gewässer weisen eine Vielzahl von „Überlebenskünstlern" auf; nachweisbar ist z. B., dass sich die Cadmium-Resistenz einer regenwurmähnlichen Art in nicht weniger als 30 Jahren entwickelt hat. Ähnliches gibt es bei neuen Schädlingsbekämpfungsmitteln oder Antibiotika.
2. Guppys – die kleinen lebend gebärenden Süßwasserfische, die jeden Hobby-Aquarianer schnell vor Platzprobleme stellen – zeigen, dass auch Räuber auf die Evolution beschleunigend wirken; auffallend große, kräftig gefärbte Männchen werden von Weibchen bevorzugt, aber auch von Fressfeinden leicht gesehen. Ist die Zahl der Feinde groß, werden die Tiere nach wenigen Generationen blass und durchscheinend.
3. Bedingt durch die neue Mobilität werden Fressfeinde in bestehende Ökosysteme eingeschleppt und erzeugen einen Evolutionsdruck; so hat z. B. eine aus Europa eingeschleppte Strandkrabbe an der Küste des US-Bundesstaates Maine dafür gesorgt, dass die Purpurschnecke und die Strandschnecke wesentlich dickere und härtere Schalen entwickelten und damit für die Strandkrabbe schwerer zu knacken waren.

Generationswechsel
Mimikry
Pärchenegel
Parasitismus
Saugwurm
Tarnfärbung
Warnfärbung

Koevolution
Lexikon: Tarnung und Warnung

Arbeitsblatt Seite 255

1. Entsprechend der ökologischen Fachbegriffe handelt es sich bei der Beziehung Parasit – Zwischenwirt – Endwirt um eine Antibiose, d. h. der Parasit hat einen Vorteil und der Zwischen- und Endwirt wird geschädigt. Der Parasit hat einen Entwicklungszyklus mit Wirts- und Generationswechsel.
2. Hier liegt nicht die Mimikry im Sinne einer Scheinwarntracht vor, sondern eine Angriffs- oder Lockmimikry *(Peckhamsche Mimikry).* Die Form, Farbe und Bewegung der Keimschläuche übt einen optischen Reiz auf die Vögel aus. Dabei werden solche Vögel angelockt, die normalerweise keine Schnecken, sondern Insekten und deren Larven fressen. Durch dieses „Verhalten" wird also nicht nur aus der Sicht des Parasiten der Kreis geschlossen, sondern auch eine Wirtskreiserweiterung auf Vögel wie Grasmücken und Rotkehlchen erreicht. Die vermeintliche „Schmetterlingsraupe" wird hier nicht als Mittel zum Angriff einer Beute, sondern zum Erreichen des Endwirts benutzt.
3. Bei den anderen Arten sind höhere Individuenzahlen notwendig, da die frei lebenden Phasen oder der Wechsel auf einen zweiten Zwischenwirt das Risiko hoher Verluste beinhaltet. Durch den vereinfachten Lebenszyklus und die „gezielte" Beeinflussung der Schnecke sowie die Anlockung der Vögel über die Mimikry werden die Verluste minimiert.

Automimikry

Die Mimikry stellt häufig ein Dreiecksverhältnis dar: Ein Nachahmer benutzt das Signal eines Vorbilds, das von einem gemeinsamen Empfänger wahrgenommen und in gleicher Weise beantwortet wird. Vorbild und Nachahmer gehören im Allgemeinen verschiedenen Arten an, wie das bekannte Beispiel der Wespenmimikry zeigt. Die Schwebfliege mit schwarz-gelber Warnfärbung wird ebenso wie die Wespe von einem potentiellen Fressfeind gemieden. Das Vorbild-Nachahmer-Empfänger-System unterliegt evolutiven Wechselwirkungen und funktioniert nur, wenn die „Vorbilder" zahlenmäßig häufiger sind als die Nachahmer.

Buntbarsch mit „Eiflecken" auf der Analflosse

Beim Phänomen der Automimikry, das erst sehr spät entdeckt wurde, werden die Signale von einem Artgenossen imitiert. Folgende Beispiele sollen dies verdeutlichen:

Weibchenmimikry: Beim Kurzflügelkäfer *Leistrotrophus versicolor* sind die Männchen größer als die Weibchen und besitzen überproportional große Oberkiefer. Große Männchen verteidigen mit ihnen einen Dunghaufen, den sie als Nahrungs- und Paarungsterritorium nutzen, gegen kleinere Männchen. Kleinere Männchen „erschleichen" sich mit Weibchen imitierendem Verhalten (z. B. Präsentation des erhobenen Abdomens) Zugang zu diesen Territorien. Andere Arten setzen zu diesem Zweck weibliche Sexualpheromone ein oder erhöhen ihren Reproduktionserfolg durch die Satelliten-Taktik, d. h. sie überfallen im geeigneten Moment ein balzendes Paar und geben dann ihre Spermien ab (Blaukiemen-Sonnenfisch). Bekannt ist die Weibchenmimikry auch als Bestäubungsstrategie von Orchideen.

Männchenmimikry: Tüpfelhyänenweibchen besitzen eine penisartige Clitoris. Die Erektion dient auch als Unterwerfungssignal bei Begrüßungszeremonien. Die Entstehung des Pseudopenis wird aus ökologischen Zusammenhängen erklärt: Unsicheres und knappes Nahrungsangebot führt zu starker Konkurrenz unter den Jungtieren, sodass diejenigen Überlebensvorteile haben, die mit durchgebrochenen Zähnen und offenen Augen auf die Welt kommen. Dies wird nur unter dem Einfluss hoher Konzentrationen der Keimdrüsenhormone möglich und führt zur Virilisierung.

Eimimikry: Bei den maulbrütenden Buntbarschen besitzen die Männchen Einachbildungen auf der Analflosse. Die Weibchen nehmen sofort nach der Eiablage ihre eigenen – noch unbesamten – Eier in das Maul auf, das als Brutraum dient. Die Eiflecken gewährleisten, dass auch noch die Spermien zur Besamung aufgenommen werden.

Literaturhinweise

DÖNGES, J.: Parasitologie. Thieme Verlag, Stuttgart 1988

LUNAU, K.: Warnen, Tarnen, Täuschen – Mimikry und andere Überlebensstrategien in der Natur. Wiss. Buchgesellschaft, Darmstadt 2002

LUNAU, K.: Automimikry – Innerartliche Signalfälschung. Naturwissenschaftliche Rundschau, Heft 1, 2002, 5 – 14

Medienhinweise

Unter http://www.uni-bielefeld.de/biologie/Didaktik/Zoologie/html_deutsch/galerie_Suc.html gibt es einen Kurzfilm, der die befallenen Fühler der Bernsteinschnecke klar erkennen lässt.

IWF Göttingen E 634: Leucochloridium macrostomum (Trematodes) – Sporozystenstadium in Succinea putris und Succinea elegans (Succineidae)

Fremdgesteuerte Schnecken

Normalerweise findet man die Bernsteinschnecke *(Succinea putris)* bei feuchtem Wetter in großer Zahl in Gewässernähe. Die Tiere fressen unterschiedliches organisches Material, u. a. auch Vogelkot. Einzelne Exemplare kriechen aber auch im prallen Sonnenschein auf den Pflanzen der Wiese herum. Nur an ihnen fallen die stark überdehnten, durchscheinenden Fühler auf, die grün-gelb geringelt erscheinen und heftig pulsieren. Werden Singvögel auf diese Beute aufmerksam, picken sie diese „zuckenden Schläuche" ab oder fressen die ganze Schnecke. Verliert die Schnecke beide Fühler, kann sie nicht lange überleben, da an deren Ende die Augen sitzen.

Nähere Untersuchungen der auffälligen Schneckenfühler ergaben, dass sich darin ein Knäuel aus auffällig gefärbten Schläuchen befindet. Dabei handelt es sich um so genannte *Sporocysten,* einer Generation des parasitischen Saugwurms *Leucocloridium macrostomum*.

- Der Saugwurm lebt als etwa 2 mm langes Tier im Enddarm von Singvögeln (a).
- Seine Eier gelangen mit dem Kot der Vögel ins Freie. Aus ihnen entwickeln sich bewimperte Stadien (b, sog. *Miracidien),* die aber erst dann schlüpfen, wenn die Eier von der Bernsteinschnecke aufgenommen wurden (c).
- In der Schnecke durchdringen die Miracidien die Darmwände und entwickeln sich in der Mitteldarmdrüse zu einem Geflecht aus Sporocystenschläuchen (d). Die grün-gelb gebänderten Keimschläuche sind zu peristaltischen Bewegungen fähig.
- Dadurch kann sich ein Keimschlauch in einen Augenfühler vorarbeiten. Bei Tageslicht beginnt er, rhythmisch zu pulsieren (40- bis 70mal pro Minute), wobei der Fühler gedehnt wird und die auffällige Ringelung des Keimschlauchs durchscheint.

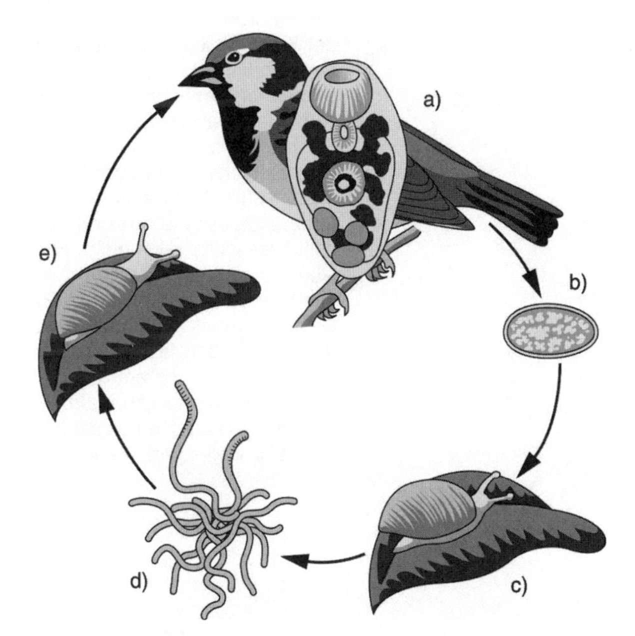

Abb. 1 Entwicklungszyklus des Saugwurms

Aufgaben

1. Analysieren Sie die Wechselbeziehung Saugwurm – Schnecke – Singvögel unter ökologischen Gesichtspunkten.
2. Das „Verhalten" der Keimschläuche kann als eine Form von Mimikry betrachtet werden. Begründen Sie dies und erläutern Sie deren Funktion.
3. Andere Saugwurmarten, wie die in den Tropen und Subtropen vorkommenden Pärchenegel (Abb. 2), besitzen entweder einen zweiten Zwischenwirt oder im Wasser frei lebende Formen. Stets gibt es bei diesen Arten eine sehr viel höhere Individuenzahl in den ungeschlechtlichen Vermehrungsstadien (Miracidien, Cercarien, Redien).
   Welche Bedingungen haben während der Koevolution offensichtlich zu einem vereinfachten Lebenszyklus bei *Leucocloridium* geführt?

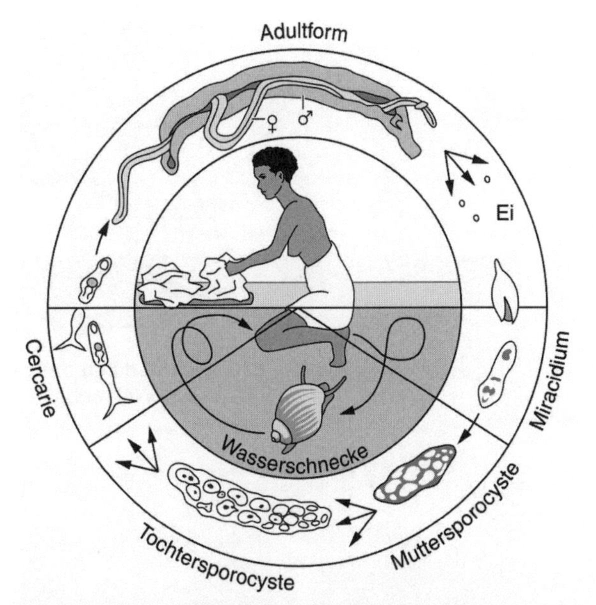

Abb. 2 Entwicklungszyklus des Pärchenegels

Divergenz und Konvergenz

Arbeitsblatt Seite 257

1. GESNER nennt die Fledermaus ein „Mittelthier“ mit Merkmalen der Vögel wie Flügel, aber auch der Säugetiere wie Ohren, Zähne, die wiederum keine Nagezähne sind. Er erkennt, dass die Fledermaus keine Maus im engeren Sinne sein kann. Zusätzlich erwähnt er Haare, Finger an den Flügeln und ist mit der Vierfüßigkeit unsicher.
2. Die Einordnung in das Vogelbuch kann nur mit der Flugfähigkeit begründet werden. Da die Evolutionstheorie noch nicht existierte, konnte er die Fledermäuse frei zuordnen.
3. Nach der relativen Lage der Knochen zueinander handelt es sich bei beiden Vorderarmen um homologe Grundorgane. Das Kriterium der spezifischen Qualität ist, mit Blick auf die Unterschiede von Federn und Flughaut, nicht erfüllt. Diese sind auch nicht durch fließende Übergänge ineinander überführbar, womit auch das Kriterium der Stetigkeit nicht erfüllbar ist.
4. Die Embryonal- und Jugendentwicklung belegt, dass die Fledermäuse von ursprünglich vierfüßigen Säugern abstammen müssen, die über Gleitflug (1 Tag alt) zum aktiven Flug übergegangen sein müssen. Auch hier ist keine Stetigkeit zu Vogelmerkmalen zu finden.

Funktionsähnlichkeit

Viele Beispiele für Konvergenz passen zum Basiskonzept „Struktur und Funktion“. Ein außergewöhnliches, aber anschauliches Beispiel von Funktionsähnlichkeit findet sich bei den Stigmen der Insekten und den Spaltöffnungen der Pflanzen, die beide dem Austausch von Gasen dienen, wenn auch mit umgekehrtem Vorzeichen. Gleichzeitig wird durch beide Öffnungstypen Wasser abgegeben. Die Abbildung zeigt ein Stigma der Weidenbohrer-Raupe und die Spaltöffnung eines Kaktus. Der Weidenbohrer ist ein Schmetterling, dessen Raupe im trockenen Holz im Stamm von Weiden lebt. Er erhält nur wenig Wasser aus der Nahrung, das meiste Körperwasser stammt aus dem Stoffwechsel. Weidenbohrer-Raupen müssen entsprechend sparsam mit der Körperflüssigkeit umgehen. Dies gilt auch für den Kaktus, dessen Spaltöffnung in die Epidermis eingesenkt ist. Es konnte nachgewiesen werden, dass durch die Einsenkung von Spaltöffnungen die Wasserdampfabgabe viel stärker herabgesetzt wird als die Gasaufnahme.

Querverweis

Die Fledermaus – von GESNER als „Mittelthier“ bezeichnet – kann auch im Rahmen der Brückentiere (Schülerbuch Seite 427) betrachtet werden.

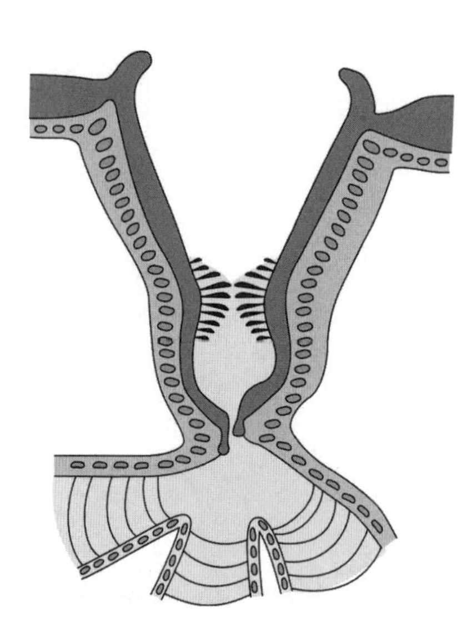

Abb. 1 Längsschnitt durch das Stigma einer Raupe des Weidenbohrers

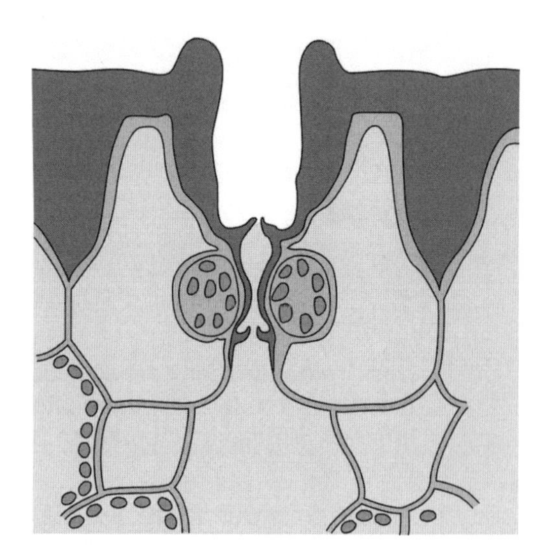

Abb. 2 Spaltöffnung eines Kaktus

Die Fledermaus – ein seltsamer Vogel

Im berühmten Vogelbuch von CONRAD GESNER von 1669 werden auch die Fledermäuse beschrieben. Im Folgenden finden Sie

a) eine Abbildung und einen Textausschnitt aus GESNERS Buch
b) den Vergleich von Vogelflügel und Fledermausflügel
c) Abbildungen zur Embryonal- und Jugendentwicklung der Fledermäuse. Die Abbildungen der Embryonen stammen von Tieren aus dem Freiland, sodass deren genaues Alter unbekannt ist.

Die Fledermauß ist ein Mittelthier / zwischen dem Vogel und der Mauß / also / daß man sie billich eine fliegende Mauß nennen kan / wiewohl sie weder unter die Vögel noch unter die Mäuß kan gezehlet werden / dieweil sie beider Gestalt an sich hat / dann sie hat einen Mäußkopfs / doch gleichet derselbige etlichermaß einem Hundekopss: Sie werden auch zuweilen mit vier / doch mehrentheils zweien Ohren gefunden. Sie hat zersägete Zähn in beiden Backen / nicht wie die Mäuß / welche allein vornen lange Zähn / sondern vielmehr wie der Hund / welcher überall lange Zähn hat. Am Leib hat sie dunckelrothe Haar. Ihre Flügel sind von einem Häutlein gemacht / also / daß sie im Bug derselbigen / an einem jeden Finger (so zu reden) eine scharffe Nagel oder Klaue hat / damit sie sich an die Mauren und Wenden halten kann. Sie hat auch keine Füß wie die vierfüssige Thier / sondern wie die Vögel wiewohl Kiranides und Macrobius sagen / daß sie auff vier Füssen gehe. D. Geßner aber vermeint / sie gehe mit feinen Füssen / auch nicht mit dehinderen / welche vollkommener sind: dann entweder fliegt sie allezeit / oder liegt mit dem gantzen Leib / in den dunckelen Löchern / oder hanget mit den Fingern (die sie an den Flügeln hat) an den Häusern / Mauren / Wänden / Steinen / oder Bäumen. Albertus sagt / ob die Flerdermauß gleich an dem Häutlein ihres Schwantzes zween Füß hat / so hat sie dennoch zwo Zeen an den Bögen der Flügel /...

Ausschnitt aus CONRAD GESNER, 1669

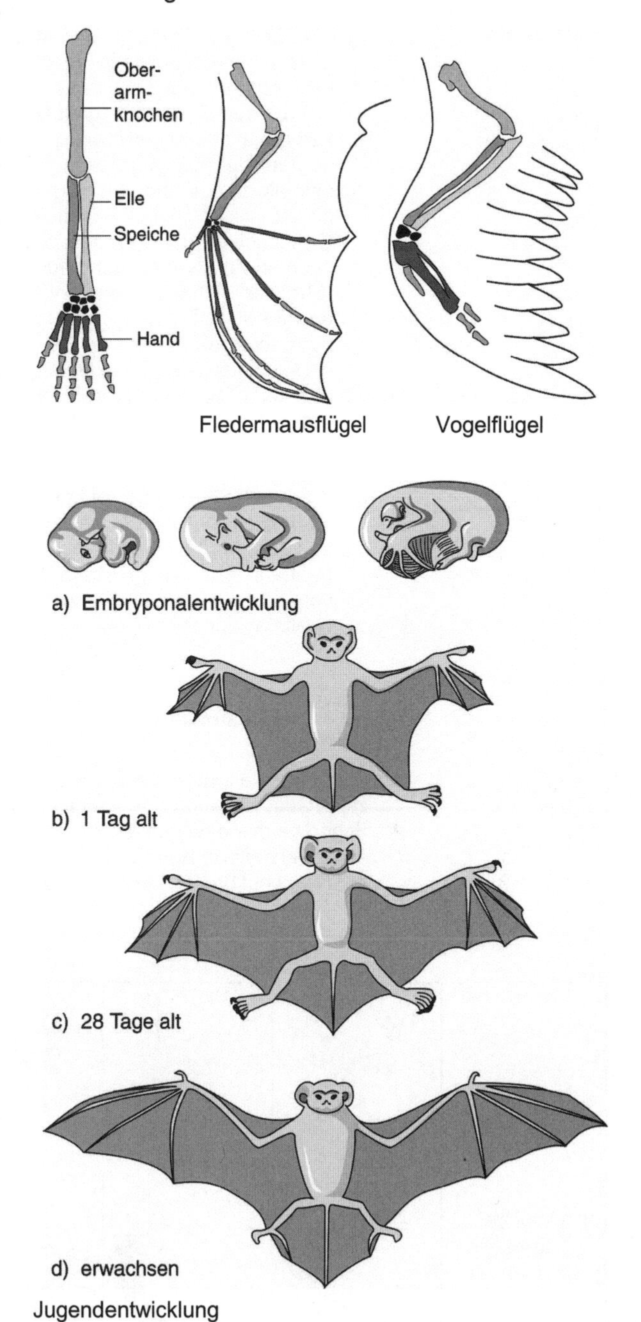

Jugendentwicklung

Aufgaben

1. Fassen Sie zusammen, welche Merkmale GESNER als nicht vogeltypisch erwähnt.
2. Wieso ordnet er Fledermäuse trotzdem den Vögeln zu?
3. Vergleichen Sie die beiden Flügel auf der Grundlage der Homologiekriterien.
4. Welche Aussagen lassen die Embryonalstadien und die Jugendentwicklung zu?

Affe
Analogie
Antikörper
Homologie
Igel
Kontinentalverschiebung
Konvergenz
ökologische Nische
ökologische Planstelle
Sequenzvergleich
Verwandtschaft

Lexikon: Homologien, Analogien

Arbeitsblatt Seite 259

1. Stachelschwein und Ratte sind Nagetiere der Alten Welt. Meerschweinchen, Aguti, Greifstachler und Baumstachler stammen aus der Neuen Welt. Wenn die Stachelschweine, Baumstachler und Greifstachler eine Verwandtschaftsgruppe bilden sollten, wäre zu erwarten, dass sie gemeinsame Wurzeln aus der Zeit vor der Trennung der Kontinente hätten und dass sie von den anderen Nagetieren seit dieser Zeit genetisch isoliert waren. Das würde bedeuten, sie müssten untereinander ähnlicher sein als zu den anderen Nagern. Die große biochemische Übereinstimmung zwischen Greifstachler, Baumstachler und Meerschweinchen sowie Aguti spricht dafür, dass die „Stachler" sich aus südamerikanischen Nagern entwickelten. Die geringere Übereinstimmung zu Stachelschweinen und Ratten spricht für eine eigenständige, d. h. konvergente Entwicklung der Stachelschweine. Dies wird durch die Tatsache gestützt, dass Fossilien der beiden Gruppen erst aus der Zeit nach der Trennung der Kontinente stammen.
2. Wegen der weit auseinander liegenden systematischen Stellung der beiden „Igel" können auch deren Stacheln zueinander nur konvergent entstanden sein, sowie diese auch konvergent zu denen der Stachelschweine und Greifstachler entstanden.

Gärkammern

Das folgende Material lässt sich gut dem Basiskonzept „Geschichte und Verwandtschaft" zuordnen. Schon beim Menschen ist der Magen eine abgesetzte, erweiterte Kammer, die es ermöglicht, dass der Nahrungsbrei für die Verdauung länger in einem Abschnitt verweilt. Abhängig von der Nahrungsqualität hat es sich bei verschiedenen Tiergruppen als günstig erwiesen, größere Kammern als „Stauraum" zu entwickeln, die ein noch längeres Verweilen der Nahrung im Magen ermöglichen. Dies hat gleichzeitig die Möglichkeit des bakteriellen Nahrungsaufschlusses eröffnet. Mehrkammerige Mägen entstanden neben denen der Wiederkäuer u.a. unabhängig auch bei den Kamelartigen, den Blätter fressenden Schlankaffen, wie z. B. den Guerezas (Colubus) und den Riesenkängurus. Mithilfe der Muskulatur in der Magenwand lassen sich drei Abschnitte unterscheiden, die aufgrund der spezifischen Qualität und der relativen Lage homolog sind. Die Magenschleimhaut kann
a) drüsenfrei
b) mit Schleimdrüsen oder
c) mit Drüsen zur Enzymproduktion ausgekleidet sein.

Die unten stehende Abbildung zeigt neben dem Menschen vier Abbildungen für konvergent entstandene Gärkammern.

Hinweise

Da das Arbeitsblatt die Kenntnisse des Präzipitintests voraussetzt, kann es erst nach der Schülerbuchseite 298 eingesetzt werden oder die Schüler müssen im Schülerbuch nachschlagen.

Literaturhinweise

LANGER, P.: Formenmannigfaltigkeit mehrkammeriger Mägen bei Säugetieren. Natur und Museum (Frankfurt/Main), 117, Nr. 2, 1987, S. 47 – 66

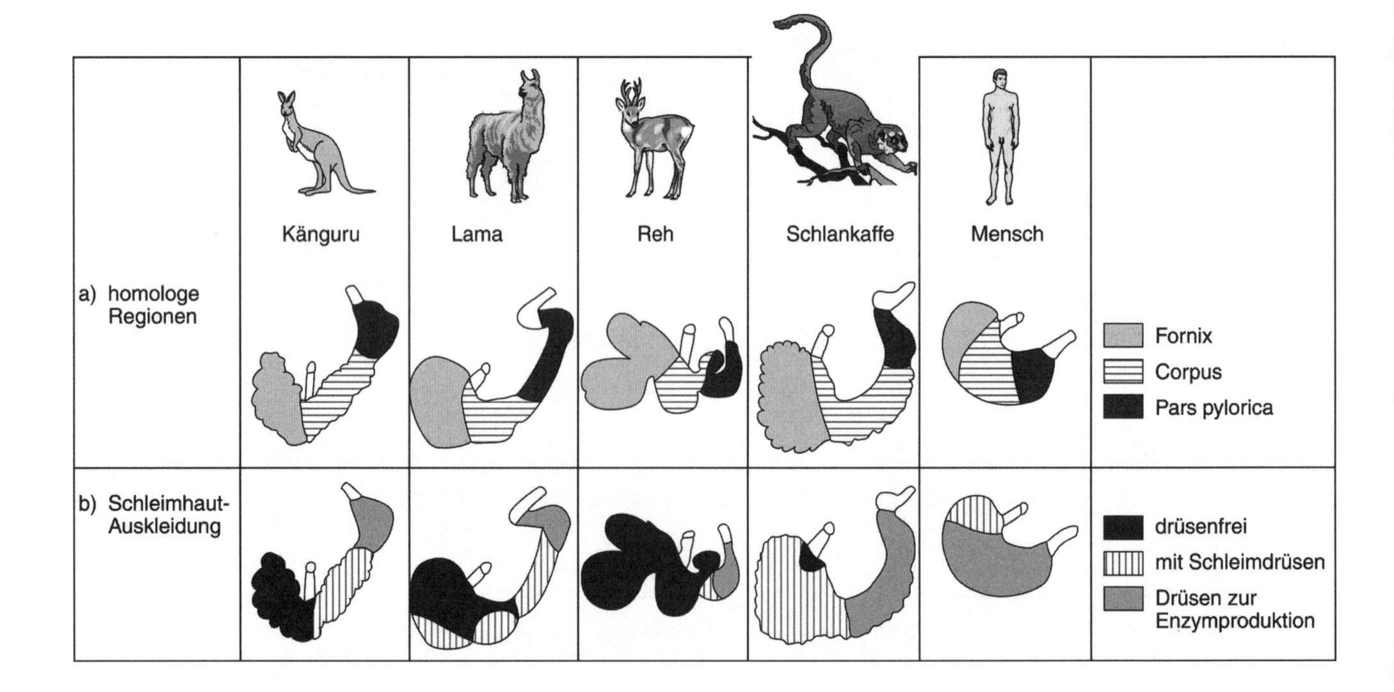

Stachelige Verwandtschaft

Weltweit gibt es eine Reihe von Tieren, die sich durch Stacheln vor Feinden schützen. Dazu gehört u. a. der Eier legende Ameisenigel (1), der Igel (2), das altweltliche Stachelschwein (3), der Baumstachler (4) und der Greifstachler (5).

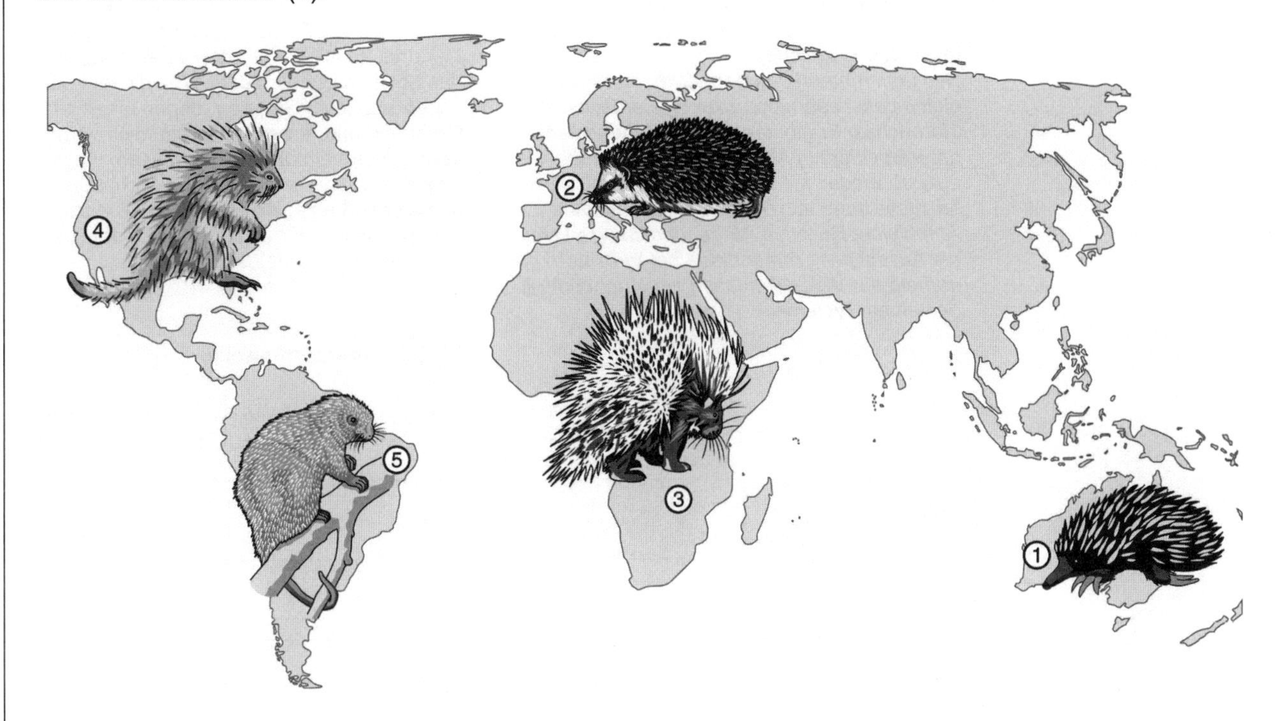

Während der Ameisenigel zur Gruppe der Eier legenden Kloakentiere gehört, ist der Igel ein Insektenfresser. Stachelschwein, Baumstachler und Greifstachler sind Nagetiere. Lange Zeit war nicht bekannt, ob die altweltlichen Stachelschweine und die neuweltlichen Baumstachler und Greifstachler auf gemeinsame stachelige Vorfahren zurückzuführen sind. Die ältesten Fossilnachweise für beide Gruppen sind 25 bis 30 Millionen Jahre alt und stammen damit aus einer Zeit, als die Neue und die Alte Welt schon getrennt waren. Serologische Untersuchungen brachten Klarheit:

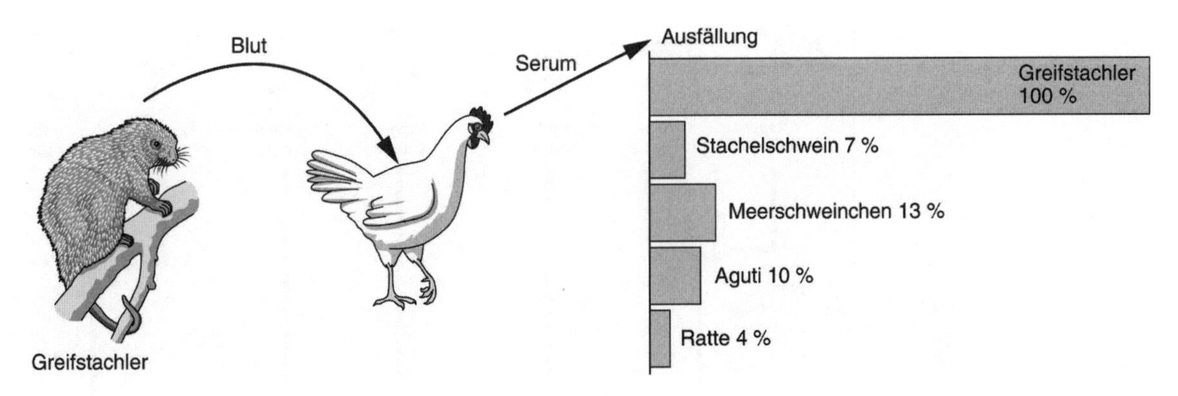

Aufgaben

1. Entscheiden und begründen Sie auf der Grundlage der Gesamtinformationen, ob die stacheltragenden Nagetierarten von einem gemeinsamen stacheligen Vorfahren abstammen können. Bedenken Sie in diesem Zusammenhang, dass Meerschweinchen und Aguti südamerikanische Nagetiere sind und dass ein biochemischer Vergleich von Baumstachler und Greifstachler große Übereinstimmungen nachwies.
2. Erläutern Sie, ob es sich bei den Stacheln von Igel und Ameisenigel um Analogie oder Homologie handelt.

Dinosaurier
Fossil
Stammbaum
Systematik
Verwandtschaft

Molekulare Verwandtschaft

Schülerbuch Seite 299

① Vergleichen Sie den Stammbaum aus dem Cytochrom c-Vergleich (Abb. 1) mit der Systematik des Tierreiches.

– *Der Stammbaum aus dem Cytochrom c-Vergleich passt sehr genau zur Systematik des Tierreiches. Er gibt die engere Verwandtschaft der Wirbeltiere in Abgrenzung zu Wirbellosen ebenso wieder wie die Verwandtschaftsverhältnisse innerhalb der Wirbeltiere (Fische, Amphibien, Reptilien, Vögel und Säuger). Auch die Anzahl der Unterschiede bei Vertretern innerhalb der Wirbeltierklasse entspricht der allgemeinen Systematik.*

Arbeitsblatt Seite 261

Stammbaum s. unten. Der unterste Knotenpunkt muss einen Vorfahren darstellen, von dem ein Merkmal an alle Folgearten vererbt wurde. Dies ist das Loch im Beckengürtel. Von diesem ausgehend finden sich zwei Gruppen, denen einerseits eine Greifhand und andererseits ein nach vorne gerichteter Schambeinfortsatz gemeinsam ist. In der „linken“ Gruppe besitzen dann Archaeopteryx und Allosaurus dreizehige Hinterfüße. Die „rechte“ Gruppe lässt sich dann noch nach dem Zahnaufbau und der Schädelbasis einteilen.

Literaturhinweise

CAMPBELL, N. A.: Biologie. Spektrum Akademischer Verlag, Heidelberg, Berlin, Oxford 1997

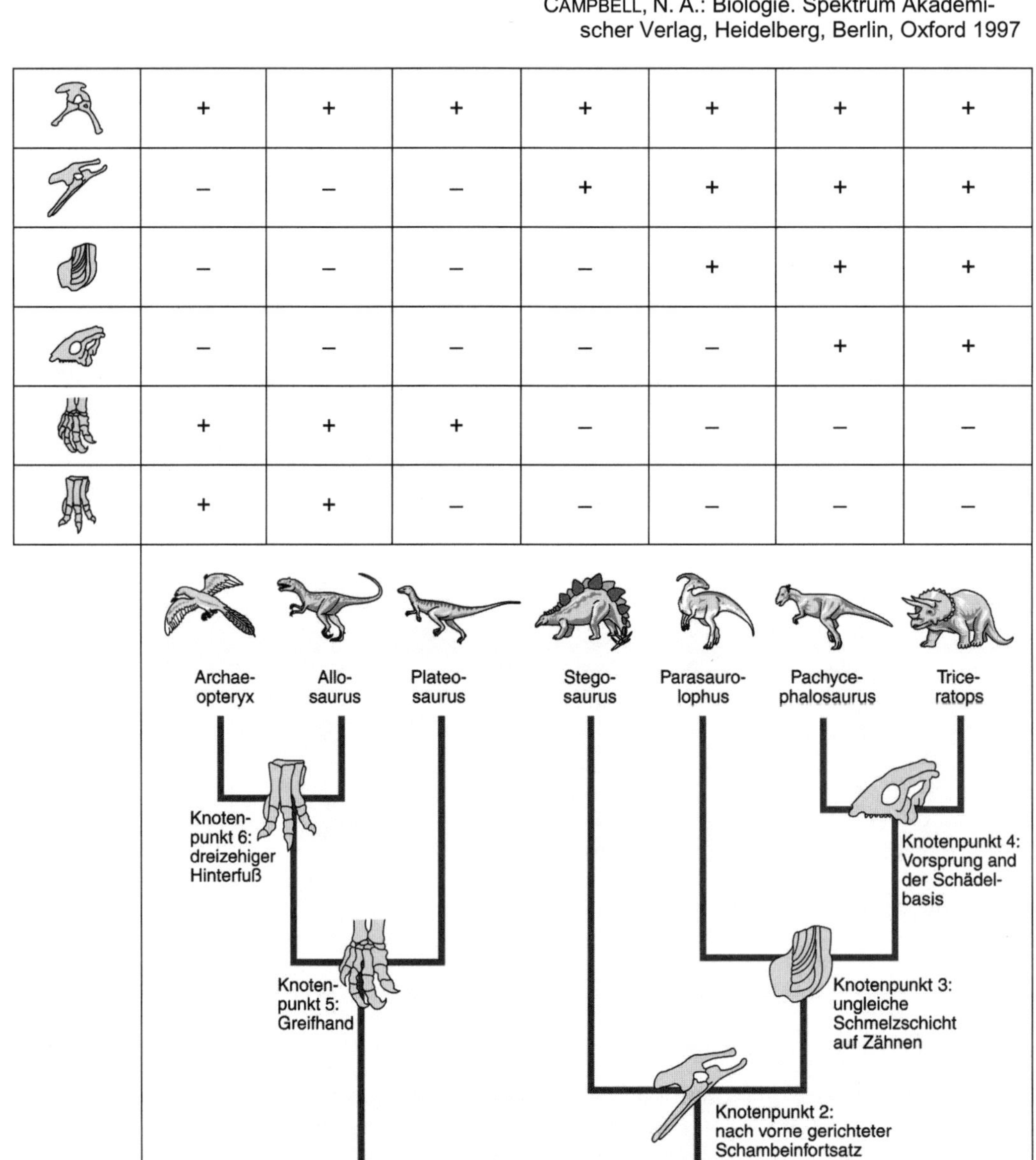

	+	+	+	+	+	+	+
	–	–	–	+	+	+	+
	–	–	–	–	+	+	+
	–	–	–	–	–	+	+
	+	+	+	–	–	–	–
	+	+	–	–	–	–	–

Verwandtschaft der Dinosaurier

Dinosaurier lassen sich aufgrund verschiedener Skelettmerkmale in Verwandtschaftsgruppen einteilen. Dazu gehören u. a.

 Loch im Beckengürtel

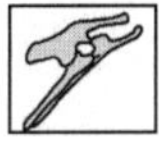 Schambeinfortsatz

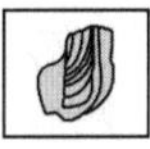 Zähne mit Schmelzschicht

 Schädelbasis mit Vorsprung

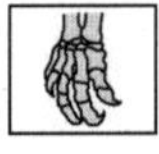 Greifhand

 dreizehiger Hinterfuß

Die folgende Tabelle gibt Ihnen für verschiedene Saurier an, welche Merkmale sie besitzen.

	+	+	+	+	+	+	+
	–	–	–	+	+	+	+
	–	–	–	–	+	+	+
	–	–	–	–	–	+	+
	+	+	+	–	–	–	–
	+	+	–	–	–	–	–

①

Aufgabe

Zeichnen Sie vom Knotenpunkt 1 aus einen verzweigten Stammbaum. Ordnen Sie dabei jedem Knotenpunkt eines der Merkmale so zu, dass alle über diesen Knotenpunkt erreichbaren Saurier dieses Merkmal besitzen.

Altersbestimmung
Fossil
Hominiden
Paläontologie
Werkzeuggebrauch

Methoden der Paläontologie

Schülerbuch Seite 301

① Stellen Sie die Entwicklung der drei Pferdemerkmale Körpergröße, Fuß und Zähne einander tabellarisch gegenüber.

– *siehe Tabelle; beachtenswert ist, dass die Evolutionsschübe der drei Merkmale zu unterschiedlichen Zeiten aufgetreten sind.*

Zeitalter	Körpergröße (cm)	Anzahl der Zehen	Entwicklung der Zähne
Eozän	25–50	4	niedrige Kronen, gering ausgebildete Schmelzfalte
Oligozän	60	3	mittelhohe Kronen, gering ausgebildete Schmelzfalte
Miozän	100	3	mittelhohe Kronen, gering ausgebildete Schmelzfalte
Pliozän	125	1	hohe Kronen, differenzierte Schmelzfalte
Pleistozän	125–190	1	hohe Kronen, differenzierte Schmelzfalte

② Fassen Sie die evolutiven Trends zusammen, die beim Vergleich von Sinornis und Archaeopteryx erkennbar sind (s. Randspalte).

– – *starke Entwicklung des Brustbeins mit einem Kiel als Ansatzstelle für die immer leistungsfähigere Flugmuskulatur*
- *Verkürzung der Schwanzwirbelsäule*
- *Entstehung des Pygostyls*
- *Rückbildung der Krallen*
- *Rückbildung der Zähne und Entstehung eines Hornschnabels*
- *Anpassung des Schulter- und Armskeletts an die fliegende Fortbewegungsweise*
- *starker Selektionsdruck zur Verminderung des Gewichts*

Arbeitsblatt Seite 263

1. Hinter einer Sortierung von Knochen könnte ein natürlicher Vorgang wie Wasserströmungen oder Abtransport durch Raubtiere oder Aasfresser stecken. Verbunden mit der Anordnung der Steinlagerungen und der Tatsache, dass im Zentrum hauptsächlich zerschlagene, fleischtragende und markhaltige Knochen lagerten, lässt sich nur schließen, dass es sich um Sortierungsvorgänge handelte, die vom Menschen ausgingen.
2. Liegen Knochen in der anatomisch richtigen Anordnung im Boden, müssen sie noch durch die Weichteile verbunden in den Boden gelangt sein.
3. Import von Rohmaterialien lassen einerseits auf Streifgebiete oder Handel mit Nachbarn schließen und verraten andererseits hervorragende Rohmaterial- und Bearbeitungskenntnisse. Finden sich ausschließlich Werkzeuge aus sogenannten exotischen Rohmaterialien, wurden sie fertig importiert. Finden sich auch Verarbeitungsabfälle aus diesen Materialien, hat man Rohmaterial importiert und vor Ort verarbeitet.
4. Nur Fundkonzentrationen und die Lage der Einzelfunde zueinander lassen eine Datierung sowie Schlüsse auf Arbeitsvorgänge, Arbeitsräume und das Verhalten der ehemaligen Bewohner der Lagerplätze zu.

Die Thermo-Lumineszenz Datierung

Diese Datierungsmethode nutzt vier Dinge:
1. dass in allen mineralischen Substanzen auch radioaktive Verunreinigungen enthalten sind, die im Laufe der Zeit unter Aussendung von Strahlung zerfallen,
2. dass durch diese Strahlung in Kristallgittern Elektronen-Fehlstellen dadurch entstehen, dass die Elektronen auf ein höheres Energieniveau angehoben werden und diese Zustände über Jahrtausende stabil bleiben,
3. dass die Anzahl derartiger energiereicher, angehobener Elektronen im Laufe der Zeit steigt und
4. dass diese energiereichen Elektronen unter Aussendung der zuvor aufgenommenen Energie in Form von Licht wieder auf ihre energieärmeren Plätze zurückfallen, wenn die Probe auf 500°1C erhitzt wird.

Diese Grundlagen lassen sich nutzen, wenn das zu untersuchende Material in der Vergangenheit einmal erhitzt worden ist, wie z. B. gebrannte Keramik, verziegelter Lehm von Feuerstellen oder Steine, die in einer Feuerstelle gelegen haben. Durch diesen Vorgang wurde die Uhr sozusagen auf Null gestellt, d. h. alle Elektronen sind in der Ausgangsposition und werden in der Zeit danach Stück für Stück angehoben. Je länger das Zurückstellen der Uhr zurückliegt, desto mehr Elektronen liegen im angehobenen Zustand vor und desto mehr Licht wird bei erneutem Erhitzen abgestrahlt.

Für die Datierung geeignete Stücke werden in Spezialöfen erhitzt und mit speziellen, extrem empfindlichen Detektoren die abgestrahlte Lichtmenge gemessen, daher der Name (*thermo* = Wärme; *Lumen* = Licht). Voraussetzung ist natürlich, dass man die in der Probe enthaltene Menge an radioaktiven Verunreinigungen kennt. Vorteil der Methode ist es, dass sie mit zunehmendem Alter der Fundstücke genauer wird, weil die Lichtausbeute besser zu messen ist. Dadurch, dass die ^{14}C-Methode nur für bis zu 10 000 Jahre alte Funde sinnvolle Messwerte liefert, die untere Grenze der Messgenauigkeit der Kalium-Argon-Methode bei 250 000 Jahren vor heute liegt, konnte diese Lücke durch die *Thermo-Lumineszenz-Datierung* geschlossen werden. Die obere Grenze der Thermo-Lumineszenz-Datierung für Feuersteinartefakte, die häufiger ins Lagerfeuer gerieten, liegt immerhin bei rund 1 Million Jahre.

Funde, Befunde und Deutungen

In den 60er-Jahren fand man in der Olduvai-Schlucht annähernd 2 Millionen Jahre alte Wohnplätze, die überaus gut konserviert waren. Man barg u. a. 2470 Steinwerkzeuge, 3510 große Knochenreste und tausende von kleinen Knochenfragmenten. Innerhalb eines kleinen Zentrums lagen viele kleinere Werkzeuge und die Reste zerschlagener Tierknochen. Die Werkzeuge bestanden zum Teil aus Rohmaterialien, die nicht vor Ort verfügbar waren. Aus einigen dieser Rohmaterialien fand man nur fertige Werkzeuge, aus anderen auch Abschlagreste aus der Werkzeugherstellung. Abfälle aus der Werkzeugherstellung waren an einigen Stellen vorhanden, fehlten aber an anderen. Diesen Platz umschloss ein kleinerer fossilfreier Raum, der wiederum von einem größeren Bereich mit weitgehend unzerstörten Knochen umgeben war. Im Zentrum lagen weitgehend Reste von fleischtragenden und markhaltigen Langknochen, während sich im Umfeld Reste von Kiefer-, Schulter- und Beckenknochen, Wirbel und Rippen fanden. Einige Knochen lagen hier noch in anatomisch richtiger Anordnung. Der in der Grabungsskizze erkennbare Kreis größerer Steine hat einen Durchmesser von rund 4 Metern.

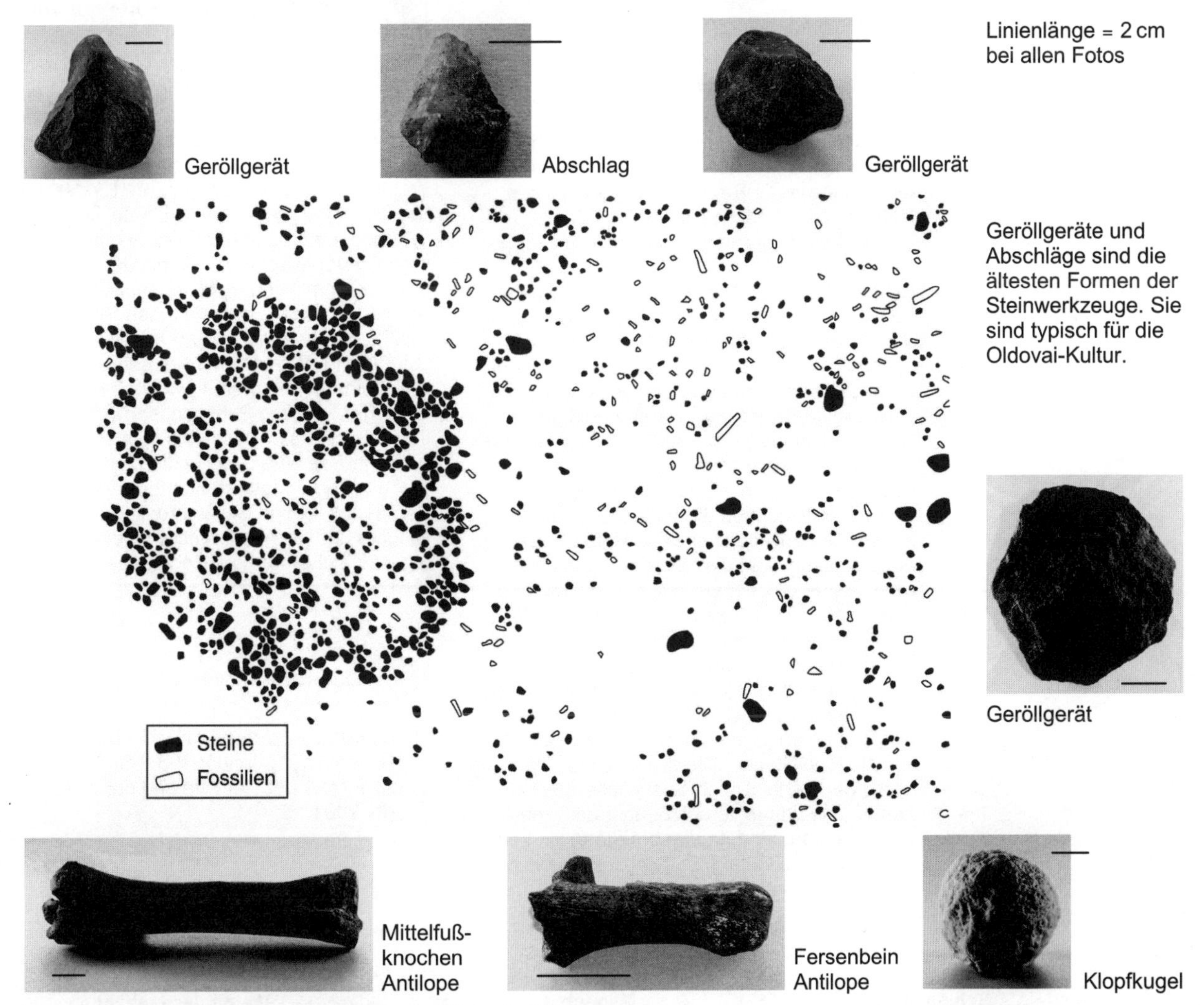

Abb.1 Fundverteilung aus einer Grabungsfläche in Olduvai

Aufgaben

1. Welche verschiedenen Möglichkeiten gibt es, die räumlich getrennte Ablagerung verschiedener Knochenarten zu deuten?
2. Worauf lässt die anatomisch richtige Anordnung einiger Knochen schließen?
3. Welche Schlüsse lassen die Rohmaterialien der Steinwerkzeuge und die Herstellungsabfälle zu?
4. Erläutern Sie, warum eine genaue Dokumentation der Lage der Fundstücke im Boden und ihrer Lage zueinander – der sogenannte Befund – meist wissenschaftlich wertvoller ist als das einzelne Fundstück.

Affe
Schimpanse
Stammesgeschichte – Mensch
Werkzeuggebrauch

Mensch und Schimpanse – ein Vergleich

Schülerbuch Seite 303

① Vergleichen Sie Mensch und Schimpanse hinsichtlich Lebensraum, Fortbewegung, Nahrung sowie Verhalten und stellen Sie eine Beziehung zur Anatomie her. Inwieweit lassen solche Vergleiche auch Rückschlüsse auf das Verhalten ausgestorbener Hominiden zu?

– *Viele Verhaltensabläufe schlagen sich in der Anatomie nieder, sodass Fossilien indirekte Rückschlüsse auf das Verhalten zulassen. Bei ausgestorbenen Arten ist das die einzige Möglichkeit, Mutmaßungen über das Verhalten anzustellen (s. Tabelle unten).*

Arbeitsblatt Seite 265

1. Verschiedene Gruppen benutzen zwischen 4 und 15 verschiedenen Werkzeugtypen. Auffällig ist, dass die Bewohner des tropischen Regenwaldes besonders wenige, die der Trockenwälder dagegen die meisten Werkzeuge benutzen.
2. Ein naheliegender Grund kann unter Umständen in der Forschungsgeschichte liegen, d. h. darin, dass die ostafrikanischen Schimpansen schon so lange beobachtet werden, dass derartig viele Werkzeugtypen entdeckt wurden. Gruppen im Regenwald werden noch nicht so lange beobachtet, weil es schwieriger ist. Genau dies kann dazu führen, dass die Beobachtungen noch nicht so vollständig sind. Andererseits können die verschiedenen Lebensräume entweder nicht so viele Werkzeuge nötig machen, weil die Versorgung mit Nahrung besser ist oder weil es z. B. die Materialien für die Werkzeuge nicht gibt. Dies wäre eine ökologische Modifikation. Kommen die Unterschiede jedoch dadurch zustande, dass in den verschiedenen Gruppen unterschiedliche Erfindungen gemacht wurden, die sich dann in der Gruppe ausbreiteten, handelt es sich um soziale Modifikation. Die zweite ist als Deutung umso wahrscheinlicher, je ähnlicher die Lebensräume und je verschiedener die Werkzeuginventare sind. In diesem Sinne sind die Gruppen am Ostufer des Tanganjikasees besonders aussagekräftig.
3. Die naheliegendste Vermutung ist, dass Jungtiere die Älteren, erfahreneren beobachten und nachahmen (Beobachtungslernen). Eine Alternative dazu ist, dass durch das Vorbild nur die Aufmerksamkeit auf die Beschäftigung mit bestimmten Dingen gerichtet wird, der richtige Umgang aber durch Versuch und Irrtum gelernt wird (Anregung). Eine dritte Möglichkeit wäre, dass die Übernahme durch einsichtiges Verhalten erfolgt. Im letzten Fall müsste das Erlernen sehr schnell ablaufen, im Falle der Anregung besonders lange dauern.

Werkzeugkulturen – Lernen und Lehren

Während Erfindungen und Weitergabe von Werkzeugnutzung durch Nachahmung auch bei einigen anderen Affenarten wie Makaken und Pavianen nachweisbar ist, sind einige wenige Beobachtungen nur bei Schimpansen gemacht worden, die andeuten, dass Affenmütter ihre Kinder unterrichten. So signalisierte die berühmte Schimpansin Washoe, die in Zeichensprache unterrichtet war, ihrem „Adoptivsohn" Loulis bei der ersten Begegnung „Komm!" und holte ihn zu sich als er nicht reagierte. Später holte sie einen Stuhl und zeigte Loulis mehrfach nacheinander die Zeichen für „Stuhl" und „Sitzen!". Mit vier Jahren beherrschte der Kleine 39 Zeichen. In Westafrika beobachteten Forscher, wie das Schimpansenweibchen Salome ihrem Sohn beim Nüsseknacken zuschaute. Er hatte gerade eine Nuss in die Mulde eines Holzes gelegt, als die Mutter ihn unterbrach, die Nuss heraushob, einige Schalenreste aus der Mulde wischte und die Nuss wieder hineinlegte. Die Nuss lag jetzt sicher und der Sohn knackte sie erfolgreich.

Literaturhinweise

LETHMATE, J.: Traditionen bei Primaten. Unterricht Biologie 121, Januar 1987, S. 37 – 42

WAAL, FRANS DE: Der Affe und der Sushimeister, dtv 2001

	Schimpanse	Mensch	Skelett des Menschen
Lebensraum	Waldbewohner im tropischen Afrika	heute alle Landlebensräume	
Fortbewegung	Klettern, Knöchelgang, laufen mit gebeugtem Körper	aufrechter zweibeiniger Gang	Beine länger als Arme, schüsselförmiges Becken, Fußgewölbe, Hinterhauptsloch in der Mitte des Schädels, S-förmige Wirbelsäule, verlagerter Körperschwerpunkt
Verhalten	einfacher Werkzeuggebrauch, Intensive Mimik, Gestik, Lautbildung, komplexes Sozialverhalten	komplexer Werkzeuggebrauch, artikulierte Sprache, komplexes Sozialverhalten	Präzisionsgriff: Daumen kann den Fingern gegenüber gestellt werden; tiefer Kehlkopf, großes Gehirn
Nahrung	Pflanzenkost, Früchte, ergänzend Fleisch, Insekten	Mischkost	mahlendes Gebiss, Eckzähne nicht als Reißzähne ausgebildet

Werkzeugnutzung frei lebender Schimpansen

Während Gorillas und Bonobos in der Natur sehr selten Werkzeuge benutzen, stellen einige Orang-Utan-Populationen häufiger Werkzeuge her. Der Schimpanse dagegen ist unter den Menschenaffen der Meister in der Herstellung und der Benutzung von Werkzeugen; dabei unterscheiden sich die verschiedenen Gruppen stark. Die einzelnen Gruppen behalten die jeweiligen Verhaltensweisen normalerweise über Generationen bei. Während die Savannen bewohnenden Schimpansen schon über rund 40 Jahre erforscht werden, laufen Untersuchungen an den schwerer zu beobachtenden Regenwaldbewohnern erst in den letzten 20 Jahren. Dadurch liegen den Angaben unterschiedliche Datenmengen zugrunde.

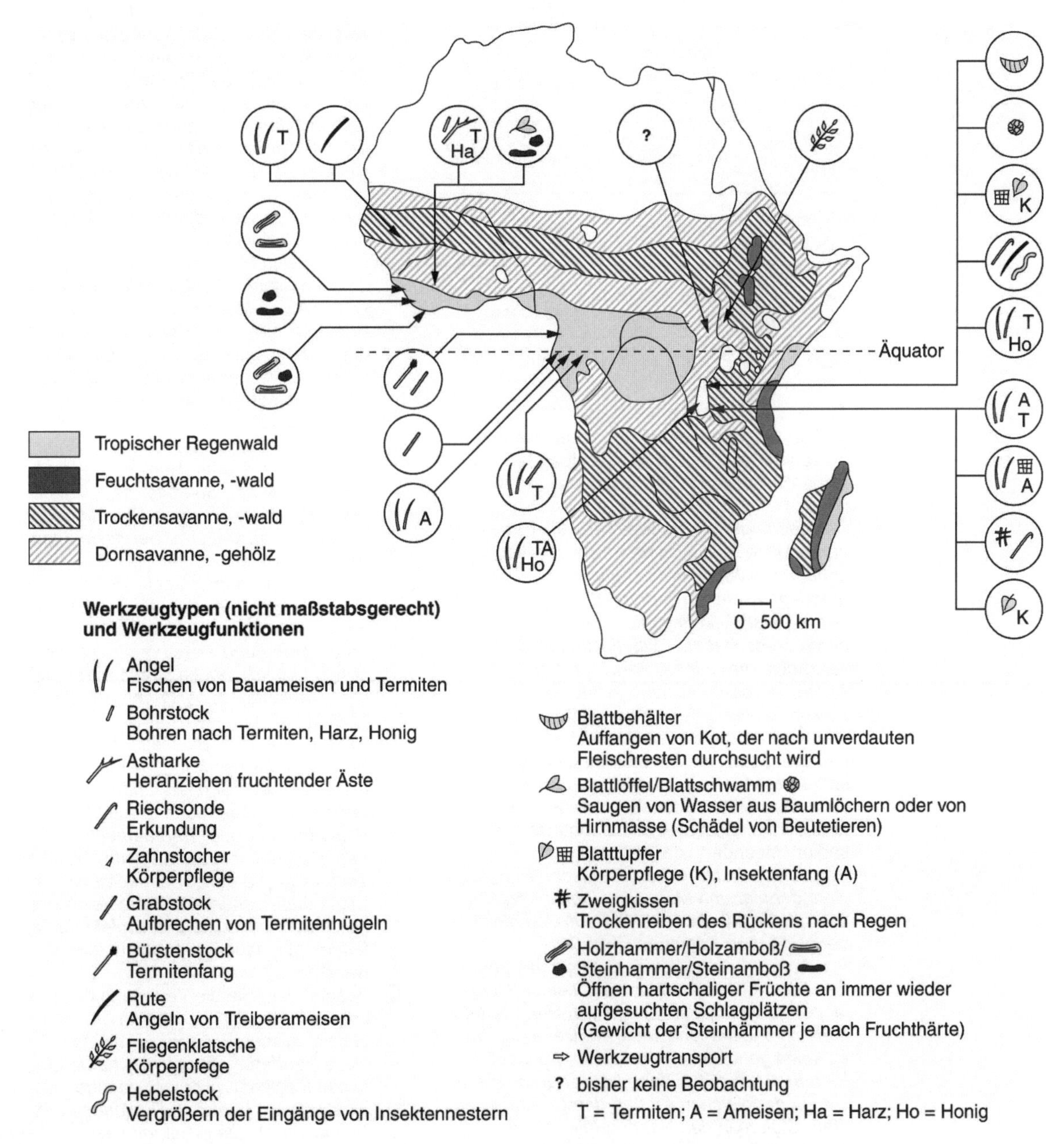

Abb. 1 Werkzeugverhalten frei lebender Schimpansenpopulationen

Aufgaben

1. Analysieren und vergleichen Sie die Werkzeugvielfalt der Schimpansengruppen.
2. Welchen Einfluss könnten die Forschungsberichte, die verschiedenen ökologischen Randbedingungen oder die Schimpansen selbst auf diese Unterschiede haben?
3. Erörtern Sie, welche mögliche Rolle Lernen in der Ausbreitung dieses Werkzeugverhaltens spielen könnte.

Hautpigmentierung
Hominiden
Homo sapiens
Rasse

Material: Vielfalt der Menschen

 **Schülerbuch Seite 304/305**

① Stellen Sie die wesentlichen Merkmale im Schädel- und Skelettbau von Neandertaler und modernem Menschen gegenüber (Abb. 1).

– *siehe Tabelle*

	Neandertaler	Mensch
Körperbau	gedrungen, muskulös, ca. 1,5 m	grazil, damals ca. 1,75 m
Schädelform	lang, niedrig	hoch, rund
Oberaugenwülste	vorhanden	fehlen
Kinn	fliehendes Kinn	Vorspringen des Kinns
Gehirnvolumen	1200–1700 cm^2	1200–1450 cm^2

② Stellen Sie begründet einen Zusammenhang zwischen dem Körperbau des Neandertalers, seiner Verbreitung und den damaligen Klima her.

– *Der gedrungene Körperbau und die damit verbundene relativ kleine Körperoberfläche können ein Vorteil bei eiszeitlichen Lebensbedingungen sein, da dadurch die Wärmeabgabe reduziert ist. Allerdings konnte auch der moderne Mensch diese klimatischen Bedingungen vertragen, da Feuergebrauch und Kleidung die Anpassungsunterschiede verkleinern.*

③ Stellen Sie die Befunde aus Molekularbiologie und Paläontologie zusammen, die für die Vermischung bzw. ein Aussterben des Neandertalers sprechen. Begründen Sie, warum viele Wissenschaftler heute eher von der Art Homo neanderthalensis als von der Unterart Homo sapiens neanderthalensis sprechen.

– *Pro Vermischung (paläontologische Befunde): Neandertaler und Menschen lebten von 150 000 bis 30 000 nebeneinander in den gleichen geografischen Regionen (Europa).*
Pro Aussterben (molekularbiologische Befunde): Die mt-DNA-Analyse zeigt keinen Überlappungsbereich der Kurven von Neandertaler/ Mensch und Mensch/ Mensch. Demnach hat es keine genetische Vermischung gegeben. Eine fruchtbare Kreuzung findet nur unter Individuen der gleichen Art und deren Unterarten statt. Stuft man den Neandertaler als eigene Art ein, hält man also eine Vermischung mit dem anatomisch modernen Menschen für nicht möglich. Der Neandertaler ist dann eine Schwesterart, aber kein direkter Vorfahre des Menschen.

④ Erläutern Sie, weshalb die Befunde der vergleichenden DNA-Untersuchung das „Out of Afrca“-Modell stützen (Abb. 2). Welches Ergebnis wäre nach der Hypothese der multiregionalen Entstehung des heutigen Menschen zu erwarten?

– *Die Hypothese von der multiregionalen Entstehung geht davon aus, dass in verschiedenen geografischen Regionen Homo sapiens mehrfach parallel aus Homo erectus/ Homo ergaster entstand, ein intensiver Genaustausch führte dann zu einer einheitlichen Art Homo sapiens. In Europa wäre dann der Neandertaler der direkte Vorfahre des anatomisch modernen Menschen. Das Out of Africa-Modell geht dagegen von zwei Wellen der Besiedlung Europasiens aus, die erste führte zum Neandertaler, die zweite zum anatomisch modernen Menschen. Ein Genaustausch fand nicht statt. Die Anzahl der Sequenzunterschiede zwischen Neandertaler und Menschen aus verschiedenen geografischen Regionen liegt zwischen 27,1 und 28,3 von 379 Basenpaaren, liegt also bei 7 % und variiert nur wenig. Der Sequenzvergleich innerhalb der Menschenpopulationen liefert mit durchschnittlich 8 Unterschieden (2 %) wesentlich geringere Werte. Bei einer Durchmischung wären Übergänge (Zwischenwerte) zu erwarten. Es hätte also eine zusammenhängende Kurve beim Vergleich Mensch/ Mensch und Mensch/ Neandertaler entstehen müssen. Der mt-DNA-Vergleich stützt also das Out of Africa-Modell.*

⑤ Erläutern Sie, wie Personen durch ihr Äußeres die Zugehörigkeit zu einer bestimmten Gruppe unterstreichen und inwieweit das etwas über ihre verwandtschaftliche Beziehung untereinander aussagt.

– *Kleidung: Jugendliche Kleidung, Seniorenkleidung (Altersgruppe), Herren-, Damenkonfektion (Geschlecht), Sportkleidung, Trikots (Interessengruppe), Trachten (Traditionsgruppe, Volksgruppe), Uniform, Berufskleidung (Berufsgruppe).*
Figur: Fülligkeit im Barock (Wohlhabende), Schlankheitsideale der Neuzeit (Gruppe der Aktiven und Dynamischen).
Tätowierung und Piercing: als Modeerscheinung (Jugend), bei bestimmten Berufsgruppen (z.B. Seeleute), in bestimmten Volksgruppen (z.B. Maori).
Haut: (vornehme) Blässe im Mittelalter (Adel), Bräune in der Neuzeit (Urlauber), beeinflussbar nicht nur durch Sonnenbad oder Sonnenvermeidung, sondern auch durch Make-up, Selbstbräuner oder Hautaufheller.
Frisur: beeinflusst durch Mode, Tradition, neue Techniken (Färbung, Festiger, Dauerwelle). Diese äußerlichen Merkmale des Menschen weisen auf das kulturelle Umfeld des Betreffenden hin, sagen aber nichts über die Verwandtschaft aus.

⑥ Beschreiben Sie die Verteilung der Hautfarben auf der Erde und formulieren Sie eine evolutionsbiologische Erklärung (Abb. 1).

– *Helle Hautfarben findet man nur in geografischen Regionen mit einer geringen Sonneneinstrahlung. In diesen Regionen stellt der UV-Schutz durch das Melanin in der Haut keinen Anpassungsvorteil dar.*

⑦ Überprüfen Sie anhand des Dendrogramms und der Verteilung der Hautfarben (Abb. 2), ob LINNÉS Menschenrassen tatsächlich Verwandtschaftsgruppen darstellen.

– *Geografie: „Schwarze" im Sinne Linnés gibt es in getrennten Populationen in Afrika und auf einigen pazifischen Inseln. Sie können daher untereinander nicht näher verwandt sein als mit benachbarten Gruppen. „Rote" und „Gelbe" sind allenfalls als verschiedene Zwischenfarben anzusehen, die auf allen Kontinenten vorkommen und keine getrennten Verwandtschaftsgruppen bilden. „Weiße" kommen in Nordeuropa und im nördlichsten Amerika vor, sie sind also untereinander nicht verwandter als mit benachbarten Gruppen.*
Genetik: Nach den genetischen Befunden sind z.B. „weiße" Europäer und „gelbe" Inder (genetische Distanz 0,006) enger miteinander verwandt als die afrikanischen („schwarzen") Äthiopier und Bantus (genetische Distanz 0,012). Die Hautfarbe sagt also nichts über den Grad der Verwandtschaft aus.

⑧ Der Begriff „Rasse" wird heute nur noch in der Tierzucht verwendet (entsprechend dem Begriff „Sorte" bei Pflanzen). Rassen zeichnen sich durch die konstante Vererbung spezifischer Merkmale aus und entstehen durch von Züchterverbänden kontrollierte Inzucht. Erklären Sie, warum die Übertragung des Rassenbegriffs auf den Menschen biologisch nicht haltbar ist.

– *In der gesamten Geschichte von Homo sapiens hat es durch Völkerwanderungen, Kriegszüge, Verschleppungen (Sklaverei, Verbannung), Auswanderungen, Reisen u.ä. Kontakte und Vermischungen von Bevölkerungsgruppen gegeben. Die äußerlich auffallenden Merkmale variieren daher schon innerhalb einer Familie oft sehr stark (Körpergröße, Augen-, Haar-, Hautfarbe, Statur). Kulturelle Unterschiede sind dagegen wesentlich bedeutender (Tradition, Erziehung, Bildung, Religion und Weltanschauung, Mode). Diese Unterschiede verschwinden aber bereits nach einigen Jahren im neuen kulturellen Umfeld.*

⑨ Die Einteilung der Menschen in Rassen war und ist zum Teil Vorwand für Diskriminierung und Verfolgung. „Der Rassismus ist besiegt, wenn wir eingesehen haben, dass wir unter der Haut alle Afrikaner sind." Nehmen Sie Stellung zu dieser Behauptung.

– *Rassismus lebt von Vorurteilen, die sich auch durch wissenschaftliche Erkenntnisse nur schwer ausrotten lassen.*

Literaturhinweise

JABLENSKI, N. G.; G. CHAPLIN: Die Evolution der Hautfarben. Spektrum der Wissenschaft 6/2006, S. 38–44

KATTMANN, U.: Rassen. Bilder vom Menschen. Jugenddienst-Verlag 1973

KATTMANN, U.: Was heißt hier Rasse? In: Unterricht Biologie 204, 19. Jg. Mai 1995, 44–50

KATTMANN, U.: Vielfalt der Menschen – aber keine Rassen. In: BiuZ, 26. Jg. Heft 5,1996, 70–71

KENNTNER, G.: Rassen aus Erbe und Umwelt. Der Mensch im Spannungsfeld seines Lebensraums. Safari-Verlag Berlin 1975

KNUßMANN, R.: Vergleichende Biologie des Menschen. Gustav Fischer Verlag 1996

NACHTSHEIM, H. UND H. STENGEL: Vom Wildtier zum Haustier. Paul Parey Verlag 1977

LEROI, A.M.: Tanz der Gene. Von Zwittern, Zwergen und Zyklopen. Spektrum Akademischer Verlag 2004

LEWONTIN, R.: Menschen. Genetische, kulturelle und soziale Gemeinsamkeiten. Spektrum der Wissenschaft Verlagsgesellschaft 1986

MAYR, E.: Artbegriff und Evolution. Verlag Paul Parey, 1967

WEINER, J. S.: Entstehungsgeschichte des Menschen. Editions Rencontre Lausanne 1972

Radio-Moderator sagt: Abtreibung schwarzer Kinder könnte die US-Kriminalitätsstatistik senken

Einer der Galionsfiguren der Vertreter der konservativen Moral entfachte gestern einen Sturm der Entrüstung, nachdem er öffentlich die Meinung vertreten hatte, dass durch Abtreibung schwarzer Kinder die Kriminalitätsrate gesenkt werden könnte. William Bennett, schon unter Ronald Reagan und George W. Bushs Vater kein Unbekannter, sagte: „Wenn Sie die Kriminalitätsrate senken wollten – und dies Ihr einziges Ziel ist – könnten Sie in diesem Land jedes schwarze Kind abtreiben und Ihre Kriminalitätsrate würde sinken." In seiner „Morning in America"-Sendung gab er zu, dass dies zwar ein undurchführbarer, lächerlicher und moralisch nicht vertretbarer Vorschlag sei, ergänzte aber, „dass die Kriminalitätsrate sicher sinken würde." Herr Bennett spielte seine Aussagen gestern herunter und behauptete, sie seien aus dem Zusammenhang gerissen, er hätte einige hypothetische Vorschläge gemacht, bevor er sie verwarf.

Seine Äußerungen riefen jedoch einen sofortigen Aufschrei der Demokraten und eine schwache Zurückweisung aus dem Weißen Haus hervor. Der Sprecher des Weißen Hauses äußerte: „Der Präsident hält die Aussagen für unangemessen."

Rassismus ist im Moment ein heikles Thema, nachdem dem Weißen Haus jüngst vorgeworfen wurde, die Hilfsmaßnahmen für das vom Hurrikan Katrina zerstörte New Orleans liefen so schleppend an, weil hier hauptsächlich Schwarze leben. Bennett, unter Reagan Erziehungsminister und unter dem ersten Präsidenten Bush Drogenbeauftragter, ist eine schillernde Persönlichkeit. Nachdem er die Politik verlassen hatte, wurde er Autor und Radiosprecher, der für seine Angriffe auf den „moralischen Verfall des amerikanischen Lebens" – wie er ihn sieht – bekannt ist. Er verteidigte seine Bemerkungen: „Ich bin kein Rassist – und ich werde meine Aussagen gegen die meiner Kritiker stellen."

(verändert nach: The Daily Telegraph", 1.10.2005)

Endosymbionten-Hypothese
Evolution – chemische
Hyperzyklus
Protobiont
Urey-Miller-Versuch

Chemische Evolution: organische Makromoleküle entstehen
Frühe biologische Evolution: erste lebende Zellen
Endosymbionten-Hypothese: Eukaryoten entstehen
Mehrzeller entstanden mehrmals in der Evolution

Schülerbuch Seite 307

① Beschreiben Sie den Urey-Miller-Versuch (Abb. 306.1) und seinen Modellcharakter für die Entstehung organischer Verbindungen in der Uratmosphäre.

– *Unten im Kolben wird Wasser zum Sieden gebracht. Mit dem Wasserdampf gelangt das an der linken Seite eingeleitete Gasgemisch in den oberen Kolben (s. Abb. rechte Seite). Hier wird das Gemisch aus Methan, Ammoniak, Kohlenstoffdioxid, Wasserstoff und Wasser elektrischen Ladungen ausgesetzt. Wasserdampf und neu entstandene Verbindungen kondensieren im Kühler und gelangen über den Abscheider wieder in den unteren Kolben, usw. Modellcharakter: Auch in der Uratmosphäre war ein Gasgemisch elektrischen Entladungen ausgesetzt; so können einfache organische Verbindungen entstehen.*

② Anaerobe Bakterien findet man heute beispielsweise im Faulschlamm. Erklären Sie das Vorkommen.

– *Anaerobe Bakterien gehen bei Kontakt mit Sauerstoff zugrunde, da sie keinen Oxidationsschutz besitzen. Sie können daher nur in anaeroben Lebensräumen wie Faulschlamm existieren.*

Schülerbuch Seite 308

① Nennen Sie weitere Beispiele für die Entstehung neuer taxonomischer Gruppen durch die Kombination von Arten.

– *Flechten: Symbiose Pilz/Alge und Pilz/Cyanobakterium*

Schülerbuch Seite 309

① Die Grünalge Volvox gilt als besonders einfacher Mehrzeller (s. Seite 25). Beschreiben Sie Bau und Organisation der kugelförmigen Alge.

– *Bis zu 20 000 Zellen sind durch Plasmabrücken verbunden und umkleiden gemeinsam eine Hohlkugel. Es gibt Zellen, die auf Fortbewegung, Ernährung oder sexuelle Fortpflanzung spezialisiert sind. Tochterkugeln entstehen vegetativ durch Abschnürung von Zellgruppen in das Kugelinnere und werden erst durch das Absterben der Mutterkugel freigegeben.*

② Gibt es nach phylogenetischen Gesichtspunkten eine systematische Gruppe der „Mehrzeller? Begründen Sie.

– *Nein, denn das hieße, dass sich alle Mehrzeller (Säugetiere, Rosengewächse, Fliegenpilze usw.) auf eine gemeinsame Stammart zurückführen ließen. Tatsächlich stammen die mehrzelligen Pflanzen von Grünalgen ab, die mehrzelligen Tiere sind unabhängig von den Pilzen aus heterotrophen Einzellern entstanden.*

Arbeitsblatt Seite 269

1. Es wird die Möglichkeit untersucht, inwieweit unter Bedingungen der Uratmosphäre, deren Zusammensetzung im Versuch nachgebildet wurde, aus anorganischen Molekülen biogene Stoffe entstehen können.
2. Es konnten zwar biogene Stoffe nachgewiesen werden, allerdings nicht ihr Zusammenschluss zu größeren Einheiten.
3. Organische Säuren sind Bestandteile des Zellstoffwechsels bzw. als Aminosäuren von verschiedenen Proteinstrukturen. Alkanale finden sich als Zwischenstufen im Zellstoffwechsel oder als Zucker zur Energiegewinnung.

Arbeitsblatt Seite 270

1. Mikrosphären können osmotisch Wasser aufnehmen und unter Umständen Stoffe in sich anreichern (Wachstum). Durch Teilung besteht die Möglichkeit zur Vermehrung. Katalytische Netze können sich reproduzieren und Stoffe herstellen. In Poren können sich Stoffe anreichern. (Stoffwechsel/Vermehrung).
2. Als Wichtigstes fehlt die direkte Reproduktion der Erbsubstanz, die koordiniert mit einer Teilung auftritt. Solche Einheiten können im Zuge der Evolution durch Mutation und Selektion optimiert werden.

Arbeitsblatt Seite 271

1. Die Absorptionsmaxima der biogenen Pigmente liegen im Bereich der maximalen Strahlung im Meer. Sehr kurz- bzw. langwellige Strahlen erreichen nur teilweise die Erdoberfläche bzw. werden von der Wasseroberfläche reflektiert oder schon in oberen Schichten absorbiert.
2. Das Wasser (Meer) bietet genügend Schutz vor UV-Strahlung und ein ausreichendes Strahlungsangebot im nichtschädlichen Bereich.
3. Prokaryoten, Chloroplasten und Mitochondrien weisen starke Ähnlichkeiten in Bau und Eigenschaften auf.

Literaturhinweise

ECKEBRECHT. D.: Aufgabensammlung Biologie, Sek. II, Heft 1. Klett Verlag, Stuttgart 1998

MILLER, S. L. , ORGEL, L. E.: The origins of life on the earth. Eaglewood Cliffs, New Jersey 1974

Der Urey-Miller-Versuch

Das Jahr der Chemie 2003 fiel sicherlich nicht zufällig mit dem 50. Jahrestag zweier Ereignisse zusammen, die entscheidend zum Verständnis des Lebens und seines Ursprungs beigetragen haben. 1953 entschlüsselten WATSON und CRICK die Doppelhelixstruktur der DNA und STANLEY MILLER, ein Doktorand, im Labor von HAROLD UREY, simulierte in seinem berühmten Experiment die Anfänge der Entstehung des Lebens.

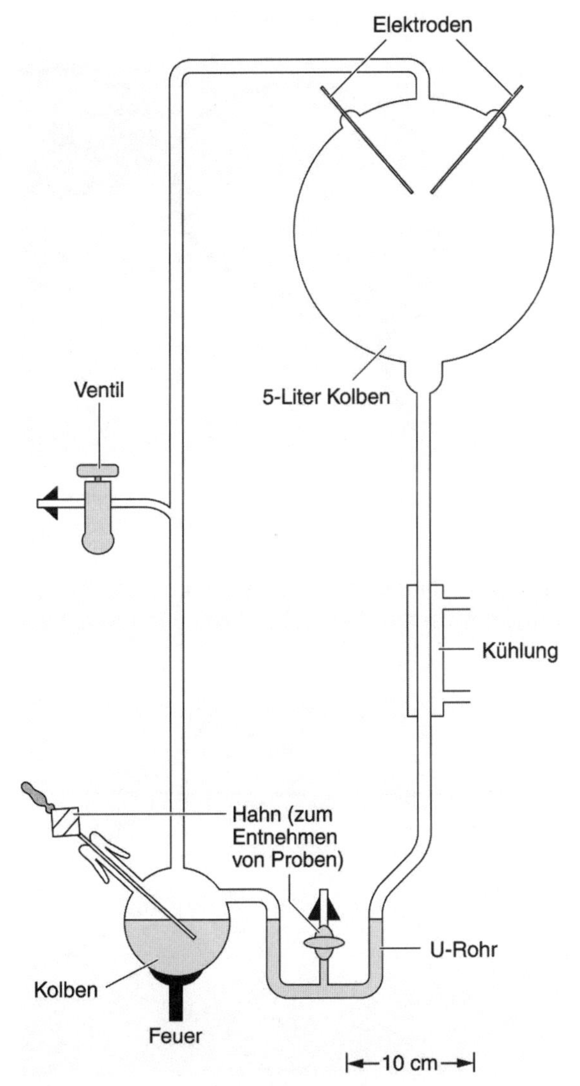

Abb. 1 Apparatur nach MILLER (Schema)

Abb. 2 MILLERS Originalapparatur

Das Experiment ergab folgende Produkte in unterschiedlichen Mengen: u. a. Kohlenwasserstoffe (Teer), Alkanale (Methanal, Ethanal), Carbonsäuren (Ameisen-Essig-, Propan- und Milchsäure), Aminosäuren, Glycin und Alanin in größeren Mengen, Valin, Leucin, Serin und andere in Spuren.

Aufgaben

1. Beschreiben und erläutern Sie die Wahl der Versuchanordnung und der Versuchsbedingungen und die Zielsetzung des Experimentes von MILLER und UREY.
2. Zeigen Sie die Grenzen in den Aussagen des Experimentes auf.
3. Welche Funktionen haben die entstandenen Stoffe in den heute vorkommenden Lebewesen?

Hypothesen zur Entstehung von Protobionten

Damit aus unbelebten organischen Molekülen Vorläufer heutiger Zellen entstehen konnten, mussten einige Voraussetzungen erfüllt sein:

- *Selbstvermehrung:* Zusammenschlüsse organischer Moleküle müssen sich reproduzieren können.
- *Stoffwechsel:* Die Protobionten müssen Stoffe aufnehmen und umwandeln können. Dazu ist ein Reaktionsraum nötig, an dessen Grenzen der Stoffdurchtritt kontrollierbar ist.
- *Mutation:* Als Voraussetzung für eine Weiterentwicklung müssen Veränderungen möglich sein, die die Leistungsfähigkeit des Protobionten verändern und auf die Nachkommen übergehen.

Ein Lösung organischer Substanzen kann, je nach Zusammensetzung und äußeren Bedingungen, Koazervate und Mikrosphären bilden.

Elektronenmikroskopische Aufnahme eines fixierten Schnittes durch Mikrosphären. Erkennbar ist die Membran aus Proteinoiden sowie eine Knospung oder Brückenbildung.

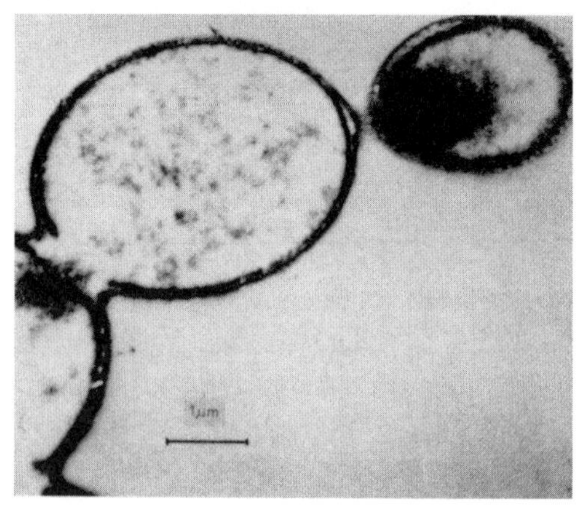

Abb. 1 Mikrosphären

Koazervate könnten der Ausgangspunkt zur Bildung katalytischer Netze gewesen sein, aus denen durch Veränderungen Hyperzyklen hervorgegangen sind. Deren „Stoffwechsel" kann in Poren von Lavagestein stattgefunden haben.

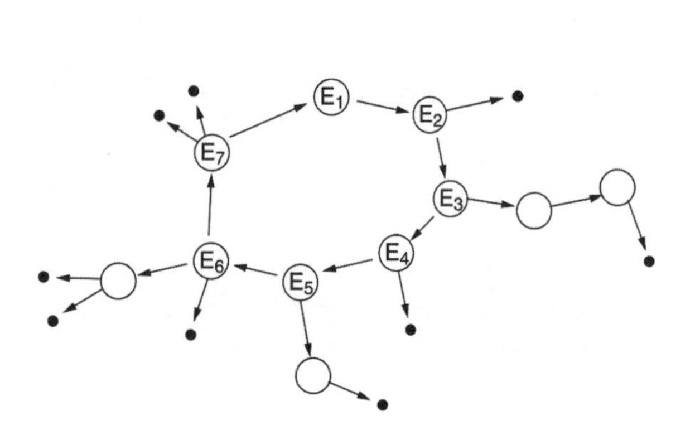

Abb. 2 Katalytisches Netz von Proteinen (= O), das einen geschlossenen Zyklus (E_1–E_7) enthält. Die Proteine katalysieren auch die Bildung anderer Moleküle (= •)

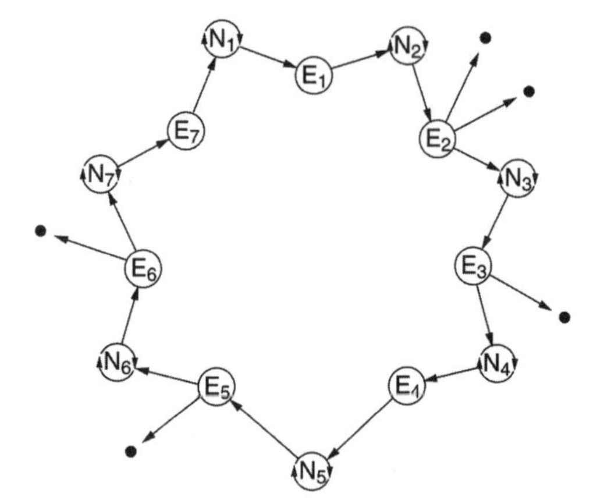

Abb. 3 Hyperzyklus: N_1 – N_7O: Informationsträger = Polynucleotide mit Replikationszyklus E_1 – E_7O: Proteine (Protoenzyme bzw. Enzyme); •: andere Moleküle, deren Bildung durch Enzyme katalysiert wird

Befindet sich ein Hyperzyklus in einem abgeschlossenen Reaktionsraum (Mikrosphäre), so entsteht ein Protobiont.

Aufgaben

1. Machen Sie begründete Aussagen über die mögliche Leistungen von Mikrosphären, katalytischen Netzen und Hyperzyklen.
2. Welche Eigenschaften fehlen dem Protobionten in Vergleich zu einer lebenden Zelle?

„Das optische Fenster“

Strahlung unterschiedlicher Wellenlänge unterscheidet sich in der Fähigkeit, Luft und Wasser zu durchdringen. Vor der Freisetzung von Sauerstoff durch Fotosynthese herrscht auf der Erdoberfläche starke UV-Strahlung vor, die organische Moleküle zerstören kann.

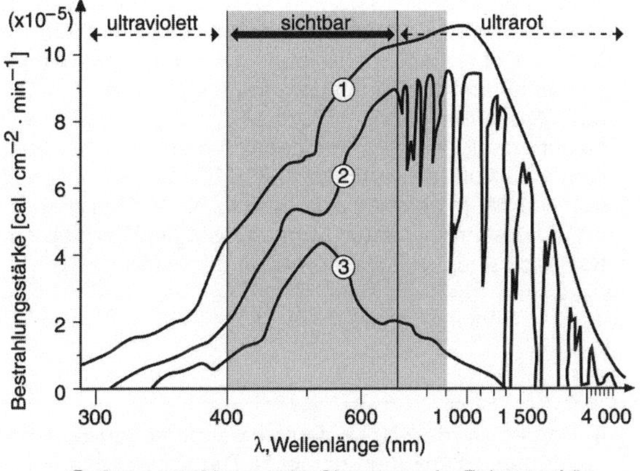

① Sonnenstrahlung an der Obergrenze der Erdatmosphäre
② Strahlung in Meereshöhe
③ Strahlung in 1 m Wassertiefe an der Meeresküste

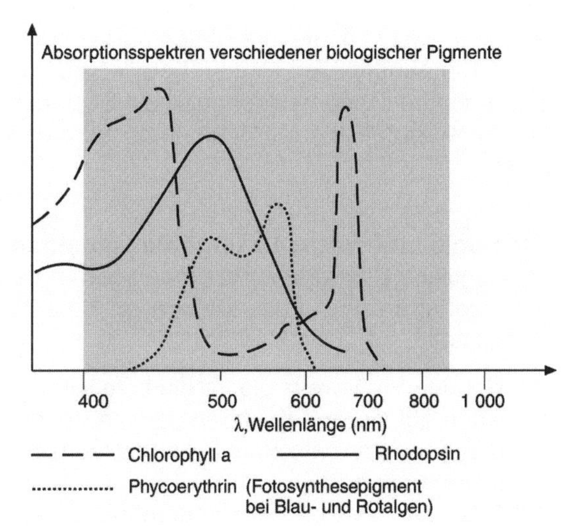

Die Endosymbiontenhypothese

	Prokaryoten	Eukaryoten	Mitochondien / Chloroplasten
Ribosomen	70 S*	80 S*	70 S*
Hülle	einfache Membran	einfache Membran	Doppelmembran
Informationsträger	ein DNA-Molekül (zum Teil Ring) und Plasmide	Chromosomen	ein meist ringförmiges DNA-Molekül
intern gesteuerte Proteinsynthese	ja	ja	ja
Vermehrung	Teilung	Teilung und Fortpflanzungsmechanismen	Teilung
Membranbau	dünn, spezielle Phospholipide	dick	Doppelmembran, außen und innen unterschiedlich
isoliert (begrenzt) lebensfähig	ja	ja	ja

Sedimentationskonstante S (Svedberg): Maß für die Geschwindigkeit, mit der sich Partikel beim Zentrifugieren absetzen.

Aufgaben

1. Vergleichen Sie die beiden Abbildungen und stellen Sie Zusammenhänge her unter der Annahme, dass die Uratmosphäre ähnliche Absorptionseigenschaften hatte wie die heutige.
2. Erklären Sie, warum man annimmt, dass das Leben im Meer entstand.
3. Nach der Endosymbiontenhypothese sind Eukaryotenzellen dadurch entstanden, dass Prokaryotenzellen andere Prokaryoten aufgenommen haben mit der Fähigkeit zur Fotosynthese (Chloroplast) und zum oxidativen Stoffabbau (Mitochondrium). Entnehmen Sie der Tabelle Argumente, die für diese Annahme sprechen.

Klausuraufgabe: Aronstab, Kannen- und Schlauchpflanze

Der einheimische gefleckte Aronstab wächst in nährstoffreichen Laubwäldern und blüht im zeitigen Frühjahr vor dem Blattaustrieb der Bäume. Die mediterrane Schlangenwurz zählt zu den Aronstabgewächsen, die ihre Blüten aufheizen können. Kannenpflanzen sind Kletterpflanzen in neblig-feuchten Tropenwäldern und die Schlauchblattpflanze kommt in den Hochmooren Nordamerikas vor.

1. Ökologie und wechselseitige Beziehungen
Wesentliche Charakteristika zu den genannten Pflanzenarten sind in den Materialien 1 bis 3 dargestellt.

a) Nennen Sie jeweils die für die beteiligten Arten abiotischen Faktoren und die Besonderheiten der zwischenartlichen Wechselbeziehungen.
b) Erläutern Sie die Versuchsergebnisse der Attrappenversuche von FRITZ KNOLL (Mat. 6) und setzen Sie sie in Bezug zu den in Material 5 genannten Hypothesen.
c) Aronstabpflanzen wachsen in der Regel in größeren Gruppen. Beschreiben Sie anhand der Materialien 4 und 7 den Ablauf der Bestäubung. Wodurch wird die Eigenbestäubung verhindert?
d) Die in Material 2 beschriebene Kannenpflanze zeigt ebenfalls eine Beziehung Pflanze – Insekt, die sich aber in wesentlichen Punkten von derjenigen der Aronstabgewächse unterscheidet. Erarbeiten Sie diese Unterschiede.

2. Ernährung und Stoffwechsel
Die in den Texten genannten Pflanzenarten besitzen Chlorophyll und betreiben Fotosynthese, benutzen aber zum Teil zusätzliche „Nahrungsquellen".

a) Beschreiben Sie in einer kurzen Übersicht, wie durch die Fotosynthese aus energiearmen anorganischen Substanzen energiereiche, organische Stoffe erzeugt werden.
b) Begründen Sie aus den Materialien 2 und 3, warum einige Pflanzen Insekten fangen. Sind die Fleisch fressenden Pflanzen autotroph oder heterotroph?
c) Stellen Sie die Nahrungs- und Konkurrenzbeziehungen der Arten bei der Schlauchblattpflanze (Mat. 3) in einem Schema dar und nennen Sie eine Hypothese, warum die Weibchen der Kriebel- und Stechmücken, die andernorts zur Eiablage Blut saugen müssen, dies unter den vorliegenden Bedingungen offensichtlich nicht mehr brauchen.

Ähnlich dem einheimischen Aronstab befinden sich bei der Schlangenwurz die männlichen und weiblichen Blüten an der Basis eines Hüllblattes, das eine Art Becher bildet. Zu Beginn der Blühphase steigt die Temperatur in diesem Hohlraum um einige Grad an. Der obere Teil des Hüllblattes öffnet sich und stellt seine purpurrote Innenseite zur Schau. Der auffallende Kolben ist stärkereich, erwärmt sich und verströmt einen penetranten Geruch nach Dung oder Aas. Er ist ebenso wie das Hüllblatt sehr glatt. In der Nacht erzeugen die Blüten deutlich mehr Wärme. Auch wenn die Außentemperatur auf 10 °C absinkt, halten sie den Hohlraum an der Basis des Hüllblattes bei etwa 18 °C. Erst am nächsten Morgen lässt die Wärmeproduktion nach und die Pollenkörner sind transportfertig.

Mat. 1 Schlangenwurz

In Borneo wurde 2002 auf mineralstoffreichen Böden eine besondere Pflanzenart entdeckt. Die Kannenpflanze *Nepenthes albomarginate* besitzt am Rand der Kanne winzige Haare, die bevorzugt von einer speziellen Termitenart abgeweidet werden. Dabei rutschen einige der etwa einen halben Zentimeter großen Insekten in die glitschige Falle. Am Grund der Kanne ertrinken sie in dem am Boden stehenden Wasser, lösen damit die Abgabe von Verdauungsenzymen aus und werden schließlich in stickstoff- und phosphathaltige Verbindungen zerlegt. Die zylindrischen Kannen stellen umgebildete Blätter dar. Die Pflanze hat Blüten, die klein und grünlich bis rötlich sind sowie in Gruppen stehen.

Mat. 2 Kannenpflanze

Die Schlauchblattpflanze *Sarracenia purpurea* aus Nordamerika fängt wie unser einheimischer Sonnentau oder die Venusfliegenfalle kleine Tiere. Beutetiere werden durch Gerüche und farbige Muster angelockt. Auf tütenförmig zusammengewachsenen Schlauchblättern rutschen Ameisen, Fliegen oder kleine Schnecken in das am Grund gesammelte Regenwasser. Bakterien zersetzen die Opfer und liefern der Schlauchpflanze damit Mineralien. In den Hochmooren von Nordamerika – hier setzt der Winter schon Ende September ein – durchlaufen eine Kriebelmücke und eine Stechmücke gemeinsam ihre Entwicklung in diesen geschützten Wasserbehältern. Die Larven der Kriebelmücken ernähren sich von den Kadavern der Beutetiere. Durch diese und die Fraßtätigkeit erhalten viele bakteriellen Zersetzer geeignete Entwicklungsmöglichkeiten. Die Stechmückenlarven wiederum gedeihen umso besser, je mehr Bakterien sie verspeisen. Beide Arten können so sehr gut die gleiche Pflanze nutzen. Verlassen die Mücken ihre Kinderstube, können sie sich für das kurze Erwachsenendasein völlig auf die Eiweißreserven aus der Larvenentwicklung verlassen. Selbst die Weibchen der Stechmücken verzichten in dieser Region auf das Blutsaugen.

Mat. 3 Schlauchblattpflanze

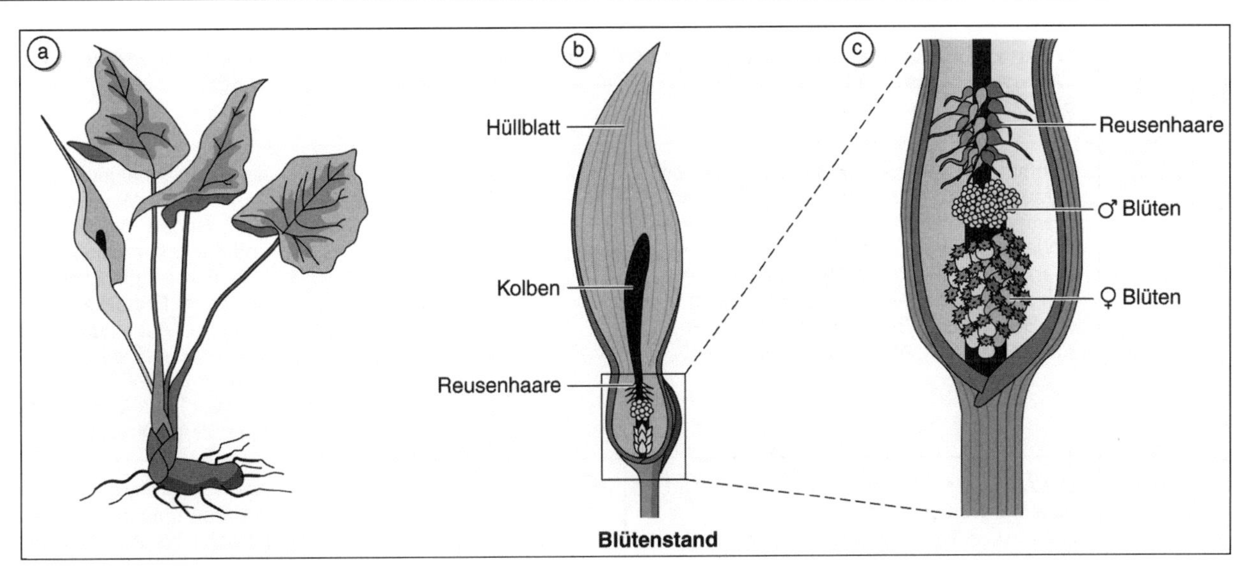

Mat. 4 Gefleckter Aronstab

Zur Funktion der Temperaturerhöhung im Blütenstand des einheimischen Aronstabs wurden unterschiedliche Hypothesen formuliert:

(A) Der Blütenstand ist eine beheizte Herberge für Insekten in kalten Frühlingsnächten. Die Insekten werden also durch die Wärme angelockt.

(B) Die Verbreitung der ausgesandten Duftstoffe wird durch die erhöhte Temperatur gefördert.

(C) Die erhöhte Temperatur fördert die Aktivität der bestäubenden Insekten. (Zur Information: Die durchschnittlichen Temperaturen während der Blütezeit im April betragen nachts um 2 °C und tagsüber um 14 °C.)

Mat. 5 Hypothesen zum Versuch von FRITZ KNOLL

Die Glasattrappe besteht aus drei Teilen:
- einem Oberteil, welches dem Hüllblatt entspricht
- einem Unterteil, welches dem Kessel entspricht
- und einem schmalen Röhrchen, welches den Kolben trägt und zu dessen Versorgung mit Wasser gefüllt werden konnte.

Im ersten Versuch verwendete KNOLL den Kolben einer frisch erblühten Pflanze und fing damit in vier Versuchen 168 Insekten.

Im zweiten Versuch verwendete er einen künstlichen Kolben, der in Form und Farbe dem natürlichen Vorbild glich, jedoch keinen Duftstoff abgab. Der Kolben wurde elektrisch beheizt, sodass seine Wärmeabgabe den natürlichen Bedingungen entsprach. Mit dieser Attrappe konnte er in keinem Versuch Insekten fangen.

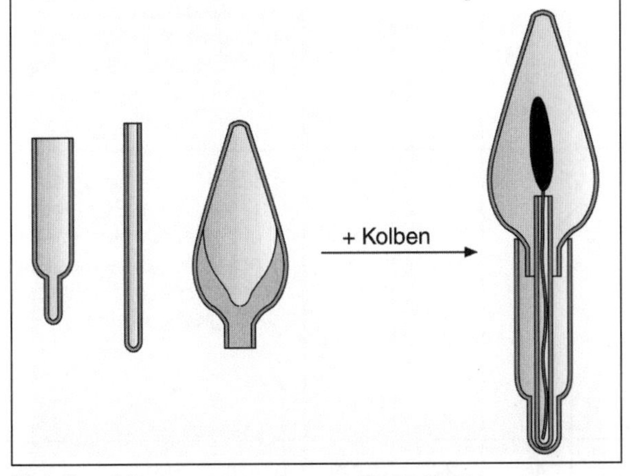

Mat. 6 Attrappenversuche von FRITZ KNOLL

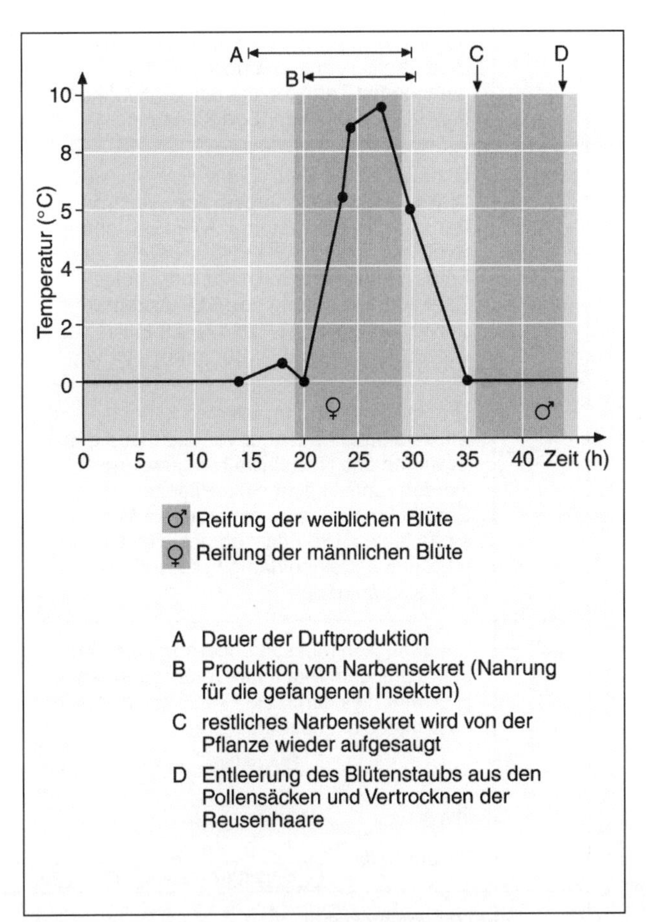

Mat. 7 Bestäubung beim Gefleckten Aronstab

Nr.	erwartete Leistung zum Vorschlag „Aronstab, Kannen- und Schlauchpflanze“	Punkte/Anforderungsbereich				Unterrichtsvoraussetzungen
		I	II	III	Σ	
1a)	Ökofaktoren Temperatur und Boden (selbst erzeugte Wärme, Temperatur im Lebensraum; mineralsalzreiche bzw. stickstoffarme Böden). Die Wechselbeziehungen sind in allen Fällen zwischen Pflanze und Wirbellosen zu suchen: Kesselfalle zur Sicherung der Bestäubung (2/3): Gleitfalle zum Nahrungserwerb (3): Nahrungsbeziehungen.	4	9	2	15	die Einflüsse abiotischer Faktoren wie Wasser, Licht, Boden, Wind etc. und der Unterschied zu Ressourcen; die Einflüsse biotischer Faktoren, z. B. unter den Aspekten Parasitismus oder Symbiose oder Räuber-Beute-Beziehungen; in geringem Umfang: Blütenbiologie
1b)	Die Analyse der Versuchsergebnisse zeigt, dass der Duft und nicht die Wärme für das Anlocken entscheidend ist (Hypothese B). Hypothese C könnte ebenfalls zutreffen (Poikilothermie der Wirbellosen).	3	7	2	12	chemische Signale in Form von Pheromonen, z. B. aus intraspezifischen Wechselbeziehungen oder allgemein die Bedeutung intra- bzw. interspezifischer chemischer Signale
1c)	Die Insekten werden durch den intensiven Duft (Wachstum in Gruppen!) angelockt, gleiten in den Kessel und werden durch den Haarkranz festgehalten. Sie bringen Pollen von anderen Pflanzen mit und erhalten von der Blüte Nahrung und Wärme. Die Eigenbestäubung wird verhindert, da die männlichen Blüten erst nach den weiblichen reifen (Pollenaufnahme beim Verlassen).	2	10	2	14	Auswertung von Text- und Abbildungsinformationen, insbesondere Interpretation von Diagrammen; Zusammenhänge aus verschiedenen Quellen zusammenführen; Bestäubung und Befruchtung höherer Pflanzen
1d)	Die Ähnlichkeit des Fallenmechanismus ist nur begrenzt (umgestaltete Blätter, keine Blüte, aber Termiten erhalten Futter). Die gefangenen Termiten dienen der Ernährung der Pflanze, nicht der Fortpflanzung.	–	5	4	9	bodenabhängiger Pflanzenbesatz (z. B. Zeigerpflanzen); die carnivoren Pflanzen sollten nicht bekannt sein
2a)	Lichtabhängige Reaktionen: Fotolyse des Wassers, Sauerstoffproduktion, Elektronentransport, Redoxsysteme, ATP-Gewinnung, Synthese von NADPH + H^+ und Rolle des Fotosystems I und II. Lichtunabhängige Reaktion: Bedeutung des CO_2-Akzeptors, Verwendung von ATP und NADPH + H^+, Calvin-Benson-Zyklus; Summengleichung.	18	–	–	18	Biochemie der Fotosynthese
2b)	Durch Abbau der Organismen können Stickstoff und Phosphor vor allem aus den Eiweißen und Nucleinsäuren gewonnen werden. Somit können die Pflanzen auch an Standorten wachsen, denen diese Mineralstoffe fehlen. Die Pflanzen besitzen Chlorophyll und betreiben damit Fotosynthese, sind also autotroph.	2	8	8	18	Textanalyse; Rolle der Mineralien im Stoffwechsel der Pflanzen; Definition von Autotrophie und Heterotrophie; Auswirkung des Pflanzenbesatzes auf den Boden und umgekehrt
2c)	Stechmücken müssen andernorts die Nährstoffe aus dem Blut ihrer Opfer gewinnen. Hier wird dies durch die Eiweißaufnahme im Larvenstadium überflüssig. Mineralsalze Beutetiere Pflanze Kriebelmücke Mineralstoffe Bakterien Stechmücke	3	7	4	14	Definition und Beispiele zu Parabiose, Symbiose, Antibiose, Nahrungsnetze, Konkurrenzausschluss und Konkurrenzvermeidung, ökologische Nische
	Gesamtpunktzahl	32	46	22	100	

Klausuraufgabe: Neubürger und Inselpopulationen

Als „Neubürger" (Neophyten, Neozoen) unter den Pflanzen und Tierarten eines Ökosystems bezeichnet man solche Organismen, die erst nach 1500 durch den Menschen eingeschleppt wurden.

1. Schlickgräser

Das Schlickgras kommt im Watt, an Prielrändern oder auf Wattwiesen vor, bildet dort „Nester" bis zu 6 m Durchmesser und kann zwischen 0,5 m bis 1,3 m Höhe erreichen. Es hat einen schilfähnlichen Wuchs.

a) Erläutern Sie die Entstehung des englischen Schlickgrases unter Verwendung von Material 2.

b) Stellen Sie kurz den Ablauf der Meiose dar. Begründen Sie unter Bezug auf Material 2, warum das Hohe Schlickgras sich nur ungeschlechtlich fortpflanzen kann, das Englische Schlickgras jedoch Samen hervorbringt.

c) Das Englische Schlickgras wurde in Überflutungszonen im Watt (s. Material 1) angebaut, da es durch die Bildung von „Nestern" (s. o.) die Anlandung von Schlick fördert und so zur Landgewinnung beitragen kann. Beschreiben Sie die ökologische Nische des Schlickgrases.

d) Die wechselseitigen Beziehungen im Ökosystem Wattenmeer wurden durch das neu eingewanderte Schlickgras verändert. Stellen Sie die Veränderungen mithilfe von Material 1, 3 und 4 zusammen und erklären Sie sie unter diesen Gesichtspunkten.

2. Bären

Neben den zeitgeschichtlich jungen Verschleppungen von Arten, wie dem Schlickgras, hat es immer auch eine natürliche Ausbreitung von einwandernden Arten gegeben. Durch Klimaänderungen, Verdrängung oder andere Faktoren entstanden dann häufig inselartig verbreitete Populationen.

a) Zur Klärung von Abstammung und Verwandtschaft können DNA-Abschnitte verglichen werden. Sie werden zur Sequenzierung aus dem Genom isoliert und dann mittels PCR vervielfältigt. Erklären Sie das Verfahren anhand von Material 5.

b) Erläutern Sie den Stammbaum der Bärenartigen (Material 7).

c) Erklären Sie den Zusammenhang zwischen Mutationsrate und vermutetem Zeitpunkt der Artaufspaltung von Braunbär und Eisbär.

d) Der Kodiakbär ist wie der Grizzlybär eine Unterart der Braunbären. Der Grizzly bewohnt die Rocky-Mountains in den USA und Kanada. Erklären Sie die mögliche Entstehung von Unterarten mithilfe von Material 6.

Die Art *Spartina anglica* (Englisches Schlickgras) konnte erst entstehen, als der Mensch um 1800 zu der in England vorkommenden Art Niederes Schlickgras die Art Glattes Schlickgras aus Nordamerika eingeschleppt hatte. Das Englische Schlickgras breitete sich entlang der Küste Großbritanniens aus und zwar so stark, dass es heute Flussmündungen zuwuchert. Inzwischen kommt es an der gesamten Nordseeküste vor.

Mat. 1 Schlickgras-Arten

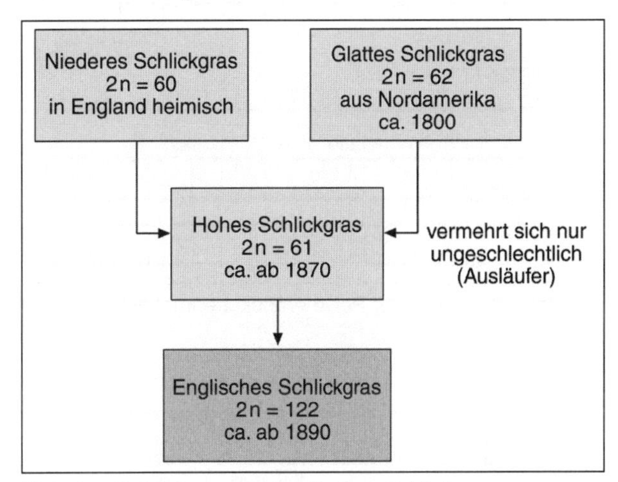

Mat. 2 Entstehung des Englischen Schlickgrases

Das Schlickgras wird nur wenig von Tierarten gefressen. Für viele Vögel gehen durch den Aufwuchs von Schlickgras offene Wattflächen als Nahrungsgründe verloren. Der Queller ist eine scheinbar blattlose Pflanze mit gegliederten Stängeln, die an Meeresküsten und binnenländischen Salzstellen wächst (*Halophyt*). Das Andelgras wächst unter Konkurrenzbedingungen auf salzreichen Substraten und dient verschiedenen Käferarten als Nahrungspflanze.

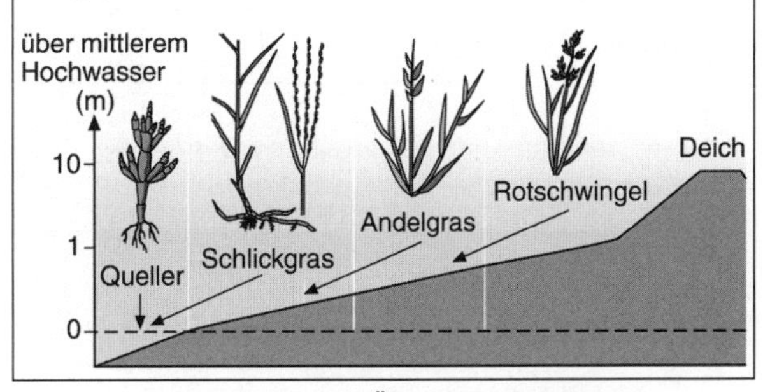

Mat. 3 Informationen zum Ökosystem Wattenmeer

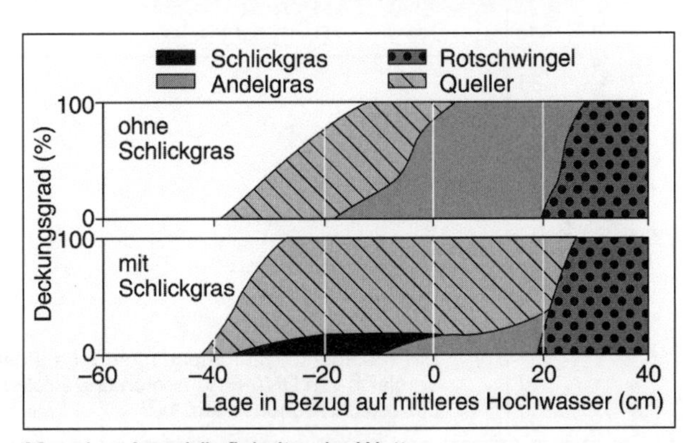

Mat. 4 Artenhäufigkeiten im Watt

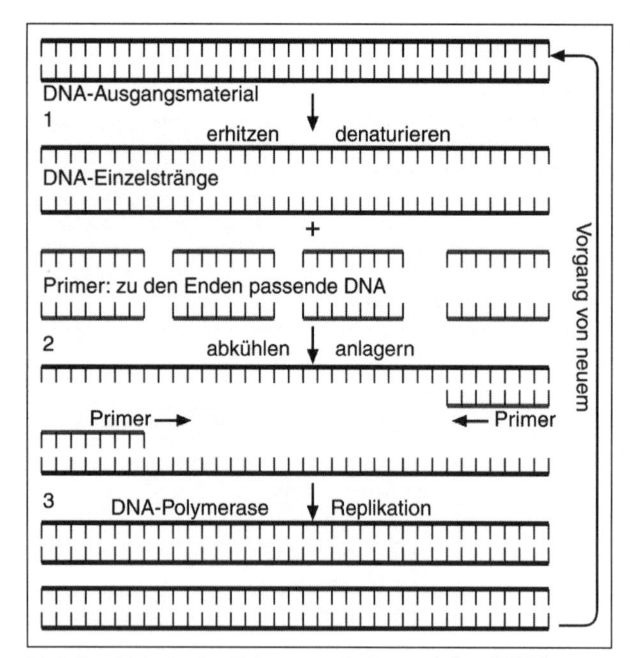

Mat. 5 Prinzip der Polymerasekettenreaktion (PCR)

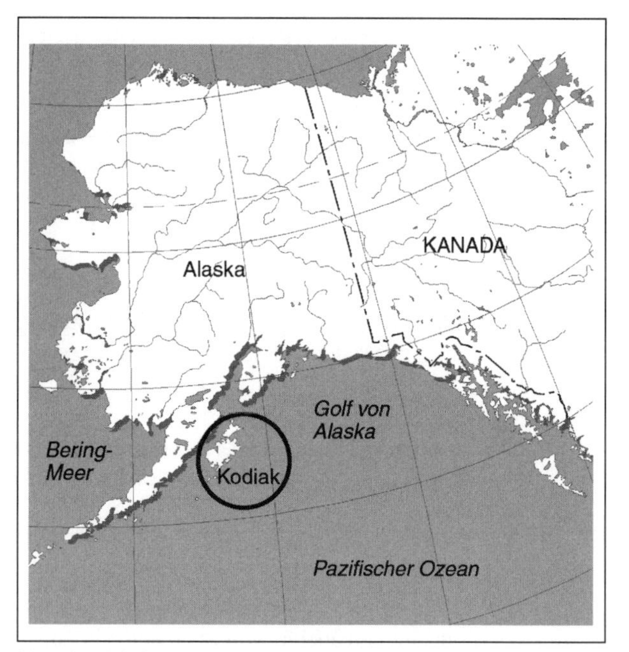

Mat. 6 Vorkommen der Kodiakbären

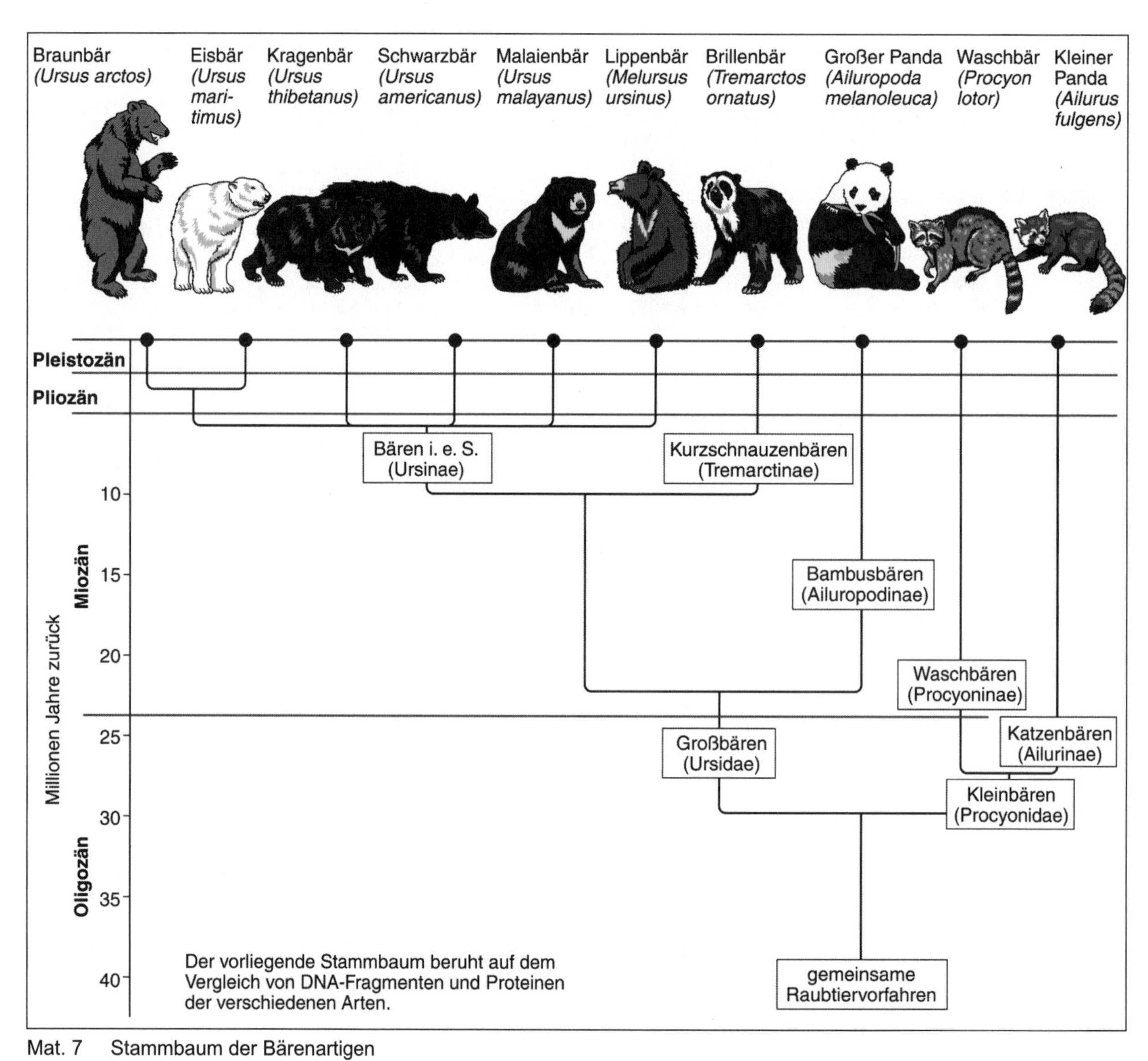

Mat. 7 Stammbaum der Bärenartigen

Nr.	**Erwartete Leistung zum Vorschlag „Neubürger und Inselpopulationen“**	Punkte/Anforderungsbereich				**Unterrichtsvoraussetzungen**
		I	II	III	Σ	
1a)	Verschleppung der Schlickgräser durch den Menschen (Nordamerika, Westafrika). Die Kreuzung der Neophyten mit der einheimischen Art führt zu einer Vermehrung konkurrenzstarker Pflanzen auch in den Bereichen von Halophyten.	8	4	–	12	Pflanzenvermehrung /-verbreitung; geschlechtliche / ungeschlechtliche Fortpflanzung; abiotische Faktoren wie Salzgehalt von Gewässern; biotische Wechselwirkungen
1b)	Aus 2n = 60 und 2n = 62 ergibt sich die sterile Variante, da keine Paarung der Homologen möglich ist. Nach Polyploidisierung (Selbstverdopplung, „Mitose ohne Trennung der Chromatiden; 2n = 122) ist die Samenbildung wieder möglich.	2	6	6	14	Meiose-Stadien, Keimzellenbildung, Polyploidisierung bei Pflanzen, z. B. am Beispiel der Getreideentstehung; Genommutationen (z. B. durch Nondisjunction); Kreuzung nah verwandter Arten
1c)	In Flussmündungen wechselnder Salzgehalt, starke Strömung, periodische Überflutung, Anlandung von Sand durch Wind; rasches Wachstum und erfolgreiche Ausbreitung; durch doppelten Chromosomensatz erhöhte Widerstandsfähigkeit.	4	6	–	10	erhöhter Polyploidiegrad von Gräsern in nördlichen Regionen und Widerstandsfähigkeit; „ökologische Nische“; Bezug zu genetischen und ökologischen Aspekten
1d)	Die Rotschwingelzone verändert sich kaum, das Andelgras wird verdrängt, Queller und Schlickgras nehmen überhand. Da Schlickgras und Queller kaum Wechselwirkungen mit Insekten haben, wandern diese ab, desgleichen die Vögel, da zusätzlich offene Wattflächen mit Muscheln verschwinden.	–	6	8	14	spezifische Wechselbeziehungen in Ökosystemen; Konkurrenzvermeidung und Konkurrenzausschluss; Definition der ökologischen Potenz; möglich: Vergleich mit Kaninchenplage in Australien
2a)	Beschreibung der Verfahrensschritte; Denaturierung zur Gewinnung der Einzelstränge, Einsatz bekannter Primer, Verwendung einer temperaturstabilen Polymerase.	10	5	–	15	PCR als ein Verfahren in der Gentechnik; Hintergründe, Abläufe, Zielsetzungen dazu
2b)	Der Stammbaum zeigt die Zeitleiste wie auch die Verwandtschaftsbeziehungen der Tiere (s. Gattungs- und Artnamen). Molekularbiologische Untersuchungen ergänzen die morphologischen Klassifizierungen. Beschreibung der frühen Aufteilung in Groß- und Kleinbären; trotz Unterschieden gemeinsame Raubtiervorfahren	4	8	–	12	Stammbäume aufgrund molekularbiologischer Untersuchungen (z. B. Cytochrom c); Verfahren zum Aufstellen von Stammbäumen durch weitere Methoden, phylogenetische Systematik
2c)	Auswirkungen einzelner Mutationen erst bei erhöhter Mutationsrate; Auswirkung auf die Artbildung bei reproduktiver Isolation. Die Eisbären stellen zwar eine zeitlich nah verwandte Art zu den Braunbären dar, die aber durch reproduktive Isolation vollständig getrennt ist.	2	10	1	13	die Definition des Artbegriffs; Art, Ablauf und Folge von Mutationen; Zusammenspiel von Mutation, Selektion und Isolation; verschiedene Isolationsformen
2d)	Geografische Separation (Inseln, Gebirge) als Faktor bei der Entstehung neuer Arten. Die Besonderheiten von Inselpopulationen zeigen sich an den Kodiakbären (vorgelagerte Inseln) im Vergleich mit den Grizzlybären (Gebirgspopulation) und mit der Aufspaltung Braunbär (Landbewohner) / Eisbär (auf Eisflächen).	–	5	5	10	alllopatrische und sympatrische Artbildung
	Gesamtpunktzahl prozentual	30	50	20	100	

Klausuraufgabe: Biologie der Vögel

Vögel bilden eine Klasse gleichwarmer Wirbeltiere. Bei ihnen findet man eine Vielzahl von Angepasstheiten, die eng mit der Flugfähigkeit verknüpft sind. Den vielen Vorteilen dieser Fortbewegungsart steht ein erhöhter Energiebedarf gegenüber.

1. Stoffwechsel und Atmungsorgane

Vögel sind im Vergleich zu gleichgroßen Säugetieren sehr leicht gebaut und zeigen in ihrem Stoffwechsel zahlreiche Angepasstheiten.

a) Beschreiben Sie die Energiebereitstellung bei Tieren.

b) Erarbeiten Sie durch den Vergleich der Werte in Material 1 bis 4 die Angepasstheiten der Vögel an das Fliegen.

c) Leiten Sie aus den Informationen über die Atmungsorgane der Vögel (Material 5) Aussagen über die Leistungsfähigkeit dieses Organsystems ab. Stellen Sie dann einen Zusammenhang zur Energiebereitstellung und Angepasstheit der Vögel her.

d) Welche weiteren Angepasstheiten an die Flugfähigkeit ergeben sich aus Material 5?

2. Fortpflanzung und Evolution

Auch die Fortpflanzungsbiologie der Vögel ist angepasst an die Flugfähigkeit. So bedeutet die Ablage von Eiern, in denen sich die Embryonen entwickeln, eine bedeutende Gewichtsersparnis.

a) Erklären sie anhand der Materialen 6, 7 und 8, wodurch das Vogelei die Entwicklung der Embryonen ermöglicht.

b) Der Proteinstoffwechsel der Vogelembryonen erzwingt die Ausscheidung stickstoffhaltiger Exkrete. Nennen Sie die zentralen Informationen aus Material 10.

c) Nennen Sie die biogenetische Grundregel von ERNST HAECKEL und stellen Sie eine Hypothese zur Evolution der Vögel anhand von Material 9 auf.

d) Überprüfen Sie Ihre Hypothese zu Aufgabe 2c unter Verwendung von Material 10.

Art	Blutzuckergehalt
Sperling	288
Taube	190
Ente	148
Mauersegler	305
Huhn	130 – 260
Strauß	164
Mensch	60 – 100
Pferd	55 – 95
Ratte	92 – 106
Rind	40 – 70
Schaf	30 – 50
Ziege	45 – 60

Mat. 2 Blutzuckergehalt (mg /100 ml)

Vögel	°C	Säugetiere	°C
Buchfink	43,2 – 44,7	Igel	33,5 – 35,5
Star	43,0 – 45,0	Kaninchen	39,2 – 39,6
Stockente	41,0 – 43,0	Schaf	38,5 – 40,0
Haustaube	40,7 – 43,7	Kamel	35,0 – 38,6
Bussard	40,9 – 43,0	Rind	37,5 – 39,5
Uhu	40,9 – 43,0	Pferd	37,5 – 38,0
Pinguin	37,7 – 41,1	Elefant	36,5 – 37,0
Kiwi	37,1	Mensch	36,5 – 37,3

Mat. 3 Körpertemperatur (rektal)

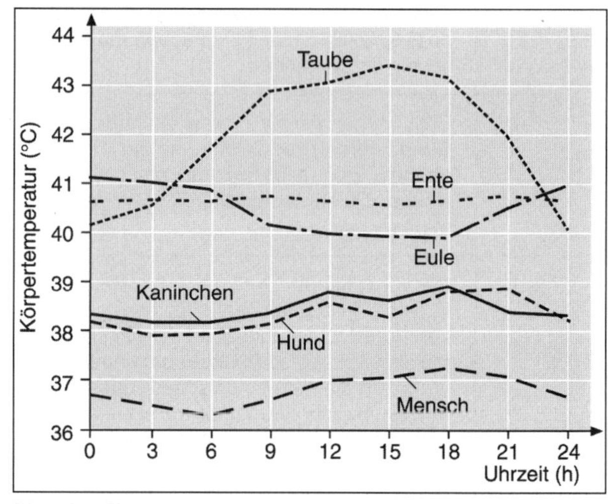

Mat. 4 Tagesrhythmus der Körpertemperatur

Art	Körpermasse (kg)	Sauerstoffverbrauch in 24 Stunden	Umgebungstemperatur (°C)
Sperling	0,022	46 – 51 (76 – 102)	25,6 (14,1)
Dohle	0,242	67	20,0
Taube	0,300	56	16,0
Maus	0,022	45	keine Angaben
Ratte	0,2	30	keine Angaben
Schaf	59	7,8	keine Angaben

Mat. 1 Sauerstoffverbrauch (Liter O_2/kg Körpermasse)

Mit den beiden Lungenflügeln steht ein System von Luftsäcken in Verbindung, das sich zwischen die Eingeweide und sogar bis in die hohlen Knochen erstreckt. Es wirkt durch seine Anordnung wie „Verpackungsmaterial“, das ein Verschieben der Organe durch plötzliche Flugbewegungen verhindert. Die Lungenpfeifen und Luftkapillaren bilden das eigentliche Respirationsgewebe. Die Luftkapillaren enden nicht blind in den Lungenbläschen wie bei den Säugern, sondern bilden ein durchlaufendes Röhrensystem, das von einem Blutkapillarnetz durchflochten wird (s. Abb.). Beim Einatmen fließt die Luft durch das Röhrensystem der Lungen in die erweiterten Luftsäcke. Beim Ausatmen werden die Luftsäcke zusammengepresst, die noch sauerstoffhaltige Luft durchströmt ein zweites Mal die Lungen, Die eingeatmete Luft kann in den Luftsäcken auch Wärme aufnehmen, die beim Ausatmen abgegeben wird (Vögel besitzen keine Schweißdrüsen!).

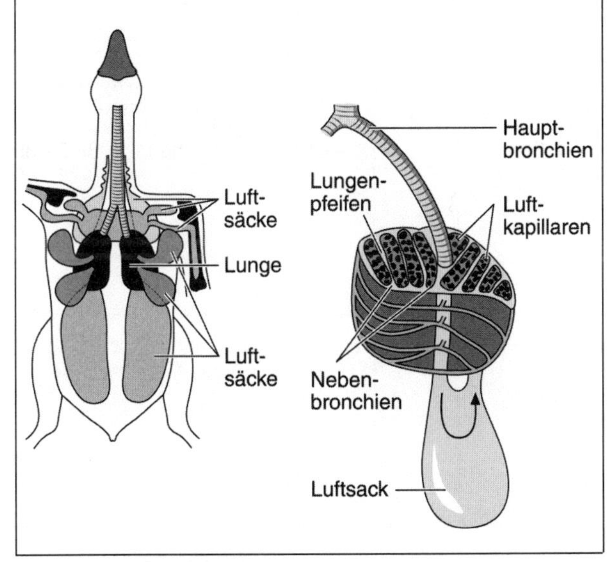

Mat. 5 Atmungsorgane der Vögel

Die hartschaligen Eier der Vögel können pro Gelege mehr als der Altvogel wiegen. Die Kalkschale enthält Poren, durch die Gase und Wärmeenergie mit der Umgebung ausgetauscht werden. Die unter der Kalkschale liegende Schalenhaut verhindert, dass die inneren Eibestandteile austrocknen. Die Entwicklung des Embryos vollzieht sich im Ei in ca. 10 bis 25 Tagen. Die Dicke der Kalkschale nimmt während dieser Zeit deutlich ab. Zur Zeit des Schlüpfens nimmt der Jungvogel fast den ganzen Raum im Ei ein, Eiklar und Eidotter sind dann nahezu vollständig aufgebraucht.

Mat. 6 Das Vogelei

Schale:
hauptsächlich kohlensaurer Kalk ($CaCO_3$) und Hydrogenphosphate (z. B. $CaHPO_4$)
Schalenhaut:
enthält viele Fasern aus hornartiger Substanz und gasdurchlässige Poren
Eiklar:
88 % Wasser, 11 % Proteine, 1 % Fette, Salze und Vitamine
Eidotter:
50 % Wasser, 32 % Fette, 17 % Proteine, 1 % Salze und Vitamine.

Mat. 7 Bestandteile des Hühnereis

	O_2-Verbrauch (ml/g)	Energie (kJ/g)
Kohlenhydrate	820	17,2
Fette	2020	39,3
Proteine	960	18,0

Mat. 8 Werte zum Abbau der Nährstoffe

Tierart	Lebensraum	Ammoniak	Harnstoff	Harnsäure
Scholle	Salzwasser	53	17	–
Hai	Salzwasser	–	80	–
Rochen	Salzwasser	4	91	–
Frosch	Süßwasser, Land	3	85	–
Kaulquappe	Süßwasser	90	–	–
Kröte	Süßwasser, Land	–	85	–
Eidechse	Land	–	–	91
Ente	Land	3	4	72
Gans	Land	13	–	80
Hund	Land	5	89	1
Katze	Land	3	68	0,1
Mensch	Land	4	88	0,8

Mat. 9 Stickstoffausscheidung verschiedener Wirbeltiere (Angaben in % aller ausgeschiedenen stickstoffhaltigen Substanzen); die Summe ist meist < 100 %, da nicht alle Substanzen erfasst sind.

Tag	Ammoniak	Harnstoff	Harnsäure
1	–	–	–
2	–	–	–
3	–	–	–
4	54	6	0
5	43	32	8
6	34	46	12
7	24	62	20
8	18	75	125
9	14	82	650
10	10	79	1 000
11	8	71	1 090
12	7	63	1 000
13	6	54	810
14	5	43	660
15	4	36	540

Mat. 10 Ausscheidung stickstoffhaltiger Exkrete eines Hühnerembryos im Ei (mg Substanz/g Embryogewicht und Tag)

Nr.	Erwartete Leistung zum Vorschlag „Biologie der Vögel“	Punkte/Anforderungsbereich				Unterrichtsvoraussetzungen
		I	II	III	Σ	
1a)	Durch die Verdauung werden Nährstoffe freigesetzt. Über den Tricarbonsäurezyklus wird das Kohlenstoffgerüst oxidiert. In der Atmungskette wird der vorher an NAD^+ gebundene Wasserstoff oxidiert. Dabei entsteht ATP.	12	–	–	12	Energiehaushalt der Tiere; oxidativer Abbau der durch den Blutkreislauf im Körper verteilten Nährstoffe; Zellatmung
1b)	Höherer Sauerstoffverbrauch ist Indiz für eine höhere Energiefreisetzung. Durch den erhöhten Blutzuckerspiegel stehen für den Flug vermehrt kurzfristig verfügbare Energieträger zur Verfügung. Bei den gleichwarmen Tieren wird in der Phase starker Aktivität die Körpertemperatur erhöht. Dies betrifft oft fliegende Vögel mehr als andere.	–	8	4	12	Wärme und Körpertemperatur; Blutzucker: Bedeutung; Beziehung zwischen Körpermasse, Sauerstoffverbrauch und Stoffwechselrate
1c)	Durch den Austausch großer Luftmengen steht den Vögeln mehr Sauerstoff zur Verfügung. Die Luft durchströmt das respiratorische Gewebe (kein Totvolumen) beim Ein- und Ausatmen, dadurch wird der Atemluft mehr O_2 entzogen. Die Lungenpfeifen bewirken eine Oberflächenvergrößerung. Die hohe O_2-Aufnahme ermöglicht eine große Energiefreisetzung.	–	12	–	12	Atemorgane bei Wirbeltieren; Sauerstoffaufnahme ins Blut
1d)	Die Luftsäcke fixieren die inneren Organe und wirken durch ihre große Oberfläche temperaturregulierend. Damit wird das Fehlen von Schweißdrüsen ausgeglichen. Die luftgefüllten Hohlräume (auch in den Knochen) vermindern das Gewicht und damit die für das Fliegen benötigte Energie.	8	–	4	12	Mechanismen zur Regulation der Körpertemperatur
2a)	Mit dem Ei werden alle benötigten Stoffe bereitgestell, wie z. B. Fette als Reservestoff und Proteine als Baustoffe für körpereigene Eiweiße. Die Kalkschale liefert nicht nur Substanzen für den Knochenbau (Calciumverbindungen), sondern ermöglicht auch den Gasaustausch.	10	6	–	16	biologische Bedeutung der Nährstoffe, Mineralstoffe, Vitamine und Spurenelemente
2b)	Kurze Beschreibung der drei Datenreihen, wobei deutlich werden muss, dass die Ausscheidungen von Ammoniak, Harnstoff und Harnsäure nacheinander ihr Maximum erreichen.	5	–	3	8	Analyse von Datenreihen; Harnstoffzyklus, Biosynthese stickstoffhaltiger Verbindungen
2c)	Darstellung der biogenetischen Grundregel; Hypothese: Vögel stammen von Harnsäureausscheidern (also Reptilien) ab, deren Vorfahren Ammoniakausscheider waren.	5	4	4	13	biogenetische Grundregel von E. HAECKEL; Stammbaum der Wirbeltiere
2d)	Die Daten zu Fischen, Amphibien, Vögeln und Säugetieren lassen die Aussage in der Hypothese zu, aber der Schluss ist nicht eindeutig. Vögel könnten nach diesem Material auch von Säugetieren abstammen und als adulte Tiere Harnsäureausscheidung erworben haben.	–	12	3	15	Entwicklung der Wirbeltiere; Belege für Stammbäume aus verschiedenen biologischen Disziplinen
	Gesamtpunktzahl	40	42	18	100	

Klausuraufgabe: Malaria

Nach Schätzungen der Weltgesundheitsorganisation WHO sind weltweit 300 bis 500 Millionen Menschen dauerhaft an Malaria erkrankt und jährlich gibt es ein bis drei Millionen Malariatote.

Die Krankheit tritt vorwiegend in tropischen und subtropischen Gebieten auf. Seltene Fälle der Ansteckung mit Malaria sind in Deutschland unter bestimmten Voraussetzungen möglich.

1. Entwicklungszyklus und Ökologie

Die fieberhafte Infektionskrankheit wird durch Einzeller der Gattung *Plasmodium* hervorgerufen, die einen komplizierten Entwicklungszyklus durchlaufen.

a) Stellen Sie den Generationswechsel des Erregers (Mat. 1) dar und finden Sie einen Bezug zur Fieberkurve (Mat. 2).

b) Wodurch konnte es 1945 in Deutschland zu einer Malariaepidemie kommen? Verwenden Sie Material 1 und 4.

c) Material 5 erläutert einen Teil der Überlebensstrategien des Erregers. Wie entgehen die Einzeller der Immunabwehr?

d) Nennen Sie eine begründete Hypothese, die erklärt, dass trotz gegenseitiger Beeinträchtigung weder der Wirt noch der Parasit ausgestorben ist.

2. Gendefekte und Überlebensvorteile

Gendefekte haben nicht immer Nachteile für die Träger. Sie können sogar in besonderen Fällen Überlebensvorteile bringen.

a) Analysieren Sie den Stammbaum (Mat. 3) und nennen Sie den Vererbungsmodus der Sichelzellanämie. Personen mit „schlechter Konstitution" leiden bei körperlicher Anstrengung oder einem Aufenthalt im Hochgebirge (Sauerstoffmangel) unter Gelenkschmerzen, haben Herzfehler oder Schädigungen anderer Organe.

b) Erarbeiten Sie mithilfe der Code-Sonne (Mat. 6), wodurch es zum Sichlerhämoglobin (Mat. 8) kommt. Welche Folgen hat diese Veränderung für den Malariaerreger?

c) In manchen Gegenden Afrikas sind etwa 30 % der Bevölkerung heterozygot, in Europa ist dies eher selten. Vergleichen Sie den „Heterozygotenvorteil" der Träger des Sichelzellgens mit dem „Überlebensvorteil", der in Material 7 beschrieben ist.

d) Diskutieren Sie Ansatzpunkte zur Bekämpfung der Malaria auf genetischer und ökologischer Ebene.

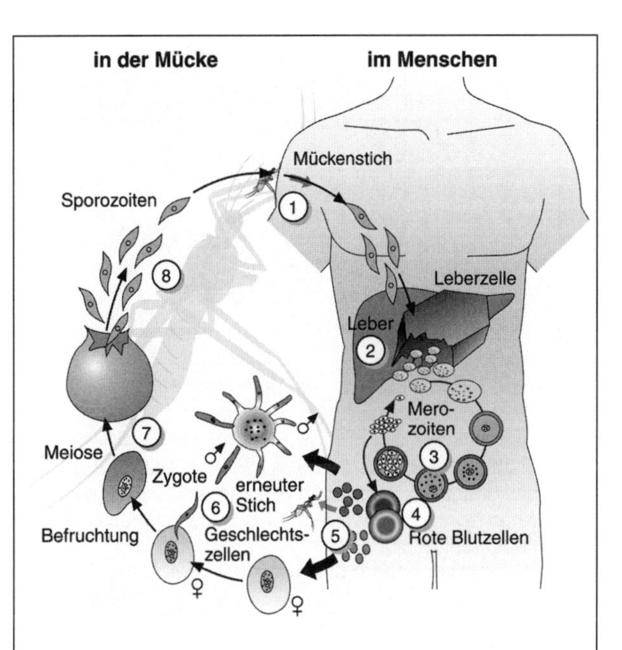

Der Entwicklungszyklus zeigt folgende besondere Phasen:

- Das Sumpf- oder Wechselfieber wird durch einen Einzeller (Plasmodium) erzeugt, der von der Anophelesmücke beim Stich übertragen wird (1).
- Die Sporozoiten sind die infektiösen Stadien, die auf dem Blutweg in die Leberzellen gelangen; sie können dort über 2 bis 3 Jahre hinweg unentwickelt bleiben oder sofort in die ungeschlechtliche Vermehrung eintreten (2).
- In den Leberzellen entstehen durch zahlreiche Vielfachteilungen so genannte Merozoiten (Leber-Schizogonie, 3).
- Die Merozoiten dringen in die roten Blutzellen ein und machen dort ebenfalls zahlreiche Vielfachteilungen durch (Blut-Schizogonie); beide Schizogonie-Schritte können sich mehrfach wiederholen; beim Zerfall der roten Blutzellen bilden sich Substanzen, die die Fieberanfälle hervorrufen (4).
- Aus einigen Merozoiten entstehen männliche und weibliche Geschlechtszellen, die bevorzugt in den peripheren Blutbahnen vorkommen, sodass sie beim Stich der Mücke eingesaugt werden (5).
- Im Magen-Darm-Kanal der Mücke werden die Keimzellen frei, reifen und verschmelzen (6).
- Die entstehenden, beweglichen Zygoten durchbohren die Darmwand und wachsen an der Außenseite zu so genannten Oocysten heran, in deren Inneren zahlreiche Sporozoiten gebildet werden (7).
- Diese wandern durch die Hämolymphe zur Speicheldrüse der Mücke (8).

Mat. 1 Entwicklungszyklus des Malariaerregers

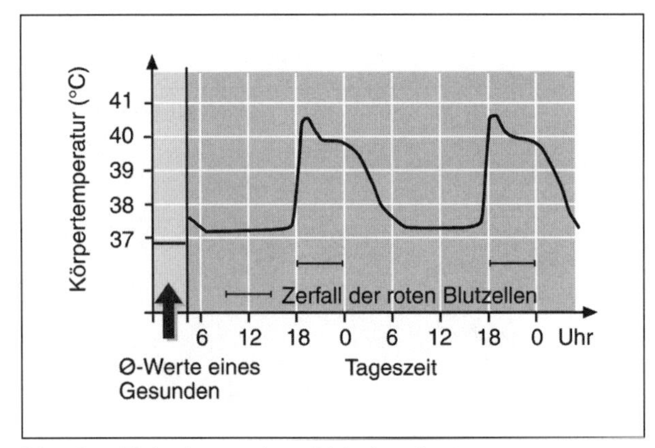

Mat. 2 Fieberkurve eines Malariapatienten

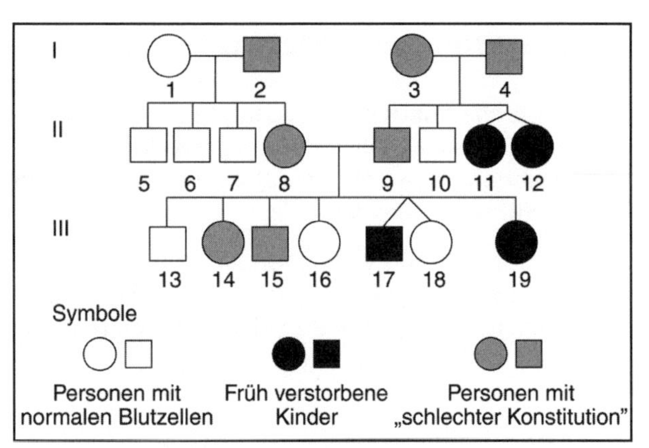

Mat. 3 Stammbaum zur Sichelzellanämie

Im Jahre 1945 während eines extrem heißen Sommers mit konstanten Temperaturen von über 25 °C über die Dauer von 3 Wochen gab es in Südwestdeutschland eine Malariaepidemie.
Die Hitzeperiode begünstigte die Entwicklung der Einzeller ebenso, wie die in den zahlreichen Wassertümpeln (Bombentrichter und Gewässer in den Rheinauen) vorkommenden Mücken. Zu der Zeit kehrten viele malariakranke Soldaten heim. Die *Anopheles*-Mücke ist auch in Deutschland heimisch.

Mat. 4 Malaria in Deutschland

Elektronenmikroskopische Aufnahmen zeigen, dass sich die Oberfläche der roten Blutzellen einige Zeit nach dem Befall verändert: Knopfartige Höcker *(„knobs")*, in denen Proteine mit variabler Aminosäuresequenz verankert sind, entstammen dem parasitären Stoffwechsel, und erst diese Strukturen werden von der Immunabwehr erkannt. Der dadurch eingeleiteten Zerstörung der roten Blutzellen entgeht der Parasit, wenn die Blutzellen durch die in den „knobs" verankerten Proteine an den Kapillarwänden oder an anderen Blutzellen andocken und mit ihnen verkleben.

Mat. 5 „knobs"

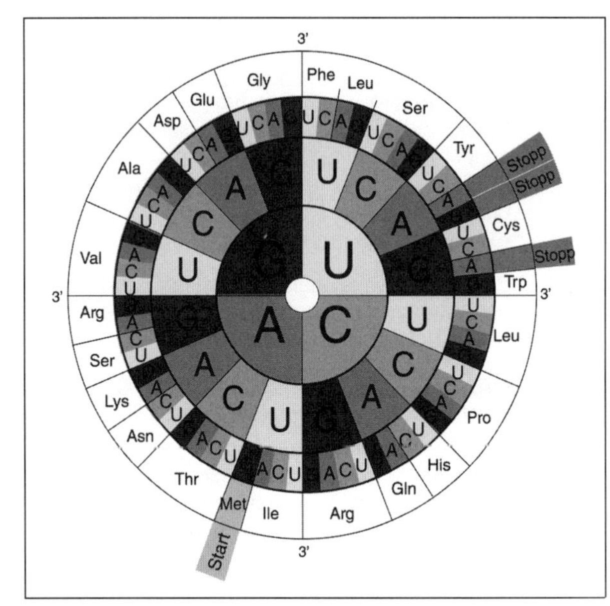

Mat. 6 Codesonne

In Papua-Neuguinea ist eine bestimmte Oberflächenvariante der roten Blutzellen auffallend häufig, die keine Auswirkungen auf den Stoffwechsel hat: Betroffenen Personen fehlt ein als Gerbich-Antigen bezeichnetes Blutgruppenmerkmal. Das zugehörige Eiweiß Glycophorin C dient normalerweise dem Malariaerreger als Andockstelle und Invasionspforte. Es scheint für *Plasmodium falciparum* absolut notwendig zu sein. Die Malariagefahr ist im Küstengebiet von Papua-Neuguinea groß und das an sich seltene Blutgruppenmerkmal „Gerbich-negativ" kommt dort bei fast jedem zweiten Bewohner vor.

Mat. 7 Gerbich-Antigen

Das Hämoglobinmolekül ist Sauerstoffüberträger im Blut der Wirbeltiere. Es besteht aus zwei α -Ketten (141 Aminosäuren) und zwei β -Ketten (146 Aminosäuren). Die Aminosäuresequenz in den ersten neun Positionen der β-Kette ist unten angegeben. Bei reinerbigen Sichlern kommt es häufig zur Verstopfung der Kapillaren insbesondere in der Milz. Bei mischerbigen Sichlern ist mehr als die Hälfte der roten Blutzellen normal. Bei Sauerstoffmangel bildet das Sichlerhämoglobin lange spitze Kristalle, sodass sich die Erythrocyten verformen. Defekte Zellen werden durch Phagocytose entfernt.

	1	2	3	4	5	6	7	8	9
normal	Val	His	Leu	Thr	Pro	Glu	Glu	Lys	Ser
Sichler	Val	His	Leu	Thr	Pro	Val	Glu	Lys	Ser

Mat. 8 Veränderung der Hämoglobinmoleküle

Nr.	erwartete Leistung zum Vorschlag „Malaria“	Punkte/Anforderungsbereich				Unterrichtsvoraussetzungen
		I	II	III	Σ	
1a)	In der Mücke findet geschlechtliche Fortpflanzung statt, im Menschen ungeschlechtliche Vermehrung. Die Entwicklungsstadien in Bezug zur Fieberkurve zeigen, dass der Fieberanstieg mit dem Zerfall der roten Blutzellen verbunden ist.	10	4	–	14	verschiedene Formen parasitärer Wechselbeziehungen; Erkrankungen von Mensch und Tier; sexuelle und asexuelle Vermehrungsformen
1b)	Für die Entwicklung der Mücke sind sowohl Tümpel wie auch bestimmte Temperaturen (mindestens 3 Wochen über 25 °C) notwendig. Infizierte Menschen sind Träger der Merozoiten bzw. Geschlechtszellen. Malaria-Vorkommen ist an die Gesamtheit der Faktoren gebunden (Mat. 4).	6	8	–	14	Einfluss biotischer und abiotischer Faktoren auf Entwicklung, Verhalten oder Morphologie von Tieren; Ausbildung ökologischer Nischen
1c)	Wirtszellen zeigen am Anfang keine Parasiten-Antigene und werden demzufolge nicht vom Immunsystem erkannt. Werden die „knobs“ ausgebildet, können die Blutzellen durch Verkleben der Immunabwehr entgehen. Durch die variablen Proteinanteile der „knobs“ müssen immer neue Antikörper gebildet werden (Zeitvorsprung).	3	5	4	12	Ablauf der Immunreaktion, insbesondere: Rolle der Antikörper, Killer- und Fresszellen; langfristige Immunität durch Gedächtniszellen
1d)	In der Koevolution haben sich Wirte und Parasiten aufeinander abgestimmt. Keiner erleidet einen derartigen Nachteil, dass er ausstirbt.	–	2	8	10	Beispiele zu Symbiose oder Parasitismus mit wechselseitiger Beeinflussung (Koevolution)
2a)	Die Stammbaumanalyse zeigt eine autosomal-rezessive Vererbung der Sichelzellanämie. Früh verstorbene Kinder weisen darauf hin, dass das Sichelzellallel homozygot letal ist. Heterozygote haben Beeinträchtigungen.	4	9	–	13	genetisch bedingte Krankheiten und verschiedene Erbgangtypen; Stammbaumanalysen; Methoden der Humangenetik; Gen-Merkmal-Beziehung
2b)	Austausch einer Aminosäure beim Sichlerhämoglobin: statt Glutaminsäure ist an Position 6 Valin. Ursache ist der Austausch einer Base (Punktmutation). Durch das veränderte Hämoglobin können die Blutzellen entweder nicht von den Parasiten befallen werden oder die Parasiten werden durch die Phagocytose mitvernichtet.	5	10	–	15	Aufbau von Proteinen und Interpretation der Code-Sonne (genetischer Code); Veränderungen des genetischen Codes durch Mutationen und deren Folgen; Phagocytose-Ablauf
2c)	In Malaria-Gebieten überleben Heterozygote die Infektionen, wenn sie sich nicht starker körperlicher Anstrengung oder Sauerstoffmangel aussetzen. Die Sichelzellanämie ist eine schwerwiegende Erkrankung, während das Fehlen eines Blutgruppenmerkmals für die Bewohner Papua-Neuguineas in Malaria-Gebieten ohne Einschränkungen Überlebensvorteile bringt.	–	5	5	10	Kenntnis von Blutgruppenmerkmalen, z. B. rh-negativ
2d)	Ansatzpunkte sind entweder die Entwicklungsphasen der Mücke (z. B. Insektizide, Trockenlegen von Sümpfen) oder die Kontakte zwischen Mensch und Mücke (z. B. Moskitonetz, Kleidung). Auf der Seite des Erregers könnten die verschiedenen Entwicklungsstadien mit spezifischen Medikamenten angegriffen werden.	4	4	4	12	Wirkung von Insektiziden z. B. in Ökosystemen und auf die Wirbellosen, Unterschiede zur Wirkung auf Wirbeltierzellen, evtl. auch Vergleich mit biologischer Schädlingsbekämpfung; Antibiotika-Wirkungen
	Gesamtpunktzahl	32	47	21	100	

Operatoren aus den Einheitlichen Prüfungsanforderungen in der Abiturprüfung der KMK im Fach Biologie

Die Länder werden gebeten, die neugefassten Einheitlichen Prüfungsanforderungen in der Abiturprüfung (EPA) für die Fächer Biologie, Physik, Chemie, Informatik, Französisch, Italienisch, Spanisch, Russisch, Türkisch und Dänisch spätestens zur Abiturprüfung im Jahre 2007 umzusetzen.
(Beschluss der Kultusministerkonferenz vom 12.03.2004)

Sie finden die EPAs unter: http://www.kmk.org/doc/beschl/EPA-Biologie.doc

Operator	Beschreibung der erwarteten Leistung
Ableiten	Auf der Grundlage wesentlicher Merkmale sachgerechte Schlüsse ziehen.
Analysieren und Untersuchen	Wichtige Bestandteile oder Eigenschaften auf eine bestimmte Fragestellung hin herausarbeiten. Untersuchen beinhaltet ggf. zusätzlich praktische Anteile.
Auswerten	Daten, Einzelergebnisse oder andere Elemente in einen Zusammenhang stellen und ggf. zu einer Gesamtaussage zusammenführen.
Begründen	Sachverhalte auf Regeln und Gesetzmäßigkeiten bzw. kausale Beziehungen von Ursachen und Wirkung zurückführen.
Beschreiben	Strukturen, Sachverhalte oder Zusammenhänge strukturiert und fachsprachlich richtig mit eigenen Worten wiedergeben.
Beurteilen	Zu einem Sachverhalt ein selbstständiges Urteil unter Verwendung von Fachwissen und Fachmethoden formulieren und begründen.
Bewerten	Einen Gegenstand an erkennbaren Wertkategorien oder an bekannten Beurteilungskriterien messen.
Darstellen	Sachverhalte, Zusammenhänge, Methoden etc. strukturiert und gegebenenfalls fachsprachlich wiedergeben.
Diskutieren (synomym wird verwendet: Erörtern)	Argumente und Beispiel zu einer Aussage oder These einander gegenüberstellen und abwägen.
Erklären	Einen Sachverhalt mithilfe eigener Kenntnisse in einen Zusammenhang einordnen sowie ihn nachvollziehbar und verständlich machen.
Erläutern	Einen Sachverhalt veranschaulichend darstellen und durch zusätzliche Informationen verständlich machen.
Ermitteln	Einen Zusammenhang oder eine Lösung finden und das Ergebnis formulieren.
Hypothese entwickeln (synonym wird verwendet: Hypothese aufstellen)	Begründete Vermutung auf der Grundlage von Beobachtungen, Untersuchungen, Experimenten oder Aussagen formulieren.
Interpretieren (synonym wird verwendet: Deuten)	Fachspezifische Zusammenhänge in Hinblick auf eine gegebene Fragestellung begründet darstellen.
Nennen (synonym wird verwendet: Angeben)	Elemente, Sachverhalte, Begriffe, Daten ohne Erläuterungen aufzählen.
Protokollieren	Beobachtungen oder die Durchführung von Experimenten detailgenau zeichnerisch einwandfrei bzw. fachsprachlich richtig wiedergeben.
Skizzieren	Sachverhalte, Strukturen oder Ergebnisse auf das Wesentliche reduziert übersichtlich grafisch darstellen.
Stellung nehmen	Zu einem Gegenstand, der an sich nicht eindeutig ist, nach kritischer Prüfung und sorgfältiger Abwägung ein begründetes Urteil abgeben.
Überprüfen bzw. Prüfen	Sachverhalte oder Aussagen an Fakten oder innerer Logik messen und eventuelle Widersprüche aufdecken.
Vergleichen	Gemeinsamkeiten, Ähnlichkeiten und Unterschiede ermitteln.
Zeichnen	Eine möglichst exakte grafische Darstellung beobachtbarer oder gegebener Strukturen anfertigen.
Zusammenfassen	Das Wesentliche in konzentrierter Form herausstellen.

Anmerkungen zum Register

Das folgende Register entspricht der Verschlagwortung auf den Seiten des Lehrerbandes. Es weist einige Besonderheiten auf:

- Seiten mit Lösungen und Informationen zu einem Thema und die dazu gehörenden Arbeitsblätter werden als eine Einheit aufgefasst. Die im Register aufgeführten Seitenzahlen geben immer die Seite für die Lehrkraft an, auch dann, wenn der entsprechende Inhalt sich unter Umständen auf einem Arbeitsblatt befindet.
- Bei Themen, die häufig vergleichend betrachtet werden, sind die Schlagworte so formuliert, dass man die Angebote zu diesem Thema auf einen Blick erkennen kann. Beispiel: Statt „gonosomaler Erbgang“ wurde der Begriff „Erbgang – gonosomaler“ gewählt. So ist im Register einfach zu erkennen, welche anderen Erbgänge ebenfalls behandelt sind.
- Einige Schlagworte beziehen sich in erster Linie auf die Art des Materials und nicht nur auf den Inhalt. Beispiel: Experimentieranleitungen sind unter dem Stichwort „Experiment“ zu finden.
- Die in diesem Buch enthaltenen Projektvorschläge oder praktischen Übungen für Schülerinnen und Schüler sind unter Projekt zusammengefasst.

Register

Bildnachweis

Fotos: 9 FOCUS (SPL/Andrew Syred), Hamburg; 23.1–5 Johannes Lieder, Ludwigsburg; 31 MEV Verlag GmbH, Augsburg; 43 Klett-Archiv (Aribert Jung), Stuttgart; 70 AKG (Erich Lessing), Berlin; 74.1 Prof. Dr. Hartwig Wolburg, Tübingen; 74.2 FOCUS (Dr. Gopal Murti/SPL), Hamburg; 94.1; 94.2 Klett-Archiv (Horst Schneeweiß), Stuttgart; 127.2 MPI- Züchtungsforschung (Marc Jakoby), Köln; 174 Okapia, Berlin, Mauritius (Mittler), Mittenwald, Bilderberg (Stefan Enders), Hamburg, Okapia, Berlin, Bilderberg (M. Kirchgessner), Hamburg, Bilderberg (Frank Peterschröder), Hamburg, Mauritius (SST), Mittenwald, Mauritius (World Pictures), Mittenwald; 201 Okapia (David Scharf/P. Arnold, Inc.), Frankfurt; 215.1 Prof. Dr. Kazem Kashefi, Michigan State University, USA. Aus: Fig 1B von Kashefi & Lovely, SCIENCE 301:934, 2003, © 2006 AAAS; 215.2 Okapia (Henry Ausloos), Frankfurt; 215.3 Corel Corporation Deutschland, Unterschleissheim; 215.4 Picture-Alliance (Picture Press/Olaf Ballnus), Frankfurt; 219.1; 219.3 Tierbildarchiv Angermayer (Rudolf Schmidt), Holzkirchen; 219.2 Limbrunner, Alfred, Dachau; 240 Ullstein Bild GmbH, Berlin; 245.1 Okapia (Tom Vezo), Frankfurt; 245.2 Corel Corporation Deutschland, Unterschleissheim; 247.1 Bayerische Landesanstalt für Weinbau und Gartenbau, Veitshöchheim; 247.2 WILDLIFE Bildagentur GmbH (P. Hartmann), Hamburg; 254 Hippocampus Bildarchiv, Seeheim-Jugenheim; 263.1–7 Hans-Peter Krull, Kaarst; 269 Corbis (Jim Sugar), Düsseldorf; 270 Paul von Sengbusch (Prof. Dr. Peter von Sengbusch); Heide

Nicht in allen Fällen war es uns möglich, den Rechteinhaber der Abbildungen ausfindig zu machen. Berechtigte Ansprüche werden selbstverständlich im Rahmen der üblichen Vereinbarungen abgegolten.